ネオリベラル期教育の思想と構造

書き換えられた教育の原理

福田 誠治

東信堂

はじめに

　実に不思議な動きが起きている。

　日本においても2010年末から「アクティブ・ラーニング」と名の付く書物が出版され始め、2013年からは教育研究書や実践指導書などたくさんの書物が書店にあふれた。県レベルの教育委員会も教員の研修に乗り出し、教科ごとの教育雑誌にも現場からたくさんの実践が報告された。それが、2016年の7月の出版を最後に、突然、見事なほどに姿を消したのである。文部科学省の発言からもこの言葉は消えた。詰め込み教育を変えて「探究型の学び」こそ必要だと確信して改革の道に踏み出した教育者は大きな落胆を味わうことになったが、納得いく説明もなく教育行政の方針が変更された事態に対して不信が頭をもたげたとしても当然のことであろう。

　同じようなことは、1999年春に始まる「ゆとり」教育批判でもわれわれは経験した。知育偏重、偏差値人間、個性のない日本人、深夜の塾通いなどさまざまな言葉で詰め込み教育は批判された。土曜日の授業を廃止し、親子で体験学習や問題解決学習に取り組むように奨励された。それが、突然、1999年1月から、子どもを甘やかす「ゆとり」教育と批判されるようになり、2002年からは「百マス計算」と名の付く出版が始まり、訓練的な教育がもてはやされるようになった。「ゆとり」教育は格差を固定するだけだという教育社会学者も現れた。

　この流れが変わるのは、2004年12月のピザ・ショックである。2003年に実施された国際生徒調査PISAの結果が2004年12月7日に公表され、読解力の国際順位が8位から14位へと二桁になったからである。その後、学力低下が大々的に報道され、「ゆとり」世代の若者は低学力というレッテルが貼られ、全国学力テストの復活が望まれるという流れになった。ところが、

OECDが開発したPISAテストは、ちょっと風変わりなテストであった。記述式が多用され、中には正解すらはっきりしないオープンエンドの記述が許されるものまであった。要するに、OECDはこれまで何を学んだかではなく、これから何ができるかという、いわば「考える力」を測ろうとしたからである。文科省は慎重に検討したあげく、2005年12月にPISA型読解力だけは日本の教育に取り入れる地平にたどり着いた。2006年1月に全国の都道府県並びに政令指定都市の指導主事を集め、PISA型読解力を日本の学習指導要領と擦り合わせることを告げ、国語だけでなく全教科でコミュニケーション力や表現力を重視して受信型の学力から表出型・発信型の学力へと転換することを決めた。

ここに、伝統的教育をより強化して成果を上げようとするグループに対して教育を改革して個性を重視してより質の高い労働力を育てる方向に学校教育の舵を切ろうとするグループ、いわば日本におけるネオリベラル伝統派と対抗して「国際派」と呼ぶべきネオリベラル改革派がはっきりと姿を現すことになる。

その1サイクル前をたどれば、国際的な経済の構造改革の動きを反映して、1980年代には中曽根首相の下で臨時教育審議会、いわゆる中曽根臨教審が設置された。文部省（当時）には中央教育審議会があるので、臨教審は官邸主導で文部省の維持する教育体制を根本的に変えようという意図がうかがえる。しかし、文部省、国立大学、教育委員、公立学校の教師集団さらには受験産業など、教育界にはすでに大きなシンジケートが形成されていたので、1980年代の日本において教育界は改革の道に踏み込まなかった。

バブルもはじけた1990年代になると、大学入試など教育界にも個性重視が政財界から提起され、これが教育界へのネオリベラリズム圧力となった。1999年に改訂された学習指導要領は「ゆとり」教育を推進するものと言われるまでになった。これをネオリベラル改革派の動きとすれば、「ゆとり」教育批判は、個性の育成よりも画一的な教育を重視するネオリベラル伝統派、米国の圧力を強く受けた、当時の呼び方ではネオコンという勢力から生まれていたのである。

だがその後、日本の教育はさらにもう一度も二度もねじれることになる。ピザショックの後、OECDの外圧で画一的な教育から考える力を重視教育へと重点が移り、アクティブ・ラーニングが推奨された。ついに2016年8月にはIB（国際バカロレア）の科目のうちいくつかを日本の法令に指定した科目と同等に扱うことに文科省は決めた。これは、長い日本の学校教育の歴史の中で、初めて文科省が独占してきた学習指導要領が開放されることを意味する。だが、その直後、文科省の公式見解からアクティブ・ラーニングは姿を消すことになる。高大接続という名で、暗記型から考える力を表記するようにセンター入試を数年かけて改革しようとしたが、これまた動きは止まった。そして、2017年1月、文科省の天下りが摘発されて当時の現職事務次官が退職することになったばかりでなく、「国際派」と見なされる一連の事務官僚が突然に行政的影響力を失うという文科省内の政変が起きたのである。そのため、10年ぶりに改訂された学習指導要領の実施主体にも混乱がもたらされることになった。

　さらに時間を広げて近代の教育の歴史を眺めてみよう。権利としての教育は、公教育という形態になって国民国家の主権として扱われることによって実現された。グローバリズム、ネオリベラリズム、ポストモダニズムと呼ばれる政治的・経済的・社会的な傾向は、国家の規制から個人の能力を解放しようとしたので、第一に、国民教育制度として実現していた教育は大きな構造的変化を被ることになった。第二に、この新しい傾向は、誰もが探究して知識をクリエイティブに習得していくという構成主義を基盤としたので、学問の真理、客観的で価値中立の権威ある知識、すなわち誰もが認めるべき正解という知識概念が崩壊した。学校は教えの場から学びの場へと変化する。そこで、教師の役割は、知識の伝達ではなく、学びを支援し、探究を促し、知識や技能を使う力、できることなら想定外のコンテクストでも学力を発揮し、問題解決が出来る力を育てることへと変化することになった。

　グローバル経済は、たとえば大学を、研究の場から教育の場へと変えた。なぜなら、経済は研究に成果を期待し始めたからである。根源的な問題は、教育を商品と見なしたとたん、大学人は単なる「教育工場労働者」になって

しまう。私は、大学の授業料は入山料のようなもので、大学という修行の場をつかって学び、人間を豊かにするための利用費と考える。大学は、学びのためによりよい条件を提供し続けるが、何をどこまで学ぶか、つまり学ぶか学ばないかは本人次第である。教育の成果は、いつ、どこに出てくるのかは分からない。いつどこで誰に習ったかがはっきりしないくらい、血となり肉となり、自分自身を形成することができればそれが何よりの学びの成果である。つまりいつでも学習の成果は出続けているのだ。人権としての教育と捉えた場合には、学習の成果は学習者に帰すべきもので、学校、行政はふさわしい教育を用意する義務があると考えられていた。ところが、商品としての教育となると学習は消費と見なされ、成果は学校、教師、行政に帰するものとして評価される。教育の成果管理という観点が前面に出て、学生にとって成果となっているかという観点が消滅していく。こうして、学校も大学もそして教師も親も、学習者としての生徒・学生を失っていく。

　かつて、日本の大学は「モラトリアム期の若者」の住み家であった。若者が、自分の人生を考え、悩み、育っていく貴重な時間であったと思う。

　本書の第1部は教育の商品化を扱い、第2部は人間の能力の数値化を扱う。両者はちょうどコインの裏表のような関係にあり、数値化がなければ商品化はあり得ず、商品化なければ数値化する必要はない。

　第1章では、自由な教育の砦であり、学問の府と呼ばれた大学の教育が商品化の波に洗われ、変貌していく様子を記述した。人間の持つすべての価値のすべてに愛情を注ごうとした教育学とは対照的に、経済学は経済的価値となり得るもののみに投資を集中しようとした。学校教育はその戦場になったのである。近代的国民国家は、「幻想」としての国民作りがまずスタートであったから、政治は教育学を優先し、公教育を構築した。ところが、グローバルな時代には、この「幻想」が払拭され、政治は経済学を優先することになる。近代人の形成は「大きな物語」に過ぎなかったのであろうか。

　同時に、国際機関は人類の協調を目標としており、UNESCO（ユネスコ）のエドガー・フォール（Edgar Faure）報告（*Learning to be*, 1972年）は、教育学的な価値の追求にこだわり、学校を教師が教える場から子どもたちが学ぶ場へ

変えようと提案した。to be とは、デンマーク王子ハムレットが苦悩したように「人としてある」という最高の教育価値を表現しているのであろう。同時にまた、UNESCO 社会全体を教育的な「学習社会」へと高めようと提起した。learning to be とは、「社会の中でヒトは人になる」つまり learning to be together という意味であろう。西欧流に言うと、learning to do とか to have を強く意識して、外部に評価される成果を出す能力を身につけることよりもまず人間としての自分を作れという意図が表現されていると思われる。これがネオリベラリズムという潮流が登場する頃の歴史である。

　第2章では、まず、日本人研究者なら誰でもポール・ラングラン (Paul Lengrand) から書き始める生涯学習の歴史を再検討した。本来のインフォーマルな教育が抑圧されてしまうというエットーレ・ジェルピの苦悩の叫びの意味を考えたからだ。成人教育の進展は、学習主体の意思を重視し、学校教育に取り込まれてしまった教育を本来のものへと変革し、伝統的な学校教育を越えていこうとする理論を明確にした。だが、皮肉なことに、人間を一人前にして社会へと送り出そうという義務教育の思想、フロント・エンドの教育という概念は、これによって、結果的に葬り去られることになった。

　第3章では、経済活動の国際化とともに、先進国諸国において経済的な価値の最も高いと値踏みされた高等教育からグローバルな教育制度のすりあわせが起きてくる様子を検討した。

　第4章においては、生涯学習論によって学校教育制度全体が国家的公教育の枠からグローバルな制度へと一気に展開することになったこと、すなわちネオリベラリズムの教育支配の展開を説明した。しかし、旧社会主義国に見るように、国際的な経済競争に参入するだけのインフラ整備と経済的余裕のない国々にとっては、ネオリベラルな教育は国民教育の破壊という結末に行き着いてしまったことを記述した。

　第2部は、私がフィンランド教育の研究を始め、その背後に OECD (経済協力開発機構) と EU (欧州連合) が見えたその様子が語ってある。国際生徒調査 PISA (OECD 生徒の学習到達度調査、ピザ) がいつ、なぜ作られたのかを丹念に調べていってその源流にたどり着いた時、ふと私は現在まで振り返って

みて愕然とした。私にはこの世界は何も見えていなかったのかと。PISAテストの仕掛けを理解するだけで私には数年かかったのであるが、そのテストを企画した連中は開始前に10年ほども準備していたというのだ。世界がこんな風に作られていくのかという裏舞台を、ちょうどパズルをはめ合わせるように組み立てていった時、もしかして日本のバブル崩壊もこんな風にして国際的に計画されていたのだろうかと思ったものだ。

第5章は、学力論に関する歴史を、なぜコンピテンスが注目されたのかという視点を軸に追ったものである。OECDがさらに、暗黙知にも注目して、クリエイティビティの観点から知識経済論という名の能力論を再編成していく様子も記述した。

第6章は、米国を中心として広域学力調査の歴史を一瞥した。

第7章は、OECDのデータ戦略、ないし国際教育制度指標事業の中で国際生徒調査PISAが誕生する歴史を紐解いた。

第8章は、PISA誕生の後、ヨーロッパ諸国では学校教育の目標がコンピテンスへと移されていく様子を現在までたどった。

苦い思い出もよぎるが、パリのOECD本部で開催されたOECD/TUACの国際会議に3回、足かけ8年出席することができた。最初に参加した2006年9月の会議は、本部がまだ新築中だったので、歴史に名をとどめるマーシャル・ルーム(表紙)で開催された。歴史の重みを感じたものだ。会議の主要テーマは、学びの質の違いをうまく分析・表現して、国別得点ランキングに注目しがちなマスコミ報道を変えていこうというものであった。政府の代表として出席すれば、会議で知り得たことは正式発表以外の形では口外できないようである。そのために、裏舞台の話は、研究者には伝わってこない。私が体験した貴重な経験は、今後の研究のためにぜひとも記述して残しておこうと思ったのである。

本書全体を貫くテーマは、「学力が見えているか」ということである。評価(evaluation)とテスト(調査、査定、assessment)とは異なること。親や教師は、子どもを評価しなければならないが、それはテストを越えて「よき人間」という尺度が親や教師の側になければならない。親や教師に子どもを評価でき

るだけの教養があってこそ評価は可能なのである。見る人が見なければもの
は見えない。見る人がいなければ、子どもたちの価値は無視される。それが
教育というものだ。育てたように子は育つ。低学力問題の原因は大人の低学
力にあるということだ。

　本書は、経済的価値だけを見ようとする人たちが「権利としての教育」「ひ
とを人にする教育」、いわゆる伝統的な公教育を民営化という名でハイジャッ
クしていく様子を描いたものである。それに対して、抵抗する人々の姿も織
り交ぜながら今後に継続されていく課題を浮かび上がらせようとした。

　英語記述にこだわったのは、常に原典に当たって確かめるという研究者の
責任を果たそうとしたからであるが、新しい発想を古い漢語で解釈してしま
わないようにという仕掛けでもある。原語をつなぐことで、コンピテンスを
めぐる欧米の広く長い歴史が見えてきたことは研究者冥利に尽きる。

大目次／ネオリベラル期教育の思想と構造―書き換えられた教育の原理―

はじめに

序　章　今日の教育問題とは

第1部　政治視点から経済視点への転換

　第1章　グローバル時代の大学―国際的な学力とは

　第2章　教育投資の拡大と義務教育の喪失
　　　　　―生涯学習制度の意味

　第3章　グローバルな大学改革の始まり

　第4章　生涯学習論の再提起

第2部　教育効果を測る

　第5章　学力論と能力政策の拡大
　　　　　―非認知能力育成を学校教育に組み入れる

　第6章　広域テストから国際調査へ

　第7章　データ戦略の確立

　第8章　データ戦略の展開

終　章　見えなかったものは見えたか

おわりに

詳細目次／ネオリベラル期教育の思想と構造─書き換えられた教育の原理─

はじめに……………………………………………………………………… i

序　章　今日の教育問題とは ………………………………… 3

第1節　正解を伝達するのか生徒の探究活動を
　　　　支援するのか ………………………………… 5
　　(1) 伝統的教育は民間信仰　(5)
　　(2) 新教育　(6)

第2節　教師の役割の変化はなぜ必要なのか ……………… 8
　　(1) 明示知は客観的知識か　(8)
　　(2) 客観的知識は人間の自立に格差をもたらす　(9)

第3節　教育行政の変革はどのようにして起きてきたのか …10
　　(1) 学力論はどう支配されているか　(10)
　　(2) 少数の専門家が世界の教育行政を支配する　(11)
　　(3) 少数の専門家を組織する国際組織　(12)
　　(4) 学校から職場まで一気通貫する学力とは　(14)
　　(5) 1996年にさまざまな仕掛けが　(15)

第1部　政治視点から経済視点への転換
─学校・大学・職場に一貫するグローバルな投資環境整備として─

序 ……………………………………………………………… 22

第1章　グローバル時代の大学─国際的な学力とは ………… 24

第1節　大学の変貌 …………………………………………25
　　(1) 日本では大学は　(25)
　　(2) かつて日本の大学では　(26)
　　(3) スウェーデンでも　(27)
　　(4) 大学教育は直接的な成果を期待されていなかった　(28)
　　(5) 大学の単位の始まりは　(29)
　　(6) 単位制（クレジットシステム）によってヨーロッパの大学がどう変
　　　　わったか　(31)

(7) 大学に成果が求められる （32）

第2節　知識を切り売りする …………………………………34

(1) 知識を売る （34）

(2) 知識労働論 （35）

(3) リカレント教育 （38）

(4) 知識産業論 （39）

(5) 時間当たりで計られる教育成果 （41）

(6) 知識経済論と教育の接点は （44）

(7) 知識の商業化と「大きな物語」の終わり （46）

(8) 学習とは知識経済の一部になること （49）

(9) 米国の大学の変化 （51）

(10) ドラッカー再び （52）

第3節　教育管理に効率を持ち込め …………………………54

(1) ヨーロッパ近代科学と数量化、測定可能性と法則化
　—西欧近代の精神 （54）

(2) ヨーロッパ近代がもたらしたもの—時間の管理 （55）

(3) フーコーが描いた近代社会 （58）

(4) 教科が生まれたのは （60）

(5) 知識を測定する （62）

(6) 教育に効率が持ち込まれたのはいつか （63）

(7) テイラー・システム （65）

(8) 教育行政の根幹に効率が （67）

(9) 全国知能テスト （68）

(10) 大恐慌で破綻した効率主義が復活 （70）

(11) 効率主義がネオリベラリズムの根幹に （71）

第4節　知識は伝達し切り売りでき教育成果は目に見えるもの
　　　　なのか …………………………………………………72

(1) 個人競争は単純な指標で、しかも努力次第で増える尺度で、
　点数化して （72）

(2) 行政責任の丸投げ （74）

第2章　教育投資の拡大と義務教育の喪失
　　　　—生涯学習制度の意味 ………………………………… 76

第1節　生涯学習論の提起、1960年代のヨーロッパ …………76

(1) 教育概念の拡大―フォーマル、インフォーマル、
　　　　ノンフォーマル （76）

　　(2) 自覚された「教育の危機」 （78）

　　(3) 経済援助の組み替え （80）

　　(4) UNESCO における生涯学習論の提起 （87）

　　(5) 教育大衆化と教育の危機 （89）

　　(6) 国際機関における提案 （91）

　　(7) 英米と独仏の差異 （91）

　　(8) 1971 年の欧州評議会と生涯学習概念の受け入れ （92）

　　(9) OECD のリカレント教育論 （94）

　　(10) 日本における生涯教育の評価 （97）

　　(11) World Bank の生涯学習戦略 （99）

　　(12) ILO の生涯学習論 （100）

　　(13) 新成長理論、知識社会論 （101）

　第 2 節　義務教育制度の組み替え―自ら学ぶことの意義 … 102

　　(1) 生きるための学習（『未来の学習』） （102）

　　(2) 平等から公正へ （103）

　　(3) 成人教育 （105）

　　(4) ICT の萌芽 （107）

　　(5) なぜフォール報告が必要となったのか （108）

　　(6) フォール報告への反応 （110）

　　(7) 成人教育が直面する本当の危機 （110）

　　(8) 「自ら学ぶ」という教育論を広げる （113）

　　(9) 学修（study）から学習（learning）へ （115）

　　(10) 義務教育の意義 （118）

第 3 章　グローバルな大学改革の始まり ………………………… 121

　第 1 節　人類の合意―権利としての教育、とりわけ高等教育への
　　　　　展望 …………………………………………………… 121

　　(1) 教育は権利である （121）

　　(2) 学習者が教育主体へ （122）

　　(3) 教育の国家管理批判の結末 （126）

　第 2 節　ネオリベラリズムによる公共財の民営化 ………… 127

　　(1) ネオリベラリズムの始まり （127）

　　(2) ワシントン・コンセンサス （128）

(3) WTO と GATS （129）

(4) WTO と GATS の受け入れ （132）

第3節　先頭を切ったニュージーランド …………………… 134

(1) なぜニュージーランドで （134）

(2) 行政機能の分離という手法について （137）

(3) 学校選択の徹底 （139）

(4) 教育課程を分離して統治せよ―教育の標準化は魂の喪失 （140）

第4節　低学力対策としてのアクティブ・ラーニング
　　　　―自発の強制 ……………………………………… 143

(1) 低学力対策としての教育行政 （143）

(2) アクティブ・ラーニングで誰がアクティブなのか （147）

(3) 大学の大衆化、低学力学生にも大学ビジネスを拡大 （148）

(4) 職人手作りの大学から大工場としてシステム化された大学に （149）

(5) 歴史的画期をなす1991年 （151）

(6) 協同学習というアクティブ・ラーニング （152）

(7) アクティブ・ラーニングへの誘導 （157）

(8) 米国大学の実践成果は―協同学習批判 （160）

(9) アクティブ・ラーニングの効能 （163）

第5節　グローバリズムの教育版「貸与・借用理論」の
　　　　起源と適用 ………………………………………… 163

(1) 教育も新公共管理に （163）

(2) 成果主義教育 （165）

(3) 旧社会主義諸国への適用例 （166）

(4) キルギス共和国―社会主義経済・政治体制からの
　　離脱を求めて （167）

(5) ネオリベラルにはまったロシア （173）

(6) 中央アジアにて米国は （174）

(7) グローバリズムは拒否できたか （177）

第4章　生涯学習論の再提起 ……………………………… 179

第1節　万能の特効薬―国際合意となった「生涯学習」…… 179

(1) 1990年代のOECD （179）

(2) 1995年までのヨーロッパ （181）

(3) 1992年マーストリヒト条約 （183）

(4) 1995年WTO―教育施設の企業化、研究・教育職の労働者化 （185）

(5) 1995年ヨーロッパ変化の前夜　(187)

(6) 1996年のUNESCOとその能力論『学習こそ宝』　(189)

(7) 1996年OECDの政策転換　(193)

(8) OECDが世界標準の知を創造し大学の役割を変更する　(195)

第2節　高度な技能者の移動 …………………………………… 198

(1) 1997年リスボン協定　(198)

(2) 1998年ソルボンヌ宣言　(199)

(3) 1999年ボローニャ宣言　(200)

(4) 2000年リスボン戦略　(203)

(5) 2002年OECD教育局の設置　(204)

(6) 2002年コペンハーゲン宣言　(205)

(7) UNESCOの登場　(206)

(8) 宣言からプロセス、フォローアップ会議へ　(206)

(9) 知識基盤経済とヨーロッパ　(209)

(10) 生涯学習を受け入れる地理的要素　(210)

第3節　教育の自由市場 ……………………………………… 211

(1) 1996年以後　(212)

(2) ヨーロッパと米国との違い　(213)

(3) EU、欧州委員会の戦略と各国政府の対応　(214)

(4) フラットな地球　(216)

(5) 国民育成から職業主義へ　(217)

第2部　教育効果を測る
—OECDデータ戦略

序 ……………………………………………………………… 220

第5章　学力論と能力政策の拡大
—非認知能力育成を学校教育に組み入れる ………… 223

第1節　人的能力政策—マンパワー論 …………………… 223

(1) 能力開発　(223)

(2) 教育投資論　(224)

第2節　非認知能力への注目 ……………………………… 226

(1) 外発的動機を内化する　(226)

(2) 外発的動機、とりわけ競争と報酬への批判　（227）

(3) 内発的動機論　（229）

第3節　職業教育からの要請 ……………………………………… 232

(1) 功利主義教育は学校の自滅　（232）

(2) 認知心理学からの提起　（233）

(3) 知識よりもコンピテンスを測ろう　（236）

(4) 米国のコンピテンス論　（240）

(5) なぜコンピテンスに注目が集まったのか　（243）

第4節　学習文化の型 ……………………………………………… 244

(1) 統計に心を奪われるな　（244）

(2) 教育の次元　（245）

第5節　子ども中心主義の制度的認定 ………………………… 248

(1) 北欧の変化　（248）

(2) チョムスキーから　（249）

(3) バーンステインの洞察　（251）

(4) バーンステインによる整理　（254）

(5) 教育と教師は何をなすべきか　（257）

(6) 転換の時代に　（261）

(7) 英国が先進的福祉国家に見えた時　（263）

第6節　日本的経営の研究 ……………………………………… 266

(1) 米国経営学の当惑　（266）

(2) 禅と日本的経営　（267）

(3) 日本的経営は効率的かつクリエイティブだった　（270）

(4) 暗黙知と明示知、内化と外化　（272）

(5) 野中郁次郎と竹内弘高の日本的経営論をどう評価するか　（276）

(6) 野中と竹内が提起した知のサイクルは欧米人に理解されたのか
　　（278）

(7) 大学改革と知識基盤経済論　（279）

第7節　OECDが暗黙知に踏み込む ………………………… 280

(1) 学習とはイノベーション　（280）

(2) 学習観の大転換―1996年OECD知識論　（284）

(3) 知識基盤経済論の原文　（288）

(4) フィンランドの国家イノベーション・システム　（291）

(5) 知識基盤経済論の影響　（295）

第6章　広域テストから国際調査へ ……………………………… 296

第1節　知を測定するOECD、国境を越える
　　　　学力調査の始まり …………………………………… 296
　　（1）成人の学力調査　（296）
　　（2）成人教育と学力調査　（297）

第2節　国際成人識字調査、広域テストの始まり ………… 299
　　（1）北米のテスト文化　（299）
　　（2）国際成人識字調査　（300）

第3節　大西洋を越えたテスト文化、IEA…………………… 302
　　（1）IEAが開拓した国際調査　（302）
　　（2）人間の知は測ることが出来る　（306）

第4節　OECDの機構整備 …………………………………… 307
　　（1）OECDの成立　（307）
　　（2）CERIの結成　（309）
　　（3）アングロ・アメリカン路線と独仏中軸連合　（310）
　　（4）UNESCOからOECDへ　（312）
　　（5）米国とヨーロッパとの関係　（316）

第5節　欧州連合 ……………………………………………… 317
　　（1）欧州連合と欧州委員会教育・文化総局　（317）
　　（2）市民のヨーロッパ　（321）

第6節　米国がネオリベラル教育政策に突入 ……………… 321
　　（1）2000年に向けた国家目標　（321）
　　（2）米国議会技術評価局の動き　（324）
　　（3）労働長官設置委員会SCANS　（329）
　　（4）2000年の米国　（332）

第7章　データ戦略の確立………………………………………… 333

第1節　OECDが学歴を測る、まず教育制度の国際統一 … 333
　　（1）ISCED（国際標準教育分類）　（333）
　　（2）ふたたびUNESCOに　（338）

第2節　OECDが教育政策測定に乗り出す ………………… 340
　　（1）教育制度指標事業の開始　（340）
　　（2）ネットワーク活動と教育制度指標事業の開始　（343）

(3) OECD 教育局の発展　(347)

第3節　OECDが学校教育を測定する ……………………… 350

(1) OECD 教育制度指標事業第1期 (1988 〜 1989 年) の活動　(350)

(2) OECD 教育制度指標事業第2期 (1990 〜 1991 年) から第3期 (1992 〜 1996 年) へ　(354)

(3) CERIの対応と『図表でみる教育』の刊行　(354)

(4)『図表でみる教育』の拡充　(360)

第4節　OECDが学力を測定する ……………………………… 363

(1) 知識経済論と OECD データ戦略　(363)

(2) OECD の職業研究　(364)

(3) 教科横断的コンピテンス (CCC) とネットワークA　(366)

(4) 人生への備え　(367)

(5) 米国とヨーロッパをつなぐ―認知成果のモニターとその限界　(370)

(6) OECD 学力測定に乗り出す　(373)

(7) 1994/95 年予備調査の成果　(377)

(8) 教科を越えるもの　(378)

(9) カリキュラムに拘束されない能力への着目　(379)

(10) 全米国立科学アカデミー研究協議会の動向　(381)

(11) 学力測定に向けて　(382)

(12) 教育制度指標事業から国際生徒調査へ―PISA実施機構創設　(388)

(13) PISAは入札で決まった　(391)

(14) 第2回参加国委員会 (BPC) 会議　(392)

(15) PISAの実施要項決定に向けて　(394)

(16) 調査枠の決定　(397)

(17) PISAの実施体制　(400)

(18) 実施前夜　(402)

(19 その後の展開　(404)

第8章　データ戦略の展開 ……………………………………… 406

(1) データ戦略の功績は何か　(406)

(2) OECDは社会的・経済的背景、教育行政、学力の関係に注目　(409)

第1節　コンピテンスが学力の中心概念に採用される …… 411

(1) オーストラリアが提起した新しい学力概念―コンピテンシー　(411)

(2) コンピテンシー形成に関する調査報告　(414)

(3) キー・コンピテンシーに向けて　(416)

目次　xvii

（4）コンピテンスへの投資　（418）

第2節　OECDとDeSeCoのキー・コンピテンス論　………　419

（1）知識を使う力　（419）

（2）DeSeCoの発足　（421）

（3）コンピテンスの定義をめぐって　（423）

（4）コンピテンスの用語をめぐって　（426）

（5）第1回国際会議の準備　（427）

（6）1999年、見切り発車してしまったPISA　（429）

（7）第1回国際会議のまとめ　（430）

（8）教育制度指標事業第4回会議（2000年東京）　（433）

（9）『教育政策2001年』教育閣僚会議におけるコンピテンスの提案　（436）

（10）DeSeCo国別提案から　（442）

（11）第2回DeSeCo国際会議　（448）

（12）DeSeCo最終報告書　（449）

（13）ヨーロッパ各国のコンピテンス観　（457）

（14）2003年、OECD（INES, PISAチーム）による概念明確化　（463）

第3節　2005年のキー・コンピテンシー　………………………　467

（1）ライチェンの活躍　（467）

（2）突然2005年5月27日に　（469）

（3）ヨーロッパにおける生涯学習のキー・コンピテンス　（472）

（4）イノベーションとクリエイティビティ　（474）

（5）PISA一巡目終了時点のアンドレアス・シュライヒャー　（477）

第4節　2010年のOECD　…………………………………………　479

（1）PISAは有効か　（479）

（2）PISA2009の結果公表をめぐって　（481）

（3）PISA2006-2009、キルギスの夢と挫折　（482）

（4）PISA2009、上海それは政治的な思惑　（484）

（5）2013年11月8日のOECD/TUAC会議　（488）

（6）CBT-IRTテストへ　（489）

（7）OECD Education 2030 Framework、コンピテンス測定か
　　　リテラシーとスキルの測定か　（491）

（8）PISA二巡目終了時のOECD　（493）

第5節　データ戦略の落とし穴　…………………………………　494

第6節　CEFRというコンピテンス標準 …………………… 497

(1) 欧州評議会によるCEFRの開発　(497)

(2) ヨーロッパにおける言語教育　(500)

(3) CEFRの歴史　(501)

(4) CEFRのレベル　(504)

(5) 複言語コンピテンス　(504)

終　章　見えなかったものは見えたか ………………………… 507

第1節　声なき声を聴くことが教師の専門性 …………… 510

(1) ポラニーの冒険　(510)

(2) 暗黙認知の成立　(511)

(3) 暗黙認知の論理　(513)

(4) 暗黙知の形成　(515)

(5) 知の理論　(516)

(6) 教師の専門性　(519)

第2節　教師に教育学(ペダゴジー)を持たせる …………… 520

(1) どの教育制度指標を取り出し、教育のどこを評価するか　(520)

(2) 学力測定の問題点―多様な能力を一度に測定できない　(522)

(3) テスト対策は教育ではない―評価に関わる問題設定　(524)

(4) ILOのテスト批判　(527)

(5) 統制の文化から信頼の文化へ　(528)

第3節　平凡を育てる教育の確保 ……………………………… 532

おわりに……………………………………………………………… 541

注…………………………………………………………………………… 546

人名索引…………………………………………………………… 603

国名索引…………………………………………………………… 607

事項索引…………………………………………………………… 609

ネオリベラル期教育の思想と構造
―書き換えられた教育の原理―

序　章　今日の教育問題とは

　「より裕福な子どもたちのほとんどは保持しているのに、貧困なそして
マイノリティの子どもたちの多くは、制度的な学校教育に向けて家庭で
培われる準備教育[*1]なしに学校に入学する。彼らに対する今日のとてつ
もなく大きな障害となっていることは、教科の言語を習得し[*2]、学校基
盤の諸価値に所属すること[*3]が、新資本主義の世界で成功するためには
必要だということである。しかし、現代では、それらは必要なもの全体
のほんの一部に過ぎない。同時に、最近の標準、テスト、説明責任とい
う体制[*4]は、すべての生徒、とりわけ貧困な子どもに対して『基礎(the
basics)』だけは(だけを)提供するように学校に迫っている。このことは、
もちろん、新資本主義の根底をなすネオリベラル哲学に完全に合致する。
ネオリベラル哲学によれば、あらゆるものは(自由な)市場経済に基づく
べきものであり[*5]、人は支払えるもの(それだけ)を入手すべきもの[*6]だ
と言うのだ。」[1](ジェームズ・ポール・ジー)

　このように、教育制度や文化状況を言語の側面から分析している社会言語
学者のジェームズ・ポール・ジー(James Paul Gee)は、教育によって分裂させ
られる現代社会の論理を解き明かしている。ビジネスとしての学校教育は、
きわめてわずかなものしか与えない。それも、小出しに限定して、商品化し

---

*1 home-based head start
*2 mastery of academic language
*3 affiliation with school-based values
*4 recent standards, testing, and accountability regime
*5 everything should be on a (free) market
*6 people ought to get what (and only what) they can pay for

ていくと言うのだ。

　宗教改革ないしフランス革命以来、学校教育が政治の課題、とりわけ近代的国民国家建設・発展の基礎として扱われてきた。社会的には、それは、人間の権利として理論化され、国際条約によってそれは地球規模で形式的には確認されていた。公的な仕組みが整えられ、基礎的な教育は、国民作りとして万人に保障されるようになった。民主社会を維持するには、平等で公平な教育が、少なくとも義務教育だけは一般に善として受け入れられていた。この時の対立関係は、国家の教育管理と、家族や地域に支えられた学習者本人の自己管理とが対抗軸となっており、平等に重きを置くか個人の差異を許容するかという点で教育政策に具体化されていた。

　ところが、経済活動がグローバルに展開すると、さまざまな思惑とアイデアが合流して、まったく別の意図で学校教育が再組織化されることになる。それが、いつ、誰によって、どのような手続きで行われたのかは判然としない。教育は個人の能力、とりわけ経済的価値を獲得する能力の育成を目的とするように再解釈された。家族や学習者が能力格差、能力の差異を前提にして競争という仕組みの中で有意義な能力を効率よく獲得することが関心事となった。国家管理を排除する「教育の私事性」という対抗軸では、教育の商品化、個人の将来への投資という教育目的、格差を前提とした学力競争を食い止める力にはならなかったのである。

　ジョン・レノンが「イマジン」で夢見た平和な世界は、不思議な形で実現されつつある。マネーが導くネオリベラリズムは、国境も宗教もなぎたおしていくからである。

　ウェストファリア条約によって丸い地球は現代の主権国家に分割されることになった。近代国家の教育は、国民形成という国家主権の根幹をなし、内政と見なされ、諸外国から不可侵の領域であった。ところが、現代は地球がフラットになり、各国の教育行政が世界標準とか国際指標によって測定され、それゆえに各国は国際標準に合わせて学校教育を調整せざるを得なくなっている。国民形成という教育目的は、時には愛国心、祖国への忠誠のように焦点化されることもあったが、それが国境を越える個人の能力の育成へと転換

された。この20年で、鮮やかに内政という教育のルールブックは国際版に転換されつつある。諸国民はこのことをどれだけ理解しているだろうか。

第1部では、なし崩し的に変化してきた教育価値について扱う。第2部では、意図的に整備された教育の商品化についてOECDの取り組みを扱う。

第1節　正解を伝達するのか生徒の探究活動を支援するのか

---

(1) 伝統的教育は民間信仰

「伝統的教育」と呼ばれる従来の教育は、社会的に有意義と判断されるもので、条件（コンテクスト）を限定して適用される知識や技能を伝達することであった。その場合、学習とは、提示された条件（コンテクスト）に合う課題の範囲内で、特定の知識や技能を理解し、習得し、認識構造を発達させる過程と見なされる。この特定の知識や技能は、具体的な内容で示され、カリキュラムの上で学年に配当される。この教育方法をコンテンツ・ベース (contents-based、内容規定型) の教授法と呼ぶ。教師の仕事は、「伝統的内容」を教え、「生徒をテストに準備する」こととされる。カナダの認知心理学者カール・ベライター (Carl Bereiter) は、これは教育ではない、単なる「民間信仰」[*]に過ぎず、このような知識観こそが「多元的知性」[2]の育成を阻害していると批判する。だが、伝統的教育はいっこうに衰退する気配はなく、今日ではハイテク機器が教師の行動を支援し、グローバルな画一化が進んでいる。

この立場では、知識は真理ないし正統な信念であるとみなされ、また知識と技能ともに権威ある者によって真偽判定されていると見なされるので、客観的知識、正解たる知識や技能こそが教育されるべきだと考えられている。さらに、真偽判定できるように検証過程を経るため、教育内容は明確に表現できるものに限定され、教育成果は評価できるもの、さらに今日では測定できるもの (数値化できるもの) に限定されるようになってきている。

ところが、この教育方法では、産業構造が長期にわたって安定していた時

---

[*] folk theory of mind

代ならともかく、複雑な社会変化が生じ、新しい知識が創造され、新しい技能が開発され、一生のうちに複数の職業を経験するような時代には不具合となる。そこで、本来の学習はクリエイティブな（創造的な）ものであり、主体的に知識や技能を獲得するもので、知識や技能を定められた通りに習得する学修とは異なるという主張が社会的に強くなってくる。それどころか、「正解」を教え込む教育は伝統の枠を越える個性や創造性の発現を破壊するのではないかと否定的にとらえる意見が強くなる。これは避けられないことだろう。

しかも、教科書が唯一正しい知識を教えるとか、大学が最先端の知識を蓄えているという時代ではなくなってきている。実際には、マスコミの発達で、例えば原子力発電所の事故や再稼働に際して日本人がそれぞれ抱いたような「原発知識」などに見るように、正しいかどうかの判断基準は人々それぞれに異なってくる。知識そのものが「個人が感じたものすべて」へと拡大されて、教科書通りには行かなくなる。むしろ、知識そのものは日々修正され、更新されるものであって、比較し、省察して知識そのものを吟味する「学び方を学ぶ」[*1]力が重要になる。学習時間よりも学習の質こそが分かれ道なのだ。

(2) 新教育

「新教育」というのは、いつの時代でも「伝統的教育」を根本的に転換しようとする発想である。学習主体である子どもの意欲や関心、内からわき出る学びの心をよりどころとし、「なすことで学ぶ」[*2]という方法により、判断と実行の主体の確立を教育目的とした。この教育方法をコンピテンス・ベースの教授法と呼ぶ。

学びを変えよう、「子ども自身が発する問い」[*3]から始めようという改革は、デューイ（John Dewey）、フレーベル（Friedrich Wilhelm August Fröbel）、モンテッソーリ（Maria Montessori）など、1920年代の「国際新教育運動」で歴史的にはっきりと姿を現してきた。1950年代から1960年代にかけて、ソ連型社会主

---

*1 learning to learn
*2 learning by doing
*3 child's own question

義諸国の教育改革に影響されたカリキュラムの組み替えと中等教育の大衆化が起きてきて、資本主義先進国諸国では「発見学習」[*1]のように伝統的な知識の枠を越えようとする動きが起きた。

学校教育をめぐる教師主導の教授と学修強化か、生徒主導の学習と学習支援の徹底かという二つの道の対立は、ネオリベラル期と呼ばれる1980年代以降、より精緻に理論化されている。それは、個人による「知識構成」の発想が明確になり、「探究の共同体」[*2]という発想とつながって、「社会構成主義」による学校教育が実施され始めたからである。

教師主導の教授と学修強化という過程は、国家カリキュラムなど学習すべき内容を具体的な標準とか目標として作成しておけば、それに準じた指標に基づいて数値化でき、この過程は制御可能なものとなる。また、学習を権利ではなく投資と見なして、より確実な成果をあげることを教育の目的とする。とりわけ、経済成長に資する能力が教育の成果としてふさわしい。これがいわゆるネオリベラル的な教育と呼ばれるものである。ここで学習の成果は、教育の成果にすり替わる。

もう一つの、生徒主導の学習と学習支援の徹底という道は、学びの意欲を喚起しながら探究的学習を促し、学習の社会関係を設定して個人の学びを集団の学びへと学習過程を拡張して、当初に設定された限界を超えてクリエイティブな教えと学びを作り出していく道である。「学び方を学ぶ」[*3]ことや「学び続ける力」が基本的な教育目標となった。それが、生涯学習体制と相まって、変化の激しい時代により適合した教育と学習の理論となる。問題解決能力、コミュニケーション力、語学とICT（情報通信技術）の運用能力、クリエイティビティこそ現代の経済成長を保障する能力であって、正解を覚えさせる教育がこの創造性を損なっているという見解だ。

このように、ネオリベラリズムの土俵の上で教育をめぐる二つの道が争っている。その一つは、教育そのものをビジネスとして、また投資対象として

---

*1 learning by discovery
*2 communities of inquiry
*3 learning to learn

8

制度化しようとする道に他ならない。語学やICTの運用能力も、コンテンツを指定して点数化すれば商品となり、学校はこの商品の直売所となる。この場合、教師の仕事は、販売員としてカリキュラムやシラバスに沿って効率よく知識や技能を伝達し、生徒に学修させることになる。これが一般にネオリベラリズムと解釈されている。

　もう一つの道は、クリエイティビティを生み出せる人間を育てる教育こそ経済成長の死活問題となると主張し、一人ひとりが受け身的な学習を避け、自分の人生と職業に合わせてふさわしい学びを開拓すべきだとする。教師の仕事は、一人ひとりの学びの質を高めるように学習条件を選択・配置・整備し、学びの共同体を組織して集団的な学びを成立させ、生徒に探究的な学びを促すとともに教師自らがアクション・リサーチャーとなって教授と学習を常に改善していくこととなる。コンセプトとしての教育内容は、明確には表現できないものにも広げてとらえられる。したがって学習の評価は自己あるいは現場の教師に任されることになり、制度的な試験よりも汎用的な能力を測ろうとするものとなる。これがコンピテンスが浮上する理由である。

第2節　教師の役割の変化はなぜ必要なのか

---

(1) 明示知は客観的知識か

　1930年頃、ソビエト心理学者のヴィゴツキー (Пев Семенович Выготский; Lev Semenovich Vygotsky) は、学校教育が持ち込んだ「科学的知識」が諸個人が体験から導いた「生活的概念」を再組織、再構造化するという高次心理機能の研究に道を開いた。ここにこそ発達心理学ないし教育心理学の研究課題を集中させるべきだという意味で。

　認知心理学者のカール・ベライターは、現代は「知識時代」と呼ばれながらも、なお「民間理論」は健在であると批判の目を向ける。「児童中心主義、『構成主義』の教育者」「思考力礼賛者」たちは知識を軽視し、逆に学校教育は「基礎に戻れ運動」によって伝統的な教育内容を教えてテスト準備に終始したり、21世紀対応といいながら「コンピュータ利用の切り貼り作業」という「コン

ピュータ・スキル」を教えることで、読み・書き・算の「伝統的ドリル学習」をより強化しつつあるのだと。[3]

このカール・ベライターは、次のような論理学研究者ヒラリー・パットナム（Hilary Whitehall Putnam）の伝統的教育批判を紹介している。「現代の『常識』とは、心にとどめられた記憶にすぎない」。それは、「一枚の絵の端」、しかも「偶然得た絵」でしかなく、トマス・アクィナス（Thomas Aquinas）の時代のように、「かつて検証に費やされたような論理性が求められていないもの」ではないだろうか、と。[4]教育のコンテンツはそれほど根拠があるわけではない。

国際経営とITに関するコンサルティングをして知識資本主義の提唱者であるアラン・バートンジョーンズ（Alan Burton-Jones）は、「知識はグローバル資本の最も重要なものとして急浮上している」[5]と述べている。

そのアラン・バートンジョーンズは、職場における実践を通した働きながらの学習と、「なすことで学ぶ」という知識獲得の原理と、暗示知もしくは暗黙知をコード化して明示知に転換することとを同様のプロセスと見なしている。[6]また、明示知とは「多くの人々に理解できる」「移転が容易」な知識というのが、彼の解釈である。

(2) 客観的知識は人間の自立に格差をもたらす

多くの人々は教科書に書かれたことが基礎的・基本的な正しい知識だとこれまで思い込まされてきた。しかも、知識とは、文章、言葉、数学的な記述などを使って明確に表現できる、いわゆる科学や学問の手続きを経て確認され検証された客観的なものであると解釈してきた。

ところが、アラン・バートンジョーンズは、移転可能性こそが知識の基準であるという。これが、知識経済論特有の知識観のようである。さらに、彼は、大衆は学校で知識を伝達されるだけだが、将来、資本のオーナーや管理者となる者はクリティカルな思想[*]いわゆる「学習」の実践や習慣を大学において得ることができると言う。彼は人間の能力と学歴とを関連づけ、つまり、

---

[*] critical thought

10

知識の学び方に関する社会的な格差を実に率直に述べている。[7]

第3節　教育行政の変革はどのようにして起きてきたのか

---

(1) 学力論はどう支配されているか

さて、OECD国際生徒調査PISAはいつのまにか日本で実施され、それに合わせて日本の教育行政の成果が問われ、教科書や授業のあり方まで変えられつつある。PISA調査導入に関して国会で議論したこともなく日本教育学会などで専門家が慎重に審議したわけでもない。いつの間にかこうなっていたのである。

国際バカロレアという大学入試制度も、近年にわかに日本でも議論されている。そして一時、大学でもアクティブ・ラーニングが流行になった。物事が一斉に動き出すということは、なんらかの大がかりな働きかけがあるというのが大人の推理だろう。

留学や英語が強調されていること、学問分野では理系が注目されていることからみると、おそらく、国民形成を目的としてきた学校教育は、先進諸国が経済成長を確保するために国境を越えて通用する教育へと転換されようとしている。そのような変化がきわめてはっきりするのは、ここ20年の歴史の流れである。それがグローバリズムと呼ばれているのである。

これまで、学力論は様々に展開されてきた。それらは、教育学および教育心理学の見地から議論されているように見えた。しかし、現実には、全国学力テストとか、入試制度改革などきわめて社会的な背景を持って政治的に、しかも国際的な政治潮流となって起きているのである。20年近く前に一騒動となった「低学力」批判、「ゆとり」教育批判は、国内の教育界からの提起ではなく、郵政、医療、教育の民営化を図るグローバルな経済活動の見地から国際的に提起されたものだった。その結果は、日本では大学法人化に、スウェーデンでは学校民営化となって結実している。このような現状を見ると、国際的な筋書きがあるのではないかと疑うべきだろう。では、この筋書きを書いているのは誰か。極めて少数の意外な集団が、国内の学会や国会・議会

など正式な制度を飛び越えて現実の世界を作り出していることは確かだ。

カナダの公共政策研究者クララ・モルガン (Clara Morgan) は、新保守 (ネオコン) とネオリベラル (新自由主義) の思想家と専門家が連合して、近年、常識や合法的知識[*1]なるものを普及させているのだと指摘している。

　　　「OECDや他の国際組織、国家、専門家集団という、このグローバルな教育構造[*2]は、社会・経済的進歩および公的教育知[*3]に関する言説と身体的行為を再構成し、再生産し、立法化している。」[8]

ここで彼女が言う、「グローバルな教育構造」とは、比較教育研究者フィリップ・ジョーンズ (Phillip W. Jones) が使う用語で、「グローバルな力関係のシステム」[9]のことである。また、「公的教育知」は、米国の教育研究者マイケル・アップル (Michael Apple) の「公式知」[*4][10]から借用したと彼女は説明している。

(2) 少数の専門家が世界の教育行政を支配する

さて、大学も含めて今日の学校教育改革は、「認識共同体」と呼ばれる認識を共にする一部の国際的な専門家集団によって企画 (再文脈化) された「教育学」が、実証的調査[*5]という方法を用いて証拠を示しながら説得的に、つまり、否定しがたい形で、かつ国内管理と国際管理の二重の圧力の下で各国内に「合法的に」普及されてきた結果である。この仕組みを教育界でうまく構築したのがOECDである。OECDは、この専門家集団を集め、実行集団を世界規模で組織でき、しかも出版部を擁して世界にその正当性を発信でき、なおかつ行政官を通じて世界各国の教育政策に影響を与えるという、世界最大の教育アクター (活動主体、actor) に変貌した。

ここで「認識共同体」と呼ぶ専門家集団とは、米国の国際政治学者ピーター・ハース (Peter M. Haas) が提起した「知識を共通する専門家のネットワーク」[11]のことである。この「認識共同体 (epistemic community)」は知識人

[*1] common-sense or legitimated knowledge
[*2] global architecture of education
[*3] official educational knowledge
[*4] official knowledge
[*5] empirical assessments

共同体とか、とりわけ情報処理に関する学際的研究者共同体とも解釈できる。epistemology とは、認識論と訳すが、現代では theory of knowledge とも呼ばれ、「知識の理論」ないし IB 教育の「知の理論 (TOK)」に通ずるきわめて現代的な知識の取り扱いを指し示すものである。

(3) 少数の専門家を組織する国際組織

OECD は、「中心的な『認識共同体』と称されるようになった」。「この知識人共同体は、文字通り真理を生み出すわけではないが[*1]、知的な理念を伴って深い共感を呼ぶ知識を提供している[*2]」[12]のだ。そして、その手法は「同僚評価」「行動計画設定」[*3]などと言われる、比較データを提示して否定しがたい形で誘導する「ソフトなルール」で支配していくというものである。

教育学とは、バジル・バーンステイン (Basil Bernstein) の言う、知識の選択、配列、進度というカリキュラム、教育方法、評価など再文脈化のシステム全体をさす「ペダゴジー (pedagogie;pedagogy)」のことである。[13]本来は、教員一人ひとりが教育学という専門職性を習得していて、授業作りは目の前にいる生徒と身の回りの教育条件に合わせて専門職性を発揮することであった。

国内管理と国際管理の二重の圧力とは、各国の政策立案が二重の「説明責任メカニズム」[*4]を求められることによって各国の行政の政策立案集団が国際的な専門家集団と共通利害で結びつき、それぞれの意図を果たしていく。このような状態を、米国の政治学者ロバート・パットナム (Robert D. Putnum) は、「二段構えのゲーム」[*5] [14]と呼んだ。もし規制が強くて障壁となっている場合には、政治が国内管理を打破するために、日本においては「特区」という手法で岩盤を破壊し国際管理をストレートに持ち込ませる方法がとられている。

「合法的に」とは、国内法の理念を無視し、民主的な手続きを経ないで、

---

*1 not literally generate the truth
*2 provide profoundly consensual knowledge with epistemic ideas
*3 agenda setting
*4 accountability mechanisms
*5 Two-Level Games

また国内の研究や学問の検証も受けないで、それが国内を大きく変更するにも関わらず、行政的手続きとして国際機関の企画した政策をそのまま実施してしまうことで、国民はこれを阻止できない状況を指す。ドイツの国際法研究者ボダンディ（Armin von Bogdandy）とゴールドマン（Matthias Goldman）は、OECDの「生徒の学習到達度調査（PISA）」がなぜ国際標準として各国に定着していったのかを分析する際に、この概念を使用した。[15]

クララ・モルガンの仮説をことばを補って解釈すれば、以上のようになる。そして、この認識共同体と呼ばれる専門家集団を組織し、活動の場を与え、教育に関する知識を組織し、「グローバル経済の要請」[*1]という「断り難い言説」[*2][16]を世界に普及しているのがOECDやEU、APEC（アジア太平洋経済協力）やUNESCO、World Bank（世界銀行）といった政府間国際組織（IGO）ないし国際組織（IO）なのだと研究者たちは指摘する。

UNESCOは、教育政策の最も古い、また最も幅広い活動組織である。OECDは、西欧の資本主義経済にとって知識が重要であることを指摘し、教育分野で、とりわけ1990年代に影響力を増した活動主体である。World Bankは、発展途上国の教育改革に対して主要な財源となり、個人主義と市場原理を強化するという目的を推進した。総じて、これらの国際組織はこれまでの公立教育施設を民営化して、「教育の市場化と再商品化」[*3][17]を引き起こしていると研究者たちから指摘されている。

とりわけ、教育の分野で着々と国際標準を作り出しているのは、EU欧州委員会の教育文化総局とOECDの教育委員会（現教育政策委員会）ならびにCERI（教育研究革新センター）なのである。

オーストラリアの教育政策研究者のミリアム・ヘンリー（Miriam Henry）、ボブ・リンガード（Bob Lingard）、フェイザル・リズヴィ（Fazal Rizvi）、サンドラ・テイラー（Sandra Taylor）は、

　　　「OECDは、グローバル化に関する支配的なネオリベラル文献の「中心

---

*1 imperatives of the global economy

*2 cajoling discourse

*3 *marketization* and re-commodification of education

的調音器官」[*1]となっている。」[18]

とOECDの調整的役割を重視しているが、当のリズヴィは、

> 「伝統的には教育的な考えを自由に交換し合う場所であったOECDは、あらかじめ決定されているグローバル化ならびに教育面へのその運用に向けて加盟国や非加盟国に対し影響力を発揮し、断り切れなくし、方向付けることで、政策立案者であると自認するまでになってしまった」[19]

と言い換えている。

(4) 学校から職場まで一気通貫の学力とは

さて、アラン・バートンジョーンズが語る率直なことばに戻ろう。

知識基盤経済は、「教育、学習、労働」という3者の伝統的な関係を再編成して「教育と産業の新たな連合」を構築することに焦点を置いていると、彼は指摘している。[20]しかしそれは、教育は地域ごとに提供される「公的サービス (*public service*)」ではなく、グローバルな「ビジネス (*business*)」なのだと、基本的な性格付けが提示される。[21]さらに、「受益者負担原理は経済感覚を作り出す究極の唯一の原理なのである」[22]と説明されていて、教育が権利から投資へと転換されていることがアラン・バートンジョーンズによってはっきりと明文化されている。

同様に、OECDという国際経済機構の戦略を読み取ると、国際標準の学力をコンピテンシーと設定し直して、学校－大学－職場と一貫した能力観を確立しようとしているように見える。そうすれば、個人が教育に投資する環境が生涯にわたって一貫して整備されることになる。

「教育に対する『グローバル経済の要請』」とは、「ネオリベラリズムが考えついた要求」[*2]ということで、「文化的実践のハイブリッド」に行き着くのだが、これは「文化横断的スキルの領域、『グローバル・コンピテンス』と呼ばれているものを発達させる必要性」[*3]を意味する。そうなると、「独自の優先

---

*1 key articulator
*2 neo-liberal imaginary demands
*3 the need to develop a range of cross-cultural skills and what has been referred to as 'global competence'

的な教育課題をまったく自由に選択できる国がほとんどなくなってしまう」[*]のである。[23]

　もう一つの大きな動きは、教育制度が国際的に統一され、さらに職業資格制度を維持するヨーロッパ諸国が生涯学習制度を整備しつつあることだ。これもまた、国民教育という歴史的な民族文化という壁を一挙に撤去して「学校・大学－学習－職場」つまりフォーマルな教育、インフォーマルな教育、職場という広大な教育マーケットを国境を越えて作り出す仕掛けでもある。

(5) 1996年にさまざまな仕掛けが

　さまざまな動きをたどっていくと、1996年のOECDは教育に関して際立った論理転換を行っている。一つは、EUの設定した「欧州生涯学習年」に呼応してOECDがリカレント教育論から生涯学習論へと教育制度観を転換したことである。この違いは何か。技術革新の影響によって、同じ職業でも労働内容やその質の向上が生じてくる。そのために、現職のまま労働生産性を向上させる追加的な教育がリカレント教育（再教育）であった。この場合は、一生に一つの職業が前提となっている。ところが、技術革新は職業構造の変化もまたもたらすために、労働者は失業に行き着くことになる。そこで、新しい職に向けて再度の学習を経て転職することになり、一生に複数回の職業選択を経験する時代がやってくる。これが、生涯教育と生涯学習という制度の本質である。

　生涯学習論の採用によってフロント・エンドの教育、すなわち学齢期を設定して社会人になるまでに教育を完了しておくという義務教育ないし国民教育の課題が消滅する。その結果、論理的には「落ちこぼれ」も「落ちこぼし」という概念もなくなる。同時に、「人格の完成」という教育目的、すなわち人々を人間として育てるという課題の希薄化を生む。また、教育格差を縮めようとする教育による平等化という思想も雲散霧消し、生涯にわたる競争と教育投資論への露払いとなった。遅くとも大学入学時点でフロント・エンドの教育は終了するはずであったが、学校教育の焦点は大学入学後の教育、そ

---

[*] few nations entirely free to choose their own educational priorities

れも職場に直結した能力の育成へと移っていった。国民を育てるという教育は、諸個人の能力を育成する教育へと移った。この意味で生涯学習の制度が教育の哲学に与えた影響は計り知れない。

1996年のOECDのもう一つの変化は、「知識基盤経済論」を提起して、それに対応できるように知識観を転換し、暗黙知の経済的価値を認めたことである。それまでは、専門家が学問の科学的な手続きを経て客観的に確立したものが知識であった。そのために、知識を習得することは、歴史的に蓄積された文化財を理解するという手間暇かかるプロセスであって、児童労働から子どもたちを引き離して学校にてじっくり学ばせようとしたわけである。これが義務教育の原点である。ところが、知識は各自が経験の中で構成するものであり、それを他者が利用できるようなグローバルに通用する表現形態に置き換えることが知識基盤経済の新たな課題になった。学校は、子どもたちが学んだ知識を応用したり、新たな知識を構成する力、すなわちコンピテンスを育成すべきで、「学び方を学ぶ」「なすことで学ぶ」という方法、すなわちアクティブ・ラーニング、コミュニケーション、問題解決学習、プロジェクト学習によって、受け身の学習ではなく探究的な学習といった新しい学びが提起されることになったのである。

まさに、ネオリベラリズム期教育の二大特徴である「生涯学習」と「コンピテンス」が1996年にヨーロッパで明確化されたのだが、OECDがこの2つを結びつける役割を果たし、教育の原理を書き換えた旗手となるのである。

では、ネオリベラリズムは、全体として拒否できないのだろうか。福祉国家を維持し、教育の商品化をできるだけ食い止めながら、民主主義とネオリベラリズムとのバランスを図るという国が地上にいくつかある。OECDのCERIは、ある報告書のエグゼクティブ・サマリー（執行部要約）で次のように明文化した。

「教育は福利（ウェル・ビーイング）と社会進歩に重要な役割を果たすことができる[1]。しかも、費用対効果の高いアプローチであると考えられる[2]。」24

---

[1] Education can play a significant role in promoting well-being and social progress
[2] Moreover, it can be considered a cost-effective approach

表序-1　パラダイムの転換

歴史段階	近代(現代) モダニズム	ポストモダニズム(1970s) ネオリベラリズム(1980s) グローバリズム(1990s)	
	国家主義、自国第一主義 民族、ナショナリズム 国家主権	グローバリズム 越境	
学力が対応する職業	生産業 労働 関税、保護主義	サービス業 自由貿易 金融	
政治勢力	保守派、コンサーバティブ	ネオリベラル伝統派、ニューライト、ネオコン	ネオリベラル改革派、国際派、ニューレフト
教育目的	国民形成 均質な知識・技能の国民	就職への投資 商品販売	労働生産性への投資 一人ひとり異質な能力
教育方法	訓練 詰め込み 平等(equality)=均一	悉皆式国家テスト 個人の得点競争	サンプル式国家テスト 能力のレベル特定(水準) 公正(equity)
教育目標	同質な国民、 国民像の個体化 出世(高い地位)		能力ある個人の育成 多様性と個性化 出世(出し抜く能力と富)
期待される能力の質	知識量と技能の正確さ・スピード		イノベイティブでクリエイティブ 創造力
社会性の育成	協調性 同質性		リーダーシップ コミュニケーション力
教育内容	大量の知識 正しい知識 パターン化された技能		コンピテンス、活用力 構成主義、学ぶ力、探究 考え方、高度な思考技能
教職専門	伝達		学習支援 生徒同士の協同・協働 コミュニケーション力 ICT
混在の現状		新しい教育学的二面獣	

この文言がその国際経済機構加盟国で合意できる上手な表現ということなのだろうか。

なお、本書では、引用はできうる限り原典にあたって確認し、かつ訳語を統一している。たとえば、efficiencyは能率という訳もあったが効率と統一した。とりわけ、コンピテンス、コンピテンシーは、能力とは訳し分けることにした。したがって、本稿の訳語は福田の責任である。

本書を理解していただくおよその見取り図は、**表序-1**のようである。表中にあるコンサーバティブとネオコンの違いは、コンサーバティブが国家主権の枠で伝統的教育を推進するのに対して、ネオコンはグローバル経済の枠で伝統的教育を推進することである。

メルボルン大学の教育政策研究者のスチーブン・ディンハム (Stephen Dinham) は、米国と英国の教育行政モデルがオーストラリアに多大な影響を及ぼして、教育を危機に貶めているが、そのせいでその他の国も含めて教育関係者たちに以下のような根拠のない神話、「事実」さもなくば信仰[1]が広がっていると指摘する。

「公教育は失敗している。

国際テストは公立学校の没落を示す真の秤である。

私立学校は公立学校より優れている。

政府資金の独立営利学校[2]は私立学校よりも優れている。

公立学校により大きな権限を与えれば、(そのうち)成果が上がる。

より大きな説明責任が公立学校の成果を上げる。

金が問題ではない。公教育に財政を増加しても生徒の到達度の改善にならなかった。

教師は生徒の到達度にもっとも大きな影響を及ぼす。

業績給[3]や出来高払い[4]は教員の質を改善する解決策だ。

---

[1] myths, 'facts' or beliefs
[2] independent for-profit schools
[3] merit pay
[4] payment by results

終身雇用の廃止、無能力教師[*1]の解雇が生徒のより大きな達成度をもたらす。

学校には、成果を基盤にして財源が割り当てられるべきだ。

カリキュラムは、「左翼」に占領されている。

学校は、産業が求めるスキルや能力[*2]を生み出していない。

21世紀の学校で、21世紀スキルが教えられていない。

テクノロジーが何事も変えつつある。

教員養成が効果を上げていない。教員資格の価値が信用できない。

貧困の結果は克服できないほどに大きい。

教育研究は何らの解決ももたらさない。

民間人[*3]が公立学校をリードすべきだ。

選択、競争、民営化、自由市場が教育に関するほとんど全ての質問に対する答えだ。」[25]

これは、われわれがよく耳にし目にするネオリベラリズムの言説だ。

本書は、資本主義経済の世界となり近代の主権国家のもとでできあがった国民教育が国境を越えたグローバルな教育に組み代わる様子を描いている。だが、完全に転換したわけではなく、転換するにしても民主主義を強調するか、経済成長を強調するか、教育行政の管理を目的とするかなどの判断要因によって異なる様相を呈している。しかし、動いていることは確かで、国策としての国民教育は、グローバルな経済人として能力のある個人の育成へと変化せざるを得ない局面に入ってきている。その時、社会は教育をどのような論理で支えるのか、それが一人ひとりに、とりわけ親を含めた教育関係者に問われているのではないだろうか。

---

*1 poor teachers
*2 capabilities
*3 non-educators

第1部　政治視点から経済視点への転換
―学校・大学・職場に一貫するグローバルな投資環境整備として―

第1章　グローバル時代の大学―国際的な学力とは

第2章　教育投資の拡大と義務教育の喪失
　　　　―生涯学習制度の意味

第3章　グローバルな大学改革の始まり

第4章　生涯学習論の再提起

第 1 部　序

　「教育のようなある学問領域ではネオリベラルが、アカデミックなものとは対立して、専門職労働ベースの実践に集中してきたように見える。とりわけ教員養成と関連してそれが起きている。このことが、専門職目標と関連して、専門職博士の開発だけでなく、新しい理論文献もまた促している。ショーン著『省察的実践家』[*1] (1983年) は、実践家が専門職能力[*2]を強化するプロセスの理解を提供している。さらにレーヴとヴェンガーの『状況づけられた学習』[*3](1991年)やヴェンガーとスナイダーの『実践の共同体』[*4] (2000年) といった概念は、『省察的実践家』と同様に、専門労働の世界への準備として、アカデミックな理論を新しい理解に移転させて理論的インフラを構築するための『経験学習』[*5]『クリティカル・シンキング』『クリティカルな振り返り』とリンクしている。実践家的研究[*6]への高まる強調、労働ベースの学習[*7]への増大する強調の傾向と同様に、大学の外に代替的な知識のリソースが成長し、エリートシステムとしての高等教育から大衆システムとしての高等教育への転換が起き、概して高等教育一般が職業主義かつ専門主義へと転換してきている。それに加えて、大学の内部に、新しい形態の知識の合法性が増してきている。ギボンズたちがモード1の知識とモード2の知識を区別したが(1994年)、それがここでは適切である。モード1の知識は、その利用とは離れてア

[*1] *The Reflective Practitioner*
[*2] professional capabilities
[*3] situated learning
[*4] communities of practice
[*5] experiential learning
[*6] practitioner research
[*7] work-based learning

カデミーの中で伝統的に生産されてきたものである。これとは対照的に、モード2の知識は、労働の世界の機能的実践要請と直接にリンクして、使用されながら[*1]生産される知識である。」[1]（マイケル・ピーターズ『ネオリベラリズムとその後』）

　教育のルールブックは書き換えられた。一つは、教育そのものを商品とするルールブックに。もう一つは、商品を生む能力こそを育成することが教育なのだというルールブックに。米国は前者の傾向が強く、ヨーロッパは後者の傾向が強い。別の言い方をすれば、ネオリベラル伝統派とネオリベラル改革派と呼べるだろう。だが、深刻なことには、古い教育学が崩壊状態にあるにもかかわらず、大学入試をはじめとするルールブックの書き換えに対して人権としての教育という立場から有効な理念が提示できていない。国際人権規約や子どもの権利条約など、かつては国際機関で人類共通のルール作りが進展した。それがこの30年ほどで見事にひっくり返っている。

　それでもなお、改革の可能性はある。ボブ・リンガードとフェイザル・リズヴィが指摘するように、OECDの教育活動は「幅広い経済目的」と関連しており、「ネオリベラルと社会民主主義の間の緊張関係」[*2][2]があるからである。米国とEUとの差異がOECD内に微妙な対立を生み出している。

　国際標準を作り出す場合にも、途中のプロセスにおいては熾烈な闘争も繰り広げられている。権利としての教育が商品としての教育に転換された後、市場優先の競争・闘争原理に落ちぶれるか、それともこれを食い止めるために社会結束の維持を優先して市場をコントロールしようとするのか、このように論理が衝突している。

[*1] in-use
[*2] tension between the neo-liberal and the social democratic

第1章　グローバル時代の大学——国際的な学力とは

「消費行動というのは、……すぐに商品が交付されることを原則とします。……人々が望むものは、貨幣の投入から商品の交付までのタイムラグができるだけ短いことです。……消費者マインドは等価交換を望み、等価交換は無時間モデルですから、高等教育の場でも子どもたちが『学び』の動機づけを失います。」

「シラバスはジョブ・ディスクリプションだから……これは高等教育の自殺の一つの徴候だと私は思っています。自分がこれから何を学ぶかについて、学生があらかじめ知っているということを前提にしては、学びは成立しないからです。」[1]

(内田樹『下流志向』)

「現代の社会政策の主な源泉は、人間のニーズや労働力が商品化され、それゆえにわれわれの福利が貨幣経済に依存するようになるというプロセスにある。」[2]

(エスピンアンデルセン『福祉資本主義の三つの世界』)

「要するに、20世紀における教育の歴史は、進歩主義の歴史ではなく、『営利的価値』、および新しく起きつつあった資本主義体制における権威と特権のピラミッドを反映した社会関係とが、学校に強要されていった歴史である。この間の米国教育の発展は、……ジョン・デューイやジェーン・アダムズの楽観的な主張によって導かれたものではなかった。むしろ、フレデリック・テイラーと『科学的管理』の時間・動作志向が、仕事の細分化、官僚機構とトップ・ダウン的管理の強要をともないながら、支配的な役割を果たしてきたのである。」[3]

(ボウルズ、ギンタス『アメリカ資本主義と学校教育』)

予想通りに、目に見える成果がたちどころに出てこないと商品にならないということらしい。商品とすると、買い手(学生)が予想したとおりの味(授業内容)にしないと不満が出る。つまり、「意外な驚きのほとんど存在しない」ことが大学の授業の理想となる。つまらないことだ。矛盾を隠すのがアクティブ・ラーニングだとしたら、さらにつまらなくなる。

問題はどこにあるかといえば、教育という営みは「産業(インダストリイ)」なのか、つまり教育の成果は「商品」なのかという疑問に尽きる。それはつまり、フランス革命で提起された権利としての教育という思想と、子育てや教育を含む人間のあらゆる行為を商品化してしまおうとする、新しく起きてきた思想との人類史的な対決にある。教育は、愛に似て、必要だから行うのであって、成果は定めがたい。たとえ見返りがなくてもそれは行うべきものである。それは人の道である。それなのになぜ成果が求められるのか。

教育が商品となると、驚くべきことだが、学習の成果は学校や行政の成果へとハイジャックされてしまう。生徒の成果は、教師の成果へとすり替わってしまうのである。法人化といわれる大学の管理・経営が、どのような思想的背景を持って、いつごろ、どこからもたらされたのか。そのことを論じたい。教育が乗っ取られつつある現場に目を向けてみよう。

第1節　大学の変貌

(1) 日本では大学は

日本では、明治以降、義務教育と高等教育とはまったく異なる教育論理で編成されてきた。たとえば、憲法第26条には「教育を受ける権利」が明記されているが、この解釈をめぐって旭川学テ最高裁判所大法廷判例(1976年5月21日)によると、

> 「特に、みずから学習することのできない子どもは、……教育を自己に施すことを大人一般に対して要求する権利を有する」
>
> 「大学教育の場合には、学生が一応教授内容を批判する能力を備えていると考えられるのに対し、普通教育においては、児童生徒にこのような

能力がなく、教師が児童生徒に対して強い影響力、支配力を有すること
を考え、……普通教育における教師に完全な教授の自由を認めることは、
とうてい許されないところといわなければならない」[4]

と理論づけている。

つまり「子どもは」「自ら学習すること」ができないという前提で日本の法
理論は成り立っている。教育権は子どもにあるが、子どもは自ら学習できな
いので「大人」が保護しなくてはならないというのだ。かくして、子どもは
批判できないので教師は間違ったことを教えてはならず、国の確認した正解
を国の認める方法で、検定済教科書を使って、その通りに教えなくてはなら
ないということになる。こうして国民の教育権は国の教育権にすり替わるの
である。そして、結果的に、子どもたちが学習する権利は就学義務へと法理
論によってすり替わるのである。

だがそれでもこの憲法論理を裏返せば、大学生は子ども(18歳未満)では
ないので大学には「教師に完全な教授の自由を認める」ことが許されるとい
う論理になっている。戦後日本の大学では何をどう教えるかは教員に任され
ているはずだった。

(2) かつて日本の大学では

ある教育学研究者が次のようなエピソードを紹介している。

　　「私が大学時代に受けたもっとも印象深い講義は、当時大阪大学教養部
　　(のちに京都大学、東京大学に転出)におられた吉田民人先生の社会学の授
　　業である。この先生は一年間まったく手ぶらで授業をされ、いつも世間
　　話のような身近な話から始められた。そして授業の最後のほうになると
　　『てなことをマックス・ウェーバーっていう学者が言ってたんだよな』など
　　と締めくくられたのである。決してまねのできない名人芸であると今で
　　も思っている。」[5]

大学の先生が、世界的な学問の原理を身の回りの出来事にあてはめて学生
たちが納得いくようにわかりやすく説明したということだ。そしてよき研究
がよき教育になって反映している大学ならではのすばらしい授業だった、と

いうことだろう。

　なぜそのようなことが日本の大学では許されていたのか。まず、大学教育のとらえ方が問題となる。授業料は有料であったにしても、その授業料で入手するのは「ある大学で一定期間に研究したり専門性を主体的に学ぶ環境」であり、時間的・空間的な利便性、いわば霊験あらたかな修行の地への入山料のようなものであって、教育成果ではなかったのである。学習の成果は、本人の努力いかんであり、大学が責任を問われる筋合いのものではなかった。その見解の限りでは、大学独自、教員独自の授業展開が許されることになる。学生もまた、何かを学ぼうとする姿勢が生きてくることになり、学び方も人それぞれで、同じ教えを受けても成果は学ぶ人によって異なっているということになる。つい最近までの日本の大学では、また日本の社会では、それでもよいと見なされていたということだ。成果は、いつ、どのように表に現れてくるのかもわからないものと学生も教員もそう構えていた。だからこそ学生時代は、自分は何者か、何をしたいのか、どう生きるかという問いをじっくりと探る時期でもあった。モラトリアムは、詰め込み型の日本の学校教育制度の成果を修正する必要不可欠の意味ある時空であったのである。

(3) スウェーデンでも

　スウェーデンでクリエイティビティの研究をしている教育学者アナ・ヘアバト (Anna Herbert) を教育学の道に導いたのは、一人の大学教員だった。2000年頃、博士号を取得するために再び母校に戻り、この教員の指導を受けることになった。この教員の授業は、終わりが誰にもわからないという学生泣かせのものだった。しかし、この教員は、教育には常に新しいアイディアを取り入れること、そのためには教育にミスはつきものだと心得ていた。この教員は、学生の知的可能性を固く信じていた。学生たちのクリエイティビティを引き出すことはうまかったが、心の内から何も考えが浮かばないというような学生にはこの授業はショックだった。この教員は、ヘアバトにフランスの精神分析学者ジャック・ラカンを薦めた。最初のうちは、どうしてこんな複雑な理論に取り組まなければならないのか、ヘアバトには理解でき

28　第1部　政治視点から経済視点への転換

なかった。しかし、その後ヘアバトは、このラカンを通じて、表面には現れ
ない潜在意識下のプロセスがクリエイティビティには重要なのだと考えるよ
うになる。ラカンによれば、乳児は鏡に映った自分を見たときに自意識らし
きものを獲得するという。このような理論を知ってから、ヘアバトは、自分
と他者との間の空間における緊張関係が新しいものを発生させるのだという
研究を進めていくことになった。[6]

　今日の大学管理では、シラバスによって授業内容を予告し、それに基づい
て学生が授業を選択するので、予想通りの成果を出すことが教員には求め
られている。しかも、その期間は、1年の授業が半年のセメスター制になり、
今や4学期制とか6学期制へと短期間になりつつある。これは大学全体では
なく、個々の授業の成果をわかりやすくして見えるもの、取り出せるものに
しようとする試みである。大学の授業は見える化（可視化）を求めてどんどん
短縮されていくのである。なぜなら、関心となっているのは学習の成果では
なく個々の授業の成果なのだから。予想を超えて飛躍的に発達していこう、
真理を探究して未知の世界を突き止めていこうという姿勢は、もはや今日の
教員にも学生にも求められてはいないのかもしれない。

(4) 大学教育は直接的な成果を期待されていなかった

　物理学者のアルベルト・アインシュタイン（Albert Einstein）は、教育の意義
をユニークなことばで語っている。

　　　「教育を次のように定義した人の機知は、けっして誤ってはいなかった
　　　のです。すなわち、『教育とは、学校で習ったことをすべて忘れた後に、残っ
　　　ているものである[*]』と。……また一方、……学校は、人が後で直接生活
　　　で使わねばならなくなる特殊な知識とその遂行を直接に教えるべきだと
　　　いう考えに、私は反対です。……さらに私には、個人を死せる道具のよ
　　　うに扱うことは、反対すべきことに思えるのです。……特殊な知識の習
　　　得ではなく、自分自身で思索し判断するために一般的能力を発達させる

---

* Education is that which remains, if one has forgotten everything he learned in school

ことが常に最も重視すべきことなのです[*1]。自分が主題とする事柄の基本をマスターし[*2]、他人に頼らず独立に思考し働くことを学んだ[*3]人は、自分の行くべき道を確実に見いだす[*4]ばかりではなく、主として細々した知識を習得する訓練を受けた人よりも、進歩と変化に対してよりよく自らを適応させうる[*5]ことでありましょう。」[7]

アインシュタイン自身が「教育とは、学校で習ったことをすべて忘れた後に、残っているものである」という教育論を語ったかのように巷では流布しているが、彼の真意は学校教育の成果は、個別で具体的な知識の寄せ集めではなくて一般的能力の育成であるということだ。そう考えると、細々した知識はそれぞれの人生に合わせて各自が学ぶもので、それを比べたり競ったりさせることは教育の目的ではないという結論が出てくるはずだ。

アインシュタインは、これは上級の学校だけでなく、どの教育段階についても言えることだと述べている。これまでの日本では、大学だけは、アインシュタインのいう原則が適用されてきたことは事実だ。それは、個々の詳しい知識・技能の内容（コンテンツ）ではなく、独立に思考し働く生きる力（コンピテンス）を日本の大学は育成し評価していたということである。そして、このコンピテンスは、残ったものという程度の定めがたいもので、一人ひとりの教師に評価の判断が任されていたのだった。

(5) 大学の単位の始まりは

日本の大学は、単位制を敷くものの、同じ科目でも成績水準は大学によって異なるのは当然のことで、なにを教育するかは完全にその担当教員に任されていた。つまり、なにを教えるかの制限は、大学の科目設定と教える教員の考えに任されてきたのである。教育の質は、厳格に測定することは不可能

---

*1 the development of general ability for independent thinking and judgment should always be placed foremost
*2 master fundamentals of his subject
*3 has learned to think and work independently
*4 surely find his way
*5 better be able to adapt himself to progress and changes

という「常識」が大学にだけはまかり通ってきたのである。

　しかも、『大学設置基準』では、半年の講義の場合、学修時間は90時間だが、一般に授業30時間、家庭学習60時間と判断されている。これを15回の授業割れば、一回の授業は120分となる計算だが、東大が100分授業をしてきた他はどこの大学も90分しか授業をしていない。家庭学習は一回の授業につき4時間必要なのだが、誰一人としてそんなことをしている学生はいない。最低卒業単位は124と法律で定められているが、そんなものは単なる表の論理であり、建前だけの数値であった。

　そもそもことの始まりは、第二次世界大戦後に、米国の方式にならって大学の単位を定めたことにある。1週間平日には8時間、土曜日には5時間、大学の授業で学修するとして、合計45時間の学修を1単位とした。これが年間30週、4年間学修すると120単位ということになった。しかし、日本側は、体育の授業の必要性を主張した。年間1単位、4年分を追加して124単位が『大学設置基準』で定められる卒業単位になった。そこに授業以外の学修を参入するとか、授業の移動時間を確保するという要素が加わって、今日の形になっている。要するに、日本は米国的な制度を取り入れながら、ルールをきわめてゆるく解釈し、現実に合うように、それぞれの大学が抱えた目の前の学生に合うように授業も、教育全体も作り直していたのである。この状態が50年以上も続いた。その間に高度経済成長もあった。バブルがはじけるまで、これで何ら問題はなかった。それこそが日本人の知恵のたまものであった。

　それが、郵政改革と同様、国公立大学は独立行政法人化され、米英金融界の主導する競争原理が導入されてきた。外部評価、学生評価など授業評価の導入。授業内容をシラバスとして事前に公開して、半年15回、その通りに授業をすること。休講には必ず補講をすること、できたら休講をしないこと。試験は16回目にすること。授業選択、説明責任、授業評価を行う、こんな具合だ。

　半年15回で2単位の授業は、90時間の学修を意味するので、1回の授業は6時間分となり、2時間の教室内授業と4時間の教室外学修と見なされる。120分であるはずの授業は、休息や移動の時間として30分を除いて教室内

90分授業でもよいこととされた。科目が異なれば授業内容も異なり、また授業外学修も異なる建前なので、複数の科目を受講する場合には授業だけでなく授業外学修も単純に加算されるべきものと行政的には解釈されている。一日3つの授業をとると、授業外学習は12時間必要となる。クラブ活動もアルバイトもできないことになる。

　これまで日本の大学は、受験体制で振り分けられてきた入学生を相手に格闘してきた。ほんの一部の生徒を除いて、ほとんどは不本意入学者である。自ら何をどう学ぶかも、ほとんど考えてもいない。そのような若者を捕まえて、人生の意義を問いかけ、研究の意義（探究型の学び、本来の学習）を提示して彼らを大学につなぎ止め、4年間かけて若者にやる気を回復してきた。言ってみれば、日本の大学は受験勉強で傷ついた人生にリハビリをやって社会に出て生きていけるように若者が態勢を整える場所になっていた。言わば日本的経営をしてきた。その大学が、米国式に今、急速に変わろうとしている。

(6) 単位制（クレジットシステム）によってヨーロッパの大学がどう変わったか

　ずっと長い間、ドイツの大学は、単位制もなく、何年就学するかは決まっていなかった。大学の授業は科目制で、必要な科目を受講して、ある程度のものを学んだと本人が判断したら、医師や教職などの免許試験、ディプローム試験、マギスター試験などの国家試験論文などを受けて卒業できるという制度である。マギステル（magister、マギスター）は、人文科学系のすべてと、社会科学系の一部の修了資格であり、ディプローム（diplom、ディプロマ、diploma）は、数学・自然科学・工学・経営・経済系のすべてと、社会科学系の一部の修了資格である。いずれも修士にあたるが、この修了資格証書に就職できる職業が明示される形をとった。それ故に、どこの大学に入学するか、どこの大学を卒業するかはそれほど問題にはならなかった。

　ドイツの大学では、4年から5年の標準的な学習期間が定められていたが、平均すると6年かけていたようだ。いつ卒業できるかわからないといういらだちを抱える学生もいたそうだが、それは学習時間の問題ではなく、悟りの境地に似たある種の理解の高みに到達できるかどうかという質の問題であっ

た。さらに、ドイツの大学ではこれまで授業料が徴収されてこなかった。それだけ、利害からいったん離れて自由に学ぶことができた。

　それが、最近、ボローニャ・プロセスに基づいて米国型の単位(credit、クレジット)制に置き換わった。何単位修得すれば、その課程を修了するという制度である。ドイツの大学は、「評価」と「競争」を主体とした米国型の大学へと移行しつつある。

　このドイツの大学に見るように、ヨーロッパの大学全体が米国型を導入しながら、共同して生き残ろうとしている。これまでヨーロッパには私立大学が少なかったが、今起きている大きな変化は、産業と社会の高度化に対応できるように大学進学率を増大させる必要があり、国家財政で維持されてきた大学を拡大し、そのためには市場経済的な競争原理を導入せざるを得ないと各国政府が判断したことである。

　ヨーロッパには、伝統的に職業資格制度が整備されてきて、どこの大学に入学するかよりは大学で何を学ぶかが重要であった。ところが、米国にはこれに匹敵するほどの職業資格制度はなく、能力の有無は大学名で決めるという競争を前提にした就職制度をとっている。そのために、同じ仕事をしてもどの会社に就職するかで給料が異なるのは当たり前のことであった。

　日本は、とりわけ第二次世界大戦後、この米国の大学、米国の就職制度を見習ってきた。多数の私立大学が存在する点では何ら違和感がないが、私立大学が大半を占めるような先進国は、OECD調査によると、日本の他に米国、イスラエル、韓国ぐらいだ。

(7) 大学に成果が求められる

　大学は、専門研究者の集まりで、専門分野の能力認定にはそれぞれの学問分野にて独立して判断されていた。大学はそれぞれの時代の経済的な利益とは直生結びつかない基礎研究を行うものとして社会的に認められてきたのは、基礎的な理論を生み出す最高の研究に支えられてきたからである。したがって、研究と教育は結びついていた。日本では、「モラトリアム」と呼ばれたように、大学教育では一般的な教養と研究的な手法を身につけることが優先

され、学生たちも企業就職の際に具体的な技能の習得状況はそれほど問題にされなかった。

しかし、歴史を振り返ると、この20年ほど、瞬くうちに、大学に研究の発展を求めるだけでなく、社会の要請、とりわけ産業界との結びつきが強調され、政府から大学にイノベーションと変化を求める圧力がかかるようになった。

その始まりは、OECDの『科学の成長と社会』(1971年)、いわゆるブルックスレポートと、英国における『ロスチャイルド報告』(1971年)、米国における「国家ニーズへの応用研究 (RANN)」[8] (1971 ～ 1977年) である。

　　　「これらが意図したのは、科学技術が単に科学それ自体の発展を目的とするのではなく、近代産業国家の多様な産業目的を達成するという重要な役割を担うべきだということだった。」[9]

実際に、1971年10月には、OECD第4回科学閣僚会議が開催されている。会議では、「社会のための科学技術」というテーマのもとに討議が行なわれ、経済成長の促進とならんで生活の質の改善に貢献すべきことが強調された。

大学と産業界の結びつきの強化は、1980年頃からオイルショックから回復しようとする欧米諸国で起きてきた。その原因は、日本やアジアの新興工業国の経済成長に対処するためである。逆に、日本や東アジアの新興工業国は例えば日本の通産省のように、政府機関が民間企業の技術開発を強力に支える仕組み、いわゆる国家イノベーション・システム (NIS) を組んでいた。そのために、大学は、経済界との直接のつながりから免れることができたのである。日本で産学連携という動きが出てくるのは、バブルがはじけて景気後退となった頃のことである。『科学技術基本法』(1995年11月)、『科学技術基本計画』(1996年7月)によって、「科学技術創造立国」を目指すことになった。ここで言う、科学技術とは「人文科学のみに係るものを除いた」ものと定義されていて、学問研究のほとんどをカバーするものである。その科学技術の役割は、「我が国の経済社会の発展と国民の福祉の向上に寄与する」ことが真っ先に規定され、「科学と人文科学との相互のかかわり合いが」求められ、基礎研究についても「必ずしも結び付くものではない」としても、「新

しい現象の発見及び解明並びに独創的な新技術の創出等」が期待された。

2004年に国立大学が法人化されてから、大学にははっきりと教育成果が求められるようになった。また、英語力やICT運用能力なども含めて経済社会基盤を作り出すこと、地域貢献などを含めて新産業の創出が大学の役割であるというように大きく変化した。

第2節　知識を切り売りする

現代では知識や技能といった教育の成果が、学校や教育制度の内に止まらなくなって、広く社会的に、とりわけ経済の分野で評価されるようになった。そもそも知識は、真理の探究から生まれるものだ。知識の価値は、真偽で判断される。そのようなヨーロッパ的な考え方は、米国で変質した。学問の府である大学が求めた高度な知識は、今や経済的価値、実践的な価値に置き換えられ、他の多くの価値が見捨てられてしまっているのである。

(1) 知識を売る

ギリシャの昔、知識を売り物にするソフィストを古代ギリシャの哲学者プラトン (Pláton) は批判したそうだ。当時「教育者」と言えば、奴隷のうち知識のあるものを家庭教師として使用したことに語源を持つ名前なので、教育という行為はそれほど尊敬されていたとは思えない。

中世になると時間は「神の賜」であるから売ることはできないと、つまり、利子を取ってはいけない。こんな論理でユダヤ商人をキリスト教は批判していた。同様に、また、知識は「神の賜」であるから売ることはできないというのも、13世紀、キリスト教法理論の論議の的であった。ところが現実には、13世紀にはすでに学生たちが「人物学業証明書」を求めて諸国遍歴を始めており、知識は経済活動の対象になっていた。

歴史学者のピーター・バーク (Peter Burk) によると、大学や学校が授業料を納めた一般大衆に対して講義を行う公開講座は、17、18世紀を通じて一般化したようで、「知識の小売り」は「17世紀末からずっとロンドン文化の

第1章　グローバル時代の大学─国際的な学力とは　35

一部になった」[10] と記している。

　それでもピーター・バークが指摘するところでは、知識が経済発展に寄与するという点に注目したのは、たった100年ほど前、北米の経済学者たちであるということだ。教育が経済と深い関係にあることが、教育投資論とか教育計画論という分野で経済学者たちによって提起されるのは1950年代に始まる。さらに1960年代になると、きわめてはっきりした形で、「商品としての知識」という論理が経済学者から打ち出されてくる。それは、「1960年代になると、高等教育を受けたいという思いが、永遠のアメリカンドリームに組み込まれるようになった」[11] からだとも指摘されている。こうして、高学歴社会が始まった。

(2) 知識労働論

　1960年頃、経営学者のピーター・ドラッカー（Peter F. Drucker）が「知識労働」「知識労働者」という用語を作り出した、と他ならぬ本人が言っている。[12] ドラッカーは、1909年にウィーンに生まれ、オーストリアと英国で教育を受け、1937年に渡米している。現代経営学の父と呼ばれる彼には、教育と訓練、知識労働と熟練労働とを区別する点で、また知識の体系性を重視する点で、西欧の伝統が色濃く残っている。

　ドラッカーの説明では、第二次世界大戦後、先進工業国、とりわけ米国では「教育爆発」という高学歴化が起こり、労働は「熟練未熟練を問わず手職から知識職へ急速な転換の必要性に直面させられた」という。「知識労働者がまず生まれて、次に知識労働が登場してきた」* のだ、これは「歴史的アクシデント」なのだと。いわば、生産現場に合わせて大学教育が必要になったわけではないという解釈だ。[13]

　　　「われわれは、回り道やまったく無計画な道を通って、75年前にテイラーが目的とした地平にたどりつき、労働に知識を適用することを始めている」[14]

　当時のドラッカーは、生産性の向上とか産業構造を転換させ、労働生産性

---

* the knowledge worker came first and knowledge work second

を上げるために特定の教育をすべきだという主張を掲げたわけではない。む
しろ逆に、「知識を体系的に学んでおく」[*1] [15] ことだと主張した。

　つまり、「現代の経済で開放されたこの新しい職」[*2] は「体系的にカリキュ
ラムに沿って獲得された理論的で概念的な知識[*3] を携えて出発していく」だ
ろうとして、徒弟制度で技術を習得する手職ではなく、「学校で獲得された
知識という土台」[*4] を必要とする知識労働にこれから置き換わっていくだろ
うと予測したのである。[16]

　そのうえで、さらに、知識を労働の中で使うという労働者の働き方に着目
している。経済学が注目する知識の価値は、真偽とか善悪の問題ではなく、
有用性、つまり使えるかどうかだけなのだ。ここに、米国経済の根本的視点
がはっきりと打ち出されている。

　　　「現代の経済の土台は、『科学』というよりは『知識』である。確かに、科
　　　学と科学者は、政治、軍事、経済の分野の中心に突如として登場してきた。
　　　しかし、それは知識にたずさわる者すべてについて言えることだ。」[17]

　　　「ひとたび知識という土台の上に技能を獲得した[*5] 者は、学び方を学ん
　　　だ[*6] ことになる。そのため、さらに新しい異なる技能も速やかに獲得す
　　　ることができる。……知識という土台は、学んだことを忘れさせ、再び
　　　学ぶことを可能にする[*7]。言い換えれば、人々を、ある特定の仕事を一
　　　つの特定のやり方で実行することを知った『職人』[*8] ではなく、知識、技能、
　　　道具を労働に対して使うことができる『テクノロジスト』[*9] とするのであ
　　　る。」[18]

　　　「『知識人』が普通に考える『知識』とは、『知識経済』とか『知識労働』と

---

*1 has learned, learned systematically
*2 the new jobs that open up in the economy
*3 theoretical and conceptual knowledge acquired systematically and in a "course"
*4 knowledge foundation acquired in school
*5 once acquired skill on a knowledge foundation
*6 has learned to learn
*7 knowledge foundation enables people to un-learn and to re-learn
*8 "craftsmen" who know how to do one specific task one specific way
*9 "technologists" who can put knowledge, skills, and tools to work

いうコンテクストで使う『知識』とは、かなり異なっている。知識人にとっては、知識は本の中にあるものだ。しかし、本の中にあるだけでは、単なる『データ』ではないだろうが、『情報』にすぎない。人間が何かを行う際にこの情報を使ってみて初めて知識となるのである[*1]。知識は、電気や貨幣に似て、機能するときに初めて存在する一種のエネルギーである。」[19]

ここで、米国的経営学は、一つ大きな間違いを背負うことになる。知識と経験を切り離してしまうことによって、知識管理を現実離れさせることに道を開いたからである。

ドラッカーは、次のように見解を述べる。

「新しく生まれつつあるどの産業も、知識に直に基礎を置いているという事実は、重要かつ新しいことである。どれ一つ、経験に基礎を置いたりしていない。」[20]

「知識は、中心的な経済リソースとなってきた[*2]。生産力と実行力の土台[*3]は、伝統的に徒弟制度で得られた経験[*4]から、体系的な知識の習得、すなわち組織的制度的教育によって置き換わった。」[21]

「労働者の生産性は、経験を通して獲得された技能よりも、むしろ、学校で学ばれる事柄、つまり概念、理念、理論を働かせる能力[*5]に依存することになろう。」[22]

だから、ドラッカーは、長期の教育を受けた者は熟練労働者にはもうなれないと言いながら、知識と経験の分裂を前提に経済論を進めている。

「高い教育を受けた者の職は、手を使う労働ではなく、心を使う労働である。これが知識職なのである。学んだものがあるとすれば、概念、体系、理念であり、経験ではない。この結果、徒弟制度にはもう適応できない。技能を、5年も8年もかけて伝統的方法で獲得するには年齢が古す

---

*1 Only when a man applies the information to doing something does it become knowledge
*2 Knowledge has become the central economic resource
*3 foundation for productive capacity and performance
*4 experience—acquired traditionally through apprenticeship
*5 ability to put to work concepts, ideas, theories

38　第 1 部　政治視点から経済視点への転換

ぎる。18歳とか20歳まで学校にとどまるような若者は、古いスタイルの
『技能労働者』にはもうなれない。」[23]

ドラッカーは、「『知識経済』への最も重要な一歩は、何はともあれ、科学
的管理法であった」[24]と、フレデリック・テイラー（Frederick Taylor）を高く評
価する。テイラーが気がついたことには、「より多く生産する鍵は『より賢
く労働する』こと」であり、「生産性への鍵は汗水ではなく知識」[*1]だという
ことだ。ドラッカーの評価では、科学的管理法は、「今世紀において最も広
い影響を与えた思想」「世界的に受け入れられ、世界的な影響をもった米国
生まれの思想」[25]だということになる。しかも、そのおかげで、長時間がま
んして働くことではなく、知的に働くことによって生産性を高める道を米国
の産業界が選んだのであり、これによって米国社会では労使対立は避けられ
ているというのだ。

(3) リカレント教育

このような知識経済においては、未熟練労働者が解雇されることになるだ
ろう。労働者は、この経済に対応できるのだろうか。スウェーデンでは、労
働組合側の発案で政府、産業界、労働界が協力して再教育を組織的に開始し
ていることを紹介しながら、「労使の強い協力を得て政府が実施する」[26]労働
者の再教育をドラッカーは提案していた。

日本についても、「終身雇用制は、日本においてさえ、好ましいものでは
ない」と、はっきりと明言する。なぜならば、それは知識経済の中にあるか
らだ。

　　「知識経済においては、技能は知識を基盤としており[*2]、テクノロジー
　　と経済は急速に変化していくので、職の安定として唯一意味を持つのは
　　速やかに学習する能力[*3]なのである。流動する経済と社会において唯
　　一現実的なセキュリティは、変化についていくことを知ること[*4]であ

---

*1 knowledge, not sweat
*2 skill is based on knowledge
*3 capacity to learn fast
*4 to know enough to be able to move

る。」[27]

スウェーデンの例とは、OECDが高く評価したリカレント教育、成人の再教育ということであるが、生涯学習の構想は、ドラッカーの発言のしばらく後に姿を現すことになる。いずれにしても、労使協調路線が見出された。

ここで、米国的経営学は、先に述べたように一つの大きな間違いを背負うことになったわけである。知識を各人の経験から切り離し、単なる手続き・約束事と解釈し、真偽を問うことを止めてしまうことによって、知識管理を現実離れさせることに道を開いたからである。

(4) 知識産業論

1902年にオーストリアで生まれ、1933年に渡米したフリッツ・マッハルプ（Fritz Machlup）は、後に米国経済学の指導的地位につく経済学者である。彼は、知識を計量する方法を推し進めた。その理論書が、『米国における知識の生産と配分』（1962年）である。だが、彼が指摘するには、教育の生産性に関する研究は、1924年にソビエトの経済学者たちが始めたことで、先駆的な研究者スタニスラフ・F・ストルミリン（Станислав Густавович Струмилин）は、

> 「どんな水準の学歴が、およびはたらくもの一人あたりどれほどの学校教育費用が、国家にとって最も適当であるか」[28]

という問を立てていたという。

フリッツ・マッハルプの論を詳しく見てみると以下のようになる。まず彼は、意味のある知識を取り出そうとする。彼は、知識を「最終生産物」と「必要経費」に二分し、さらに前者を「消費」と「投資」に細分した。また後者は、「他の製品やサービスを生産するための必要コスト」*のことであるとした。要するに、意味のある知識は「経済の生産性への効果」が直接見込まれる「投資」である。また、次の知識を生む知識は「必要経費」である。だが、その他は「消費」にすぎないと。たとえば、フリッツ・マッハルプは、「教育と科学研究」

---

* cost element - in the production of other goods or services

40　第1部　政治視点から経済視点への転換

は「投資と見なすべき」[*1]知識を生産しており、これは必要経費である。また、「市場調査や財務分析」は、それ自体が完成品でなく、「生産の流動コストと見なすべき」[*2]だ。しかし、「マンガ本の出版」[*3]や「道化芝居の上演」は「消費と見なすべき」[*4]知識を生産しているにすぎないとマッハルプは考えた。[29]

　マッハルプは、「統計分析では、知識のための投資支出及び消費支出を突き止めることは簡単である」[30]と判断する。しかし、どの知識を投資とみなすか、なかなか決めがたいのが現実であろう。たとえば、マッハルプが否定するまんが本の出版こそ「投資となる知識」ではないかとは考えられないだろうか。価値判断が一定でないのである。経済学は、単純かつ乱暴で恣意的な尺度によって、意味ある知識を切り捨てているということである。教育学と経済学の解釈は相当に異なるであろう。

　マッハルプは、知識の生産を、「自分も他の誰も以前に知らなかったことを知る過程」[31]と定義する。また、その過程は、知識を運搬する者、変形する者、処理する者、解釈する者、分析する者、独創的に創造する者がすべて関わると考える。[32]つまり、知識の生産は、専門の知識人だけがすることではなくて、すべての過程が関連しているものだと見なすわけである。

　さて、フリッツ・マッハルプは、教育を8分類し、そのうち①家庭教育、②学校教育、③職場訓練、④教会教示、⑤軍隊訓練、⑥テレビ教育では、教育という行為は知識の伝達と解釈する。「知識は『教えられる』」[*5]、つまり「教える者によって学ぶ者に伝えられる」[*6]のだという。このことを、「教えるという行為に助けられて学習が行われる」と言い直しているが、「すなわち教授という方法で知識を普及する組織的な努力が行われる類いの教育」とさらに説明している。このことでもわかるように、研究や開発とは違って、教育の目的を知識の伝達に限ってマッハルプは論じている。

---

*1 one may prefer wish to regard as investment
*2 will commonly be regarded as current cost of production
*3 publication of comic papers
*4 one may prefer to regard as consumption
*5 knowledge is "taught"
*6 transmitted to the learner by a teacher

第1章　グローバル時代の大学—国際的な学力とは　41

　フリッツ・マッハルプによると、上記6項目の他に、教育には、⑦自学自習、⑧体験学習というものもあって、これもまた「知識の獲得」[*1] 33 に限られていて、知識の創造とはとらえていない。

　このように、教育の役割を「知識の『普及』」[*2] という「知識の『動き』」[*3] を作り出すことだと定義し、「その知識の蓄積がゆっくり行われるか、急速に増加するか」[*4] ということは十分に意味があることだと判断する。だが、これとても、どの教科を重視するかというような議論が起きてきて、「知識の蓄積」[*5] は「数量的に測定できるものではない」[*6] と結論づける。34 この議論の中で、マッハルプはおもしろい議論をしている。それは、「『可能性』としての知識」[*7] という概念の提起である。「すみやかに読みかつ理解できる基礎的知識」[*8]「文字で書かれた使用書や使用方法を読み把握する能力」[*9] があれば、「印刷物または文字で書かれた伝達手段からたやすく知識を吸収しうる」ので、「読解力の弱い人や読解力のない人の精神に細々とした『現実』の知識を蓄積すること」[*10] よりも意味があると警告している。このように、教育学が陥りやすい詰め込み教育を否定する視点を、経済学はまた有しているのである。

(5) 時間当たりで計られる教育成果

　マッハルプは、教育の役割を「知識の『普及』」という「知識の『流れ』」を作り出すことだと定義し、「その知識の蓄積がゆっくり行われるか、急速に増加するか」ということは十分に意味があることだと判断する。ここに、「効率」の論理が教育に持ち込まれる。

---

*1 acquire knowledge

*2 "distributions" of knowledge

*3 "flow" of knowledge

*4 slow or rapid rise in the stock

*5 stock of knowledge

*6 let alone suitable for numerical measurement

*7 "potential" knowledge

*8 basic knowledge which enables persons to read and comprehend quickly

*9 ability to read and grasp written specifications and directions

*10 masses of "actual" knowledge of specific details present in the minds of poor readers or illiterates

42　第1部　政治視点から経済視点への転換

その教育について、「効率」を問題にしようとするのであるが、「知識は多種多様で比較のできないものである」[*1] [35] とか「学校で教えられる知識の究極的な生産性について確立した理論がない」[*2] [36] と認めながら、学力テストによる学力の国際比較やカリキュラム(教育課程)の国際比較を根拠に、「生徒が知力を伸ばす速度を速める」[*3] [37] という形で「教育目標」を上げることを主張する。ここには、きわめて大きな論理の飛躍があると言わざるを得ないだろう。

　マッハルプのいう、教育が「知識の生産」であるということは、送り手が「受け手の生産能力可能性を将来のために向上させようと意図する」[*4] 行為のことである。そこで、送り手が「おしゃべりをしたいとか、見せびらかしたいという欲望を満足させる」ような教育では、「経済的観点から言って、生産と見なすべきものかどうか疑問が生じる」と首をかしげるのである。[38]

　マッハルプは、問題の焦点を教育サービスが生産される過程ではなく「その人間が他のことを為す将来の生産性に及ぼす効果」[*5] にしぼり、経済学の対象は、教育を行っている現在の便益、喜び、満足といった「教育における生産性」[*6] ではなく、「教育の生産性」[*7] なのだという。なぜならば、生徒・学生の「現在の教育活動」が「将来の生産活動に及ぼす効果」を生み、引き続いて副次的に「経済の生産性[*8] への効果」を生むという意味で「教育の生産性」を考えるとすれば、このことは「教育は投資と考えられる」[*9] ということになるからである、とする。[39]

　しかし、教育は、将来の労働生産性だけでなく、「将来の喜び」、すなわち、「よい書物を読んだり、美術や音楽を鑑賞したり、教養ある人びとと談じたりす

[*1] knowledge is heterogeneous beyond compare
[*2] absence of accepted generalizations about the ultimate productivity of the knowledge taught
[*3] speed-up which stretches the minds of the students
[*4] designed to increase the productive capacity of the recipient for future use
[*5] future productivity of men in doing other things
[*6] productivity in education
[*7] productivity of education
[*8] productivity of economy
[*9] education is regarded as an investment

る喜び」を生産するではないかということをマッハルプは認めるのだが、娯楽は将来もたらす「便益」には役立たないのでこのようなコストは教育投資額に算入すべきでないという意見を紹介し、マッハルプ自身もそれに賛成であると表明している。結局は、当時の米国的な見解に基づき、マッハルプは「将来の物質的な便益する産出」という側面に教育の生産性をしぼっていく。[40]

　教育の生産性の定義に続いて、マッハルプは次のように教育投資の収益性を定義する。

　　　「計算は数量的な測定[*1]ができる場合にのみ可能であるから、教育投資
　　　における収益率の計算[*2]にあたっては、測定できない文化的便益[*3]が省
　　　かれることは理解してもらえるであろう。所得能力[*4]の向上は、学校教
　　　育の効果として測定できる[*5]と考えられる。学校教育をより長く受けた
　　　ことによる将来の便益は、より長く学校教育を受けた者のより高収入に
　　　よって測定される。」

　　　「大学卒と高校卒との所得格差は、大学教育の結果によるものと考え
　　　る。」

　　　「生まれつきの知能、意欲、勤勉、家柄、その他の特質[*6]が平均所得の
　　　違いに大きな関係を持つという事実を一般的には無視することになるが、
　　　それは見落としたわけではなく、それらを考慮するうまい方法[*7]が見つ
　　　からないのである。」[41]

　このようにして経済学は、「うまい方法」が見つからないからという理由で、現実に機能している様々な要因を無視することを身勝手にも宣言する。結局は、格差があるからこそ投資が生まれ、それが商品となるという論理が飛躍に次ぐ飛躍によって強引に筋道立てられたのである。この論理では、人生の

---

*1 numerical measurements
*2 calculation of rates of return on investment
*3 immeasurable cultural benefits
*4 earning capacity
*5 measurable effect of schooling
*6 native intelligence, ambition, industry, family background, and similar advantages
*7 no satisfactory way of taking them into account

豊かさとか相互に助け合う公共心とかは、いわゆる「消費」とみなされ、教育目標として軽視ないし無視されてしまうことになる。

このように、影響を及ぼす要因は多様かつ相互に関連し合い、成果もまた複数で相互に関連し合い環境と本人の意欲によって現れ方が異なるというような、きわめて複雑な教育という営みを、経済学の限界という幼稚で乱暴な論理で将来の収入だけの問題に歪められてしまったのである。しかも、将来の収益は、これまた決めがたく、現在と過去の収入格差から推計していく他はない。

経済学が提起した教育の効果に関する論理は、結局は、大きな集団の統計的な収入格差を根拠にするだけのものであるが、格差があるからこそ投資が生まれ、それが商品となるという論理が筋道立てられたのである。

(6) 知識経済論と教育の接点は

マッハルプは、1969年にネブラスカ大学の創立記念で行った公開講座では、「生産性というものをあまりに狭く理解することを避ける」という注意を払いながら、もう少し詳細に論を展開している。

　　「教育を受けた者が判断し、説得し、鼓舞し、抑制し、意志決定を行う能力を含んで最も広い意味での生産性が増大しない場合でも、教育の効用は認められなければならない」

　　「言いかえれば、教育というものは、たとえそれが、善とか、真とか、美とかに対する鑑識力を高めること以外には何もつくりださないとしても、なお価値があるということである。」

　　「しかしそれにもかかわらず、われわれは、社会に対し高い収益を生む社会的投資のために用いられていることを示すことを望んでいる立法者や行政者の配慮を理解しなければならない。」[42]

言い換えれば、公的に維持される学校教育は社会投資という理由付けを免れえないということである。あるいはまた、教育の便益として次の4項目を挙げている。

　　「E 教育を受けた者あるいは彼らの家族たちに対して生ずる金銭的便益

（貨幣での、あるいはそれと同種の形態の収益）」

「F 教育を受けた者あるいは彼らの家族たちに対して生ずる非金銭的便益（満足、精神的所得）

「G 第三者あるいは社会に対して生ずる金銭的便益（金銭的あるいは税収入）」

「H 第三者あるいは社会に対して生ずる非金銭的便益（満足、精神的所得）」

　その上で、「教育の社会的便益における付加的要素」として時に評価されるのは「技術進歩に対する教育の貢献」のみであると指摘している。[43] ところが、

「戦略上重要である項目は、E、教育を受けた者に対して生ずる金銭的便益である。これらの便益は、付加的教育によって生じるものとされる付加的生涯収入として理解される。」[44]

と、「教育の生産性＝生涯収入格差」いう論法に行き着いてしまうのである。

　そもそも、ソビエト連邦の経済学者ストルミリンでさえ、

「教育への投資に対する収益率についての彼のより最近の計算は、教育を受けて働く者たちの賃金を超えた『余剰生産』[*1] に基礎をおいていない」[45]

と指摘して、労働力の増加、物的資本の増加、労働の質の改善にこそ経済的な意味があるのであって、「非金銭的便益」[*2] の無視は当然であるとマッハルプは主張しているのである。

　結局のところ、フリッツ・マッハルプが打ち立てた経済学によると、測定されるべき教育の価値は、生産に寄与するという点で経済的に意義ある要因で、しかも測定できるものに限られるということになる。そのために、測定されない教育の価値を無視する傾向が生まれてくることになった。

　経済学にとっては余分な価値であっても、人間らしさや心の平和、満足感、生きる喜びといったものは教育学にとっては重要な価値である。これは、ひ

---

*1 surplus product
*2 nonpecuniary benefits

46　第1部　政治視点から経済視点への転換

とえに経済学の問題ではなく、経済以外の教育の価値、測定しにくい教育の価値を社会に定着させてこなかった教育学の問題なのであろう。しかし、別の見方をすれば、マッハルプとは違って、ネオリベラリズムはこの余分な価値、いわゆる能力の非認知的側面をもまた経済行為の対象にしようとしているとも言える。

　それでもこのマッハルプさえ、米国人気質を次のように嘆いている点は驚きである。人文学の研究に対して米国が資金の出し惜しみをするのは、米国にある「根強い反知性主義」[*1]や「『文化』に対する軽蔑」[*2]に由来しており、「真の米国人は農民か事業家かあるいは技術者になるべき」[*3]だと言い、それでいて自然科学すら原子爆弾やミサイル開発という「一種の観戦スポーツ」[*4]ぐらいにしかとらえておらず「アメリカチームがロシアチームに勝つのを見ようというのである」と形容している。知識が生産性を向上させるという論理を、米国人は理解していないのではないか、オーストリア育ちの教養ある経済学者は、落胆したものである。[46]

(7) 知識の商業化と「大きな物語」の終わり

　価値観の変容を国際的に研究しているパリ大学の哲学者ジャンフランソワ・リオタール (Jean-François Lyotard) は、知識の重要性が知識そのものよりも大学という社会システムの「成果主義」として評価されるようになったのは、1930年から1960年にかけて資本主義が復活して、この資本主義が富とサービスの個人的享受に価値をおいたことと無関係でないと論じる。

　　　「動機が力であるならば、伝統的教育法はもはや適切性を欠いている。専門課程の学生、国家、高等教育施設が問うものは、はっきりではないにせよ、もはや『これは真理か』[*5]ではなく、『これは役立つか』[*6]なので

---

*1 deep-rooted anti-intellectualism
*2 disdain for "culture"
*3 a true-blooded American should be a farmer, a businessman, or an engineer
*4 a sort of spectator sport
*5 Is it true?
*6 What use is it?

ある。知識の商業化というコンテクストでは、後者の問いはしばしば『これは売れるか』*1を意味している。力を増大させるというコンテクストでは、『これは効率的か』*2ということになる。実行志向スキルにおけるコンピテンス*3を持つことは、以上述べてきた条件においては、十分に売れるものであり、定義からして効率的だということになる。真か偽か、正義か不正かなどで定義されるコンピテンスは、もはや価値のないものとなり、これはもちろんのこと、実行性が低いということになる。」47

　また、リオタールは、社会で問題にされる「効率」の恣意性を問い、「資金提供者」の望むコンピテンスのみが効率の対象に上っただけだと指摘する。

　　「科学は、効率という実証主義のおかげで拡大発展したのではない。むしろ逆なのだ。……効率は、それそのものとして追求されているわけではない。それは、時には遅れて、つまり資金提供者がついにその事例に興味を持つようになったときに始めて、後から現れる。」48

　リオタールの指摘は、知識は主要な生産手段になってしまったということだ。これまで、知識は概念形態であって公共財、誰にも開放されるべきものとしてみられてきた。真理の探究など、一般の者には無駄とも思えるものが、社会的に認められていた。

　しかし、リオタールはもっと深刻なことを指摘する。国や企業は「決定的な、すなわちきわめて収益性の高い技術イノベーション」を獲得するために研究予算を振り向けようとする。その結果、「成果主義と再商業化という要請は、研究をまずそしてほとんどすべて技術的『応用』へと方向付けてしまう」*4 49ことになる、と。

　言い方を変えて、リオタールは次のようにも説明している。国や企業は、新しい目標のために「理想主義的あるいは人間主義的な正当化の物語」*5を打

---

*1 Is it saleable?
*2 Is it efficient?
*3 competence in a performance-oriented skill
*4 demands for performativity and recommercialization orient research first and foremost toward technological "applications"
*5 the idealist and humanist narratives of legitimation

ち捨てて、「真偽」*1 が関与性を持つ「表示的ゲーム」*2 から、「正当・不当」*3 に属する「規則的ゲーム」*4、「効率・非効率」*5 が判断基準となる「技術的ゲーム」*6 へと移行する。この場合、「力はテロルという手段によって操作される」*7 ことになり、「社会関係の絆は破壊される」*8 のである。50

この指摘を受けて、社会学者のスチーブン・ボール (Stephen J. Ball) は、1980年代から明確になったネオリベラリズムと呼ばれる「新興の議論」、すなわち「富、効率、真実の間に等式が確立される」*9 ということで、この「教育政策および社会政策における成果主義」*10 は、リオタールが言う「『テロ』のシステム」*11 なのだと主張する。51 つまり、リオタールやスチーブン・ボールは、真理を追求するはずの学問が効率を追求する技術へと変化してしまうと、真偽や善悪を判断する民主主義のプロセスが抑圧されて、正義を追求するはずの人間社会が崩壊してしまうと危惧しているのだ。

リオタールは、大きな理論枠組みとして近代 (モダン) からポストモダンへの転換を次のように説明した。52 すなわち「正義」や「真理」、「諸制度の有効性」などが準拠する「メタ言説」、つまり「理性的主体あるいは労働主体の解放」*12 や「富の創出」といった「大きな物語」と理性や自由の進歩という「啓蒙の物語」*13 があって、それが人々に共有されていた。ところが、ポストモダニズムはこの「メタ物語」に対し「不信感」を抱き、飽くなき批判を繰り返す。こうして近代社会の価値体系は破壊されるが、政治学者のフレイザー (Nancy Fraser) とニコルソン (Linda Nicholson) が指摘し、教育学者のヘンリー・ジルー

---

*1 true/false distinction
*2 denotative game
*3 the just/unjust distinction pertains
*4 prescriptive game
*5 the efficient/inefficient distinction
*6 technical game
*7 force operates by means of terror
*8 the social bond is destroyed
*9 An equation between wealth, efficiency, and truth is thus established
*10 performativity in education and social policy
*11 a system of 'terror'
*12 emancipation of the rational or working subject
*13 the Enlightenment narrative

(Henry Giroux) がそれを引用するように、[53] リオタールはこの破壊が「歴史性や偶発性によってつくられたものではない」[54] と主張しているということになるだろうか。

(8) 学習とは知識経済の一部になること

こうしてとり代わったポストモダニズム、言い直せばネオリベラリズムに関するリオタールの指摘を、スチーブン・ボールは、次のように説明している。

「リオタールが書いているように、『説明責任』や『競争』が、この新しい『権力の言説』の共通語になる[*1]。そういった言説は、教育を通じて知識を生産し伝達する両者にとって[*2]、ポスト産業社会における正当性の枠組み[*3]として登場する。」[55]

「教育を受けるということはどういうことか、教師や研究者であるということはどういうことかという、まさに新しいアイデンティティが形成される[*4]のである。このような意味を問い直すことは、ある者にとっては勢力を拡大したり、その権力を強めていくことになるだろう……こうしたことは、生産的であると同時に破壊的でもある[*5]。『専門性の魂をかけた戦い』の中では『勝者』と『敗者』が存在し[*6]、それはこうした意味の問い直しの中に埋め込まれている[*7]のである。われわれは、自ら提供する情報の中で、自分自身を創り上げ、自らを構成する。[*8]われわれは、競争と熱中と品質のための典型的なゲームの中に自らを接続するのである。[*9]」[56]

[*1] 'Accountability' and 'competition' are the lingua franca of this new 'discourse of power'
[*2] for both the production of knowledge and its transmission through education
[*3] form of legitimation in post-industrial societies
[*4] thus are new social identities created
[*5] it is productive as well as destructive
[*6] 'winners' and 'losers' in the 'struggle for the soul of professionalism'
[*7] embedded in this remaking
[*8] We make ourselves up within the information we provide and construct about ourselves.
[*9] We articulate ourselves within the representational games of competition, intensification and quality.

「評価と競争の効果を舵取りする一つの鍵となる局面は、アカデミックな産物を国家的経済競争の必要性に振り向けることであり、それらは次のようなもの、すなわち『市場の交換価値を再組織し、維持し、一般化していくという普遍的なゴール*1を目指す諸政策』に支えられている。」[57]

「われわれはユーザーに親和的になり、さらに『知識経済』の一部分となる。そしてわれわれは、かつての自分以上のものになり得ることを学ぶのである。優越すること、『最高の成果』に到達すること、『立派な情熱』を持つことというある種の誘惑が、ここにはまさしく存在している。」[58]

「競争についての特別な規律が、学校や大学に対して偽装する*2ように、つまり特殊な方法で自己の成果に対処し操作する*3ようにしむける。」

「われわれもまた自分自身を偽装する」[59]

スティーブン・ボールは、ここで、アイデンティティの研究者デュゲイ(Paul Du Gay)のことばを引いて企業的生産形態の普及は組織のクリエイティビティを喪失させると説明する。

「企業形態をあらゆる形態の行為に一般化すること*4は、その組織のアイデンティティとプロジェクトの本性は実際には何かを再定義することで、優先的なプロジェクトを追求する組織の能力を無力化するように働くだろう。」[60]

そして、リオタールの説を借りながら、結局は、大学人が成果主義の枠の中で行動し始めるとスティーブン・ボールは指摘する。

「成果主義の枠組みの中で、大学人や教師*5は自分自身を計算し、自分に『価値を付加し』、自分の生産性を改善し、計算の存在を生きる個人*6として表現し考えるようにしむけられる。彼らは、『自我を起業するもの』

---

*1 the general goal of reorganizing, maintaining and generalising market exchange relationships
*2 encourage schools and universities to fabricate themselves
*3 manage and manipulate their performances in particular ways
*4 the generalisation of an enterprise form to all forms of conduct
*5 academics and teachers
*6 individuals who calculate about themselves, 'add value' to themselves, improve their productivity, live an existence of calculation

第1章　グローバル時代の大学─国際的な学力とは　51

として自らの人生を生きる『起業する主体』になっていく[*1]。』[61]

(9) 米国の大学の変化

第二次世界大戦後に米国が日本に持ち込んだ大学の単位制度は、大学教育の質を、45時間を1単位とする学修時間で測定するというものであった。しかも、米国は日本のさらに先に進んでいった。大学が大衆化されると、役に立つ知識に人々は群がるようになる。米国の大学は大きく変化し、ヨーロッパでかつて成立した大学とは異なる様相を呈するようになった。

1980年に、社会学者のデビット・リースマン (David Riesman) は大学教育を論じる書を刊行しているが、その著書の副題は「学生消費者主義時代の大学」となっている。リースマンは、大学が学生数が減ることを恐れて、「学生に厳しい学問的要求を課すのをためらうようになる」と危惧する。そこで、大学は、競争を意識して提供してくる「学生の『要望』」[*2]と、「学生の『ニーズ』」[*3]とをきちんと区別し、大学生は「教育の受け身的な消費者」[*4]に甘んじることなく、「自分の教育の積極的な生産者」[*5]となるべきだと警告した。[62]

大学の伝統的なカリキュラムは、リベラルアーツと呼ばれる教養科目、ないし自由七科（文法、修辞学、弁証論（論理学）の初級3科と、算術、天文学、幾何学、音楽学の上級4科）である。だが、この伝統的なカリキュラムは、リースマンが注目したあたり、1980年代からははっきりと否定され、職業関連科目に置き換わっていく。これには、文化相対論という西欧文明支配批判が大きな理由となった。米国社会がヨーロッパからの文化的離脱の段階に達したということでもある。歴史学者のイアン・マクニーリー (Ian F. McNeely) とライザ・ウルヴァートン (Lisa Wolverton) は、この現象を、「知性の主観的で人間的な評価」が「大学進学適性試験 (SAT) や学業成績平均点 (GPA) のような定量的な尺度」に取って代わられたこととの「相乗効果」なのだと分析する。そし

[*1] They are to become 'enterprising subjects', who live their lives as 'an enterprise of the self'.
[*2] "wants" of students
[*3] "needs" of students
[*4] passive consumers of education
[*5] active producers of their own education

て、この、伝統的な学問専門分野の崩壊こそ、フンボルト流の研究大学からの「最終的な離脱」だったのだ、とマクニーリーとウルヴァートンが指摘している。[63]ここに、まさに、米国文化の独自性が発揮される。

　こうして、「教育は商品、学習は投資である」という思想が米国社会に広く行き渡った。ここに、まさに、教育に関する独自のアメリカン・スタンダードが形成され、経済力を背景にしてそれが世界に流出することになる。

　著名な経済学者の提唱する知識経済論は、一般的な知識の体系的な習得を前提にしていた。ところが、実際には役に立つ知識を人々は求める。この現実は、もともと米国社会に深く根づいていたものなのかもしれない。大学が大衆化すると、米国の大学は大きく変化し、かつての大学とは異なる様相を呈するようになった。こうして、「教育は商品、学習は投資である」という思想が米国社会に広く行き渡ったわけである。

　さて、ネオリベラリズムは、教育も福祉も医療も含めてあらゆる行為を分業の手法を用いてサービスという商行為に分解しようとする。だが、分解された短期的行為のみを評価しようとすれば、本来の長期にわたる教育目的が放棄されてしまう恐れが極めて大きい。大学は、探究的(研究的)方法を用いて学び、学生が探究的、研究的方法論を身に付ける場である。既知の知識や技能を即戦力として伝達する場ではない。

(10) ドラッカー再び

　ドラッカーが、知識が生産性あるいは経済に直結すると主張し始めるのは、ソ連邦が崩壊するあたり、1990年代前半のことである。

　現代は、「ポスト資本主義社会」に入り、「基礎的な経済資源」、いわゆる「生産手段」は「もはや、資本でも、天然資源(経済学者が言う『土地』)でも『労働』でもない。『それは知識であり、そうなる』[*]」とドラッカーは指摘する。あるいは、

　　　「今や価値は『生産性』と『イノベーション』によって作られるが、その

---

* It is, and will be knowledge

第1章　グローバル時代の大学―国際的な学力とは　53

両方とも知識の労働への適用なのである。」[64]

　このように、新しい意味を持った知識は、「効用としての知識」[*1]すなわち「社会的・経済的成果を実現するための手段としての知識[*2]」[65]であると、ドラッカーは明言する。

　しかも、成果を生むためには、「この知識は高度に専門化されていなければならない」[*3]とドラッカーは言う。しかし、そのような知識は、「リベラル・エデュケーション」で追求されている「『技』あるいは手職」であり、これは「学ぶことも教えることもできない」[*4]「一般法則に言い表せない」[*5]「学習ではなく経験で、教育ではなく訓練で専門化されるもの」[*6]である。今日では、(米国の大学では)この「専門化された知識」を「手職」と呼ばないで「学問分野(ディシプリンズ)」[*7]と呼んでいるのだ、とドラッカーはきわめて新しい知識論を展開する。そして、この「学問分野」が「手職」を「エンジニアリング、科学的方法、量的手法、医師の差異診断法」[*8]という方法論に変換する。つまり、おのおのの学問分野が、「逸話を情報に変換し」「技能を教え学ぶことができるものに変換する」のであると。[66]

　ドラッカーは、かつて否定した「経験」の世界を、高度な知識の世界なのだと再評価して、米国の大学は実学を教えるところになったと言いきっているわけだ。結局、経済学は、生産性を向上させる能力の育成のみに関心を示し、数値に表せない要素には関心を持っていないということがはっきりする。そしてまた、ドラッカーによれば、米国では、大学の研究者は真理の飽くなき探究者ではなく、高度な経験や技を見える形にして、伝達可能な「学問分野(ディシプリンズ)」へと整理する職人でよいのだと考えられているというこ

---

*1 knowledge as a utility

*2 knowledge as the means to obtain social and economic results

*3 this knowledge has to be highly specialized

*4 neither be learned nor taught

*5 nor did it imply any general principle whatever

*6 specific and specialized — experience rather than learning, training rather than schooling

*7 disciplines

*8 engineering, the scientific method, the quantitative method, or the physician's differential diagnosis

54　第1部　政治視点から経済視点への転換

とだ。この考えは、2000年代の日本に、大学法人化とともに持ち込まれることとなる。

第3節　教育管理に効率を持ち込め

　人間の能力は数量で測ることができるという思想は、学校教育をきわめて制限ないし破壊することになった。テストは、教育を商品化するインフラであり、さまざまな価値尺度を世界標準として確立していく動きがグローバリズムである。

(1) ヨーロッパ近代科学と数量化、測定可能性と法則化―西欧近代の精神

　人間の発達や学習を、ある時点、あるいは短時間の時間間隔でとらえようとするのが時間管理だとすれば、人間の持つ諸能力の一断面だけを見ようとするのが数量化である。

　私たちは、学力は数値に表せるのではないかと考えているが、学力をはじめ、多くの資質は数値にも、ことばにも表しにくいものである。ではいつ頃、数量化が正統視されるようになったのであろうか。

　西欧人が「絶対的な時間と絶対的な空間」の当否を考え始めたのは中世後期からルネサンス期にかけてであるとされる。14世紀の大学では、形無きものを捉えようと学者たちが努力を重ねており、熱さ、明るさ、色、音などを測ろうとしていた。「確実さや徳や優美さといった性質まで数量化しようと試みた」[67]のだという。

　16世紀は天文学と地図制作技術など測量技術が発展し、人間は「流動する現実世界を静止させ、四分儀やT定規に服従させる力がある」と考え始めていた。新しいタイプの戦争は歩兵を「単なる数量」に変えており、軍事教本と教練の教官は歩兵が扱う兵器の操作法を20、30、40種類の「独立した動作に分解」して教え込んでいた。兵士は、「まるで機械仕掛けの時計のようだ」[68]とフランソワ・ラブレー (François Rabelais) が揶揄するほどだったという。

第1章　グローバル時代の大学—国際的な学力とは　55

　西欧近代にみる数量化の精神を追跡した歴史家アルフレッド・クロスビー
(Alfred W.Crosby) は、ビジネスライクということばの実態は「数値で割り切
ること」なのだと指摘し、「金という概念は、常にものごとを徹底的に単純
化する」[69]というポール・ボハナン (Paul Bohannan) のことばを引用している。

　元々、教育とは、一人ひとりの人間を、諸能力を総合的に関連づけて意味
ある行動に調整していく主体性と、行動様式に一貫性をもたせるアイデン
ティティなどを併せ持った社会的人間として成長させる作用であった。

　ところが、特定の能力のみを育成しようとする学校という制度ができあが
ると、学習者は受け身となり主体性を伸ばすことが軽視されるようになって
くる。さらに、個別の能力のみに注目が集まると、個人のアイデンティティは、
これまた軽視されることになってきた。もう少し詳しく現代の教育をゆがめ
ている理論を分析すると、知識を分解して配置するという系統主義、学力は
測定できるという数値主義、生徒は教師が教えた通りに学ぶという内化主義、
授業の成果はすぐに現れるという即刻主義というようなものがうかぶ。それ
らは、長い歴史を通してわれわれの思考様式のなかにしみ込んでおり、おか
しいと思っても取り除くことは容易ではない。

(2) ヨーロッパ近代がもたらしたもの—時間の管理

　現代人は、同じ間隔で時が刻まれるものだと思っている。だが、この「同
じ間隔で時を刻む」、そう時間を測定できるという西欧人の「思考様式」こそ、
科学と技術を発展させ、各分野に応用することを可能にしたようだ。

　かつて英国紳士の典型像は、山高帽子にステッキ、それに懐中時計を持っ
ていた。クロックケース入りの大時計はステータスシンボルであったが、英
国人は労働者階級でも時計を持っており、産業革命期の工場は時計にあわせ
て労働が営まれていた。

　フランツ・ヨーゼフ・ハイドン (Franz Joseph Haydn、1732-1809) は、晩年
に交響曲「時計」を作曲している。時計を持てる身分でなかったハイドンが
なぜ時計に興味を持ったのか。ハイドンは、1790年暮れに初めて国外に出て、
1791年1月から92年6月までロンドンに滞在する。ハイドンを驚かせたの

56　第1部　政治視点から経済視点への転換

は、ロンドンでは約束の時間に従って事が運ぶことであった。ある晩、招待された音楽会に遅れたハイドンは、第1曲目が終わるまで外で待たなければならない羽目になる。主賓を待つことさえなく、時間通りに事が進行していったというのである。1794年2月、第二回目のロンドン訪問に、交響曲「時計」を携えていった。「ハイドンは、時計の中にブルジョワ社会のメカニズムを見出していたからである」[70]。

　1871年12月23日、横浜港から岩倉使節団が出港した。米国を経て、一行がロンドンに到着するのは翌年の8月のことである。使節団一行は、ロンドンの人々がいつも忙しそうに行き来しているのを見て、「足附しばらくも地に留めず」と書いている。早足の英国人を見て、「時は金なり」という英国の格言を引き、

　　　「ヨーロッパでは英・仏・独および米国人を較べて次のように評している。もしこの四カ国の人にそれぞれ一日六時間の時間を与えて仕事をさせるとどうするか。米国人は四時間で終わり、あとはぶらぶらして遊び楽しむ。フランス人も四時間で終えて、その後は酒を飲み、歌い踊る。イギリス人は五時間ですませ、一時間は別の仕事に励む。ドイツ人は精を出すが、六時間では終わらず、さらに夜までかかって努力する、と。このたとえはよくその国民性を示しているではないか」[71]

と書いて、当時の英国人の勤勉ぶりを伝えている。

　機械化が進み、工場の中へ労働者を集中させ、厳格な時間規律によって労働時間を兵営的組織・監督する工場管理ができあがった。工場制大工業とは、まさに人間を時刻・時間通りに厳密に管理することで発展した。そして、それを子どもたちはいち早く社会に出る前に学校で学ばされたのである。[72]

　　　「機械時計の出現以来、時計のつくる人工の時間は貨幣となり、人びとはひたすら貨幣のために時間を惜しんで勤勉に働いてきた。怠惰は悪であり、勤勉は美徳であり、『好運の母』であった」[73]

この当時は、月曜から土曜まで、連日14、5時間に及ぶ長時間労働を強制されたという。また、産業革命以前には、労働時間の中で飲酒が行われていた。しかし、工場は禁酒となり、飲酒は生産の時間の終わった後の消費の

時間に限られることになった。さらに、飲酒は生産を妨げ、労働者を怠惰にすると考えられた。英国の博愛主義的産業資本家は、不潔で、精神の荒廃した都市を逃れて、緑に包まれた美しい生活環境の中にコミュニティをつくり、健康な人間生活を取り戻すことを考えた。ロバート・オウエン (Robert Owen) のニューラナーク、カドバリーのボーンヴィルなどで、これらの田園都市にはパブはなかったそうだ。

　1880年、グリニッジ天文台の標準時を英国全土の標準時とすることが法律で定められた。英国の海軍力は、この時刻を世界標準時 (GMT) にまで高めた。要するに、大英帝国は、物と人を移動させる世界システムを作ったのである。

　その頃、日本では、まだ古い時間感覚で生きていた。江戸時代には、日の出を「明け六ツ」、日の入りを「暮れ六ツ」とした不定時法をとっていて、さらに昼間・夜間をそれぞれ六等分して数えていた。太陽が出ている時間でいえば、江戸あたりでは、冬なら11時間、夏なら14時間30分に相当する。1882 (明治15) 年頃の労働者の実労働時間は、冬は7時間、夏は10時間45分であったという。

　1872年11月9日の太政官達第337号によって太陽暦の採用が宣言され、1873年1月1日より定時法に改められた。

　大正期の1920年に東京天文台と生活改善同盟会によって「時の記念日」が設けられた。「時間をきちんと守り、欧米並みに生活の改善・合理化を図ろう」と、庶民レベルで時間規律を浸透させる政策がとられた。

　かつて、農業労働は、明るくなれば働き暗くなれば止めた。雨の日は休んだ。農繁期になると、めっぽう忙しかった。田植えの時期には「朝飯前」の作業があり、一日四食べた。稲刈りになれば「夜なべ」という夜間労働もあった。冬になり、農閑期になると、それほど重労働はなかった。飛騨の匠たちは、囲炉裏の回りに集まってからくりを作っていたそうな。このように、労働時間には濃い薄いがあり、その質は一定ではなかった。労働の質が一定に流れるようになるのは、機械に合わせて一定の質で作業する必要が出てきたからである。時計は生物としての人間を不自然に管理し始めたのだ。

58　第 1 部　政治視点から経済視点への転換

　なぜこんなことにこだわるかというと、人間の学習も、コツコツ知識をた
め込む時と、考え抜いて一挙に悟りが開ける時とは、時の流れ方が違うので
はないか。あるいはまた、長い人生の中では浮き沈み、悩み苦しみがあり、
ある時点、ある期間の成果だけで判断しがたいものである。成果もない試行
錯誤の時間があるからこそ、とてつもない発見・発明が生まれるからである。
あるとき偶然に見つけたという世紀の大発見もある。だが、不思議なものの
意味を読み取れる見識が育っていたからこそ、見つけられたわけである。

　質の同じ労働が繰り返されると解釈すれば、アルバイト代は時間単位で支
払われる。学習が同じ間隔で淡々と進むものならば、授業時間を延ばせば成
果が出ると考えられる。時間の足し算しか頭にないようだ。

　しかし、成果は、授業が終わればすぐつくというものばかりではなく、他
の授業で学んだこと、自分で学んだこと、それらを考え抜いて、自分の経験
で確かめて、他人の考えと比べてみてようやく学べるというものもあるだろ
う。要するに、人の活動は多様な形態をとり、時の流れには濃淡があって、
一律ではないようだ。人間の成長には、「今ここだ」という勘所がある。教
師はそれを見抜き、適切な手を打つ。これが教師の専門性となる。

　ところが、時間が均一に流れていくという感覚から出発すると、子どもの
生活状況を無視して、画一的な方法ですべての子どもを同一に教育できると
教師は錯覚することになる。時間が均一に流れるという前提に立てば、同じ
時間をかけたのだから同じ成果が出るのは当然であるという考え方に陥りや
すいと思われる。成果が出なければ「落ちこぼれ」と勝手に判断される。

　教育の時間も学習の時間も均一に流れるわけではない。この時間感覚がネ
オリベラル伝統派とネオリベラル改革派の重要な分かれ道だと思われる。

(3) フーコーが描いた近代社会

　フランスの哲学者ミッシェル・フーコー（Michel Foucault）は、『監獄の誕
生』[74]というユニークな歴史書において、次のようなことを指摘した。人
間の理性は社会的・歴史的な状況で形作られていくものであること、近代
においては国家が「規格（基準、ノルム）」を設定し、試験制度、「規律・訓練

（discipline）」などによってこの「規格」を諸個人に刷り込み、諸制度を「規格」にしたがって運営し、「規格」からの逸脱を監視する。すると、諸個人も「規格」を受け入れ「規格」から逸脱しないように自らをコントロールするようになる、とフーコーは言う。

　フーコーは、「規律・訓練（discipline）」という用語に注目しているが、この「discipline（学問、専門諸科学、大学の授業科目）」の起源はdisciplinaというラテン語で、「子ども（-plina）」に対して「学習（disci-）」を押しつけることであるという。つまり、disciplineとは、まさに「教育的な用語」で、権力が学習者に用意した知識であり、権力が学習者に強いる知識であり、かつ「統制の技術」も含意していて、その究極が「軍事教練（disciplina militaris）」[75]なのである。このようにフーコーは、権力と知識には相互依存的な結びつきがあるとして、教育の本質をえぐり出していたわけだ。

　試験とは、「階級秩序を監視する諸技術」と「判定を規格化する諸技術」を結びつけている。試験は、「諸個人に差異をつけ、判定するという可視性を提供する」。学校は、「中断のない一種の試験装置」として「教育の作用を裏打ちする」ので、そこに「試験に基づいた権力」が現れる、とフーコーは見抜く。また、試験のおかげで、教師は「生徒に知識を伝達しながら、生徒を知識統合体に変質させる」ことができる。権力は、本来は見られる立場なのに、試験の可視性を使って見る立場に変貌し、自らを強化することができる。「絶えず見られているという事実、常に見られる可能性があるという事態こそが、訓練を受ける（disciplined）個人を権力の臣民（subject）に保つ」のである。試験は、「個人を権力の成果および客体として、知識の成果および客体として構成する中心的な手法」である。フーコーは、こんな分析をしてみせたのである。[76]フーコーは、18世紀の政治理論が、歴史的、祭式的な規制から学問的、規律・訓練的な規制へと移行したこと、身分など人間の個人特徴が測定可能な人間特性へと置き換わり、人間に関する諸科学が存立可能となったのだというのである。見える化は、行政を国民管理機構へと変えてしまう。

　やっかいなことだが、ひとたび人間が規格化される基準が作り上げられると、臣民（subject）の立場にある人間はそれを受け止める客体（object）であ

60 第1部 政治視点から経済視点への転換

る。と同時に、それを中身としてアイデンティティを形成せざるを得ない主体 (subject) なのでもある。国の管理に合わせて教育されながら、自らを律する主体として自立し、社会の中で生きていくということになる。

(4) 教科が生まれたのは

知識は、公的なものか私的なものなのか。つまり、社会的財産として扱うべきものなのか、商品として扱ってよいものなのか。

18世紀のヨーロッパで、「研究」という思想が生まれたとされる。研究者[*1]とは、探索[*2]する者のことである。すでにあるもの、たとえば外国に蓄積されていた知識を翻訳し、それが重要なことだと理解し、知識として発見するというようなことはある。だが、現在では、知識は人間が構成するものと見なされている。探究心を持った者が、研究目標を定め、学問的手法を用いて探究し、その結果を構成したものが知識と呼ばれるようになっている。

様々な地域からもたらされる情報を、「知識人」たちが「知識」と見なすものを選んで体系に位置づけ、「精緻化」[*3]という「処理[*4]」を施して、その社会に合うような「一般的知識」[*5]に変化させる。

一般的な解釈では、知識とは科学的な検討を経れば、つまり学問的な手続きで処理されれば客観的で価値中立であると考えられている。言い方を変えれば、「正しい知識がある」と考えられているのである。この知識には、大きく分けて二種類あり、理論的な知識たる「科学 (science)」と、実践的な知識たる「技芸 (art)」がある。教育学では、前者を知識、後者を技能と呼び分けている。

教育学は、フランス革命期の啓蒙主義に則って、知識は人間を解放するものであるという原則に立っている。ゆえに、学校教育の目的は、人々の権利の行使に必要な知識を生徒・学生の中に育てることによって人間を社会的な

[*1] researcher
[*2] research
[*3] elaboration
[*4] processing
[*5] general knowledge

第1章　グローバル時代の大学―国際的な学力とは　61

活動主体たらしめることである。したがって、大学の教員に教授の自由が与えられるということは、大学の個々の教員が学問の規律に沿って知識を論ずる専門能力を保持していると解釈されるからである。

　さて、カリキュラムという言葉は、ラテン語では陸上競技の走路[*]を意味していた。この用語は、子どもが大人になるまでに経る行為や経験の道筋に、さらには、学校で生徒が学ぶ「discipline（訓練、規律、学問分野）」の秩序あるいは体系という意味に転用された。「ディシプリンは陸上競技や軍務と結びつき、自制心を強調したストア学派の哲学と結びついていた」という。また、16世紀にはキリスト教改革派にあたるカルヴァン派の人々が「規律（discipline）」について語り、教会同様、「学校や大学でも『規律訓練（disciplining）』の運動が起こった」そうである。[77]大学の「科目（discipline）」は、「学ぶこと（discere）」を語源とするが、この用語が、18世紀後半から19世紀にかけて大学の授業科目に使用されるようになる。教育課程を意味するカリキュラムやコースとは、生徒・学生がルール通りに通過していく道筋のことである。この道筋が専門分野ごとに枝分かれして、学科とか学部ごとにまとめられ、知識の配列が行われ、カリキュラムが作成されることになる。

　アリストテレスは、定性的な叙述と分析の方が定量的な手法より有用であるみなしていたそうだが、西欧近代の精神は数値化して処理するというプトレマイオスとアル・フワーリズミーの世界に移行してしまった。だが、単純な指標で数値化された静止画像に分解する方法で人間の成長という流動化する現象を捉えられるとする判断は、功罪併せ持つものと言わねばならないだろう。こうして教育はメニュー化された各種知識の注入へと変化し、主体であるべき人間個人は近代社会にあっては管理された知識の受け手になったのである。東洋に今日も残る修行という育成観が、集団に訓練を強制する教授という西欧型の育成観に変化したわけである。近代人が数値管理から抜け出すことは容易ではない。

---

* race-course

62　第1部　政治視点から経済視点への転換

(5) 知識を測定する

　20世紀の始まりの頃、カーネギー財団やロックフェラー財団が設立されている。これらの財団は、米国の研究や行政に直接的な影響力を及ぼしてきた。

　一例を挙げよう。1957年、ソビエト連邦が人類最初の人工衛星スプートニクを打ち上げると、直ちに米国の教育制度の見直しが開始される。元ハーバード大学学長で駐西ドイツ大使を務めたジェームズ・コナント (James B. Conant) が、カーネギー財団の資金援助による調査研究に基づき、次々に報告書を公表していった。[79]1959年には後期中等教育について、1960年には前期中等教育について、1963年には教員養成制度について、1967年には総合制中等学校についてという具合である。この一連の報告が『コナント報告』と呼ばれるものである。コナントは、化学者で、原爆開発を進めたマンハッタン計画の指揮をとった学者である。

　研究者が世論をあおってから、政策の仕上げは、当時のニューヨーク・カーネギー財団会長、ジョン・ガードナー (John W. Gardner) が担った。ガードナーは、1960年「ロックフェラー兄弟基金教育パネル」の委員長となり、コナント報告に基づきながら、報告書『優越の追求―教育と米国の将来』[*1] (1961年) をとりまとめる。この報告書の延長上にガードナーは『優越―平等と優越は両立するか』[*2] (1961)『自己革新―個人と刷新社会』[*3] (1964) など著書を次々に発表し、米国の教育政策の行方に大きな影響を及ぼした。[78]それだけではない。1965年8月から1968年3月にかけてガードナー自身が保健・教育・福祉長官を務め、1965年4月に発効した『初等中等教育法』[*4]の実施にあたった。平等観を否定する者が、リンドン・ジョンソン (Lyndon Baines Johnson) 大統領の目玉政策である「貧困との闘い」を推進したというのだ。このように、米国では、「慈善財団」という名のパトロンが研究者を通して研究界はおろか政界まで動かしているというのが実態なのである。

　歴史学者のイアン・マクニーリーとライザ・ウルヴァートンは、このよう

---

*1 *The Persuit of Excellence: Education and the Future of America*
*2 *Excellence: Can We Be Equal and Excellent Too?*
*3 *Self-Renewal: The Individual and the Innovative Society*
*4 Elementary and Secondary Education Act

第1章　グローバル時代の大学―国際的な学力とは　63

な財団から資金を得た社会科学は、「フンボルト型研究大学の知的自由から
の決別を意味する」と指摘している。すなわち、次の3点を特徴とするよう
に変質するというのだ。

> 「第一に、財団の役員たちは、金(money)を受けとる側が出す成果を測
> る際の基準を明確にし、自分たちが重要だと判断した特定のプロジェク
> トに、補助金や契約という形で金を割り当てた。第二に、セミナーの指
> 導者や自発的な博士課程院生よりも、協調作業を行う学際的学者チーム
> を好んだ。そして最後に、最も純粋な科学においても、実践的結果[*1]を
> 出すことが求められた。」[79]

さて、世界最初の社会学部を創設してシカゴ学派を、さらにはシカゴボー
イズと呼ばれた経済学者たちを輩出してネオリベラリズムの拠点となったシ
カゴ大学は、ロックフェラーの寄付によってできたと聞けば、米国における
経済界と大学の研究とのつながりも想像できるだろうか。ネオリベラリスト
こそ、成果主義、エビデンス、評価、透明性(可視化)といった、一連の尺度
にいち早く縛られて研究、「協調作業」してきた者たちだったわけだ。

(6) 教育に効率が持ち込まれたのはいつか

ミシガン大学ライブラリーが出版する教育関係基本図書復刻シリーズでは、
ダヴェンポート(Eugene Davenport)著『効率を求める教育』[*2](1909年)が取り
上げられている。ダヴェンポートの同著作は、1914年には、加筆されて3
巻本となっている。

同様に、ミシガン大学ライブラリーのシリーズでは、エリオット(Charles
William Eliot)の『効率を求める教育と教養人の新定義』[*3](1909年)も収録さ
れている。

教育社会学の研究者レイモンド・キャラハン(Raymond E. Callahan)は、教
育効率の思想を扱った研究書にて、最初の著作としてレオナルド・アイレス

[*1] practical results
[*2] *Education for Efficiency*
[*3] *Education for Efficiency, and The New Definition of the Cultivated Man*

(Leonard Ayres) 著『学校の中の落伍者』[*1] (1909年) を挙げている。

　したがって、米国では、1909年あたりに効率という価値尺度で公に教育が語られ始めたと見てよいだろう。

　それはなぜか。レイモンド・キャラハンによると、米国には1900年からは年間100万人という移民が押し寄せてきて生徒数が増加したので、クラス数を増やして新たに教師を雇う必要が出てきた。しかも、この頃、生活費が30％も急騰するインフレになった。ここで増税となると、市民の間に不満が高まる。これに乗じて、企業家や暴露的ジャーナリストが「学校は非効率であり、税を浪費しているのではないか」と非難の声を高めることとなった。

　ここにレオナルド・アイレス著『学校の中の落伍者』が、「遅進と退学に関する科学的研究と言われる焼夷弾」[*2] として投下された、とレイモンド・キャラハンは表現している。それに対抗して、教育行政側は、効率を目ざして学校教育を「科学的研究」に取り組まざるを得なくなった、というわけだ。レイモンド・キャラハンは、レオナルド・アイレスのことを、「彼は、学校を工場と見なし、商行為と産業の価値と実践を体系的に適用した最初の教育者の一人である」[*3] [80] ともと評している。

　では、レオナルド・アイレスは、どのような手法を使ったのか。この時期の移民たちの出身地域が南欧や東欧であったので、ほとんどの家族は識字が十分でなく、子どもは英語が使えなかった。この子どもたちが学校に入学してくるので、学校教育の成果は少なく、正規の就学年齢を超えて在学する子どもが続出する。問題を抱えた学校の様子を、レオナルド・アイレスは、数値に表して評価、診断しようとした。

　まず、公立学校の遅進率を割り出す。マサチューセッツ州メッドフォードでは7％だが、テネシー州のメンフィスの黒人では75％となり、平均では33％であるとレオナルド・アイレスは指摘する。[81] 次に彼は、学校制度効率

---

*1 *Laggards in Our Schools*

*2 incendiary bomb in the form of an allegedly scientific study of retardation and elimination

*3 He was on of the first educators to picture the school as a factory and to apply the business and industrial values and practices in a systematic way.

という学校「効率指数」を持ち出した。ある学校制度で、8学年までの到達率が50％だとしても、8年生9000人のうち落第者が1000人いれば、学校制度効率は1/2×8/9＝44.4％となる。[82] こういった計算で、「落第者の経済コスト」[*1] をはじき出し、学校ごとの効率を問題にするという手法で行政を立て直した。つまり、数値上の改善努力をしたのである。

(7) テイラー・システム

「効率向上運動」とか「管理運動」を推進したのは、1880年創立の「米国機械技師協会 (ASME)」である。コスト削減を労働賃金の削減とか労働時間の延長とすることで労働組合運動の反対に遭っていた米国企業は、効率を向上させることによって実質的なコスト削減が達成されるとみて、この運動を評価した。この過程で、フレデリック・テイラーがそれまでの研究成果を総括して『科学的管理法』[*2] なる論文を1910年秋のASME誌に発表し、これは1911年に単行本として刊行された。ここにいわゆる「テイラー・システム」が世に登場する。翌1912年、テイラーの信奉者たちは「管理科学促進協会」を設立し、世界に普及を働きかけ始めた。テイラーの説は、マスコミで取り上げられ、瞬く間に各界に浸透していった。さらにこの書は、米経営学の出発点となり、バイブルとなっている。

テイラーは、科学的管理と呼ぶ、無駄をなくした一連の動作を計画するという手法で「効率」を追求しようとした。

テイラーは、フィラデルフィアのミッドヴェール・スチール・カンパニーの建て直しに取りかかった。かつてそこで機械工、職工長だった彼は、工場のあらゆる作業を成分作業に分解していった。この成分作業ごとに、ムダが最少で結果が最大になる動作を研究し、作業を完了する最短時間を割り出した。

たとえば、銑鉄をシャベルですくう場合、シャベル作業の名人の実験から統計的に最適地を決定する方法で、1回にすくう量を21ポンド（約9.5キログ

---

*1 money cost of the repeater
*2 *The Principles of Scientific Management*

ラム)とすると一日の総量を最大にすることができることがわかったという。そこで、鉱石や灰など、すくう中身によってシャベルの大きさや形を変えて必ず21ポンドをすくえるように調節するとよいという結論を出した。彼は、この標準をあらゆる人間のあらゆる作業に適用すべしと主張した。なぜならば、それは科学だからである。こうして、科学の名の下に、いつでも、どこでも、誰もが行うものとして標準が規定された。しかも、トップ・ダウンという管理方式にしたがって、誰の行動も標準通りに限定して管理されることになった。テイラー・システムの第一の問題は、効率を追求するためには「標準」通りにすべての者の行動が統制されることである。

ASME同僚のギルブレス(Frank B. Gilbreth)は、レンガ積み動作を研究し、不要な動作を省き、壁に向かってどの距離でどう立つか、レンガをどの位置で受けとるかなどの動作を最も効率よくするように設定して、動作のスピードアップを図った。さらに、集団作業で作業ペースを上げるには、作業方法を「標準化」し、最高の道具と労働条件を用い、「協同」を作ることだとギルブレスは指摘した。

第二の問題はここにある。多様な意味を含む一連の作業を、要素となる動作に細分できるという発想と、その細分された動作をベルトコンベアーでつなぐように一方向に集めていけば全体が出来上がるという発想である。人間同士の「協同」さえも、標準という選択の余地のない一律な動作をとるだけのことであり、相手に合わせて行動を変えることではない。規定された標準的動作だけが最も効率よく全体に組み合わせられ、協同を作り出せるというわけだ。だが提案者たちにとってこの方法は、「産業」という生産形態にのみ通用するものであると限定的に捉えられていた。テイラー自身も、「科学的管理法を幅広く採用すれば、産業労働にたずさわる人々の生産性[*]は2倍に跳ね上がるだろう」[83]と書いている。ちなみに、邦訳書では、「モノづくりにたずさわる人々」と訳されている。言い直せば、その当時、人づくりにたずさわる教員の管理にテイラー・システムを適用することは想定されていな

---

[*] productivity of the average man engaged in industrial work

かったのである。

　また、テイラーは、「出来高払い制」ないし生産量による「賃金格差」も主張していた。

　分業という方法を、米国経営学は効率をもたらすものとしてみなして疑わない。しかも現在では、テイラーが想定しなかった領域である「人づくりにたずさわる人々」にもそれを適用しようとしている。

　分業は労働力を商品化しやすくする。特定の労働とその成果を関係づけやすくするからだ。しかし、労働者の孤立を深め、労働者の社会感覚や自己肯定感を失わせていく。いわゆる「労働疎外」を引き起こす。また、分業を単純に集積すれば全体を総合できるわけではない。多様な関連づけを試しながら総合していくからだ。今日では、より効率を求めて、分業を統合し小グループに分けて協力しながら作業していくという職場もある。

(8) 教育行政の根幹に効率が

　ボストン郊外のニュートン市で教育長に就いていたスポウルディング(Frank Ellsworth Spaulding) は、教育費の効率を追求していた。学級定員、教科別の教師一人当たりの授業持ち時間数、教師の賃金、教員数などを最も効率よく決定する道を探ったのである。彼は、この経験を1913年2月の全米教育協会 (AFT) の教育長部会で報告した。この報告は、労働組合の機関誌に掲載され、全米に広がった。[84]

　教育史研究者カバレー (Ellwood Patterson Cubberley) の大著、『公教育行政』(1916年) は教育行政の研究書として米国の学会に大きな影響を及ぼした。その第19章が「効率専門家たち―テスト結果」* となっている。効率を求めて「科学的管理」を教育に持ち込もうというのである。日本の研究者には、「このような一章を設けているのは、恐らく同書が最初であるように思われる」[85]と評されている。

　カバレーは、学校を「企業経営」の論理で把握し、最高の成果を獲得する

---

* Efficiency Experts: Testing Results

には効率の専門家を学校に配置すべきだと主張した。

「よりいっそう理性的な会計を求める民衆の要求」があるので、教育の効率を高めようとする運動が起きているとみて、カバレーはこの運動を次のようにテイラー・システムに重ねて理解する。「最近われわれは、実験科学がレンガ積み動作を短縮し、銑鉄を処理する疲労を減少させたという驚くべきデモンストレーションを味わった。」[86]

だから、

　　　「現在発展させられテストされているタイプの標準と単位とを用いて、教育長が学校システムを調査することさえ、今や可能である。その調査は、システムの長所と短所を表すであろうし、その結果から、教育長はよりよい方法や手順を学ぶことが可能である。効率専門家集団が実施するテストによって、学校の活動の諸段階すべてを継続的に調査すれば、学校の活動の短所をすぐさま見つけ出すことも可能である。」[87]

　　　「ある意味で、われわれの学校は子どもという原料を、生活の要求に見合うような生産品に形づくりこしらえることのできる工場なのである。製造業の専門化は、20世紀の文明の要求から生じている。所定の専門化に向けて生徒たちを育てていくのが、学校のビジネスなのである。」[88]

規格化された標準的動き、これのみが効率を生むというわけだ。米国の教育行政には、このようにして効率主義が入っていった。

それでもこの当時、教育の効率という概念には予算と卒業（教育修了）数との関係を問題にしていた程度であり、学校で取得した能力と関連させるものとはなっていなかった。

(9) 全国知能テスト

フランスで開発された知能テストは、対人関係の中で手間暇かけて専門家が知能の発達を見抜くというものであった。ところが、米国に渡ると、大量処理できるペーパーテストに変わった。

1910年にスタンフォード大学に着任した心理学者のルイス・ターマン（Lewis M. Terman）は、1911年12月にスタンフォード大学近くの子どもたち

第1章　グローバル時代の大学―国際的な学力とは　69

を対象に知能テストの改良に取り組み始めた。1915年には、ビネー知能テスト改訂版ができあがった。

　他方で、エドワード・ソーンダイク (Edward L. Thorndike) は、足場とするコロンビア大学の大学院生とともに、最初の標準テストと呼ばれる「ストーン算数テスト」*を1908年に出版した。そして、「次の10年間は、学習到達度テストの異常な氾濫をもたらした」[89]と言われるほどに、米国はテスト社会となる。

　知能テストが普及したのは、学校だけではない。1917年には、ロバート・ヤーキーズ (Robert M. Yerkes) の呼びかけで第一次世界大戦に協力する応用心理学者のネットワークが作られた。軍隊テストを実施するために、1917年8月には国防省兵員分類委員会が設立される。米国全土から専門家としてこの委員会に抜擢されたのが、ターマン、ソーンダイク、ヤーキーズたちであった。1918年11月に戦争が終結し、1919年1月23日には軍隊がテスト計画の中止を決定する。同時にその日に、ヤーキーズとターマンは、ロックフェラー財団総合教育局に書簡を送り、2万5000ドルの援助を申し込む。軍隊の場で確かめられた知能テストを学校に持ち込み、すべての子どもが知能テストを受けるべきだという運動が1920年代の米国で展開された。知能テストは、進路や能力による分類を助け、教育格差を科学の名によって合理化することになった。

　　　「特に第一次世界大戦後、学校が営利価値と効率という概念にとらわれ、
　　　『知能』テストや学業到達度テストが学校教育の産物を測り、生徒を分類
　　　する一見中立的な手段として使われることが多くなってきた。」[90]
　いわゆる人種差別は、科学の名によって合理化される。だが、多くの米国人が言うこの「科学」こそ、経済価値の追求を課題とする、いわゆる営利行為を最大限に拡大する効率の論理に他ならない。

---

* Stone Arithmetic Test

70　第1部　政治視点から経済視点への転換

(10) 大恐慌で破綻した効率主義が復活

　教育社会学者レイモンド・キャラハンによると、「商行為と産業」の価値が1910年から世界恐慌の年、1929年まで、教育行政に適用されることになったという。だが、「最低のコストで最良の生産を」[*1] という「米国製造業」の論理を教育行政に適用しようとしても、それはうまくいかなかったとレイモンド・キャラハンは判断する。

> 　「記録によると、『最良の製品を生産する』ことはさらさら強調されず、強調されたのは『最低のコスト』だった。なぜなら、質の良さを判断することは困難[*2]だということもあるが、ほとんどの理由は、教育委員会それに米国人一般が効率を求めるということは『より低いコスト』を意味するからである。この事実こそが、1910年から1929年までに教育行政に起きた一連の出来事を招いたのである。」[91]

　学校が効率で管理される動きに対して、組織や技術の問題にするのではなく、教育の目的、学校の役割、カリキュラムの根拠を教育の立場から再編成すべきだという発想を持った教育研究者たちが現れてきた。第一次世界大戦の反省から、「子ども中心」をスローガンとする新教育ないし進歩主義教育である。1919年に発足した進歩主義教育協会は、国際的にも大きな運動を展開した。しかし、1955年に解散し、1957年に同協会機関誌『進歩主義教育』[*3]が廃刊されている。進歩主義教育の時代の終焉こそ、効率主義教育の復活の時期であった。

　このレイモンド・キャラハンの著作は1962年に出版されている。それは、大恐慌以降すたれたと思っていた効率主義が、1960年代の米国社会に復活し、米国民を再び熱気の渦に巻き込んでいるという危機感の表れであろう。その書は、「教育は商行為ではない[*4]。学校は工場ではない[*5]。もちろん、……」[92]ということばから始まっている。

---

*1 the finest product at the lowest cost
*2 difficulty of judging excellence
*3 *Progressive Education*
*4 not a business
*5 not a factory

そして、それでもなお、反対運動を押し切って歴史は流れていく。ソビエトの人工衛星スプートニク（1957年）がもたらした米国社会における学校教育に対する危機感と熱気は、まさに米国的なテスト学力と学校管理に実を結び、刈り取られていった。政治的に決着が付けられたのである。

(11) 効率主義がネオリベラリズムの根幹に

1980年代の「行き過ぎた分業」への反省から、1990年代の米国産業界では、リエンジニアリングという改革が普及することになる。これは、ソフトウェアを保守点検して既存の資産をより抽象度の高い形式に変換・再構成しようとするもので、業務の流れや組織構造を抜本的に再構築することに重点をおいて企業経営を立て直そうという方策であった。時代遅れになったルールを破棄し、企業競争力の回復を図ることにしたため、法令も含めて行政機構もまた企業活動本位に変更されることになった。リエンジニアリングは、労働や教育の意味を問うことなく管理方法を転換する手法であったため、多くの人々は何が起きているのかよくわからなかった。「ルールブック」の書き換えは比較的静かに進んだのである。

グローバル化の名によって経営学の手法で行政改革が進み、手続きレベルでルールが変更され、しかもグローバルにその手続きが通用させられるように圧力がかかり、あらゆる場所で効率が優先されるようになったのもリエンジニアリングの手法が行き渡ったためである。日本で大学が独立行政法人化され、ヨーロッパでは大学の単位統一まで含むボローニャ・プロセスが進行し、世界各地で学校の民営化が拡大しているのも、この手法が国際的に適用されているからである。さらに言えば、伝統的な教科の知識・技能を教え込むという教育は、全国学力テストや教員評価や学校選択と学校間競争などの手法を組み合わせてより効率的に実施されることになった。

しかし、リエンジニアリング、俗にはコスト削減という手法は、新しいものを生む余地まで切り詰めてしまうことになり、かえって改革を阻むことになる。それどころか、新しい知識、新製品を生み出すことができなければ、長期的に見て企業経営も学校経営も失敗である。ヨーロッパは、その呪縛か

72　第1部　政治視点から経済視点への転換

ら抜け出す道を模索していた。

第4節　知識は伝達し切り売りでき教育成果は目に見えるものなのか

　1980年前後に米国経済はどん底に陥り、日本経済はバブルに沸く。下り坂にさしかかった頃、米国的経営のためらいと日本的経営の究明が始まる。何か東洋的な経営法、組織論があるはずだというわけだ。禅問答に着想を得て、暗黙知という概念で日本の組織を解明する質の高い研究も現れた。数値、エビデンス、透明性といった評価方法では見えないが、ダークマターのような実に豊かなエネルギーの世界を、われわれ日本人は俳句とかマンガといった内言の形で器用に操っているのではないかというわけだ。

　ところが1990年前後に日本のバブルがはじけると、日本人側が日本的経営をかなぐり捨て始めた。ここで「半期(セメスター)制」「中期目標」「シラバス」「カリキュラムマップ」「オフィスアワー」などといった米国的管理に大学を委ねることを日本の政財界は決めた。1999年に突如起きた「低」学力批判および「ゆとり」教育批判とは、米国的経営を日本社会に広く持ち込もうというグローバリズムの策略の一端でしかない。

(1) 個人競争は単純な指標で、しかも努力次第で増える尺度で、点数化して

　1988年まで国家カリキュラム(学習指導要領相当)がなかった英国では、どのような教科をどう教えるかは各学校に任されていた。国内共通の到達目標として、大学進学向け生徒のみに、16歳の中等教育修了資格試験(GCSE)と18歳のAレベル試験があっただけだ。それが、サッチャー教育改革によって、段階ごとに到達目標が決められ、7歳、11歳、14歳という国家カリキュラムテストが課されることになった。カリキュラム研究者のマイケル・ヤング(Michael Young)によると、これまで学校のカリキュラムは、国家カリキュラムテストに参加したウェールズとイングランドでは、

　　　「学習はできる限り早い段階で専門分化されなければならず、教科間の関連は最小限にしか強調されるべきではない」[95]

という仮説に基づいて編成されてきたという。それが、サッチャー改革以降変化したのだという。

高等教育にも変化は及び、「より有用な知識をより速く作り出せ」という外部の圧力によって、カリキュラムは「高度に階層化されたモデル」に基づいて編成され、その高度に階層化されたカリキュラム・モデルが「教える側と教えられる側の厳密な序列化を前提にし、それを正統化する」ことになるとマイケル・ヤングは指摘している。[96]

マーガレット・サッチャー (Margaret Hilda Thatcher) 元英国首相は「社会などというものはない、あるのは個人と」「その家族だけだ」と言ったそうだが、[97] ネオリベラリズム (新自由主義) によって、「あらゆる形の社会的連帯は解体され」ていく勢いにあった。ネオリベラリズムには、社会という発想が欠けていて、福祉、協力、人権といったイデオロギーを持ち合わせていない。むしろ、そのようなものは経済活動の妨げになる「規制」としか映らない。金には換算できない人間関係によって助け助けられながら生きていくというのは想定外なのだ。あるのは欲望に応じて動く砂のように個人化された大衆だけだ。ネオリベラリズムは、人類が、とりわけ中産階級が社会的に構築してきた文化資本、人権のための福祉を社会からうばって、営利企業に払い下げ、切り売り・解体し、金儲けの手段としていく傾向にある。社会にある国民共通の文化資本が私営化 (民営化) されていくということなのだ。しかも、「低学力」批判、競争による学力向上という筋書きでこの私営化を正当化し、国民をその気にさせてしまうのである。かくして、日本的経営といわれた長期的信用、信頼、安心を大事にする社会関係が崩壊させられることになる。

サッチャーは、次のようにさらにわかりやすく政治と教育論を語った。[98]

　　「生徒対教師数の比率は改善され、子ども一人あたりの教育費は実質的に増えていた。しかし試験の成績は最低の部類。読み書き計算という基本的な知識を身に付けないまま学校を卒業するものがあまりに多い。」

　　「かつての教師に比べて能力が劣る教師やイデオロギー色の強い教師が多すぎる。」

74 第1部　政治視点から経済視点への転換

　　　「『子ども中心』という新しい教授法、事実の学習よりも想像上の取り組みに重点を置くやり方、別個の教科なのにその境界をぼかしてしまう昨今の傾向を信用しない。」

と述べて、学力低下が起きていること、その原因は予算不足とか学級定員の問題ではなく、教師の実践力のなさにあるのだと主張した。さらに、国は子どもたちが学ぶ内容をなおざりにするわけにはいかない。国家カリキュラムは、子どもの学業のさまざまな段階でテストという、国家的に認知され、信頼性の高い監視システムとなるべきだ。全国カリキュラムは中央集権化を目指した最重要施策。国家カリキュラムと試験を簡素化する。試験内容は「累積的」なものであり、評価は「合格」か「落第」かを示すものだと述べて、国が「教育学」を決定する、つまり教育内容と教育方法の国内標準（国家カリキュラム）と教育成果を測るテスト（国家テスト）を画一的に決定するので、教師の役目はこの国内標準をその通りに実践することであると宣言した。個々の教師、個々の学校の教育実践は、簡素化されたテストで測られ、累積的に、つまり努力次第で点数が伸びるような尺度、理解の質ではなく、覚えた知識の量や計算技能の正確さ・スピードといったもので評価されることを当然のこととした。

(2) 行政責任の丸投げ

　そして、教師と学校にこれをためらわず、確実に実行させるために、サッチャーは強烈な仕掛けを用意した。

　　　「教育バウチャーに関心を抱いてきた。親に一定額の費用を与え、親がそのお金でいい買い物をしようと店を見て歩くような具合に、公立、私立どちらからでもわが子に最適な学校を選べるようにする。

　　　1988年教育法では、人気のある学校が可能な限り入学生を拡大するように自由入学方式を導入した。この改革法の主眼は頭割りの予算配分だ。親はわが子の学校を自由に選び、学校は生徒を獲得すれば財源も獲得できる。劣等な学校は改善するか閉校せざるを得なくなる。」

教育は商品であり、買い手のいない学校は閉店すればよいと言うのである。

サッチャーが首相になった1988年は、ニュージーランドで学校が民営化された年であることを思い起こせばその意味はよく分かる。

しかし、サッチャーが考えるようなテストで測られるような学力で、現代社会に対応できるのだろうか。ネオリベラリズムが提起した学力像とは異なるのではないのか。このことは第2部で検討することにして、次のことをここで付け加えておくべきだろう。英国には、エリートと呼ばれる6〜7%程度の子どもたちが進学していく私立の学校体系が存在することである。そこは、サッチャーが作り上げた国家規制(国家カリキュラムと国家テスト)の埒外にある。

問題は、米国が税金対策のために教育の効率を課題にし始めたことに発する。教育の質を上げるという観点から始まったわけではない。だから教育改革の議論は、経済の課題に引きずられてしまったのである。

第2章　教育投資の拡大と義務教育の喪失
——生涯学習制度の意味

　ネオリベラリズム、ポストモダニズム、グローバリズムと呼ばれる潮流は
いつ現れたのか。それらは、ヨーロッパ的な近代人の形成、地球の主権国家
への分断、民族自決あるいは一民族一言語一国家と表現される近代国家の成
立、国家主権に基づく国民形成をめざす学校教育制度・公教育制度といった
近代の価値を否定し、政治体制を新たな枠組みに組み替える動きであったと
とりあえずとらえておこう。教育に引きつけて考えれば、人間の意識にかか
わらず客観的な知識や真理が存在するという認識論、客観的であるが故に誰
もが同じ知識を習得できるという教育論、個々人の意識を無視して繰り返し
訓練すれば知識や技能を個人の内部に積み上げる（詰め込む、伝達する、注ぎ
込む）ことが出来るという調教的教育観が組み替えられることにもなる。

　そのような視点で歴史を振り返れば、知らず知らずのうちにネオリベラリ
ズム、ポストモダニズム、グローバリズムへの心の変化は多くの場面で起き
ていたことが分かる。

第1節　生涯学習論の提起、1960年代のヨーロッパ

---

(1) 教育概念の拡大、フォーマル、インフォーマル、ノンフォーマル

　UNESCOは、生涯学習の理論と制度構築を歴史的にリードしてきた。第
二次世界大戦直後の、1946年から識字教育、職業技術指導、生活改善など、
広範囲な活動を「基盤教育」の名で展開していた。1958年からは、識字教育
に重点を置くようになり、「基盤教育」の用語は使用されなくなったが、「継
続教育」ということばが使用されている。

　「インフォーマルな教育」という用語が社会的に広く使用されるのは、成

人教育の分野から始まった。古くは、マルカム・ノールズ (Malcolm Shepherd Knowles) が、1950年に『インフォーマルな成人教育』[1]という著作を出版している。

では、「ノンフォーマルな教育」という用語はいつから教育の世界で使われ始めたのだろうか。1960年代の国際教育援助は、西欧式の制度的な、フォーマルな教育を開発途上国に輸出・普及する活動であった。これによって、発展途上国に近代産業を興し、国民国家の独立は維持されるはずであった。このような援助は際限が無く、援助国側からすると資金配分の点で「終末に近づいていた」。経済援助を受ける限りでは、新興独立諸国は教育の近代化を拒否する理由はなかった。しかし、被援助国は国内に大きな経済格差が存在している場合がほとんどで、教育の近代化も主として都市の富裕層が恩恵を受けるにとどまり、かえって国内格差の拡大につながった。さらに、北の先進諸国そのもので、第二次世界大戦後の技術革新と経済発展が進み、より高度な教育が必要となっていたのである。富と民主主義の行き渡った社会では国民もまたより高度の教育を望むようになっていた。ここに、教育の世界展望を再構築する必要が重要な課題として登場してくる。

生涯学習への道を切り開いたのは、実はフィリップ・クームズ (Philip Hall Coombs) である。

第二次世界大戦後、「アジア・アフリカの世紀」と呼ばれたほどに、旧植民地諸国が独立を果たし、国連に加盟してくる。東西冷戦のさなかであったので、新興独立国が離反し、社会主義化することを阻止するため、欧米諸国は経済援助などで新興独立国を支援しなくてはならない。その任に当たったのは国連機関やWorld Bankのような経済機構だった。

考えられた方策は、西欧がたどった近代化の道であった。教育政策としては、教育制度の構築であるが、識字率が低く、インフラ整備もない国々でそれを実現するのは至難の業であった。

ところが旧宗主国である先進諸国は、米国を除いてどこも戦場になっていて、教育の復興は自国の課題でもあった。それだけでなく、英国の労働党が「中等教育を全ての者に」というスローガンを打ち立てたように、第二次世

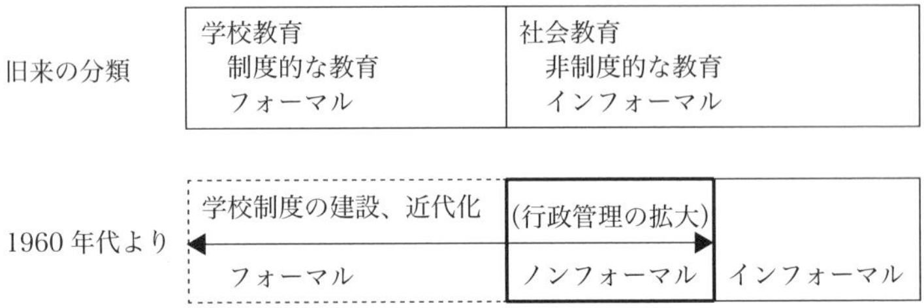

78　第1部　政治視点から経済視点への転換

旧来の分類	学校教育 制度的な教育 フォーマル	社会教育 非制度的な教育 インフォーマル

1960年代より　学校制度の建設、近代化 ←→ (行政管理の拡大)　フォーマル｜ノンフォーマル｜インフォーマル

図2-1　フォーマル、ノンフォーマル、インフォーマルの関係

界大戦後には、制度的な教育の課題は初等義務教育からレベルアップしていた。その証拠に、社会主義国であるソビエト連邦は、男女平等の教育を中等教育にまで広げつつあり、しかも経済成長が目覚ましいというのである。

　つまり、新興独立国に対して行う先進諸国の経済援助には限界があり、それを惜しむ者が教育援助そのものの効果を疑問視し始めたのである。そこで、World BankとUNICEFはより少額で即効性のある教育援助を探り始めた。奇妙なことにWorld BankとUNICEFは、別々にクームズに調査を依頼した。そして、クームズは、非制度的だがある程度組織が可能な「インフォーマルな教育」という新たな投資先を**図2-1**のように発見した。要するに、フォーマルな教育とインフォーマルな教育とは連動しているのであり、本来フォーマルであるべき学齢期の教育問題を、非制度的な領域で解決を図るのが「インフォーマルな教育」ということである。

(2) 自覚された「教育の危機」

　UNESCOは、1963年に、加盟国における政治、経済、社会、文化の状況改善のため教育の計画・管理に関する研究と研修を行う目的で、World Bank、国際連合、フォード財団の支援を得て、パリに「国際教育計画研究所(IIEP)」を開設する。[2]その活動分野は、とりわけフランス、米国、ソビエト連邦の間で政策調整をしながら、第二次世界大戦後に独立国が増加したラテン・アメリカとアフリカ諸国への教育行政の指導と政府職員の研修が主要なものとなった。1967年から刊行した『教育計画の基礎』*シリーズは、注目

---

* *Fundamentals of Educational Planning*

される。

この国際教育計画研究所の設立にあたり、また1963年から1968年まで初代所長を務めたのがフィリップ・クームズであった。彼は、1961年からケネディ政権で教育・文化行政に係わり、「教育と米国文化を外交手段として促進した」[3]と後に評されている。

さて、1967年10月のこと、50か国の代表150名が参加して、米国バージニア州ウィリアムズバーグで「教育の世界危機に関する国際会議」[*1]が開催された。会議を用意したのは時の米国大統領リンドン・ジョンソン(Lyndon Baines Johnson)で、彼はかつて小学校の見習い教師をした経験があったという。実際に企画と運営を行ったのはコーネル大学学長ジェームズ・パーキンス(James A. Perkins)であった。その彼が、「国際教育計画研究所(IIEP)」に対し、国際会議の基本提案の作成を要請してきたのである。所長であるクームズはそれを受け入れ、基調報告を行った。

この国際教育会議の席上で、クームズは、社会環境が変化しつつあるのに、教育制度はこのまま変わらなくてもよいのかという問題提起をした。つまり、第二次世界大戦後に起きてきた諸変化、とりわけ産業構造の変化という経済的な理由と、この変化に関連して起きてくる教育の大衆化に対応する教育制度づくりという教育改革が必須のものであることを先進諸国に提起したわけである。

クームズは、「特別な訓練へのニーズ」が起きてきており「伝統的な標準カリキュラムは、より専門的なプログラムを含むように修正されなくてはならない」[*2]、そのためには教育の「新技術」[*3]を採用する必要があると訴えた。そして、

> 「これらの発展は、要求全体の中で研究の重要性を浮かび上がらせる。UNESCO事務総長のルネ・マウー(René Maheu)氏は、教育予算の2%を研究活動に費やすことを提案している。教育は、もはや、最後の手職と

---

*1 International Conference on the World Crisis in Education
*2 the standard classical curriculum has to be modified to include more specialized programs
*3 new techniques

80 第1部 政治視点から経済視点への転換

いう贅沢[*1]を与えられる余裕はない。研究によって、イノベーションを
成功させる値段[*2]は増加するだろう。教育とは、自己の経験を投入する、
まさしく企業活動[*3]なのだと言われてきた。この経験とは、国際的な基
礎の上で試験され、有効性を持たなければならない。それゆえ、古い困
難部分をこじ開けることに成功すれば[*4]、この経験は他にも使用できる
のである。」[4]

と、手職から企業活動へと教育の枠組みを転換して、教育市場の拡大を主
張した。

社会では、質的に高度な労働力への要請がますます強まっているにもかか
わらず、教育制度はこのような新しい社会要請に応えられないで、古いまま
の教育制度と、古いままの教育内容と教育方法を続けていてよいのか、とい
うのだ。彼は、それを「教育の危機」と呼んだものだ。

彼の意図は、東西冷戦の世界で東側諸国をにらみながら、スプートニクに
みられるようなソ連邦による科学技術教育の追い上げに対抗して、西側諸国
の教育のレベルアップ、とりわけ中等教育の拡充を狙ったものと解釈できる。

1970年代には、ベトナム戦争を終結させた米国は国際経済の主導権を握
り、先進諸国は権利保障を拡大しながら福祉政策をとることができた。クー
ムズの言う「教育の危機」は、その先進国に、国内の教育費を増額して教育
を拡大すべきだという提案になった。それだけでなく、UNESCOは、冷戦
構造の中で、平等・民主化政策、北側諸国から南側諸国への経済援助をとる
ことができていた。しかし、国際機関内で発言力を増した「第三世界」諸国は、
より大きな富の再分配を要求してきた。旧来の方法ではこの論理のすれ違い
に対応できないので、どうするかが、次の問題になっていた。

(3) 経済援助の組み替え

新しい援助政策として、低所得者層に直接役立つものを援助しようとい

---

*1 one of the last of the handicraft industries
*2 the price of successful innovation
*3 the only enterprise
*4 those successful in breaking open old bottlenecks

う「基礎的ニーズ[*1]アプローチ」ないし「基礎的人間ニーズ[*2]アプローチ」が「USAID（米国国際開発庁）」の「新方向政策」（1973年）やILO（国際労働機関）の「世界雇用会議」（1976年）にて打ち出された。UNICEFは、「基礎教育」ないし「ミニマム教育」をUNESCOに対して提起したが、UNESCOはこの用語を採用せず、「基礎的学習ニーズ」[*3]という用語を使い、フォーマルな初等教育、ノンフォーマルな教育としての識字活動、その他のインフォーマルな学習活動を含み込むものとして定義した。ここに至るまでには、以下のようなクームズの活動がある。

　援助概念の整理のため、当時、「UNESCO国際教育計画研究所（IIEP）」に米国政府から派遣されていたフィリップ・クームズは、UNESCOは学校主義であると批判し、教育概念を一挙に広げようとしていた。クームズは、World BankやUNICEFと連携して実地研究を行い、フォーマルな教育にノンフォーマルな教育を継ぎ足すという結論に達した。

　　　「われわれは、教育というものは、学校に閉じ込められ、査定年ごとに
　　　測定されるような、時間や場所に制約された過程と見なすことはできな
　　　いという信念から開始した。（これは後にUNESCO教育開発国際委員会の
　　　背景思想となっている）」[5]

と、クームズは指摘する。「教育開発国際委員会」とは、エドガー・フォールを委員長として1971年にUNESCOに設置されたものである。それとクームズの考えがつながっているという。UNESCOは学齢期を固定した「フォーマルな教育」としての初等教育ではなく、最低4年のフォーマルな教育とインフォーマルな識字活動や継続教育などをミックスしたものを構想し、フォーマルな教育の必要性は譲らなかった。

　事のいきさつは、制度的教育が普及していない農村部でいかに教育発展を実現できるかという現実的な課題が起きてきたからである。

　　　「何百万人という教育を受けられない子どもや成人の最低限で基本的な

---

*1 Basic Needs
*2 Basic Human Needs
*3 Basic Learning Needs

82　第1部　政治視点から経済視点への転換

学習ニーズを叶えることを支援し、農村部における社会的、経済的な発
展を加速することを支援するために、フォーマルな学校を転換し強化す
ることに加えて、ノンフォーマルな教育を通して何が出来るだろうか」[6]
という問題意識から二つの調査が始まった。

一つは、World Bankが委託してICED（国際教育発展会議）が1971年1月か
ら実施した農村調査である。もう一つは、1971年10月にUNICEFが委託し、
ICEDが実施した農村調査である。資金の大半はUNICEFが、一部はフォー
ド財団が提供した。

二つの調査母体が同じだったため、実体は、ICED副所長で同研究所研究
部長のフィリップ・クームズが二つの調査の責任者となり、UNICEFのモン
ゾール・アフメド（Monzoor Ahmed）が両調査を補佐した。

この調査報告の中で、フォーマル、ノンフォーマル、インフォーマルの3
分類が提起されたが、「これらは不完全な識別名称だ（imperfect labels）」[7]ある
いは「これらの特殊用語には欲をいえば切りが無いが、考えられる他のもの
よりは曖昧さや誤解が少ないと思われる」[8]と述べていて、ひかえめな形で
先駆的な提案を行った。

「フォーマルな教育とは、言うまでも無いが、小学校から大学まで続く、
階層構造を持ち、年齢で学年づけられた『教育システム』のことで、一般
的な学術の学修[*1]があり、全日制で技術的・専門的な訓練のための多様
なる特別なプログラムと施設がある。」

「ノンフォーマルな教育とは、確立されたフォーマルな教育の外側に、
それと分離した形で、あるいはそれをより拡大する活動という重要な形
で、一定の学習依頼者と学習対象に対応しようとする[*2]、組織された教
育活動[*3]であると定義する。」

「インフォーマルな教育とは、まさに生涯の変化[*4]を意味しており、日

---

*1 general academic studies
*2 intended to serve identifiable learning clienteles and learning objectives
*3 organized educational activity
*4 lifelong process

常経験から、また自己の環境にある教育的な影響や資源、すなわち家族や近隣住民、仕事や遊び、商店や図書館やマスメディアから、各個人が態度、価値、技能、知識を獲得することである。」[9]

そして、「生涯を通して柔軟で多様な範囲の役に立つ学習オプションを最終的に各個人に供給すべきシステムとしての『生涯教育システム』という広い概念枠組みにおいては、フォーマルな教育、ノンフォーマルな教育、インフォーマルな教育は、明らかに相互補完的で相互補強的な要素である」[10]と、クームズたちは主張した。同時にまた、1973年出版の報告書では、このように「生涯教育」という用語が使用されていたことにも注意を向けたい。

要するに、クームズの定義は、フォーマルな教育とインフォーマルな教育の間に、社会的制度として確立されてはいないが、ある程度の施設において組織的で計画的な学習が行われるノンフォーマルな教育を区別して、その大きな教育機能の可能性を見いだしたということである。言い方を変えると、欧米流の教科の学習にそれほどこだわらなくても、合理的な実学でもよいではないかという論になる。

そもそも学びの意味とは何か。クームズたちの指摘では、「どの子どもも教育への『権利』を持っている」と言ったところで「実践的意味はほとんど無い」のであるから、子どもたちの「ミニマムな根本的学習ニーズ」という「明確で現実的な概念」[*1]を持たなくてはならないということになる。そこで彼らは、次のような「ミニマム・パッケージ」[11]を提案している。

(a) 積極的態度[*2]で、家族や仲間と協同したり助けようとする、仕事や地域・国の発展に向いたもの、持続的学習や倫理的価値の発達に向かう多くのもの。

(b) 機能的リテラシーと計算力[*3]で、(i) その国の新聞や雑誌、農業や

---

*1 clear and realistic conception
*2 positive attitudes
*3 functional literacy and numeracy

84 第1部 政治視点から経済視点への転換

健康、その他の「実用的な」[*1]有意義な通知、製品説明書などが読め、(ii) たとえば友だちに対して、あるいは役所に情報を要求する明瞭な手紙を書き、(iii) 土地や建物を測ったり、農業の投入コストや財源、借入金の利息、土地の沈下資料などの計算をすること。

(c) 自然過程を科学的に概観し初歩的に理解すること[*2]で、特に、健康や衛生、収穫向上と動物飼育、栄養・食糧の不足と準備、環境とその保護などに関すること。

(d) 家族や家事を高める機能的な知識と技能[*3]で、基本的要素として、(i) 家族の健康を守ること、ふさわしい家族計画を立てること、望ましい子どもの世話・食事・衛生、(ii) 文化活動と余暇活動、(iii) 病人の世話、(iv) 知的な買い物とお金の使用、(v) 服を縫ったり、他の消費財を作り、家の修理と、環境改善、(vi) 家族消費用に食物を育て用意することを含む。

(e) 生計を得るための機能的な知識と技能[*4]で、特定地域に必要な技能だけでなく、農業その他で様々な地域に使える共通の技能。

(f) 市民として参加する機能的知識と技能[*5]で、(i) 国や地域の歴史とイデオロギーに関する知識、自分の社会への理解、(ii) 政府の構造と機能について知っている、(iii) 税や公共支出、(iv) 利用できる社会サービス、(v) 市民の一人としての権利と義務、(vi) 協同活動あるいは地域のボランティア団体の原理、目的、機能。

「ノンフォーマルな教育」は重要な要素であり、教育援助の対象として十分に意味があるというクームズの結論は、実際に教育投資の幅を広げることになった。クームズは、こうして、インフォーマルな教育からノンフォーマルな教育を切り取った。いわば、人的資本に対する新たな投資先を発見した

[*1] how-to-do-it
[*2] a scientific outlook and elementary understanding of the process of nature
[*3] functional knowledge and skills for raising a family and operating a household
[*4] functional knowledge and skills for earning a living
[*5] functional knowledge and skills for civic participation

のである。

1974年出版の報告書では、先の引用とほぼ同じことばを使って、しかしクームズは「生涯学習」という用語に取り替えて、制度的な教育の限界を再度指摘している。

> 「理念的に、国々は、生涯を通して柔軟で多様な範囲の役に立つ学習オプションを各個人に提供するように企画された『生涯学習システム』の進展に努力すべきだという合意が大きくなってきている。そのようなシステムはどれも、インフォーマルな教育、フォーマルな教育、ノンフォーマルな教育の多くの要素を強調させなくてはならないだろう。」[12]

このような論争があって、UNESCOは、「人権としての教育」を達成するために「ミニマムな根本的学習ニーズ」を目標にして、あらゆる形態の教育を動員することを主張した。ここで議論されたように、「フォーマル・ノンフォーマル・インフォーマルな学習」という三者を連携させるという発想が「生涯学習」という概念を大きく前進させ、国際機関による教育援助の範囲も拡大されることになる。

代表的な概念定義は**表2-1**のようにまとめられる。これらを考慮すると、以下のように整理できるだろう。フォーマルな教育とは、国によって制度化された学校教育において主としてフルタイムで学習が行われる教育活動である。ノンフォーマルな教育とは、正規の学校教育制度以外の組織的な教育活動である。インフォーマルな教育とは、様々な場所で様々な条件に基づいて個人が自ら学習することができるような教育活動である。

しかし、教育政策史の研究者である海老原治善は、1983年の時点で、

> 「また、世界銀行などからは、開発途上国の教育開発戦略として、定型（フォーマル）教育は費用もかかるところからノン・フォーマル教育の提唱も出されている」[13]

と危惧を表明している。結果的には、「フォーマルな教育」＋「ノンフォーマルな教育」＝「生涯学習」という教育政策が可能になり、これが1996年のヨーロッパに「新たな教育制度」として採用されることになる。海老原の危惧のことばのうち世界銀行を欧州連合に、開発途上国を欧州諸国に読み替え

86 第1部 政治視点から経済視点への転換

表2-1 フォーマルな学習、ノンフォーマルな学習、インフォーマルな学習の定義

	フォーマルな学習 (制度的学習)	ノンフォーマルな学習 (非制度的学習)	インフォーマルな学習 (非組織的学習)
欧州委員会の定義(2001)	一般的には教育・訓練施設によって提供される、学習時間、学習対象、学習支援の面で構造的で、資格証明に行き着く学習。フォーマルな学習は、学習者の展望(perspective)から志向される。	教育・訓練施設によって提供されるものではなく、一般的には資格証明に行き着かない学習。しかし、学習時間、学習対象、学習支援の面で構造的である。ノンフォーマルな学習は、学習者の展望(perspective)から志向される。	仕事や家庭、余暇など日常生活の活動から結果的に起きてくる学習。学習対象、学習時間、学習支援の面では構造化されておらず、一般的には資格証明には行き着かない。インフォーマルな学習は志向的なものになり得るが、多くの場合、非志向的、あるいは偶発的で行き当たりばったりである。
研究者の整理(2004) CEDEFOP (2000), European Commission (2001)を参照。	フォーマルな教育や企業内教育のように組織的で構造的な内容の範囲で行われ、学習として明示された学習。ディプロマや資格証明など制度的な認定に行き着くことにもなる。フォーマルな学習は、学習者の展望(perspective)から志向される。	明確に企画されていない学習で、重要な学習要素を含む計画的な活動の中に埋め込まれた学習。ノンフォーマルな学習は、学習者の視点(point of view)から志向される。	仕事や家庭、余暇など日常生活の活動から結果的に起きてくる学習。体験学習と呼ばれることが多く、偶然的学習と理解できるだろう。学習対象、学習時間、学習支援の面では構造化されていない。一般的には、資格証明は得られない。インフォーマルな学習は志向的なものになり得るが、多くの場合、非志向的、あるいは偶発的で行き当たりばったりである。
CEDEFOP (2008) (2004)にほぼ同じ	教育・訓練施設においてあるいは現職教育など組織的で構造的な環境で生じ、対象、時間、教材がはっきりと明示されている学習。フォーマルな学習は、学習者の視点(point of view)から志向される。一般的には、法的有効性や資格証明に行き着く。	学習時間、学習対象、学習支援の面で学習としてはっきりと明示されていないが、計画的活動の中に埋め込まれた学習。ノンフォーマルな学習は、学習者の視点(point of view)から志向される。〈コメント〉ノンフォーマルな学習は、法的に有効となり、資格証明に行き着くかもしれない。ノンフォーマルな学習は、半構造的学習と呼ばれることもある。	仕事や家庭、余暇など日常生活の活動から結果的に起きてくる学習。対象、時間、支援の面では組織的でも構造的でもない。インフォーマルな学習は、多くの場合、学習者の展望(perspective)から志向される。

Commission of the European Communities. *Communication from the Commission: Making a European Area of Lifelong Learning a Reality*, [COM (2001) 678 final]. Brussels, 21.11.2001, 32-33. および、Danielle Colardyn and Jens Bjornavold. Validation of Formal, Non-Formal and Informal Learning: policy and practices in EU Member State. *European Journal of Education*, Vol.39, No.1, 2004, 71. また、CEDEFOP. *Terminology of European Education and Training Policy: A Selection of 100 Key Terms*. Luxembourg: Office for Official Publications of the European Communities, 2008, 85; 93; 133.

れば同じ論理が当てはまったのである。だが、ヨーロッパ諸国は、国境を越えて学校教育制度を統合する展望を持ち、その手法として唯一浮かび上がってきたのが「生涯学習制度」であった。

(4) UNESCO における生涯学習論の提起

　生涯学習は、何よりもまず、学習者が主体であるという原則から出発する。

　UNESCO における生涯学習の政策提言は、1965年の第3回成人教育推進国際諮問委員会に成人教育課長ポール・ラングランが、「永続教育」なるワーキング・ペーパー[14]を提出したことに始まる。当時彼が用いた用語は「Lifelong Integrated Education」とも英訳されている。

　フランスでは、1955年に、「永続教育」という用語が導入されていたが、これは「永続革命」論を彷彿させる用語である。永続革命論は、スターリンの一国社会主義に対するトロツキーの革命理論。生涯教育に引きつけて解釈すれば、一生に一度の学歴取得がその人の生涯を決定するのか、資格取得と専門性の獲得はさらなる向上をめざして一生涯続くのかという理論対立になる。

　ポール・ラングランは、フランスの教育大臣を経た後、UNESCO の成人教育課長に、さらに1967年から68年にかけて UNESCO 教育研究所長になっている。

　このワーキング・ペーパーの冒頭は、「教育は児童期、青年期で停止するものではない。それは、人間が生きている限りつづけられるべきである。教育はこういうやり方によって、個人ならびに社会の永続的な要求に応えなければならない」という文から始まっている。このワーキング・ペーパーは、現行の教育のあり方を変革し、教育を生涯にわたる自己教育ととらえようという趣旨であった。

　この提案は、日本では、当委員会の日本代表であった教育心理学者の波多野完治によって翻訳、紹介され、「生涯教育」の発案として評価されている。このワーキング・ペーパーでは、「永続教育」によって5点の課題が追求されると指摘されていた。①人の誕生から死に至るまでの人間の一生を通じ

88　第1部　政治視点から経済視点への転換

て教育 (学習) の機会を提供する[*1]。②人間発達の総合的な統一性という視点から、さまざまな教育を調和させ、統合したものにする[*2]。③労働日の調整、教育休暇、文化休暇等の措置を促進する[*3]。④小・中・高・大学とも地域社会学校としての役割、地域文化センターとしての役割を果たすように勧奨する[*4]。⑤従来の教育についての考え方を根本的に改め、教育本来の姿に戻すため、この理念の浸透に努める[*5]。

　ここで注目されているのは、人間の能力の在り方である。成人が職場において一部の能力しか使用しないので、労働日を削減し、その分、職場の外で人間らしい能力をバランスよく発達させることが「生涯教育」として構想されていた。

　エットーレ・ジェルピ (Ettore Gelpi) は、ポール・ラングランの後任として1974年から成人教育課長を引き継いだ。彼は、「教育には時間と空間の制限はない」として学び続ける学習社会を構想し、「教育を受ける者は、また同時に教育者でもある」として学習者中心の「自己志向学習」を主張し、従来の伝統的な学校中心、教師中心の知識伝達型学校教育を否定した。その意味では、UNESCOの公式見解を引き継いでいる。ところが、彼はそれ以上のものを教育の目的とした。

　　「教育は、不平等を蒙っている人々、抑圧されている人々、排除され、搾取されている集団の要求に応えるべきであるということである」[15]

と、ジェルピははっきりと言い切っている。また、彼は、ユーゴスラビアとアルジェリアの「自主管理労組」の経験を踏まえながら、自主管理へと準備するために「職業・技術能力と管理能力を獲得すること」に注目し、そのよ

---

*1 Human life through education for people from birth to death (learning) to provide opportunities.

*2 From the viewpoint of the overall unity of human development, we are blending a variety of education, that was integrated.

*3 Working day adjusted, educational leave, vacation and other measures to promote culture.

*4 Role as a community school through high school with college, and encouraged to play a role as a regional cultural center.

*5 Radically changed the traditional way of thinking about education, education for returning to its roots, try to penetrate these principles.

うな学習は「教育や訓練それ自体の経験の中からすべて見出されるといった種類の学習ではないだろう」[16]と指摘している。すなわち、当時の家庭環境や教育条件において労働者階級の人々が学校の成績が思わしくなく、失敗の恐怖が原因で学校教育に否定的な態度をとる人々を想定し、義務教育後の継続教育では自らの可能性と限界とを新たに発見し直すべきだと考えていたのである。結局、ジェルピは、生涯学習が本当に必要な人々には届かないのではないかと危惧し、「告発されるべきは教育の複線型であり、その結果としての社会的差別であることに気がつくであろう」[17]という根源に行き着いた。

　ジェルピは、学校教育が能力格差を生み出してしまうので、能力発達を押し止められた者こそ回復の意味で生涯学習が必要であり、とりわけ自己の労働を管理する能力を発達させるべきだと考えたわけである。すなわち、人間誰もが自己、社会、自然をより良い方向に動かす知識・技能を身につけて民主的社会を構成していくことが望まれていたと言えるだろう。

　歴史を振り返れば明らかであるが、UNESCOが提唱し国際的に受け入れられる生涯学習は、ポール・ラングランが切り開き、エットーレ・ジェルピが引き継いだ約20年間に、UNESCO成人教育課が描いた理念のようには進まなかった。ノンフォーマルな学習までもが投資の対象となり、行政に管理される教育に組み込まれてしまう恐れが出てきたからである。

(5) 教育大衆化と教育の危機

　教育史・比較教育の研究者であるトールステン・フセーン（Torsten Husén）は、スウェーデン教育の変化を次のように描いている。

　スウェーデンの教育制度改革は、すでに第二次世界大戦後に起きていて、一方では、平等化、すなわち教育の拡大・大衆化に対応するものであった。他方では、労働市場に対応しようとするものであった。義務教育期の学校は、総合制学校に統合され、分岐システムは廃止された。

　全ての者に中等教育を[*]とは英国労働党が第二次世界大戦後に推進した学

---

* Second Education for All

校教育制度改革のスローガンであった。政府は、イレブンプラス・テストや
グラマースクールを徐々に廃止し、40年にわたって総合制学校への転換を
推進してきた。

　ところが、貿易は国際競争にさらされ、産業や社会が科学技術に依拠する
ようになると、教育の高度化が求められるので、社会にはメリトクラシー（能
力主義、業績主義）の傾向、「学歴病」が起きてくることになる。結局学校が労
働者の第一次選別機構になり、若者たちはそれを早い年齢から意識するよう
になる。公的な成績証明を争う競争が起き、学校は「受験地獄」と化す。よ
き職を求めて、競争に勝つまで学校教育は長期化する。早めにあきらめた者
は、不登校、体罰、校内暴力、器物破壊などのいわゆる問題行動を起こして
学校教育制度から排除されることもあり、その結果、いわゆる「新しい教育
下層階級」*が形成される。

　さらに、スウェーデンの学校教育改革を一般化して、フセーンは次のよう
な結論を下している。[18]

　①改革は、広く社会・経済的な背景の中で考案されること。

　②改革は一夜にしてならず。制度的変化には、長い時間と、政治的安定、
　　世論の一定の合意が必要である。

　③改革は、教師たちの利害の絡むものである。就職前養成や現職研修
　　などの計画とともに、適切なインセンティブも行政が用意すること。

　④改革は、相互に教育効果を及ぼし合う環境全体を考慮に入れること。
　　学校教育はそれらの一部でしかない。学校で起きる変化は、他の諸
　　施設で起きる変化と対応していなくてはならない。

　北欧の福祉国家と呼ばれる国々は、とりわけ②と④の視点を維持している
ことが特徴である。

　拡大し続ける学校教育に対して、男女平等、普通教育の拡充を先取りして
いた社会主義諸国には教育の危機は無かったといわれる。権利としての教育、
教育機会の平等化と拡大は、社会主義諸国が先行して実践しつつあった。ヨー

---

* new educational underclass

ロッパの、いわゆる西側諸国の価値は、民主主義と個の自立であった。ある見方をすれば、この二つが結びついて、生涯学習の流れを作り出す。

(6) 国際機関における提案

1968年の第15回UNESCO総会において、「国連国際教育年」（1970年）への課題が9項目提起されたが、その一つに「生涯継続教育」[19]が採用された。オリジナル文献は英語である。

ポール・ラングランは、1969年に「生涯教育」の概念を整理し、この書物は1970年11月にUNESCO本部から『生涯教育入門』[20]として刊行されることになる。

1968年10月にUNESCO総会で1970年を国連「国際教育年」とすることが提案された。

国際教育年の翌年、1971年にUNESCOは、教育制度の抜本的な改革を行う目的で、「教育開発国際委員会」を発足させている。委員長はフランスの元教育大臣エドガー・フォールがあたった。この報告書が『生きるための学習 (*Learning to be*, Apprendre à être, 未来の学習)』[21]（1972年）であり、その後の教育理念展開の「一里塚」となったと評価される。また、この報告書が「学習社会」という概念を用いたことで、「生涯教育」から「生涯学習」へ、より主体性を強調するように概念転換が起きていることになる。

続いて、1972年に開催された「成人教育東京会議」の基調報告には、「生涯教育のコンテクストにおける成人教育」[22]と名付けられていた。

ちなみに、エドガー・フォールは、1966年（昭和41年）にはエドウィン・O・ライシャワーらとともにOECDの教育調査団に参加し、「日本の教育政策」に関する報告と勧告を行っている。

(7) 英米と独仏の差異

1951年にUNESCOはドイツ連邦共和国内に3つの国際教育研究所を創設した。一つは青年問題を扱うものでミュンヘン近郊のゴーティン（Gauting）に、また一つはケルン大学に置かれた社会科学研究所、そして比較教育研究

と教育研究促進の研究所でこれはハンブルクに置かれた。この三者を総称して「UNESCO教育研究所(UIE)」と呼ばれている。研究所は、1952年に最初のセミナーを成人教育をテーマに開催したが、この時、成人教育は「社会的、政治的責任を発展させ強調する手段」として考えられていた。1965年には、財政難と東西冷戦の軋轢によって、3か所の研究所はハンブルクの1か所へと削減された。当研究所は、1972年から「生涯教育」を主要テーマとするようになり、2007年2月にはドイツ連邦共和国政府が主導する「UNESCO生涯学習研究所(UIL)」へと改組されている。

こうして、UNESCOの生涯教育の概念には、ドイツの教育思想が色濃く反映してくる。1972年のこと、国際教育研究所が「生涯学習」を主要テーマに選んだが、そこに表現された「教育の民主化という考え方は生涯教育イデオロギーの基本的要素の一つである」[23]

という教育姿勢は、日本の研究者たちにも好意的に評価された。

(8) 1971年の欧州評議会と生涯学習概念の受け入れ

1970年、UNESCOが国際教育年を提唱していた時、欧州評議会は、「自己志向学習」という理念を方法論として促進する「永続教育」という概念を作り上げた。その具体的な内容よりは、この方法論から生み出される結果こそが重要であると欧州評議会は考えたようだ。この考えに基づき、当時のUNESCOやその後のOECDに影響を与えることになる。

「手段はそれほど重要ではない。到達する深さと、問題の確定、分析、解決という困難への挑戦こそが重要なのだ。」*[24]

この「永続教育」の方法論はイワン・イリッチ(Ivan Illich)が提起したものであると、一般に解釈されているようだ。権利保障をしていると自認する社会主義国でさえ、「学齢」と定められた期間に学校教育を受けなくてはならないと疑いの余地なく考えられているが、それができるのは現実には一部の人間だけにとどまっているではないかと、イワン・イリッチは批判する。学

---

* the medium is relatively unimportant. What matters is the depth reached and the mounting difficulty of the problems identified, analysed and solved

校を作ることが課題ではなく、誰もが学習機会を得られるようにすべきだという視点で「脱学校論」は解釈できるだろう。[25]

　新興独立諸国あるいは貧困諸国に近代的教育制度を構築することに困難を感じ始めた国際機関は、「恵まれない人々」に対して「アクセス可能性と開放」こそが価値あるものだと考えるようになったのである。

　教育者パウロ・フレイレ (Paulo Freire) の理論も、国際機関に影響を与えた。『被抑圧者の教育学』[26] は、1968年にポルトガル語で出版された後、1970年に英語に翻訳されている。フレイレは、ブラジル北東部で農夫たちに識字を教えた。その目的は、農民自身が自己の境遇を考え、自分の暮らし、生活を意識し、それを変革していく力をつけるためである。この識字運動を敵視する勢力もあって、1964年のクーデターで軍事政権により国外追放になる。フレイレは、米国を経てジュネーブに渡り、旧ポルトガル領のアフリカ諸国でUNESCOの進める識字教育に加わった。ブラジルに民主政府が樹立されると、ブラジルの労働党に加わり、1980年から1986年まで成人の識字運動を指導してスラム街における識字教育を推進した。彼は、1986年に、UNESCOから「平和教育賞」を受賞し、1988年からはサンパウロ市教育長を務めた。

　教育制度を確立し、まず初等教育の就学率を高めるという近代化路線は、南北格差の中では実現に限界があり、西欧社会への同化政策は行き詰まった。そこで、国際機関は現実的な道として、ノンフォーマルな教育を支援することになる。

　しかし、問題がここで生じてくる。

　もともと、イワン・イリッチは、学校という制度によって教師という職業ができ、「教える」「学ばされる」という関係が成立してしまうと、学ぶ主体であるはずの生徒が「自ら学ぶ」という行為を放棄してしまうことになると分析した。そのために、学習者が内発的に動機づけられて自ら学ぶ行為を取り戻すために「脱学校」と主張したのである。ちょうど、パウロ・フレイレはこのイワン・イリッチの思想を実行したことになる。

　ある立場からすると、学校とは「社会的不平等を再生産し固定する場所」

94　第1部　政治視点から経済視点への転換

ではないかという批判が成り立つ。さらに、その制度的な学校の外側にあったからこそ、つまりインフォーマルであったからこそ可能だった「抑圧者の解放」という反体制的な自学自習が、先進諸国から経済援助を受けることによって、ノンフォーマルという体制内学習へと誘導されてしまうことにならないか。これが第一の懸念である。第二に、教育への新たな投資領域として開拓されたノンフォーマルな教育こそが、先進国にはフルサイズの学校教育制度、後発国には「ミニマムパッケージ」なる簡易教育という「複線化」を生じさせ、それが国際的な格差を固定することになっているのではないかという危惧も成り立つ。

　すでに1977年、UNESCO成人教育課長エットーレ・ジェルピは、

　　　「生涯教育の思想は、複線型の教育システムをさらに強化するために操作されるおそれがある」[27]

　と指摘していた。1999年、カナダの国際的教育統治の研究者カレン・ムンディ（Karen Mundy）は、UNESCOが提起していた、『生きるための学習』(未来の学習) は、「教育複線化という矛盾する見解もまた提起していた」と指摘している。[28]制度としてチャンスは平等にあるが、成果の多様化が社会の不平等を反映してしまうということになる。だからこそ、南北格差どころか、先進国内の経済格差もまた開くばかりで縮まらないという結末になるのであろう。

(9) OECDのリカレント教育論

　リカレント教育、ないし再教育とは、学校教育修了後の社会人が、技術革新や知識の進歩に対応できるよう職業能力を向上させることを目的に、仕事に就きながら教育休暇などをとり一時的に職場を離れて教育訓練を受けること、生涯にわたって繰り返し学習できるようにすることである。より高度な知識や技術という職業専門性の他に、生活上の教養や豊かさもまた対象にされた。

　リカレント教育の制度化に関する理論的根拠を提供したのは、ストックホルム大学名誉教授のトールステン・フセーンとされる。1968年には、スウェー

デン学校教育庁委嘱研究の報告書『1980年代の学校』で提唱されたという。[29] リカレント教育そのものは、スウェーデンの経済学者レーン（Gösta Rehn）によって提唱され、[30] 当時スウェーデンの文相だったオロフ・パルメ（Olof A. Palme）が「1969年の第6回ヨーロッパ教育閣僚会議において」取上げたので、[31] これ以後注目されるようになった。スウェーデンの研究者でOECDの教育政策に関わるアルベルト・ツイジンマン（Albert Tuijnman）は、これは社会民主主義政権の一部が教育と経済・社会・労働市場との関係をより強化しようとしたために起こったことだと指摘している。[32] 労働者が働きながら自己の職業を継続するために必要な能力発達の機会を確保することと、企業家が生産過程を高度化できるように高度な技能を持った労働者を確保することとは、ともに労働生産性の向上として利害が一致したのである。転職の時代が訪れる前の話だ。

　翌1970年には、OECDがこのリカレント教育の考えを公式に採用して、各国のリカレント教育を調査、紹介することになった。[33] ドイツ語圏諸国には「成人学校」、北欧諸国には成績もつかなければ単位も出ないという「フォルケ・ホイ・スコーレ」や、その他、任意の学習サークルがあった。ユーゴスラビアでは、既存の学校を『学校センター』に統合再編成しようとする動きがあった。

　フォルケ・ホイ・スコーレは、農民が自己の労働を自覚し、社会を知り、自己の生産過程を管理すると同時に教養も身につけるという、農民の自立のための学校としてデンマーク国民運動の中から生まれてきた。この学校は、学びたい者だけが学ぶ「民衆大学」として今日もなお存在している。その仕掛けは、成績も付かなければ単位も出ないという制度である。フォルケ・ホイ・スコーレは、学んだ者のみ自己の学びに満足し、学習の成果を実感するという学校である。

　OECDが生涯学習の概念を最初に提示したのは、1970年公表の政策文書『教育の機会均等』の中においてである。[34] 政策文書のタイトルに生涯学習が明示されるのは1973年のことであって、OECDのCERIが報告書『リカレ

---

* *Recurrent Education: A Strategy for Lifelong Learning*

ント教育―生涯学習のための戦略』[*]を公表したことにある。この時のCERI
の主任はロン・ガス (Ron Gass) であった。これによって、「永続教育」の概念
は「リカレント教育」へと変更され、生涯学習への道が切り開かれることに
なる。日本でも文部省がこの動きを紹介している。[35] これによりリカレント
教育は国際的に広く認知されることになった。

　すなわち、これまで農民であった多くの働き手が農業や工業に従事する場
合に、商品生産を行う産業 (インダストリイ) の論理にしたがって労働する能
力を身につけること、とりわけ自己の職業を続けるために技術革新に対応し
て新しい知識や技能を身につけることがリカレント教育の課題となった。

　報告書作成に至る状況は、雇用、就職力、国際市場における経済競争が大
きな関心事になったこと、とりわけヨーロッパが米国および日本との経済競
争を強く意識したからに他ならない。

　報告書では、青少年期という人生の初期にのみ集中していた教育政策を個
人の全生涯にわたって労働、余暇、その他の活動と交互に行うこととすると
述べている。OECDはこのことを「教育に橋を架ける」[*1]と表現した。

　報告書では、リカレント教育が要請される背景として、①中途退学者の増
大など中等教育の「疾患 (malaise)」の顕在化、②青少年にとっての社会的経
験及び青少年による社会的貢献の重要性、③高度な技術を身につけた人材の
需給不均衡、④正規の教育制度に対する伝統的な成人教育部門の補完機能の
不十分さ、⑤知識の急速な陳腐化、⑥世代間の教育機会における不均等、の
6点を指摘している。[36]

　リカレント教育の課題は、「現在および近未来 (中期的未来も含んで) におけ
る教育制度の不平等を補償すること[*2]」、すなわち「補償」という課題と、「個
人の生活のうちより長期的に教育機会を拡大すること」という「『真の』恒久
的な」課題であるとOECDは指摘する。[37]

　OECDは、この教育改革を「血液が人体を循環するように、個人の全生涯
にわたって教育を循環させよう」と表現した。また、「『教育』とは組織的で

---

*1 overbridging education
*2 to compensate for the inequalities

構造的な学習である」のだが、「必ずしも制度的な形や学校という形をとる必要はない」[38]とも言っている。

この報告書で提案された理念のうち、制度的な学校教育を越えて教育機会を再編成していこうという政策は、国際的な教育改革の基本方針として採用された。

OECDは、企業が、知識を創造し普及している[*]現実を受けて、経済成長を達成することで社会の繁栄、ひいては社会的福利という最も重要な要素を創造することになると判断し、リカレント教育の推進を図った。[39]知識を生産するのは大学のような研究施設だけでなく、職場、生産現場において知識が創造されているという考えはまたポストモダニズムの特徴である。

リカレント教育の概念は、競争力の要請とグローバル経済を前提にして構築され、雇用と学習を関連付けようとするものであった。成人教育に焦点があてられていたが、この概念は学校教育制度全体に及び、これまでの義務教育を越えて広がることになる。

(10) 日本における生涯教育の評価

日本にも「生涯学習」をめぐって二つの流れがあった。一つは、大正自由教育、戦後新教育で代表されるような、児童中心主義、経験主義、進歩主義教育の流れである。この流れは、「子どもの興味・関心」「自主性」「権利」を重視して教育を再解釈しようとした。だが、行政は、生涯学習を成人教育、せいぜい余暇対策としかとらえなかった。

リカレント教育に関する日本の対応は早かった。文部省によるOECDの報告書の翻訳前に、1972（昭和47）年の日本経済調査協議会の報告書『新しい産業社会における人間形成－長期的観点からみた教育のあり方－』などが公表され、公的にリカレント教育という名称が用いられるなど、いち早く日本に定着した。[40]この流れは、余暇対策とは異なるものである。

日本の教育学は、リカレント教育として提起された「生涯教育」をおおむね肯定的にとらえた。教育社会学会は、1980年の学会紀要を『生涯教育と

---

[*] create and spread knowledge

人間の発達』というテーマで編集している。教育原理の研究者である佐藤守
は、大部分の論者には「『教育権の生涯補償』として生涯教育の理念を全面的
に肯定している」[41] と評価している。

　教育社会学者の新堀道也は、次のように生涯教育の解釈を整理している。

　　　「生涯教育とリカレント教育との関係についても解釈が対立する場合が
　　　ある。一般的にはリカレント教育は生涯教育の原理を学校教育、中でも
　　　中等後教育に適用して具体化、制度化するものだと解されているが、リ
　　　カレント教育の当の提唱者たるOECDは生涯教育はありえないと否定し
　　　ている。それはOECDが、そもそも教育を組織化された学習としてとらえ、
　　　意図的な教育だけを教育と考えているためである。こうした解釈の相違
　　　は、UNESCOとOECDとの構成国の相違からくるところが大きいであ
　　　ろう。」[42]

　要するに、OECD諸国では「学校教育はもちろん、それ以外の意図的、組
織的な教育も発達しており」それらを組み合わせて制度的改革を計画するこ
とは可能であるが、UNESCOの提唱する生涯教育は「組織的な教育が普及
せず経済的にも貧困な国」に対して「無意図的な教育資源の動員や、金のか
からぬ、しかも効率的な教育」を要求したものだと、新堀哲也は指摘するの
である。

　教育行政の研究者である市川昭午は、OECDがリカレント教育を「補償教
育」（市川は代償教育と訳している）と解釈して意義づけを行っているが、「幼
児期の環境によって就学前にいったん形成された子どもの認識能力や学習意
欲に関する大きな格差は、その後も家庭や友人、地域などの学校外要因によっ
て絶えず拡大されるから、代償教育によってこれを埋めるのは至難の業とい
える」[43] と批判している。

　しかも、欧米では、生涯教育は「技術革新や産業・職業構造の変化への対応」
として考え出されたものであって、

　　　「職種・職務内容の変化についてゆけず、失業の危険にさらされている
　　　下層労働者を救済するという狙いもむろん含まれているが、見逃されて
　　　ならないことは、ドラスチックな技術革新に直面するのは、むしろ先進

的産業の労働力、しかもその比較的上層部分だということである」[44]
と分析して、「高学歴の相対的に恵まれた下位層が生涯教育に参加する割合が大きくなるのは避け難い」と結論付けている。

つまり、積極的な格差是正政策が一生涯にわたって採られない限り格差はますます拡大すると危険性を指摘している。市川の指摘するように、OECD自身もそのことに気づいていた。

> 「その政策提案にあたって、意識的な建設的格差是正の施策が織り込まれない限り、リカレント教育が、学歴の高い者と低い者、若者と年配者、熟練労働者と非熟練労働者(しかも失業者)、男性と女性といった既存の不平等をいっそう強化する危険を有することは否定できない。」[45]

と述べていたからである。

(11) World Bankの生涯学習戦略

World BankとILO(国際労働機関)は、1970年代に生涯学習の分野に関心を寄せるようになる。

World Bankは、設立当初は技術教育と中等教育に資金を貸し出していた。ところが、マクナマラ(Robert McNamara)総裁の時代に、国連の方針転換に伴い、1970年代には初等教育に投資するようになる。1980年代になると、米国の政治的な変化にしたがい、成人教育に対する活動を縮小させ、授業料の導入、つまり市場原理に基づく学校私営化に目標を置くようになった。[46]

高等教育へのWorld Bankの介入は、1994年に『高等教育、経験からの教訓』なる報告書を作成した頃から本格的に始まる。[47]1998年、UNESCOの主催する21世紀高等教育会議にWorld Bankは積極的に加わり、また両者共同で13か国からの専門家を集めて「高等教育と社会に関する特別作業チーム」[*1]を編成し、発展途上国における高等教育の将来を検討した。[48]ここで提起された概念が、知識革命、知識経済などであった。

「教育部門戦略」[*2](1999年)を策定するなど、「知識経済の要請」というこ

---

*1 Task Force on Higher Education and Society
*2 Education Sector Strategy

とばで、発展途上国にも生涯学習の可能性を見いだしたのである。このような論理が、2002年の『知識社会の建設』[49]という報告書に結晶する。具体的には、World Bankはチリにおける成人教育の形成に関わった。[50]次に、「アフリカ・バーチャル大学」という遠隔教育の方法で、アフリカに高等教育を普及しようとした。

World Bankは、生涯学習を、きわめて広く定義している。生涯学習とは、

「ゆりかごから墓場まで、人生すべてに渡る、また制度的・非制度的・無制度的な種々の環境における学習」[51]

だというのである。個人責任と私的投資行為がさらなる融資分野[*1]となると見なして、あらゆる教育を利害領域に入れながら、World Bankは、国家の教育調整力を制限するように動いている。[52]より明確に言えば、義務教育後の教育[*2]、いわゆる義務教育期以外は私教育として考え、市場原理に任せられるものと判断するようになってきている。[53]こうして、World BankにおいてもOECD同様に、次第に、生涯学習の社会問題的側面への関心は薄らいでいった。

World Bank の文献に生涯学習が社会的意義を持って肯定的に取り上げられるのは、2002年のことである。[54]

(12)ILOの生涯学習論

ILOは、教育による労働者の能力拡大に基づく権利拡大を考えた。未熟練労働者だけでなく、能力開発の遅れた部分として女性やマイノリティの能力拡大が活動の焦点となった。

まず、1975年には、『人的リソース開発条約』を策定している。[55]また、ILOはUNESCOと合同で、「グローバルな雇用行動計画」[*3]も策定している。[56]そして、このような行動の中で、ILOの主要な関心が、能力開発の遅れた部分の教育から、多くの国で承認され、多様な資格を含み込めるような

---

*1 financing further stages
*2 post-basic education
*3 Global Employment Agenda

資格の枠組み*へと移ってきた。[57]

とりわけ、社会意識の指標化、UNICEFの満足度調査、EFA（Education for All、万人のための教育）指標など国際的政策文書にOECDの国際生徒調査であるPISAが使われていることから、今日では、国際機関同士でビッグ・データの共有が行われている様子がよくわかる。

(13) 新成長理論、知識社会論

職業訓練については、労働力の自由移動に付随して「ローマ条約」（1957年）でも言及されており、1963年には欧州経済共同体閣僚理事会において基本原則として確認されていた。その後、ヨーロッパにおける高等教育に関しては、様々な学生交流計画が実施され、1986年には「エラスムス計画（ERASMUS）」が発足する。だが、欧州委員会の働きかけにもかかわらず、学位や資格能力の基準に関わる各国の合意はなかなか得られなかった。そんな中、「欧州司法裁判所」が、高等教育の目的を個人が職業に備えることと定義し、国の規制を排除するような動きを見せた。

欧州委員会は、1990年代を通じて、一貫して、「知のヨーロッパ」の構築を目指した。欧州委員会は、1992年の「マーストリヒト条約」以後、国家障壁低減への対応を迫られたため、グローバルな時代においては知識とその教育が重要であるという考えを積極的に普及しようとした。1993年には、白書『成長、競争力、雇用』[58]において、「通用性（トランスペアレンシー）の増大、資格と技能の相互承認、教師・生徒などのヨーロッパ域内移動の促進」によって技能と訓練のヨーロッパ領域を作り上げることを確認した。

さらに、1995年の白書『教育と学習－学習社会に向けて』[59]において、資格の相互承認、修士号導入による移動性の促進、「欧州大学単位制度（ECTS）」の考えを打ち出した。

OECDは、1996年になると、「知識基盤経済」という用語で経済成長論を語り始める。[60] このことについては、章を改めて詳述する。

---

* qualification frameworks

第2節　義務教育制度の組み替え——自ら学ぶことの意義

(1)『生きるための学習』(『未来の学習』)

　ノンフォーマルな教育という投資領域の拡大は生涯学習という制度を作り出し、結果的に、公教育ないし義務教育という理念および概念を消滅させることにつながっている。ネオリベラリズムの土台はかなり広い。権利としての教育は、国家主義の上に成り立っていた。この現実を、多くの教育関係者はあまり自覚してこなかった。グローバリズムで国家主義が乗り越えられた時、教育目的も変更され、そのことに気づかされることになっている。実は、公教育概念の変化は長い時間をかけて起きている。この国際的な動きを追ってみよう。

　教育の目的は知識の注入とか教科の学修 (study) ではなく、自分の人生を生きていくための学習 (learning) なのだという考えは国際機関UNESCOによっても確認された。この試みは、教育の国家主義、いわゆる国民教育を乗り越える大きな試みとなる。また、科学技術を応用した教育方法に注目している点で、1990年代のEUやOECDの動きにつながっている。

　1968年10月にUNESCO総会で1970年を国連「国際教育年」とすることが提案された。国際教育年の翌年、1971年にUNESCOは、教育制度の抜本的な改革を行う目的で、「教育開発国際委員会」を発足させている。委員長はフランスの元教育大臣エドガー・フォールがあたった。この報告書が『生きるための学習』(『未来の学習』)[61] (1972年) であり、その後の展開の「一里塚」[62] となった。また、この報告書が「学習社会」という概念を用いたことで、「生涯教育」から「生涯学習」へ、より主体性を強調するように概念転換が起きていることになる。

　さて、この報告書で確認されていることは、まず第一に、民主主義と参加の重要性である。民主主義は、「人間が機械の奴隷となることを防ぐ唯一の方法」であり、「人間の尊厳性と両立しうるただ一つの条件」であるので、「強力な支持を民主主義に与えなければならない」。今や民主主義は、責任分担と決定に「市民を参加させる」ものでなければならない。そこで、この目的

に関連した教育的要請には、できる限り支持が与えられなくてはならない。なぜならば、「教育における極端な不平等が作り出した階級の差別がある限り、それらの階級間に民主的な平等関係はあり得ないし、将来もあり得ない」からである、と報告書は述べる。

第二に、生涯学習社会の提唱である。科学技術時代には、知識が絶えず修正され「革新（イノベーション）」が継続される。そこで、自己学習の機能を拡大し、知識習得に対する積極的・意欲的態度の価値を高め、自ら考えることに基盤を置く教育の威信がどんどん高まっている。これは、「生涯教育」と「生涯学習」によって保障される、というのである。

言い換えれば、第一に、科学・技術の急速な進展と社会変化の加速化の中で初期の教育が一生涯役立つことは誰にも保障されなくなっているという、いわゆる「学歴主義」の否定である。第二に、教師が学習者に「教える」のではなく、学習者自身があらゆる教育要素（学校、社会生活、職場、余暇、メディアなど）から知識を吸収するという「社会全体が教育に関わる」「学習社会」になると指摘した。

(2) 平等から公正へ

この考えを裏打ちするように、「すべての者に対する機会均等」とは、「すべての者を同様に扱うこと」を意味するのではなく、「各個人が、自分の特性に適合した速度と方法で、適切な教育を受ける」ことを保証することだと、フォール報告書は微妙な言い回しで「教育の平等」論の再解釈を試みている。

> 「すべての者に対する機会均等[*1]とは、多くの人々が今日依然として考えているような[*2]、名目上の平等[*3]、つまり、すべての者を同一に扱うこと[*4]を意味しているのではない。それは、各個人が、自分の特性に適合した速度と方法で、適切な教育を受ける[*5]ことを確実にすることを意

---

*1 equal opportunity for all
*2 as many still believe today
*3 nominal equality
*4 same treatment for everyone
*5 receive a suitable education at a pace and through methods adapted to his particular person

104 第1部　政治視点から経済視点への転換

味する。」[63]

だが、この部分は、以下のような表現とともに理解しなくてはならない。すなわち、フォール報告書がエピローグで著名人の発言を引用するように、

「教育はもはやエリートの特権でもなく、ある特定の年齢に付随したもの[*1]でもなくなっていて、社会の全体を、また個人の全生涯を、包含する方向へと[*2]ますます広がっていきつつある。」

「未来の学校は、教育の客体を、自己自身の教育を行う主体にしなければならない。教育に従う人間は自らを教育する人間になり、他者への教育は自己自身の教育へとならなければならない。この根本的な変革こそ、将来数十年にわたる科学・技術革新時代に際して教育が直面する最も困難な問題である。」[*3]

「今日では、教授という伝統的な教育学原理[*4]から、教授と学習という『正しい』原理[*5]へと重点は移る。」[64]

ということなのである。ここでは、客体が主体になるという弁証法的な論理が展開され、教育と学習の関係を新しく組み立てようとするUNESCOの意欲的な立場がうかがえる。

これらの発言を受けて、フォール委員会は次のように結論づける。

「社会と学校との関係そのものが変わりつつある。教育に対してこのような位置を与え、地位を委ねた社会形態には、学習社会というふさわしい名称を与えねばならない。」

「全ての市民が、学習と訓練と自己開発を自由に行える手段をどのような環境の下でも自ら入手できなければならないことを意味する。そのような結果として、市民の全てが自分の教育に関して、従来とは根本的に

*1 the concomitant of a particular age
*2 reaching out to embrace the whole of society and the entire life-span of the individual
*3 The school of the future must make the object of education the subject of his own education. The man submitting to education must become the man educating himself; education of others must become the education of oneself. This fundamental change in the individual's relationship to himself is the most difficult problem facing education for the future decades of scientific and technical revolution.
*4 the traditional pedagogic principle of teaching.
*5 the "mathetic" principle of instruction and learning

異なった位置に置かれる[*1]ことになるであろう。」[65]

したがって、この「教育の平等」論の再解釈とは、平等思想の放棄ではなく、平等論の徹底と考えるべきである。全ての人間、一人ひとりの人間が、例外なく、社会に主体者として参加しながら自己実現していく長期的過程として教育を捉えるべきだという哲学が提起されているのである。

(3) 成人教育

また、この1971年のこと、フランスでは労働者の視点から能力向上を求める法律『専門性継続の形成』[*2]が採択されていた。当時、リテラシーの向上が、UNESCOの大きな関心になっていた。[66]

フォール報告では、具体的な行動計画として勧告がなされているが、その12番目は「成人教育」に関する勧告である。ここでは、「今後の10年間の教育戦略は、その優先目的の一つとして、学校および学校外における成人教育を急速に発展させることでなければならない」と指摘されている。ここで事例として紹介されているのがユーゴスラビアの「勤労者大学」とスウェーデンの「学修サークル」である。

> 「ユーゴスラビアの『勤労者大学』は、今日教育の分野で起こっている多くの問題に関する解答を見つけ出すための試みがなされている成人教育機関である。この大学は、フォーマルな授業と校外教育を共に提供し、それまでに受けた教育が何であろうと、すべての成人に開放されている。その唯一の入学許可基準は、個人適性だけである。教育課程は、初等教育の段階から高度の資格を有する勤労者のためのきわめて専門的な科目の教授に至るまで、あらゆる段階にわたって設けられている。学習者は、自分自身の学習計画[*3]を決めるにあたり、多くの異なる可能性の中から選択することができる。たとえば、異なるコースの諸部分を組み合わせて履修したり、あるいは集団的方法を用いて、特に作業グループに分か

---

*1 be in a fundamentally different position
*2 la formation professionnelle continue: FPC
*3 own study programme

106　第1部　政治視点から経済視点への転換

れて、それに自己学習[*1]や『事例史』研究[*2]といった個別的方法[*3]を並行して活用することができる。学習計画は、環境に応じて、地域社会や個人において多様化され、さらに学習者の(そして環境の)教育的要求や社会・経済的要求の事前の分析に基づいて、作成され得るのである。機能的教育も同等に重要であり、(職業的・公民的・社会的な目的に役立つ)、また勤労者の一般的・教養的発達にも役立つ。」[67]

14番目の勧告は自己学習に関するもので、その原理は、「新しい教育精神[*4]は、個々の人間を自分自身の教養的進歩の取得者かつ創造者に作り上げる。自己学習、特に援助を受けて行う自己学習[*5]は、いかなる教育システムにおいてもかけがえのない価値を有する」と定義されている。[68]

また、この事例として、オンタリオ教育研究所のアレン・タフ(Allen M. Tough)教授とそのグループの研究成果が評価されており、

「この調査研究はまた、教師や司書以外にも、広範囲にわたる人々の援助[*6]が、これらの自己学習の場合に求められていることを示すとともに、多くの人間が単に学習者であるばかりでなく、同時にまた『教師』でもある[*7]ことを明白に示している。自己志向学習者[*8]に関する調査と経験は、学校や大学に対して、図書館や博物館の組織網に対して、そしてメディアの形態と内容に対して、多くの意味合いを持っているのである。」[69]

と報告書は指摘している。

こうしてみてくると、フォール報告書には、西欧型教育制度の限界をいかに打開するかという問題意識があることがわかる。すなわち、西欧型教育制度では、教育を学術的なもの、原理究明を含む高度な研究に開かれたものととらえ、他方で訓練は反復的訓練によって規定の技能を習得し職業で実行す

---

*1 self-instruction
*2 studies of 'case-histories'
*3 individual methods
*4 ethos
*5 self-learning, especially assisted self-learning
*6 wide range of persons, beyond teachers and librarians
*7 not only learners but 'teachers'
*8 self-directed learners

るという実務・実業的なものとしてとらえていた。訓練を施された労働者が現場で探究し、創造することは想定外のことだったからである。実は、生涯学習とは、このような西欧型教育制度と、その根底にある教育思想、すなわち知的行為ができる中産階級と肉体労働しかできない労働者階級を分けて教育するという思想に変更を迫るものであった。

　注目すべきことだが、フォール報告書では、教育を商品として組織的・計画的に提供し、学習者を消費者として定義しようという思想は見られない。このことは、その後の歴史の展開から考えると大きな意味を持っている。

(4)ICTの萌芽

　フォール報告では、行動主義が評価され、アルゴリズムや教育工学への注目が目立つ。

　たとえば、発達心理学の成果としてはソビエトの心理学者ヴィゴツキーの内化理論と文化歴史学派の発達論が紹介され、人間の発達は「道具を使った作業」[*1]に基づくもので、「学習過程を通じた記号体系の同化」[*2]と密接に結びついているとする。「熟考する力」[*3]は、「人間に生得的なものではなく」[*4]「いかに思考し、いかに省察的操作を習得するかを個人が学ぶのである」[*5]とソビエト心理学理論を紹介している。そして、この心理学的理論体系を適用すれば、小学校低学年でもこれまで信じられていたものよりもはるかに大きい「適性」があると指摘している。[70]

　この紹介では、「シンボル、ことば、図形」[*6]を低学年から積極的に教えこんでいくという教育が導き出される。個々人における発達の違いを強調するあまり、社会的な人間関係のウェイトが小さく解釈されていると判断できるだろう。むしろ、フォール報告の全体の趣旨からすれば、「発達の最近接領域」

---

*1 work, an activity using instruments
*2 assimilation of systems of signs during the learning process
*3 faculty of considered thought
*4 not innate in man
*5 the individual learns how to think and to master reflective operations
*6 symbols, words and figures

の理論を持ち出して、他者の支援があれば発達の限界を打ち破ることができると説くべきだったろう。

(5) なぜフォール報告が必要となったか

第二次世界大戦後、先進国と言われる北側諸国の産業に技術革新が起き、経済的な構造改革、それ故に教育の高度化が避けられなくなったことがフォール報告の起因となっていると思われている。

クームズの言う「教育の危機」は、このことをいち早く指摘していたことになる。『生きるための学習』(『未来の学習』)で強調されているように、「科学技術革命」と呼ぶべきものが起きてきたのである。科学と高度な技術の発展は人々をより多くの教育活動に取り込むことになるので、個人は自然の力、生産力、社会的な力を支配するようになり、平等が進み、より民主主義が希求されるとUNESCOは説明している。[71]

『生きるための学習』序論では、「教育への動機と雇用」を論じている。当時すでに、教育への動機そのものが雇用の追求と、学習意欲すなわち知識欲との二つに依存しており、第一の観点「雇用の追求」は、一般的に第二の観点よりも優先すべきであるという論調が出てきていることは注目に値すると『生きるための学習』では指摘されている。逆にこの報告書は、人間の尊厳、基本的な人権、民主主義といった人類の価値の増進を説いてから、科学技術革命、テクノロジーの進化、それへの教育対応を指摘している。このような調整を試みているのだが、序論に現れている問題意識は失業対策、経済発展への解決が先にあって、そのためには庶民階層の生徒が不利益を被るような「西洋式の教育」[*1]を変革して、「知的能力可能性」[*2]を「様々な社会階層や富のレベル」から引き出すことを教育改革の目標とすべきだ、これは、平等と民主主義を実現することにもなるという論理構造になっている[72]と見なすべきだろう。

---

*1 western-style education
*2 intellectual capacity

第2章　教育投資の拡大と義務教育の喪失　109

「科学技術時代のひとつの意味は、知識が絶えず修正されイノベーションが更新されることである。したがって、教育は知識の普及や蓄積[*1]に向ける努力をより少なくし、知識を獲得するための方法(学び方を学ぶ)の習得に、より多くの努力を注ぐべきであるということは、広く受けいれられている。知識は一生を通じて修正され、完成されなければならないので、したがって学校における学修は短縮され、ややもすると過度に引き延ばされている高等教育における産業理論と専門実践との関係は変更されるべきだと考えてよかろう。」[73]

「科学技術革命、人間に提供される膨大な情報の流れ、巨大な通信メディアネットワークの存在がその他多くの経済的、社会的な条件などと共に伝統的な教育制度を大幅に修正し、ある教授法についてはその弱点を、また他の方法についてはその長所を露わにし、自己学習活動の範囲を拡大し、知識習得の際の積極的・意識的態度の価値を高めた。省察に基盤を置く教育の威信が普段に高まっている。成人を含めてあらゆる年齢層の生徒を教育するという問題は、多元的な校外学習[*2]を活用することをわれわれに求めている。校外教育は広い範囲に及ぶ可能性を持っており、すべての国がそれを効果的に利用すべきである。」[74]

「以上の理由から、本委員会は、とりわけ次の二つの基本的な考え方を強調する。すなわち生涯教育と学習社会である。学習が成人生活に入るときの知的到達度や年齢のいかんに関わらず、そもそも学修は成人生活に入る前に提供されまた学生が受けとるもので決定的な『総体』になるわけはないので、全体にわたって、概念そのものを新たにしなくてはならない。学ばなければならないすべての事柄が絶えず発見され、更新されつつある[*3]のならば、教授は教育になり、ますますさらに学習となる[*4]。」[75]

[*1] distributing and storing
[*2] multiplicity of out-of-school forms of learning
[*3] continually re-invented and renewed
[*4] teaching becomes education and, more and more, learning

(6) フォール報告への反応

生涯教育から生涯学習への用語の変化は、社会教育の研究者ジョン・フィールド（John Field）が次のように指摘するように、個々人の主体性をより強調することになった。

> 「教育や教授よりも学習を強調することで、生涯学習という用語は私たちの誰もがなすことだという注意が喚起されているのである」[*16]

そして、1980年代の半ば以降の日本には生涯学習に関する活動の記録があると指摘しながらも、彼は、「日本ははたしてモデルなのだろうか」と疑問を呈している。その結論は、英語圏で見られた「リベラルな成人教育」と同様に、教養とかカルチャーセンター的な日本の生涯学習も「既存の実践を根本的に変えるような新しい出発が見られたわけではない」と疑問を呈したのである。[77]

確かに、日本は、1988年に社会教育局を生涯学習局（その後、生涯学習政策局）に改めている。同時にまた、地方教育委員会においても、社会教育部・課を生涯学習部・課に改称・改組している。しかし、日本で普及したのは「生け花教室」や著名人の「地域史講演会」などの教養講座であって、また受講生の多くは退職した年配者や時間に余裕のある「主婦」だった。日常の労働や経済活動を変革したり、領土問題・移民問題や環境問題、原発やエネルギー問題など身近な生活問題を根本から学び直し解決の行動を起こすといった学びにはなかなか結びつかなかったということだろう。

ヨーロッパでは生涯学習が再雇用のための資格取得、リカレント教育という目的で編成されたが、日本は異なった動きをしたということだ。

(7) 成人教育が直面する本当の危機

成人教育の理論構築は、エデュアード・リンデマン（Eduard Lindeman）の『成人教育の意味』[*2]（1926年）に始まるといわれる。リンデマンは、成人教育の

---

*1 By emphasising learning rather than education or teaching, the phrase does draw attention to something that all of us do.

*2 *The Meaning of Adult Education*

実例として、デンマークの「フォルケ・ホイ・スコーレ」と英国の「手工業者」に注目している。フォルケ・ホイ・スコーレをリンデマンは国民大学[*1]と記述している。

1920年のこと、リンデマンはデンマークを訪問する。

「ここで、私は、憎しみに支配されたヨーロッパとはまったく対照的な、国家主義の砂漠の中の文化的オアシス[*2]のような文明に出会ったのである。」[78]

リンデマンは、こう衝撃的な感想を述べる。ここで言う国家主義とは、「領土獲得」とか「帝国主義」とリンデマン自身が言い換えているように、第一次世界大戦後の、そしてまた世界大恐慌までの国家主義についてである。ところが、デンマークでは、「高揚した国家主義が求めたこと」[*3]は求められておらず、農民たちがフォルケ・ホイ・スコーレで「人生をより有意義にする目的で学んでいる」[*4]姿に出会ったのだと記述している。

なぜそうなるのか。リンデマンが観察すると、農民たちは、「広範囲な協同組合」[*5]のメンバーとなっていて、この協同組合が経済的な機能を果たすので、そのために農民たちは文化的な「他の諸活動」をすることができていることがわかった。

また、こうも言っている。「集団的経済組織、文学・芸術・余暇への関心、帝国主義の放棄など」[*6]というデンマーク人の生活の背後には、「現代世界で他の国のどの国民をも動機づけないような教育的土壌」[*7]があるからだ。つまり、デンマーク人は「大きく開いた、生活と啓蒙との間の越えがたき溝」[*8]を埋めるように努力しているからだ、とリンデマンは解釈する。[79]

---

*1 peoples' colleges (Volkshochschulen)

*2 cultural oasis in the desert of nationalism

*3 what overheated nationalism

*4 studying for the purposes of making life more interesting

*5 comprehensive coöperative enterprise

*6 collective, economic organization, interest in literature, art and recreation, absence of imperialism, et cetera

*7 educational ferment such as motivates no other people in the modern world

*8 the yawning abyss between life and enlightenment

112 第1部 政治視点から経済視点への転換

では、それはなぜできたのか。長らくドイツ領であったシュレスヴィッヒ
ホルシュタイン州の半分は国土として戻ってきたが、デンマークの成人たち
は、敵の奪った領土を「内からの教育で取り戻す」[*1]ことを考え、「生涯にわ
たって継続する教育システム」[*2]の基盤を作り上げたのだと、リンデマンは
評価する。すなわち、

　　　「成人教育は、単に非識字から識字へと市民を変えてきただけでなく、
　　　人生の価値構造全体を再構築してきた[*3]のだ」[80]

と指摘している。

　ところが、米国はデンマークとは対照的である。デンマーク人は心の内な
る価値、人生生活の質的な変革を求めているのに対し、米国人は量的な達成
を目的とし、それは金銭的な豊かさの追求になってしまうとリンデマンは考
えたのである。

　つまり、米国人は、「本質的には知性とは対照的な達成という方法に慣
れ親しんでしまっている」[*4]、あるいは「量によって結果を判断する」[*5]ので、
また、米国では「成人教育運動」が突如起きてきたのだが、「心理学者や売り
込みの名手」[*6]が「金がらみで押しつけてくる」[*7]ので、成人教育は文字通り
の押しつけ教育にしかならなかった。

　そこで、米国の成人教育は危機に立っているとリンデマンは判断するので
ある。このことを彼は次のようにも表現した。

　　　「成人教育が直面している主たる危険性は、われわれがその意味を理解
　　　する前にそれを『アメリカ化』してしまうことにある」[*8][81]

リンデマンには、このような状況認識と、問題意識があったことは注目さ

---

*1 regain by education from within
*2 system of education which continues so long as life lasts
*3 has rebuilt the total structure of life's values
*4 have become habituated to a method of achievement which is in essence antithetical to intelligence
*5 measure results quantitatively
*6 psychologists and super-salesmen
*7 "put it over" for us for a cash consideration
*8 we may "Americanize" it before we understand its meaning

れる。だからこそ、リンデマンは成人教育を次のように定義したのである。

「新しい希望がわき出ている。教育は人生である[*1]、単に未知の未来の生活に備えることではない[*2]と断言することを第一前提とする新しい教育への呼び声があちこちから起きてきた。だとすると、学習過程を青年期に格下げするという教育の固定的な概念はすべて[*3]破棄されることになる。人生すべてが学習である[*4]。それゆえ、教育には終わりがない[*5]のである。この新しい冒険は、成人教育と呼ばれるが、それは成人に限定されるからというのではなく、成人たること、すなわち成熟がその限度を定義する[*6]からである。この概念は、シンクルーシヴなものである。」[82]

つまり、年齢上の制限はせず、大人（成人）となることを目的として、意味の上では限度はなく包括的であるというのである。ここで、教育は学齢期と言われる時期に限定された人生への準備ではなく、教育が必要なのは現在の人生そのものであるという定義に転換しているところが注目されるべきだろう。義務教育概念を掘り崩していったのは、こうした成人教育の考え方だったとも判断できるだろう。

(8) 「自ら学ぶ」という教育論を広げる

成人教育の経験は、1960年代に理論的に整理され、成人学習理論を生むまでに至る。

社会に出るまでの学齢期に学習を終えるという義務教育ないし教育のフロント・エンド・モデルは、一生にわたって「探究する」[*7]という成人学習の出現によって修正を余儀なくされた。

ジョン・デューイが設立に関わった「教育研究全国協議会」は、1901年の

[*1] *education is life*

[*2] not a mere preparation for an unknown kind of future living

[*3] all static concepts of education which relegate the learning process to the period of youth

[*4] the whole of life is learning

[*5] education can have no endings

[*6] adulthood, maturity, defines its limits

[*7] inquiring

設立以来、年次報告書を出版してきた。『1961年版年次報告書・第1分冊』
(1962年)の序章は、「教授の個別化」[*1]となっていて、

　　「教師の役割は、自己教育がうまくいく[*2]ような実験へと変わらなけれ
　ばならない」

　　「生徒は自己教育を計画し管理するというさらなる責任を負い[*3]、教師
　の役割は相談役かリソース供給者[*4]になる。」[83]

　ちなみに、この研究会の『2000年版年次報告書・第1分冊』は、「教育にお
ける構成主義」特集となっている。

　シカゴ大学で学び、カナダのオンタリオ教育研究所で自己教育プロジェク
トの調査に乗り出した、成人教育研究者アレン・タフは、このような社会的
雰囲気の中で『教師のいない学習』[*5]という刺激的なタイトルの冊子を書い
ている。

　アレン・タフは、成人がどのように学んでいるのかをつぶさに観察し、教
師の役割[*6]を次のように12項目でまとめた。[84]これは「専門的教師」が行っ
ても「学習者自身」が行ってもよいという。学習者自身が教師の役割も果た
しながら学習することを、「自己授業、自己教授、自己教育、独立学修、個
人学修、自己志向学修」[*7]などと呼んでいるのだと、アレン・タフは当時の
教育論を整理している。

　さて、その12項目とは、

　　①目標の選択
　　②目標達成に適切な諸活動の決定
　　③文献やリソースを入手

---

*1 Individualizing Instruction
*2 self-teaching to be successful
*3 more responsibility for planning and directing their own learning
*4 consultant or resource person
*5 *Learning without a Teacher*
*6 teaching task
*7 self-teaching, self-instruction, self-education, independent study, individual study, self-directed
study

④学習者の知識と技能の現レベルを推測

⑤特定部分の把握に困難がある場合これに対処

⑥いつ学ぶかを決定

⑦どこで学ぶかを決定

⑧いくら出費するかを決定

⑨目標達成の意志不足に対処

⑩学習に必要な諸活動への嫌気に対処

⑪成功疑念に対処

⑫継続の決定

のことである。

このようなことを学習者自身が行えるかどうかが次に問題になる。アレン・タフは、1960年代前半に高校や大学で開始された様々な「独立学修プログラム」[*1]に注目した。彼は、全米の大学では「教育方法の幅広い変化[*2]が、自己教育の頻度や重要性を増大させている」と指摘する。[85]

結局、教育は、「自己教育コンピテンスが増加するように個々の課題を設定して与えられるべきだ」[86]という結論にアレン・タフは達する。

アレン・タフの観察では、成人が学習する場合、教育機関との関わりは少なく、自ら学習する場合には比較的普遍的なものとして「自然な」学習過程が一般化できるということだ。しかも、援助を求めて、たいていは教師として養成されてはいない「援助者」のところに行く。ところが、この援助者となった「教師」は「学習者の自然な流れ」[*3]にしたがうよりも「教師自身の教育学的な流れ」[*4]を押しつけ学習を遮ってしまうということがわかった。[87]

(9) 学修 (study) から学習 (learning) へ

1980年時点で、成人教育の研究者マルカム・ノールズは、教育目的概念

---

*1 independent study program
*2 broader changes in teaching methods
*3 learner's natural sequence
*4 own pedagogical sequence of steps

116　第1部　政治視点から経済視点への転換

が新しくなって、変化したことを強調している。以下のくだりは、1970年の初版には書かれていないので、時代の変化をつかみ取ることもできる。

　ごく最近まで、教育心理学者たちの多くは、「教えられたことに対する子どもの反応」[*1]ばかり研究してきた。教員養成学校では、「教師の教え方に対する生徒の反応をどうコントロールするか[*2]」ということを教えていた。しかし、ジャン・ピアジェ (Jean Piaget)、ジェローム・ブルーナー (Jerome Bruner)、アレン・タフの研究に基づいて、「教師が何をするか」[*3]よりも「学習者の内面で何が起こっているのか」[*4]への注目が重視されるようになり、「自己志向学習を支援するプロセスとしての教育」[*5]を新たに強調し、「教師の役割は自己志向学習の援助者で自己志向学習のリソースである」[*6]と再定義するということになったという。

　伝統的な教育目的は「教養人」を生み出すことであって、十分な知識があればよい行いをするはずだと考えられてきた。しかし、これは教育が特権階層のものであった時代、しかも知識・技術がゆっくりと変化していた時代には適合したかもしれないが、知識爆発、技術革新、教育の大衆化の時代には、「教育の使命はコンピテンスある人びと、すなわち変化する状況の下で自己の知識を適用できる人間を生み出すこと」[*7]と定義されるべきで、このことはいわば、「すべての人間が保持しなくてはならない土台となるコンピテンス[*8]が自己志向的な生涯学習に参加するコンピテンス[*9]となることだ」、そしてまた、「コンピテンスある人びとを生み出す方法は、適用するコンテクストの中で知識（それに技能、理解、態度、価値、興味）を彼らに獲得させるこ

---

*1 reactions of children to teaching
*2 how to control students' reactions to their teaching
*3 what the teacher does
*4 what happens inside the learner
*5 education as a process of facilitating self-directed learning
*6 role of teacher as a facilitator of self-directed learning and a resource to self-directed learners
*7 produce competent people　— people who are able to apply their knowledge under changing conditions
*8 foundational competence
*9 competence to engage in lifelong self-directed learning

とだ[*1]」とマルカム・ノールズは確認する。

> 「コンピテンシー・モデル[*2]がカリキュラム編成の基礎[*3]としてのコンテンツ伝達目標[*4]を取り替え始めただけでなく、マイペースの個人学習モジュール(あるいは学習パッケージ)と学習契約[*5]が授業全体[*6]を学習経験構造化モデル[*7]へと変えつつある。」[88]

このことは、成人教育にもあてはまると、マルカム・ノールズは判断する。

学習が生涯にわたるプロセスになると、学校教育は主として「探究の技能」[*8]の開発に関わり、成人教育は主として「自己志向探究者[*9]のためのリソースと支援の提供」に関わらなくてはならない。また、「自分たちの回りの至る所に学習のリソースがある」ので、今日の教育の課題は「学習者を教育リソースに結びつける[*10]新しい方法を見つけること」だと、マルカム・ノールズは指摘している。[89]

彼は、アルフレッド・ホワイトヘッド(Alfred North Whitehead)の説を引きながら、個人の平均寿命が長くなり、逆に社会変動の周期(タイムスパン)が短くなったので、現代人は一生のうちにいくつもの社会変動を経験することになり、教育を「知識伝達過程」[*11]として定義することはもはや実用的でなくなり、「生涯にわたる絶え間なき探究過程」[*12]として理解されるべきである。それゆえに、子どもにも成人にも、すべての人間にとって最も重要な学習は、「学び方の学習」[*13]であり「自己志向の探究技能」[*14]であると結論づける。[90]

---

*1 have them acquire their knowledge (and skills, understandings, attitudes, values, and interests) in the context of its application
*2 competency models
*3 basis for organizing curricula
*4 content-transmission objectives
*5 self-pased individualized learning modules (or learning packages) and learning contracts
*6 course outlines
*7 models for structuring learning experiences
*8 skills of inquiry
*9 self-directed inquirers
*10 link learners with learning resources
*11 transmitting what is known
*12 lifelong process of continuing inquiry
*13 learning how to learn
*14 skills of self-directed inquiry

118　第1部　政治視点から経済視点への転換

「かくして、1970年代と1980年代に、コンピテンシー・ベースの教育[*1]が急激に普及する」とマルカム・ノールズは述べている。しかし、彼は、シリル・フール(Cyril O. Houle)の説に同調して、[91]これを「パフォーマンス・ベースの教育」[*2]と言い直すべきだと主張している。

(10) 義務教育の意義

義務教育は、学齢期の子どもたちが生産現場や生活からいったん離れて、理想的な状態で誰もが皆、大人になるための準備期間であった。子どもを現実の利害・人間関係から引き離し、理想的な条件で学べる時間を提供することが養育者の「義務」とされた。長い人類史の中で、強制された教育を受け入れることは子どもの義務ではなく、子どもが成長に必要とする教育を入手することが権利となった。

民俗学者の柳田国男が、1937年に、第二高等学校、つまり当時の旧制高校生というエリート候補生に向かって『平凡と非凡』という講演を行い、「我々は現在如何なる程度にまで、前人の未だ説かざることを説き、又は考へることを許されて居るのであらうか」と問いかけて、次のような結論を述べる。

> 「諸君は自らが中学以来歩んできた道筋以外に、別に今一つ青年の養育法があつて、それが最も由緒ある国固有のものであり、且つ幾つかの貼に於いて自分たちの受けたものと、方向を異にするものなることを知つて居らねばならぬ。」[92]

この異とするものとは、

> 「一番大きな教育法の相異は、具体的にいふと、平凡と非凡とであつた。平凡を憎むといふ人の気質は、必ずしも新たに生まれたものではないが、それが教育の上に公認せられたのは近頃のことであつた。」[93]

近代ないし産業社会は、非凡という優れた能力を期待するが、前近代の社会は平凡という普通の能力こそが大切だった。普通とは誰もが身につけるべきもので、一定の習得があればその地域共同体では「一人前」ととらえられて、

[*1] competency-based education
[*2] performance-based education

この能力は序列や競争の対象にはならなかった。平凡なこと、普通のことは、子どもたち自らが長い時間をかけて、生活の中で学んでいくものであり、逸脱した場合にのみしかるという教育方法が使われたという。

さて、人類はなぜ義務教育という制度を考案したのか。それは、非凡な能力を発掘する仕組みだったのだろうか。そもそも義務教育とは、誰にも必要な普通教育のこと、つまり平凡な能力を獲得させることであったはずである。ちなみに、現在のフィンランドでは、義務教育期間の16歳までは他人と比べる競争的テストはない。

いわゆるフロント・エンドの教育という考えは、学齢期と労働に従事する成人期と分けることによって、社会に出る前に自立した民主主義の構成員を育てることにあった。近代学校教育制度は、子どもたちを労働から切り離すことで成立したのである。したがって、成人になるためには誰もが一定の「人格の完成」を遂げているべきだという教育目的が成り立った。この考えは、国民を「一人前に育てる」という責任を教育行政に意識させる根拠にもなっていた。それゆえに、教師たちは、子どもたちを社会に送り出したという、今日では得難い満足感を感じることができたのだと思われる。

義務教育は、近代国家制度の国家主権を支える国民形成として実現されてきた。国民として平等が理解されれば、教育における平等もまた受け入れられやすいものであった。日本では、教育における平等が、国家による同一内容の教育の提供と解釈された。すなわち、教科ごと、学年ごとに教科書を検定し、教科書通りに教えることで、教育の内容と方法を厳格に管理して実現されてきた。だからこそ、低学力は、「落ちこぼれ」「落ちこぼし」と呼ばれて問題視されてきたのである。

ネオリベラリズムは、平等という用語を避け、公正の概念に置き換えている。特定の価値を平等に追求するためには、その条件、すなわちその他の価値の追求には格差を付けることが望ましい、それが公正であるというわけである。

たとえば、個々人の能力はそれぞれ異なっていて、能力形成の内容や速度や方法もまたそれぞれ異なっているので、教育の平等とは一人ひとりに合わ

せた異なる対応が必要であるととらえる。知識は個々の人間がそれぞれ学び
ながら構成していくものであるから、知識の内容が異なっていてよいと考
える。能力の形成は、社会に出る前に完了するわけでは無く、ゴール（目標、
最終到達点）のない生涯学習に置き換わる。これに対応して、教育は、一人
ひとりの学びを支援することになり、教師は一人ひとりの必要に応じて支援
の内容や方法を変えていかなくてはならない。これがポストモダニズムと呼
ばれる教育思想である。

　北欧の福祉国家では、教育のゴール（目標）を設定すれば、個々人の能力に
合わせて支援を変えていく。結果の平等を目指せばこそ、教育による支援は
異なるが、これが公正なのである。そして、この教育のゴール（目標）は、教
科の学業成績だけでなく、民主主義や社会結束などを含めたコンピテンスで
記述されるのである。柳田国男が注目した「平凡」が、新しい時代には「キー
・コンピテンシー」などと書き改められつつあるということになるだろうか。

　これは人間の思想の問題である。普通のことを普通にしていれば人間とし
て価値あるふさわしいことなのだと考えられるか否かということである。生
涯にわたって知識や技能の非凡さを求める能力競争の先には、普通の仕事は
AIロボットがこなし、普通の人間が生きられない地球が待っているのだろ
うか。ネオリベラル期教育は、産業社会に向けた能力の育成という、西欧近
代に成立した学校教育の理論的欠陥を破滅的に拡大している。

第3章　グローバルな大学改革の始まり

「教育、訓練、あるいは生涯学習だけでは十分ではない。一方で、高スキル経済は、新たな不平等を引き起こすだろう。他方で、もしそれらが社会投資に支えられなかったら、教育投資は役立たなくなる。学校で学習し、成功するという子どもの能力は、その家庭の社会的境遇に直接かつきわめて大きく依存するからだ。長期にわたる社会的不平等は、例外なく、教育の不平等と認知力の不平等を生み出す。われわれが知識経済に向かって進めば進むほど、そのような不平等に対する社会的コストはますます大きくなるだろう。」[1]（コスタ・エスピンアンデルセン）

第1節　人類の合意−権利としての教育、とりわけ高等教育への展望

(1) 教育は権利である

1948年12月10日、第3回国連総会にて『世界人権宣言』[2]が採択された。その第26条には、教育は「何人」にとっても「権利」であることが明記されている。権利ということは、社会がその権利の実現に努力しなくてはならないものである。ここでは、能力がmeritと表現されている。

『世界人権宣言』第26条

(1) 何人も、教育を受ける権利を有する。教育は、少なくとも初等のかつ基礎の課程では、無料でなくてはならない。初等教育は義務とする。専門教育と職業教育は、一般に利用するものでなくてはならない。また高等教育は、能力に応じて、すべての者に平等に開放されていなく

てはならない。[*1]

　(2) 教育は、人格の完全な発達と人権および基本的自由の尊重の強化とを目的としなくてはならない。教育は、すべての国および人種的または宗教的集団のあいだにおける理解、寛容および友好的関係を増進し、かつ、平和の維持のために国際連合の活動を促進するものでなくてはならない。

　(3) 両親は、その子どもに与える教育の種類を選択する優先的な権利を有する。

(2) 学習者が教育主体へ

　1966年12月16日、国際連合第21回総会で採択された『国際人権規約』[3]は1976年に発効しているが、日本国は1979年8月4日に批准し同年9月21日に国内で発効している。この『国際人権規約』は先の『世界人権宣言』を法的に拘束力あるものにしたものであり、この条文は、その後、欧州評議会やOSCE (欧州安全保障協力機構) の文書、あるいは国連『子どもの権利条約』(1989年) などあらゆる国際的な人権条約に引用される少数者の権利保護に関するもっとも基本的な国際文書である。

　『国際人権規約』は二つの規約から編成されていて、教育制度別の定義が、『社会権規約』第13条に規定されている。ここでは、『日本国憲法』と比較すれば、「教育を受ける権利」[*2]が「教育への権利」[*3]へと、より積極的に個人の違いを認めるものへと定義が変わっている。さらに、権利を充足するために、高等教育の無償化も構想されていた。『世界人権宣言』で言う能力がmeritから『社会権規約』で言うcapacityへと変えて表記されている。これは、「これまで作り上げた成果」よりは「これからできる可能性」へと教育に関わる場合に必要な個人の能力がより広く読み替えられているということだ。

[*1] Everyone has the right to education. ... Technical and professional education shall be made generally available and higher education shall be equally accessible to all on the basis of merit.

[*2] right to receive education

[*3] right to education

『経済的、社会的及び文化的権利に関する国際規約』(『社会権規約』) 第13条

第1項　この規約の締約国は、すべての者の教育への権利[*1]を認める。……締約国は、教育が、すべての者に対し、自由な社会に効果的に参加すること、諸国民の間および人種的、種族的または宗教的集団の間の理解、寛容および友好を促進することならびに平和の維持のための国際連合の活動を助長することを可能にすべきことに同意する。

第2項　この規約の締約国は、第1項の権利の完全な実現を達成するため、次のことを認める。

(a) 初等教育は、義務的なものとし、すべての者に対して無償のものとすること。

(b) 種々の形態の中等教育 (技術的および職業的な中等教育を含む) は、すべての適当な方法により、特に、無償教育の漸進的な導入により、一般的に利用可能であり、かつ、すべての者に対して機会が与えられるものとすること。

(c) 高等教育は、すべての適当な方法により、特に、無償教育の漸進的な導入により、能力に応じ、すべての者に対して均等に機会が与えられるものとすること[*2]。

(d) 基礎教育は、初等教育を受けなかった者またはその全課程を修了しなかった者のため、できる限り奨励されまたは強化されること。

(e) すべての段階にわたる学校制度の発展を積極的に追求し、適当な奨学金制度を設立し及び教育職員の物質的条件を不断に改善すること。

1966年に採択されているのだが、日本政府は1979年にこれら両規約の締結国になった。この遅れが、日本の政治状況を示している。それだけではない。締結時に、『経済的、社会的及び文化的権利に関する国際規約および

[*1] right of everyone to education

[*2] Higher education shall be made equally accessible to all, on the basis of capacity, by every appropriate means, and in particular by the progressive introduction of free education.

124　第1部　政治視点から経済視点への転換

市民的及び政治的権利に関する国際規約の署名の際に日本国政府が行った宣言』(1979年8月4日)によって、保留条項を列記した。なかでも、『社会権規約』第13条(b)（c)「特に、無償教育の漸進的な導入により」は留保されたものである。日本国政府は、民主党政権下の野田内閣が、2012年9月11日の閣議において留保を撤回すると決定した。その後、これは国連に通告された。その当時、日本の高等学校の授業料無償化も実施されている。

　留保の撤回に関する国連への通告文

　　日本国政府は、昭和41年12月16日にニューヨークで作成された「経済的、社会的及び文化的権利に関する国際規約」（社会権規約)の批准書を寄託した際に、同規約第13条2(b)及び(c)の規定の適用に当たり、これらの規定にいう「特に、無償教育の漸進的な導入により」に拘束されない権利を留保していたところ、同留保を撤回する旨を平成24年9月11日に国際連合事務総長に通告しました。

　　この通告により、日本国は、平成24年9月11日から、これらの規定の適用に当たり、これらの規定にいう「特に、無償教育の漸進的な導入により」に拘束されることとなります。

　　（参考)

　　社会権規約13条2(b)及び(c)≪抜粋≫

　　第13条2

　　(b) 種々の形態の中等教育（技術的及び職業的中等教育を含む。)は、すべての適当な方法により、特に、無償教育の漸進的な導入により、一般的に利用可能であり、かつ、すべての者に対して機会が与えられるものとすること。

　　(c) 高等教育は、すべての適当な方法により、特に、無償教育の漸進的な導入により、能力に応じ、すべての者に対して均等に機会が与えられるものとすること。

　　(注) 我が国は、社会権規約を批准した際、上記規定の適用に当たり、

強調文字部分に拘束されない権利を留保。

（外務省ホームページ「経済的、社会的及び文化的権利に関する国際規約（社会権規約）第13条2(b)及び(c)の規定に係る留保の撤回（国連への通告）について」）注は外務省による

『子どもの権利条約』(4)（政府訳は『児童の権利に関する条約』）は、1989年11月20日、国際連合第44回総会で採択され、1990年9月2日に発効している。日本国はこれを1990年9月21日に署名し、1994年5月16日に批准、5月22日に発効しているが、世界で158番目であった。

『子どもの権利条約』は、未成年と呼ばれる18歳未満の人間に適用される。『国際人権規約』A規約13条に比べ、高等教育の無償化の方針が消えている。しかし、教育を受ける権利という規定とは異なり、子どもたちは教育を利用しその成果を行使する主体としての行動が保障される。

『子どもの権利条約』第28条（教育への権利）

　締約国は、子どもの教育への権利[*]を認め、漸進的にかつ平等な機会に基づいてこの権利を達成するため、とくに次のことを行わなければならない。
　(a) 初等教育を義務的なものとし、かつ、すべての者 (all) に対して無償とする。
　(b) 一般教育および職業教育を含む種々の形態の中等教育の発展を奨励し、すべての子ども (every child) が利用かつアクセスできるものとし、たとえば、無償教育の導入、必要な場合には財政的援助の提供というような適切な措置をとる。
　(c) すべての者が、あらゆる適切な手段を講じることで、能力に基づ

---

* right of the child to education

いて高等教育にアクセスできるものとすること。

(d) 教育上および職業上の情報とガイダンスを与え、すべての子ども
がそれにアクセスできること。

(e) 日常的な出席を促し、学校離脱率を減少させるような手段を講じ
ること。

　教育を受けるから教育へのアクセスを入手するという論理の転換は、学習
者が自らを教育する主体となるという側面を持っている。

(3) 教育の国家管理批判の結末

　さて、国際的な教育の歴史は、およそこのように進んできたはずであった。
大学で教える教育学も、このような権利としての教育の立場で語られてきた。
権利と言うからには、学習の成果は学習者に帰するべきものであり、学習者
によって異なる成果があっても問題はない。

　ところが、まったく別の原理が、ほとんどの国民の知らないうちに現実の
教育政策として日本の中に定着しつつある。ある日、突然に政治の世界で教
育のルールブックが書き換えられてしまったのである。それは、なぜか。ど
のようにして可能だったのか。これこそが本書のテーマである。

　その前に、人権としての教育は、近代人の形成という思想であり、これは
国民国家によって支えられてきたもので、国際機関に見られるある潮流は主
権国家の延長上に国際人ないし地球市民を創造しようとするものである。近
代の主権国家は、「幻想の共同体」とも呼ばれ、国家意識ないし国民全体の
価値観と同じ国民を形成することを基本的な課題にした。一民族一言語一国
家の原則とは、そこに国民となる民族がいて民族自決を決意したからではな
く、独立した主権国家という領土を切り取ってその中で言語を統一し、公教
育ないしは国民教育と呼ばれる学校教育を通じて意識的に国民を形成した
から実現したのである。1970年代の日本において、「国民の教育権」と呼ば
れる思想が家永教科書裁判などを通して広まった。これは、「教育の私事性」
を基本理念として個人の意志を国家管理から解放しようとする思想であった

が、この思想そのものがポストモダニズムであり、ネオリベラリズム、グローバリズムへの道に踏み出していたことを確認できるだろうか。都市部の家庭が中高一貫の私立学校に子どもを進学させるのも、「教育の私事性」の忠実な実行であり教育に対する国家規制への反発でもある。現代は、モダニズムとポストモダニズムの思想がせめぎ合っており、それがまだら模様となってわれわれに迫ってくる。

第2節　ネオリベラリズムによる公共財の民営化

---

(1) ネオリベラリズムの始まり

　ネオリベラリズム (新自由主義) は、1970年代半ばに何人かの主張として登場し、1980年代には公共政策を統括する経済原理として強化されて、米国や英国を始め英語圏諸国で実行に移され、現実のものとなった。オイルショック後の世界不況期に行き場を失った金融資本が、これまで公共のものと考えられていた福祉や教育など公共財をその投資先にせざるを得なくなったからである。米国政府とIMF (国際通貨基金) は一体化し、貸し付け国の債務返済を繰り延べする代わりに福祉予算の削減、労働法制の緩和と民営化など構造改革を実行させた。それは金融界が仕掛けた「人類の遺産・公共財の乗っ取り計画」と言えばわかりやすいだろうか。

　ネオリベラリズムの先駆けとなった理論家は、ミルトン・フリードマン (Milton Friedman)、フリードリヒ・ハイエク (Friedrich August von Hayek)、それにロバート・ノージック (Robert Nozick) とされる。1974年にはハイエクが、1976年にはフリードマンがノーベル経済学賞を得ている。ネオリベラリズムは産業育成と結びついたが、新自由主義はむしろ製造業など産業との結びつきを弱め、失業、生活破壊、格差拡大、社会不安を前提にした金融拡大 (利潤取り立て) を行った。産業育成に投資するのではなく、資産運用という名の収奪を始めたのである。

128　第1部　政治視点から経済視点への転換

(2) ワシントン・コンセンサス

1980年前後のこと、米英の金融界のなかに、あらゆる行為を商行為に変えて世界中の市場開放を望む勢力が形作られたようである。この米英の金融界は、「日本やヨーロッパにもネオリベラルな道を選択するように多大の圧力をかけ」、「こうした異なる動きがすべて糾合して激烈なイデオロギーの力となり」「ワシントン・コンセンサス」を生み、グローバリズムが進展する。(5)教育政策でいえば、教育費の削減、規制緩和、教育の民営化という長期方針が具体的に確定された。

「ワシントン・コンセンサス」は、どこで誰がどの文書によって合意したものと特定できない。国際経済研究所のジョン・ウィリアムソン (John Williamson) が1989年にそのような傾向があると指摘したことばにちなんでそう呼んでいるだけだ。米国政府およびワシントンに本部を持つIMFやWorld Bankなど国際金融機関の合意事項にすぎないが、開発途上国や借金を抱えた先進国はこの合意にしたがって1990年代に融資と取り立てを受ける。財政規律、公共支出管理、累進課税緩和、金融自由化、競争的為替レート、貿易の自由化、国外からの直接投資、民営化、国家統制の緩和、所有権保護という10項目のうちいくつかを突きつけられ、そこで初めて「ワシントン・コンセンサス」の存在に気づく仕組みである。

ジョン・ウィリアムソンが整理した10項目*は以下のように記述されている。

①赤字財政対策、

②公共支出優先順位。減税でありながら軍事費を温存するために補助金、教育予算、保健予算、公共投資を削減する。教育と保健は国家神髄の事業であるはずだが、これを投資ないし消費としてとらえる。初等教育は高等教育よりも必要だが、教育されたエリートもまた必要になってきたからである、

---

* ① Fiscal Deficits,　② Public Expenditure Priorities,　③ Tax Reform,　④ Interest Rates,　⑤ The Exchange Rate, ⑥ Trade Policy, ⑦ Foreign Direct Investment, ⑧ Privatization, ⑨ Deregulation, ⑩ Property Rights

③税制改革、

④金融自由化、

⑤為替緩和、

⑥貿易自由化、

⑦直接投資をめざし国際障壁撤廃、

⑧公共部門の民営化、

⑨規制撤廃、

⑩所有権保護。[6]

1980年代当初、ラテンアメリカ諸国に対する債務取り立ての基準であった諸手法の寄せ集めとしての「ワシントン・コンセンサス」は、財政再建に取り組むニュージーランドや英国など英語圏諸国の政府に採用され、ネオリベラリズム（新自由主義）とも呼ばれるようになった。これが、1989年末のベルリンの壁崩壊後は東欧諸国に、さらに1991年末のソ連邦崩壊後はロシアから中央アジア諸国に至る旧ソ連諸国に、急きょ適用されることになった。さらにその後、バブル崩壊後の日本にも適用された。国公立大学の独立行政法人化はその一例である。世界中の政府が債務国に陥って、各国政府は公共政策の切り下げを選択したのである。だが、これは、人類が蓄積した公的資産が収奪の対象となったということに他ならない。

(3) WTO と GATS

教育制度の共通化、事業カテゴリーの特定が教育グローバリズムの第一段階となったが、最初に着手されたのは国際標準教育分類の構築だった。私企業の教育サービス提供が国際的に合法化されるのは、1995年1月1日には、「WTO（世界貿易機関）」という国際経済システムが発足し、それに付随する「GATS（サービス貿易に関する一般協定）」によって、あらゆる行為は営利行為として定義されることになってしまったことによるものである。

1995年のWTOの設立は「世界という舞台で組織の改変を進める一つの頂点をなす」[7]ものだった。

米国が第二次世界大戦後、一貫して追求し、また主導してきたのは貿易の

自由化であるが、そこには、投資、金融だけでなく各種サービス業も入り、その一部に技術、知的所有権、教育が含まれることになる。貿易の自由化の国際的な仕組みは、IMFやWorld Bankといった国際金融機関と、GATT（関税および貿易に関する一般協定）やFTA（自由貿易協定）、EPA（経済連携協定）といった国際通商規定である。

　企業が多国籍化すると、従来の国家主権が障害になり、グローバルな規模で自由な企業活動を保障する仕組みが必要になってくる。そのために、1947年にGATTが23か国の間で結ばれた。第二次石油ショック後、1980年代初頭には世界経済は不況に陥り、世界経済は縮小する。米国は、各国の保護主義を打破するため、1982年に新ルールの確立を提案し、1986年に交渉が始まる。これが、ウルグアイ・ラウンドである。その特徴の一つは発展途上国に与えられていた特恵待遇の撤廃であり、今ひとつは「新しい分野」であるサービス市場の開放を求めたことである。サービス貿易、貿易関連投資措置、知的財産権に関わる、いわゆる新分野を米国が提起したわけは、「米国企業の国際的展開が最も速く、そしてもっとも大規模に進めていたから」[8]、つまり米国に最も有利な分野だったからである。各国の利害は対立し、また国内の利害関係も錯綜し、交渉は難航を極めた。そこで米国は、1985年にイスラエルと、1988年にはカナダとの間に二国間自由貿易協定を実現させ、1993年にはメキシコを巻き込んで多国間でNAFTA（北米自由貿易協定）を批准させる。

　アジアでは、EAEG（東アジア経済グループ）や後のEAEC（東アジア経済協議体）といった日本を中心にして米国を排除した経済圏が構想された。だが、米国はこれらの設置を阻止すべく、米国はAPECを設置し、1993年に最初の首脳会議が開催されている。

　ヨーロッパは、第二次世界大戦後の貿易協定の見直し、いわゆるGATTウルグアイ・ラウンドの交渉に抵抗し続けた。だが、米国の地域囲い込みの動きを警戒して、ついに1993年12月、妥協せざるを得なくなる。「世界貿易機関を設立するマラケシュ協定」（1994年12月28日）にて包括的な「WTO協定」が成立し、翌1995年元日に貿易紛争処理を行う機構がWTOとして

成立する。WTOは、法人格をもち、しかも国際連合の「国際機関」として確立している。GATTに比べれば、格段に強制力の強い仕組みである。新協定のうち、「附属書－Ｂ　サービスの貿易に関する一般協定」が、GATSと呼ばれる。GATSの目的は、サービスと見なせるあらゆる行為を国際的にすべて自由化することにある。したがって、協定本文には、サービス貿易が具体的に何を指すのかは定義されていない。それは、あらゆるものだからだ。その内、「WTO事務局のサービス分類の詳細（MTN. GNS/W/120）」によると、あらゆる教育行為がすべてサービス業として位置づけてある。12に大分類されるサービス貿易のうち、第5項目が教育となっていて、中分類ないし小分類が、Ａ 初等教育サービス（分類番号921）、Ｂ 中等教育サービス（922）、Ｃ 高等教育サービス（923）、Ｄ 成人教育サービス（924）、Ｅ その他の教育サービス（929）、と規定されている。[9]これは、UNESCOのISCED1997[10]に沿ったものであると説明されている。しかも、WTO事務局ノートによれば、義務教育部分をさす「基礎教育」さえ潜在的教育市場から除外されるとは考えられないとされている。[11]簡素な分類表にしたがって、すべての教育がサービスと定義されてしまったのである。

　GATSの定義（第1条第2項）[12]によると、「サービス貿易」とは次の様態をさす。教育サービスにあてはめて具体的に説明してみよう。

　第1モード「越境的供給」[*1]

　サービスが国境を越えて提供される場合。たとえば、日本にいて外国の大学の授業をインターネットで受講し、外国の大学を卒業するというような遠隔教育。インターネットの革新と普及によってイー・ラーニングやサイバー大学が可能となり、この分野が今後重要視されている。

　第2モード「在外消費」[*2]

　サービスの提供される国まで移動して提供を受ける場合。たとえば、米国に滞在して米国の大学の学生となるというような人的移動。現在では、留学というこのタイプの教育サービスが主流である。

---

*1 Mode 1: cross-border supply
*2 Mode 2: consumption abroad

第3モード「商業的駐在」[*1]

サービス提供者が消費者の所在する国に拠点を設置して、その拠点でサービス提供する場合。たとえば、米国の大学が日本に分校を作り、日本人生徒が日本で授業を受けながら米国の大学を卒業する。今日では、英語圏、いわゆるアングロ・サクソン系の国が、諸外国に多くの分校を展開している。

さらには、韓国の学校が賃金の安いフィリピンで語学学校を経営し、韓国や日本から留学生を集めている例もある。また今後は、中国の経営団体が日本の大学を買い取り、日本に留学する中国人を集めて日本の諸資格を取得させるような例も考えられる。ちょうどホテル経営のように、大学経営も扱われるということである。

第4モード「ネイティブの駐在」[*2]

サービス提供地に拠点を設置することなく、サービス提供者が入国・滞在してサービスを提供する場合。たとえば、教育プログラムとか教員の移動。語学学校でネイティヴ・スピーカーが授業をするケースはこれに近い。将来は、日本の提携校に米国の大学が教員を派遣してきて協同授業[*3]を行う、日本の大学に入学して米国の大学の授業を受ける、日本の大学の卒業でありながら米国の大学との二重卒業[*4]ともなるようなケースが増えると予想される。

(4) WTOとGATSの受け入れ

日本政府は、一定の留保条件をつけて「WTO協定」を締結した。[13] このWTO路線に沿って、国立大学の独立行政法人化、諸学校の外部評価制度、あるいは全国学力テストと学校選択制、成果主義の導入など一連の自由化が実施されていると判断される。

市場をこじ開けようとする米国の攻勢は激しかった。米国政府でこの分野

---

*1 Mode 3: commercial presence
*2 Mode 4: presence of natural persons
*3 joint courses, joint curricula
*4 joint or double degree

を担当したのは、「米国通商代表部(USTR)」である。1998年に、米国は、「サービス貿易に関するWTO閣僚会議」に最初の意見書を提出した。米国政府は、2000年になると、WTO事務局に、高等教育、成人教育、その他様々な分野における教育・訓練部門の開放を提起する意見書を提出した。ここで、米国は、テスト事業を開放するように各国に求めているが、そこにTOEICやTOEFLが含まれることは明らかである。

WTOに関する米国の提案に対して、翌2001年には、まずニュージーランドが、続いてオーストラリアが、2002年には日本が、自由化を全体的に受け入れるとする基本姿勢を述べた。この4か国が世界で最初にWTOルールへと飛び出したのである。

教育サービスについては、「初等教育・中等教育については、多くの加盟国において国家に留保されている」と日本政府は消極的な立場を示しながら、他方で「グローバル化や情報化の進展等に伴い、国境を越えて提供される高等教育」と表現して「質の保証」さえ整えば高等教育の開放を承認する姿勢を示している。[14]しかし、日本は、初等教育、中等教育、高等教育、成人教育という全分野で開放を受け入れるものとWTO事務局には解釈された。

この2002年には、日本において総合規制改革会議が、「教育主体について、既存の公立学校や学校法人の改革を進める」として「株式会社など国・地方公共団体や学校法人以外の民間主体による教育分野への参入」[15]の検討を始めている。

小泉政権は、2001年4月から2006年9月までの任期であるが、この時、日本政府は米国政府作成の年次計画に沿って郵政民営化、諸施設の独立行政法人化（国立大学は2004年に転換）などを遂げていく。

だが、EUは提案を無視したため、米国はゼーリック通商代表を欧州委員会に派遣し、ヨーロッパは門戸を閉ざしている、開放に向けさらに努力すべきだと抗議した。驚いた欧州委員会は、即答できなかったという。[16]

成立したWTOとて、ヨーロッパ対米国だけでなく、先進工業国対発展途上国、多国籍企業対国内労働団体・農業団体や環境保護団体といった対立の構図の中にある。たとえば、1999年のシアトルにおけるWTO閣僚会議

は、世界中から詰めかけた7万人の抗議行動を前にして、新ラウンドの立ち上げに失敗した。しかも、この時、欧州委員会はヨーロッパは国際的な高等教育市場に対しては保護主義だと述べた。[17]これを聞いて、米国は愕然としたという。世界を見渡せば、米国が主導するFTAA（北米自由貿易地域）構想は、南米諸国の反発を招き、多数の国で政治的な離反さえ起きている。

　2002年の5月にはWorld Bank、OECD、米国商務省が共同主催で、ワシントンにて「教育サービスにおけるOECD・米国フォーラム」が開催された。高等教育の越境貿易[*]にとりわけ強い関心が寄せられた。これに関して、「欧州大学協会」は、第3モードの供給だけがGATSの手を借りることで、あとは既存のルールで実現可能であると判断した。[18]

第3節　先頭を切ったニュージーランド

---

(1) なぜニュージーランドで

　ニュージーランドは、1877年に、「普通、義務、世俗」という典型的な公教育を導入する。学校は地域に根づいて、一連の知識、技能、価値観を伝達していった。その結果、失業者をなくすことも可能であると信じられていた。1936年に第一次労働党政権が誕生すると、公教育の機能は強化され、地域のすべてのメンバーが能力を身に付けられるように支援し、完全雇用が目標となっていた。

　1930年代に福祉国家の理念が固まって以来、1980年代半ばまでその教育理念は変わらなかった。

　「ゆりかごから墓場まで」という英国流福祉にまず見放されたのは、ニュージーランドの方だった。

　1973年、英国は当時のECに加盟する。歴史的なつながりで長年にわたって農産物を輸出してきた貿易相手国が、瞬時に消滅してしまったも同然だった。この時、政権を担当していたのは保守派の国民党だったが、ニュージー

---

* cross-border trade of higher education services

ランドは経済危機に陥り、失業率は高騰し、赤字財政に入りこむ。この財政危機を解決すべく1984年に誕生したのが、皮肉なことに、第四期労働党政権であった。ロンギ（David Lange）首相は、当時、41歳という若さである。このロンギ政権が、経済と社会を再編成する総合的な政策転換を開始した。財務大臣にロジャー・ダグラス（Roger Owen Douglas）を抜擢し、ネオリベラリズム（新自由主義）と呼ぶ経済政策に基づく「構造調整」を開始した。一国規模で政治・経済の全分野でネオリベラリズムを実行したという点で、ニュージーランドは最初の実例である。しかも労働党政権が開始したのである。

　　　「ニュージーランドは、規制経済から開放経済へと転換のまさに成功例
　　としてWorld Bank、OECD、IMFに認知されている」[19]

　財務省政策文書『経済管理』[20]（1984年）はこの改革の象徴であり、スタートであった。以後、ほとんどの分野で規制緩和、民営化が行われ、貿易自由化、税制改革、労働市場改革が実行された。

　ついに1987年のこと、この財務官僚から教育行政を批判する文書『政府管理―1987年新政権への状況報告・第2巻　教育問題』[21]が首相に提出された。

　これを受けて、ロンギ首相は、教育を改革の優先分野に指定し、教育大臣を兼任して改革を主導する。「教育行政検討作業チーム」が組織され、その座長はスーパーマーケット・チェーンを経営する実業家のブライアン・ピコット（Brian Picot）があたった。この作業チームは、1988年4月に報告書『優越を求める行政―効果的な教育行政』[22]をまとめるが、これがいわゆる『ピコット報告』と呼ばれるものである。

　政府は、『ピコット報告』をそっくり採用することに決め、1988年8月に、『明日の学校―ニュージーランドにおける教育行政改革』[23]と名付けた政策文書を発表した。これに基づき法制化が試みられ、翌年9月には、『1989年教育法』が成立することになる。

　ここに、教育委員会を廃止して学校理事会を手法とする民営化と「契約主義」、福祉を排除する「自己管理イデオロギー」、「規制緩和」という名で政府に重要な権限を残しつつ「分権化」するという、いわゆる「ピコット・モデル」なる原理転換が姿を現す。義務教育制度の改革は1988年に始まったという

ことである。この年は、英国でサッチャーが首相に登場する年である。

　民営化された学校は、学校理事会が運営した。大学は、外部資金を集めるために、留学生を急増させた。さらに、1990年、国民党が政権につくと、学校への財源配分を一括交付金方式に転換し、教員の給与を自由化した。

　教育を権利ではなく消費行動ととらえたため、改革は、消費者主導の要素が強まり、住民の権利思想を減退させていった。その結果、教育へのアクセスには格差が生まれ、不平等が強まった。これは、権利としての教育を思想軸として、無償の公教育制度を普及するという人類史的理想を放棄するもので、とりわけ高等教育もまた漸進的に無償化を図るとした『国際人権規約』に違反する。

　「ピコット・モデル」は、学校教育全般におよび、幼児教育では『幼児のケアと教育に関する作業チーム報告書』[24] (1988年) いわゆる『ミード報告』[*]、『5歳まで―ニュージーランドにおける幼児のケアと教育』[25] (1988年) が作成された。

　基本文献の『明日の学校』(1988年) で提起されている根本的な変化は、行政活動における企画と実務の分離である。教育省の機能を、政策助言機能と学校教育運営機能であると定義し、これを分離して、今後の教育省の機能は政策助言機能に限定するとしたのである。これに伴って、地方教育委員会が全廃され、学校運営の機能は「学校理事会」に委譲されることになった。いわゆる中央集権の下の分権化であり、それは中央集権化をより効率的に行うための分権化に過ぎない。

　企画と実務の分離は、一見、分権化ないし規制緩和に見える。しかし、実務組織には、内容を決定する権限、つまり自己の行動を企画する権限が付与されておらず、決められたメニューに沿って作業する範囲の管理・運営権のみが認められたにすぎない。

　学校理事会は、学校の統治主体となる。教育の基本方針として「チャーター(実施請負書)」を作成し、企画者である教育省と納税者・利害関係者である

Meade Report

地域に対して責任を負う。責任の履行状況は、「教育機関評価局」という第三者評価機関が3年ごとに訪問評価する。この評価結果は全文公表される。

　学校理事会の構成メンバーは、保護者代表5名、教員代表1名、校長1名、協力者住民4名以下、生徒代表1名(中等学校以降)である。協力者住民とは、特定の専門知識を持つ人、民族構成比、男女比、出身階級比を考慮してバランスをとるための追加人員である。数の上から、教育の専門家はきわめて少数であり、学校に教育の論理を貫徹させるよりは教育活動を利害関係者のニーズに合わせることが必要となった。しかも、利害関係者全員が理解できる指標となると、物事は専門的評価が排除されて数値へと単純化されることになった。

(2) 行政機能の分離という手法について

　行政機能を分離する背後には、「国民の権利を充足する行政」から「納税額にふさわしいサービスを企画し配布する行政」へと原理の転換がみられる。

　「船をこぎ舵を取る」行政は、「舵を取る」だけの行政へと縮小され、実際に「船をこぐ」実務組織ないし作業部門は、「事業体(エージェンシー)」と呼ばれる下請け機構に分離されることになった。政府の舵取りは、「成果にもとづく事後統制」になり、成果に応じて投入する予算を変えればコスト削減になるという判断に依拠している。

　だが、ここで、ネオリベラリズムの論理は決定的な矛盾に遭遇する。行政機能の分離は、分権化ではあるが、規制緩和になっているのか。行政が「舵を取る」ことは、市場に反することにならないのか。結果的に、どの権限をどこまで政府が手放すかによって、ネオリベラリズムに大きな幅が出てくることになるからである。

　次に、根本的な欠陥は、「船をこぐ」部門と「舵を取る」部門を分けることによって、双方の共通理解が単純になり、目標の把握が部分的になり、現場で途中で起きてくる想定外の問題には対処できなくなって、結果的に複雑な課題をこなせなくなることである。

　導入された最大の行政改革は、学校選択である。学区の設定は、どの子ど

もにも容易に学習できる条件を保障する、いわゆる教育権を保障する一つの手段であるとともに、コミュニティにおける地域住民の生活づくりの条件でもあった。労働党政権は、この原則に風穴を開けることになる。

だが、1988年の時点では、学区内の子どもには「地元校に通える」権利を保障し、収容定員を上回る志願者があった場合には学区外居住者をくじ引きで選抜する方法が認められた。

選択すべきふさわしい学校がない場合、21人以上の保護者によって「学習施設」を設立し、国から資金配分を受け、既存の学校制度から「離脱」できるという、「指定特色校」制度が設けられた。いわゆる独立学校の新設である。

さらに、教育費の一括補助金制度が設定された。かつては、学校運営の資金は、教育委員会を通じて、必要品目ごとに国費で予算措置されていた。これは、地域にかかわらず質の維持を図ることと、時の政治利害から教育の中立性を確保する一つの手段であった。教育委員会によって、時の政権に左右されることなく、長期安定的に一貫して教育の目的を追求できるはずであった。

教育委員会の廃止とともに、学校は、教員給与費、学校運営費、施設設備費の三区分で国費を受けとることになった。しかも、学校運営費の使途は学校に任されることになった。

国際的に大きな影響を及ぼしたのは、高等教育の開放策である。これは高等教育に対するグローバリズムに備えたものである。

まず、大学側からは『ニュージーランドの大学―国家発展のパートナー』[26] (1987年) いわゆる『ワット報告』[*1] が提出され、政府側からは『義務教育後教育・訓練に関する作業チーム報告』[27] (1988年) いわゆる『ホーク報告』[*2] が作成され、経済界からは『ニュージーランドの第三段階教育の改革』[28] (1988年) が提起された。これらを受けて、『人生への学習』[29] (1988年) および『人生への学習2』[30] (1989年) が公表された。

多数の留学生を受け入れて大学の独自財源とするという政策は、高等教育

---

*1 *Watts Report*
*2 *Hawke Report*

を国内経済の直接的な育成から切り離してしまうことになった。これがグローバリズムの実態である。

(3) 学校選択の徹底

1990年になると、改革への地ならしが済んだところで、国民党が政権に就いた。政府は『今日の学校―教育実施過程の検討』[31] (1990年)、いわゆる『ラク報告 (Lough Report)』で教育改革を再検討した。また、サッチャー政権で教育顧問を務めたS・セックストン (S.Sexton) に教育改革の診断を依頼し、1991年にはその報告書『ニュージーランドの学校―近年の改革の評価と将来の方向』[32]がまとめられた。政府は、この報告書に沿って改革を進めることになる。

最大の変化は、学区を全面的に廃止して、学校選択を徹底することにあった。志願者が多い学校は、独自に入学者選抜方法を定められることになった。これによって学校選択の目的が全国規模でより明瞭化されるようになる。だが、それには、教育が権利であるという意識ではなく、教育は消費者が選択して買い取るものという住民の意識が前提にされていることを意味する。

第二の変化は、国民党が目玉政策とした「一括補助金」制度である。教員給与費、学校運営費、施設設備費という三区分のうち、教員給与費と学校運営費の区分を廃止し、教員の平均給与相当を給与費総額として算出するものの、これを学校運営費と一括して配分し、その使途は学校に任されるという制度である。[33]これによって、教員給与のカットが容易になった。

一括補助金制度を使うか、以前の補助金制度を使うかは、学校理事会の選択に任された。だが、ここで起きてくるのは、教員給与削減という可能性がもっとも高かった。

学校理事会の構成人数も、保護者が3～7人と幅を持たされ、協力者住民には経営手腕に優れた人材に配慮するように、また生徒代表はなくてもよいとされた。チャーター作成の条件とされていた、ジェンダー、エスニシティ、階級への配慮は、義務ではなくなった。

これによって、経営優先路線がより強化されることになった。

140　第1部　政治視点から経済視点への転換

(4) 教育課程を分割して統治せよ―教育の標準化は魂の喪失

国民党政権は、もう一つの重要な領域に踏み込んだ。

まず、教育省主導で、国家水準を決めて、評価基準を明確に設定しながら、具体的なカリキュラム改革に着手したことである。『ニュージーランドの国家カリキュラム』[34] (1991年) と『ニュージーランドのカリキュラム枠組み』[35] (1993年) がそれにあたる。

さらに、国民党政権は、財務省主導で、グローバリズムを職業教育や高等教育に積極的に導入して財源獲得に乗り出した。

資格管理団体からは、『枠組みをデザインする―国家資格再編に関する議論』[36] (1991年) が提起され、その後、『学ぶために学ぼう―新国家資格枠組みの導入』[37] (1992) へと具体化された。

また、「ポッター・プロジェクト」[*1]からは、国際競争力の強化をうたった報告書『ニュージーランドの競争的優位を上げよう』[38] (1992年) が提示された。

教育省側からは、政策文書『21世紀の教育』[39] (1993年) が、また『審議会報告』[40] (1994年) いわゆる『トッド報告』[*2]が出され、財務省は『第三段階の検討』[41] (1994年) を提出した。

一連の動きを整理すれば、**表3-1**のようになる。

カナダにあるヨーク大学の社会政策のラメシュ・ミシュラ (Ramesh Mishra) 教授は、

> 「ニュージーランドは各国で規制緩和と民営化を促進するというすぐれた役割の実例をOECDとIMFに提供した。1984年に始まり1990年代初期にかけてニュージーランドで続いたドラスチックな改革は、この国の経済を、OECD加盟国の中でもっとも閉鎖的なものからもっとも開放的なものへと変えた。」[42]

と述べている。

OECD側も、この歴史的な変化には、「短期的な痛みを伴う」ことを認めつつも、「必ずや長期的な成果があるはずだ」と主張している。[43]

---

*1 Potter Project
*2 *Todd Report*

表3-1　ニュージーランドにおける教育のネオリベラル改革

	教育行政改革	資格制度・高等教育制度改革
国民党政権 1975 ～ 1984		
労働党政権 1984 ～ 1990	1987年『政府管理—1987年新政権への状況報告・第2巻　教育問題』 1988年4月『優越を求める行政—効果的な教育行政』 1988年8月『明日の学校—ニュージーランドにおける教育行政改革』 1989年9月『1989年教育法』 　教育省縮小 　教育委員会廃止 　学校理事会制度導入 　学校選択制導入 　指定特色校設置 　第三者評価機関の設置	ニュージーランド資格局の設置
国民党政権 1990 ～ 1999 (96 ～ 98は連立)	1991年『1991年教育改革法』 　学校選択制の徹底 (学区廃止) 　教育費一括補助金制度の導入 1991年『ニュージーランドの学校』	
労働党政権 (連立) 1999 ～ 2008	学区復活 一括補助金制度廃止	全国教育到達度証書の新設
国民党政権 (連立) 2009 ～	第三者評価サイクル変更	学力の国家基準制定

　ラメシュ・ミシュラは、グローバル化とは、市場誘導だけではなく、「政治的かつイデオロギー的なプロジェクト」であり、「社会政策に対する国内政治の影響をきわめて弱体化させ」[44]「完全雇用、高率の公費支出、累進課税」といった「古典的な社会民主主義的戦略」に対する「弔いの鐘」[45] となったと判断している。

　教育グローバル化の研究者のジェーン・ケルシー (Jane Kelsey) 教授は、「ニュージーランドの教育実験」とは、ネオリベラリズムによって、教育政策パラダイムが「参加型民主主義」から「疑似市場経済上の自己管理」へ、高等教育が「万人の福祉付与」[*1]から「私的投資モデル」[*2]へと変化したことだ

---

*1 universal welfare entitlement
*2 model of private investment

142 第1部 政治視点から経済視点への転換

表3-2 リベラルな教育管理とネオリベラルな教育管理との対比

	リベラル Liberal	ネオリベラル Neo-Liberal
経営方式 Mode of operation	公共 public	私営（民営）private
管理方式 Mode of control	ソフトな管理主義'soft' managerialism、 学校別民主的投票collegial democratic voting、 専門的意思統一professional consensus、 分散的統制diffuse control	ハードな管理主義'hard' managerialism、 学長とエージェントとの間の契約明細 contractual specification between principal-agent、 専制的統制autocratic control
管理機能 Management function	指導者 leaders、 学者コミュニティ community of scholars、 専門職 professions、 学部（教員集団）faculty	管理者 managers、 上下管理line-management、 コスト中心 cost centres
目標 Goals	知識 knowledge、 研究 research、 探究 inquiry、 真理 truth、 道理 reason、 エリート主義 elitist、 非営利 not-for-profit	最大出力maximise outputs、 経済利益 financial profit、 効率 efficiency、 大衆化 massification、 私営化 privatisation
労働関係 Work relation	信頼 trust、 道徳倫理 virtue ethics、 専門職規範 professional norms、 表現と批判の自由freedom of expression and criticism 、 公的知識人の役割role of public intellectual	競争的 competitive、 階層的 hierarchical、 市場指標に対応した労働量workload indexed to market、 企業忠誠 corporate loyalty、 大学からの痛烈な批判は不在no adverse criticism of university
責任 Accountability	ソフトな管理主義'soft' managerialism、 専門職・官僚的professional-bureaucratic、 同僚の審査と援助peer review and facilitation、 （事前の）規律基盤rule based (ex ante)	監査 audit、 監視 monitoring、 消費者からの管理consumer-managerial、 成績指標performance indicators、 （事後の）成果主義output based (ex post)
市場 Marketing	カント的合理性The Kantian ideal of reason、 専門化 specialisation、 コミュニケーション communication、 民主制 democracy	優越の中心centres of excellence、 競争 competition、 企業イメージ corporate image、 ブランド力 branding、 公的関係 public relations
教育学/授業 Pedagogy/teaching	通年科目full year course、 伝統的学問方法とコース別調査法 traditional academic methods and course assessment methods、 知識それ自体knowledge for its own sake、 第1モードの知識mode 1 knowledge	半期科目化 semesterisation、 カリキュラムのスリム化slenderisation of courses、 モジュール化 modularisation、 遠隔学習 distance learning、 サマー・スクールsummer schools、 職業教育 vocational、 第2モードの知識mode 2 knowledge

研究 Research	教育への統合的結合integrally linked to teaching、 　大学内部からのコントロールcontrolled from within the university、 　個人的に学問から開始され企画される initiated and undertakes by individual academics	外部資金 externally funded、 競争的 contestable、 教育との分離separated from teaching、 政府や外部機関による管理controlled by government or external agency

Mark Olssen and Michael A. Peters. Neoliberalism, higher education and the knowledge economy: from the free market to knowledge capitalism. *Journal of Education Policy*, vol.20, No.3, 2005, 329. または、Michael A. Peters. *Neoliberalism and After?: Education, Social Policy, and the Crisis of Western Capitalism*. New York: Peter Lang, 2011, 61.

と指摘している。

　ニュージーランド生まれで英国サリー大学教授、教育政策研究者マーク・オルセン（Mark Olssen）は、大学のガバナンスをめぐる「ネオリベラル的管理とリベラルな専門文化との間の衝突」を**表3-2**のように図式化している。大学管理が指導者から管理者に、大学の目標が研究や真理の究明から経済利益と効率に、労使関係が信頼から競争的なものへ、授業は通年科目から半期科目へ、教育と結合していた研究は教育と分離されて競争的なものへと変更されたと指摘するのである。[46]大学の授業を半期化するというのもネオリベラリズムの手法であったと知ると、日本の大学はなし崩し的にネオリベラリズム的変革と大学法人化への道を歩み始めていたことがわかる。

第4節　低学力対策としてのアクティブ・ラーニング——自発の強制

（1）低学力対策としての教育行政

　米国では、『危機に立つ国家』（1983年）においてすでに大学生の低学力が問題になっていた。米国「国立教育研究所」が資金提供して「米国の高等教育における優越状況研究グループ」が組織され、1984年10月には最終報告書『学習への関与—米国高等教育の可能性を実現する』が刊行されている。学ぼうとしない学生、学ぶ意欲の無い学生をどう授業に引き入れるか、それが大学の課題だった。

　大きな転機は1991年である。経済競争力の回復を目指す国策と連動して

144　第1部　政治視点から経済視点への転換

『教育と学習の新方向』という教育方法に関する論文集が季刊誌として1980年に刊行されていたが、1991年には『7つの原則を学部教育のすぐれた実践に適用する』が刊行されて、その一つにアクティブ・ラーニングを奨励すると明示された。

また、デービット・ジョンソン (David W. Johnson)、ロジャー・ジョンソン (Roger T. Johnson)、カール・スミス (Karl A. Smith) 著『アクティブ・ラーニング—大学の教室における協同』*が1991年に出版された。同書は米国の教育現場に大きな影響力を及ぼした。

政策として決定的な影響力を及ぼしたのは、米国教育省立「教育リソース情報センター (ERIC)」の「高等教育情報収集部」が、1980年代の大学教育改革に関する有益な論文を再編集して1991年に『高等教育レポート』第1巻として刊行されたことである。これには『アクティブ・ラーニング』というタイトルがつけられていた。

米国流のアクティブ・ラーニングが日本の大学で話題になるのは、その20年後のことである。しかも、研究者の理論的裏付けの議論もなく、成績向上を目的にして、伝統的な教育観に基づく教え込みの教育を強化する方法として利用されている。

理論が軽視されている例を紹介しよう。教育関係者から最もよく引用されるのは、ジョンソン、ジョンソン、スミス著『アクティブ・ラーニング—大学の教室における協同』である。この日本語訳は10年後の2001年に発行されているが、『学生参加型の大学授業—協同学習への実践ガイド』というタイトルになっていて、アクティブ・ラーニングということばが抜け落ちている。日米の落差をよく物語っている。同時にまた、協同学習として評価されてきた実践になぜアクティブ・ラーニングのタイトルを付けたのかという点にこそ、1991年の米国の雰囲気が明白に現れていると言うこともできる。

同書の監訳者である視聴覚メディア研究者の関田一彦は、同書で提唱されている協同学習は「グループ学習」あるいは「小集団学習」の一例であり、「実

---

* *Active Learning: Cooperation in the College Classroom*

際には1950年代後半から1970年代にかけて、班と呼ばれるグループを用いた学習活動は小・中学校でポピュラーなもの」だったと見なしている。[47]関田一彦が想起しているのは米国型の「協同学習」であるが、1960〜70当時の日本に広がっていたのはソビエト型の「協働学習」であった。それを当時の日本の教育学は、「班・核学習」とか「集団主義教育」と呼んでいた。

『アクティブ・ラーニング―大学の教室における協同』の著者の内、兄のロジャー・ジョンソンは理科教育の研究者で、弟のデービット・ジョンソンは社会心理学者である。彼らは、1984年に、『学習の輪―教室における協同』という教育方法に関する著書を出版している。1991年の『アクティブ・ラーニング―大学の教室における協同』は、いわばこの大学版ということになる。もう一人の著者のカール・スミスは土木科の教員で、3人ともミネソタ大学に勤務し、大学教員向けのワークショップで大学の授業改善を図っていた。

ジョンソン兄弟にはすでに前史があり、「協同学習」を提唱する著書『学習の輪』は長期にわたるベストセラーである。「型から入る教育」を特徴とし、授業で提示される知識や技能への興味・関心や、その知識・技能を学ぶ意義などは度外視されている。『学習の輪』のうち1984、1986、1990、1993年版では、経験主義的な集団組織論が提示されており、現実味はあってもおよそ教育的価値は分裂していた。2002、2009年版では矛盾する論理の提示は削除され、全体の論理構造が整理され、教育方法の論理一貫性が高められている。だがこれによって、ちょうど日本語版の副題が示すように、「協同学習」が「協同教育」へと変質していることが大きな特徴となっている。さて、『アクティブ・ラーニング―大学の教室における協同』(1991年) は、旧版の『学習の輪』に近い論理を提起していることになる。[48]

ジョンソンたちは、協同学習の歴史をベル・ランカスター法から説明している。このくだりは、ジョンソンたちが、一斉授業の効率を上げるために協同学習を利用しようとしたことは明白である。すなわち、一斉講義を補完する意味で、全体をグループに分け、各グループに助教を配置して法則通りに繰り返し訓練させる教育方法が協同学習の基本形ととらえられていたということである。[49]

146　第 1 部　政治視点から経済視点への転換

　ジョンソンたちは、学習の成果はあくまで個人的なものであることを根本原則とした。「協同学習の目的は、各メンバーを強い個人にすることにある」[*1]のであり、「協同的な授業[*2]に参加すると、同様の課題を一人でよりうまく解決することができるだろう[*3]」[50] というのである。

　そこで次に、個人が授業に参加し、教師が指示する課題をこなすように、協同学習の生徒や学生たちが授業で協同せざるを得ない仕組みをわざと作り出そうとした。この仕組みが、「グループ全員がテストで 9 割以上正答すれば一人に 5 点ずつのボーナス点を与える」という「連帯報酬」[*4]、「グループのメンバーそれぞれに課題の完成に必要な情報の一部ずつを与える」という「リソース分割」[*5]、係を配分するという「相補的役割」[*6]である。[51]

　「役割を割り当てて相互依存関係を促す」[*7]と規定されているように、この役割は人工的な作業分断、すなわち分業である。したがって、協同学習が新しい質の学びを作り出し、一人ひとりの生徒が教師の意図を越えてクリエイティブな学習をすることが期待されたわけではなかった。

　『学習の輪』で提起されるように生徒をグループに分け、たくさんの係を置いて一人ひとりに責任を持たせ、いわゆる「ただ乗り」を防ぐ仕掛けもあるが、少なくともグループにリーダーを置き学習過程を管理させるという方法は大きな組織的学習運動として米国で定着している。たとえば、「大学読解・学習協会 (CRLA)」は、米国で 1989 年に設立されているが、係の発想で、学生リーダーに学生グループの学習を指導・管理させる教育方法を定式化し、この学生リーダーの資格を制度化した。「国際チューター訓練プログラム資格 (ITTPC)」を 1989 年に、また「国際メンター訓練プログラム資格 (IMTPC)」を 1998 年に発足させており、これらは大学読解・学習協会資格と総称して

---

*1 The purpose of cooperative learning groups is to make each member a stronger individual.

*2 cooperative lesson

*3 should be better able to complete similar tasks by themselves

*4 joint reward

*5 divided resources

*6 complementary roles

*7 assinging roles to ensure interdependence

呼ばれている。まさに、教育学で言うベル＝ランカスター方式の大学版である。日本の名桜大学は英語教育にこの大学読解・学習協会(CRLA)チューター育成プログラムを導入しており、日本で唯一の大学読解・学習協会(CRLA)認可教育施設である。

(2) アクティブ・ラーニングは誰がアクティブなのか

　では何が問題の焦点になっているか。大学で授業をしている化学研究者マイケル・プリンス(Michael Prince)によれば、注目されているのはアクティブ・ラーニング、協働学習、協同学習、問題解決学習(PBL)の4点である。マイケル・プリンスのまとめは、米国の短大・大学ではアクティブ・ラーニングがどのように教員たちに解釈され実践されているかがわかる貴重な資料である。

　彼によると、アクティブ・ラーニングとは、「一般に、学生を学習過程に参加させるための教授法」と定義でき、端的に言えば、

　　　「アクティブ・ラーニングは、学生が有意義な学習活動を行い、かつ自分たちが行っていることを考える[*1]ように要請する。この定義では宿題のような伝統的活動も含まれるが、実施にあたっては、教室で導入される諸活動が優先される。アクティブ・ラーニングの中心要素は学生の活動と学習過程への参加である。アクティブ・ラーニングは、講義者から生徒が受け身的に情報を受け取る[*2]伝統的講義としばしば対比される。」[52]

であると彼はまとめている。

　しかし、マイケル・プリンスは、問題解決学習や生涯学習の成果は測定し難いもので、研究データを検討してもテストの得点といった学業成績の測定を越えた成果はほとんど認められないと結論づけている。つまり、アクティブ・ラーニングは、量ではなく新しい質の教育を提唱しているものの、その新しい教育の質をうまく測れていない現状であるという。「教育は公式化された方法にまとめられない。また、アクティブラーニングはすべての教育問

---

*1 think about what they are doing

*2 passively receive information

148 第1部 政治視点から経済視点への転換

題の解決にはならない」と、こうマイケル・プリンスは判断している。[53]

　面白いのは、日本では協働学習と協同学習とは翻訳の違いだと解釈しがちで、意味の違いにはそれほどこだわらない。「協同学習」に一本化したり、「協同学習」と「協調学習」に訳し分けようと主張する研究者まで出てきている。[54] しかし、英語ではそれぞれ歴史と文化を背負った異なる用語であって、米国の実践者たちはいささか面食らっているようだ。

　語源から解釈すれば、「協働学習」は上位、「協同学習」は下位カテゴリーである。研究者もそのように解釈し、日本の文科省も同様の解釈をしている。すなわち、「協働学習」は目的を持った長期的で全体的なもので、個々の場面で小グループに分けるなどして個々の目標を達成しようとするものが「協同学習」ということになる。伝統的な教育に対して、協同学習はより効率的な方法、協働学習はより理想的な方法としてとらえられる傾向にある。

(3) 大学の大衆化、低学力学生にも大学ビジネスを拡大

　『危機に立つ国家』は、「わが国は危機に立っている」、われわれの優位は世界中で競争者たちに奪われようとしている、「わが社会の教育の土台」は「凡庸主義の高まる波」によって浸食され、「国家と国民の将来」に対する脅威となっているとの言葉でこの報告書は始まる。しかも、この「凡庸なる教育成績」[*1]は「非友好的な外国勢力から米国に対して巧みに押しつけられた」ものであるとすれば、それは「一種の戦争行為」と見なせる、と明言して国家レベルの非常時であるとの意識を強調している。[55]

　さらに同書は、われわれは情報化時代に足を踏み入れており、そこで成功するには「学習」こそ欠くべからざる投資である、と学習を権利としてではなく経済行為として把握する。そして、この新時代に必要なものの基礎たる「技能、リテラシー、訓練」[*2]に欠ける人間は、「実践的な成績に伴う物質的報償」[*3]だけでなく、国民生活に十分に参加する機会からも遠ざけられる[*4]

---

*1 mediocre educational performance
*2 skill, literacy, and training
*3 material rewards that accompany competent performance
*4 effectively disenfranchised

第3章　グローバルな大学改革の始まり　149

だろう。このように述べて、すべての人々に「高い教育」[*1]を求めている。[56]

　では、米国の教育は低いのか。その証拠を『危機に立つ国家』では、「危機指標」と呼んで、説明している。それは、19種類の教科テストにみる「生徒の到達度」、「日常の読み・書き・理解」に関する最も簡単なテスト、「機能的非識字」、ほとんどの標準テストにおける高校生の「到達度の平均点」、「学校の到達度」と「テストされた能力」、「大学入試委員会実施の大学適性試験(SAT)[*2]」、「大学入試委員会実施の到達度テスト」[*3]、「進学適正テスト」で優秀な成績を示す生徒、「高度の知的スキル」[*4]「文章題からの推論」[*5]「説得力のある論文を書ける」[*6]などの力、科学に関する全米の諸調査[*7]の「到達度得点」、大学における「数学の補習コース」、大学卒業生の「到達度テスト平均点」[*8]、産業界や軍における「読み・書き・綴り・計算」[*9]に関する「補習教育・訓練計画」[*10]「9年生のレベルで読める」[*11]「安全上の説明書を理解する上で最低限の力」だという。[57]

　米国政府が注目する教育指標とは、このようなことであった。その後のOECD国際生徒調査PISAでは、読解力と言いながら文学よりは評論、パンフレットや説明書の理解を重視することになるのだが、これは欧米の政財界の注目点に他ならないことだったことがよくわかる。

(4) 職人手作りの大学から大工場としてシステム化された大学に

　すでに1980年代、米国の大学は大衆化されていた。その結果、大学の授業方法がにわかに話題になる。米国の大学生が伝統的な授業に対応できない

---

*1 high level of shared education
*2 College Board's Scholastic Aptitude Tests
*3 College Board achievement tests
*4 higher order intellectual skills
*5 inferences from written material
*6 write a persuasive essay
*7 national assessments of science
*8 average tested achievement
*9 reading, writing, spelling, and computation
*10 remedial education and training programs
*11 read at the ninth grade level

150　第1部　政治視点から経済視点への転換

ことは、後期中等教育の状態から予測されることであった。

　　「都市部でも郊外でも米国の学区では、学校と教員は高校生の3分の2
　　以上に学習困難を感じている[*1]。」[58]

　この状態は、すでに1980年の米国には起きていて、米国の「国立教育研
究所」が資金提供して「米国の高等教育における優越状況研究グループ」[*2]が
組織され、1984年10月には最終報告書『学習への関与―米国高等教育の可
能性を実現する』[*3]が刊行されている。これまでの勝ち組と違って、低学力
の入学生には「競争原理」が学習動機とならなかった。学ぼうとしない学生、
学ぶ意欲の無い学生をどう授業に引き入れるか、それが米国の大学の中心的
な課題となったということである。様々な議論の末、知識を伝達する授業で
は学生は受け身になるので、参加型の授業形態をとるべきであるという結論
に落ち着いた。

　　「学生は受け身でも学習するがアクティブにも学習する[*4]。学生が『知
　　識の貯蔵庫』の役をこなせば[*5]、受け身の学習が起きてくる。これでは、
　　学生は学習過程に直接参加していない[*6]。……アクティブ・ラーニングは、
　　学生が聞くだけではなく何かをしている時に[*7]より起きやすい。すなわ
　　ち、最も普通のアクティブ授業モデル[*8]は、クラス討論[*9]、実験や臨床
　　プロジェクト[*10]、それに実地経験[*11]などである。」[59]

　『危機に立つ国家』の中には、「教えられる内容が減少する」「学生が積極
的に活動に参加しない」「活動しているだけで学習になっていない」[60]という
危惧も述べられている。だが、すでにこの時点で、アクティブ・ラーニング

---

*1 face difficulties engaging over two-thirds of high school students in classroom learning
*2 Study Group on the Conditions of Excellence in American Higher Education
*3 *Involvement in Learning: Realizing the Potential of American Higher Education*
*4 Students learn both passively and actively
*5 when students take on the role of "receptacles of knowledge"
*6 they do not directly participate in the learning process
*7 when students are doing something besides listening
*8 most common active instructional modes
*9 class discussion
*10 laboratory or clinical projects
*11 field experiences

が低学力の解決策として考慮されていることには注目される。

　実は、一方的な講義であっても学生たちが考え、感動し、ワクワクしながらアクティブに学ぶことができるものもある。関心があり、理解できる教養がある学生には、効果的で意義深い講義もある。大学の授業が一律にアクティブ・ラーニングにされてしまったら、これは意識の高い学生にとっては迷惑な話だ。

(5) 歴史的画期をなす1991年

　ところが、アクティブ・ラーニングは、大きなうねりとなって米国の大学の授業を飲み込んでいくことになる。その波が大学という教育現場の教員たちに届き、大学内の教育方法としてはっきりと姿を現すのは、1991年のことである。

　例えば、経済競争力の回復を目指す国策と連動して『教育と学習の新方向』[*1]という教育方法に関する論文集がJossey-Bassという出版社から季刊誌として1980年から刊行されている。これは大学教育の画期をなす事例である。だが、このシリーズが今日まで続いていることが、米国の大学教育30年の特異な歴史を表しているのだろう。以後、問題解決、協働学習などの特集が数多く組まれている。

　うち、1991年には『7つの原則を学部教育のすぐれた実践に適用する』が刊行されていて、これは多くの大学教員から注目された。この7つの原則とは、①学生と教員とのコンタクトを奨励する、②学生に協同を奨励する、③アクティブ・ラーニングを奨励する、④フィードバックの入力を求める、⑤課題にかける時間を強調する、⑥高い期待を伝える、⑦多様な才能と多様な学習方法を尊重する、[*2]ということである。[61]

　この7つの原則は、「米国の高等教育における優越状況研究グループ」の成

---

*1 *New Direction in Teaching and Learning*

*2 encourages student-faculty learning; encourages cooperation among students; encourages active learning; gives prompt feedback; emphasizes time on task; communicates high expectations; respects diverse talents and ways of learning

152 第1部 政治視点から経済視点への転換

果として生まれてきたものとされる。同グループの成果は、最終報告書の後、ベネット (William J. Bennett) 著『遺産の再利用』[62] (1984年)、米国大学協会著『大学カリキュラムにおける完全性―学問共同体への報告』』[63] (1984年)、ニューマン (Frank Newman) 著『高等教育と米国の復活』[64] (1985年)、ボイヤー (Ernest L. Boyer) 著『大学―米国における学部の経験』[65] (1987年) と続いていく。そして、1991年に7つの原則の一つとしてアクティブ・ラーニングが提起されたのである。

また、米国教育省は「教育リソース情報センター (ERIC)」を1966年に設立しており、教育に関する世界中の文献を収集し、要約し、索引を組織的に作成している。このうち1991年の『高等教育レポート』第1巻では、アクティブ・ラーニングの一般的傾向として次の点が挙げられている。

「聞くこと以上のことに学生を関与させる。

情報の伝達をより押さえ、学生のスキルの発達をより強調する。

学生が活動、すなわち読書、討論、作文に参加する。

学生が自己の態度や価値を探すことをより強調する。」[*1][66]

(6) 協同学習というアクティブ・ラーニング

もっとも簡潔で一般的な定義は、

「協同学習は小グループの授業利用[*2]であり、学生が自分自身の学びと学習仲間の学びを最大限にする[*3]ために共に学び合うこと[*4]」[67]

である。

米国型の「班学習」の理論的根拠は、心理学者のクルト・レヴィン (Kurt Zadek Lewin) によって研究が開始された集団力学理論、いわゆるグループ・ダイナミクスにある。1939年のレヴィンの研究に端を発し、日本には第二

---

*1 Students are involved in more than listening; Less emphasis is placed on transmitting information and more on developing students' skills; Students are engaged in activities (e.g., reading, discussing, writing); Greater emphasis is placed on students' exploration of their own attitudes and values.

*2 instructional use of small groups

*3 maximize their own and each others' learning

*4 students work together

次世界大戦後に輸入されている。集団力学ないし集団心理学の名称で、集団の目標設定、集団の意志決定や構造、集団の業績、リーダーシップなどが研究され、アクション・リサーチも強調された。これに対して、ソビエト型の「班・核学習」は、ソビエト心理学とマカレンコ (Антон Семёнович Макаренко, Anton Semënovich Makarenko) の集団主義教育に依拠していた。不思議なことに、1950年代から1970年代までの日本の小中学校には米ソの教育理論が入り乱れていたのである。

米国の大学ではアフリカ系学生が増加し、競争的方法は使いにくくなってきており、協調的方法として「協同学習」が用いられている。カリフォルニア大学バークレイ校でも、「協同学習」を利用すると黒人学生の卒業率が向上したと説明されている。[68]

この協同学習提唱者は、**表3-3**「教育の新旧パラダイム比較」のように教育観の転換をはっきりと訴えている。「学習の本質」の欄は、1988年版に加えられた。

新しい大学教育のパラダイムは、「知識は学生によって構成され、発見され、転換され、そして拡大される[*1]」（第一原理）ものだとしており、それゆえに、「学生は自己自身の知識をアクティブに構成する[*2]」（第二原理）ものだという。このように協同学習は、構成主義を教育原理の土台とする。それだから、「教員の努力は、学生のコンピテンスと才能を発達させることを目的とする」（第四原理）ということになる。科目の知識を覚えテストでよい点をとるとか、成績ということが大学教育の一義的な目的ではない。「選別し雑草を排除する[*3]」哲学から、「耕し発達させる[*4] [69]」哲学へと変わらなければならないと著者たちは主張している。

この教育原理を実現するには、「学習は、学生が教員や同僚と交流することを必要とする社会的事業[*5]」（第三原理）なのだとし、「教育は学生が共に作

[*1] constructed, discovered, transformed, and extended

[*2] actively construct their own knowledge

[*3] select and weed out

[*4] cultivate and develop

[*5] learning is a social enterprise in which students need to interact with the instructor and classroom

154　第１部　政治視点から経済視点への転換

表3-3　教育の新旧パラダイム比較
(comparison of old and new paradigms of teaching)

要素 (factor)	古いパラダイム (old paradigm of teaching)	新しいパラダイム (new paradigm of teaching)
知識 (knowledge)	教員から学生に伝達するもの (transferred from faculty to students)	学生と教員が共に構成するもの (jointly constructed by students and faculty)
学生 (students)	教員の知識で満たされるべき受け身的な器 (passive vessel to be filled by faculty's knowledge)	自分の知識のアクティブな構成者、発見者、変換者 (active constructor, discoverer, transformer of own knowledge)
学習の本質 (nature of learning)	基本的には、学習は個人的なもの (learning is fundamentally individual)。外的動機を必要 (requires extrinsic motivation)	基本的には、学習は社会的なもの (learning is fundamentally social)。本質的な動機を解放するような支援的な環境やコミュニティが必要 (requires supportive environment/community to unleash intrinsic motivation)
授業の目的 (faculty purpose)	学生を分類・選別すること (classify and sort students)	学生のコンピテンスと才能を発達させること (develop students' competencies and talents)
人間関係 (relationships)	学生間あるいは教員と学生の間で非人間的な関係(impersonal relationships among students and between faculty and students)	学生間あるいは教員と学生の間で人間的な関係 (personal transaction among students and between faculty and students)
学習関係 (context)	競争的で個別的 (competitive/individualistic)	教室では協同学習、教員間は協同チーム (cooperative learning in classroom and cooperative teams among faculty)
前提 (assumption)	専門家なら誰でも教えられる (any expert can teach)	教育は複雑で相当な訓練が必要 (teaching is complex and requires considerable training)

Active Learning: Cooperation in the College Classroom. Edina, Minnesota: Interaction Book Company, 1998, 1:6.『参加型の大学授業―協同学習への実践ガイド』玉川大学出版部、2001年、18ページ。

業する学生同士あるいは教員と学生の間で起こす人間的変容」[*]（第五原理）なのだという。だからこそ、「以上のことは協同の関係の中でもっともうまく起きる」（第六原理）ものである。つまり協同学習こそ大学教育に最もふさわ

---

[*] education is a personal transaction among students and between the faculty and students as they work together

第3章　グローバルな大学改革の始まり　155

表3-4　学習グループの比較 (comparison of leaning groups)

伝統的学習グループ (traditional learning groups)	協同学習グループ (cooperative learning groups)
低度の相互依存関係 (Low interdependence)。メンバー自己にのみ責任を持つ (Members take responsibility only for self)。個人の成績だけが注目される (Focus is on individual performance only)。	高度に積極的な相互依存関係がある (High positive interdependence)。メンバーは、自己および他者の学習に責任がある (Members are responsible for own and each other's learning)。共同の成績が注目される (Focus is on joint performance)。
個人のアカウンタビリティのみ (Individual accountability only)。	グループと個人両方のアカウンタビリティがある (Both group and individual accountability)。高い質の作業のために、メンバーは自己の責任と他者の責任を持つ (Members hold self and others accountable for high quality work)。
割り当ては、他者の学習にほとんど関与しないで議論される (Assignment are discussed with little commitment to each other's learning)。	メンバーは他者の成功を促進する (Members promote each other's success)。実際の作業をともに行い、他者が学習しようとする努力を助け支援する (They do real work together and help and support each other's efforts to learn)。
チームワーク・スキルは無視される (Teamwork skills are ignored)。リーダーは、メンバーの参加を管理するために指名される (Leader is appointed to direct members' participation)。	チームワーク・スキルが強調される (Teamwork skills are emphasized)。メンバーは社会的スキルを使うように教えられまた使うことが期待される (Members are taught and expected to use social skills)。すべてのメンバーがリーダーシップの責任を分かち合う (All members share leadership responsibilities)。
どのグループも作業の質を調整しない (No group (is) processing of the quality of its work)。個人的な完遂に報酬がある (Individual accomplishments are rewarded)。	グループが作業の質、ならびにメンバーが効率的に共に作業するかを調整する (Group processes quality of work and how effectively members are working together)。継続的な改善が強調される (Continuous improvement is emphasized)。

Active Learning: Cooperation in the College Classroom. Edina, Minnesota: Interaction Book Company, 1998, 5:6.『参加型の大学授業―協同学習への実践ガイド』玉川大学出版部、2001年、71ページ。

しいと考えるわけである。

　このような大学教育のパラダイム転換は、今日の大学においてはほぼ合意されているものと思われる。しかし、**表3-4**のように、『アクティブ・ラーニング―大学の教室における協同』で提示されている具体的な協同学習の組織方法は、個人主義的な西欧民主主義とは大きく異なる原則になっている。

156　第1部　政治視点から経済視点への転換

表3-5　係の割り当て例

係の名称	係の役割と責任
まとめ係 (summarizer)	グループの主な結論や答えを要約する (restates the group's major conclusions or answers)
チェック係 (checker)	グループのすべてのメンバーが解答や結論に至る道筋をはっきりと説明できるかどうか確認する (ensures that all group members can explicitly explain how to arrive at an answer or conclusion)
矯正係 (accuracy coach)	他のメンバーの説明や要約に見られる誤りを正す (corrects any mistakes in another member's explanations or summaries)
関連づけ・推敲係 (relater/ elaboration seeker)	メンバーに、現在扱っている概念や方策と以前学習した内容との関連づけを求める (asks members to relate current concepts and strategies to material studied previously)
調査・連絡係 (researcher- runner)	グループに必要な材料を手に入れたり、他の学習グループや教師と連絡を取り合ったりする (gets needed materials for the group and communicates with the other learning groups ant the teacher)
記録係 (recorder)	グループの決定事項を書きとめたり報告書を編集したりする (writes down the group's decisions and edit the group's report)
激励係 (encourager)	メンバーの貢献をたたえる (reinforces members' contributions) 2002年版からは「すべてのメンバーが確実に活動に参加できるように促す (ensures that all members are contributing)」
監視係 (observer)	グループの協働がうまくいっているかどうかをチェックする (keeps track of how well the group is collaborating) 2002年版からは協同 (cooperating)

Circle of Learning: Cooperation in the Classroom, Third Edition, 1990, 49-50. 『学習の輪―アメリカの協同学習入門』仁瓶社、1998年、66ページ。および *Circle of Learning: Cooperation in the Classroom, Sixth Edition,* 2009, 82. 『学習の輪―学び合いの協同教育入門』仁瓶社、2010年、39ページ。

　教員は集団の存在を認め、集団に働きかけ、集団の成果を評価する。**表3-5**のように、集団のメンバーにはそれぞれ課題が分け与えられ、個人の成果だけでなく集団全体の成果に関しても個人は責任を持つ。

　結局、管理システムを人為的に持ち込む協同学習の教育方法は、次のような問題点を含み込んでいると考えられる。第一に、トータルな課題を分断・分割し、課題遂行には協力せざるを得ない状況を作り出してこれを協同と呼んでいるため、これにより、個人の探究的な学習が変質させられることである。第二に、分業とその組み合わせ方を法則化し、個人の責任を明確化したので、学習が部分的な能力遂行に限定され、トータルでホリスティック（全

体的)な性格を失うことになってしまうことである。第三に、集団に課された目標の遂行が結果・成果のみで評価され、一律のボーナス加算というような連帯責任とされるので、「ただ乗り」防止策だと説明されるとしても、集団監視の下で個人の失敗が許されないように行動が統制され、心理的な抑圧を加えることになることである。第四に、協同の在り方は集団目標の達成度で評価され、ちょうどテイラー・システムの煉瓦組みの例のように煉瓦工(レンガを組み上げる職人)と運搬人(レンガを煉瓦工が受け取りやすい位置に並べる助手)の協同は煉瓦組みの効率で決まるのに似て、トータルで平等な、民主主義的な人間の協同という発想は失われてしまうことである。第五に、個人競争を集団競争に置き換えようとする発想は、「社会主義的競争」[*]と呼ばれたものと類似し、日本で流行した「班・核・討議作り」学習などとも似て、学習者は探究の悦びよりは競争という心理的圧迫に苦しめられることになることだ。

(7) アクティブ・ラーニングへの誘導

米国では、アクティブ・ラーニングが盛んに行われてきた。

> 「アクティブ・ラーニングと双方向授業法」が冷戦終結後に高等教育の過程と成果を再考しようとする大学の学部から大きな注目を集めている。」[70]

冷戦終結は1989年のことであるが、アクティブ・ラーニングが米国各地の大学の授業に普及し、それが主流になるのは1995年あたりになるようだ。1995年に、組織調査・計画主任のロバート・バール(Robert B. Barr)とカリフォルニア州のパロマ・カレッジの英語准教授ジョン・タッグ(John Tagg)は、「教授パラダイム」と「学習パラダイム」という概念を使って、大学において教え込みの教育から学びへと教育方法の転換が起きていることを紹介した。その違いを、二人は**表3-6**のように整理している。また、二人はピーター・センゲ(Peter M. Senge)著『第5ディシプリン』(日本語訳は『学習する組織』)を引きながら、このような活動は、組織が目的を達成しようとする過程に生じてく

---

[*] социалистическое соревнование, socialistic competition

158　第1部　政治視点から経済視点への転換

表3-6　二つの授業パラダイムとその特徴一覧表

	教授パラダイム	学習パラダイム
使命と目的	教授を提供者とする 学部から学生に知識を移転する コースやプログラムを提供する 授業の質（quality of instruction）を改善する 多様な学生へのアクセスを達成する	学習の生産 学生から知識の発見と構成を引き出す強力な学習環境を創造する 学習の質（quality of learning）を改善する 多様な学生が成功を受け取る
成功への基準	インプット、リソース 入学生の質 カリキュラム開発、拡張 リソースの量と質 入学者増、収入増 学部や授業の質	学習と生徒が成し遂げた成果（student-success outcomes） 在校生の質 学習テクノロジーの開発と普及 成果の質と量 学習の成長と効率との合計 生徒と学習の質
教育と学習の構造	原子的（atomic）。部分は全体に優先する。 学習は異なっても時間は一定。 50分授業、3コース構成 クラスの授業は同時に始まり同時に終わる。 1教室1教師 独立した教科と学科 教材をカバー コース終了時評価 講師によるクラス内の成績付け 私的な評価 学位は履修単位の累積に相当	全体的（holistic）。全体は部分に優先する。 学習が定まっていて時間は不変。 学習環境 生徒の準備度に合わせた環境 どのような学習経験も可能 科目・学科横断的な協働（collaboration） 特定化された学習成果 事前・経過・事後評価 学習の外部評価 公的評価 学位は表現される知識とスキルに相当
学習理論	知識は「他の場所」に存在 知識は教師が伝える「決まり文句」と「小片」 学習は累積的で直線的 知識の貯蔵庫というたとえ 学習は教師中心で教師が管理 「文字通りの」教師と「文字通りの」生徒が求められる 学級と学習は競争的で個人的 才能と能力は減多に求められない	知識は個々人の心の中に存在し、個人経験によって形となる。 知識は構成され、創造され、「獲得される」。 学習は、枠組みの範囲で往還的 自転車の乗り方を学習するたとえ 学習は生徒中心で生徒が管理 「文字通りの」教師でなく「アクティブな」学習者が求められる。 学習環境と学習は協同的、協働的、支援的 才能と能力は大量に使う
生産性と財政	生産性の定義は生徒一人あたりにかける授業時間のコスト 授業時間に対する財源	生産性の定義は生徒一人あたりの学習単元あたりのコスト 学習成果に対する財源

役割の特徴	学科は基本的には講師	学科は基本的には学習方法と学習環境のデザイナー
	学科と生徒は独立してバラバラに行動	学科と生徒は互いにあるいは他のスタッフとチームを組んで活動する。
	教師は生徒を篩い分け並べ替える	教師は生徒のあらゆるコンピテンスと才能を発達させる。
	スタッフは学科と授業のプロセスを担当し支援する	すべてのスタッフは生徒の学習を生み出し成功に導く教育者である。
	どんな専門家でも教えられる。	学習を活性化することは挑戦的で複雑なことだ。
	直線的なガバナンス、独立した活動主体 (actors)	ガバナンスを分担する、チームワーク。

Robert B. Barr and John Tagg. From Teaching to Learning: A New Paradigm for Undergraduate Education. Change, November/December, 1995, 16-17.

るものだという。

　第一に、米国の大学は大衆化によって引き起こされた入学生の低学力問題に対処しなくてはならなくなったからである。

　第二に、語学教育と看護師養成の分野で知識があるだけでは使えないことが問題になり、コンピテンスという知的な能力が問われることになったからである。

　大学は最先端の研究成果を学生に講義する場ではなく、学生自身に探究的な学習を経験させる教育の場になった。入学生が増大し大衆化したために、その結果、大学は研究機関から教育機関へとはっきりと変質したのである。このように、ロバート・バールとジョン・タッグは指摘した。

　ちなみに、米国教育省「教育研究・改善局 (OERI)」から資金援助を受けた「中等後教育・学習・評価国立センター (NCTLA)」が発行した『協働学習―高等教育原典』[*71] (1992年) の説明によると、大学教育において学生の学びを能動的に変える授業形態が協働学習で、そのうちのもっとも構造化、法則化されたものが協同学習であるという。

---

* *Collaborative Learning: A Sourcebook for Higher Education*

160 第1部 政治視点から経済視点への転換

(8) 米国大学の実践成果は─協同学習批判

マイケル・プリンスのまとめでは、

> 「協働学習は、学生たちが小グループに分かれある共通目標に向かって共に作業する[*1]教授法だと言える。そこで、協働学習は、協同学習も含むすべてのグループ型教授法[*2]を包括するものと見なすこともできる。別の解釈では、協働学習の中心要素は、固定的活動としての学習[*3]よりは学生間の交流[*4]を強調することである。」

これに対して、

> 「協同学習は、個人が評価しながら[*5]、共通目標を学生が追求する[*6]グループ作業の構造化された形態だと言える。文献上、協同学習のもっとも共通なモデルは、ジョンソン、ジョンソン、スミスの著作と論文[72]である。このモデルは、個人の説明責任、相互依存[*7]、対面式促進交流[*8]、交流スキルの適切な実践[*9]、チームの機能について定期的な自己評価[*10]という5つの特殊な定型から成っている。協同学習モデルには違いはあるが、共通に保たれている中心要素は、学習を促進するためには競争よりは協同志望[*11]に焦点を当てていることである。」[73]

となっている。

マイケル・プリンスの解釈を参考にして強いて言えば、協同学習は特定の目標を達成するための定式化（パターン化、法則化）された集団学習法であり、協働学習では学習者の交流によって目標そのものの修正・変更が許容されると区別できるだろう。

---

*1 work together
*2 group-based instructional methods
*3 learning as a solitary activity
*4 student interactions
*5 while being assessed individually
*6 students pursue common goals
*7 mutual interdependence
*8 face-to-face promotive interaction
*9 appropriate practice of interpersonal skills
*10 regular self-assessment of team functioning
*11 cooperative incentives rather than competition

第3章　グローバルな大学改革の始まり　161

さらに、マイケル・プリンスは、問題解決学習を次のように説明している。

「問題解決学習(PBL)とは、適切な問題[*1]が教育単元の入り口で導入され、次に続く学習の内容と動機の提供として使われる教授法である。その問題は、常にアクティブで、(必ずしも必要ではないが)たいていは協働的あるいは協同的に使われる。問題解決学習は、主として一部の生徒には相当量の自己志向学習を要求する。」[74]

「協働学習」を大学で実践し始めたエリザベス・バークレイ(Elizabeth F. Barkley)、パトリシア・クロス(K.Patricia Cross)、クレア・メジャー(Claire Howell Major)は、次のように割り切って解釈している。「協同学習」というグループ学習は、「知識の本性について伝統的な見方を前提としている」[*2]、つまり「すべてのものに『正しい答え』があり、少なくとも『もっとも望ましい解答』があると考えている」[*3]、「教師は科目の専門家であり、正しい答えを知っている」[*4]「グループは最終的に『もっとも良い』または『もっとも理にかなった』さらには『正しい』結論に達する」[*5]という前提の上に成り立っている。教師の役目や権限も、「教師は科目の専門家であり、クラスの権威者という伝統的な二重の役割[*6]」があり、「学生が課題を遂行しグループがうまく機能しているかを確かめながら[*7]、グループ学習の課題を作成し、学生に割り当て[*8]、時間とリソースを管理し、学生の学びを監督する[*9]」ことだと規定している。[75]

「協同学習」の推進者たちは、次のような成果を主張していると、エリザベス・バークレイ、パトリシア・クロス、クレア・メジャーたちは伝えている。

「教師やほかの学生と社会的な関係を確立できた学生は、大学で孤立した学生よりも、積極的に学習に取り組むことができ、より大きな個人的

[*1] relevant problems
[*2] assume a traditional view of the nature of knowledge
[*3] There is also the assumption that there is a "correct" answer or at least a "best solution"
[*4] the teacher is an expert in the subject matter, knows the correct answers
[*5] ultimately the group should arrive at "the best" or "most logical" or "correct" conclusion
[*6] the traditional dual role of subject matter expert and authority in the classroom
[*7] checking to see that students are on task and that the group process is working well
[*8] design and assign group learning tasks
[*9] monitor students' learning

162　第1部　政治視点から経済視点への転換

な成長と学問的な向上が認められ、大学教育に満足している」[76]

　だが、指摘されたこのような特徴は、学校教育の伝統的な見解にすぎない。むしろ「協同学習」は、真理探究の場、研究の場、少なくとも研究的手法を用いて教育する施設と見なされてきたのが大学であったのだが、その中に「正解を教える」という教育の論理を全面的に展開しようとしたことにあると考えるべきだろう。

　逆に、当のエリザベス・バークレイ、パトリシア・クロス、クレア・メジャーたちは「協働学習」を提唱している。「協働学習は、協同学習とは違った認識論的前提に基づいており[*1]、その中心的な考えは社会構成主義である」と、彼女たちは言い切っている。すなわち、「知識は物事に精通している仲間同士の共通認識によって社会的に作り出されるもの」[*2]であって、教師は「教科内容とグループ学習の権威者」[*3]ではなく「学生と一緒に、知識を探求する共同体のメンバー[*4]」にすぎない。要するに、「教師に学生が依存することを避けさせたい」[*5]という学習方法なのだと説明している。[77]

　協働学習と協同学習との違いは、社会構成主義であるかないかというだという分析である。言い方を変えると、協同学習は教師が用意した道筋にしたがって決められた解答を得ることだということになる。バークレイたちは、次のように結論づけている。

　「大学レベルの知識」[*6]は批判にさらされ、十分な吟味が必要なので、学び方も区別される。「相互的なグループ学習」[*7]も「幼稚園から高校までの教育では協同学習という名称を、高等教育においては協働学習という名称を使用する方向にあるように思われる」[*8]と言うのだ。[78]ちょうどこれは、教育と研究を分離して解釈する日本の法理論に類似していると言えるだろう。

*1 collaborative learning is based on different epistemological assumptions
*2 knowledge is socially produced by consensus among knowledgeable peers
*3 authority on either subject matter content or group process
*4 a member, along with students, of a community in search of knowledge
*5 want to avoid having students become dependent on the teacher
*6 knowledge at the college level
*7 interactive group learning
*8 it seems to be in the direction of using the term collaborative learning in higher learning in higher education and cooperative learning in K-12 education

(9) アクティブ・ラーニングの効能

アクティブ・ラーニングは、いわゆる成績の向上と、入学してきた大学生の脱落防止には効果があるようだが、大学が本来維持してきた研究力がより育成されたかには疑問符が付いたままだ。

カリキュラム比較研究者トリスティアン・ストービー (Tristian Stobie) は、

「構成主義の要になっているのは、学習はアクティブであることが必要だ[*1]という理念である。だが、アクティブ・ラーニングは、どれだけ学級やカリキュラムが組織されたかではなく、学習者の理解がどれだけ加わったのか[*2]で決まるのである。」[79]

と、2016年時点でアクティブ・ラーニングを測る指標にこそ問題があると指摘している。学生をアクティブに引き回すことではなく、学生がアクティブになって探究すること、つまり、正解に到達する成果を競うわけではないということだ。

第5節　グローバリズムの教育版「貸与・借用理論」の起源と適用

---

(1) 教育も新公共管理に

教育政策分野のグローバリズムは、「新公共管理 (NPM)」あるいは「成果主義教育 (OBE)」として具体化された。「新公共管理」は、英語圏諸国において自国の財政赤字への対応に適用された。米国では『危機に立つ国家』(1983年) 以降、その傾向がはっきりと認められる。だが、国家規模で適用されるのは1988年のニュージーランドと英国に始まる。米国は2002年実施の「落ちこぼし防止法 (NCLB)」にて、決定的な新公共管理の段階に入っていく。

教育分野の「新公共管理」は一連の行動原理の組み合わせである。「小さな政府」というのは、いわゆる「船を操る者 (舵を執る者)」を残して「船のこぎ手 (船をこぐ者)」をアウトソーシング (外注) することだ。政府は教育行政の成果を測る「標準」「目標」を決定し、遂行者の行動内容を決めて、「こぎ手」

---

*1 learning needs active
*2 how learners' understanding is engaged

164　第1部　政治視点から経済視点への転換

たちに事業を委託する。また、管理、評価のための第三者機関を設立して質
の管理を外部機構に委託して、行政を中立化（無責任化）する。「こぎ手」たち
は、「事業体（エージェント、法人）」を結成し、決められただけの仕事を請け
負う。大学にあてはめれば、この「事業体」が独立行政法人（教義には理事会）
であり、提示された請負仕事が「中期目標」で、理事会側から実行計画を示
した請負の仕様書が「中期計画」ということになる。

　グローバリズムでは、教育費の削減、規制緩和、教育の民営化という長期
方針が確立するが、「新公共管理」では、教育の「国家スタンダード（標準）」
が決定され、それに基づき「調査（アセスメント）」が実施される。たいていは、
国家統一テストが実施され、テストの得点に基づいて学校教育の質評価が下
され、その評価に基づいて行政が財政支出を変化させたり、親が学校選択を
行ったりする。学校は公費使用に対しまた学校選択に関連し説明責任を果た
し、生徒の成績や教師の働きなどに関して情報公開の義務を果たさなくては
ならない。教師は担当する生徒のテスト結果で評価され、給料や身分に変更
が加えられる。そのため、個々の学校はテストの得点競争を行うことになり、
教育の成果が学校、とりわけ教師の責任であると見なされるのである。

　学校は店舗、教師は店員（販売員）、商品は教育、成果は学力（リテラシーな
ど）、親と生徒は消費者、店舗と商品を選ぶ行為を学校選択と言うこともで
きる。これは、伝統的な教育理解とは全く異なる教育理論である。教育は権
利ではなく、子どもたちの生産行為でもなく、単なる消費行為になってしまっ
たのである。そこでは、義務教育ということばさえ姿を消している。フラン
ス革命以来という規模で、教育のルールブックが変わったのである。

　教育の原理、教育制度、教育行政、評価方法などをパッケージで国外から
輸入する、ないし国外に輸出する例は古くからあった。大がかりな例は、発
展途上国による西欧型近代教育の輸入、衛星国へのソ連型社会主義教育の輸
出、第二次世界大戦直後の戦勝国から敗戦国への米国教育の輸出などである。

　それが、金融用語を使って「貸与・借用理論」と呼ばれるようになったのは、
1990年以降に国際金融機関が教育をサービス商品としてその利益を測定・
評価するようになったからだ。なぜなら、この「管理の概念と原則」こそが「ビ

ジネス界から学校教育システムに借用された」[80]ものだからである。

(2) 成果主義教育

　教育におけるグローバル化は、教育内容の標準化と教育行政の管理手法に現れてきた。その一つは、「成果主義教育（OBE）」と呼ばれている。これは、

　「公的に定義されたわけではないが、現在ではその中身ははっきりしている。つまり、最低標準（ミニマム・スタンダード）を確立し、テストにより成果を客観的に調査する制度を作り、教育システムを管理するデータ（成果）の使用を促進し、監視対象となる現場の関係に注目し、追加投資なく崩壊の防止と質の改善する手段として説明責任を愛用することである。」[81]

　誰もが納得する目に見える教育成果を測ろうとすると、知識や技能を特定し内容を標準としてを予め決めておくことになる。そうなると、決められた教育内容を伝えることが教育に、覚えることが学習にならざるを得ない。その結果、コンテンツ・ベースの教育が行われることになる。

　いち早く、成果主義教育を採用したのは、ニュージーランド、オーストラリア、英国（イングランドとウェールズ）、カナダ、米国であった。1990年代の成果主義教育モデルは、英国とニュージーランドであった。『ニュージーランドカリキュラム枠組み』[*1][82]（1993年）は、カリキュラム改革の新しいアプローチになった。

　旧社会主義国のモンゴル、カザフ、キルギスには、ソビエト崩壊後、1990年代前半に「成果主義後発国」[*2]として政策の借用と貸与が起きてきた。日本やロシア連邦には、それが1990年代にはっきりと上陸してくることになる。日本では、中等教育まではすでにコンテンツ・ベースの教育が行われていたので、これを大学まで貫徹させることが新たな課題になった。ところが、ヨーロッパ諸国では、汎用能力、一般的能力を重視し、能力形成過程を評価するコンピテンス・ベースの教育が維持されている。この違いは大きい。

---

*1 *New Zealand Curriculum Framework*
*2 late adopters of OBE

166 第1部 政治視点から経済視点への転換

　成果主義に基づく出口管理の欠陥は、「評価しようと想定した」結果だけ
を評価することである。この実現手段としてのPDCAサイクルの欠陥は、P
(目標や基準) を固定したままで実行サイクルのみがチェックされ、失敗は努
力不足としか判断されないので、たとえ誤っていても止められないというこ
とだ。つまり、P (目標や基準) が不十分、あるいは誤っていると言い出せな
い仕組みだということである。

(3) 旧社会主義諸国への適用例

　キルギス (現地読みはクルグズ) は、ソビエト連邦、すなわちロシア勢力か
ら脱した後、東欧やカフカス諸国のように伝統回帰せず、改革を先に進めた。
民主主義と市場経済の原則を推し進めたので、1991年から国際援助団体の
たくさんの活動家が入り込んできた。

　同時に起きてきたことは、教育崩壊であった。まず、教育の分権化は学校
を維持する社会的仕組みを破壊してしまうことになった。いくつかの教育費
が有料になり、経済混乱の中で経済的余裕がなくなり、生徒数は激減した。
さらに多くの教師、とりわけロシア人教師が地域から流出し、また教職から
より収入の多い職に転職した。キルギスのある普通教育学校では、次のよう
な状況であった。

　　　「1991年になると、教師の大規模な流出が起きた。16人の教師はロシ
　　アに帰った。これで、語学と数学の教師はほとんどいなくなった。4人は
　　ドイツに、2人はカザフに帰った。9人は転職し、たいていが (首都) ビシュ
　　ケクに移住した。インターネットで結婚相手を見つけて米国に去った者
　　も一人いた。欠員を埋めるため、1990年代から42人の教師を採用した。
　　そのほとんどが、英語とキルギス語の教師であった。2005年には、85人
　　の教師がいたが、そのうち9人は職歴30年以上、16人は年金適用者だが
　　働いていた。30歳以下の者は、7人いただけだった。」[83]

　当時のキルギスでは、学歴を手にしてビジネスの職に就けば、収入が農民
の6倍、労働者平均の3倍になり、そのような人たちが収入上位の10%以上
を占めている。問題は、人口70%が平均以下の生活をしていて、この人た

ちに十分な教育が届かなくなってしまい、社会の安定性を欠く状況になったということである。

(4) キルギス共和国─社会主義経済・政治体制からの離脱を求めて

そこに、米国が「成果主義教育」を持ち込んできた。教育政策の「貸与」ないし「行商」政策をとることになる。これには、コネと不正が幅を利かしていた社会主義時代を否定し、学校の成績や大学入試などに透明性、公正、公平さを求めて、全国学力テストや能力主義は歓迎された。

2001年には、「アメリカン・ユニバーシティ・キルギス校」後の「アメリカ大学中央アジア校」の創設者で改革派のカミラ・シャルシェケーエワ (Camilla Sharshekeeva) が教育相に抜擢された。彼女は、とりわけ高等教育改革に乗り出した。「大学の学部長が生徒の支払った授業料を着服している」「成績優秀者の無償席を取引したりしている」「単位の不正売買は卒業の質を低めている」として、彼女は大学の教職員の不正を指摘し、改革に着手した。[84] この切り札が、米国が持ち込む「透明性」の高い客観的な数値の出てくるテストだったのである。シャルシェケーエワの目には、不正の蔓延する旧来の教育界よりは、個人の公平な能力競争のほうが公平に映った。そして、これで国力は伸びるはずであった。

キルギス教育省の要請に基づいて、「USAID（米国国際開発庁）」を中心とするグループは2001年春に会議を持ち、キルギスの教育制度に関して74項目にわたる問題点を指摘するリストを作成した。4つの作業チームが編成されて、2001年6月にはUSAID（米国国際開発庁）は改革に向けた資金を確保し、以下のようなアクション・プランが作成された。[85] アクション・プランは、4部門に分かれる。

①一般管理改革。

　財政的説明責任制度の発展、公的情報制度、資格の確立、市民や親を含めた学校・大学の統治会議設立、スタンダードの導入、業績主義的国家奨学金テスト、学生のニーズに応えるシステムの創出。

②教育文化省の構造改革。

部局の統廃合、客観テストを作成する独立したテストセンターを創出する。

③学校管理と再教育。

全教科、全学年にアカデミック・スタンダードのミニマムを確定する。新しい教育や管理を試す試行的学校を設立、12年制カリキュラムへの移行、学校の成果を評価する新方式を作成する。

④高等教育改革。

アカデミック・スタンダードのミニマムを確定、国家奨学金テスト（NST）を確立する。

　その後、アクション・プランは潰えたが、国家奨学金テストは残った。USAIDは、テスト設立の相談にのるETS（教育テストサービス）とそれをキルギスで実行する米国国際教育協議会（ACTR/ACCELS）を抱えていたので、国家奨学金テストへの財政支出だけは熱心であった。

　国家奨学金テストは、米国のSATに似た適正テストで、米国のETSをモデルにして作られた私立テスト機構であった。このテストは、キルギス語、ロシア語、ウズベク語で提供された。2002年からの3年間で10万人以上の生徒が受験した。

　USAIDは、国家奨学金テストを総括して、「教育評価の比較的優れたツール、成果重視の国家スタンダード、成果重視の教室の授業計画を導入しようとする努力」と評している。

　同様のことは、他の中央アジア諸国でも起こった。一連の教育政策をまとめると、表3-7のようになる。この教育政策を推進するために、国際金融機関から表3-8のような融資がなされる。その結果は、表3-9のようになり、至る所で学力評価制度が整ってきたことがわかる。

　それまでソ連時代には教師も学校も行政も中央政府に責任を負っていた。ところが、ネオリベラリズムの政策によって、「親と利害関係者」に責任を負うことになった。地域で親や住民が学校教育の中身を作ることに慣れていなかったので、すなわち「親の呼び込みと親の参加」がないままに地方の学

第3章　グローバルな大学改革の始まり　169

表3-7　社会主義後教育改革パッケージの特徴

特　徴	改　革	具　体　的　内　容
構造調整プログラム	教育への公費支出削減	公共支出の総額に占める教育費、またGDPに占める教育費の点で、教育への公的支出を削減する。
	教育への私費支出増加	私立学校、大学、非義務的教育の正規授業料 (formal fees) を定めて、学校諸設備の財源に地域の貢献を促し、教科書、給食、課外活動の有料化を図る。
	教育行財政の分権化	（一人当たり財政 (per capita financing) を導入して、学校ごとの自律財政 (financial autonomy) をとるなど）教育財政の分散化 (decentralizing) によって、また社会責任や参加を強化することによって、コストの有効性・効率性を増加させる。
	教育職員の合理化と学校再編成	教育部門に対する支出の効率性を増加させて、学校の教職員および学校建築の合理化（あるいは最適化）をはかる。対生徒教員比の改善、教職員比率の改善（「余剰」補助教員や技術的支援職員の解雇など）、学校再編（小規模辺地学校の閉鎖、小規模校の都市・町の大規模な複合校への合併など）の点で改善がたいてい行われて、合理化が実行される。
	浪費・漏洩の削減による効率化	公的支出を詳細に分析し、またさまざまなレベルでの支出を追跡して、資金が非効率に使用されたり、誤って配分されたり、消失（漏洩）しているか所を特定する。
教育における社会主義的遺産への対応	教育期間の延長	全体的にみて、普通教育課程 (curriculum) を10年から11年ないし12年に延長し、これまでの社会主義教育制度を西欧的教育標準に再編成する。12年制教育は世界的に最も広く採用されており、外国の大学で中等教育修了資格として国際的に認知されていると述べた、1992年の欧州評議会宣言をほとんどの国が典拠にしている。
	カリキュラムの標準化（成果主義）	標準カリキュラムを導入し、新しいアプローチのカリキュラム改革と全般的に連動させること。ソビエト期に普及していたような知識獲得に対する外的規制 (exclusive focus) ではなく、新しい標準カリキュラムはコンピテンス (competencies) と学習領域に教科内容を再配分すること。はっきり言えば、この改革には、事実を記憶することから、学習した事柄を理解し適用することへと転換すること (shift from remembering facts to understanding and applying the learned material) も含まれる。標準カリキュラムの導入は、教育の質の強化手段としてたいてい考えられている。
	評価制度の標準化（全国大学入学試験）	中等学校卒業あるいは大学入学の時点における標準テストの導入は、教育の腐敗を制限するための対策 (measure to curb corruption) として主に用いられてきた。個々の教育施設に管理される口頭試問 (oral examinations administered by individual educational institutions) という伝統的な実践から、生徒の知識と技能に関するより透明度の高い測定 (more transparent assessment) へと転換することである。
	教科書供給の市場化	教科書改革に関する問題は、これまでの中央集中的な教科書供給システムから、より開かれて、公正で、競争的な出版市場へと転換することで解決される。目標は、著者の独占を崩し、出版社間の競争を促し、生徒・教師・学校による教科書と教材の選択制をとることで、教科書の質を上げることである。
	教育選択の増加（私立学校）	国家の教育独占からの撤退の合図となるのは、社会主義後の政府が教育供給における選択の増大を広く訴えることである。これには、かつての社会主義地域の至る所に私立学校を建築することである。

	生徒中心の学習	生徒中心の学習(student-centered learning)を導入することは、教室のレベルで教育と学習を民主化する合図(signal "democratization" of teaching and learning in the classroom level)として実施されてきた改革の模範例である。協同学習、グループ活動、個別学習といったこのような「新テクノロジー」(these "new technologies" - cooperative learning, group work, individualized learning)を導入することは、ソビエト教育の実践に共通した教師主導の伝統的なアプローチ(traditional teacher-led approaches common to Soviet education practice)を緩和する目的がある。
	コミュニティ・スクール	コミュニティ・スクールの概念は、教育へのコミュニティの参加を増大させる対策として導入されてきた。コミュニティ参画計画を有償活動として位置づけ、コミュニティに対して学校が提供するサービスもこれに含めること。
国または地域固有のニーズ	女子教育	ソビエト崩壊後に女性生徒の就学率が減少したイスラム国家が、中央アジア(ウズベキスタンとタジキスタン)とカフカス(アゼルバイジャン)にはある。教育への女性のアクセスを改善する目的で、さまざまな新構想が導入されてきた。
	対立解消・平和教育	市民暴動あるいは内線を経験した国(たとえばアルメニア、アゼルバイジャン、タジキスタン)では、1990年代初頭には、対立解消と平和教育がもっとも典型的な教育パッケージの内容だった。1990年代末には、この改革内容は緊急性を失い、いくつかの国ではすっかり変わっている。
	チュルク語学校(民族語学校)	新しい地政学的な同盟の重要性を指摘するとすれば、中央アジアのチュルク語圏(カザフスタン、キルギスタン、トルクメニスタン、ウズベキスタン)とカフカス(アゼルバイジャン)にチュルク語学校ネットワークが出現していることだ。これらは、たいてい、トルコ共和国政府かゲーレン・コミュニティ(Gülen community)が設立した私立学校である。

Iveta Silova and Gita Steiner-Khamsi (eds) *How NGOs React: Globalization and Education Reform in the Caucasus, Central Asia and Mongolia.* Kumarian Press, 2008, 19-21.

校は活動することになり、中央からの支援が途絶え、中央が後ろ盾にする権威も失うことにもなり、結果的に学校は力を失ってしまうことになった。

「ワシントン・コンセンサスが、地方、国、世界レベルで政府と公共部門の文化や制度を弱体化させた結果、各国政府は切実に必要とされている公共財を提供できなくなった。」[86]

地域や歴史のコンテクストを断ち切って世界標準に合わせて教育をグローバル化しようとしたけれども、教育は地政学的な社会的コンテクストの中で起きるものだから、70年間のソ連邦が作り出したコンテクスト、200年ほどのロシア帝国が作り出したコンテクスト、1000年を超えて民族が作り出したコンテクストの影響力が予想外に大きいものであった。そこで、中央アジアの国々は欧米直輸入のグローバリズムよりはロシアを介したグローバル

第3章　グローバルな大学改革の始まり　171

表3-8　世界銀行とアジア開発銀行の教育部門からカフカス諸国と中央アジア諸国への貸出ローン

国　名	国際機関	教育部門ローン	期　間	ローン金額
アゼルバイジャン	世界銀行 世界銀行	教育部門改革プロジェクト 教育部門開発プロジェクト	1999-2004 2003-2012	500万ドル 6300（予定）
グルジア	世界銀行	教育システム再編・強化プロジェクト	2001-2013	6000
アルメニア	世界銀行 世界銀行	教育管理・財政改革プロジェクト 教育の質・適切性プロジェクト	1998-2002 2004-2013	1500 4400（予定）
カザフスタン	アジア開発銀行 アジア開発銀行	教育回復・管理改善 基礎教育プロジェクト	1995-2001 1998-2002	2000 3500
キルギスタン	世界銀行 アジア開発銀行 アジア開発銀行	農村教育プロジェクト コミュニティ基盤早期子ども発達 教育部門発展計画	2004-2010 2004-2009 1998-2004	1500 1000 3700
ウズベキスタン	世界銀行 アジア開発銀行 アジア開発銀行 アジア開発銀行 アジア開発銀行 アジア開発銀行	基礎教育プロジェクト 教科書第二発展 教育部門発展計画 教育部門発展プロジェクト 基礎教育情報通信技術 基礎教育教科書発展	2006-2010 2004-2010 2003-2008 2003-2007 2006-2011 1998-2003	4000（予定） 2500 3850 7000 3000 2000
タジキスタン	世界銀行 世界銀行 アジア開発銀行	教育改革プロジェクト 教育現代化プロジェクト 教育部門改革	1999-2003 2003-2008 2003-2009	500 2400 750
モンゴル	世界銀行 アジア開発銀行 アジア開発銀行 アジア開発銀行	農村教育・発展プロジェクト 教育部門発展計画 教育発展第二プロジェクト 教育発展第三プロジェクト	2007-2012 1997-2002 2002-2008 2007-2012	400 1550 1400 1300

Iveta Silova and Gita Steiner-Khamsi（eds）*How NGOs React: Globalization and Education Reform in the Caucasus, Central Asia and Mongolia.* Kumarian Press, 2008, 22-23.

化へと変質している。ロシア語が使えれば国境を越えて働くことができるのだ。

　国際機関もロシアを介して政策実現を図ろうとしている。World Bankは、ロシア連邦政府と共同で「教育開発国際協同センター（CICED）」を設立した。ロシアを3200万ドルの資金提供国として、2009～2012年の期間に「万人のための教育」ファースト・トラック・イニシアチブ対象国のうち中央アジアのキルギスとタジクを含み、アジアのベトナム、アフリカのエチオピア、アンゴラ、ザンビア、モザンビークに対して「ロシア教育発展援助プログラ

172 第1部 政治視点から経済視点への転換

表3-9 中・東欧および独立国家共同体諸国における調査・試験制度改革の現状
（2009年）

	新調査機構	中等教育修了試験改革	他テスト、たとえば基礎学校に	大学入学試験の標準化	抽出方式の国家試験	国際学力調査[*4]
アルメニア	4	4	3	4	0	4
アゼルバイジャン	4	1	1	4	1	4
ベラルーシ	4	4		4		0
ブルガリア	1	1	0	0	0	4
チェコ	4	3	2	0	0	4
エストニア	4	4	4	4	4	4
グルジア	4	4	4	4	4	4
ハンガリー	4	4	0	4	4	4
カザフ	4	1	1	4	1	4
キルギス	4	1	1	4[*1]	1	4
リトアニア	4	4	4	4	4	4
マケドニア	4	4	1	2	4	4
モルドヴァ	2	2	1	3	4	4
モンテネグロ	4	2	2	1	3	4
ポーランド	4	4	4	3		4
ルーマニア	4	4	4	4	4	4
ロシア	4	4	3	4	2[*2]	4
セルビア	4	0	4	0	4	4
タジク	2	2	0	2	4[*3]	0
ウクライナ	4	4	2	4	2	4
ウズベク	4	0	0	4	4	1

0は「計画がない」または「開始されていない」、1は「計画の初期段階」または「検討中」、2は「(計画が)まとまった」または小規模に「実験中」、3は大規模に「先導的試行」または「実施開始」、4は「実施中」、余白は「情報無し」。

*1「クルグズは、任意参加で言語テストと数学論理テストを実施している。もとは無償席入学枠を決めるテストであるが、有償席の志願者も受験している。」

*2「サマーラ、ボログダなどいくつかの地域では、小学校で、抽出方式の算数とロシア語の国家試験が導入されている。連邦レベルではまだない。」

*3「疑わしい」

*4「TIMSS、PISA、PARLSへの参加」

　　　OECD, *Reviews of National Policies for Education: Kyrgyz Republic 2010: Lessons from PISA.* OECD, 2010, 190.

ム (READ)」という教育援助を行い始めた。これらの国々は、ザンビアを除き、かつてのソ連邦の影響力を受けた国々である。それだけに、歴史的なコンテクストを重視した、現実的な援助になると考えられる。

中央アジア諸国は、20年もたつと独立時の熱気は冷め、その時に描いた米国流のバラ色の未来に失望して、むしろ低成長の中でロシア回帰が始まっている。それは、かえって民族と歴史の重みの上に自立への確実な一歩を踏み出していると言える。

> 「モルドヴァ、グルジア、キルギス、アルメニアなど旧ソ連圏の優等生が、1991年の独立時には負債がゼロであったにもかかわらず、国際金融機関の指導にしたがった結果、10年後にはGDPが半減し、債務の帳消しを要請しなければならなくなったのはなぜか。」

> 「明らかに、なにかが間違っていた。支配的な経済政策路線の効果はなかった。持続的な経済成長は創出されず、貧困は削減できず、公正な所得配分は実現しなかった。ワシントン・コンセンサスによる見立ては間違っており、その処方箋は有害であった。」[87]

(5) ネオリベラルにはまったロシア

ロシア連邦は、1992年の『ロシア連邦教育法』に代えて、2012年12月に新しい連邦教育法『ロシア連邦の教育について』を採択し、2013年9月1日より施行した。これまで歴史的に学校や大学を総称する名称は「教育施設」[*1]であった。これが「教育組織」[*2]というまったく新しい用語に統一された。ロシア教育の研究者で早稲田大学教授岩崎正吾の聞き取りでは、ロシア教育アカデミーの理論教育学研究者ルカツキー (Минаил Абрамович Лукацкий) は次のように発言し、

> 「新教育法では、教育目的のために教育を行っているトヨタ自動車の教育部門も、教育目的のために教育を行っている教育組織としての権利を持つようになり、これらは同じ教育組織として位置づけられることになっ

---

*1 образовательное учреждение, educational institution

*2 образовательная организацыя, educational organization

た」[88]

と新しい学校を説明している。いわば、これまでの国家規制を緩和し、学校設立を個別目的化、自由化したということである。

(6) 中央アジアにて米国は

中央アジア等には、大がかりな援助が始まった。最大の援助組織は、USAID（米国国際開発庁）である。この組織は、ワシントンD.C.に本部を置き、1961年に創設されている。USAIDは、米国の対外経済、人道援助プログラムを担当する連邦政府機関であるが、経済成長と農業開発、人口問題、環境、民主主義、教育、人道援助など6領域で、「主に災害や貧困から立ち直りをはかり、民主化を推し進めている国々」の援助を行っているとされる。対象地域としては、サハラ以南、アジアおよび中近東、ラテンアメリカおよびカリブ、ヨーロッパおよびユーラシアが挙げられる。米国政府の各組織をはじめ、ボランティア団体、ビジネス界、大学等さまざまな機関と協力して活動を行っており、その数は3,500以上の米国企業、300余の米国に拠点を置くボランティア団体とされ、予算の40%はこうしたNGOを通して使われている。

USAID（米国国際開発庁）の予算は、「経済開発援助」と「経済支援」という二つの基金が使われる。その他に、「子ども生存・疾病プログラム基金」、「国際災害援助基金」、アフリカ開発基金、ヨーロッパやユーラシアを援助する特定基金など、地域や目的を限定した特定基金がある。HIV/エイズ、結核など感染症対策の資金も「子ども生存・疾病対策プログラム」の対象である。USAIDは、2001年度、「ロシア・新興ユーラシア民主主義諸国の自由と開放市場（FREEDOM）」支援基金に総額8億3,000万ドル、東欧民主主義基金（SEED）に6億1,000万ドルを要求している。2001年度から、USAIDの人事・給与処理は、農務省に付属する「米国財務センター」が運用するシステムが行う。傘下のフリーダム（FREEDOM）は、1992年に米連邦議会で「フリーダム支援法」として成立し、米連邦議会が資金提供しているものである。

具体的には、USAIDは1993年から1998年に40万ドル以上を投入して、

モスクワとクラスノヤルスクの3校のマリオス学校を建設し、教材の整備と
教員の訓練を行った。1997年春から2002年にはベラルーシ、モルドヴァ、
キルギス、ロシア、タジク、トルクメン、ウクライナ、ウズベクにおいて「開
発のためのグローバル・トレーニング」という経済、ビジネス、人材、資源
分野の職業訓練を実施した。また2002年春にはウクライナ、カザフ、タジク、
トルクメン、ウズベクにおいて「確認テスト機構」という大学生学力テストを、
2002年2月から12月までキルギスにおいて「キルギス独自教育テスト機構・
テスト開発新規計画」、2007年4月から2009年4月までウクライナにおい
て「ウクライナ標準外部テスト新規計画(USETI)」という大学入試を実施した。

　米国国務省の管理する「フリーダム支援パートナー」計画の一部で「フリー
ダム教育パートナー計画(EPP)」という組織も乗り出してきた。これは、米
国総務省の広報文化交流局(USIA)が1993年から1999年まで管轄し、その
後、米国総務省の教育文化局(ECA)に管理が移されたものである。具体的
には、①ビジネスと経済、②教育行政、市民教育、継続教育を含む教育、③
公共管理と公共政策、④法律、⑤ジャーナリズム、の5分野にわたって、ユー
ラシアの大学に、民主主義と市場経済を進展させるために活動している。

　民間団体では、1974年に創設された「米国国際教育協議会(ACTR/
ACCELS)」が教育と研究の分野で援助活動を展開している。この協議会は、
キルギスにおいて「優秀教師表彰制度」[89]を有していて、英語の教師を表彰
して賞金を与え、外国語教育をロシア語から英語に取り替える動きを進めて
いる。

　「国際研究者交流委員会IREX)」は、1968年に米国のワシントンで創設さ
れ、教育の質の改善、独立したメディアの強化、多元的市民社会の発展を目
指し活動している。また、草の根保守を起源とし、米国ノースウェスタン大
学が拠点となっている民間運動「市民教育計画」は1991年にチェコから始ま
り、23か国で200人が活動している。これらの組織は、資本主義のルール
を貫徹する役割、ニュー・リッチ、ビジネスマンを生み出している。格差が
当然視され、福祉や平等という社会主義的な価値は掘り崩された。

　義務教育段階ではUNESCO学校が展開している。国際金融機関として、

World Bank Group（WBG）[90]や「アジア開発銀行（ADB）」が乗り出してきた。民間では、国際的なヘッジファンドと呼ばれるソロス財団が東欧や旧ソ連諸国の教育援助を熱心に行った。筆者が2002年9月に調査したモスクワ北方の工業州ヤロスラブリでは、教育予算の半分が外資であり、「ソロスの教師」などの名で優秀教師がボーナスを与えられ、州内学力テストで優秀な子どもと学校には賞金が、理科の発明工夫展ではベンツ賞が与えられるといった具合だった。当時のヤロスラブリ州教育長は物理学者出身であったが、われわれ調査団に対して分厚い書類を見せ、「こうやって報告書を書いて説明責任を果たさないと補助金が出ないんだ」と説明された。法人化された日本の国立大学はちょうど同じことを今行っている。

　ところが、このように旧社会主義諸国にネオリベラリズムの教育が流入してくる1990年代の後半は、すでに実施国では成果主義教育モデルに疑問が提起されていた。たとえば、イギリスでは全英教員労組（NUT）が全国規模でストライキをするなど反対運動が起き、1999年の地方自治政府樹立以降はイングランドの成果主義教育制度からスコットランド、ウェールズ、北アイルランドが離脱している。そのような時期に、なぜ、カビの生えたような成果主義教育がこぞって中央アジア諸国には導入されたのだろうか。それは、補助金目当てである。補助金目当てであるから、国内には複数のテスト団体が乱立した。また政府の方針も担当者も2、3年単位で取り替えられるのが普通だった。要するに、一貫性ある改革になっていなかったのである。

　さて、旧ソ連諸国には笑い話のようなエピソードがある。西側が持ち込んだ成果主義教育に対して、「そういえばソ連時代にもこんなことあったなぁ」という反応が返ってきたとか。5か年計画、数値目標、ノルマ達成、このようなソビエト型計画経済が米国に流入し、ネオリベラリズムとして戻ってきたというのだ。しかし、その夢も今や覚めている。ロシアは、クリミア併合（2014年）以後の国際的な経済制裁の中で急速にグローバリズムから民族主義へと回帰している。

(7) グローバリズムは拒否できたか

　グローバリズムは、過去との切断、民族や地域のさまざまな文化的コンテクストの否定を意味し、現場を変えようとする圧力が強烈にはたらく。古いしがらみから逃れようとする者には都合が良かった。だから、グローバリズムは、それぞれの地域・国で、それなりの理由で歓迎されたのである。

　だが、ここで起きてきたことは、決して国民国家の復活ではなかった。ソ連邦から逃れて独立しようとする地域・国においても、グローバリズムによって、国民国家の規制が緩和され、国境の垣根が低くなり、「有効な学校教育改革」とか「優れた教育」という名で国際標準が輸入され、「国際教育モデル」に統合されることになった。その結果、グローバリズムによって地域の仕組みも民族の心も踏みにじられる。

> 「暗黙のうちに、グローバル化とは、その意味からして、改革の脱領域[*1]と脱コンテクスト[*2]を促進し、文化に束縛されるシステム[*3]という教育の既存概念に異議を唱えることになる。」[91]

　とりわけ、旧ソ連邦諸国では社会主義から資本主義へと経済の論理、権利から消費へという教育・福祉の論理をまさしく転換させようという時に、アメリカ化を内実とするグローバル化が採用されるのもそれなりに筋が通っている。比較教育研究者のポップケーヴィッツは、

> 「そのような研究者には、ハイブリッドな国際的教育モデルは異なる高収益教育制度から借用した断片や部分の寄せ集めにすぎないのではないかと心配している者もいる。もっとはっきり言えば、世界中に米国版教育改革を完成することではないかと心配している者もいる。」[92]

と指摘する。

　しかし、中央アジアなど旧ソ連邦諸国にみるように、開発途上国は地政学上の理由もあり、伝統を全面的に切断できるほどにはグローバリズムは徹底しなかった。古いコンテクストがかなりの部分で残り、国際資本の投資が終

---

*1 de-territorialization
*2 de-contexturalization
*3 culturally bounded system

われば予定した通りの改革はできなくなる。改革案と実体との間が埋まらないとすれば、古い教育の破壊だけに終わってしまう。ポップケーヴィッツは、次のように結論づける。

「このように、教育のグローバル化を扱ったどの研究も[*1]、製品、金融、コミュニケーション、人と理念の増加する国際的な動き（グローバル化）[*2]と、国民教育制度における変化との間に緊密な関係があると確認すること以上の結論を必要としている。」

彼が考える「それ以上の結論」とは何か。ポップケーヴィッツは、「われわれの論争には欠落しているものがある」と述べ、続けて以下のことを指摘している。

「なぜ教育改革はあるコンテクストから別のコンテクストへと移植されるのか[*3]、借用は全体で起きるのかそれとも計画的選択がなされるのか[*4]、さらにまた、超国家の政策借用と国際的統合との間の関係を理解しようという関心[*5]は、比較教育においては長期的な研究の伝統がある。」[93]

要するに、歴史を振り返れば、不文律を含む諸ルールとの不具合や、文化的に形成された諸価値との軋轢や抵抗は、いつの時代にもどの地域においても起きていて、それほど単純に転換するものではないということのようだ。

元マレーシア首相マハティール・モハマド（Mahathir bin Mohamad）によれば、

「米国は一つの制度が自らに適合すれば、それは世界のどの国にも適合すると考えがちだ。だが、民族によって気質、価値観、文化は異なる。米欧流の市場経済・民主体制が機能しているのは、北米・欧州以外では日本ぐらいだ」[94]

そうだ。

---

*1 any study dealing with globalization in education
*2 the increased transnational flow of goods, finance, communication, people and ideas (globalization)
*3 why educational reforms are transplanted from one context to another
*4 whether borrowing is ever wholesale or by design selective
*5 the interest in understanding the relation between transnational policy borrowing and international convergence

第4章　生涯学習論の再提起

ヨーロッパはどうグローバリズムに対処しようとしたか。その大きな方策が、生涯学習という仕組みであった。この動きは、**表4-1**のようにまとめられる。米国と異なる道を探ろうとしたヨーロッパの歴史を紐解いてみよう。

冷戦期には、西側諸国内の「情報の自由化、文化と教育の協力」[*1]あるいは東西の人的交流は、主として1975年設立の「欧州安全保障協力会議（CSCE）」が行ってきた。[1]その後、「統一欧州議定書」（1986年）と「マーストリヒト条約」（1992年）との間の時期、1989年に、「欧州理事会」は、専門性確認[*2]や資格確認[*3]への統一的な取り組みを開始した。[2]「欧州司法裁判所」は、外国にて取得した資格は国内にて認知されるのか、されないとしたら本質的な違いはどこにあるのかという判断に関わっていたので、この課題の解決を求めていた。

人が動けば資格の通用性（トランスペアレンシー）が問題になる。教育は「国民教育」の枠をはみ出すわけである。とりわけ、確かに高等教育の変化は無視できなかった。

第1節　万能の特効薬──国際合意となった「生涯学習」

---

(1) 1990年代のOECD

OECDは先進工業国と見られた特定の国が集まり、経済問題のみを扱ってきた。「閉鎖的」[3]と呼ばれたこのOECDが大きく変わるのは、1990年初頭のことである。それは、ベルリンの壁崩壊とソ連邦崩壊という歴史の変化

---

*1 free flow of information and cultural and educational co-operation
*2 professional recognition
*3 recognition of qualifications

180　第1部　政治視点から経済視点への転換

表4-1　ヨーロッパにおける生涯学習への取り組み年表（1996年前後）

年	実施機関	事項	特徴
1992	EU	マーストリヒト条約 The Maastricht Treaty.	欧州共同体の成立、対米日政策
1993	CEC（欧州委員会）	『成長、競争力、雇用に関する白書―21世紀に向けた課題と道』	新職業主義（競争力、経済成長を目的とした能力育成）
1994	OECD	『OECD雇用研究―根拠と説明』（日本語訳は『先進諸国の雇用・失業』）	
1995	WTO	GATS、サービス貿易	グローバリズム、金融の自由化
	CEC	『教育と訓練、教授と学習に関する白書―学習社会に向けて』 Teaching and Learning: Towards the Learning Society.	EUの基本文書
	OECD	『OECD雇用研究―実体、分析、戦略』 『OECD雇用研究―税、雇用、失業』	
1996	UNESCO	『学習こそ宝』（1997年の世界教育会議に向けた準備の一環）	NGOの役割を強調
	OECD	『万人のための生涯学習』 「万人のための生涯学習」をテーマとした教育閣僚会議 OECD Education Ministers in Lifelong Learning for All	世界経済の競争的圧力、科学とニュー・テクノロジーの変化への対応
	CEC	『情報社会に生きて働く―人間ファースト』	
	EU	「欧州生涯学習年」	
1997	OECD	『知識社会への識字技能―国際成人識字調査のさらなる結果』 『教育刷新に何が作用するか―成人学習を通して排除と闘う』	
1998	CEC	『活動的シティズンシップへの学習』	
1999	G8	『ケルン憲章―生涯学習の目的と大望』	
	4か国教育大臣	「ボローニャ宣言」	高等教育欧州統一圏の構築
	OECD	『成人学習を通して排除と闘う』	

　によって、東欧諸国と旧ソ連諸国がヨーロッパに編入され、西欧諸国と極めて密接な関係になったからである。

　OECDは、活動の幅を広げることになる。その最前線が「教育の経済学と

モニターの質」[4]であった。モニター活動として、「テーマ研究」や「教育指標」の開発が挙げられる。

教育の経済学を再構築する試みは、1980年代に始まっており、1988年3月16〜18日にかけて、パリにて、「変化する社会における教育と経済」と名付けられた政府間会議が開催されている。[5]フィンランド人でOECDの活動を分析している研究者ヨハンナ・カッロ (Johanna Kallo) によると、これが「転換点」[6]であった。それ以降、OECDは経済と教育に関する大量の出版物、とりわけ「人的資本」と「情報社会」に関する報告書を世に送り出すことになった。

1990年代後半になると、生涯学習は、各国際機関の幅広い合意事項となる。[7]

> 「生涯学習は、増大する変化の速度、グローバル化という経済・社会的圧力、未来の不安定さなどに適合するものとしてまたそれらへの必要な対策として、現代の国内政策、国際政策において普及している。」[8]

ヨハンナ・カッロは、OECDの教育担当者からのインタビューで次のような論理を聞き取っている。OECDが教育計画の枠組みに「生涯学習」を据えたのは、「実際にはほんのわずかのことしか起きていない」のだが、それが「教育の質に関する理念全体」に関わっていて、学習者個人、社会、経済・財政面で、あるいは様々な国で幅広く合意できるテーマだったからだという。

ただし、共通の合意は、それほど厳密なものではなく、いつでも[*1]どこでも[*2]学ぶ、生涯を通してどのような職場でも学ぶことに収まった。[9]この曖昧さが、多様な国々の学校教育制度を再編成するための基本的合意として生きてきたということである。

(2) 1995年までのヨーロッパ

1980年代は空白の時間が過ぎ、国際機関から生涯学習に関する重要な発言はなかった。ところが、生涯学習の研究者ジョン・フィールド (John Field) は、「1990年代には、生涯学習は、新たな活力を帯びて、欧州委員会、OECD、

---

*1 lifelong
*2 lifewide

UNESCO、G8の中心政策文書に復帰した」[10]と指摘するのである。それはなぜか。

比較教育の研究者たちによると、1980年代と1990年代初期には、「社会正義」を求める活動方針が教育界に認められた。[11]

1990年代にはいると、生涯学習を推進したのはやはりいくつかの国際機関であったが、生涯学習の概念には新しい要素が加えられ、しかも多数の国際機関が連携するようになった。そのことで、実現性が大きく高まることになった。

1990年代を通じて、グローバルな視点から生涯学習を見る動きが加速した。原因は、先進国の失業問題である。失業対策が、欧州委員会、OECD、UNESCO、G8が取り組むべき、それ故にまた成人教育や職業教育が対処しなくてはならない中心課題になった。[12]経済成長の鈍化と若者の失業問題に取り組んだOECDは、若者が中途半端な能力で、資格も持たずに社会に出てくるので、変化する産業に対応できず、その上、新しい産業を興すこともできないのだと分析した。[13]

国際機関において長年の沈黙を破って、1993年12月、生涯学習に言及したのはジャック・ドロール（Jacques Delors）であった。彼は、フランス社会党に所属する政治家で経済学者、ミッテラン政権で大蔵大臣を担った。その彼自身が、EUの欧州委員会において強調したのは、競争力と経済成長だった。生涯学習は、1970年代に込められていたヒューマニズム、人権という発想から、ジョン・フィールドの指摘する「新職業主義」[*1]、つまり労働能力育成へと主目的を変えさせられたのである。

その当時、OECDの「DEELSA（教育・雇用・労働・社会問題局）」は市場の「見えざる手」[*2]に対抗して「社会の腕」[*3][14]として作用した。つまり、社会問題を市場経済のみに委ねず、社会福祉を確保しようとしたということである。

しかし、1990年代後半に知識基盤経済論が起きてくると、「社会的に効

---

*1 new vocationalism
*2 invisible hand
*3 social arm

率ある見通し」[1]がOECDの「教育事業」[2]の中で重要な判断基準になってしまった。DEELSAから教育部門を切り離し、2002年に「教育局」を新設したのは、教育をより密接に経済と結びつけるためである。一方で、DEELSAは、「DELSA（雇用・労働・社会問題局）」と改名されることになった。経済と拮抗するような社会問題を扱ってきたDEELSAの地位は、OECD内において低下することになったわけである。皮肉なことに、教育部門の拡充は、生涯学習という各国共通教育政策を、高等教育の国際的流動化と拡大へと焦点を向けていくように変えた。そして、教育関係のOECDの出版物も、ネオリベラリズム新自由主義に沿った教育政策立案への情報提供というような性格になった。こうして、OECDにおける教育の目的は社会の安定から経済発展へと重点が移されることになった。これは原理転換と呼べるほどの大きな変化となった。

(3) 1992年マーストリヒト条約

　1986年には、単一欧州市場を目指すべく『統一欧州議定書』が採択され、ローマ条約に初めて大修正が加えられていた。欧州統合の動きは加速し、1991年には、将来のEUが教育に果たす役割を指摘しながら、欧州委員会が『欧州共同体における高等教育に関する覚書』を交わしている。とりわけ、経済、社会、文化の発展に高等教育が果たす役割を強調し、「ヨーロッパ領域」を高等教育にも適用すること、各国の高等教育制度を調和させることを提起した。これに対して各加盟国は、教育システムに関する各国の責任、文化的言語的多様性の尊重、「補完性原理」を教育にも適用することを主張した。ここで言う「補完性原理」とは、協力を奨励するが統制は必要な場合に限定されるという制限的な原理である。

　それでも、統合の動きは止まらず、1992年からは、生涯学習社会の理念と実践を進めるべくさらに徹底したアプローチが開始された。教育分野、とくに高等教育の国境を越えた協力は、ヨーロッパの競争力を強化し、欧州市

---

[1] social efficiency perspective
[2] educaiton programmes

184 第1部 政治視点から経済視点への転換

民の形成に役立つと主張された。

1992年2月7日、EC12か国の首脳によって、『欧州連合条約』、いわゆる『マーストリヒト条約』が調印され、1993年11月1日にジャック・ドロール欧州委員会委員長（1985-1995年）の下で発効した。

その中には、「EU市民権」が設定され、国民に加えて「ヨーロッパ市民」という法的地位が確立された。また、改組・改名されたEUは、それまで内政であった教育問題に踏み込んで超国家的な権限を拡大した。たとえば、欧州連合条約には「教育、職業訓練および青年」の章が設けられ、126条（普通教育）と127条（職業訓練）の二つの条項を置いている。欧州連合は、各国の批准が完了して、翌1993年に成立した。

さらに、1993年12月5日、失業問題の解決を検討していたジャック・ドロールの委員会は、『成長、競争力、雇用に関する白書—21世紀に向けた課題と道』[*1]を報告した。ここにおいて、教育と訓練の新しい方向が提案された。白書の分析では、「労働力は質、量とも過少消費」で「自然資源と環境資源は過大消費」なので、この関係を逆転させようという結論になった。[15]この白書は、翌1994年、『成長、競争力、雇用』[*2]と言う名称で刊行され、12月にはエッセン（Essen）で開催された欧州閣僚会議にて確認された。要するに、経済成長という目的のために、労働者の能力育成によって労働生産性を向上させることになったというのである。

この『経済成長、競争力及び雇用に関する白書—21世紀に向けての挑戦と道』は1994年に出版されているが、相次いで1995年には生涯学習に関するもう一つの白書『教育と訓練、教授と学習—学習社会に向けて』が報告された。EUは、1995年1月のWTO成立を機会に、教育制度全体を域内全体で再編成するところに追い込まれるのだが、欧州における経済・教育制度再構築の中心概念かつ各国の共通課題は生涯学習であることを各国際機関の執行部は洞察した。

---

*1 *White Paper on Growth, Competitiveness, Employment: The Challenges and Ways Forward into the 21st Century*

*2 *Growth, Competitiveness and Employment*

(4) 1995年WTO—教育施設の企業化、研究・教育職の労働者化

GATSやWTOは、高度技能移動に際して能力の品質管理を扱うこととなり、国際的な品質管理を労働力、ひいては教育分野へも国際的な圧力を広げた。教育を統治する国内法・諸規則は、国際貿易体制に合わせて変革される対象となった。

教育の世界に初めて国際的なルールブックができ、そこはサービス業のアリーナ（競技場、arena）と化すことになった。「この時、教育関係者のほとんどはこの変化に気づかなかった。」[16]

まず、グローバリズムとして起きてきたことは、数値化された成績目標、分権化、政治と経営の機能分離、法人的計画や柔軟な労働慣習など民間セクターの利用、リアルタイムの在庫管理、金銭的刺激、コスト削減、中心ではない機能の民営化など、管理運営（マネージメント）全体の変化である。とりわけ、投入金額に比してよりよい成果を上げることを効率と呼んで、最重要の成果指標とした。

このような方法が、市場原理になじまないとされた教育や福祉、医療の分野に適用され、新公共管理（NPM）と呼ばれる諸方法が、財政難を切り抜ける政策として各国政府で採用された。民営化と呼ばれる手法は、人権保障の機能として社会に蓄積されてきた公的資産を解体して民間に払い下げ、市場原理に委ねることを意味している。行政は、「船をこがずに舵を取る」と評されるように、サービスを行き渡らせるというこれまでの責任を放棄し、逆に管理する立場になる。

教育分野に取り入れられた新公共管理の諸手法は、政策決定プロセスの可視化、様々な規制緩和、教育成果の測定技術、適切な成績指標の開発、国際的基準評価、標準化された新しいテスト制度、質保証機構、厳格な責任制度、教育費の多元的な財源、公的資源の効果的使用、官民協力などと指摘されている。[17]

社会教育の研究者ジョン・フィールドは、次のようにまとめている。

まず、新しい公共管理手法は1980年代に多くの欧米政府で実施されるようになった。一つには、政府が、従来の公的部門を切り離して、「民営化、

市場判定、購買者・提供者分離、分離した諸活動要素への解体、顧客への接近」[*1]を試行した。公的部門に残った部分に対しても、政府は、「実用的専門家管理、分権化、サービスレベル標準、目標準拠財政措置」[*2]を導入した。公的部門のこの転換は、「より小さな政府」[*3]（漕ぐ力をより小さく[*4]）で「より大きな統治」[*5]（舵取りをより大きく[*6]）を意味する。こう、ジョン・フィールドは分析するのである。[18]

「舵を取ることと船を漕ぐこととを分ける」[*7]という手法は、言い得て妙である。このことばの最初の使用は、1987年のサバス（E. S. Savas）の著作にあるとされる。それをオスボーン（David Osborne）とゲーブラー（Ted Gaebler）が、1992年の著作で「競争、市場、消費者、成果」[*8]と関連させて語った。しかし、「新公共管理」とまでは関連させていなかったと、オーストラリアの政治学者オウエン・ヒューズ（Owen Hughes）は指摘している。[19]

統治（ガバナンス）を行うのは政府（ガバメント）だけではないという論理は、国家が管理する国民作りという国民教育制度の破壊をもたらした。しかし、学校選択制度、外部評価機構など素人管理に任せると、誰もが分かる測定可能な指標に基づいて教育評価することになる。教師の仕事も単純な作業に解体され、マニュアル化され、その行為のみが管理される。こうすると、評価者によっては意見が分かれるような質、測定があいまいになる質、数値化が困難な質などは捨てられる。こうして、数値化された評価は現実からどんどん遠ざかることになってしまうのである。

---

*1 privatization, market-testing, purchaser-provider split, disaggregation of separate activities, and closeness to the customer

*2 hands-on professional management, decentralised authority, service-level standards, and target-related funding

*3 less government

*4 or less rowing

*5 more government

*6 or more steering

*7 distinction between steering and rowing

*8 competition, markets, customers and outcomes

(5) 1995年ヨーロッパ変化の前夜

OECD は、1995年5月の加盟国閣僚会議において、教育訓練制度の全般的改革をめざし、生涯学習の理念を政策に採用することにしていた。[20]

1995年6月、カンヌ (Cannes) で開催された欧州閣僚会議にて、「雇用と競争力を改善する基盤となる訓練・徒弟政策は、とりわけ継続教育として、強調されなくてはならない」という文言で、この改革方針が再確認された。この会議を受け、「欧州生涯学習年」（1996年）に向けて概念整理が行われ、『教育と訓練、教授と学習に関する白書－学習社会に向けて』[21]が1995年11月に作成された。この白書『教授と学習』は、「ヨーロッパにおける失業の増加を食い止めようという最近の多大な努力は効果を維持できなかった」[22]という深刻なことばから始まる。その背景には、「米国、日本、そしてやがて中国と対峙しながら、ヨーロッパは独立を保障できる経済的な力があり、人口動態的にバランスがとれ、政治的な力のある大衆[*1]を手にしなくてはならない」[23]という問題意識が根底にある。

同白書では、「学習社会」ないし「生涯学習へのニーズ」に応じた継続教育の制度的な長期展望が提示されていて、教育と訓練に関しては「広領域知識基盤[*2]へのニーズに焦点をあてる」ことと「雇用と経済生活に向けた能力[*3]を構築するよう企画する」という二つの方法で解決を図ろうとしている。前者は、人間の能力とは「物事の意味[*4]」をつかむことだとして非認知的側面を重視し、さらに「総合と創造」[*5]、「判断力と決定力」[*6]が必要であると説明されている。そのうち、「総合と創造」とは、次のように、ひかえめな表現ながら法則や正解を伝達するという伝統的な教育方法を刷新するように訴えるものであった。

「現実には、知識の過度な標準化が流布している[*7]。何事も厳密な論理

---

*1 economic, demographic and political mass
*2 broad knowledge base
*3 abilities for employment and economic life
*4 meaning of things
*5 comprehension and creativity
*6 powers of judgement and decision making
*7 In fact excessive standardisation of knowledge prevails

188 第1部 政治視点から経済視点への転換

的秩序で教えられなければならない[*1]とか、生産したり質を突き止める
こととは、数学が優先的役割を果たすような、抽象概念に基づいて演繹
的な根拠づけを習得するかどうかの問題だ[*2]と考えるような傾向を生ん
でいる。演繹的アプローチは、生徒を受け身にし、想像力を制限するこ
ともありうる[*3]。」[24]

　白書『教授と学習－学習社会に向けて』は、競争力向上のためEU加盟国は
「コンピテンスの領域 (area of competence) でそれぞれ活動している」[25]と指摘
しているが、この姿勢は後にDeSeCo (コンピテンスの定義・選択) 計画の過程
で起業家側から、「訓練を投資と見なす必要性をはっきりと述べている」も
のだという評価が表明されている。「西側の企業で生涯教育のプログラムと
生涯教育への投資が拡大しているように、各国の産業システムはこの必要性
を大規模に理解してきたように思われる」[26]と2000年時点で評価されたの
である。

　この二つの白書は、きわめて密接した、相補う一体のものである。前者は
経済と雇用問題を扱い、後者は実現形態としての「認知社会モデル」[*4]を提
示している。だが、最も重要なことは、社会における個人の役割と居場所は
「知識とコンピテンス」[*5]によって決まると規定したことである。

　この二つの白書に基づいて、1995年10月に、欧州議会ならびに欧州閣
僚会議は、1996年を「欧州生涯学習年」とすることに決定していた。さらに、
1996年には、UNESCOのドロール委員会の報告が重なることになる。こ
うして、UNESCO、OECD、EUが歩調を合わせて、1996年にヨーロッパ
諸国で生涯学習が広く認知されることになる。これ以来、EU、その政策立
案機構としての欧州委員会は生涯学習の実現をリードしていくことになる。

---

*1 everything has to be taught in a strictly logical order
*2 producing and identifying quality is a question of mastering a deductive reasoning system based
on abstract concepts, in which mathematics play a prcdominant role
*3 In certain cases deductive approaches can thus make students passive and restrict the imagination
*4 model of a cognitive society
*5 knowledge and competence

(6) 1996年のUNESCOとその能力論『学習こそ宝』

　1991年11月、UNESCO総会は、「21世紀に向けた教育と学習に関して省察する国際委員会」を編成することを決定した。当時のUNESCO事務総長フェデリコ・マヨール (Federico Mayor Zaragoza) は、委員長をジャック・ドロールに要請し、その他14人のメンバーで構成することを提案した。だが、「21世紀教育国際委員会」と呼ばれるこの委員会が実際に編成されるのは1993年初めのことになる。委員会の活動はUNESCOが財政支援した。

　すでに1996年1月に、OECDはリカレント教育から生涯学習へと軌道修正していた。その年、1996年4月11日に、「21世紀教育国際委員会」の報告書が事務総長に提出された。さらに、UNESCOはリスボン会議にて、21世紀教育国際委員会報告書『学習、宝は内にあり』[*1] 27 を承認した。

　タイトルの由来は、ラ・フォンテーヌの寓話『農夫とその子どもたち』で、イソップ物語の寓話としても知られている。ある農夫に働かない3人の子どもがいた。その農夫が亡くなる間際に、畑に宝物が隠してあるから収穫を終えたら深く掘り起こしてみよと子ども達に言い残す。子ども達は言いつけ通り畑の隅々を深く掘り返すが宝物は見つからない。しかし、翌年の収穫は大豊作に恵まれた。畑がよく耕されたことから今までにない収穫を得たわけである。これは、外からの成果を待つのではなく、自らの努力で成果は作り出されるものだという教訓である。学習とは、内なる力を掘り起こすことだ。その潜在的な能力こそが「秘められた宝」と表現されたわけである。

　しかも、報告書では、より、人間関係の構築や、人権・平和・自由・社会正義という理念を達成する手段として生涯学習が考えられていて、同委員会が「生涯の学習 (learning throughout life)」という用語を用いたため、これ以降、生涯学習という言葉が世界に広く一般化することになる。

　UNESCOは、学習の四本柱として「知ることを学ぶ」[*2]「なすことを学ぶ」「共に生きることを学ぶ」「生きるために学ぶ(未来への学習)」を提起し、グローバル化、テクノロジー、「知識基盤経済」の時代に相応する新しい学力像を

---

*1 *Learning: The Treasure Within*

*2 learning to know, learning to do, learning to live together, learning to be

190　第1部　政治視点から経済視点への転換

うち出した。とりわけ社会性が強調され、「民主的な社会参加」[*1] には「市民教育」[*2] と「シティズンシップの実践」[*3] が重要だと指摘した。

そのうち、最初の二つ、すなわち、「知識の獲得」と「スキルの獲得」が今日、注目を浴びていると21世紀リテラシーの研究者、ジーグフリード・ラムラー(Siegfried Ramler)は指摘している。[28]

さらに、ラムラーは、「外国語コンピテンス」[*4] が「21世紀における生活と労働で成功する基本的ツールである」[*5][29] とも述べている。

ここで、二つの可能性が生まれてくる。UNESCO は競争原理を敷いたと解釈すべきなのか、それとも安定原理を敷いたと解釈すべきなのか。

報告書では、「国民国家」の理念は「もはや国民統合の唯一の枠組みではなくなっており」、「強力な国家中央集権主義」の理念との結びつきは「今や時代にそぐわなくなりつつある」と判断されている。このことを報告書は、「社会結束の危機」と呼んでいる。[30]

報告書は、開発途上国と先進国との格差のみならず、むしろ先進国に生じてきた格差問題に目を向ける。これが、20年以上前のフォール委員会が置かれた時代との違いを浮き彫りにする。

「教育は、排除を導いてはならない。競争は知的発達のために好ましい場合もあるが、学業成績で不法な選別を行う形態[*6] にもなり得る。そうなると、学業成績不振が、しばしば取り返しのつかぬ形で社会的な疎外や排除を招いてしまう[*7]。……世界中で最も教育支出が大きな国においてさえ、成績不振や落ちこぼれ[*8] が青少年のうちで大きな割合を占めている。そして、このことが多くの若者を二分する、雇用に開かれたより

---

*1 democratic participation
*2 civic education
*3 practice of citizenship
*4 foreign language competence
*5 an essential tool for success in living and working in the 21st century environment
*6 the form of undue selection by academic results
*7 Academic underachievement then becomes irreversible and frequently leads to social marginalization and exclusion
*8 underachievement and dropping out

第4章 生涯学習論の再提起 191

深刻な格差[*1]を生んでいるのである。」[31]

では、学力を上げれば問題が解決するのだろうか。報告書は、画一的な学力をめぐって競争をすることではなく、各個人に多様性や個性を認めて、個人としての成長を阻害しないことこそが解決になると指摘する。

「教育は、教育自身が社会的排除の原因とならないように配慮することで個人や集団の多様性を尊重するように奮闘すれば、結束を促進することができる。多様性や個性への配慮を示すことは、標準化された教授を抑制する[*2]基本的原則である。

フォーマルな教育システムは、多様な個人の才能を十分考慮せずにすべての子どもを同一の文化的・知的鋳型に押し込んで個人の達成を阻んでいる[*3]と、しばしば正しく批判される。たとえば、フォーマルな教育システムは、抽象的な知識の発達を強調して、想像力、コミュニケーション能力、リーダーシップ、美的感性、生存への精神的側面、手工の技能などを犠牲にする傾向にある[*4]。生まれ落ちた瞬間から異なっている子どもたちの適性や本性的な嗜好に基づくので、地域の教育リソースからまったく同じ恩恵を被るというわけにはいかない。学校が、子どもたちの才能や願望に合わせないと、彼らは取り残されてしまう危険さえあるだろう。」[32]

そして、この学業成績不振対策については、報告書は特別の注意を払っている。

「教育システムの第一の目的は、主流から取り残されたり不利な背景にある子どもを少しでも傷つけないようにすることであり、その結果、貧困や排除の悪循環を断ち切ることなのである。」

「だから、大きな困難を背負っている子どもについては、積極的な優遇

[*1] divide that is all the more serious in that it extends into the world of work
[*2] should rule out any kind of standardized teaching
[*3] stunting personal fulfilment by forcing all children into the same cultural and intellectual mould, without taking sufficient account of the variety of individual talents
[*4] tend to emphasize, for example, the development of abstract knowledge to the detriment of other qualities such as imagination, the ability to communicate, leadership, a sense of beauty or the spiritual dimension of existence, or manual skills

192 第1部 政治視点から経済視点への転換

政策[*1]が必要とされる。」[33]

　こう述べながら、新たな制度を作って、職業教育を充実させることを提案している。

　　　「資格を取らずに退学する子どもの数を減らすようにしなくてはならない。資格も持たずに仕事を始める若者が、彼らにとって必要な職業技能が得られるように、再統合の手段や補習活動が企画されなければならない。さらに社会的に疎外されている若者や成人に対して、継続的訓練コースへの常に新しい機会が得られるよう、制度的に開発がなされるべきである。もっと一般的に言えば、生涯を通じて学ぶ[*2]ことが、社会の進歩するニーズに応えながら新しい資格を取得するすばらしい機会を提供するということもできるだろう。」[34]

　要するに、UNESCOは、画一的な教育の押しつけ、抽象知識の詰め込みが成績の悪い子どもを教育から排除してしまうことに対して強く警鐘を鳴らしているわけである。これを改善するのは、一人ひとりの成長に合わせた生涯学習なのだろうと示唆するわけである。

　UNESCO報告には技術革新が、生涯学習にはテクノロジー、とりわけICT（情報通信技術）がつきまとう。それは、労働の形態が技術革新によって変化するので、労働者に求められる能力もまた変化するという問題意識からである。一人ひとりの成長を保障することとICTとを結びつけようとするUNESCOの意図は、各国の教師、教育関係者にどれほど意識されてきたのか。UNESCOと教育現場のギャップこそ、経済的価値を優先するネオリベラリズムが入り込む余地になったのではないだろうか。

　UNESCOは、報告書を定着させるために作業チームを編成し、また、地域会議も開催されている。[35]この4つの視点に立って、ヨーロッパでは各国の生涯学習の進捗状況を「欧州生涯学習指標（ELLI）」として調査し、継続的に報告書も出されている。[36]

---

*1 positive discrimination
*2 learning throughout life

(7) 1996年OECDの政策転換

　複合的教育パラダイムの概念として生涯学習を採用し、1996年になると、OECDは、『万人のための生涯学習』[*1] 37を刊行し、「万人のための生涯学習プログラム」を推進することになる。

　OECDの「万人のための生涯学習プログラム」によって、生涯学習の概念は「複合的教育パラダイム」[*2]となった。この生涯学習の概念が教育パラダイムとなり、グローバルな視点の教育概念が教育の過程そのものに大きな影響を及ぼすことになる。そして、OECDがEUないし欧州委員会と一体化して、統一ヨーロッパの政策を強力に推進することになるのである。

　これまで、教育とは、人生とは異なって、また並行し、人生に準備する一時期のものと考えられていたが、これからは教育が人生全体に埋め込まれたものとなる。この結果、生涯学習は人生への準備であるとともに、人生の重要な一部として解釈されるようになった。

　　　「労働は一時的でフォーマルな教育で[*3]補強されるべきという考えは、働きながら学び学びながら働くというような学習[*4]を促進する戦略に置き換わる」

　このような形で、リカレント教育は生涯学習に発展的に転換された。「生涯にわたる自覚的学習の継続」[*5]としての生涯学習は

　　　「仕事中にインフォーマルに、他人と話したり、テレビを観たりゲームに興じたり、ほとんどすべての形態の人間の活動で[*6]」38

企てられる学習である、と幅広く定義されていた。こうして、学びを学校の中に、さらには教科書の中に閉じ込めようとする学校文化をOECDはきっぱりと否定した。しかもはっきりと、「生涯学習の概念」は「『フロント・エ

---

*1 *Lifelong Learning for All*
*2 comprehensive pedagogical paradigm
*3 on a sporadic basis with formal education
*4 learning while working and working while learning
*5 continuation of conscious learning throughout the life-span
*6 through virtually every other form of human activity

194 第1部 政治視点から経済視点への転換

ンド』の教育哲学」[*1]の「批判」であり「それに変わるもの」[*2]であるとOECDは言い切っている。[39]このように、生涯学習がフロントエンドの消滅となり、それは国家の子どもから能力ある個人へと教育目標が転換されることを意味し、国家主義からグローバリズムへの転換に呼応したインフラ整備となるのだとOECDにははっきりと意識されていたことと思われる。

生涯学習の概念は、「人格発達、社会結束、経済成長」という三つの重要な目標を付随させるとOECDは指摘している。[40]また、教育制度は、「機会均等、透明性、透過性、協同、柔軟性、効率という理念」[*3]に基づくべきとされた。[41]ここには、ネオリベラル的な教育制度管理で追求される評価基準がはっきりと抽出されている。

生涯学習の範囲は、OECDによれば無制限に広がる。授業時間数、成績、単位などで統制される「フォーマルな学校教育」と、自己意志に基づき、単位などで統制されない「ノンフォーマルな学習」、家庭や職場など、社会生活の中で自然発生的に生じてくる学習である「インフォーマルな学習」は、生涯学習にひとまとめされた。あるいはフォーマルな学習、ノンフォーマルな学習、見聞を広める学習[*4]とも言い分けて、「私生活、職業生活、社会生活における進歩」[*5]「家庭、学校、地域、職場における、あらゆるタイプの学習」[*6]を、さらには「機会均等、国際主義、効率、品質保証という理念を包含する」[*7]まで含めて、生涯学習としてくくった。こうして、生涯学習は新しい「教育学的パラダイム」になり、新しい学校教育の定義によってグローバルな広がりが可能となった。

生涯学習という分野が、教育をめぐる国際機関と教育産業という市場の新しいアリーナとして浮かび上がった。[42]国際機関は生涯学習を普及し、国内

---

*1 "front-end" educational philosophies

*2 an alternative

*3 idea of equal opportunities, transparency, permeability, cooperation, flexibility and efficiency

*4 formal, nonformal, and informative learning

*5 progress in private, professional and social life

*6 every type of learning: in the parental house, at school, in communities, and at workplace

*7 comprise the ideas of equal opportunity, internationalism, efficiency, and the quality of qualification

行政もそれを支えるので、市場はそこにビジネスチャンスを見つけたわけである。このように、生涯学習には、自己学習と教育商品という相異なる利害が絡み合っていくのである。

OECDの歴史に詳しい元OECD事務次長パパドプロス (George Papadopoulos) は、次のように規定している。[43]生涯学習は幅の広い概念で、新しいICT (情報通信技術) を使った「社内教育」[*1]「個人学習」など、あらゆる学習活動が含まれ、「学習者とそのニーズ」が強調され、「自己志向学習」が普及される。

基本的には、国家の人間管理を排除して個人の尊厳を打ち立てよう、とりわけ学習は個人の意志に基づく自己学習であるべきで、教師はそれを支援し、国家は教育の条件整備に限定されるという立場から生涯学習が推進された。この立場は、国家の指定する教育機関・施設において国家の規定する教育内容・方法に基づいて学ぶという伝統的な教育の枠を外そうとする。それ故に、教育をめぐる「二つのシナリオ」が、生涯学習という活動の舞台で絡み合うことになる。一つは、諸個人を民主主義の担い手に育て、「協力社会」を展望するシナリオである。もう一つは、教育、とりわけ義務教育後教育をサービス産業として商行為に開放しようとするネオリベラリズムのシナリオである。

また、1996年のこと、WTO (世界貿易機関) のGATS協定には、学位等の国際的通用性の確保、高等教育の質の保証、国境を越えた高等教育の提供が加えられ、高等教育問題は国際経済問題に発展した。

(8) OECDが世界標準の知を創造し大学の役割を変更する

OECDは、1996年、2001年、2006年と教育閣僚会議を開催して、各国の教育政策の道筋を付けてきた。教育政策立案はCERIが担ったが、それらは『教育政策分析』[*2]という出版物として公表されている。表4-2に見るように、生涯学習が主要課題になり、コンピテンスに焦点が集まり、やがて

---

*1 enterprise-based training
*2 *Education Policy Analysis*

196　第1部　政治視点から経済視点への転換

表4-2　OECD『教育政策分析 (Education Policy Analysis)』の章立て

1997年	第1章　教育支出 (expenditure on education) 第2章　人的資本への生涯投資 (lifelong investment in human capital) 第3章　リテラシー技能―活用か喪失か (literacy skills: use them or lose them) 第4章　学校の失敗―様式と反応 (failure at school: patterns and responses)
1998年	第1章　生涯学習 (lifelong learning: a monitoring framework and trends in participation) 第2章　明日の学校のための教師 (teachers for tomorrow's school) 第3章　若者の進路を支援する (supporting youth pathways) 第4章　第三段階教育への支出 (paying for tertiary education)
1999年	第1章　生涯学習の資源 (resources for lifelong learning: what might be needed and how might it be found) 第2章　年少児の教育とケア (early childhood education and care: getting the most from the investment) 第3章　教育のテクノロジー (technology in education: trends, investment, access and use) 第4章　第三段階教育 (tertiary education: extending the benefits of growth to new groups)
2000年	発行されず。
2001年	第1章　すべての人に生涯学習を―政策動向 (lifelong learning for all: policy directions) 第2章　すべての人に生涯学習を―現状調査 (lifelong learning for all: taking stock) 第3章　格差の是正―教育・訓練からすべての者に利益を確保すること (closing the gap: securing benefits for all from education and training) 第4章　知識経済に向けたコンピテンス (competencies for the knowledge economy) 第5章　未来の学校とは (What future for our schools?) 〈日本語訳『世界の教育政策』明石書店、2002年〉
2002年	第1章　早期幼児教育事業の強化―政策枠組み (strengthening early childhood programmes: a policy framework) 第2章　質と公正の改善―PISA 2000からの洞察 (improving both quality and equity: insights from PISA 2000) 第3章　教員集団―懸念と政策課題 (the teaching workforce: concerns and policy challenges) 第4章　越境教育の拡大 (the growth of cross-border education) 第5章　人的資本再考 (rethinking human capital) 〈日本語訳『世界の教育改革 OECD教育政策分析2』明石書店、2006年』〉
2003年	第1章　多様性、インクルージョン、公正―特別ニーズ提供からの洞察 (diversity, inclusion and equity: insights from special needs provision) 第2章　キャリアガイダンス―新方法の前進を (career guidance: new ways forward) 第3章　高等教育におけるガバナンスの転換形態 (changing patterns of governance in higher education) 第4章　成人の生涯学習に対する持続可能な投資戦略 (strategies for sustainable investment in adult lifelong learning) 〈日本語訳『世界の教育改革 OECD教育政策分析3』明石書店、2009年』〉

2004年	第1章　「非大学型」高等教育機関の課題と役割 (Alternatives to Universities Revisited) 第2章　教育へのICT投資から得られるものは何か (Getting Returns From Investing in Educational ICT) 第3章　学校教育はどの程度生涯学習に寄与しているのか (How Well do Schools Contribute to Lifelong Learning?) 第4章　生涯学習のための租税政策の役割 (Taxation and Lifelong Learning) 〈日本語訳『世界の教育改革OECD教育政策分析4』明石書店、2011年〉
2005年	発行されず
2006年	第1章　高等教育―質、公正、効率 (higher education: quality, equity and efficiency) 第2章　高等教育の国際化―明示的政策に向けて (the internationalisation of higher education: towards an explicit policy) 第3章　教員集団―抱負を受け止め動機を強化すること (the teaching workforce: meeting aspirations and enhancing motivation) 第4章　形成的評価による学習の改善 (improving learning through formative assessment) 第5章　数学を扱う生徒の男女差 (gender differences in student engagement with mathematics)

表4-3　OECDの教育関連機関略語表

略語	日本語訳	参　考
OECD	経済協力開発機構 Organization for Economic Co-operation and Development.	1960年12月にパリにて署名、1961年9月30日に発効。 　原加盟国は、オーストリア、ベルギー、カナダ、デンマーク、フランス、ドイツ、ギリシャ、アイスランド、アイルランド、イタリア、ルクセンブルク、オランダ、ノルウェー、ポルトガル、スペイン、スウェーデン、スイス、トルコ、英国、米国。その後、日本(1964)、フィンランド(1969)、オーストラリア(1971)、ニュージーランド(1973)、メキシコ(1994)、チェコ(1995)、ハンガリー、ポーランド、韓国(1996)、スロバキア(2000)が加盟。
CERI	教育研究革新センター Centre for Educational Research and Innovation.	1986年6月、OECD理事会によって創設。現在および将来の教育問題や学習問題を調査、分析、研究する。 　教育制度指標(INES)事業は、このセンターの活動の一部である。
INES Project	教育制度指標事業 Indicators of Education Systems Project	経済のグローバル化に対応して、各国の教育を共通の枠組みに基づいて比較する指標を開発する。1988年より活動しており、PISAはこの事業の一環である。
Eurydice	ヨーロッパ教育情報ネットワーク (エウリュディケはギリシャ神話の女神)	1980年創設。EU欧州委員会の主導で、各国の教育制度や教育実践の交流のために設置された。1995年よりソクラテス計画の一環をなす。本部的な役割をなすのがヨーロッパ・ユニット(Eurydice European Unit)、ブリュッセル在。また、各国の教育省の下には、国ユニット(National Unit)がある。加盟国は、EU加盟国、ヨーロッパ自由貿易協定加盟国など30か国(2003年)。

198　第1部　政治視点から経済視点への転換

2002年の教育局設立後には高等教育改革に教育政策提言の重点が変化していく様子がわかる。なお、OECDの教育関連の機構は**表4-3**のごとくである。

第2節　高度な技能者の移動

(1) 1997年リスボン協定

1995年1月1日にはWTOが成立し、GATSが有効となった。1996年は欧州生涯学習年であり、この1996年にOECDは知識基盤経済の定義を確定した。このような時代に、次のようなことが起きてくる。

1995年には、域内留学を目ざした「エラスムス(ERASMUS)」計画が、普通教育・高等教育・成人教育を扱う「ソクラテス計画」に統合され、1996年の欧州生涯学習年を迎えることになる。だが、各国政府の教育統合への動きは遅かった。そこで欧州委員会は、1997年に、コミュニケ「知のヨーロッパに向けて」[*1]を発する。

1997年4月、リスボンにおいて欧州評議会とUNESCOは合同会議を開催し、「リスボン協定」[44]と呼ばれる「欧州地域の高等教育資格承認協定」をとりまとめた。これはヨーロッパの大学教育の大きな転換点を作った。その目的は、欧州統合、とりわけ東欧諸国を組み入れる過程で、ヨーロッパにおける学術移動性、高等教育資格確認に関する法的枠組みを作り上げることであった。ところが、当時は、評価・認証は、高等教育機関を統制する上で国家の優先事項となっていた。実質的な質の評価は、国家でなく大学が行っているのだが、両者に超国家機構をどう絡ませるかに課題は移ってきた。まず、協定前文では、参加国は、

　　「欧州地域の他国において取得した学修、資格証明、ディプロマ、学位の承認[*2]は参加国間の学術移動性にとって重要な尺度になるということを考慮し」[45]

と、協定内容を確認している。

---

*1 For a Europe of Knowledge
*2 recognition of studies, certificates, diplomas and degrees

その上で、協定第10条第2項において、「欧州地域の高等教育資格相互承認協定委員会」を設置すると定めている。そして、

> 「同委員会は、UNESCOの協賛を得て採用された高等教育における学修、ディプロマ、学位の承認[*1]に関する協定を適用するために、UNESCO地方委員会と連携を維持すること」[46]

と明記された。

国境を越えて学位を承認することは、貿易の自由化というGATSの趣旨に合致する。当時の留学生受け入れ国は、米国、英国、オーストラリア、ニュージーランドという英語圏が上位を占めていたが、「リスボン協定」で留学の価値を確認し、奨励することはこの4か国が優位に立つことを意味した。協定の実施機関として、各国の情報センターであるNARIC（国別学術承認情報センター）とそれを統合したERIC（欧州情報センターネットワーク）が設立され、今日ではThe ERIC-NARIC Networksと呼ばれるものへと発展している。

また、1997年には、欧州委員会と各大学長との間に「ソクラテス・大学契約」なる契約が交わされ、EUの高等教育政策は、国を超えて統一的に動き出すことになった。これが、後の『ボローニャ宣言』を生むことになる。

その後のことだが、「ソクラテス計画」と職業教育を扱う「レオナルド計画」は、2007年に「生涯学習統合計画（2007-2013年）」へと統合されることになる。

(2) 1998年ソルボンヌ宣言

学校教育制度における具体的な能力形成の動きとして注目されるのは、1998年5月のパリ大学創立800年記念式典である。ここで、ヨーロッパの教育統合はこれまでと全く異なるレベルに移る。

1998年5月24〜25日、パリ大学創立800年記念式典が「単一欧州大学に向かって」[*2] というテーマで開催される。もともと、フランスのアレーグル（Claude Allègre）教育相が国内問題を解決するためにイタリア、ドイツ、英国の教育相に同調を求めたところ、問題は思わぬ形で展開する。「その4教

---

*1 Recognition of Studies, Diplomas and Degrees
*2 vers une Université Européenne

育相が高等教育の諸問題を国内的にではなく国際的に解決しようと試みたことは、教育市場の国際的性格と知識社会の出現へとつながった。」[47]その時、WTO対策が教育相たちの念頭をよぎったとしても不思議ではない。

4教育大臣は記念式典でパネルディスカッションを行ったが、引き続き、5月28日には、この4大臣がパリ大学において、『ヨーロッパの高等教育システムの構造の調和に関する共同宣言』、いわゆる『ソルボンヌ宣言』[*1][48]に署名した。そこでは、欧州市民の移動性と就職力を高め、ヨーロッパの発展を可能にする「知のヨーロッパ」と「高等教育欧州圏」[*2]を構築することが提案されている。そこには、教育のヨーロッパ標準を足がかりに、高等教育のヨーロッパ・ブランドを作り出すという意図が込められている。4人の政治家は、ヨーロッパの一国の規模では解決できない高等教育の課題を国境を越えることによって解決しようと考えたのである。「マーストリヒト条約の後も教育制度に関する決定が各加盟国の裁量に任されていたことには、多くの驚きの声が上がった」[49]という。

この象徴的な出来事として、ヨーロッパの教育統合はこれまでと全く異なるレベルに移る。この動きは、直後の『ボローニャ宣言』につながっていく。

同時に、OECDは、この年、『高等教育再考』[50]を刊行し、「高等教育をすべての者に」[*3]というスローガンを掲げた。これ以降、OECDは次々に高等教育改革案を提示し、授業の方法に至るまで事細かに大学に介入することになる。このもくろみは、大学教育の職業教育化を推進することと見なせる。だが、それは、職業専門教育を相対化し、諸知識や探究方法を学問へと一般化して「学問の自由」などを含む独自の権威として確立してきたアカデミックな大学の歴史を逆転させることになった。

(3) 1999年ボローニャ宣言

ヨーロッパの教育統合に関する政府間折衝の地はボローニャだった。『ソルボンヌ宣言』を受けて、1999年6月19日、29か国（当時のEU加盟国および

---

*1 *Sorbonne Declaration*

*2 European area of higher education

*3 Tertiary Education for All

ノルウェーとスイス）、30の政府代表（ベルギーは2政治体）がボローニャにおいて会議を持ち、『ボローニャ宣言』[*1] 51を発する。宣言は、2010年までに「欧州高等教育圏（EHEA）」を確立すると述べ、ヨーロッパにおける高等教育の転換点を作り出した。宣言は、「高等学習のための欧州圏を開放する」[*2]と述べ、そのためには、「障壁を動かし、教育と学習の枠組みを発展させる不断の努力」が必要である、そうすれば「移動性が強化され、より密接な協力が作られるだろう」と言う。

　参加国は、オーストリア、ベルギー（フランス語圏）、ベルギー（フラマン語圏）、デンマーク、フィンランド、フランス、ドイツ、ギリシャ、アイスランド、イタリア、ルクセンブルグ、マルタ、オランダ、ポルトガル、スペイン、スウェーデン、英国（EU加盟国）と、アイスランド、ノルウェー、スイス（EFTA加盟国）、チェコ、エストニア、ハンガリー、ラトヴィア、リトアニア、マルタ、ポーランド、スロヴァキア、スロヴェニア、ブルガリア、ルーマニア（EU加盟予定国）である。つまり、当時のEU以外の諸国も含んで宣言が発せられたのである。高等教育に学位システムと単位制度を中心にした共通枠を構築し、学士・修士等共通の学位システムを導入することなど、主要な6点で、参加各国の大学改革を促した。決定的な原理転換は、米国式の単位制を導入したことである。学習成果に関して、学習時間を主要尺度にする測定方式に変えたのである。時間尺度を補強するために、「質保障」という尺度をセットにした。その前提には、「質をどう測定するか」という難問が立ちはだかる。測定可能だと判断すると、すべての大学の教育が画一化される危惧が起きてくる。その意味では、伝統的なヨーロッパの大学は、ボローニャの地で生まれそしてそのボローニャの地で死んだのだと言える。

　「比較可能な学位システムの導入」によって、高等教育の段階では、履修内容、既習知識、既習レベル、学習時間が明示されて、国を超えて教育の質の保証が目指されることになった。また、そのためには、「質保証のための欧州域内協力の推進」の分野で、欧州全域で比較可能な基準・方法論、なら

---

*1 *Bologna Declaration*

*2 open European area for higher learning

202　第1部　政治視点から経済視点への転換

びに評価基準と評価法を開発し、教育水準保証のための協力を促進すること
が目指されることになった。このようなことは、エラスムス計画という長い
歴史があってこそ実現したと言えるだろう。

　ソルボンヌ宣言が国境を越えた高等教育制度の統一を問題にしていたのに
対して、ボローニャ宣言は高等教育の経済価値を強調し、高等教育機関の目
的を研究・教育から経済発展へと転換し、米国型の単位制度を導入して教育
を営利行為に変える画期的な瞬間となった。

　　　「ほんの少しの人が、1999年のボローニャ宣言後に起きるヨーロッパ
　　　の大学の劇的な再編に気づいただけだった。」[52]

　教育社会学者のスチーブン・ボールは、OECDもWTOも、EUもWorld
BankもIMFも、世界経済のアメリカ化を進め、自由資本市場の建設に向け
て動いているだけだと指摘する。[53]確かに、ボローニャ・プロセスにもその
特徴が実に色濃く出ている。

　ボローニャ宣言に調印すると、リスボン協定で設定された欧州高等教育圏
に参加したことになる。調印国は、2年毎に検討会議(フォロー・アップ)を持ち、
進捗状況をチェックすることになった。これが、「ボローニャ・プロセス」
である。その後の検討会議は、プラハ(2001)、ベルリン(2003)、ベルゲン
(2005)、ロンドン(2007)、ルーバン(2009)、ブダペスト／ウィーン(2010)、
ブカレスト(2012)、パリ(2018予定)と続いている。プラハ会議では、高等
教育の質の保証を大目標と確認する共同コミュニケを発している。この会議
では、リヒテンシュタイン、キプロス、クロアチア、トルコが加盟した。さ
らに、ベルリン会議では、アルバニア、ボスニア・ヘルツェゴビナ、セルビ
ア・モンテネグロ、マケドニア、アンドラ、ローマ法王庁、ロシアが加盟し
ている。このベルリン会議において参加資格が「欧州文化条約加盟国であり、
自国の高等教育システムにおいてボローニャ・プロセスの目標を推進する意
思のある国」と設定された。

　もう一つ注目されるのは、『ボローニャ宣言』の翌年に、OECDは新しい
国際生徒調査PISA実施にふみきったことである。時代は、能力のなかみに
ついてもグローバルに統一する方向に歩み出していたのである。

(4) 2000年リスボン戦略

『ボローニャ宣言』は単なる宣言に終わらず、強力な実行力をともなった。それは、EUがリスボン戦略等の諸政策文書の中にこの共同政策を取り入れたことで、各国政府に高等教育制度に関する教育政策を強制する力を持つことになったからである。

2000年3月のリスボンEUサミットでは、「2010年までに、ヨーロッパを最も競争力があり躍動的な知識基盤経済にする」という目的が設定された。サミット結語の第5項では、ヨーロッパを「より多くのよりよい職業とより大きな社会結束を伴う持続可能な経済成長を実現できる、最も競争力があり躍動的な知識基盤経済*」[54]にするという目的が設定され、「開放的協調 (OMC)」政策と、欧州研究圏(ERA)の構築推進が確認された。この計画は、「リスボン戦略」とも呼ばれる。この「知のヨーロッパ」とは、米国や日本に対抗して政治・経済・教育を総合する大戦略であるともとれる。

翌2001年3月に、この会議は継続され、ストックホルムにて、「EUにおける教育と訓練のシステムの質と効果を改善する」(第一戦略)、「教育と訓練のシステムへすべての者がアクセスする施設をつくる」、「教育と訓練のシステムをより広い世界に開く」という3つの戦略がまとめられた。5月にはプラハ会議があり、協定締結国は「欧州高等教育圏(EHEA)」の構築を確認した。[55]同年10月のブリュッセル会議では、教育と訓練の卒業証書や資格証明について共同のプロセスが提案され、ヨーロッパは学習成果の共通評価へと向かったのである。

2002年になると、3月には、バルセロナで作業部会が開催され、2010年までに教育と訓練の世界標準となるべき質の評価システムを確立することが目指された。[56]これは、ボローニャ・プロセスの一環である。また、先の3戦略を2010年までに完了することを確認した。[57]やがてこの計画は、「教育と訓練2010」とも呼ばれるようになり、EUの教育政策文書に初めて到達目標が導入された。リスボン会議は、その後の各国の教育政策に大きな影響を

---

* most competitive and dynamic knowledge-based economy

及ぼすようになった。各国は、孤立したままでは国際化に対処も出来ず、国際化の影響を避けることが出来ないので、リスボン会議の決定以外に選択の余地はまずなかった。

同時に、2000年には、欧州委員会の主導で、「欧州品質承認ネットワーク（ENQA）」が設置されている。[58]

だが、実態は、加盟国の教育予算不足のためにEUの諸計画は限定されているので、「指標として提示された教育と訓練のリスボン目標はゆっくりと進んでいる」[59]だけという報告もある。

(5) 2002年OECD教育局の設置

2002年9月、カナダ出身のOECD事務総長ドナルド・ジョンストン（Donald J. Johnston）は、「教育・雇用・労働・社会問題局（DEELSA）」から「教育局」を独立させると決めた。

1990年代には、新しい形態の「中等後越境教育」が出現した。越境教育は、学生の国際移動だけでなく、教育プログラムや教育施設まで国境を越えて移動させる時代に入っていた。私立学校設置団体は、国境を越えて、とりわけ東欧に市場を拡大しようとしていた。大学への留学は国際的に大きな流れを作り出していたが、留学先は圧倒的に英語圏が多かった。資格確認制度の確立と同時にヨーロッパ域内に留学生を集めることは、EUの利害に属するが、それにはOECDが大きな関心を寄せる。

1980～1990年代の20年間に、OECD諸国の学生移動は2倍となった。1990年代半ばには、OECD諸国は、世界の留学生の85％を受け入れている。1998年には、学生移動だけで国際的教育市場は300億ドルと見積もられた。留学費用は教育サービスという国際貿易とみなされ、それはサービスの国際輸出のうち3％にあたる。[60]

しかも、「米国は、ヨーロッパよりもうまく『外国の頭脳』を引きつけ留めることができている」。また、英語圏は、世界の留学生の54％を集めており、その理由は、「リンガ・フランカとしての英語、柔軟な単位制度、学生本位の対応、遠隔教育の強い伝統、国外への伝達戦略、（多様な）授業料制度」[61]

である、とOECDは分析している。高度な技能を持つ労働者をいかに育成し、それをヨーロッパ域内にどう集めるか、これがEU、おそらくそれと協力関係にある国際機関の課題となったのである。

(6) 2002年コペンハーゲン宣言

引き続く、2002年6月には、EU加盟国、欧州委員会、他のヨーロッパ諸国の代表者たちが集まって、大がかりなブリュッセル会議が開かれている。ここでは、労働力の移動の促進と、教育と訓練の質の向上が課題になったが、言語問題はその主要なものと見なされた。ここでは、「欧州言語会議」が、「ボローニャ宣言と言語に関する課題」と題して、言語面で高等教育機関がとるべき方向を審議した。ここで改めて確認された教育目標は、学生は、欧州市民としてどの加盟国でも自由に居住し就業の権利があること、そのために複数言語でコミュニケーションができ、必要に応じて、言語のレパートリーを広げる力を持っていなければならないということである。

そして2002年11月、コペンハーゲン会議[62]がやってくる。それには、31政権の教育相と欧州委員会が出席して、職業教育の原理を審議し、「ヨーロッパ・レベルでの協同」の重要性を確認した。教育統合を職業教育（VET）領域まで徹底させること、教育と訓練は将来のヨーロッパ社会を創造する上で決定的な役割を果たすようになってきていることを確認した。また、「生涯学習と移動性」は、「就職能力、アクティブなシティズンシップ、社会統合と個人の発達を促進する」[*1]上で不可欠のものであること。「知識基盤型ヨーロッパ」[*2]を発展させ、欧州労働市場がすべての者に開放されていること、したがってヨーロッパにおける職業教育と職業訓練がすべての「活動主体」にとって主要な課題となっている、ということが指摘された。これが、『コペンハーゲン宣言』[*3][63]である。

---

*1 promote employability, active citizenship, social inclusion and personal development

*2 knowledge based Europe

*3 *Copenhagen Declaration*

(7) UNESCOの登場

　高度技能労働者の移動を促進するために品質保証と認証に関する国際機構を作り、国家の教育行政と評価・認定事業体との溝を埋めていくという動きは、欧州委員会が主導して欧州地域にまず実現した。[64] この動きは、OECDとUNESCOに引き取られていく。[65]UNESCOは、2003年には、グローバリズムに対応した高等教育政策に関する文書を作成した。[66] さらに2005年のこと、UNESCO事務総長は、OECDからの支援を受け、「越境的高等教育品質規定ガイドライン」を策定する。学術的および職業専門的な資格の保証と認可を行い、資格に関する基準と手続きを定め、それを実施する認定大学に関する情報を提供することにした。[67] 米国は2003年にUNESCO復帰することになるが、そのきっかけはこうした高等教育対策への合流であったと見なせる。

　先進工業国で作られたこうした仕組みは、GATSを通じてWTO加盟国に普及していくことになる。能力に関する評価の枠組みという国際制度は、国家の競争力を高め説明責任を果たすために、「市場のニーズ」であると説明された。先進諸国は、教育機関をサービス産業と見なして市場拡大を図り、後発国の諸個人はそのサービスを利用して高収入を目指せるというルートをつけようとした。こうして、現代の「国際的人材移動体制」*が形作られていくが、これは人種や民族にかかわらず「差別なく」移民をコントロールするので、「自由化」なのだと評価する向きもある。だが、それは、移動選別機構であり、南北問題の高等教育版としてさらなる人材争奪の激化をもたらすものとなる。

(8) 宣言からプロセス、フォローアップ会議へ

　『コペンハーゲン宣言』の実現過程は、「コペンハーゲン・プロセス」ないしは、「ブリュッセル・コペンハーゲン・プロセス」と呼ばれる。2003年のベルリン会議には、旧ユーゴ諸国を含めた40か国の教育大臣が参加している。そこでは、「欧州質保証ネットワーク」を、単位互換だけでなく、履修

---

* international migration regime

の蓄積を証明する手段として普及することも確認された。

『ボローニャ宣言』『コペンハーゲン宣言』ともに、2年ごとに進捗会議によって実行が管理される仕組みがあり、実効性の高い方法がとられている。また、宣言と進捗会議で決定された諸規定を総称して「ボローニャ・プロセス」、「ブリュッセル・コペンハーゲン・プロセス」ないし「コペンハーゲン・プロセス」と呼ばれている。前者のうち、2003年のベルリン会議では、2005年までにボローニャ宣言の諸事項を国内法として実現させることが確認された。[68]また、「欧州高等教育圏」と「欧州研究圏」との密接な結合が促進されることになる。この会議でロシア連邦が参加したことは欧州教育圏が地理的に一挙に広がることになった。

2005年のベルゲン会議には45政権の教育相が出席した。欧州委員会は、欧州理事会と欧州議会の推薦を得た上で、会議の最重要課題として「欧州品質承認ネットワーク（ENQA）」に関連して高等教育における標準・手続き・ガイドライン[*]の審議を提案した。その結果、「品質保証・認証事業体欧州登録」なる国際評価機構が設立されることになる。制度や調査に関する評価と認証を行う国内事業体の結果を国際評価機構が一元化して品質管理するという仕組みである。従来の国家の役割は、国際機関の一代理店（事業体）扱いになった。

また、「コペンハーゲン・プロセス」のうち、2004年のマーストリヒト会議[69]では、「職業教育に関する欧州資格枠組み」ならびに「欧州職業教育単位互換制度（ECVET）」の準備・作成に入ることになった。

この一連の動きをリードしたのは、欧州委員会（EC）の教育文化総局である。「ボローニャ・プロセス」ないし「コペンハーゲン・プロセス」という障壁の低減と共通の枠組み創設は、WTOに対する欧州の答えであった。しかも巧妙に、国の障壁は低減するけれども、EU圏に囲い込むという新たな壁を作って米国に対する防衛を図りながら行われたのである。

ボローニャ宣言からコペンハーゲン宣言までの歴史は**表4-4**のようにたどることができる。

---

[*] international migration regime

208　第1部　政治視点から経済視点への転換

表4-4　ボローニャ宣言・コペンハーゲン宣言までの道のり

1952	欧州石炭鉄鋼共同体 (European Coal and Steel Community: ECSC)
1953	欧州評議会「大学への入学に導く卒業証書の同等性に関するヨーロッパ協定」→1997
1957	「ローマ条約」調印。
1958	欧州原子力共同体 (European Atomic Energy Community: Euratom) が結成され、欧州経済共同体 (European Economic Community: EEC) が成立。
1967	欧州の三共同体の基本条約が改正。閣僚理事会と執行機関が一本化され、「欧州共同体 (European Communities: EC)」と総称される。
1973	英国、アイルランド、デンマークがECに加盟 (9)。
1974	教育大臣が主要3部門を採択。
1976	「ジョイント・スタディ計画」最長1年の学生・教員交流。→「エラスムス計画」に引き継がれる。
1981	ギリシャがECに加盟 (10)。
1986	EC「欧州単一議定書」採択。スペイン、ポルトガルがECに加盟 (12)。
1986	COMETT計画。高等教育機関と産業界との協力。
1987	エラスムス計画 (ERASMUS Programme: European Community Action Scheme for the Mobility of University Students「大学生の流動化のための欧州共同体活動計画」) 単位互換の始まり。1年間の学修を最高60単位に換算し、在籍大学の単位に読み替える単位互換制度 (ECTS)。学生が、3〜12か月、他の国に移動して学修することを支援する計画。
1989	LINGUA計画。ヨーロッパの言語の学習と教育。
1989-91	ソビエト型社会主義体制の崩壊。ベルリンの壁崩壊 (1989.11)、ソビエト連邦崩壊 (1991.12)。
1990	TEMPUS計画。中東欧諸国の高等教育に対する協力。PHARE (経済再建支援基金) の枠内で開始される。
1991	欧州委員会「欧州共同体における高等教育に関する覚書」。
1992-98	EC/EUが、生涯学習社会の理念と実践を進めるべくさらに徹底したアプローチを開始。
1992.02	EC12か国の首脳が、「欧州連合条約」、いわゆる「マーストリヒト条約」に調印。ECの名称がEUに改められる。
1993.11	EU (European Union、欧州連合) 発足。「ソクラテス計画」に、「エラスムス計画」等を統合。

1995	オーストリア、スウェーデン、フィンランドがEUに加盟(15)。 「ソクラテス計画」は、普通教育と高等教育に関わるプログラム(ERASMUS、COMENIUS(普通教育)、LINGUA、成人教育(Adult Education、後GRUNDTVIG(生涯学習))、遠隔学習(Open and Distance Learning、後MINERVA(教育の中のICT(情報通信技術))を包括するようになる。 　職業教育に関する諸計画は、LEONARD DA VINCIに統合される。
1997	欧州評議会・UNESCO「欧州地域の高等教育に関する資格の承認協定(The Convention on the Recognition of Qualifications concerning Higher Education in the European Region)」(The Lisbon Recognition Convention リスボン協定ないしリスボン承認協定) →NARIC(National Academic Recognition Information Centres) ERIC(European Network of Information Centres)設立へ →The ERIC-NARIC Networks と呼ばれている。
1998.05	「ソルボンヌ宣言『ヨーロッパの高等教育システムの構造の調和に関する共同宣言』」
1999	「アムステルダム条約」発効。「欧州連合条約」を修正し再構成。126条と127条は現行条約では149条と150条に。 WTO(世界貿易機関)のGATS協定。
1999.06	ボローニャ宣言(高等教育の統合に関して) →ボローニャ・プロセス(Bologna Processes)を通じて実現
2000.03	リスボン戦略　(世界で最も競争力があり躍動的な知識基盤経済) 生涯学習と教育・訓練全般に関して、具体案は「教育と訓練2010」
2001	UNESCOと欧州委員会「国境を越えて展開する高等教育に関する行動原則」。EU教育担当大臣「プラハ・コミュニケ」
2002.09 2002.12	ブリュッセル会議 コペンハーゲン会議　コペンハーゲン宣言(職業教育の統合に関して) →「ブリュッセル・コペンハーゲン・プロセス(Bruges-Copenhagen process)」
2003	第32回UNESCO総会決議「高等教育とグローバル化：持続可能な開発を目指した質および知識社会へのアクセス向上」
2004	UNESCOとOECDが「国境を越えて展開する高等教育の質保証ガイドライン」作成会合。
2004.05	ポーランド、ハンガリー、チェコ、スロヴァキア、スロヴェニアの中・東欧5か国、エストニア、ラトヴィア、リトアニアのバルト3国、キプロス(南キプロスのみ)、マルタの計10か国が加盟。ノルウェー、アイスランド、スイスは未加盟。
2007.01	ルーマニア、ブルガリアの2か国が加盟。

(9) 知識基盤経済とヨーロッパ

　追求された教育改革は、変化にも対応できる探究的、構成主義的な多様な能力を長期的に育てる仕組み。しかも、産業構造の変化に対応できる、しかしヨーロッパの一国規模では達成できない技術革新の源となる教育の国際規

210 第1部 政治視点から経済視点への転換

模の再編成とされた。それこそが、ヨーロッパの望んだ、米国とは幾分違いのあるインフラ整備だったということだ。

1994年11月のOECDのテーマ会議「知識基盤経済における雇用と成長」におけるホスト国挨拶の席で、デンマーク首相ポール・ニュルップ・ラスムセン (Poul Nyrup Rasmussen) は、われわれは「高生産性－高賃金」戦略[*1]をとっており、そのため「質の高い柔軟な労働力」[*2]が必要だと述べている。[70]彼は、その後、欧州社会党の党首にもなるので、この考えはヨーロッパ社会に広く受け入れられていたものと思われる。

グローバルな経済競争の社会を高賃金で乗り切るとすれば、教育の質を変え、かつその教育が有効に機能するように高負担高福祉の社会を実現していなくてはならない。ヨーロッパのいくつかの国では、国民の多くがそのように考え、行動しているようである。

(10) 生涯学習を受け入れる地理的要素

生涯学習の拡大は、**図4-1**のようにイメージできる。では、生涯学習は世界に広がったのか。

研究者の間でみると、「社会科学引用インデックス (SSCI)」に掲載された論文数では、生涯学習に関する出版物は1970年代から登場し、途中1974年、1978年に二つの山があり、1998年からは一貫して高い数値になる。[71]社会意識調査によると、欧米標準の生涯学習論は、とりわけOECDの影響を受けて西欧から中央ヨーロッパと旧ソ連圏へと広がり、主として大規模サービス部門で働く、中産階級上層の意識をとらえ、高収入と関連付けて理解されているようである。

なぜ、生涯学習がヨーロッパ中心に広まったのか。それは、ヨーロッパ社会には資格制度が根づいており、資格向上という尺度で教育制度を延長しやすかったことと、教育制度の統一が欧州統合を実質的に進めることになったからである。

---

*1 "high productivity-high wage" strategy
*2 qualified and flexible labour force

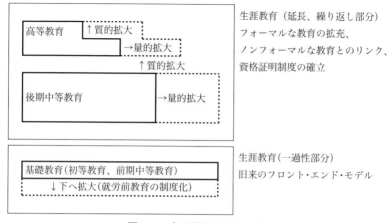

図4-1　生涯学習の拡大方向

　2000年にはリスボン会議が開催され、経済政策はリスボン戦略として明確にされる。同時に、欧州委員会は教育用語の統一を図った。まず、「欧州職業訓練発展センター（CEDEFOP）」は、2008年に『欧州教育・訓練政策関連用語集』[72]を編集している。こうして、統合は着々と進められた。ちなみに、「欧州職業訓練発展センター」は1975年に設立され、ギリシャ共和国のテッサロニキ（Thessaloniki; Thessalonica）本部がある。

第3節　教育の自由市場

　生涯学習には、教育環境の拡大と整備という目的の他に、自由な市場原理というもう一つの顔が隠されている。教育は個人の私的な投資行為であり、個人的な資金により、国家の介入を限定しながら（私的に）供給されるものであるという教育観である。教育の分野を、いわゆる「公教育」「国民教育」から「生涯学習」へと広げることにより、教育の広範囲な民営化と市場化の可能性が枠組み付けられる。実は、教育の国家管理に対抗して整理された「国民の教育権論」は、国家の教育権よりも教育の私事性を優先する思想なので、学習する主体を消費者と定義する市場主義や国家に変わる新たな統治論（ガ

バナンス論)を提起するネオリベラリズムとは、個人優先の思想という点で見事に一致してしまうことになる。そのため、現代では「国民の教育権論」は無力化してしまったのである。

OECDの試算では、中退者や低資格労働者に対する教育費はGDPの5%にのぼるという。[73]さらに、成人の教育需要が高まり、また就学前の教育が拡大すれば、いっそうの市場が開ける。生涯学習とは投資する教育市場の拡大に他ならない。

(1) 1996年以後

最初の成人国際識字調査(IALS)は、1994年に、9か国が参加して実施された。第2回目に当たる国際的成人調査は、1996年に5つの国・地域が追加された。さらに、第3回目は、1998年に9つの国・地域が追加されて実施されている。[74]

1995年に構想が始まり[75]、1996年には知の測定が姿を現し[76]、1997年には教科横断的コンピテンス[*](CCC)を測定することにOECDは決めたのだが、ここに「PISA(生徒の学習到達度調査)」が構想されることになり、1999年にはその実施要項が公表された。[77]

最初のPISAは2000年に実施されるが、この時の参加国はOECD加盟国28、非加盟国4の計32か国であった。結果は翌年に公表される[78]。OECDは実施の拡大をねらい、追加実施要項を作成し[79]、結果公表前に追加実施を企てたほどの熱の入れようであった。それが、2009年の参加国は、OECD加盟国34、非加盟国・地域31の計65の国・地域へと増加している。2015年の参加国は、OECD加盟国35、非加盟国・地域37の計72の国・地域である。

当初苦戦した東アジア諸国は、PISAの意図とは異なり、テスト対策を政策とし、今日では得点の上位を占めるまでになっている。東アジアの学修文化と、米英の目指した教育の商品化とが奇妙な形で結びつくことになったのである。

---

* Cross-Curricular Competencies

(2) ヨーロッパと米国との違い

　米国を席巻したネオリベラリズムは、アメリカンスタンダードが世界標準になるという勢いでグローバル化されつつあった。しかし、ヨーロッパは違う道を進もうとする。米国で興隆したリエンジニアリングは、「知識のリサイクルと多様化」[*1]につながるものの、「知識の創造」[*2]にはほど遠かった。効率の観点から排除された「ムダ」とか「ゆとり」こそがクリエイティビティを育み、改革を生み出すことになるという知識基盤経済論が、1990年代の半ばから始まり、2000年代にはヨーロッパでは主流になるからである。学校・大学・職場の全体をクリエイティブに作り替え、生産性を上げるという政策が浮上した。

　ネオリベラル伝統派は、伝統的な教育手法を学校と教員の管理に使用しようとした。ことばの上で知識を正確に覚え、技能をスピーディに使えるようにする。これが教育の目標となった。ネオリベラル改革派は、知識基盤経済の理論を組み立て、労働現場（職場、企業）において知識や技能を使える力（コンピテンス）、さらに労働現場で新しい知識を創造するクリエイティブな能力を開発することによって、先進国としての生活水準を維持し労働生産性をさらに高めようとした。イノベーション、状況に埋め込まれた学習、構成主義、暗黙知のコード化（見える化、可視化）、なすことで学ぶ、学び方を学ぶ、活動主義、アクティブ・ラーニング、生涯学習、クリエイティビティといったさまざまな概念が、国際的な教育活動主体（アクター）によって再定義され、結びつけられ、ネオリベラルな教育政策の中に取り入れられていった。その結果、専門家や行政関係者がほとんど吟味することなく、教育学も教育行政も特定の方向に向かってルールが取り変わっていくことになった。

　すでに学力戦争は始まっている。義務教育修了時の学力はヨーロッパ仕様のOECD国際生徒調査PISA（ピザ）が国際標準を設定した。大学入学時点の学力は、やはりヨーロッパ仕様の国際バカロレアが国際標準となりつつある。

[*1] knowledge recycling and diversion
[*2] knowledge creation

214 第1部 政治視点から経済視点への転換

知識基盤経済、現在の呼び方では知識経済は、学校―大学―企業（職場）を一貫した知的能力でつなごうとする画期的な試みである。知識を生み出し知識や技能を使い新しい知識や価値を生み出していこうとする能力としてコンピテンスが注目され、学校教育は知識や技能の伝達からコンピテンスを育成するアクティブ・ラーニングに変わる。認知能力と非認知能力を統合して測定することで、職場で通用する知的能力が設定できるとともに、学校教育も職場に近い形で再編成できるという見解だ。OECDは、この統合的な能力をコンピテンスとして概念化し、学校、大学、職場を一貫する評価基準として定着させようとしていると見なすことができる。経済学者のノートン・グラブ（W. Norton Grubb）と公共政策に関する歴史学者のマーヴィン・ラザーソン（Marvin Lazerson）の指摘するように、個の測定されたテストの得点は「雇用主、教育供給者、学生という三者を協調させる市場形成装置としての資格」*と同じように作動していく。[80]

(3) EU、欧州委員会の戦略と各国政府の対応

OECDは、ネオリベラリズムには立っているが、米国流の市場優先原理は採用していない。OECDはヨーロッパの政治・経済路線の立場にあり、それは、OECDの前進が「OEEC（欧州経済協力機構）」と呼ばれヨーロッパ復興を目的としたことに起因する。

米国の生産システムは「短期的視野での意志決定」に重きが置かれ、米国の資本市場は企業が「短期的利潤の最大化」に取り組むように奨励する仕組みになっている。政治経済学研究者のホリングスワース（J.Rogers Hollingsworth）の指摘するように、「低い税金、不平等主義的な所得分配、安価な肉体労働と訓練度の高いアジア系エンジニアの不断の移住のゆえに、米国は、短い製品寿命の産業部門で革新的でありつづけうる」[81]かもしれない。だが、問題は、それが社会的インフラストラクチャー（基底構造）を弱体化さ

---

* credentials, as market-making devices coordinating the activities of employers, education providers, and students

せつつ、社会的不平等を拡大しながら、社会の不安定化と同時に進行していることである。

変化にも対応できる究明的、構成主義的な多様な能力を長期的に育てる仕組み。しかも、産業構造の変化に対応できる、しかしヨーロッパの一国規模では達成できない技術革新の源となる教育の国際規模の再編成。それこそが、ヨーロッパの望んだ、米国とは幾分違いのあるインフラ整備だったということだ。

日本は、米国とは距離を置きながら経済復興を遂げたが、現在は米国に似通った道を歩み始めている。このことは日本通の経済学者ロナルド・ドーア (Ronald Philip Dore) が批判する通りである[82]。だが、ヨーロッパは異なる道をたどりつつある。米国は金融資本主義を優先しているが、ヨーロッパは相変わらず、物作りもまた優先し、産業資本主義を土台においている。また、社会の安定について平等を原則にして移民の内化政策をとっている。それは、社会主義ないし社会民主主義の諸政党の強い歴史を持つ国がEUの母体となっているからでもあるが、研究者の指摘によれば、国境を越えて社会主義ないし社会民主主義が影響力を及ぼすことができたのは、「左翼の長い国際主義の伝統が特筆される」[83]という。政治目的を達成するために、地方、西欧、世界のレベルで様々な国際組織を通じて協力し合ったからだというのだ。

端的に言えば、教育制度の研究者マイケル・ピーターズ (Michael A. Peters) の指摘するように、ヨーロッパは、「ネオリベラリズム＋第三の道」という改革に向かったのである。

> 「企業文化の促進は、ネオリベラリズムと第三の道政策の両者の性格を取り入れたガバナンスのスタイルとなった」[84]

(4) フラットな地球

2005年にトーマス・フリードマン著『フラットな地球』[*1]が出版される。

ピューリッツァー賞作家フリードマンは、この著書の中で、

> 「フラットな世界で伸ばすことができる第一の、そして最も重要な能力は、『学ぶ方法を学ぶ』[*2]という能力だ」[85]

と指摘している。「フラットな地球」というタイトルは、バリア・フリーという意味とともに、国別の伝統的教育という固定観念からの発想の転換という意味も強調されている。

この著書のタイトルが象徴するように、

> 「諸国はフラットな世界で競争するのだという考え[*3]は、OECDやIEA（国際教育到達度評価学会）によって企画され、この機関が実施する教育成果の比較研究によって解釈が再生産された。これらの国際的な比較研究が行っていることは、全地球で生徒の達成度を比較しそれを内部操作的な問題へと単純化して、文化、知識、教育学（ペダゴジー）、教育制度の評価における基本的な差異を『平してしまう』[*4]ことである。」[86]

と教育研究者たちに指摘されるように、まるでアイロンをかけて平すように、各国は個性を押しつぶされているというのだ。すなわち教育の成果とは、

> 「インドや中国のような国では、米国に経済的に『追いつくこと』だと思われているようだ」[87]

という変化が現れた。

グローバル化によって、経済発展のための、国際的に一流国になるための学力向上が目指されることになった。

とりわけ、2008年の経済危機は、「知識が新『資本』となる」[*5]という知識資本主義の新段階へと英米政権を導き、クリントン政権やブレア政権に教育こそを社会政策の中心課題に据えさせた。

---

*1 *The World is Flat*

*2 to learn how to learn

*3 the idea that nations must compete in a flat world

*4 iron out

*5 new 'capital' would be knowledge

フラット化で進められた教育改革は、フランス革命ではっきりする「権利としての教育」という法律的な価値観を、投資という経済的な価値観に書き直してしまうことであった。国家主権原理（ウェストファリア体制）が維持されている時代には、教育は国民形成こそが政治の課題であった。そのために、法律的な価値観が説明原理として採用された。しかし、グローバルな経済活動が国境を越えるに従って、国家主権は貿易障壁と化す。教育の目的は諸個人の能力形成となり、この能力形成の目的は諸個人の選択に任される。

　教育社会学者や教育行政の研究者たちの言葉によると、どの国も「フラットなグローバル経済およびフラットな教育システム」を追求するようになると共に、同時にまた「極めて単純に言えば、教育という社会的幻想*も知識経済も、大恐慌という光があたると雲散霧消してしまった。」[88]

(5) 国民育成から職業主義へ

　権利としての教育は国民教育制度によって支えられてきた。だがこれは、国民国家という幻想の共同体を構築せんがための社会的幻想だったのだろうか。教育によって平等で民主的な社会を形成するとか、教育によって愛国心ある国民を育てるとかといった議論が消滅し、唯一残ったのは、個人の経済的利益と国家の経済競争力という木霊のようなものだけであるというのか。

　この40年ほどをかけて教育は大きく変化してきた。グローバル化と個人化が進展して、国家による国民形成という伝統的な教育行政を根本的に転換させつつある。経済活動のグローバル化は、国家の主権確立としての教育意義を破壊し、教育の個人化を推し進めた。教育における経済的価値の優先は、教育目標から愛国心とか、公共心といった特定の民族の文化を維持する人格的な要素は排除されつつある。その意味で、近代社会で提起された教育の私事性という「国民の教育権」は進展したことになる。しかし、不平等をただし、人々が安全に、かつ共にいたわり（ケアし）、協同することは、サービスとして個々人が購入するという発想に立つか、それとも福祉社会として国や自治

---

* the social imaginary of education

218　第1部　政治視点から経済視点への転換

体が税金で維持すると考えるか。もし後者ならば、福祉や公共を価値ととらえるように家庭や社会における教育が必要になる。

　経済学者のノートン・グラブと公共政策に関する歴史学者のマーヴィン・ラザーソンは、米国で起きてきた教育政策を分析し、教育学の専門的な判断や政治や行政機関における慎重な審議を経ずして教育政策が転換されていく様を『教育の福音』[*1] [89] と名付けた。政治家はまず、学校教育や大学教育の失敗を強調する、すると教育関係者、親、経済界は不安になる。そこで、「より経済的で功利的な目標[*2]を持った改革」を提案する。一般大衆は、まるで福音を授かったようにそれを信じて、受け入れてしまう。そんな飛躍した（間抜けな）因果関係を分析しているのである。

　同時にまた、グラフとラザーソンの二人は、

　　　　「『教育の福音』の最も明白な帰結は、学校教育の諸目的が職業準備へと
　　　　変化してきたこと、すなわちわれわれが職業主義と呼ぶプロセスである」[90]

と指摘している。

　なぜならば、知識経済に突入した先進国は、競争力と経済成長を確保するために、中等教育を際限なき生涯学習へと拡大し、高等教育をより職場のニーズに近づける方法をとったからである。経済主導の公的教育政策は、「出世（出し抜く能力と富）」[*3]という個人の目的と一致することとなり、教育によって「公正さないし社会的インクルージョン」[*4]を推進していけば「最も気高い公共目的」[*5]となる。このようにグラフとラザーソンの二人は、今日の先進諸国の教育政策の思想と支配構造を説明する。

---

*1 *The Education Gospel*

*2 more economic and utilitarian goals

*3 getting ahead

*4 equity or social inclusion

*5 the public goal noblest

第2部　教育効果を測る
──OECDデータ戦略

第5章　学力論と能力政策の拡大
　　　　―非認知能力育成を学校教育に組み入れる
第6章　広域テストから国際調査へ
第7章　データ戦略の確立
第8章　データ戦略の展開

第2部　序

「米国では、1960年代末に、(知識の創造や人的資本に充てる) 無形資本ストックの時価価値が (インフラ、設備、在庫、自然資源といった) 有形資本を上回り始めた。」[1] (OECD教育革新センター『知識管理』)

「知識資本主義の時代には、1990年代の『文化戦争』の次の大闘争は『教育戦争』、つまり、国際、地域の両方における知識の意味づけと価値に関する闘争、それだけでなく、知識生産の公的手段に関わる闘争になるだろう。」[2] (マイケル・ピーターズ『ネオリベラリズムとその後』)

「国の労働力の技術水準を上げると、国はグローバル化から恩恵を受けやすくなる。……実際、高技能労働力を持った国は、先進的な財やサービスの生産に完全に特化できる。その場合、グローバル化からは恩恵を受ける一方である。なぜなら中間物を安く輸入できるからだ。この結論は教育への投資を優先した欧州連合などの先進国が採用した戦略と完全に一致しているようだ。」[3] (アンソニー・アトキンソン『21世紀の不平等』)

財やサービスの生産を目ざすのか、質のよい中間物を安く生産することをめざすのか。この違いは、**表序2-1**のように、国の教育目標、いわゆる学力観の違いとなって現れてくる。

実際は、このようにきれいに分かれるのではなく、入り乱れて教育論が組み立てられている。新アプローチの根拠をなすいくつかの理論を第2部では取り扱うことになる。今日の大きな対立関係が意識されるのは、それほど古くなく、認知心理学者のカール・ベライターとマリーン・スカーダマリア (Marlene Scardamalia) が、文章構成の心理学を研究しながら、「知識構築」* と

---

* knowledge building

表序2-1　教育への二つのアプローチ対比表

旧アプローチ	新アプローチ
知識移転 (knowledge transmission)	知識構成 (knowledge construction)
暗記 (memorization)	合理化 (reasoning)
教師の指図 (teacher directed)	学習者中心 (learner centered)
競争 (competitive)	協働 (collaborative)
厳密なスケジュール (tightly scheduled)	新環境に対応 (opportunistic)
事実中心 (fact centered)	理念中心 (idea centered)
など	など

Carl Bereiter. *Education and Mind in the Knowledge Age.* Mahwah, New Jersey: Lawrence Erlbaum Association, 2002, 259.

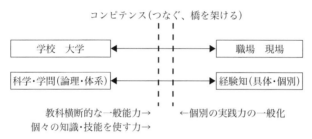

図序2-1　学校と職場を接続する学力と能力

いう用語を使い始めたのは1987年あたりで、論文に使用したのは『知識構築共同体としての学校』[*]（1989年）という報告だった。「知識構築」という用語は10年足らずで普及したとそこでは述べられている。[4]

　学校教育、とりわけ義務教育は、労働現場から離れることで成り立っていた。しかし、これが逆に、生活の変化に対応する力を育てていないという批判を生むことになる。学校と労働現場に橋を架けようとした人たちは、現在の生活および将来の職業や社会生活に必要な具体的な能力、ないしそれを生み出す汎用的なコンピテンスを育成しようと考えた。さらに、**図序2-1**のように、学校から職場・社会まで一貫する能力の測定に乗り出したのである。第2部では、この動きを探ることにする。

　教育は、近代社会においては法学に沿って人権として価値を認められてきた。ところが、経済学は、人権という用語を一切使用しないで、投資という

---

[*] *Schools as Knowledge-Building Communities*

概念で教育的行為まで説明しようとしている。スカンジナビア諸国ないし北欧諸国は公教育により多く投資し、米国は研究・開発や情報技術装置に最高の投資をする。投資の便益は、国の労働生産性の向上なのか、ヨーロッパのように知識基盤経済論に社会結束をからめてシティズンシップの育成もまた便益に加えるかどうか。このような議論が1990年代末に交わされていた。その後、大規模なテスト技術が開発され、テストを実施し評価する巨大組織が稼働し始め、国民の能力が経年的に測定されるようになると、国単位の労働生産性向上への投資は個人単位の能力開発への投資に焦点が移ってきた。とりわけ1996年、知識基盤経済論は国家イノベーション・システム論に基づいて経済と教育を直接結びつけ、知識のクリエイティブな側面の強調は構成主義の立場を不動のものとした。知識や技能の伝達を越える、イノベイティブでクリエイティブな教育に突入していったわけである。これが、2000年以降のグローバルな世界の教育動向である。

　OECDは、World Bank、EU、UNESCOと共同歩調をとり、互いに合意をとり合いながら、慎重に行動を展開した。OECDは、1990年代になると、教育の目的を経済成長から「健全な経済」に向けた人的資本の形成、それも高技能労働者の育成へと重点を移した。

　当時、教育測定の歴史の長さ、その経験の蓄積では、米国は圧倒的に優位にあった。その米国をしのいで、なぜOECDが主導するシステムが世界を制覇するに至ったのか。その歴史を紐解いてみることにする。

第5章　学力論と能力政策の拡大
——非認知能力育成を学校教育に組み入れる

「実際のところ、知識の過度な標準化が横行している。そのために、何事も厳格な論理的秩序に従って教えられなければならないとか、価値を生み出し確定することは、数学に顕著に見られるように、抽象的概念を基盤にした演繹的な論理体系を習得するかどうかの問題だという印象が与えられている。しかし、演繹的アプローチは、子どもたちを受け身にし、想像力を制限してしまうことは疑いない*。」[1] (『欧州委員会白書』1995年)

第1節　人的能力政策－マンパワー論

(1) 能力開発

能力開発が声高に語られ始めたのは、1960年代のことであった。その発端は、1950年に米国のコロンビア大学内に設けられた「人的リソース開発問題研究会」であるといわれる。この会の当初の目的は、第二次世界大戦中、徴兵年齢の青年のなかに精神的・性格的原因で兵役を免除せざるを得ない者がかなりあったことを考慮して、人的資源の質の向上をめざすというものであった。ところが、1955年あたりから始まる技術革新の波のなかで、産業の高度化と社会の変化に対応できる新しい質の人間が期待されるようになった。このような立場から、人間はマンパワーとか人的資本とか呼ばれるようになった。なかでも、技術革新をリードしていく高水準のエリート、いわゆるハイタレント (high talent) を発見し教育することが人的資源開発、いわゆる能力開発の主要課題となった。

---

* deductive approaches can thus make students passive and restrict the imagination

224　第2部　教育効果を測る

この戦略を後押ししたのが、1957年にソ連邦が人類初の人工衛星スプートニクを打ち上げた事件であった。人的能力開発政策にはいよいよ拍車がかかった。宇宙競争を推進する名目で、それは軍事的目的と表裏一体のものであったが、理工系学生が大幅に増員され、現代化と呼ばれるカリキュラム改革や教育方法の革新などが推進された。人的能力開発政策は、米国においては、1958年の『国防教育法』、1962年の『マンパワー開発と訓練に関する法律』と、立て続けに具体化された。

(2) 教育投資論

　教育投資論が浮上するきっかけは、再編成されたばかりのOECDが1961年10月16日から20日にかけてワシントンにおいて先進諸国の経済成長をテーマにした「経済と教育投資」に関する会議を開催したことである。時のOECD事務総長は、トールキル・クリステンセン（Thorkil Kristensen）で、彼はデンマークの経済学者だった。自由党左派の国会議員で、デンマークの財務大臣も務めた。彼に請われて経済と教育の関係を研究するチームリーダーとなったのは、スウェーデンの経済学者スベニルソン（Ingvar Svennilson）であった。彼とフランクフルト国際教育研究所教授フリードリッヒ・エディング（Friedrich Edding）、ロンドン大学教育学部長ライオネル・エルヴィン（Lionel Elvin）が、1960年代における中等教育ならびに高等教育の拡大と経済成長の関係を分析した。まず、問題意識をこの報告書は率直に語る。

　　　「経済成長は競争の対象であり、……ソビエトがまさにこの点において西欧に戦いを挑んだことによって、競争は激烈化した。」

　　　「教育の果たす役割を再評価するにいたったのは、ソビエトがその生産をひきあげるため教育を非常に重視したことが、大きな原因になっているからである。」[2]

報告書では、

　　　「教育投資が個人にもたらす利益が大きいことは、さまざまな角度から証明されている。だが、それは社会にもたらされる利益全体にくらべれば、ごく一部しかあたらない。社会が全体として教育投資に力を注がなくて

はならぬ理由がここにある。」[3]

と述べられていて、OECDの立場は、教育を公共的な投資の場と考え、最も収益率の高い国家の教育投資政策を作成しようとする教育投資論である。米国では個人の教育投資に注意が向いていることにくらべれば、大きな差異がある。その場合、「教育は最高の人材を選び、育てる上で重要な手段である」[4]と言うのであるが、この報告書では、当時のヨーロッパが直面する教育課題であった中等教育の拡大に焦点が向けられていて、高等教育の効果についてはあまり注意は払われていない。教育投資に関する欧米の経済学者の認識には、大きな隔たりがあったと言わざるをえない。一致しているのは、報告書が、OECD加盟国では教育支出が国民総生産に占める割合が「基準年の3.2%から『最高』で4.0%に達すると考えられている」[5]と予測しているように、1960年代における公的教育費の拡大が課題だったのだろう。

教育投資論の開発者と呼ばれるシュルツ (T.W.Schultz) は、「人間の経済的な能力」に注目し、「人間が後天的に身につけた諸能力」は「一種の資本」であると見なして、「人的資本のうちで最も大きな投資」を教育に注ぎ込んで労働生産性を高めるべきである、こうして学校教育は将来の所得あるいは消費に影響を及ぼしうると主張した。というのは、その当時の米国の経済学者は、経済生産性に「人間が獲得した技能や知識」*を含めてよいものかと疑問に思っていたからである。[6]

こうして切り開かれた「教育への投資」という概念は、この当時には、国家規模の教育予算と経済成長の関係を分析するまでで、個人レベルではせいぜい生涯賃金と学歴との関連に及ぶ程度であった。その30年後、教育投資論は、知識経済というまったく違うレベルで論じられることになる。

---

* acquired skills and knowledge of the human

226　第2部　教育効果を測る

第2節　非認知能力への注目

(1) 外発的動機を内化する

　1961年にルイーズ・ブライトウェル・ミラー（Louise Brightwell Miller）とその同僚が、9歳の男子72人を被験者にして似顔絵を見分ける実験を行った。正しく答えたら褒美をもらえると言って学習させたグループと、褒美の約束をせずにただ学習をするグループとを対比してみると、「褒美をもらえるグループの成績が明らかに劣っているという結果は予想外のことで、理論によっても、またこれまでの経験からしても説明不可能である」[7]という意外な結論を得た。

　翌1962年に、サム・グルックスバーグ（Sam Glucksberg）が、大学生128人を対象にマッチと画鋲と箱を使って壁にロウソクを立てる実験をしてみた。実験の結果、課題がむずかしくなれば、賞金目当てのグループはそうでないグループよりも50%近く時間が多くかかるということが分かった。[8]

　その後も多くの研究が続いた。1970年には、スペンス（J. T. Spence）が、学習や問題解決に報酬を導入すると、失敗数が多くなり、学習率も低くなることを指摘している。[9]1978年にはマクグロー（K. O. McGraw）が、[10]また1983年にはアマビル（T. M. Amabile）が、[11]課題が複雑になり、創意や創造性[*]が必要となると、これといった成果はなくなると指摘している。1985年には、グロルニック（W. S. Glornick）とライアン（R. M. Ryan）が、[12]よい成績を得ようとして勉強し始めると子どもの概念的学習は悪くなることを指摘した。

　これらの研究結果から、心理学者のデシとライアンは、次のように結論を述べている。

　「人々の目標が外的報酬を獲得することを含むようになり、注意の一部が報酬に向けられるようになると」、学習活動には意味ある注意を払う必要があるので、「報酬は学業成績を混乱させ、妨害するようになるだろう」。[13]

　米国で行われた即物的な動機づけに対抗する中で、人生の展望があってこ

---

[*] ingenuity or creativity

第5章　学力論と能力政策の拡大　227

そ内発的動機が生まれる、もしくは外発的動機が内発的動機に転化すること
が予想されることになる。これこそがコンピテンスへの注目に道を開くこと
になる。

(2) 外発的動機、とりわけ競争と報酬への批判

その後も一貫して報酬が教育に及ぼす影響を調べ、多くの著作を発表して
いる教育評論家アルフィ・コーン (Alfie Kohn) は、

> 「報酬をもらって学業成績が上がるのは、通例、極度に単純な、実は頭
> を使わなくてよい類いの課題[*1]であり、そういう課題でも量的な向上が
> あるだけである。」[14]

という結論を得ている。しかも、「報酬を出せば人はもっとよい仕事をす
るだろう」という思い込みに、行動主義者は「過度の反応」[*2]を示し、これを
誤って適用したので「あまりに多くの職場や学校が今、混乱を引き起こして
いるのである」とアルフィ・コーンは1993年の段階で指摘している。[15]

1970年代になると、新たな研究が次々に発表された。その結果は、仕事
の量が同一でも、報酬を目的としたグループの方が作業の質の点で明らかに
劣っていた。また、創造性を要する課題に必要な時間は、報酬を約束された
グループの方が長かった。知能テストでも、洞察力や発見がそれほど必要で
ない部分の得点は変わりがないが、より創造性が必要とされる部分の点数で
は、褒美を約束されたグループの方が「知力の発揮レベルが低い」[*3]ことが
分かった。褒美にとらわれると、以前うまくいって褒美がもらえた行動のパ
ターンにとらわれて、そこから脱却することがむずかしいようだ。「人にい
い仕事をさせる最上の方法は鼻先に報酬をぶら下げる事だとは言えない」[16]
とわかってきた。

1980から1990年代初めにかけて、報酬は創造性を殺す、報酬はいろい
ろな仕事に害をなすという趣旨の研究結果が続いた。「外発的な動機づけを

[*1] extremely simple - indeed, mindless - tasks
[*2] response overgeneralization
[*3] lower level of intellectual functioning

された子どもは、勉強そのものに興味のある子どもたちよりも、勉強方法が単純なまま[*1]にとどまり、標準到達度テストの点も低い。」[17]

　行動主義の行った動物実験の結果を人間性に間違って適用したことが、今日職場や学校でいろいろな問題を引き起こす大きな原因になっているのだ。

　　「もし教育者たちが子どもたちのために、教科の課題に携わることができるような条件を作ってやれるなら、知的技能の習得は自ずからついてくるだろう。……きちんとした思考力や高い読み書きの力、問題解決力を身につけることである。……一番信頼できるのは、評点とか試験の得点ではなくて、生徒たちの興味のレベルである。子どもたちが自分で進んで読書し、今日習ったことについておしゃべりしながら学校から帰ってくることだけを、教師や親たちは気にかければよいのだ。」[18]

　　「上手に振る舞い、飛び上がって輪をくぐり抜け、宿題は全部やり、試験のために勉強し、良い成績をとり、通知表を立派にし、大人たちを喜ばせる、なのにそれをすることがいつも嫌でたまらないといったケースがある。こういうプロフィールにあてはまる子どもたちは何百万人といるだろう。彼らは確かに学びはするが、嫌々ながら他人に指示されて学んでいて、課されたものならどれでも読むが、他人から課されなければ何もしないように訓練されてしまっているのである。」[19]

　　「先頃、権力の行使に慣れているある会社の社長が、わが国における教育の衰退を嘆いたことがあった。子どもには『勉強の大切さを分からせ』なければならない[*2]というのである。この短いことばの中に端的に表れている考え方が、米国の学校教育の欠陥を象徴的に示している。」[20]

　コーンが引用する教育者のことばに関連して、ウィリアム・グラザー（William Glasser）が言うには、現在では「わが国の学校では強制的な教師というのが一般的であって例外ではない。……われわれは生徒たちに、学びたくないことを学ぶようにプレッシャーをかけ、それから生徒たちがそれを学ばないと悪い点を付けて罰する。」その結果、「われわれは学習者としての生徒

---

*1 sophisticated learning strategies

*2 must be "made to understand the importance of learning"

たち[*1]を失ってしまう」と。

リチャード・ライアン (Richard Ryan) とジエローム・スティラー (Jerome Stiller) は、「学習を外から測り、コントロールし、強制しようとすれば[*2]するほど、生徒たちが自らの教育に積極的に関わり、参加しようとする思考を妨げることになる。……外から押しつけられた評価、目標、報酬、圧力[*3]が生み出す教育と学習のスタイル[*4]は、学校における上質な学習成果、つまり持続性、深さ、統合[*5]で性格付けられる学習とは正反対のもののように思われる」と結論づけた。[21]

(3) 内発的動機論

社会心理学者のデシ (Edward L. Deci) は、学習動機を外的に形成しようとしても、つまり外発的動機を内発的動機づけに用いても失敗するということを様々な研究[22]から整理した。これは**表5-1**のように整理できる。

デシは、ロバート・ホワイト (Robert White) の研究を発展させたのだという。ロバート・ホワイトは、コンピテンスのうち動機づけの側面に注目した先駆的な心理学者である。

> 「有用さという動機づけ[*6]は、効力感 (feeling of efficacy) を目的にしているようなもので、結果として起きてくる絶対的に重要な学習を目的としているわけではない。成人の生活でコンピテンスという動機づけ[*7]が引き起こすことを考えてみると、同じ並行関係が観察される。」[23]

つまり、結果を得るというのは有用さという動機づけにはならず、何かができる、何かができるようになるという効力感こそが動機を形成しているというのだ。

---

*1 them as learners
*2 measure, control, and pressure learning from without
*3 externally imposed evaluations, goals, rewards, and pressures
*4 a style of teaching and learning
*5 durability, depth, and integration
*6 effectance motivation
*7 competence motivation

230 第2部 教育効果を測る

表5-1 デシが調査した研究による内発的動機付けの効果

報酬ないし統制		研究文献	内発的動機づけの効果
金銭	条件付きの	Deci, 1971, 1972 (a)	低下
	無条件の	Deci, 1972 (b) Calder & Staw, 1973	変化なし低下
願望された報償	期待した場合	Lepper *et al.*, 1973 Kruglanski *et al.*, 1971	変化なし低下
	期待しない場合	Lepper *et al.*, 1973 Kruglanski *et al.*, 1972	変化なし低下
	はっきりしていると (salient)	Ross, 1975	低下
	はっきりしていないと (nonsalient)	Ross, 1975	変化なし
罰の脅威		Deci & Cascio, 1972	低下
正の結果通知	男性	Deci, 1972 (a)	増加
	女性	Deci, Cascio & Krusell, 1975	低下
負の結果通知		Deci, Cascio & Krusell, 1973	低下

Edward L. Deci. *Intrinsic Motivation*. New York: Pleunm Press, 1975, 155. 、E.L. デシ著、安藤延男・石田梅男訳『内発的動機づけ—実験社会心理学的アプローチ』誠信書房、1980年、175ページ。

　ホワイトは、動物も人間も環境と効果的に相互交流するために学習していると指摘し、

　　　「コンピテンスということばが、この共通の資産を表現するのに適切なものとして選ばれている。コンピテンスは、他者の圧力でそそのかされたような行動[*1]だけでは十分に獲得できない。それには、行動的で探検的な[*2]活動、同時にまた回りの環境と相互交流する[*3]うえで志向を持ち、選択的で、永続的であること[*4]が本質的に役立つことになる。コンピテンスの究極的な実現となるそのような諸行為は、自己の権利として動機づけられていると感じられなくてはならない。」[24]

*1 behavior instigated by drives
*2 playful and exploratory
*3 interact with the environment
*4 show direction, selectivity, and persistence

と、自己の意欲からわき出るような活動こそが効力感を生み出し、それが動機づけに結びつくというわけである。

注目すべきは、1960年あたりに、自ら行動する実践的な能力としてコンピテンスが考え始められており、それを身に付ける学習には相互交流活動が欠かせないものとして関係づけられていたことである。

デシはホワイトの研究を次のようにまとめる。

「内発的に動機づけられた行動」[*1]とは、人が携わる行動で、自己の環境に対してコンピテンスがあり、自己決定していると感じられる[*2]行動のことだ」[25]

コンピテンスは、人と環境との相互作用に注目し、「自己の環境を効果的に処理する能力」[*3]のことで、「探索、操作、注意、知覚、思考、コミュニケーション」[*4]といった活動を含む。このような活動は、「環境を効果的に処理しようとする内発的意欲」[*5]によって動機づけられていると、デシは読みとるのである。ホワイトは、「コンピテンスという動機づけ」[*6]だとも「有用さという動機づけ」[*7]だとも言っており、「有用さ」[*8]から内発的動機づけを概念化しようとしたとデシは指摘する。[26]

デシは、自らの研究から、「人々はコンピテンスと自己決定という感覚を感ずるために多くの行動に携わるのだ」[*9]と結論づけられると言う。[27]

多くの研究から、デシは、

「人は、自己にコンピテンスがあり、自己決定していると感じられるように行動する機会を追い求める」[*10] [28]

---

*1 intrinsically motivated behaviors
*2 he may feel competent and self-determining in relation to his environment
*3 ability or capacity to deal effectively with his surroundings
*4 exploration, manipulation, attention, perception, thought, and communication
*5 intrinsic need to deal effectively with the environment
*6 competence motivation
*7 effectance motivation
*8 effectance
*9 people engage in many behaviors in order to feel a sense of competence and self-determination
*10 he seeks out the opportunity to behave in ways which allow him to feel competent and self-determining

232　第2部　教育効果を測る

あるいはまた、「生命体は、コンピテンスと自己決定との感情を求める一般的欲求を持っている」[*1] という理由から内発的動機づけは概念化されるともデシはまとめている。[29]

デシの提起は、外発的動機づけであるはずの社会的なコンピテンスを内発的動機づけと深く関連づけて解釈することであろう。コンピテンスは、人間の能力そのものとなって人間を生産する。しかも、コンピテンスの獲得には興味、関心、自己の生き方という展望など感情的な面を伴うが故にコンピテンスは個人的なものでもある。かつまた、社会的なコンテクストの中で実際に発揮するという面で、コンピテンスは社会的なものでもある。そのユニークな位置に、われわれは着目すべきであろう。

第3節　職業教育からの要請

(1) 功利主義教育は学校の自滅

コンピテンシー・ベースの教育プログラム[*2]は、1960年代末に米国で始まっている。これに対する原理的な批判も根強いものがある。

経済学者のノートン・グラブと公共政策に関する歴史学者のマーヴィン・ラザーソンは、職場での教育に注目する研究者たちを「徒弟制のロマン主義的理解に心を惹かれるため」[30]だと批判している。「徒弟制は、生産を通しての学習ではなく、決まりきった生産に容易に変わりうる」のであり、「スキルと雇用が安定している諸条件の下で」は適合するが、「変化する諸条件の下ではしばしばうまく機能しなくなる」[31]。今日は、「仕事の内容の変化や個人の転職が常態化し」ており、労働能力を向上させるためには「これまでになく拡大し、多様なコンピテンス」[*3]を要するので、「遠くを見通せる雇用主、遠くを見通せる教育供給者と教員、自分たちの生活がこれからいかに動的に展開するかについて知っている学生[*4]を要求する」ような「より広い準備教

---

*1 organisms have a general need for feelings of competence and self determination
*2 'Competency-based' education programs
*3 ever-expanding and ever-different competencies
*4 far-sighted employers, far-sighted providers and instructors, or students aware of how their lives may unfold in dynamic ways

育」[*1] になる。短期的ニーズを満たそうという功利主義的対応は、学校教育の自滅行為になると警告している。[31]

(2) 認知心理学からの提起

「思考」は、長い間、心理学の研究課題になっていなかった。行動主義は、動物実験から、賞や罰が特定の反応を刻印するという効果の法則を引き出して、これに依拠して人間の行動も説明していた。人間の行動が、先天的なものではなく、経験によって作られるものであると説明したことは、歴史の進歩である。

世界的に見て、1950年までには、人間の思考の心理学的研究は、子どもについて研究していたヴィゴツキーとピアジェによるもの以外にはほとんどなかったとされる。米国において、その始まりは、エリー・ロッシュ（Elly Rosch）とジュリー・アングリン（Jerry Anglin）の『思考の研究』[*2]（1956年）であると言われる。この研究書は、発達心理学者のジェローム・ブルーナーによって「認知科学の誕生」[32] と評されてきた。米国の自然科学教育を改善する目的で開催されたウッズホール会議（1959年）の報告書『教育の過程』[33] が出版されたのは1960年のことだが、この年に神経心理学者ルリヤ（Александр Романович Пурия : Aleksandr Romanovich Luriya）がハーヴァードを訪れ、刺激が言語に変換され、文化が内化されるという「第二信号系」理論と言語発達理論を西側世界に持ち込んだ。欧米の心理学がソビエト心理学の神髄に触れたのである。ヴィゴツキーの『思考と言語』の英訳が出版されるのは、1961年である。この著作は、心的活動を、思考の流れと言語の流れから分析するものであった。それらを吸収したブルーナー『認知的成長の研究』[*3]（1966年）が、教育心理学の著作として出版される。

ウッズホール会議では、知識の「生成性」[*4] について論じられた。知識と

---

*1 broader forms of preparation
*2 *A Study of Thinking*
*3 *Studies in Cognitive Growth*
*4 generativeness

は貯えではない[*1]。学習とは、すでに知っていることを使い、使う方法を見つけ出し、現在考えていることを越えて進む。したがって学ぶということは、知識の組み立てられ方、すなわち何か「構造的なもの」を知る[*2]ことなのだ。これを知れば、現在を越えて進むことができる。このような学習の論理がウッヅホール会議では確認された。この現在を越えて進むという性格に「生成性」という用語をあてたわけである。

　この考えは、個々の知識や技能を体系的なつながりをつけて構造化する、すなわち知識や技能をコンテクストに関係づけて理解することまでが教育の課題であると判断することを意味する。

　ではいかにすれば、子どもは自己の内なる可能性を開花させることができるか。ハーバード大学からオックスフォード大学に移ったブルーナーは、子どもは自己の環境との関わりの中で主体となり、自信と意欲を持って発達していくのではないかと考えて、「コンピテンス」に注目することになる。彼とシェフィールド大学の心理学者コナリー（K. J. Connoly）とが議長になって、1972年1月にロンドンにおいて心理学者を主体とする15人の研究者を集めた5日間の「人間の行動の起源―とくにコンピテンス」という会議を開催した。これは、シバ財団が宿泊費を、カーネギー財団が運営費用を提供して、「発達科学研究トラスト」が「人間の行動の起源」[*3]研究計画の第16期として設置した「コンピテンスの成長」[*4]研究グループの会議である。

　その研究計画は、「コンピテンスの本性」[*5]を検討し、「若者にコンピテンスを育成する方法を開拓する」[*6]ことであった。研究会議の結論では、コンピテンスは、「広い意味での知性」[*7]だが、「環境に適応することとともに環境を変える行為」[*8]もまた意味しており、「単に『そのものを知る』」[*9]よりは

---

*1 Knowledge in not a storehouse
*2 knowing something "structural"
*3 The Origins of Human Behaviour
*4 The Growth of Competence
*5 nature of competence
*6 explore how it is that one can cultivate competence in the young
*7 intelligence in the broadest sense
*8 action, changing the environment as well as adapting to the environment
*9 simply knowing that

むしろ『いかになすか』[*1]という操作的知性[*2]、[34]として定義されている。

　人間の成長とは、「希望に満ち、コンピテンスがあり、確信を持った人間という新世代」[*3][35]になることであると、この研究グループは考えた。

　そこで、「発達初期のコンピテンスとその育成」が成熟した後の生命体の機能化にどのような影響を及ぼすのか、学校内外の多様な「教育的営み」[*4]が「社会に適した子どもだけでなくその社会を変える子ども」[*5][36]をいかに作り出すかを調べることを目的にした。

　要するに、既知の条件ないし既存のコンテクストを越えて、問題解決のための新しい条件ないし新たなコンテクストを作り出していく力をコンピテンスと呼んでいるのである。それは、つまり、新しい条件ないし予期せぬコンテクストでも知識や技能を使える力を意味するだろう。

　しかし、ブルーナーらの研究によれば、「もはや学校は、若者に技能とコンピテンスをいかに身につけさせるか[*6]という問題を解決する主要な手段だと考えられてはいない」ことがはっきり分かってきたという。[37]なぜなら、学校は、「子どもを『実世界』の経済構造から遠ざけるような授業システム」[*7]となっていて、「職業感」の育成との関連が薄い。つまり、「希望に満ち、コンピテンスがあり、確信を持った人間という新世代」の育成に必要なプログラムを実行できる知識を利用することを計画したり行動する事業体がないことが問題であると指摘した。[39]

　ブルーナーたちが1970年代に抱いたこのような学校と教育への認識は、1990年代にOECDのCERIが抱いた認識にきわめて良く似ていると言えるだろう。

　さて、ブルーナーたちの研究グループの分析によると、コンピテンスは、「明

---

*1 *knowing how*
*2 operative intelligence
*3 new generations of hopeful, competent, and assured human being
*4 educational enterprises
*5 a child fitted for the society but also one capable of changing the society
*6 how to instil skills and competence in the young
*7 a system of schooling that removes the child from contact with the economic structure of the "real world"

236　第2部　教育効果を測る

白な科学的概念」*1ではなく「社会的、教育的理想」*2であって、「多数の異なった専門家」の観点から調べる必要があり、「広い学際的な検討」が必要とされるものである。また、この研究グループの関心が、「社会科学者や生物学者による『分析』」*3から「教育学者や政策立案者による『総合』」*4 39に進むことを希望していると述べている。

　このように、人間の成長が既成の研究枠ではとらえられていないという判断から、人間の成長のより現実の姿をとらえられるようにコンピテンスという概念がもちだされたのである。しかもコンピテンスの育成に対しては制度的な学校教育もその他社会機関もうまく対応できていないということが指摘された。

(3) 知識よりもコンピテンスを測ろう

　米国では、かなり早い時期から、教育界あるいは心理学界がコンピテンシー (competency) ないしコンピテンス (competence) に注目していた。

　1973年のこと、心理学者のマクレランド (David C. McLelland) が『「知能」を測るよりもコンピテンスをテストすべき』*5と題する論文を発表した。それから20年後の彼の言葉によると、この論文が「心理学におけるコンピテンシー運動*6を発進させた」40という。

　マクレランド自身の要約によれば、「学校の成績や資格証明*7と同様に、学術的適正および知識内容を測る伝統的なテスト*8」は「仕事の成績や人生における成功を予測しない」*9ことと、「マイノリティ、女性、社会経済的に下層の人々に偏見をもたらす」*10ことになる。41

---

*1 clear scientific concept
*2 social and educational ideal
*3 analysis of social and biological scientists
*4 *synthesis of the educationalist and the policy maker*
*5 Testing for Competence Rather Than for "Intelligence"
*6 competency movement
*7 school grade and credentials
*8 traditional academic aptitude and knowledge content tests
*9 did not predict job performance or success in life
*10 were often biased against minorities, women, and persons form lower socioeconomic strata

第5章　学力論と能力政策の拡大　237

　1973年のマクレランドの論文は、ニュー・ジャージー州プリンストンに
あるETS（教育テストサービス）で1971年1月4日に行われた講義がもとになっ
ている。なお、この論文の本文で彼のことばとしてcompetenceは6回使用
されている。他方で、competencyは2回使用されているが、どれも形容詞
的用法である。

　彼は、当時ETS（教育テストサービス）が2000人の職員を擁して、「大学進
学適性試験（SAT）」を一手に引き受けていること、また米国がテスト社会に
なっていて「知能テストや適性検査」[*1]は至る所で使われていると述べ、テ
ストは人間を「有能」[*2]か「劣等」[*3]に「刻印付けてしまう」[*4]とその影響の大
きさを指摘する。

　しかも、テストというものは、「黒人やヒスパニック、その他のマイノリティ
を大学の門から閉め出す効率の良い装置[*5]」[42]なのだと、彼は批判する。そ
れに、「社会階級という背景は能力テストの高得点をとるかどうかに関係し
ている」[*6] [43]ということをわれわれは知っているではないかと指摘する。

　さらに、ひとたびテストというものが「社会化された権力的得点」[*7]になれ
ば、人々はこの「得点システムを学習し」[*8]それへの対策を立てるので、テ
ストの得点は「信頼できず『偽造』となる」[*9] [44]。

　つまり、生徒が「類似テストの解答を集めた貯蔵庫」[*10]を保有して、「類
推や高得点の『偽造（フェイク）』が上手くなる」[*11]ということだ。かくして、「高
得点は偽造」[*12] [45]となる。

　マクレランドは、学校とは創造性を育むところだとはあまり考えていない

---

*1 intelligence and aptitude tests
*2 qualified
*3 less qualified
*4 stamping
*5 efficient device
*6 social class background is related to getting higher ability test scores
*7 socialized power score
*8 learn the scoring system
*9 unreliable and "fakeable"
*10 hold of the analogies test answers
*11 good at analogies and "fake" high aptitude
*12 high score is a "fake"

ようであるが、テストは測る内容によって区別して、使い分けていかなくてはならないということを明瞭に指摘している。

　　「すでに指摘されているように、大学進学適性試験は、教師が注目し、高得点を与えそうな技能を取り出すものである。適性試験が学校でうまくいきそうな者を予測するのに使用されても、それだけのことでしかないと広く認められていることに、誰も抗議できないだろう。ところが、これらの技能が、知能ということばで思い浮かべるような、もっと一般的な有効性を持っていると人々が思い込むところに、問題が生じてくる。」[46]

　では、どうすれば良いのか。それは、「人生の成果を領域とするコンピテンスを測る」[*1]べきだという。マクレランドは、コンピテンスとは、「読み・書き・計算の技能という伝統的な認知コンピテンス」[*2]だけでなく、「伝統的には個人変数と呼ばれてきたもの」も含めて「コンピテンスと考えた方が良いだろう」[*3]との判断だ。たとえば、この後者は、「コミュニケーションスキル」「根気強さ」「過度にならない目標設定」「自我の発達」のようなものだとマクレランドは表現している。[47]

　マクレランドは、このように能力における非認知的側面に注目したわけである。これは、後にOECDが国際生徒調査PISAを開発した際に、質問紙を併用して非認知的側面を測定しようとした問題意識と一致する。

　さて、マクレランドの見解の説明を続けよう。教育の立場から考えれば、「到達度歴」[*4]こそが入学時点でも、学校生活全体において、教師や行政関係者、生徒に対して「望ましい性格の成長が実際に生まれているか」[*5]という点がフィードバックする報告となるべきだ、とマクレランドは主張する。そうすれば、つまり、マクレランドの言葉で補って言えば、社会化された権力

---

*1 assess competencies involved in clusters of life outcomes
*2 traditional cognitive ones involving reading, writing, and calculating skills
*3 might better be considered competencies
*4 profile of achievement
*5 whether growth in desired characteristics actually is occurring

的得点制度から離れれば、今日のことばで言えばハイ・ステイクスなテストをなくせば、テスト自体は、生徒と教師に対して、「相互に合意した対象の獲得に向かって教え・学ぶという過程を作り直す」[*1] ことを助ける「装置」となる。そうして初めて、「教育的なテスト」[*2] は「現在あるような迫害の手順」[*3] から「本来の目的である本物のサービス」となるだろう。「教育テストサービス (ETS)」の研究者たちに対し、こうことばを選んで彼の主張を結んでいる。[48]

これは、1973年の論文である。「教え・学ぶという過程を作り直す」と言っているので、当時の米国の学校で展開されている教育と学習が本物ではないことを批判した発言となっていることは確かだ。その後、米国社会はどう動いたのか。そしてETS (教育テストサービス) はどう動いたか。『落ちこぼれ防止法 (NCLB)』で全州が受験を義務化された「全米統一学力調査 (NEAP)」がETS (教育テストサービス) が開発し今日もなお実施していることを知れば、マクレランドの危惧は40年以上たってもなお終息していない。

この論文が出てから、ちょうど20年たって、マクレランドはある本に序文を寄せた。そのなかで、「職務上の成績[*4] を予測でき、さらに人種、性別、あるいは社会経済的要因の差によって不利をもたらすことのない、少なくとも不利の度合いが少ない『コンピテンシー』変数[*5] を見つけようとした」[49] と彼は回想し、論文後20年の歴史を振り返っている。

まず、1991年の時点で、「コンピテンス評価法」[*6] は、24か国の100名以上の研究者によって担われるまでになっていることが指摘されている。「国際的コンピテンス・モデルのデータベースや包括的コンピテンス事典」[*7] が作られている。「職務コンピテンスの潮流」[*8] は、労働現場で「適材適所」[*9] の

---

*1 redesign the teaching-learning process to obtain mutually agreed-n objectives
*2 educational testing
*3 sentencing procedure it now
*4 job performance
*5 "competency" variables
*6 competency assessment method
*7 worldwide competency model data base and generic competency dictionary
*8 job competency movement
*9 getting the right person into the right job

240 第2部 教育効果を測る

原則を前進させている。このように研究者の注目を集めるまでになってきた
と、マクレランドは説明する。[50]

　コンピテンスを測ることがなぜ重要なのかと言えば、マクレランドによれ
ば、コンピテンスの測定方法が、「現実に機能している考え方や行動」[*1]を見
つけ出しているからである。「個人が自らの行動を生成する[*2]ことを求めら
れるオープン・エンドの状況[*3]」[51]前提にして、「尺度の妥当性」[*4][52]を問題
にしているからである。これに対して、「自己報告や選択肢テストからなる
『反応的』測定方法」は、「注意深く設定された状況に対してしっかり定義さ
れたいくつかの可能な解答案のうちから一つの解答を選ぶ」[*5]ことが求めら
れており、こんなことは、「現実の人生や職場の場面」ではまず起こりえない。
むしろ、「最高の予測指数」とは、「まだ構造化されていない状況でその個人
がひとりで考え、行動すること」[*6]なのだと指摘している。

　マクレランドの主張は、学校で教科カリキュラムにしたがって何を学んだ
かという学業成績と、社会に出て何が出来るかというコンピテンスとにはズ
レがあると確認すること、つまり授業で学んだことを調べるテストと人生の
将来にわたって作用してくる能力を調べるテストとは別物である。この場合
人間の能力を測ろうとするテストではコンピテンスを測定する技術の方が重
要なのだ、とマクレランドが指摘したことである。言い直せば、卒業試験は
過去の学びの成果を測り、入学試験は将来の学びの可能性を測るというよう
に違う目的があるのだ。だが、もし学校教育の目的が若者たちを将来に備え
るように学ばせることならば、同じ能力を測らないとまずいのではないかと
言いたかったのだろう。

(4) 米国のコンピテンス論

　米国では、1970年代にはコンピテンスという用語がごく普通に使われる

*1 operant thoughts and behaviors
*2 generate behavior
*3 open-ended situations
*4 criterion validity
*5 choosing one of several well-defined alternative responses to carefully structured situations
*6 spontaneously thinks and does in an unstructured situation

ようになっていたようだ。当時、米国保健・教育・福祉省 (HEW) 管轄の中等後教育改善基金 (FIPSE) は、多くの大学に対して「コンピテンス・ベースのカリキュラム」[*1] の開発を促した。1974年には、同基金は、この改革の現状把握とその分析を研究者に依頼した。この報告書にあたるものが、『コンピテンスについて』(1979年) である。この中で、社会学者のジェラル・グラント (Gerald Grant) は、次のように指摘する。

> 「最近、『コンピテンス』ほど不正確に頻繁に使われることばはない。平等主義者の文献では、『業績』ということばよりは不快感がなく、あいまいである。言われてみてもそれが何なのか、個人や社会が十分にそれを持っているのかがはっきりしなくても、コンピテンスはすべての米国人が賞賛するものなのだ。」[53]

コンピテンスは、米国では、「できない (incompetent)」という否定形で用いられていた。これに対し、1960年代の米国では、「できない」ことを克服して (non-incompetent)、「できる (competent)」という肯定的な形で教育の場で積極的に用いていこうと転換が起きてきたのである。主として生徒の学業成績の向上と教師の資格向上に向かったこの社会現象は、「コンピテンス・ベース運動」[*2] と呼ばれた。人間の能力に期待を寄せようとする一種の社会意識変革だったと解釈できる。

しかし、米国におけるこの「コンピテンス・ベース運動」は、それほど明確な理念の一致を見ていたわけではない。

たとえば、社会学者のデビット・リースマンは、

> 「要約すれば、1970年代までに、米国人の間に豊かなコンピテンスへの欲求がはっきりとし、すぐれた教育への関心が広まった。最も重要なことは、教師の資格[*3] よりは教室の可能性[*4] に、また教師が教えたことあるいはシラバスや授業案で表記されたことよりは学生が実際に学んだことに焦点を当てるコンピテンス・ベース運動が進行中である。」[54]

---

*1 competence-based curriculum
*2 competence-based movement
*3 credentials of teachers
*4 classroom capabilities

242　第2部　教育効果を測る

と指摘していた。

　当のジェラルド・グラントは、次のように理解していた。

　　　「コンピテンス・ベースの教育は、現代社会で期待される役割あるいは
　　　実際の役割を分析してカリキュラムを形成し、表出された実行に基づい
　　　て[*1]学生の進歩を証明しようと試みる教育形態に向かっている。それゆ
　　　え論理的に、このようなコンピテンスの表出は制度的な教育環境におい
　　　て扱われた時間から独立する[*2]ことになる。」[55]

　学校教育の成績と現場で発揮される能力との乖離については、米国には根
強く、つい最近も英国の経済学者アンソニー・アトキンソンから次のような
指摘があった。

　　　「私たちが『スキル』と『教育』を一緒くたにしてきたことには注意しよ
　　　う。……『スキル』はより広い概念で必ずしもいつも教育に伴うわけでは
　　　ない。グーグルのピープル・オペレーションズ担当上級副社長は『ニュー
　　　ヨーク・タイムズ』のインタビューで『学業成績平均点（GPA）は雇用基準
　　　としては役に立たず[*3]、グーグルでは大学教育をまったく受けていない
　　　者の比率が増えてきている』と答えたそうだ。やる気、共感、自制といっ
　　　た非認知スキル[*4]も、教育テストで測定される認知スキル[*5]と同じくら
　　　い重要かもしれない。」[56]

　この考えは、「パフォーマンス＋非認知スキル」を育てることが教育だと
言い直せるだろう。だが、問題はそれほど単純ではない。

　米国で起きてきた教育政策を分析してきた経済学者のノートン・グラブと
公共政策に関する歴史学者のマーヴィン・ラザーソンは、次のように指摘す
る。「雇用主が必要とするコンピテンスを特定することができる」[*6]ならば、
学校はカリキュラムの中にその資格要件を盛り込み、「学生も就職のために

---

*1 on the basis of demonstrated performance
*2 independent of time served in formal educational settings
*3 whorthless as a criterion for hiring
*4 noncognitive skills, such as motivation, empathy, and self-control
*5 the cognitive skills measured in educational tests
*6 employers can specify the competencies they need

はどのようなコンピテンスを習得しなければならないかを知る」[*1]ようになる。資格は、「雇用主、教育供給者、学生を協調させる市場形成装置」[*2]である。[57]

　ところが、この雇用主、教育供給者、学生という３者が一貫性を欠けば、つまりコリンズが指摘するように、資格主義が優勢になってカリキュラム上の要請と雇用上の要請とを合理的に結びつけられなくなると、学歴や資格の価値は不確かなものとなる。そのため、コンピテンスないし基準を確立し、学歴・資格が機能するように相当程度の制度的取り組みが必要なのだとコリンズは指摘している。この乖離をいかに埋めるか、ここにこそ、OECDがコンピテンスの測定に踏み出した経済学に対する歴史的意義が読み取れる。

(5) なぜコンピテンスに注目が集まったのか

　コンピテンスを重宝する２つの要因が現代に生じた。一つは、教育のグローバリズムで、国民という多分に精神的で曖昧な要因で説明されていた教育目標が、経済的価値を生み出す人材として評価されるようになったことである。もう一つは、国家財政の削減を目標に新公共管理が各国の政策として導入され、福祉も教育も測定できる成果を実現する特定の計画された行動として見なされ、その行動のコスト削減が当然視されるようになったことである。そのために、管理者からは、想定外の見えない成果にも金を出すという発想はなくなった。

　しかし、スキルと教育、あるいはコンピテンスと「教育」との間には依然として矛盾が存在する。

　最大の問題は、測定技術である。ものごとがすべて測定され評価できるという近代の精神が、人間の意図的な思考や行動にまで及び、心理測定にも貫徹した。しかし、「教育」の目的は、諸個人や諸文化の具体的な経験を越えて一般化された科学を教えるという脱コンテクストの視点に立つ。ところが、ある種の理想的な条件に限定して成立する科学的概念を効果的に教え、効率

[*1] students know what competencies they must master to become marketable

[*2] market-making devices coordinating the activities of employers, education providers, and students

244 第2部　教育効果を測る

よくしかも深く学ぶ場所として学校が設立されている。コンテクストに限定されないはずの客観的知識は、実は教科書で設定されるコンテクストに縛られて応用が利かないとも非難されている現状だ。逆に、コンピテンスは、学習しているコンテクストには限定されないものとして定義されながら、未知の具体的状況に適用して発揮されるもの、想定外のコンテクストに合わせて生成されるものと考えられ、現場のコンテクストに合わせて応用・活用が利くものと見なされている。そもそも、概念装置自体に矛盾が潜んでいるわけである。

　さらに、決定的な破綻が生じる。人権としての教育や福祉は、人権を充足するプロセスの妥当性が評価されるので、想定外の成果を生み出すこともあり、歴史的、社会的、文化的にまだはっきりととらえられていない成果をもたらす可能性も存在する。実は、教育や福祉は、特定の時間・空間に完了する行為ではなく、本人の条件・意欲、多様な物質的・人的・社会的な環境、働きかけのタイミングやその方法、本人と外的環境との相互作用などが複雑に絡み合い、時間や空間(行為の場所)を越えて成果が現れてくるものである。

第4節　学習文化の型

(1) 統計学に心を奪われるな

　文化研究を志していた米国の研究者エドワード・ホール (Edward T. Hall) は、「文化人類学者が統計学にかなり心を奪われていることがこの学問をだめにしている」と指摘している。また「社会学、心理学や、他の生物学、物理学から借用してきた方法論や理論が場違いに使われてきた」ので、「文化人類学の研究対象にみあった独自の方法論を開発すること」が必須であると、1959年の著書で指摘していた。[58]

　統計に心を奪われているというのは、心の問題を数値で記述しようとしていることへの批判である。人間学とも訳せる文化人類学がこうであれば、教育学にも同じことが言えるだろう。しかも、エドワード・ホールは、「文化というものはものごとを明らかにもするが、それ以上に隠蔽もする」と鋭い

指摘をしている。そればかりか、「しかも奇妙なことに、同じ文化の者からはもっとも効果的にものごとを隠蔽するのだ」とさえ述べている。[59]

　心理学、とりわけ精神分析の理論からすると、文化には、「目で見ることができ記述も容易な[*1]顕在文化」と「目で見ることができず、訓練を積んだ観察者にも把握が困難な[*2]隠在文化」とがある。これを、文化人類学者のクラックホーン（Clyde Kay Maben Kluckhohn）たちは「明示文化」と「暗示文化」と呼んでいる。だが、明示された文化を解釈する場合にも、「諸文化の暗示された前提条件」[*3][60]に基づいて行われるので、明示されたことばであっても前提条件となる暗示された文化が異なっているとまったく異なった意味に解釈さることもある。しかも奇妙なことに、暗示された文化が間違っていても、文化を同じくするもの同士はそれを疑問にさえ思わないことにもなる。皆が共通に理解しているはずだと思い込み、内部批判が出てこなくなる。場合によっては、反対意見を抑圧してしまうことにもなる。こう、エドワード・ホールは分析し、ことばや数値に直したとしても文化、つまり人の心の問題を把握することは容易ではないと指摘したわけである。それを「沈黙のことば」と、エドワード・ホールは命名している。

(2) 教育の次元

　この事は、教育学についても言えると思われる。経験を積んだ観察者が親なら、「訓練を積んだ観察者」とは教師のことである。エドワード・ホールは、子育て[*4]など「文化の生産」には、「フォーマルな」「インフォーマルな」「技術的な」という3つの次元があり、コミュニケーションも意識や自覚も、この3つの次元を行き来し[*5]、3つの情緒的ニュアンス[*6]を付加するという。[61]

　学習の3次元に関するエドワード・ホールの説明は、**表5-2**のようにまと

[*1] visible and easily described
[*2] visible and presents difficulties even to the trained observer
[*3] implicit assumptions of various cultures
[*4] rearing
[*5] alternate
[*6] three emotional overrience

246 第2部 教育効果を測る

表5-2 学習の型

インフォーマルな学習 (informal learning)	フォーマルな学習 (formal learning)	技術的な学習 (technical learning)
他者を手本とする(picking others as models) 手本の選択は、計画的に(deliberately)なされることもあるが、たいていは無意識に行われる(occur out-of-awareness)。	双方向のプロセス(two-way process) 成人助言者が若者に疑問を抱かせずに型にはめる(mold)	一方通行に閉じられている(close to being a one-way street) 通常は口頭もしくは書物により、教師から生徒に明示的な形で伝達される(transmitted in explicit terms from the teacher to the student, either orally or in writing)
	学習者は試行錯誤し、正される ややもすると感情で満たされる	一貫した方法で順序よく進行させる(proceed in coherent outline form)
	ほとんどの場合、誤りを犯しそれを訂正することで学習される	数多くの応募者に教え込む手 法(techniques have been worked out for handling large masses of recruits) 学習者の適正、手本選択の適切さはさほど問題にならない(less on the aptitude of the student and the selection of adequate models)
	しょせんは、イエスかノーか、正しいか間違っているかの二者択一	技術的な行動である理由が概 説 される(outlining the reasons for technical behavior)

エドワード・T・ホール著、國弘正雄、長井善見、斎藤美津子訳『沈黙のことば—文化・行動・思考』南雲堂、94-99ページ。Edward T. Hall . The Silent Language. New York: Doubleday & Company, 1959, 91-95.

めることができる。学習の場面では、1つの次元が主導的であっても、3つ
の次元が少しずつ混ざり合っているものだとエドワード・ホールは言ってい
る。

　彼の理解では、フォーマルな学習とは、「学習者が試行錯誤し、正される」[1]
「ほとんどの場合、誤りを犯しそれを訂正することで学習される」[2]というよ
うに答えを探究すべきものである。意欲を持って探究するからこそ、学習は

---

[1] the learner tries, makes a mistake, is corrected

[2] learned when a mistake is made and someone corrects it

「ややもすると感情で満たされる」*1 と述べて、学習の非認知的側面が重要だと説明している。しかし、しょせんは、教育は「イエスかノーか、正しいか間違っているかの二者択一」*2でしかなく、学習者が正解を覚えるというだけで、なぜ正しいのかは不明のままである。「成人助言者」がそう言うから正しいというだけだ、と彼は言うのだ。

　つまり、フォーマルな学習とは、双方向のプロセスであると言いながら、理由を説明する必要はなく、実践の場で学びを正せばよいことだと考えられている。インフォーマルな学習とは、正しいモデルが社会的に確定していない場合に、手本の選択が学習主体に任されるということである。このようにエドワード・ホールは解釈するのである。

　エドワード・ホールの分析によると、フォーマルな学校は教師がいてコミュニケーションが成立しているように見えるけれども、答えを押しつけているに過ぎない。なぜそうなのかは語られないが、これこそが「沈黙の言語」だということになる。

　エドワード・ホールのこの示唆は大きい。「しかも奇妙なことに、同じ文化の者からはもっとも効果的に隠蔽するのだ」とは、疑問も持たずに学んでしまうと、異文化に接するまで間違いは正されないということになる。つまり、正しいと思い込む者たちの集団の中で正解を教え覚えるだけでは本来の教育も学習も成り立たないということだ。親や教師は、正解を教えるだけでなく、この「沈黙の言語」にもどって相手を理解し、ことばに直して確かめ、自分を反省し、自分も相手も納得させるという、はっきりしたことばには表現しきれない精神的に深い活動が必要なのではないかとも考えられるからである。

　学習する組織に必要なことは、何よりも民主主義だということになるだろう。

---

*1 tend to be suffused with emotion
*2 binary, of a yes-no, right-wrong character

248　第2部　教育効果を測る

第5節　子ども中心主義の制度的認定

(1) 北欧の変化

　教育社会学者のバジル・バーンステインは、固定的な教科の知識を習得し、学歴を手にして就職していくという教育が変化しつつあることをいち早くとらえていた。しかも、社会が認める能力が多様化するのに応じて、新しい中産階級が生まれてきて、彼らにとっては個々人がそれぞれ異なる高度な能力を発達させるには固定的な教科に分断された古い教育スタイルが邪魔になりつつあるとみるのである。[62] スウェーデンとノルウェーでは、すでに変化は起きていた。

　北欧諸国では、福祉政策と学歴向上の流れを受けて、「知識」「真理」「客観性」「合理性」「価値中立」「倫理」というものが尊重されるようになった。また、北欧諸国では、国家建設における「知識」ないし「知的なもの」に対する信頼、それゆえに教育への期待が高く、教師への尊敬は強くて、優秀な人材を教育職に確保できている。

　社会民主主義政党の教育理論は、国際新教育運動の影響を受け、「なすことで学ぶ」という経験主義、また「子ども中心主義的対応」と特徴付けられる進歩主義の教育哲学に基づいていた。社会民主主義政党によって、この新教育思想は平等思想と結びつけられて、「総合制学校」構築という教育制度の改革へと結実することになる。

　活動学校の思想は、すでに、1939年の『ノルウェー初等教育国家カリキュラム』に定式化されている。スウェーデンでは、1950年に9年制義務教育が導入され、1962年に分岐型学校制度は廃止された。

　北欧の社会民主主義は、政府が主導して、「機会均等」「協同」「社会性」「連帯」「共通水準(最低水準)」「社会統合」「政治による社会統制」を社会で認めるべき価値として定着させていった。社会は合理的に組織できるという社会主義的な信念に基づくものである。また、民族心を最高位に置く国民形成意識や競争主義を、「地域」に根ざした「連帯」「地域愛」「協同」という教育目標に取り替えていった。学校では、地域に関する授業時間が増え、生徒会を

設立して生徒の意見を自らの教育に反映できるような仕組みが作られた。「総合制学校」は、小さな民主社会であった。

　教育学も転換され、子どもの個人的可能性への適合、生徒を中心に据える授業が目指され、知識を自らの努力で獲得するような、また究明や創造的発案に基づいた問題解決力を養うような教育方法がとられ、子どもが自発的でクリエイティブになることが期待された。一斉授業よりも、グループ学習が強調された。さらに、学校が「評点」や「試験」のような「外部誘因」を使用することは、「自己理解」や「学習意欲」を損なうとして批判された。中央政府による学校教育管理は、ガイドライン的な目標を法的に定めるのみで、カリキュラムの中に理念が盛り込まれるよう情報提供し、財政的保障は行うが、「成績管理」など「成果管理」は行わないことになった。

　そして英国では、1967年に『プラウデン・レポート』[*][63]（英国教育科学省『子どもたちと小学校』）が出されている。報告書は、教科カリキュラムによる知識の詰め込みを否定して、様々な経験を通して学ぶという活動主義的教育法を推進した。コンピテンス概念の社会的ロジックが支配的メンバーにアピールしたことは『プラウデン報告』が「はっきりと示している」と、バーンステインは書いている。[64]

(2) チョムスキーから

　バーンステインは、プラウデン報告こそ政府の教育行政がコンピテンス・モデルにとりかわったことを象徴するものととらえた。

　「1960年代に特筆すべきある収斂現象が、社会・心理諸科学を貫いて生じたが、その収斂はそこに包含された種々の学問の範囲の広さという点でユニークなものであった。」[65]

　「私の心が思い浮かべているこの知的概念は、さまざまの姿をとりながら主要な社会科学に伝播した。それは、コンピテンスという概念である。」[66]

　バーンステインは、言語学者チョムスキー（Avram Noam Chomsky）の生成

---

[*] *Plowden Report*

250　第2部　教育効果を測る

文法理論にコンピテンスとパフォーマンスを対立軸として教育の再文脈化、いわゆる教育学を整理する着想を得た。

　だが、そのチョムスキーも、言語学者で政治家でもあったウィルヘルム・フォン・フンボルト（Wilhelm von Humboldt）から着想を得たという。チョムスキーは、「言語は有限の手段を無限に利用する」[*1]ものであり、言語使用のクリエイティブな面に関する根強い関心からフンボルトの言語理論が作られたことに注目する。[67]チョムスキーは、赤ちゃんがどの言語でも習得できるのは、人間には内在するコンピテンス[*2]があり、いわば「生成文法」[*3]と呼ぶべき力を発揮して言語を獲得するのだと解釈した。[68]つまり、言語というものは、ソシュールが解釈したように「設問項目の体系的一覧表」[*4]ではなくて、フンボルト流に「生成過程システムとして内在するコンピテンス」[*5]と見なすべきだというのである。[69]今日の教育学風に言い直せば、知識や技能は体系だった項目を伝達すれば習得されるというものではなく、知識や技能を自ら構成し学習していくものだとみなしたということである。ここで、チョムスキーは、「生成する（generate）」という用語は、フンボルトの言うerzeugenの訳語としても適切だと述べている。一般にこのerzeugenはeducateと訳されるように、チョムスキーの言う「生成」は外から教え込むことではなく、内から発生させることだと解釈できるだろう。

　チョムスキーは、コンピテンスの対概念としてパフォーマンスを使用している。言語のパフォーマンスは、「理想状態で」[*6]語られるだけのことではなく、[70]「例外的なものや不規則なもの」[*7]を含む「逸脱文」[*8]が作り出され、それが「容認される」[*9]ものであるという。[71]要するに、パフォーマンスは、文化的に蓄積された社会の約束事を子どもが習得した結果であり、いつでもど

*1 makes infinite use of finite means
*2 intrinsic competence
*3 generative grammar
*4 systematic inventory of items
*5 underlying competence as a system of generative process
*6 under the idealization set
*7 exceptions and irregularities
*8 deviant sentences
*9 acceptable

こでも使える「普遍的な」[*1]ものではないと指摘した上で、なおかつ逸脱した条件に対応しなくてはならないと指摘したわけである。バーンステインは、チョムスキーの見解を借りて、定められた諸条件（コンテクスト）に基づいて社会的に期待される行動を発揮する能力をパフォーマンスと、また想定外の諸条件において必要な行動を行う能力をコンピテンスとよび分けるようになった。つまり、社会では、例外的なものや不規則なものを生み出す力が期待されており、それを社会が容認することが必要であるということになる。

人類学者で社会言語学研究者のデル・ハイムズ（Dell Hathaway Hymes）は、「コミュニカティブ・コンピテンス」という用語などを使いながら、コンピテンスは文法など言語学的な知識に限定されるのではなく、社会的な活動にも現れてくるものである。だから、社会的背景を持ちながら言語を使用する場合にもコンピテンスは発揮されるものであり、「コンピテンスという広い理論」[*2]が必要なのだと主張する。つまり、言語活動は生成という方向だけでなく社会という方向からもとらえるべきだとチョムスキーに反論している。[72]

(3) バーンステインの洞察

バーンステインは、チョムスキーの着想に、教育学の重要な課題が重なることに気づいた。バーンステインのまとめでは、次のようになる。チョムスキーは、子どもが言語の規則体系を習得するには、コンピテンスに基づく「子どもの暗黙理解」[*3]と、その規則体系が適用される社会的な活用、いわゆるパフォーマンスとの二つの側面があることを指摘した。パフォーマンスは、コンテクストの制約という網の目[*4]で人間の行動をとらえるものである。学業成績（パフォーマンス）は、「社会に統制されている」[*5]「文化的に特殊な行為」[*6]で、特定の話し相手との出会いの中でなされる選択である。何かを覚

[*1] universal
[*2] a broad theory of competence
[*3] child's tacit understanding
[*4] grip of the contextual constraints
[*5] under the control of the social
[*6] culturally specific acts

えて、言われた通りに発揮すればよいということになる。

これと違って、コンピテンスは、コンテクストの制約から切り離された抽象的な[*1]概念である。だから、チョムスキーは、コンピテンスが想定されたコンテクストではない条件でも使える「潜在的可能性」[*2]であるとする。と同時に、コンピテンスとは、明瞭さや厳密性、論理性をも欠くということで「パフォーマンスの退化」[*3]ととらえ、それを「人間の悲劇」だと呼んでいる。[73]

少し補足して説明すれば、パフォーマンスは学びのコンテクストに対応もしくは制約されるが、コンピテンスは学習外のコンテクストに対応できる柔軟性があるということになる。前もって描ききれないことは人間にとっては悲劇かもしれないが、想定外の環境にも適応できる知恵を秘めているということなのだろう。

確かに、チョムスキーのこの発想を基盤にすれば、子どもには学ぶ力がないとして教師・学校・教育行政が教育内容と教育方法を決めてしまうような教育論と対抗できる教育理論が構築できるはずである。バーンステイの考えをまとめれば、**表5-3**のようになる。

このような思想的背景があるがゆえに、バーンステインは、学校で伝達されるべき知識を分業の観点で断片化し、教科に分類して再度寄せ集めて作られたカリキュラムを「集合コード」と呼んで、問題視しているわけである。

> 「集合コードに基づく知識は、それ自体の権力構造と市場を伴う私有財産である。その影響は新しい知識の発展や市場化をとりまく環境全体に及んでいる。子どもや生徒は私有財産としての知識という考え[*4]に早い段階から社会化される。孤立した個人として[*5]、自分の手で仕事をするように励まされる。」[74]

また、バーンステインのことばを使うと、教育学とは教えるべき知識や技

---

*1 abstracted from contextual constraints
*2 potentiality of competence
*3 degeneration of performance
*4 concept of knowledge as private property
*5 as isolated individuals

能を再文脈化したものである。そこで、再文脈化の様式によっていくつかの教育方法が成立することになり、教育の視点、教育の価値観によって教育方法の選択、いわゆる教育学が形作られる。教育者側の管理の度合いの違い、言い換えれば学習者側の主体性の違いで、コンピテンス・モデルと学業成績（パフォーマンス）モデルとに分けられるとバーンステインは示唆している。ただし、チョムスキーの注目したパフォーマンスの意味は、「学びの結果作り出されたもの」というものであるが、バーンステインはそれを「教育によって伝達されたもの」としている。だが逆に、パフォーマンスには、実行、遂行、ふるまいという実際の行動で表現することを意味する場合があり、成人教育研究者のマルカム・ノールズは、1970年代から1980年代にかけて急速に普及した「コンピテンス・ベースの教育」は「パフォーマンス・ベースの教育」と命名すべきだったと主張している。[75]

さて、このコンピテンス・モデルでは、一般に見えない「隠れたコスト」[*1][76]が必要であるとバーンステインは説明する。すなわち、教師に要求される「資質」が「より限られた暗黙なもの」[*2]になるので、教員養成にはより高いコストがかかり、学生選抜も「より厳密」になる。教育による評価には獲得者「一人ひとりのプロフィール」[*3]を作るのに時間を要する。また教師同士が「集団となって授業のプロジェクトについて議論し」[*4]、「その実践に親を引き込む」[*5]ための時間もかかり、生徒の「発達（ないし欠如）」[*6]についてフィードバックを確立するためにさらなる時間が必要になる。

要するに、コンピテンスを測るには経験深い教師が時間をかけて学習者の行動を観察する必要があり、コンピテンスを育てるには教師と親および教師同士が協力して対応する必要があるというのだ。

バーンステインは、パフォーマンスモデルとコンピテンスモデルという理

---

*1 hidden costs

*2 more restricted and tacit

*3 each profile

*4 discussing projects with groups

*5 socialising parents into the practice

*6 development (or lack of it)

254　第2部　教育効果を測る

論は「単なる二分法のセット」[*1] と見るべきではなく、「対立する形態」[*2] と「実現分野」[*3] を述べたものにすぎないと判断している。[77] つまり、排他的なものではないという。モデルの実現分野がすべて一貫して合理的に実施されるものではなく、言い換えれば、両モデルは部分的に入り組んで実施されることもありうるということになる。そのような入り組んだ状態を、バーンスタインは「新しい教育学的二面獣[*4]」[78] と呼んだ。

(4) バーンスタインによる整理

　表5-3に整理したように、知識や技能は多様で複合した諸条件や人間関係というコンテクストから切り離されている。だからこそ、時間と空間に制約されない、よってどの子にも同じ教育が成り立つのだと説明される。パフォーマンスはこの知識や技能を特定の条件やコンテクストで使用する力である。この能力は、何度も練習問題を解いたり、実際に繰り返し応用してみることで形成されると見なされている。しかも、学ぶべき知識や技能を厳密に定めれば、それを使用する力、時には応用する力も測定することができる、つまりパフォーマンスはテストで測ることができると見なされている。

　それに比べてコンピテンスは、想定外の条件やコンテクストでも使える力、クリエイティブに知識や技能を適用する力だと説明できるだろう。あらゆる条件をすべて想定して教育できないので、パフォーマンスのある部分を、現実にはコンピテンスとして扱わざるを得ない。だが、人類の知恵を総動員しても想定できなければ再現もできないような諸条件が複合したコンテクストがありうるわけで、そこで果たしてコンピテンスが発揮されるものやらどうやらまったく分からない。つまり、コンピテンスの育成はつかみ所がない。あるノーベル賞受賞者が言ったように、成果が出るのは「10年後か20年後か」[79] もわからない。成果は出ているのだけれど、たくさんの学びが切り離

---

*1 theory only as a set of dichotomies
*2 oppositional forms
*3 range of realisations
*4 a new pedagogic janus

第5章　学力論と能力政策の拡大　255

表5-3　コンピテンス・モデルとパフォーマンス・モデル

	コンピテンス・モデル	学業成績 (パフォーマンス) モデル
教育学 (ペダゴジー)	見えない教育学 (ペダゴジー)	見える教育学 (ペダゴジー)
知識や技能の 習得	子ども本人の暗黙理解	社会のコンテクストに沿った社会的規則がある
学習の本質	コンテクストの制約から切り離された抽象的な概念を獲得する	コンテクストの制約という網の目で人間の行動を育成する
学習者の立場	抽象的で理想化された存在	具体的な存在
学習の性格	学習者中心主義 汎用モード (学び方を学ぶ、学び続ける力)	社会に統制されている。文化的に特殊な活動で、特定の相手との出会いの中で選択される行為。
カリキュラム (妥当とみなされる知識を選択し教科と学年に配列したもの)	統合コード 　様々な内容が分離せず、相互に開かれた状態 類別 　教育内容が教科に弱く分離 　類別を弱めようとする明確な意図がある 枠づけ 　伝達される (学校で教える) 内容の選択幅が大きく、伝達されない内容 (学校で教えない地域社会における日常生活の知識) との間の境界が弱い	集合コード 　好ましいと決められた内容を寄せ集めて学ぶ 類別 　教育内容が教科に強く分離し、学習すべき教科が指定・限定してあり、選択できる幅が狭い 枠づけ 　伝達される内容の選択幅が小さく、伝達されない内容との間の境界が強い
教育方法 (教育内容をどう伝えるか)	知識の選択・編成・進度 (学習速度)・時機 (学習時) について 　(教師と) 生徒の自由裁量が大きい 　受けとる知識の内容・時期・方法の決定に関する生徒の権力が大きい	知識の選択・編成・進度 (学習速度)・時機 (学習時) について 　教師と生徒の自由裁量が小さい 　教える知識の内容・時期・方法は決められており教師の権力が大きい
評価 (教育成果として何をどう実現するか)	知識の受容は権利	知識の受容は獲得・取得すべきもの、知識は強い枠に依拠して伝達される 　逸脱形態に対する社会統制 　持っていないもの、欠落に焦点を置く

(参考)「教育知識の類別と枠づけについて」『教育伝達の社会学』明示図書、1985年。「〈教育〉コードとその実践における諸様態」「知識の〈教育〉化―再文脈化過程の探求」『〈教育〉の社会学理論』法政大学出版局、2000年。

256 第2部 教育効果を測る

しがたく結びつき、血となり肉となって常に役立っているものかもしれない。

はっきりしていることは、パフォーマンスの育成は必ずしもコンピテンスの育成につながらず、逆効果になるかもしれないということであろう。

表5-4のように、分業化された教科別の学習到達度を示す能力がパフォーマンスであり、一般に、国によって教育内容として標準（スタンダード）化されている。これを簡易なテストで測ろうとする場合には、○×を付けたり、数字や単語を書き入れたり、あらかじめ提示される4、5の選択肢のうちから選ぶようにして、その反応がテストの得点に置き換えられる。とくに、テストの点数以外の方法で学業成績（パフォーマンス）を調べようとする場合に、実行力という意味でパフォーマンスが評価される場合もある。しかし、教科書や教科の授業に閉じ込められた能力を批判して、知識や技能を実際の場面に使用する力を対置する場合、前者はパフォーマンス、後者はコンピテンスと言われる。知識や技能は、教科や分野を超えて組み合わせて使用されることが普通なので、コンピテンスは教科横断的な能力として形成される。教科で教えられる知識は、教科というコンテクストには位置付いているが、学習者の社会生活からは切れている。つまり、社会的コンテクストをできるだけ小さくすることによって、誰がどこで学んでも、また個々の学習者の生活問題とも関わりなく標準化され、全国で画一的に教育されることが可能だと考

表5-4　パフォーマンスとコンピテンスの対比

| | | どの分野の能力を評価するか | |
		教科別学力 (curriculum-base)	教科横断的能力 (competence-base)
どのような 形態で評価 するか	理解度や実践力で評価	performance（学業成績） performnce（応用力、活用力、実行力という意味で）	competence literacy, skill 記述式テスト オープンエンドの設問
	知識・技能で評価	test score=multiple choice （選択肢問題得点、暗記物の知識・繰り返し訓練による技能）	

えられることが多い。しかし、まさにそれ故に、学校教育の内容が社会生活からずれていってしまうことになる。コンピテンスの提起は、その溝を埋めようとするパラダイム転換にも匹敵する試みである。

だが、このコンピテンス・モデルは英国においては行き詰まることになる。

労働党政権は、1965年から教育の機会均等を実現するために、三分岐型の中等学校を総合制学校に再編成することに着手した。普通科教育と職業教育との統合である。しかし、この労働党のジェームズ・キャラハン（Leonard James Callaghan）首相は、1976年、演説を行い、経済停滞の原因が公教育制度にあると明言し、労働党の教育制度改革に水を差した。1979年に労働党から保守党が政権を奪取したが、保守党党首はマーガレット・サッチャーであった。保守党は、すぐには教育制度再編には着手しなかったが、1980年代にはいるといわゆるネオリベラル教育改革が形作られ、米国と英国、ニュージーランドなど英語圏諸国ではっきりとした教育政策転換が起きてくる。英国に見られるようなコンピテンス・モデルからカリキュラム・モデルへの逆流は、1990年代のヨーロッパでOECDを舞台に形作られる教科横断的コンピテンスの強調と国際生徒調査PISAの新設とは鮮やかな対比をなしている。

(5) 教育と教師は何をすべきか

OECDのCERIがフォード財団の資金援助を得て設置した「国際学習科学計画」の一貫として「学問化の認知効果」[*1]に関する会議が行われた。1973年のこと、バーンステインは、この会議に『階級と教育学—見えるものと見えないもの』[*2] [80]と題したレポートを提出した。

バーンステインの分析によると、産業社会では中産階級によって「有機的連帯」[*3]ないし「社会構造」が作り出される。旧中産階級は「個体化された」[*4]有機的連帯ないし社会構造によって他者、いわゆる労働者階級と自らを区別

---

*1 cognitive effects of scholarisation
*2 Class and Pedagogies: Visible and Invisible
*3 organic solidarity
*4 individualized

しているということだ。たとえば、英国人はパブリックスクール、グラマー
スクールなど国全体の教育制度という「強い類別・枠組み」[*1] を持った教育学
で育てられてきた。しかし、今ではサービス業を中心とした新しい職業人や
起業家という新中産階級が生まれつつある。

> 「旧中産階級にとっては、文化的再生産[*2]を確保するために、多様性は
> 極力避けなければならない。それに対して、新中産階級の場合には、文
> 化的再生を阻止するために、むしろ多様性が奨励されなければならな
> い。」[81]

と、バーンステインは画期的な分析を提示する。

なぜならば、新中産階級は「個性的な」[*3]有機的連帯ないし社会構造で他
者と区別しようとしているからである。そのため、見える教育学が作り出す
社会構造や社会的コンテクストを個性的なコンテクストに転換しようとする。
「教育学の見えない部分が学習の見えない暗黙の行為に適合する」[*4]のであり、
「暗示的な育成がユニークな本性を花開かせる」[*5]のだとまでバーンステイン
は指摘する。[82]

> 「新中産階級は、子どもが小さいときには見えない教育学にも熱中する[*6]。
> しかし、子どもが中等教育段階になると見える教育方法に落ち着いてい
> く。」[83]

見えない教育学が暗黙の行為に適合するとは教育学の本質を突いていると
思われる。むしろ、ネオリベラルこそ個人を多様な形に解放し、教育学を発
展させるとも解釈できるだろう。バーンステインによる新中産階級の出現と
新しい教育学の必要性という指摘は、1990年代末以降にOECDがコンピテ
ンス・ベースの教育プログラムを提唱し、また探究型学習の国際バカロレア
・カリキュラムが世界規模で進展しているかを説明する有力な理論になって

[*1] strong classification and frames
[*2] cultural reproduction
[*3] personalized
[*4] the invisibility of the pedagogy fits with the invisible tacit act of learning
[*5] implicit nurture reveals unique nature
[*6] take up some ambivalent enthusiasm

いる。

　言い直すと、次のようになる。時間や空間に制約されない共通の知識・技能、いわゆる客観知を取り出して教科に配分し、それを伝達しようとしたところに近代の学校教育が成立する。その知識・技能を定められた条件で使用する能力、いわゆるパフォーマンスを育てることが学校教育の目的であった。これが、産業社会とともに成長した中産階級の文化として定着し、国家主権の時代には義務教育制度として発展する。

　しかし、バーンステインの時代には、技術革新の進展とともにこれまでにはない職業が誕生し、中産階級が拡大し、新たな専門集団が形作られつつあった。この集団が新しい能力を求めたと言うことができる。この集団は、現在にはきわめてはっきりとしてきており、グローバリズムの中で国境や民族を越えて拡大し、サード・カルチャー・キッズと呼ばれるようなグループ、ないし英語を操る留学生たちが目指す国際的な経済エリート、ロバート・ライシュ（Robert Bernard Reich）が呼んだシンボリック・アナリストたちとも呼び直すこともできる。

　労働者階級から中産階級へという階級移動では基礎学力が条件であったが、

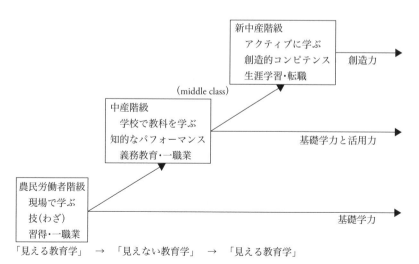

図5-1　バーンステインが構想した「階級が望む能力」

260　第2部　教育効果を測る

表5-5　主要な学習論の特徴比較

特　徴	ピアジェ	フロイト	チョムスキー	臨界学習といういう行動学理論	ゲシタルト理論
(1) 発達の順序性に関心を寄せる。そのため、強い生物的バイアスがかかる傾向がある。	○	○	○	○	
(2) 学習は暗黙の見えない行為であり (learning is a tacit, invisible act)、学習の進歩は明示的な公的統制によって促進されるわけではない。	○	○	○	○	○
(3) 子どもの文化的生育歴や制度的コンテクストのうち子どもの個性的生育歴や地域的コンテクストに強く注目する傾向にある。	○	○	○	○	○
(4) 模範となるモデルはそれほど重要ではなく、強制的な注入者は促進者に転換される (imposing exemplar is transformed into a facilitator)。	○	○	○		○
(5) 注入は促進に、支配は好意に代わる (facilitation replaces imposition and accommodation replaces domination)。	○	○	○		○

＊ Basil Bernstain. Class and Pedagogies: Visible and Invisible. Paris: OECD/CERI, 1975.
　Jerome Karabel and A. H. Halsey (eds). Power and Ideology in Education. New York: Oxford University Press, 1977, 513. J. カラベル、A. H. ハルゼー編、潮木守一、天野郁夫、藤田英典編訳『教育と社会変動─教育社会学のパラダイム変動 (上)』東京大学出版会、1980年、231 ～ 232ページ。
　Basil Bernstein. *Class, Codes and Control. vol.3: Toward a Theory of Educational Transmissions.* London: Routledge & Kegan Paul, 1975, 119.
　Basil Bernstein. *Class, Codes and Control. vol.3: Toward a Theory of Educational Transmissions.* London: Routledge & Kegan Paul, 1978. バーンスティン著、萩原元昭編訳『教育伝達の社会学』明治図書、1985年、128 ～ 129ページ。

　中産階級が一般化して中産階級上層部が形成されるとそこへの階層移動ではコンピテンスが条件となるということになる。そこで、新中産階級は、コンピテンスの育成という能力の質の違いを根拠に「見えない教育学」を形作ろうとした。そして新たな学力の世界標準を作ろうとした。また、この新中産階級は同一労働・同一賃金、労働時間による賃金支払いなどの労働管理を拒否し、成果主義を主張する。
　ネオリベラル教育研究者の分析によると、コンピテンス・モデルを求めたOECDの改革運動は国の行政レベルではリテラシーやスキルを測定するパフォーマンス・モデルに落ち着いてしまうことが説明される。ただし、かつ

ての「基礎に戻れ」運動よりはバージョンアップしたものであり、意欲、自己評価、計画的努力と言った非認知的側面を含んで、記述式解答や表出力、コミュニケーション力を評価するものへと移っており、多様で柔軟な条件付けに基づくパフォーマンスを育成し、評価するものに再編成されている。

だが、これこそがらせん状の進歩であるとも言える。同時に、もう一度「見えない教育学」の構築が始まっているとも言える。ある意味では、新中産階級が探究型の学習を開拓する「見えない教育学」を維持するか、旧中産階級と同様にリテラシーやスキルを学習する「見える教育学」に戻るかという分裂が起きているとも見なせる。複雑な関係だが、**図5-1**のように図示してみた。

バーンステインの指摘はブルーカラーとホワイトカラーの違いを確保しようとして基礎学力を強調する層と、ホワイトカラーのなかで一歩抜け出そうとしてクリエイティビティや学び続ける力を強調する層の分離と対立を見通している。バーンステインは、見えない教育学の理論とその理論背景を整理しているが、これは**表5-5**のように表示することができるだろう。新しい教育学の提案に匹敵する。

(6) 転換の時代に

だが、現実には、古い教育学が新しい教育学に全面的に転換したわけではない。

ケンブリッジ大学の教育社会学者のマデリーン・アーノット(Madeleine Arnot)、ダイアン・レイ(Diane Reay)は、「1970年代のコンピテンスに基づく見えない教育学」は、1980年代になると「この中産階級内で分化した集団」[1]、具体的には「起業家的専門家」[2]や「公的支出の増加に反対する人々」[3]が支持する「新しい形態の見える教育学」「国家の評価するパフォーマンスを特に強調するこの教育学」[1]へと「揺り戻し」が起きて、「選ばれし特定の階級

---

[1] those fractions of the middle classes
[2] entrepreneurial professions
[3] those opposed to rises in public expenditure

262　第2部　教育効果を測る

に根ざした知識獲得」[*2]が重視されるようになり、この見える教育学がこの新集団を「再生産し躍進させる機会」を与えることになったと分析している。[84]

　本来はコンピテンスと表現される能力が、リテラシーとかスキルといった測定可能なものに置き換わって、新たに公認された能力育成制度、能力評価制度、新たな教育学と新たな教員専門職性が、しかも国際的規模で稼働し始めている。このことを、マデリーン・アーノットとダイアン・レイが指摘しているわけである。要するに、バーンステインの言う新しい教育学的二面獣の出現である。

　さらにまた、両者の指摘では、「現在導入されつつある新しい教育学の実践」は「市場を志向する複雑な見える教育学」[*3]であり、「ネオリベラリズムと不平等な教育制度」[*4]に対する「左派的批判」でもない。それはまた、「コミュニケーション重視の社会や学習の柔軟性を高める方向に資本主義を編成する必要性」[*5]に適合したもので、「新しいパフォーマンス型の教育学」[*6] [85]なのであると分析している。

　市場を志向する見える教育学とは、コンピテンスと言いながらパフォーマンス型を追求していることになり、これが、バーンステインの言う「新しい教育学的二面獣」[86]になるだろう。

　この異種混合の教育学とは、日本など東アジア諸国ではパフォーマンス型教育学の中にコンピテンス型教育学を埋め込む作業に、英米など欧米諸国ではコンピテンス型教育学の中にパフォーマンス型教育学を埋め込む作業になっている。

　ところが、パフォーマンス型教育に戻ってしまった結果、新中産階級の抱く学校教育像が伝統的な読み・書き・算を中心とした基礎学力論と重なって

---

*1 pedagogies especially with their emphasis on performance in national assessments
*2 selective class based acquisition
*3 complex market-oriented visible pedagogy
*4 neo-liberalism and unequal educational systems
*5 the needs of the capitalist formation for a communicative society and a flexbilization of learning
*6 the new performance pedagogies

しまうことになった。

　英国でサッチャー教育改革以降に起きてきたことは、学校で教えられる知識が「人々、その人の主体的関与、個人的思い入れから切り離され」[*1]「内省や内的自己から分離され」[*2]て、市場においては「様々な状況の市場に移転可能だが、個人的意味を欠いた[*3]コンピテンスやスキル」へと知識が変化する。また、教師の実践の質は「授業のペース配分」で判断されるので、教師の関心は「自己の授業のペース配分」と「あらかじめ定められた知識を生徒が首尾よく獲得すること」[*4]に向けられることになる。結局、国家の教育管理体制が整備され、それぞれの学校は「国家によって評価される実績目標に適合した、より『統制の強い枠付け』のパフォーマンス型教育学[*5]の導入を進めざるをえないことになってきた」のである。[87]

　現在の英国で起きてきたことは、知識を成立させる諸条件、とりわけ国や地域、民族といった個人が生活する諸条件から切り離されたグローバルなパフォーマンス型の教育学だったというわけである。[88]

　大方の批判とは違って、この異種混合、新しい教育学の二面獣を進めたのは、サッチャーではなくブレア政権、ブッシュではなくクリントン政権とオバマ政権であった。ここに新中産階級の存在を見ることができる。そして、これこそが「21世紀型教師」として描かれることになってきたと解釈することもできる。

(7) 英国が先進的福祉国家に見えた時

　1960年代後半、階級社会の遺物、分岐型学校制度を、平等な総合制学校に変更する動きは、後期中等教育、その次の高等教育の大衆化時代に備えるためであった。階級的学校体制では、大衆化と産業構造の変化に対応できないと考えられたからである。そのために、いち早く「全ての者に中等教育

---

*1 divorced from persons, commitments and personal dedication
*2 separated from inwardness and the inner self
*3 without personal meaning
*4 successful acquisition of pre-ordained knowledge
*5 'tight framing' of performance pedagogies

264　第2部　教育効果を測る

を」とスローガンを打ち出した英国労働党、「ゆりかごから墓場まで」と呼ばれたその福祉政策は、分岐的な階級的学校制度を残していた国にとっては改革のモデルとなった。イングランドモデルに向いたオーストリア、北欧（スウェーデン）モデルに向いたフィンランド、と形容できるだろうか。

　ヨーロッパ諸国では、1960年代後半と1970年代前半の10年ほどは、教育が政治の優先領域と見なされ、政治もマスコミもこれまでにないほどに話題として取り上げた。

　ドイツでは、学校教育が他国に比べて遅れていると告げるゲオルグ・ピクト (Georg Picht) の『ドイツ教育の破局』[*1][89] と、選別的学校教育制度が現代の平等社会に合わないと主張するラルフ・ダーレンドルフ (Ralf Dahrendorf) の『市民の権利としての教育』[*2][90] が相次いで1965年に刊行されている。ドイツではにわかに教育問題がマスコミの話題となり、ドイツ語圏であるオーストリアには直ちにこれが波及した。

　オーストリアでは、さらにこれに追い打ちをかけたのが1967年に刊行されたOECDの国別（カントリー）レポートであった。伝統的な選別的学校教育制度は進学者数の増加に対して不足し、また潜在的能力の開発程度が低く国際競争力が低下すると、その報告書は指摘していた。[91]

　オーストリアでは、教育論争の最大の焦点は、前期中等教育で分岐型学校制度を維持するか廃棄するかにかかっていた。改革派の主張は、10歳の選別は早すぎるということだった。当時、世界の教育研究データによると、[92]第一に、心理測定によって10歳における選別の正当性は根拠付けられていない。次に、労働者階級の子どもたちの不利な状態を拡大するので社会対立が起きる。また、すべての子どもたちの才能を活用しないので、経済的な浪費となる。社会的な不平等を強めるので、民主主義の立場からは認めがたい。それに、少数の才能ある子どもは大勢の「大衆」とは異なる教育が必要だという前提は、教育的に不正だ、ということであった。

　ドイツの動きは速く、1969年には、実験的に総合制学校を開設する『ド

---

*1 *Die deutsche Bildungskatastrophe*

*2 Bildung ist Bürgerrecht

イツ教育法』*が成立していた。

　実は、ドイツでは、1960年代に諸外国の教育制度に関するたくさんの研究が蓄積されていた。たとえば、ハンブルクに置かれていたUNESCO教育研究所は、比較教育の情報を1963年に刊行している。これらの研究書は、英国、スウェーデン、米国が、「もっとも進んだ」教育制度と報告していた。[93]国民も、外国はどこもかしこも総合制学校制度になっていると見なすようになっていった。世界的な比較教育の研究者であるトールステン・フセーンは、このような比較教育に基づく学校教育改革期を「教育調査の黄金期」と呼んだ。[94]

　オーストリア議会は、1969年に学校改革委員会を設置することを決定した。同委員会は、1970年に総合制学校開設を勧告し、議会はこの勧告を受け入れた。

　最後のだめ押しとして、オーストリア政府は、教育調査団を、当時の経済先進国、すなわち英国、フランス、イタリア、ソ連邦、米国に派遣することを1971年に決定した。だが、これらの国のどこも前期中等教育では、教育史で統一学校と呼ぶ、いわゆる総合制学校制度が成立していた。

　ソ連邦では、男女共学の普通教育が着々と拡大されつつあり、8年制学校を不完全中等学校、10年制学校を完全中等学校と呼んだように、後期中等教育までを総合制学校とする視野に立っていた。西側諸国という先進資本主義国がそのパワーを見せつけられたのが、1957年に打ち上げられた世界最初の人工衛星スプートニクである。続く有人飛行までは、宇宙開発はソ連がリードした。

　英国では、1967年には、プラウデン・レポートを受けて、義務教育年限を1年延長し、11歳試験を廃止し、3分岐の中等学校を総合制学校へと切り替える改革が始まっていた。

　オーストリアから英国に派遣された研究者は、比較教育の研究者、後にウィーン大学教授となる、カール・ハインツ・グリューバー（Karl Heinz

---

* Deutscher Bildungsrat

266　第2部　教育効果を測る

Gruber) であった。

　彼は、新中間層の成長を見込んで、大衆的かつ平等で民主的な中等教育制度を構想した。だが、帰国してみると、英国の潮流は総合制学校批判へと傾き始めた。

　選別的な学校教育制度は、社会階級を固定し、国民の間に能力の分化をもたらして能力開発には効率が悪い。平等な学校制度は、人の流動化を可能とし、優秀な人材の能力開発を促す。こちらの方が、農民や労働者階級の子どもたちを学力向上に巻き込むことができる。1960年代後半のドイツはこのように判断した。

　1980年代後半の英国は、選別的な学校教育制度こそ、人の流動化を可能とし、優秀な人材の能力開発を促す。とりわけ、労働者階級の子どもたちを能力競争に引き込むことができると判断したのだろう。

　ドイツに起きたPISAショックとは、総合制学校批判、つまり学校分化を促して学力競争しようということではなく、ドイツの学校が学力の低いままいまだ社会階級に分化した状態にあると気づかされたことにある。PISAショックを言い換えれば、伝統的な学校教育システムは能力開発には効率が悪いというOECDの判断なのだろう。

第6節　日本的経営の研究

---

(1) 米国経営学の当惑

　米国の製造業が傾き、日本が輸出を拡大しつつあった頃、日本的経営を探る努力が一部の経営学者によって為された。ドラッカーは、ハーバード・ビジネス・スクールの論文集『日本はどう動いているか』を1981年に編集している。同名の論文集は、ドラッカーとヴォーゲルの編集で、1983年に再版されている。

　ドラッカーは、1971年の論文「日本の経営から学ぶもの」において、日本企業の意志決定と実行について興味深い分析をしている。西洋人は「問題に対する『答え』がすべてである」[*1 95]。しかし、日本では、意志決定の過程は「問

題を明確にすること」*2「問題を理解すること」*3であり、「総意を形成する過程」*4と見なされている。

西洋人は、どんな決定が行われるかが最重要となる。決定された後は、その決定通りに社員が動いていき、その決定が実現されるという「トップダウン」の経営方法をとっている。つまり、まず経営者が意志決定を行い、それからその決定に基づいて組織メンバー全員がその通りに行動するという実に単純な経営理論になっている。

これに対して、日本人は、意志決定を効果的に実行できるようにまず根回しをやり、それからその決定に基づいて行動を起こす。このやり方は行動までに時間がかかり、「効率的でない」とドラッカーは判断する。

しかし、ドラッカーはためらう。日本では、意志決定の段階がすでに実行段階と見なされ、ひとたび意志決定がなされると速やかな行動をとれることになる。したがって、重要な問題については日本的経営の方が効率がよいのではないか。逆に、ドラッカーは、日本的経営は「小さい問題ではうまく機能しない」のではないかと結論づけた。

(2) 禅と日本的経営

論文集の中には、異色とも言えるリチャード・パスカル (Richard Tanner Pascale) の論文「禅から見た効果的マネジメントの条件」*5（1978年）が収録されている。パスカルは、次に要約するように、日本的経営が持つ二重構造を上手に言い当てている。

まず、日本的経営は、①下から上へのコミュニケーション*6、②職場全体にわたる横に広がるコミュニケーション*7、③参加型・総意型の意志決定*8の採用があるので、より質の高い決定と実行*1が可能となる。[96]

---

*1 all the emphasis is on the answer to the question
*2 defining the question
*3 understanding the problem
*4 process of obtaining consensus
*5 *Zen and the Art of Management*
*6 "bottom-up" communication
*7 extensive lateral communication across functional areas
*8 participative- (or consensus-) style decision making

268　第2部　教育効果を測る

　パスカルは、調査によって、下部の管理から発案し[*2]上部へと伝えられるコミュニケーションは日本企業の方が米国企業よりも3倍もあること、意志決定の質[*3]は変わらないのに日本企業の方が『実行』の質[*4]が高いことが観察されたという。[97]

　パスカルは、なぜ実行の質が違うのか、その謎を解明しようとして、禅につながる東洋の哲学、文化、価値観を持ち出してくる。パスカルの解釈では、こうなる。実は、上層部は意志決定をしているのだが、下部に向かって「暗示的次元の説明をする」[*5]。下部は意見を上げ、自分も決定に参加したような感じを抱き、これが実行段階の意欲につながっている。こうパスカルは分析する。それに対して、米国の管理者は、経営技術は十分にあるが、「流れに逆らって泳がなくてはならない」という困難を抱えてしまうとパスカルは言う。以下に、パスカルの説明を要約しよう。

　西洋の経営学では、合理性、明確さ、決断が必要であると見なされている。ところが、東洋では、あいまいさ[*6]とか「間」が認められていて、「無であってもそれなりの意味のあるもので満たされている[*7]」と考えられている。日本の管理者は、「明確さとあいまいさとの二つの価値を基準として認める二重の枠組みを持っていて[*8]」、このあいまいさを持ちながら前進していくプロセスをとると、その途中でより多くの「情報」が生まれる。大胆な決定的行動よりも、いくつかの暫定的手段をとりながら目標に近づいていくのだ。

　日本的経営は公表を避ける傾向がある。部下の評価についても、部下が察しうる程度にとどめて、部下を追い詰めて防御に向かわせてしまわないようにする。日本的経営では、管理者はオモテとウラという一対の概念を心得ている。ウラが現実の人生ではあるが、オモテという儀礼的機能も認めている。

---

*1 higher quality decisions and implementation

*2 initiated

*3 quality of their decision making

*4 quality of implementation of those decisions

*5 explain the implicit dimension

*6 ambiguity

*7 full of nothing

*8 having a dual frame of reference-recognizing the value of both the clear and the ambiguous

第5章　学力論と能力政策の拡大　269

何事も公表してしまうと、表面に出ない抵抗に遭うことになり、結局は実行できなくなる。オモテを傷つけないようにしながら漸進的に変化を達成することが東洋的文化なのだ。

　他方で、西洋では、ものごとははっきりさせることがよいことで、相手が傷つこうがそれはその人のためによいことなのだと考える。西洋の管理者は、障害には憤慨し、それを除去しようと考える。ところが、東洋では、障害は不可避のもので、途中の障害を克服しながら、解決に向かって忍耐強く進んでいくことに価値を置いている。

　従業員の評価についても、米国では付加給付などインセンティブが用いられる。米国では、明示的評価に慣れている。ところが東洋では、暗示的[*1]評価とも言える別の評価がある。この評価は、手に入れるのには時間がかかる評価である。そもそも、老子のことばのように「求めずして認められ、求めずしてほめられる」[*2]というのが東洋の思考法だ。暗示的な評価は大きな役割を果たしていて、逆に明示的な評価で過度なインセンティブを用いると守備に回る者がいなくなるなど問題が生ずる、とリチャード・パスカルは分析する。

　この暗示的評価は、大きな役割を果たしている。従業員は、「自分が何物であるかを人々や組織が知り、自分の特性が人間関係の中で認められたときに、受け入れられたと感ずる」のであって、人物評価とは個々の特性を評価することではない。

　日本の会社は、社員が共通の価値観を持つことで、効率だけの要求とは違った組織運営方法を生み出したのだ、とパスカルは指摘する。西洋の管理者は、人間の個別要求を扱うよりも、「システム的解決」を図ろうとする。要するに上部の命令を守れというわけだ。「その結果、人々は客観性という孤独な幻想に陥ってしまう。」[*3][98]

　このような論を展開して、パスカルは、西欧の管理者に向かって、「組織

---

*1 implied
*2 Without taking credit/ Is credited. Laying no claim/ Is acclaimed.
*3 The result can isolate people into the lonely illusion of objectivity.

270 第2部 教育効果を測る

は効率的システムを必要とするがそれは十分であればよく、それ以上は余分
である」「羽毛で間に合うときに大まさかりを使うようなことをしなくても
すむ」という結論を述べる。評価が自己目的化し、しなくてもよい管理をす
れば、組織の実行力はぶちこわしになるということだ。この見解は、教育や
教師を数値管理するという評価法の限界を見事についている。日本的経営を
見ながら、米国経営学者の中には、経営方法を変更する必要はないが、過度
の管理、評価、公表は不必要だと考える者もいたということである。

(3) 日本的経営は効率的かつクリエイティブだった

　野中郁次郎と竹内弘高の論文で最初に注目されたものは『ハーバード・ビ
ジネス・レビュー』に掲載された「新しい新製品開発ゲーム」[*1] (1986年) であ
り、この論文によって「ナレッジマネジメント (知識管理)」という概念が広く
知られるようになったと言われる。

　1995年のこと、野中郁次郎と竹内弘高は、英語で、日本的経営を説明す
る研究書『*The Knowledge-Creating Company: How Japanese Companies Create the
Dynamics of Innovation.*』(梅本勝博訳『知識創造企業』) を刊行した。この研究
書で、二人は、営利組織[*2] とは上部の命令を実行するという「情報処理機械」[*3]
ではないと主張し、米国的経営を否定した。組織は知識を単に「処理する
(process)」だけでなく知識を「創造する (create)」ものであること、日本企業で
は暗黙知と明示知、個人と組織という二種類の相互作用 (interaction) がうま
く作り出され、「組織的知識創造」[*4] こそが日本企業の国際的競争力の最も重
要な源泉であり、「組織的知識創造」のスキルと知見[*5] こそが日本企業成功
の最大要因であると説明した。

　野中と竹内の論理は、暗黙知に注目したという点で斬新であり、知識獲得
を集団的な相互作用という動的プロセスでとらえるという点で、米国経営学

---

*1 *The New New Product Development Game*
*2 business organization
*3 machine for information processing
*4 organizational knowledge creation
*5 skills and expertise at "organizational knowledge creation"

をはるかにしのぐ理論である。と同時に、日本の学校教育は、現場で知識を構成するという日本的経営がありながら、構成主義的な教育学をなぜ作り出せなかったのかが問われることになるだろう。

野中と竹内の分析では、西洋人は組織的知識創造の問題に触れたがらない。なぜなら、フレデリック・テイラーからハーバート・サイモン（Herbert Simon）に至るまでの西洋的経営の伝統が、「情報処理機械としての組織」[*1]という組織論を信じて疑わないからである。西洋人の哲学では、知識は明示されるもの[*2]で、フォーマルで体系的なもの[*3]である。

野中と竹内は、ことばや数字で表すことができる[*4]明白な知識を「明示知」と呼ぶ。明示知ならば、「安定的データ、科学式、定式的手続き、普遍的原理」[*5]といった形で「たやすくコミュニケーション・共有できる」[*6]のだ。だから、ドラッカーが「知識を労働に使う」[*7]といっても、それは、「計量化したデータを労働に使うこと」[*8]を意味しているに他ならない。[99]確かに、ドラッカーは、「データ」の発見を大きく評価している。「それは、いかなる情報も、定量化してしまえば、情報として質的な差はなく、同一の方法で処理することができるという発見である」[100]と言っている。彼のこの考えこそ、労働を機械化する発想になっている。

ところが、野中と竹内は、日本企業が欧米とは「大きく異なる知識観」[*9]を持っていることを指摘する。「ことばや数値で表現される知識は氷山の一角に過ぎない」と考えるからだというのである。

米国経営学の知識経済論が否定する経験的なものを、日本企業は評価しているという見解だ。それを、野中と竹内は、ポラニー（Michael Polanyi）が提

---

*1 organization as a machine for "information processing"
*2 explicit
*3 formal and systematic
*4 can be expressed in words and numbers
*5 hard data, scientific formulae, codified procedures, or universal principles
*6 easily communicated and shared
*7 apply knowledge to work
*8 application of quantifiable data to work
*9 very different understanding of knowledge

起した「暗黙知」という概念を使って説明した。それに対して、西洋人がいう知識とは「フォーマルな言語で表しうる」[*1]明示知なのだと呼びわける。

ポラニー自身も、「われわれは語れる以上のことを知ることができる」[101]と言っている。ことばや数値で表現できる知識は一部でしかないこと、また、主体たる人間が客体に「住み込む」、すなわち直接的に対象と関わることによって知識は獲得される、つまり、人間は自己の経験を積極的に創造し組織することで知識を獲得していく[*2]ものだとポラニーは考えた。

(4) 暗黙知と明示知、内化と外化

ポラニーから学びながら、野中と竹内は、次のように論を展開する。

「より重要なのはフォーマルな言語では言い表すことが難しい『暗黙知』なのだということを、われわれは論じたい。それは個人の経験に根ざし[*3]、属人的な[*4]信念、展望、価値体系といったつかみ所のない要素[*5]を含んでいる属人的知識である。暗黙知は、集団的な人間行動にとって決定的な要素[*6]であるにもかかわらず、これまで無視されてきた。」[102]

「日本企業は、知識とは、基本的に『黙示的なもの』[*7]で、容易に見え表現されないもの[*8]とみなしている。暗黙知は、きわめて属人的であって形式化しにくく、他人とコミュニケーションしたり共有することは難しい。主観的な洞察、内省、勘[*9]が、この知識の範疇に含まれる。さらに暗黙知は、個人の行動と経験[*10]、理想、価値観、情念[*11]などにも深く根ざしている。」[103]

また、野中と竹内は、暗黙知には技術的および認知的な二つの側面がある

---

*1 can be articulated in formal language
*2 acquire knowledge by actively creating and organizing their own experiences
*3 embedded in individual experience
*4 personal
*5 intangible factors such as personal belief, perspective, and the value system
*6 critical component of collective human behavior
*7 primarily "tacit"
*8 not easily visible and expressible
*9 insights, intuitions, and hunches
*10 individual's action and experience
*11 ideals, values, or emotions

という。

技術的側面*1とは、一般には「ノウハウ (know-how)」と呼ばれるもので、「インフォーマルではっきりとは固定しがたいスキルや技巧」*2で、多くの場合、自分が知っていることの背景にある科学的原理や技術的原理をはっきり説明できない*3ものである。

認知的側面*4とは、認識図式、精神モデル、信念、知覚*5などと呼ばれるもので、表面に出ることはほとんどなく*6、「こうである」という現実のイメージ*7と、「こうであるべきだ」という未来へのビジョン*8を映し出すものだ。

要するに、野中と竹内は、西洋と日本では知識観が違うというのである。つまり、事実認識にも認識主体の理念・イデア*9が認識枠となって作用する。だからこそ、知識は構成されるのである。ところが西洋では、知識とは教育や訓練で教えられる明示知ととらえる。そして、西洋の管理者は明示知の扱いには慣れている。そのため、組織が単なる「情報処理機械」*10に見えてくるというのである。ところが、日本のように暗黙知を知り、その重要性を認識すると、組織が「生きた組織」*11として見えてくる、と野中と竹内は指摘する。

有機的生命体と見なせば、たとえば、「会社は何のためにあるのか」*12「どこを目指しているのか」*13「どんな世界に住みたいのか」*14「どうすればその世界は実現するのか」*1といったことを社員全員が理解を共有していること*2

---

*1 technical dimension

*2 informal and hard-to-pin-down skills or crafts

*3 unable to articulate the scientific or technical principles behind what he knows

*4 cognitive dimension

*5 schemata, mental models, beliefs, and perceptions

*6 ingrained that we take them for granted

*7 image of reality（what is）

*8 vision for the future（what ought to be）

*9 idea

*10 a machine for processing information

*11 a living organism、日本語版では「一つの有機的生命体」と訳してある

*12 what the company stands for

*13 where it is going

*14 what kind of a world it wants to live in

274 第2部 教育効果を測る

の方が、「客観的な情報を処理すること」[*3]よりはるかに決定的だ[*4]と、野中と竹内は指摘する。[104]つまり、共同化された暗黙知が組織を活動的にするというのである。

日本では、極めて主観的な洞察、内省、勘、理念、価値、情緒、イメージ、シンボルといったものまで知識に含め、「ソフトで質的な要素」[*5]を知識として扱っている。量で測れないものは、教育や訓練で教えるというよりも、幼児が「心だけでなく『体』を使って学ぶ」[*6]ように、「直接的経験」[*7]で学ぶものである。「心身一如」[*8]は、禅宗確立以来の日本的思考の特徴となっている、と野中と竹内は分析する。

ちょうど、米国の経営学者セオドア・レビット（Theodore Levitt）が、「最も貴重な知識は教えることも伝えることもできない」[*9]と指摘しているように、日本の管理者は直接的経験や試行錯誤から学ぶことの大切さを重視する、と野中と竹内は言うのだ。教えることも伝えることも出来ないものは、実践をともにして共有するしかないということになるだろう。

このような概念装置を説明してから、野中と竹内は、「日本企業が新知識を創造する方法は、せんじつめれば、『暗黙知から明示知への変換』[*10]にある」[105]という。

ホンダのシティの開発を例に引きながら、野中と竹内は、新知識はいつも個人から始まり、その個人の属人的知識[*11]が企業全体にとって価値ある組織的知識[*1]に変換される[*2]。この過程は、個人の自発的行為[*3]と、グルー

---

*1 how to make that world a reality becomes much more crucial than processing objective information

*2 sharing an understanding

*3 processing objective information

*4 crucial

*5 soft and qualitative elements

*6 learn with the body, not only with the mind

*7 direct experience

*8 oneness of body and mind

*9 The most precious knowledge can neither be taught nor passed on.

*10 conversion of tacit knowledge to explicit knowledge

*11 individual's personal knowledge

プ・レベルでの相互作用[*4]で成り立つ。グループ・レベルにおける「チーム・メンバー間の濃密で骨の折れる相互作用」[*5][106]によって、「知識は、対話、討論、経験共有、観察などによってグループ・レベルで拡大されたり結晶化される」[*6][107]のである。

暗黙知とは、ある特定のコンテクストにおいて、「今ここで」作られている知識で、アナログ的である。当事者間では、アナログ的なコミュニケーションで暗黙知を共有することができる。しかし、それをデジタル的な企業活動にするには、「コミュニケーション伝達知識」[*7]、すなわち明示知に変換されることが必要となる。逆に、認知能力がさらに発展するためには、明示知は、手続き的知識、すなわち暗黙知に変換されなくてはならない。野中と竹内は、この双方向の変換がともに重要であると確認した点で画期的である。

野中と竹内は、この双方向の変換を、(1) 個人の暗黙知からグループの暗黙知を創造する「共同化」[*8]、(2) 暗黙知から明示知を創造する「外化」[*9]、(3) 個別の明示知から体系的な明示知を創造する「連結化」[*10]、(4) 明示知から暗黙知を創造する「内化」[*11]というサイクルにまとめた。と言うもの、現場で実行する段階では、デジタル的形式知をもう一度アナログ的暗黙知に戻さなければならないからである。これは単なるサイクルではなく、拡大するスパイラルであると野中と竹内は説明する。そして、それぞれの段階で作り上げられる知識を、①メンタル・モデルや技能など暗黙的な技能の「共感知」[*12]、②それが社会的ルールを用いて外化された「概念知」[*1]、③各部署から出てき

[*1] organizational knowledge valuable to the company as a whole
[*2] transformed into
[*3] initiative of the individual
[*4] interaction that takes place within the group
[*5] intensive and laborious interaction among members of the team
[*6] Knowledge can be amplified or crystallized at the group level through dialogue, discussion, experience sharing, and observation
[*7] communication declarative knowledge
[*8] socialization
[*9] externalization
[*10] combination
[*11] internalization
[*12] sympathized knowledge

276 第2部 教育効果を測る

たそれらを連結して得られた結論である「体系知」[*2]、④これを各部署で実施できるように内化した「操作知」[*3]と呼び分けている。[108]欧米型経営では可視化と呼んで「外化」が重視されるが、日本的経営では根回しなどのプロセスによって、たとえ全体が理解されていなくても、個々の職場で個々の労働者が意欲を持って取り組めるようにもう一度暗黙知の世界に戻すという「内化」も忘れずに重視される。野中と竹内は、個々人が職場で日常的に知識を作り出しているプロセスを継続的な企業活動として分析したのである。

(5) 野中郁次郎と竹内弘高の日本的経営論をどう評価するか

　要するに、野中と竹内は、明示知の伝達を教育と考えたり、明示知の実施状況を統制することを管理と考える西洋的思考を痛烈に批判して、明示知と暗黙知のサイクルの組織化という経営理論を作り上げたわけである。この拡大ないし上昇するスパイラル（らせん）が、日本人がとらえた弁証法なのである。

　組織を情報処理機械ではなく、一つの有機的生命体とみることは、派遣社員・非正規雇用という制度の危うさを説明するだろう。それは、労働条件の悪化という問題では済まされず、組織そのものの動きを質的にも速度的にも低下させることになる。組織は、共有される暗黙知に支えられ、掲げられた明示知をよりよく実現していくものだからである。

　とりわけ、「情報の単なる変換は、共通経験に埋め込まれた関連する情緒や特別なコンテクスト[*4]から切り離されてしまえば、たいていの場合ほとんど意味がなくなるだろう」[109]という二人の指摘は、明示知の限界を厳しく突いているといえるだろう。同じことは教育の場にもあてはまることである。これは、すぐれたシラバス通りに明示知の世界を伝達すればどの大学でも教育が成り立つか、非認知的側面を管理すればアクティブ・ラーニングは実現

---

*1 conceptual knowledge
*2 systemic knowledge
*3 operational knowledge
*4 associated emotions and specific contexts in which shared experiences are embedded

するのかという根本的問題を提起するだろう。教室は暗黙知を共有する学びの場なのである。

「人間自然一体」[*1]「心身一如」[*2]「自他統一」[*3]といったことばが示すように、日本人の認識方法は、「触覚的」[*4]であり「共同主観的」[*5]である。これを支えているのは日本語の構造であると、野中と竹内は分析する。つまり、日本語においては、メッセージは、文法的規則によって伝達されるだけでなく[*6]、コンテクストに頼ってコミュニケーションすることが多い[*7]。日本語の持つ曖昧さ[*8]が、「それぞれのコンテクストの暗黙知を備えていることを人々に要請する」[*9 110]ことになるというのだ。

「西洋の競争相手と比較したときの日本の組織の最も著しい特徴の一つは、情報冗長性に価値をおいていること[*10]である」[111]暗黙知は簡単には他人に伝えられない。暗黙知の共有には、個人が直接対話を通じて相互に作用し合う「場（フィールド）」が必要である。そのためには、混乱とも見える重複や無駄という「冗長性」が重要だと、野中と竹内は指摘する。「冗長性を持つ組織は、頻繁な対話とコミュニケーションが促進され、「共通の認識土台」[*11 112]を作り、暗黙知の移転を助けるのだと。

つまり、西洋流の効率とか、科学的管理法、計量的方法という見解は、組織にとって極めて重要な要素を見逃してしまうということだ。われわれはことば以上のことを知っており、ことば以上のことを伝えることができる。だからこそ、クリエイティビティが生まれ、クリティカル・シンキングも、リフレクション（振り返り、省察）もより多く必要になるのだろう。

---

*1 oneness of humanity and nature
*2 oneness
*3 interaction between self and other
*4 tactile
*5 interpersonal
*6 not solely by the self-complete grammatical code
*7 often communicated through the use of context
*8 ambiguous nature of the Japanese language
*9 ask one to be equipped with some tacit knowledge of each context
*10 the value placed on redundant information
*11 common cognitive ground

278　第2部　教育効果を測る

　日本の組織は暗黙知の世界を共有するような仕掛けを作ってきた。なぜ日本企業が終身雇用制度をとったのか、なぜ系列会社を組織したのか、日本の学校では授業以外に特別活動やクラブ活動を行いお節介なまでに集団行動を重視するのか。その意義は、学びの共同体を作り、学びを定着させることにあるのだ。これこそが、日本企業や日本の学校の優位性を作り出してきた。

(6) 野中と竹内が提起した知のサイクルは欧米人に理解されたのか

　OECDにおける知識基盤経済の提起は1996年のことであるが、暗黙知を明示知に転換し、コンピュータ情報として流通させれば新たな知識が生み出されるというルートが提示されている。[113]

　成人教育・職業教育の研究者デイヴィド・ガイル (David Guile) は、2006年の時点で野中郁次郎と竹内弘高の理論を次のようにまとめる。

　　　「暗黙知は明示知へと変化する。いったん暗黙知が明示的状態になると、今度はそれが労働者間の共通の知識となり、さらに多くの労働者のレパートリーとなり、労働者はそれを用いて生産方式、サービス方式、分配方式を変えていく」[114]

　これでは、暗黙知から明示知への一方通行しか示されていない。

　しかし、野中と竹内の理解では、明示化された知識は社内共通の知識になっていったん改革案として採用されれば、今度はこの明示知は、持ち場の労働者にわかるように、また実行できるように暗黙知に変換されて伝えられ、「内化」されて、共有される。このように、明示知と暗黙知が交互につながるサイクルが指摘されている。欧米の経済学者の議論では、再「内化」のプロセスが理解されていない。

　同様の構図が日本企業だけでなく学校一般にもあって、教師は明示知を子どもたち一人ひとりの暗黙知の世界に持ち込むことを仕事にしており、その内容と方法が「教育学 (ペダゴジー)」であると言うこともできる。その際には、子どもたちと教師との接点で、個々の子どもたちが持つ暗黙知との軋轢が生じる。この知識や認識の組み直しという共同作業、機能を会得するというプロセスが、教育であり学習であると言い直せる。つまり、「教育者」とは、

声ならざる声を聴き取り、それを明示知として「外化」した上で新たな構造化を促し、問題点を指摘しながら考え直すように生徒の内面に直接働きかける術を持った職人なのである。それこそが、「教育学（ペダゴジー）」という職業専門性なのであろう。

(7) 大学改革と知識基盤経済論

このままグローバルな経済競争そのものにのめり込むことには問題があるという経済学者もいる。学校が探究力や、クリエイティビティなどを意識的に育成しなければ、先進国の産業そのものが成り立たなくなるというのだ。

イマニュエル・ウォーラーステン（Immanuel Wallerstein、ウォーラスティン）やジョセフ・スティグリッツ（Joseph Eugene Stiglitz）は、市場優先論は結局のところ行き詰まり「国家資本主義」に取って代わられると、ネオリベラリズムの終わりを指摘している。市場が自己修正し、資源を効率的に配分し、公共の利益にうまくサービスするという原理は不十分だとスティグリッツは言うわけである。この「国家資本主義」とは、EUのような国際組織も含まれ、またOECDのような国際機関も含まれるのかもしれない。2016年の投票に見るように、英国のEU離脱やトランプ米大統領の選出は、このネオリベラリズム終焉の兆候なのだろうか。

現代の教育制度研究をしているマイケル・ピータース（Michael A. Peters）は次のように分析している。

> 「大学教育は過去10年にわたって変革されてきた。次の10年も変革はすみやかに進むだろう。 知識と学習を対象にした経済[1]の発展は、経済の成長と発展に対する人的資本、社会資本および知的資本の諸形態における知的資本と暗黙知の重要性が変化しつつあること[2]を強調している。『シンボリック』経済、あるいは『無重力』経済[3]は、経済発展と文化発展に対するシンボリックで、非物質的でデジタルな商品とサービスの一般

---

[1] the knowledge and learning economies
[2] the changing significance of intellectual capital and tacit knowledge
[3] the 'symbolic' of 'weightless' economy

280 第2部 教育効果を測る

的な重要性[*1]を強調してきており、高度な分析スキルの要求を伴う新労働市場[*2]と、取引可能な知識の新市場[*3]に帰着している。コミュニケーション・情報技術[*4]の発展は、さまざまな形態のグローバル化、処理様式の変化、知識の変換と流通の濃度と性質に寄与している。コミュニケーションのデジタル化、速度、圧縮は、大学教育の伝達モデルを変形させて[*5]おり、シンボルを扱うシステムという文化の概念を強化しており、知識と研究のネットワークというグローバルな文化の広がりに至っている。」[115]

「もはや、市場の提供に委ねられない[*6]。今日では、配置型知識システムをデザインし、測定と評価し、乏しい公共財を配分するという実践的アプローチを促している。科学技術研究パークを財政刺激や促進をして知的資本の計画と提供を行ったり、都市に知識産業や知識集約施設を集めたり、文化政策やクリエイティブ産業に知的計画や支援を行ったり、ハイテク産業を選別して国家が支援して官民協力を行ったりする点で、政府以外のものがより大きな役割を演じるようになっている。このような努力の一つとして、学校のクリエイティビティや『クリエイティブなカリキュラム』に新たな焦点が当てられているのだと思われる[*7]。」[116]

第7節　OECDが暗黙知に踏み込む

---

(1) 学習とはイノベーション

このOECDにおける大がかりな職業研究ないし職業戦略の過程で、共通理解が深まったのは、「学習とはイノベーションを起こすこと」「知識創出は暗黙知のコード化である」という斬新な見解である。OECDにおいて共通理解を作り上げていった経済学・経営学の研究者たちは、「知識はあいまいな

---

*1 the general importance of symbolic, immaterial and digital goods and services
*2 new labour markets with a demand for higher analytic skills
*3 new markets in tradable knowledges
*4 communication and information technologies
*5 reshaped delivery modes in higher education
*6 No longer is it possible to let the market provide
*7 Part of this effort sees *a renewed focus on creativity in schools and on the 'creative curriculum'*.

ものを含んでそれぞれが知っていること」「情報は法則化され通用性、流通性のあるもの」と見なすようになった。これは、伝統的な学問的解釈とは異なる。というのは、これまで知識とは「文化が蓄積された客観知」を指しており、「意味の体系に位置づけられ学問的に吟味・検証された正しいもの」であって、情報こそ見聞きしたものすべてを指しており、ウワサに近いものも含めて情報と解釈されてきたからである。また、多くの研究者や教育関係者に共通理解されていた学習理論は、累積的・発展的な知識の理解と蓄積および技能の修得であり、既知の正しい知識と技能を教科に従って段階的に育成するという教育課程、いわゆるカリキュラムが形成されてきたからである。

暗黙知は元来、個人的経験に根ざしていて、文化（価値観など）および実践を共有する場合にのみ伝達可能であると見なされてきた。この暗黙知をICTに乗せることで広汎に共有するという案は、デンマーク人で知識管理の研究者ベンクトオーケ・ランドヴァル（Bengt-Åke Lundvall）に依拠している。彼は、1992年から1995年にかけて、OECDの「科学・技術・イノベーション局（DSTI）の次長を務めていた。この「科学・技術・イノベーション局」は、OECDの投資と成長を「無形資本」[*1]あるいは「知識基盤資本（KBC）」を使うことで成し遂げようとしていた。また、このDSTI事務局は、OECDの国家イノベーション・システム・プログラムを担当していた。[117]

1994年の文献で、ランドヴァルは知識を4分類する。一つ目は、「何を知っているか（know-what）」という事実に関する知識である。法律の実践者や薬剤師にはこの知識が要る。二つ目は、「なぜかを知っている（know-why）」で、自然の原理や法則に関する科学的な知識である。この知識は科学技術の進歩とともに変化するものである。この知識は、大学や研究所といった専門組織の中でたいてい作られる。企業は科学的に訓練された労働者を雇ってこの知識と相互交流していなくてはならない。三つ目は、「どのように行うかを知っている（know-how）」で、「何かをなすスキルあるいは可能性[*2]に関連する」ものだ。ビジネスマンと呼ばれる人々が新製品を生み出す際に市場の見通しを

---

*1 intangible capital
*2 skills or the capability to do something

282 第2部 教育効果を測る

判断するために使う知識である。4つ目は、「誰を知っているか (know-who)」
で、最近重要になってきている。何かを知っている人、どうやればよいかを
知っている人といった情報を指す。知識を効果的に使用する専門家にアクセ
スする特別な社会関係の情報も含まれる。協同関係を作る知識にもなる。

ここで注目すべきは、この「know-how」と「know-who」はより「暗黙知」に
近く、コード化したり測定することがより困難なものであるとランドヴァル
によって説明されていることだ。[118]

この4分類が、イノベーションマネージメントの研究者ドミニク・フォー
レイ (Dominique Foray) とランドヴァルが1994年11月にコペンハーゲンで
行ったOECDのテーマ会議「知識基盤経済における雇用と成長」への基調報
告に使用された。[119] フォーレイは、当時はドーフィヌ (パリ第9大学) に在職中
で、後にOECDの主任分析官となっている。

この基調報告で、暗黙知のコード化が提起されており、かつポラニーが参
考文献に挙げられている。しかし、更に参考文献からさかのぼると、1993
年のフォーレイの文献に「一般的な暗黙知」[*][120] という表現が出てくる。だが、
この時点ではポラニーの著作は参考文献には取りあげられていない。

むしろ、暗黙知と知識のコード化について比較的長く論じているのは、
1996年刊行の「職業研究」報告書の1冊である。[121] この時点でOECDの戦略
としてICT化に伴って暗黙知のコード化が取り上げられることになったと
見なせる。しかし、その論理は極めて単純であった。ベンクトオーケ・ラン
ドヴァル自身が「暗黙知の決定的な重要性」[122] と述べて、野中郁次郎と竹内
弘高が提示した暗黙知と明示知の複雑な相互関係と企業におけるその組織化
について引用するのは更に後のこととなる。

1996年当時のOECD内部では、「知識のインフラ」の領域では「企業の吸
収能力とコード化の重要性が知識普及の鍵である」と理解されていて、研究
開発の標準化され体系化された定義を活用しても「知識のほんの少しの部分
だけが記述されるに過ぎない」という限界に気づいていたのだとドミニク・

---

* general, codified knowledge

フォーレイは振り返っている。[123]

　後の説明では、ジャック・グッディ（Jack Goody）から示唆を受けながら、

　　　　「書かれたレシピはおばあさんがいなくても行間を埋めることが出
　　　　来る」[*1][124]

となっている。暗黙知を明示知に置き直すことが語られているわけである。
ところが実は、ジャック・グッディは、もっと示唆に富む見解を述べている。
文化により表現形態は複数あり、その内容はことばに移しにくいと指摘して
いるからだ。[125]しかも、次のように文明論的な指摘を行っている。

　　　　「ところが、知識の急成長と産業化は、西洋と東洋の間に不均衡を生み
　　　　出した。そのことで、東洋が徹底的に貶められるようになった[*2]。もは
　　　　や問題は、たんなる自民族中心主義や異国恐怖症といったものではなかっ
　　　　た。知識の体系と経済の面で明らかな優位性[*3]が認められ、その点にか
　　　　んする説明が求められたのである。」[126]

　西欧社会に蓄積されてきた知識、近代科学の生み出した知識、いわゆる明
示知だけの世界こそが科学として権威ある正統な知識として解釈されたと振
り返る。そうだとすると、OECDは、東洋の特徴でもある暗黙知も含み込
んだ知識の世界へと踏み出したことになる。あいまいなものと見なされるコ
ンピテンスへの注目も、このような西欧近代の科学知を基盤にした能力観か
ら暗黙知をも含む能力観への転換という背景がある。

　1996年のOECD報告書『知識基盤経済』で提起される知識分類枠は、
1994年にランドヴァルを中心にしてOECD内に提起されたものだと推測で
きるだろう。

　だが、ここで提起されているような、ICTを使って誤解なく流通させる
ことに主眼が置かれた知識観は、職場や組織で知識創造の手順を集団的に作
り上げようとした野中郁次郎たちの研究とはずいぶん違う。いずれにしても、
知識は一部の専門家や研究者が学問や科学の手続きに従って確立したもので、

---

*1 a written recipe can partially fill up the empty space created by the absence of the grandmother
*2 leading to a radical devaluation of the latter
*3 evident superiority in knowledge systems and in the economy

284　第2部　教育効果を測る

個々の人間の意欲や意図や感情や価値にかかわらず決定され、教育はこの知識を伝達し普及するこだ、学習は正しい知識を覚えることだといった伝統的な知識観と教育観は崩壊することになった。この先は、いわゆる知識の構成主義へと開かれる。教育関係者にとっては、この相対化された知識観こそがネオリベラリズムの神髄である。

(2) 学習観の大転換—1996年OECD知識論

　OECDが公的に「知識基盤経済」という用語を使用し始めるのは、1995年の報告書においてである。[127] ただし、この時は、タイトルにのみ使用されただけで、その中身は翌年の報告書を待つことになる。

　翌1996年になると、「職業戦略」の中で、『知識基盤経済』と題する、きわめて大きな影響力を持つOECDの文書が出された。OECD全体で、学習観、知識観を統一し、その後の世界戦略の路線が決まった瞬間である。

　英国ランカスター大学の社会学研究者ボブ・ジェソップ (Bob Jessop) は、この文書を知識基盤経済に関する「キー・ドキュメント」と評している。これを機会にして、知識基盤経済という名称が国際的な意味を持って使われるようになった。またこの翌1997年からは、「国家イノベーション・システム (NIS)」という形で、国家ぐるみの経済競争力が追求されることになったと、ボブ・ジェソップは指摘している。[128]

　この報告書の論理は、教育のグローバリズムの研究者であるマイケル・ピーターズによると、フリードリッヒ・リスト (Friedrich List) の知識インフラと知識制度に関するもの、シュンペーター (Schumpeter)、ガルブレイス (Galbraith)、グッドウィン (Goodwin)、ヒルシュマン (Hirschman) のイノベーション論、ローマー (Romer) とグロスマン (Grossman) の新成長理論であるという。そして、この報告書が大学教育に影響を与えざるを得ないと彼は指摘している。

　　　「公的な研究所や大学の施設といった科学のシステムは、知識経済の中心的要素である。この報告書は、知識生産の伝統的機能と、知識やテクノロジーを転換する場合に産業と協働するという新しい役割を持った科

第5章　学力論と能力政策の拡大　285

学者を訓練することとを一致させることを主要な課題として確定してい
る。」[129]

　まず、OECD は、1996年の報告書で、知識経済が「新経済成長理論」で
あることを確認する。知識のコード化[*1]と移転がコミュニケーションとコ
ンピュータ・ネットワークによって実現される。これが「情報化社会」である。
労働者には、幅広いスキルとそのスキルの継続的な適用が求められる。これ
が、「学習経済」[*2]である。知識とテクノロジーの普及には、「知識ネットワー
ク」と「国家イノベーション・システム」という装置が必要になる。[130] このよ
うに述べたうえで、OECD は指標を設定し、イノベーションの測定に乗り
出そうとするのである。

　この OECD の報告書は、1994年に提起されたランドヴァルの知識分類[131]
をそのまま引用した。これによって、OECD が全体で知識の構成主義を採
用することに決まったのである。以後、さまざまな教育調査では知識の構成
主義に沿って調査尺度が作られていくことになる。

　OECD の報告書では、情報テクノロジーは「コード化された知識と暗黙知
との間の境界を動かしていくだろう」[*3]と予測し、「デジタル革命はコード化
された知識に向かう動きを強め、経済の知識ストックにおいてコード化され
た知識と暗黙知との棲み分けを変更してきた」とする。なぜなら、「コード
化のおかげで、知識は商品の性質をより多く獲得している」からだ。[132]

　さらに、OECD は、「知識と学習」という項目を立てて、従来の伝統的な
知識観を大きく変更している。

　　　「情報へのアクセスが容易になり、安価になるので、情報の選択と効率
　　　的な使用に関するスキルとコンピテンスがより決定的に重要になる。コー
　　　ド化された知識を扱うのに必要な形態のスキルとしての暗黙知[*4]は、労
　　　働市場において今まで以上に重要になる。」

　　　「情報テクノロジーを通して、コード化された知識から最大の恩恵を

---

*1 codification of knowledge
*2 learning economy
*3 may be moving the border between tacit and codified knowledge
*4 *tacit knowledge* in the form of skills needed to handle codified knowledge

286 第2部 教育効果を測る

引き出す場合に必要な暗黙知の累積[*1]は、学習を通してのみ行われう
る[*2]。」（強調はOECD）

「学習のプロセスは、フォーマルな教育を獲得する以上のものである。
知識基盤経済に置いては、『なすことで学ぶ』が最優先する[*3]。学習の基
本的側面は、暗黙知をコード化された知識に変換すること[*4]と、新たな
種類の暗黙知が開発されるような実践に戻る動き[*5]である。」[133]

このことをふまえ、OECDはきわめて大胆な視点を提起している。

「知識基盤経済においては、イノベーションはコード化された知識と
暗黙知との両者を生産者と使用者が相互交流することで引き起こされ
る。」[*6][134]

この立場は、経済発展にはまだ確定していない知識を積極的に評価するこ
とと、それを学習を通して共通ルールに則った形の知識（コード化された知識）
に再構成していくという姿勢である。これによって、制度化されたいわゆる
フォーマルな知識を越える論理が確立される。OECDは、このように、い
わゆるポストモダニズムの知識観と教育観を構築したのである。この基本姿
勢が、OECDが行うさまざまな調査の尺度に使われることになる。

さらに、所持する暗黙知をコード化しICTによって知識を交流させるこ
とは、知識の収集及び創造のコストダウンを図ることができる。OECDや
World Bankの知識経済論がここまでくると、教育史研究者のマイケル・ピー
ターズが指摘するように、

「企業組織内部の知識処理は、知的労働者が知識を共有しているだけで
なく、自己の暗黙知をコード化することになっていること[*7]への信頼と
相互利益を要求する」[135]

---

*1 the accumulation of tacit knowledge needed to derive maximum benefit from knowledge codified
through information technologies
*2 can only be done through *learning*
*3 paramount
*4 the transformation of tacit into codified knowledge
*5 the movement back to practice where new kinds of tacit knowledge are developed
*6 In the knowledge-based economy, innovation is driven by the interaction of producers and users
in the exchange of both codified and tacit knowledge.
*7 if knowledge workers are to share knowledge and codify their tacit knowledge

という、新しい高度な能力が課題になっていることになる。このようにして教育改革への言及は、各国の制度の域を越えてそこで行われる教育内容と教育方法にまで及んでいくことになるのだが、まさにこの1996年に、新しい知識論の土台が据えられたことになる。

ただし、OECDが報告書『知識基盤経済』で指摘するランドヴァルの論文（1994年12月）には暗黙知の言及はなく、「コンテクストに依存する知識」[*1] [136]という提起がある程度である。さかのぼると、1996年発行の別のOECDの報告書に採録されたドミニク・フォーレイと共著になる1994年11月の「知識基盤経済における雇用と成長」会議の基調報告で、初めて暗黙知に言及されていることがわかる。

1996年にOECDはリカレント教育論から生涯学習論に転換し、インフォーマルな教育の領域を事業に取り込むことになった。これがフォーマルな知識、いわゆる教科書的知識を越える制度的な枠組みになる。これによって、義務教育段階では学び続ける力を育成し、義務教育後の段階では職場に通用する力を付けさせる、とりわけ大学では暗黙知を省察し共通理解できるコード化された知識へと転換する力を付けさせるという教育論へと進展した。その教育方法は、なすことで学ぶ、あるいはアクティブ・ラーニングとなる。言い換えると、1996年にOECD内で明確になる知識観の転換こそ、世界の学校教育を構成主義と生涯学習にパラダイム転換させる遠因なのである。

しかも、国際経営学の研究者アラン・バートンジョーンズによると、World Bankが知識管理[*2]戦略を開始したのが1996年であるという。

　「World Bankの知識管理計画は、『最も優れた実践の共同記憶』[*3]を開発することと、諸組織の外部にある価値ある知識を顧客、提携先、利害関係者、とりわけ発展途上国に普及することである。」[137]

決定的な問題は、知的能力の育成が職場から学校へと逆流し始めた。そのルートをOECDが世界規模で作り出そうとしているということだ。大学に

---

*1 context-depended knowledge

*2 knowledge management

*3 corporate memory of best practice

288　第2部　教育効果を測る

おいて人類の文化を蓄積しかつ創造するというアカデミズムは、未来への起業とその効率という視点から再編成される。これがいわゆる職業主義の教育である。

(3) 知識基盤経済論の原文
知識基盤の変化、それはコード化による増加なのか

知識の「コード化」とは、情報インフラを通して容易に移転されうる「情報」へと、その知識を転換すること[*1]である。それは、知識の移転、検証、蓄積、再生産を著しく容易にする圧縮と転換[*2]の過程である。デイビッドとフォレイは、コード化された知識は、操作のコストを容易にしまた圧縮するコンパクトで標準化された様式で表現されると説明している。しかし、情報とコード化された知識を含む市場取引は、困難なままである。売り手は情報へのアクセスを普通に維持しているが、買い手がそれを普及させることではなく可能性のある他の消費者へ移すことを妨げることは困難である。価格で同意するまでに至ることは一直線ではないし、書いては買おうとしている物がうまくいくものやら知らないでいる。言い換えれば、買い手は喜んで支払うわけではないのだ。

知識を新しくコード化した最も重要な結果は、暗黙知とコード化された知識のとの間の境界を変更することである[*3]。というのも、ずっと長いこと暗黙知のままであった種類の知識をコード化すること[*4]は、技術的には可能になっておりまた経済的には魅力的になってきているからだ。しかし、このことは、暗黙知の重要性をスキルやコンピテンスに圧縮することが必要ではないということにはならない。例えば以前より

[*1] transmission
[*2] reduction and conversion
[*3] to shift the border between tacit and codified knowledge
[*4] to codify kinds of knowledge that have so far remained tacit

もずっと困難だったことを考えれば、情報へのより容易で安価なアクセスは、スキルやコンピテンスを、情報を選択し効果的に使用することと関連づけることになる。学習の最も基本的な側面[*1]は、おそらくスパイラルになっている。まず、暗黙知がコード化された知識に変形させられる[*2]。続いて、実践に戻る運動がある。そこでは、新たな種類の暗黙知が開発される[*3]。テクノロジーと雇用に関する現在の論争を解釈すると、知識の累積[*4]にコード化が重要であることにはたくさんの根拠がある。第一に、コード化は知識獲得と技術普及のコストを圧縮する。輸送と移動[*5]、再生産、蓄積[*6]といったもの、アクセスと検索さえも[*7]、最も「記号論理学志向」[*8]的側面のコストは、コード化のおかげで劇的に降下させられる。第二に、コード化によって、知識は商品の性格[*9]をますます帯びていく。市場取引はコード化で容易になる[*10]。つまり、コード化された知識は、たとえば知的な性質に配慮するなど、内容がより厳密にかつ明細に記述され[*11]るので、知識も含んだ取引[*12]における不確かさや情報の不具合[*13]は縮小される。その結果、多くのサービス行為は、国内的にも国際的にも取引可能[*14]となる。

これらの理由により、コード化は知識の外化を容易にし、企業が所与のコストで以前よりも多くの知識を獲得することを可能にする。こうして、この意味で、さらにこの意味だけで、コード化は学習コスト

---

*1 most fundamental aspect of learning
*2 transformed into codified knowledge
*3 new kinds of tacit knowledge are developed
*4 accumulation
*5 transport and transfer
*6 storage
*7 even access and search
*8 logistics-oriented
*9 properties of a commodity
*10 market transactions are facilitated by codification
*11 more precisely described and specified in terms of content
*12 transaction involving knowledge
*13 uncertainties and information asymmetries
*14 tradable

290 第2部 教育効果を測る

を縮小することができる[*1]。その結果、新製品の生命期間あるいはプロセスの縮小となるだろう。なぜなら、「模倣」あるいは「キャッチ・アップ」の時間が縮小されるからである。最終的には、ICTが「『オンライン』学習」[*2]に対し、知識蓄積全体に関するまったく新しい役割を与える。……一つの重要な影響は、オンライン学習とオフライン学習の間のより高速でより直接的なフィードバックによって、イノベーションのプロセスがスピードアップされることである。

　アブラモヴッツ（Abramowitz）とデイビッド、フォーレイとランドヴァルは、ICTの発展が、すますまグローバルとなる競争環境においてコード化された知識をより効果的に扱う必要性に対する反応と見なせるだろうと主張している。同時に、ICTは、コード化された知識の経済的価値を増加させる点で、偉大な役割を演じるだろう。重要な点は、情報にコード化され縮小されうるすべての知識は、今や、きわめて低コストで遠距離に転送することができることだ。……

OECD. *The OECD Jobs Strategy: Technology, Productivity and Job Creation: Vol.2, Analytical Report.* Paris: OECD, 1996, 14-15.

ICTは、「グローバルな」技術変化のケースか

　……このことは、コストの有利さ、市場の経済的通用性[*3]に基づいてICTがキャッチ・アップの巨大な潜在力[*4]を提供するということを意味する。しかしまた、国際的にコード化された知識にアクセスする可能性[*5]においてコンピテンスの決定的に『暗黙の』要素[*6]は強調されなくてはならない。

---

*1 can reduce learning costs
*2 "on-line" learning
*3 economic transparency of markets
*4 potential
*5 capacity
*6 crucial "tacit" elements of competence

クリエイティブな方法で適切な知識をコード化する能力[*1]は、ます
ます戦略的な価値を獲得しており、あらゆる場面で競争力に影響するだ
ろう。ネットワーク的なアクセスは、つまり適切な情報を選択し、経
済的な目的にそれを使用するコンピテンスは、成果を上げるためには
決定的に重要になってくる[*2]。……

OECD. *The OECD Jobs Strategy: Technology, Productivity and Job Creation: Vol.2, Analytical Report.* Paris: OECD, 1996, 15.

　ここでOECDが考えた知識創造の手法、すなわち知識基盤経済の基本原
理は、暗黙知を情報にコード化し、ICTに乗せて世界にネットワークを張
り巡らし、知識を協同で創造していくものと言い換えることができるだろう。
この1996年から数えて20年後の今日には、その世界が着々と編成されて
いることが実感される。

(4) フィンランドの国家イノベーション・システム

　経済競争を促進するために、経済のみならず国家規模でさまざまな分野
のイノベーションも関連づける仕組みを「国家イノベーション・システム
(NIS)」と呼び、これを国の政策にしてさらにそれを国際的に統合しようと
するのがEUやOECDの戦略となった。その原型をたどれば、日本の通産
省の産業育成や「護送船団方式」と呼ばれる国策、あるいは西ドイツの産業
政策に行き着く。

　フィンランドは北欧諸国ではもっとも早く、1990年に国家イノベーショ
ン・システムという政策を導入した。国民の間には、それまでにある程度の
合意が形成されていたからだと言われる。科学技術社会論の研究者レイヨ・
ミエッティネン (Reijo Miettinen) によると、既存技術プロセスの最適化とい
う古いイノベーションはつかの間の成功しか収めず、1990年代になるとイ
ノベーションはインタラクティブなものに、すなわち①単一の企業ではなく

[*1] ability to codify relevant knowledge

[*2] become crucially important to performance

関係者のネットワーク、②国家の諸制度間の関連づけ、③地域など限定された範囲における多様な関係者の関連づけが必要になったという。[138]

学校は、少なくとも義務教育は、この「限定された範囲における多様な関係者の関連づけ」の中で運営されるべきで、国家からのトップダウンを出来るだけ排除し、ノルマではなく自己評価で決定していくというのが1990年からの政策となったわけである。

1968年からの学校改革を振り返れば、初等・中等普通教育、いわゆる総合制学校の転換は、「統制の文化から信頼の文化へ」[*1] と統治（ガバナンス）が変化したことだと、元フィンランド首相のエスコ・アホ（Esko Tapani Aho）を始め教育研究者のパシ・サールベリ（Pasi Sahlberg）たちが述べている。

　　　「分権化と地方自治の増加は、学校が最適な教育方法と学習環境をつくりあげる自由を与えてきただけでなく、教育の発展と学校の改善に対し真のリーダーシップと責任もまた与えてきたのだ」[139]

そこで、フィンランドでは、

　　　「1994年の総合制学校のカリキュラムと評価についての分権化は、目標と標準テストに基づくカリキュラムの論理を意識的に拒否したものであった」[140]

と指摘されている。

フィンランドにおける国家イノベーションの研究者レイヨ・ミエッティネンが引用[141]しているのだが、「スラム街の教育改革」でも知られる教育イノベーションの提唱者、ロンドンのシンクタンク所属のチャールズ・リードビーター（Charles Leadbeater）は、英国が実施してきた公共部門の「目標志向管理」[*2]は行政を「より効率的」[*3]で透明に[*4]「さらにより信頼のおけるもの[*5]」にしたが、同時にまた「イノベーションを阻害する」[*6]ものにしたと指摘する。なぜなら「目標重視の文化は変化の敵になりつつある」[*1]からだとチャール

---

*1 from a culture of control to a culture of trust
*2 target-driven management
*3 efficient
*4 transparent
*5 reliable
*6 against innovativeness

第5章　学力論と能力政策の拡大　293

表5-6　ピーターズが整理した知識経済論の理論と歴史

（1）ヨーゼフ・シュンペーターが、経済学分野としての企業研究やイノベーション研究につながるような資本主義の「創造的破壊」と起業家像をいち早く強調した（Schumpeter's early emphasis on 'creative destructive' of capitalism and the figure of the entrepreneur that has lead to entrepreneurial and innovation studies as fields in their own right）

（2）知識分類の先駆的研究を行った、フリードリヒ・ハイエクとフリッツ・マッハルプの初期の著作で特徴付けられる経済学オーストリア学派（the Austrian school of economics featuring the work of the early work of Hayek and Machlup's pioneering studies of the distribution of knowledge）

（3）セオドア・シュルツやゲーリー・ベッカーなど、シカゴ学派が人的資本の概念を強調（the Chicago school's emphasis on the notion of human capital in Schultz and Becker）

（4）前項（3）に関連して、実際には知的資本や文化資本を含む他の資本として、ジェームズ・コールマンやロバート・パットナムによる社会資本概念の発展（in relation to (iii) above the development of the notion of social capital by Coleman and Putnam, and indeed, other forms of capital, including intellectual capital and cultural capital）

（5）ダニエル・ベルやアラン・トゥーレーヌの著作で明らかな、ポスト産業主義の社会学（the sociology of postindustrialism evident in the work of Bell and Touraine）

（6）知識編成を明示的に扱う管理理論の確立（the establishment of management theory that deal explicitly with knowledge organization）

（7）科目として知識管理法が発展（the development of knowledge management as a discipline）

（8）組織論に関する心理学と、知識問題に対するその応用（the psychology of organizational science and its application to questions of knowledge）

（9）図書館学、文献整理学、ウェブ整理学の急速な成長（the rapid growth of library science, bibliometrics and webometrics）

（10）情報・コンピュータ科学の成立と発展（the formation and development of the information and computer sciences）

（11）通商条約、著作権、特許に関する国際法の分野で論議（the emerging discourse in international law on trade treaties, copyright and patents）

（12）認知科学と学習理論の成長（the growth of cognitive science and learning theory）

Michael A. Peters. Education, Creativity and the Economy of Passions. In Michael A. Peters, Simon Marginson, and Peter Murphy. *Creativity and the Global Knowledge Economy*. New York: Peter Lang, 2009, 128.

ズ・リードビーターは明言している。

　また、公共部門は「リソースを確保する目標を必要とする」が、その目標とは、「それらは、信頼、長期の計画づくり、地域の環境や要請、可能性に適合する柔軟性という枠組みの中で立てられるべきである。」[*2 142]

　この論理を基に、フィンランドの学校教育には数値目標をあえて置かなかったという。そのような文化があるために、義務教育の最終学年に当たる

---

*1 the target culture is becoming the enemy of change

*2 They should be set within a framework of trust, long-term planning and flexibility to meet local circumstances, demands and opportunities.

294　第2部　教育効果を測る

表5-7　知識基盤経済と大学およびカリキュラム改革

年	発行機関	政策文書
1996	OECD	*The Knowledge-Based Economy.* Paris: OECD, 1996.
	OECD	*Measuring What People Know: Human Capital Accounting for the Knowledge Economy.* Paris: OECD, 1996.
	OECD	*Employment and Growth in the Knowledge-Based Economy: OECD Documents.* Paris: OECD, 1996.
1997	OECD	*Industrial Competitiveness in the Knowledge-Based Economy: The New Role of Governments: OECD Conference Proceedings.* Paris: OECD, 1997.
1998	OECD	*Making the Curriculum Happen.* Paris: OECD/CERI (Centre for Educational Research and Innovation), 1998. *Knowledge, Skills and Competence.* Paris: OECD, 1998. *Human Capital Investment: An International Comparison.* Paris: OECD, 1998.
	World Bank	*World Development Report: Knowledge for Development.* Oxford University Press, 1998.
2002	World Bank	*Constructing Knowledge Societies: New Challenges for Tertiary Education.* World Bank: 2002.
2005	OECD	Innovation Policy and Performance: A Cross-Country Comparison. Paris: OECD, 2005.
2007	OECD	Competitive Cities in the Global Economy. Paris: OECD, 2007.
	OECD	Higher Education and Regions: Globally Competitive, Locally Engaged. Paris: OECD, 2007.
2008	OECD	*Innovating to Learn, Learning to Innovate.* Paris: OECD/CERI, 2008.

16歳までは他人と比べるテストはない。国家規模の学力テストも、5％程度の抽出式のみで、全体を調査することが目的である。フィンランドがテスト社会を回避しようとしているのは、ネオリベラリズムに属する国家イノベーションの発想からである。

　さらに、コンピテンス・ベースの教育が数値目標を排除したということだ。これもまたネオリベラリズムに他ならない。国策として将来の産業を設定し、それに必要な能力を長期にわたって育成するという政策がテスト競争のムダと弊害を排除したということ、つまり教育の効率を考えて探究型の授業を選んだということである。そこにあるのは、いかに納税者を増やすかという、冷酷な論理の世界である。

(5) 知識基盤経済論の影響

　マイケル・ピーターズは、知識経済ないし知識基盤経済に関する簡略史を**表5-6**のようにまとめている。また、OECDがリードし大学教育やカリキュラム改革に影響を及ぼした文献のうち主要なものは、**表5-7**のように書き出すことができる。

　その後の歴史を見れば、1996年に姿を現したOECDの知識基盤経済論は、OECDが大学を含む学校教育の内容に深く関わる理論的基礎を提供したことになる。

第6章　広域テストから国際調査へ

第1節　知を測定するOECD、国境を越える学力調査の始まり

(1) 成人の学力調査

　成人の学力調査は、1970年代に姿を現したようだ。調査をしたミシガン大学のジョン・ミラー（Jon D. Miller）によると、ペンシルベニア大学の研究者のシェン（Benjamin S. P. Shen）は、この科学的リテラシーを、「実践的な科学リテラシー」「文化的な科学リテラシー」「市民としての科学リテラシー」[*1]の3つに分類している。[1]この「市民としての科学的リテラシー」[*2]の中身を考える点でスウェーデン人のネルキン（Dorothy Nelkin）が有益な枠組みを提供したと、ミラーは評価している。

　1970年代初頭、スウェーデンでは核の平和利用が政策として追求されていた。そこでスウェーデン政府の市民情報局は、市民を10〜15人の小グループに編成して、資料を提供し、学習会を展開した。何か月かの国民的議論の末、自分で結論を下せると感じる者の割合が63％から73％に増大したという。「有意義な市民参加には、論争の本質を理解し、論点を評価・判断できるに十分なレベルの市民としての科学的リテラシーが必要なことは明らかだ」とミラーは結論付ける。

　当のネルキンは、より複雑な分析を述べている。第二次世界大戦後のスウェーデンで原子力発電所計画を担ったのは社会民主党であるが、1970年を前後して、中央党（旧農民党）が政府の中央集権的な政治手法を批判し始めた。さらに、1960年代末には、都市部で環境問題を取り上げる「緑の波」[*3]

---

*1 practical science literacy; cultural science literacy; civic science literacy
*2 civic scientific literacy
*3 green wave

が起きてきた。市民活動家たちは、原子力発電所から漏れる原子力による健康被害を訴えた。決定的な影響を及ぼしたのは、1968年稼働予定のマルビッケン原子力発電所の安全性が疑わしいとされたのに、財政不足のために政府が手を打ってこなかったことがわかったことだった。結局1974年2月の国民投票で、新規の原子力発電所の建設が中止された、ということだ。[2]

その後、スリーマイル島事故の後、1980年の国民投票で2010年までに原子力発電所の段階的廃止が決められた。ところが、2009年2月にはスウェーデン政府が段階的廃止という方針を修正した。

(2) 成人教育と学力調査

OECDは、「新経済成長理論」を実現すべく、どのような知識が経済成長

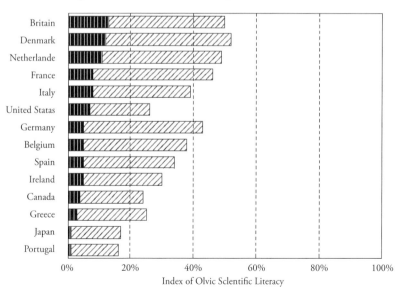

図6-1　14か国における市民の科学リテラシー

OECD. *Science and Technology in the Public Eye*. Paris: OECD, 1997, 10.

298　第2部　教育効果を測る

に役立つかを見極めようとした。[3]その際、知識の分野、内容ではなく、知識のあり方に目を向けたところがきわめてユニークである。それは、誰がいつ決めたことなのか。

　OECDは、第一は職場で実務的能力、次に成人が社会で果たすことのできる能力に注目していた。[4]知の測定は、学校教育の成果だけから始まったのではない。

　欧州生涯学習年にあたる1996年のこと、OECDは知の測定に乗り出した。[5]この年の11月のこと、東京において成人の科学・技術理解に関するOECDの国際シンポジウムが開催され、米国の研究者ミラーの有名な研究[5]が発表されている。彼は、米国人の科学理解が政策に及ぼす影響を調べていた。図6-1、表6-1のように、比較分析の手法で国別の現状を指摘した。日本は、TIMSSに見るように学齢期の教科の試験ではきわめて高得点であるが、成人における、社会的事象に関する理解は意外にも低レベルであった。まず、「新

表6-1　市民の科学的リテラシーの国際比較

国　名(調査年)	非常によく知っている割合	ある程度知っている割合
英国 (1992)	13%	36
デンマーク (1992)	12	39
オランダ (1992)	11	38
フランス (1992)	8	37
イタリア (1992)	8	31
米国 (1995)	7	19
ドイツ (1992)	5	38
ベルギー (1992)	5	38
スペイン (1992)	5	29
アイルランド (1992)	5	25
カナダ (1992)	4	20
ギリシャ (1992)	3	22
日本 (1991)	1	16
ポルトガル (1992)	1	15

文部科学省科学技術政策研究所第2調査グループ『科学技術に関する意識調査』文部科学技術省、2001年12月、8ページ。

たな科学的発見」に対する関心度比較では、フランスが68%（1992年）、米国67%（1995年）の順になって、日本は調査14か国中最下位の31%（1991年）となっている。[6]文科省の研究グループが、選択肢の補正をした結果では、50%となるが、それでも下から3位である。[7]次に、市民としての科学的リテラシーの結果は、図・表のように、日本はきわめて少ない値で、最下位同然であった。[8]

　ミラーによると、「科学的リテラシー」は、「科学と技術に関して読み書きする能力」のことであり、「日常生活に科学や技術を適用する広い配列[*]」である。たとえば、「食品パッケージのラベルを読むことから、自動車の修理やハッブル望遠鏡が描く最新画像を読み取ることまで」を含むものである。[9]

　ここでわれわれが理解すべきことは、学問や科学として語られていた知識が、政治や経済活動の視点から語られるようになったということであろう。知識の有無は世論形成にも影響を与えるからである。

第2節　国際成人識字調査、広域テストの始まり

---

(1) 北米のテスト文化

　米国にはテスト開発の組織が早くから出来上がっていた。カーネギー財団は優生学研究とテスト開発で主導力を発揮した。1945年までに学力テスト開発に642万4千ドルを投資、1965年にはNAEP（全米統一学力調査、ネイプ）を創設した。ロックフェラー財団の方は、1930年代から40年代にかけて、ETS（教育テストサービス）を軌道に乗せた。ETSは、いち早くマークシート方式の採点技術を開発し、1937年にはIBMコンピュータ「IBM 805 Test Scoring Machine」を用いて実用段階に入った。これによって、教育測定の大量処理が実現することになる。ETSは1947年には非営利団体として登録され、米国教育協会の共同テストサービスという活動を始める。

　1980年代には、労働者の実務的技能（functional skills）を測定することに関

---

* wide array

300 第2部 教育効果を測る

心が高まった。米国とカナダの教育学者、心理測定学者、統計学者たちが、1980年代に最初の成人識字調査を行った。『危機に立つ国家』(1983年)が刊行された頃、米国教育省はETS(教育テストサービス)に識字調査を依頼した。この結果、1984年には、「青年リテラシー調査(YALS)」の運営体制が整備され、翌年にはETSの下で実施されている。これは、大量のデータ処理と、識字を測定するという点で、画期的なものとなった。[10]

米国の影響を受けてカナダでは、1987年に、政府内に「国民リテラシー官房長」が新設され、1989年には「カナダ統計局(Statistics Canada)」が設立される。

(2) 国際成人識字調査

「青年リテラシー調査」の手法は、1992年に米国の「全国成人識字調査(NALS)」に引き継がれる。さらに、この調査は、1994年から1998年にかけて23か国が参加して「国際成人識字調査(IALS)」として結実した。この国際成人識字調査はリテラシーを定義し測定する「転換点(turning point)」[11]となった。この調査の開発と管理は、カナダ統計局と米国ニュージャージー州プリンストンに本部を置くETS(教育テストサービス)が行っているが、実質的な調査内容は「米国教育省国立教育統計センター(NCES)」が持ち込んでいる。実施は各国政府、統括はOECD、技術的サポートはカナダ統計局、ETS(教育テストサービス)、米国教育省国立教育統計センター(NCES)という編成になっている。[12]このテストは、1994〜1998年にかけて3回行われ、それぞれ9、14、23か国が参加している。文章リテラシー、図表リテラシー、計算リテラシー[*1]の3領域を測定している。

国際成人識字調査で用いられた「枠組み」では、「リテラシー」とは情報化時代において成人が必要とされる技能のセットであると定義しているが、これは「個人の発達」[*2]と「経済的・社会的成績総体」[*3]との両者に貢献する「人

---

*1 prose literacy; document literacy; quantitative literacy
*2 personal development
*3 aggregate economic and social performance

第6章　広域テストから国際調査へ　301

表6-2　能力調査の進展一覧

時期区分	政治問題	教育関連問題
1940-1970年代 ケインズ主義 東西冷戦期	スプートニク打ち上げ （1957年10月4日）	良好な雇用状態、低インフレ、賃金維持。中等教育・中等後教育の拡大。国際生徒調査の考案、IEAの設立と活動の開始。
1970-1990年代初期 ネオリベラリズム＋ 新保守主義 東西冷戦期	サッチャー政権（1979-1990年） ワシントンコンセンサス（1980年代） レーガン政権（1981-1988年）・ブッシュ政権（1989-1992年） ベルリンの壁崩壊（1989年11月）	国際的な資本移動、為替変動制、福祉国家体制の縮小と市場経済の拡大、公的部門の民営化。 IEA調査の展開、米国内における教育測定の蓄積、教育制度指標事業の開始。アメリカの国内政策の輸出、グローバル化（アメリカ化）。 国家規模で教育のネオリベラリズム管理開始（1988年、英国とニュージーランド）
1990-1990年年代末 ネオリベラリズム＋ 第三の波（リベラル） グローバル化	ソ連邦分裂（1991年12月） クリントン政権（1993-2000年） WTO/GATT（1995年1月1日） EU（1993年11月発足） ボローニャ宣言（1999年）	米欧協調、OECDの二大教育事業（『図表でみる教育』の刊行、PISA）開始。OECDがグローバルな教育活動主体に。国際的評価システムが定着し、教育の国際的な商品化体制が整備される。
2000- ヨーロッパ・アメリカ路線分離	ブッシュ政権（2001-2008年）	ボローニャプロセスの開始。 カリキュラム基盤型評価（IEA、NAEP、ETS）とカリキュラムに拘束されない・教科横断的コンピテンシー評価（OECD/PISA）の対立。

材の初歩要素」[*1]であると考えられていた。[13]また、国際成人識字調査は、これまでのテストとは異なって、部分的・個別的能力ではなく「実務的リテラシーの水準」[*2]を測定することにした。実際に働くリテラシーという着目点と、総合的に働くいくつかの能力水準に段階区分された汎用的なものとして分析する視点である。この手法は、OECD、欧州統計局（EUROSTAT）、UNESCO教育研究所（UIE）と協調して開発・発展させられた。

　このような能力調査の目立った動きは、**表6-2**のようにまとめられる。

[*1] element of human capital
[*2] levels of functional literacy

302　第2部　教育効果を測る

第3節　大西洋を越えたテスト文化、IEA

(1) IEAが開拓した国際調査

「IEA（国際教育到達度評価学会）は、政治とは一定の距離を置きながらも、冷戦構造の中で西側政財界の期待を担って活動してきた。その動きは、**表6-3**のようにまとめられる。

　ことの始まりは、1958年、ハンブルクのUNESCO研究所に教育心理学者、社会学者、心理測定学者が集まって学校と生徒の評価について会議を持ったことにある。その後、1967年には正式に非営利団体として登録されている。学力問題への大がかりな対応とIEAの発足は、明らかに、1957年にソビエト連邦が世界最初の人工衛星を打ち上げたことに由来する。

　IEAは、数々の国際教育調査を開発してきた。1964年に第1回国際数学教育調査（FIMS）、1970年に第1回国際理科教育調査（FISS）、1981年に第2回国際数学教育調査（SIMS）、1983年に第2回国際理科教育調査（SISS）、1995年に第3回国際数学・理科教育調査（TIMSS）、1999年に第3回国際数学・理科教育調査第2段階調査（TIMSS-R）。これ以後、名称を修正し、略称はTIMSSのままに固定して、4年ごとに実施することになる。2003年に第4回国際数学・理科教育動向調査（TIMSS2003）、第5回国際数学・理科教育動向調査（TIMSS2007）、第6回国際数学・理科教育動向調査（TIMSS2011）、第7回国際数学・理科動向調査（TIMSS2015）。

　1985年に、IEAは、9歳と14歳の生徒を対象にした「読解力調査」[*1]を32か国で実施する事業に着手した。調査は、1991年に実施された。事業統括責任者[*2]は、ハンブルク大学のネヴィル・ポッスルウェイト（Neville Postlethwaite）であった。日程管理者[*3]としてIEAに勤務していたハンブルク出身のアンドレアス・シュライヒャー（Andreas Schleicher）が、この時、調査

---

*1 Study of Reading Literacy
*2 project's director
*3 Date Manager

第6章 広域テストから国際調査へ　303

表6-3　IEAを主体とした国際学力調査の歴史年表

調査期間 (調査年)	調　査　名　称	調査内容、対象者、実施国・地域
1959-1962 (1960)	12か国予備調査 (Pilot Twelve-Country Study: Feasibility Study) 主任 (Project Coordinator (Technical)) はフォシャイ (Foshay)	12か国が参加。数学、科学、読解、知識理解 (comprehension)、地理、非言語論理 (non-verbal reasoning) のテスト。
1963-1967 (1964)	第1回数学国際調査 (First International Mathematics Study: FIMS) 主任 (Project Leader) はフセーン (Husen)	13か国が参加。数学のテスト。生徒の関心 (interest)、数学への態度 (attitudes) について質問 (questionnaires)。
1968-1973 (1971)	6科目調査 (Six Subject Survey)	10～19か国が参加。
	第1回国際科学調査 (First International Science Study: FISS)	10歳、14歳、中等教育最終学年生徒が対象。オーストラリア、ベルギー (フラマン語圏)、ベルギー (フランス語圏)、チリ、イングランド、西ドイツ、フィンランド、フランス、ハンガリー、インド、イラン、イタリア、日本、オランダ、ニュージーランド、スコットランド、スウェーデン、タイ、米国が参加。
	読解知識理解 (Reading Comprehension)	10歳、14歳、中等教育最終学年生徒が対象。ベルギー (フラマン語圏)、ベルギー (フランス語圏)、チリ、イングランド、フィンランド、ハンガリー、インド、イラン、イスラエル、イタリア、オランダ、ニュージーランド、スコットランド、スウェーデン、米国が参加。
	市民性教育 (Civic Education)	10歳、14歳、中等教育最終学年生徒が対象。西ドイツ、フィンランド、アイルランド、イスラエル、イタリア、オランダ、ニュージーランド、スコットランド、スウェーデン、米国およびイングランド、イランが参加。
	文学教育 (Literature Education)	14歳、中等教育最終学年生徒が対象。ベルギー (フラマン語圏)、ベルギー (フランス語圏)、チリ、イングランド、フィンランド、イラン、イタリア、ニュージーランド、スウェーデン、米国が参加。
	第二言語としての英語 (English as a Foreign Language)	14歳、中等教育最終学年生徒が対象。ベルギー (フランス語圏)、チリ、西ドイツ、フィンランド、ハンガリー、イスラエル、オランダ、スウェーデン、米国が参加。

	第二言語としてのフランス語 (French as a Foreign Language)	14歳、中等教育最終学年生徒が対象。チリ、イングランド、オランダ、ニュージーランド、ルーマニア、スコットランド、スウェーデン、米国が参加。
(1981)	教室環境調査 (Classroom Environment Study)	10か国が参加。数学、科学、歴史のテスト。学習に適切な諸要因を特定する教室活動 (classroom processes) と授業実践 (instructional practices) の描写。
1977-1981 (1982/83)	第2回国際数学調査 (Second International Mathematics Study: SIMS)	20か国が参加。数学。第1回国際数学調査以後に生じたカリキュラム変更の効果を調査し、路線を確立する。
1982-1986 (1983/84)	第2回国際科学調査 (Second International Science Study: SISS)	24か国が参加。科学のテスト。
1983-1988 (1984/85)	文章力調査 (Written Composition Study: International Study of Achievement in Written Composition)	14か国が参加。作文のテスト。作文力の習得を概念化し、文章力に関連する授業実践を描写する。
(1988)	教育進歩国際調査1988 (International Assessment of Educational Progress: IAEP 88) [ETS (教育テストサービス) が実施]	6か国が参加。数学、科学のテスト。
(1991)	教育進歩国際調査1991 (International Assessment of Educational Progress: IAEP 91) [教育テストサービス社 (ETS) が実施]	科目により9～20か国が参加。数学、科学のテスト。地学は、オプション。
1985-1994 (1990/91)	読解力調査 (Reading Literacy Study)	32か国が参加。9歳と14歳の生徒。生徒、教師、学校、カリキュラムの質問 (questionnaire)。
(1990/01)	第1回国際成人識字調査 (International Adult Literacy Survey: IALS)	12か国が参加。散文、文章資料、数量のリテラシー (prose, document, and quantitative literacy) のテスト。生活背景 (background) の質問。
1987-1993	COMPED (Computers in Education Study)	
1986-2003	PPP (Pre-Primary Project)	
1993-1997 (1994/95)	TIMSS 1995 (Third International Mathematics and Science Study)	45か国が参加。数学、科学のテスト。生徒、教師、学校、カリキュラムの質問。
1995	Language Education Study	英語、後にフランス語、ドイツ語も。

第6章　広域テストから国際調査へ　305

1997-1999	SITES-M1 (Second Information Technology in Education Study Module 1)	
(1997/99)	第2回国際成人識字調査 (Second International Adult Survey: SIALS)	8か国が参加。散文、文章資料、数量のリテラシーのテスト。生活背景の質問紙。
1997-2001 (1999)	TIMSS-R 1999 (Third International Mathematics and Science Study Repeat)	41か国が参加。数学、科学のテスト。生徒、教師、学校、カリキュラムの質問紙。
1994-2002 (1999)	CIVED (Civic Education Study: Civic Education Project)	24〜30か国が参加。市民性 (civics) に関する事実知識 (factual knowledge of civics) と、市民性に関する知識利用 (using civics related knowledge) のテスト。制度、問題、行動に対する態度の調査 (attitudes toward institutions, issues, and actions)。
1998-2004 (1999)	TIMSS 1999 Video Study (Third International Mathematics and Science Study Repeat Video Project)	
1998-2000 (2000)	PISA 2000 (Programme for International Student Assessment, First cycle) [OECDが実施、3年ごと]	32か国が参加。読解、数学、科学のリテラシーをテスト。オプションとして、生徒の家庭、生徒、学校にテクノロジーや自己統制的学習 (technology and their self-regulated learning) について質問。政策主導。
1999-2002	SITES-M2 (Second Information Technology in Education Study Module 2)	
2000-2003 (2001/02)	PIRLS 2001 (Progress in International Reading Literacy Study 2001)	16か国の参加を予定。リテラシー経験に関する読解と、情報を獲得し利用する読解をテスト。生徒、教師、親、カリキュラムの質問。
(2002)	成人識字・生活技能調査 (Adult Literacy and Lifeskills Survey: ALL) [カナダ統計局と米国国立教育統計センター (Statistics Canada and U.S. National Center for Education Statistics) が実施]	20か国の参加を予定。散文リテラシー、文章資料リテラシー、数量リテラシー (numeracy)、日常状況での分析的根拠付け (analytic reasoning) をテスト。情報テクノロジー利用 (information technology use)、生活背景 (background) の質問。
2001-2004	TIMSS 2003 (Trends in Mathematics and Science Study 2003)	

306　第2部　教育効果を測る

2004-2008	PIRLS 2006 (Progress in International Reading Literacy Study 2006)	
	SITES 2006	
2004-2009	TIMSS 2007 (Trends in Mathematics and Science Study 2007)	
2006-2010	TIMSS Advanced 2008 (Trends in Mathematics and Science Study Advanced 2008)	
2011	PIRLS 2011	
2012	TIMSS 2012	
2016	TIMSS 2016	
2021	PIRLS 2021 (予定)	

IEA. *Completed Studies*. http://www.iea.nl/completed_studies.html
OECD/INES. *Fourth General Assembly of the OECD Education Indicators Programme: The INES Compendium: Contributions from the INES Networks and Working Groups*. Tokyo: OECD and Monbusho, 2000, 11-12.
Clara Morgan. *The OECD Programme for International Student Assessment: Unraveling a Knowledge Network*. Saarbrücken: VDM Verlag Dr. Müller, 2009, 115-116.
などをもとに作成。

の国際推進責任者[1]となった。彼はその後、IEAの分析課長[2]となっている。

(2) 人間の知は測ることが出来る

ネヴィル・ポッスルウェイトは、調査目的として

「学校に関するいくつかの指標、ならびに教育企画者が効果のない学校をより効果的な学校に変えるために打つべき作戦を特定すること」[3] 14

としている。

ネヴィル・ポッスルウェイトの履歴自身が、国際教育調査の関連機関を見事に物語っている。彼は、1956年に英国のダーラム大学で社会学の学士号

---

[1] International Coordinator
[2] Director for Analysis
[3] identify some of the indicators concerning schools and their operation that an educational planner might address in order to transform less effective schools into more effective schools

を、1968年にスウェーデンのストックホルム大学で教育心理学の博士号を取得している。1961〜62年に、ロンドンの「イングランド・ウェールズ国立教育研究財団（NFER）」にてテストサービスの研究員を、1963〜72年にはIEAにて幹部主任[*1]を経験した。1972〜76年にはパリのUNESCO国際教育計画研究所（IIEP）協力研究員[*2]に、1976年からはハンブルク大学の比較教育教授になっている。1970年代には、ケニヤ、タンザニアにて国際復興・開発国際銀行（IBRD）のコンサルタント、インドネシアでは評価プロジェクトのチームリーダーを歴任した。1978〜86年にはIEA議長を務め、1980年代には東アジアや東南アジア諸国の学習到達度分析を行った。その間、1979年2月には、「オーストラリア教育研究所（ACER）」に客員教授として招かれている。

　IEAにおいて比較教育の視点から、教育成果の国際比較の分野で中心的な役割を果たしたのは、スウェーデンの研究者トールステン・フセーンである。

第4節　OECDの機構整備

（1）OECDの成立

　OECDの前身は、第二次世界大戦後のヨーロッパ復興を遂げるために米国の提供したマーシャル・プランの受け入れ調整機構として創設された「OEEC（欧州経済協力機構）」である。1948年4月にマーシャル・プランの被援助国16か国により設立された。この時点では、西ドイツとスペインは加盟していない。1950年には米国とカナダが準加盟国となり、1952年のマーシャル・プランの終了時から、貿易の自由化、通貨交換をはかる経済機構となった。1960年12月、OEEC加盟18か国と米国とカナダ、当時の欧州三共同体（「欧州経済共同体（EEC）」「欧州石炭鉄鋼共同体（ECSC）」「欧州原子力共同体（EURATOM）」いわゆるEC（欧州共同体））が「OECD（経済協力開発機構）条約」を結んで、1961年9月にOEECはOECDに改組されて現組織になる。いわ

---

*1 Associate Staff Member
*2 Executive Director

308 第2部 教育効果を測る

ゆる、西側諸国の経済先進国の集まる経済機構である。1964年には、日本が加盟している。

改組当初、OECDのうち教育関係の業務は、「科学・技術政策委員会(CSTP)」が経済成長のために科学・技術者の訓練を検討していた程度であった。OECDが「CERI(教育研究革新センター)」を創設して教育問題に取り組み始めるのは1968年のことである。また、1970年に「教育政策委員会」が新設され、加盟国共通の教育政策課題を各国の政策担当者が意見交換して提言等を行ってきた。事務局は、教育部が担当するが、教育局が独立したのは2002年9月のこと。

このCERIが教育制度指標(Indicators of Education Systems：INES)事業、いわゆるデータ戦略に乗り出した。1992年からは、この結果が『*Education at a Glance: OECD Indicators*』、当時の文部省訳は『図表でみる教育－OECD教育インディケータ』[*1]、現在は『図表でみる教育』[*2] として刊行されており、世界中でベストセラーになっている。

ここで注意すべきことは、OECDはこの教育制度指標事業を、「Indicators of Education Systems (INES) programme」「Indicators of Education Systems (INES) Project」などと言っている。Education Systemsとは、狭くは学校教育制度、広くは家庭教育や社会教育、さらに社会的な生活、経済的背景なども含めた教育のシステムを指す。つまりOECDは教育行政がうまく機能しているか否かの指標を取り出そうとしていることになる。だから、第一に、OECDの教育制度指標は、教育そのものの指標ではないということだ。つまり、たとえば文学作品の読みの深さ、人間らしい生き方をする教養が身についたか、心の優しい人間に育てる、社会を協力してよくすることなど教育本来の質を問題にしているのではない。第二に、OECDは社会で機能している教育のシステム全体の質を問題にしているのであり、決して学校の教師だけに責任を負わせるものではない。教育行政はもとより、全体の行政こそをOECDは問題にしようとしていたわけである。だからこそ、OECDは、

[*1] *Education at a Glance: OECD Indicators*
[*2] *Education at a Glance*

学力と同時に、子どもの貧困にも、大学生への奨学金にも、公的教育費の対GDP比率にも言及するのである。「教育指標事業」という文科省の訳は誤解を招きかねない。

　教育関連の事業は、①教育政策委員会の直轄プログラム、②CERIが行うプログラム、③OECD理事会決議に基づき各国政府・地方自治体・大学などが分担して共同実施する「分権プログラム」の三つがある。CERIが担当する分権プログラムは、「効果的学習環境センター (CELE)」「高等教育機関管理プログラム (IMHE)」「生徒の学習到達度調査プログラム (PISA)」などがあり、日本が参加しているあるいは参加を決めている事業は、教育制度指標事業 (INES Project)、PISAの他に、「教員・教授・学習に関する調査 (TALIS)」「高等教育における学習成果の評価 (AHELO)」「国際成人力調査 (PIAAC)」などがある。

　国際機関のうちWorld BankとOECDは、「ネオリベラリズムの教育改革」[*1]を推進するもっとも強力な活動主体となった。

　OECD内部には、「ヨーロッパ」派と「アングロサクソン」派の対立、社会民主主義イデオロギーとネオリベラリズムとの対立があるといわれている。前者の対立は、持続可能な市場活動か自由貿易と競争の徹底かという対立になる。後者の対立は、社会的公正[*2]か社会的効率[*3]のどちらにウェイトを置くかという論争に現れている。米国の介入は時としてOECD側の抵抗に遭い、米国的な「市場自由主義」[*4]は薄められ、教育政策の分野でOECDは米国政府と大きな差異を作りだしてきた。

(2) CERIの結成

OECDは、1967年には、『緑書』と呼ばれる統計ガイドを出版していた。
経済成長の質的側面の一つとして教育を把握し、教育制度を社会・経済の

[*1] neoliberal policy reforms for education
[*2] social equity
[*3] social efficiency
[*4] market liberalism

変化と革新に対応させる組織として、CERI（教育研究革新センター）が1968年にOECD内に設立されたのだが、それは極めて政治的な動きであったようで、創設時点ですでに米国の影響を大きく受けていた。

> 「OECDは、1968年にロン・ガスの下にCERIを設立した。ガスは、科学・技術のプログラムを扱うOECD科学問題次長でもあった。CERIは、3年間のベンチャー事業として始められ、その資金にはフォード財団が100万ドル、ロイヤル・ダッチ・シェル・グループが75万ドルを拠出した。」[15]

と言われるほどだ。ガスは、フォードとの個人的人脈を持っていた。

最初、3年間の調査プログラムとして考えられた試験期間にCERIの議長となったのは、ガスの旧友、英国の社会学者で国際的にも影響力のあるハルゼー（A. H. Halsey）であった。その期限が終了する1971年に、OECD参加国の投票によりCERIは常設プログラムとして認められることになった。CERIは、OECD教育委員会と違ってその後も、参加国が直接資金提供して運営される「分権プログラム」として運営されることになった。分権と呼べば自治的な組織であるような感覚に陥るが、資金提供者の意向に沿う組織という意味で、公平性に疑問の残る形態に他ならない。

CERIは、1971年になると、ノルウェー人経済研究者で教育省アドバイザーのシェル・エイデ（Kjell Eide）執筆となる教育政策研究書を刊行する。その後、いくつかの研究成果がOECDから公表された[17]が、それほど国際的な反響はなかった。

(3) アングロ・アメリカン路線と独仏中軸連合

1970年代と1980年代を通して、ヨーロッパ諸国は、自由市場主義という米国優勢の見解を「トーン・ダウン」させた。すなわち、教育と社会政策よりも、経済政策を優先させることを拒否したのである。東西冷戦の戦線となったヨーロッパは、社会主義国との政策をすりあわせながら、社会福祉思想を取り入れ、バランスを取る道を選択した。

とりわけ、政策全体の中で教育を重視するという点で、米国とヨーロッパ加盟諸国との間の「つじつまの合わない妥協」の産物としてOECD（経済協力

開発機構）が考えられたのである、と指摘している研究者もいる。[18]1970年までにOECDは、より「経済的」側面の少ない教育政策を、教育のほぼ全体に行き渡らせたのである。

ことの始まりから、OECD内部には複雑な対立関係が含み込まれていた。1957年2月、英国はOEEC加盟国（当時17か国）に工業製品自由貿易地帯を構成するFTA（自由貿易協定）設立を提案する。すると、ベルギー、フランス、ドイツ、イタリア、ルクセンブルク、オランダが1957年3月に関税同盟EEC設立に調印し、FTA交渉はフランスによって1958年11月に挫折させられたのである。そこで、1960年には、域内貿易自由化をめざすスウェーデン、デンマーク、ノルウェー、オーストリア、スイス、ポルトガルに、英国が加わって、「EFTA（欧州自由貿易連合）」が結成される。英国は、1961年7月にはEEC加盟を政府決定するが、1963年1月にはフランス大統領ドゴールの拒否にあう。

このようにOEECは分裂状態にあったが、修復したのは米国であった。米国は、1956年3月時点でOEECの再編を考えたが、ソ連・東欧の急激な経済成長に対抗するために1959年春以降に再編議論が再発する。米国にとっては、国際収支の改善と、ヨーロッパ諸国の対米貿易差別撤廃が課題になった。[19]

OEECは、設立当初より米国の資金に依存する割合が大きく、米国その4分の1で推移してきた。1990年代末には、その運営資金は米国25％、日本23％という割合で負担されていた。2007年時点では、米国25.0％、日本16.7％、ドイツ9.3％、英国7.3％という負担になっている。だが、予算だけでなく、専門家の配置という点で人脈も米国の影響は大きかった。

事務局側の人脈についても、米国の影響は強かった。「OECDの教育局長は、2006年まで全員男性だ。しかも、米英人*で、特に英国人だ。彼らが、局長やプログラム主任の背景に影響を及ぼすのだ」と、OECD教育政策研究者のヨハンナ・カッロは指摘している。[20]

---

* Anglo-American

(4) UNESCO から OECD へ

　米国では、1983 年 4 月に『危機に立つ国家』が刊行されていた。しかも、米国大統領ドナルド・レーガンは「共産主義との戦い」を政策としており、1983 年 9 月 1 日未明 (現地) のソ連軍機による大韓航空機撃墜事件は、「悪の帝国」非難を国連という舞台で演出することにもなった。

　当時 OECD の CERI で活動していたシェル・エイデの表現では、「1980 年代半ばまでに、米国政府は、教育協力という OECD の役割を、受け身的なものから、積極的な伝道活動へ、『共産主義との戦い』と宗教原理主義者で特徴付けられるものへと変質させたのである」[21] となっている。

　冷戦下では、国際機関でも様々な側面で衝突が起きてきた。米国はUNESCO 総会がソ連のコントロールに入ったと非難し、1984 年にはついに UNESCO を脱退する。しかし、当時、国際的な教育統計は唯一UNESCO が扱っていた。米国にとって、新たな教育統計収集機構が必要になった。しかも、それまで UNESCO の集めてきた教育統計は、学校数、教員数、生徒数、就学率といった、教育の権利保障といった面から行われたもので、社会主義国にとっては有利だが、資本主義国にとってはそれほど意味の無いものだった。

　米国は打開策を考えた。その当時の米国教育省は、米国大手の ETS (教育テストサービス) とコンタクトをとり、リテラシー調査を持ちかけている。実際、1984 年には、「青年リテラシー調査 (YALS)」の実施体制がかたまり、翌年には ETS の下で実施されている。[22] この調査が、1992 年の「全国成人識字調査 (NALS)」の基礎となる。だが、この規模では、人材育成の世界展開を試みる米国の期待にはほど遠かった。

　この頃、OECD が UNESCO の代わりになる国際機関として米国政府の目にとまった。しかし、OECD は、1980 年代初期までは、「閉ざされた組織」と見なされていた。[23] しかもその時、米国代表の目には、「西欧は主として半共産主義国で構成されており、北欧諸国は絶対に鉄のカーテンの向こう側だ」[24] と映っていた。「1984 年に米国人たちが UNESCO を脱退して以来、米国の政策立案者たちは OECD のことを信頼できる国際指標の収集現場[*1]

として期待」[25]せざるを得なかった。米国は、OECDに対して、教育部門で「IEA（国際教育到達度評価学会）」と同様の活動を要求した。しかも、2000年までに「数学と科学の教育で世界一となる」と宣言している米国のことだから、教科、しかも数学と科学の成果が焦点になることは予想ができた。

ネオリベラリズムに基づくグローバリズムと米国流の市場自由主義が基本的には現在のOECDの政治体質となっているが、それでも、米国流の市場自由主義とヨーロッパの社会民主主義的伝統との対立を軸に、現代では英国の市場自由主義と大陸側の社会民主主義、「古い」ヨーロッパと「新保守（ネオコン）」の米国との対立がみられ、「公正」「インクルージョン」「社会結束」[*2]という補完的な要素で枠づけられることになった。OECDの活動を分析している研究者ヨハンナ・カッロによると、OECDのコンテクストには「米国右派政府と社会民主主義政府との間のイデオロギー的緊張」[*3]があるというOECD事務局員の証言を得ている。[26]

OECDの「科学問題局」で教育次長を務めたジョージ・パパドプロスは、内部の様子を次のように記している。

「学校教育の根本的目的に関する論争で、一陣営は学習成果に本質的に関連するもので、教科内容、とりわけ伝統的な基礎(basic)を習得することで測られるものを追求し、もう一陣営はより広い社会的な教育の役割を学校に求めることで学校教育の成果を解釈しようとしていた。」[27]

一方は、「選択」「競争」「民営化」を唱えて教育界に市場の論理を適用しようとする。また一方は、より子ども中心的なアプローチを用いて、快適な学習環境を整えようとする。この二つの勢力がOECD内で対立していた。

『危機に立つ国家』(1983年)が刊行された直後、1984年5月、米国教育省はワシントンに国際会議を招集した。そこでは、教育の質や範囲[*4]、学校教育、授業、調査に関する政策について論議された。1984年にパリで開催されたOECD教育閣僚会議では、3つのテーマのうちの一つが「基礎教育の

---

*1 venue for gathering
*2 equity; inclusion; social cohesion
*3 ideological tensions between the US right-wing government and social democratic governments
*4 dimension

質」[*1]であった。そして、先のワシントンにおける会議の報告書が、議論の土台を提供することになった。[28]この会議を皮切りにいつもの対立が表面化し、以後4年間は、熱い議論が展開されたという。[29]この対立図式は、英国、米国、デンマーク代表と、他の北欧代表との対立であるが、研究者たちはそれを平等派とサッチャー・レーガン流新保守（ネオコン）の対立とも呼んでいる。[30]ここでは、デンマークの立ち位置が特に注目される。

反米側に回ったのは、ポルトガル、スペイン、ギリシャという地中海諸国であった。「民主化」がそのスローガンである。これらの諸国は、当時はっきり姿を現してきた「北欧モデル」を望ましい教育政策として考えるようになっていた。しかし、デンマークでは、1982年9月からベアテル・ホーダー（Bertel Haarder）が教育相に就任し、サッチャーにも勝る極端なネオリベラリズムを唱え始めた。そのため、北欧モデルの評価は、定めがたかった。

1984年、米国代表は、「きわめて直接的なことばで」「標準カリキュラム、財政コストと財源、共通教科の学習到達度、就職状況に関する情報といった、教育の『インプットとアウトプット』を収集し分析するプロジェクトにOECDは熱意を持つ[*2]べきだ」と言って、統計調査と指標調査の実施をCERIに迫った。CERIのメンバーは「ショックと同時に疑念」を感じた。「OECD諸国の教育システムを単純化し不正確に描くような、そんな指標を集めて計量することは、プロの仕事としてふさわしくない。しかも、そんなものを提供しろと言われれば、24の加盟国は拒否するだろう」と考え、「そんな情報提供は民主党が大統領になれば変わるだろう」と期待したという。[31]このように、World Bankで国際教育政策の研究をしてきたスチーブン・ハイネマン（Stephen P. Heyneman）がOECD本部を訪れたときの様子を回想している。

米国代表は、OECDの教育部門を激しく非難し、「CERIからの撤退」[32]という脅しもかけた。国際教育統計に関する活動を開始するようにという米国の要請は、「米国とUNESCOとの間に存在した見解の相違と関連していた」[33]。

---

*1 Quality in Basic Education
*2 to engage itself in a project collecting and analyzing statistical education "input and output"

第6章　広域テストから国際調査へ　315

つまりUNESCOと袂を分かった米国は、きわめて強い姿勢でOECDに臨んだのである。CERIには、「それを認めるしか選択の余地はなかった」[34]と判断する教育政策研究者たちがいる。

　そのようなわけで、1984年こそOECDの転換点だったと判断する研究者もいる。

　長年IEAに関わり、第二次世界大戦後の比較教育に深く関わったストックホルム大学国際教育研究所のトールステン・フセーンと、スウェーデンのリカレント教育を研究してOECDのCERI事務局にはいったアルベルト・ツイジンマンは、次のように述べている。1983年当時、IEAの第2回国際数学調査の結果が公表され、13歳の生徒の学業成績では日本がトップで米国が下位であったことに米国のメディアは話題を集中した。

　　「主要な得点で下位という米国にとってこの好ましくない結果は、『危機に立つ国家』という報告書で宣伝され、生徒の学習到達度の測定[*1]を教育制度の成果を測る基準[*2]として活用しようということに、有力な利害関係者の注意を集中させるようにはたらいた。OECD加盟国の教育閣僚会議が1984年にパリで開催された時、教育制度の量的成長を管理すること[*3]から、コスト有効性と質保証[*4]へと優先順位の転換[*5]が起きてきたのである。教育の『消費者』がどの程度『お金の値うち』を手にしたかという、説明責任が問われたわけである[*6]。」[35]

　1984年にOECDの教育政策が転換したと見なす見解は、米国流の考えに押し切られたと感じた人々が抱いた判断なのかもしれない。いや、1988年こそ転換点だったと振り返る研究者もいる。

　　「『再発見された』教育の経済的な価値は、1980年代末あたりにはOECDの教育政策の立脚点を勝ち取った。1988年に開催された『変化す

---

*1 measures of student achievement
*2 criteria for judging the performance of the education system
*3 managing the quantitative growth of the education system
*4 cost-effectiveness and quality assurance
*5 shifting of priorities
*6 Questions of accountability - to what extent do the "customers" of education get "value for money" - were asked.

316　第2部　教育効果を測る

る社会における教育と経済』[*1]と呼ばれた会議が、ある種の転換点と考えられる。」[36]

　この会議とは、OECD「変化する社会における教育と経済に関する政府間会議」[*2]のことで、1988年3月16～18日、パリにて開催されている。

(5) 米国とヨーロッパとの関係

　当時のOECD側の教育関係担当者へのインタビューを実施したあるフィンランドの研究者は、次のようにまとめている。

　OECD側は、1980年代の米国を「基礎に戻れ」運動の時期と見ていて、米国の教育政策は説明責任という「極めて単純なもの」になっていると判断していた。巨大なテスト・測定会社が国内だけでなく、国際的にも活動を始めた。「伝統的な制度、教育の質」が強調された10年だった。OECDも、この路線に従うよう圧力をかけられた。しかし、市場をコントロールする「社会の腕」はヨーロッパの小国にはまだ残っていて、この点で北欧諸国はOECDに対して重要な役割を果たした。OECD行動計画に規定された教育の生き残りにとって、閣僚会議レベルに北欧諸国が入っていた意味は大きい。経済が主体のOECD活動に対して、ヨーロッパ諸国は教育のような周辺部分もOECDが維持すべきという声を上げた。この声は、単なるシグナルであったが、1980年代ではそれさえ難しかったのだとフィンランドの教育史研究者ヨハンナ・カッロは述べている。[37]

　OECDは、米国の言いなりにはならなかったので、「実際には、米国の強い圧力はほとんど功を奏しなかった」[38]のだという見方もある。

　1980年代のOECD内部の政治状況は、シェル・エイデによると次のようであった。

　　　「西ドイツとフランスは、保守党政府にもかかわらず以前よりもっと活動的になり、米国政府と英国政府を支配している教育政策思想からはっきりと距離をとった。」[39]

---

*1 Education and the Economy in the Changing Society
*2 Intergovernmental Conference on Education and the Economy in a Changing Society

第6章　広域テストから国際調査へ　317

　西欧諸国全体では、テストの成績がよい日本の教育をモデルとして考える
ようになっていた。このような流れは、ヨハンナ・カッロの聞き取りでも確
かめられる。

　　「ワシントンの米国政府が、OECDに決定的な影響を及ぼしている。心
　にとめておくべきことは、1968年にCERIが創設された時のことだ。そ
　れは、フォード財団という米国の私的財団によるもので、当時としては
　法外な500万ドルという大金を提供してくれた。……米国政府は、指標
　事業*1を進めるために……（1980年代）半ばと1980年代後半にも大き
　な影響を及ぼした。われわれは、いくつかの作業だけは実施した。われ
　われは、OECDの始まりの頃から教育統計を採ってきた。しかし、これ
　には大変な苦労がいった。多くの国はこれに反対したからだ。事務局は、
　指標事業を教育政策委員会に任せたほうがいいと考えた。教育政策委員
　会にとっては、指標事業が主要な仕事になる。だが、委員長で、教育・雇
　用・労働・社会問題委員長のロン・ガスは、そうは思わなかった。そこで、
　これまで通り、CERIの私のところでやることになった。『多分そうだ』と
　私は思っている。ということで、また米国から多額の資金をもらうこと
　になる。ことの始まりはこうだった。そして、1992年、CERIから最初
　の『図表でみる教育』が生み出されることになった。それ以後、毎年出版
　されている。このように、米国は大きな影響力を持っていたのだ。」[40]

　このようないきさつで、OECDの教育制度指標事業には、OECDの他に、
「米国教育省国立教育統計センター（NCES）」という「2つの主要設立者」*2 [41]
が存在することになった。

第5節　欧州連合

---

(1) 欧州連合と欧州委員会教育・文化総局

　EUは2007年1月には27か国に広がり、4億9000万の人口が国境を越え

---

*1 the indicators work
*2 two key founders

318　第2部　教育効果を測る

て容易に移動できる空間が作り出された。離脱問題が常に起きているが、人類の政治的な実践として貴重なものであろう。いわゆる西側の主だった教育関連機関は、**表6-4**のごとくである。

　その始まりは、50年以上前のことで、フランス、西ドイツ、イタリア、ベルギー、オランダ、ルクセンブルクの6か国で構成した「欧州石炭鉄鋼共同体」（1952年）にまでさかのぼる。その後、1957年には、『ローマ条約』が調印され、加盟国間の関税を撤廃して共通関税を設定することに加えて、労働力・商品・資本・サービスの移動の自由化などの経済統合がはかられた。教育の分野でいえば、最大の特徴は、「労働力の自由移動の権利」（第48条）が設定され、「国境なきヨーロッパ」の実現が目指されたことである。この結果、移民労働者の子どもに対して、母語による教育や自己の文化を学ぶ必要性が認識されるようになる。また、国を超えて労働力の質を評価するために、高等教育の卒業証書、修了証明書、その他の正式な資格を相互に承認することが課題となった。同様に、共通の職業訓練政策も取り上げられるようになった。

　1973年には、英国、アイルランド、デンマークがECに加盟し、加盟国は9か国となった。この時、教育を専門に扱う「欧州委員会第12局」（教育・研究・学術総局：DGⅩⅡ）が設置されている。後に、この第12局は、新第12局（教育・研究・開発総局）と第22局（教育・訓練・青少年総局）に分離され、第22局は、1999年に「教育・文化総局」に改組されている。

　国境を越える労働力に関して、1974年には、教育大臣が主要3部門に関連する決議を採択している。すなわち、①教育における流動化、②移民労働者の子どもたちに対する教育、③「教育におけるヨーロッパ領域」*を実現する意思を確認したのである。この動きは、各国のカリキュラムの中に「ヨーロッパ領域」、つまりヨーロッパの市民という視点を具体化することになった。EC（欧州共同体）は「EC教育計画」と呼ばれる域内教育交流政策を次々に作り出していった。とりわけ、欧州委員会の教育交流プログラムとして「エラスムス計画」は大がかりなもので、学生、教員、職員の域内留学促進のた

---

* European dimension in education

第6章　広域テストから国際調査へ　319

表6-4　教育関連の主な国際機関一覧

EU: European Union 欧州連合	1992年、マーストリヒト条約にてECを改組。 1993年11月1日発足。本部は、ブリュッセル。 現在28か国、5億人。 　原加盟国、ベルギー、オランダ、ルクセンブルグ、フランス、イタリア、ドイツ(西ドイツ)。 　その後の加盟国、イギリス、アイルランド、デンマーク(1973年)、ギリシャ(1981年)、スペイン、ポルトガル(1986年)、オーストリア、フィンランド、スウェーデン(1995年)、ポーランド、ハンガリー、チェコ、スロバキア、スロベニア、エストニア、ラトビア、リトアニア、キプロス(南キプロス)、マルタ(2004年)、ブルガリア、ルーマニア(2007年)、クロアチア(2013年)。
The European Council　欧州理事会 ヨーロッパ・サミット(Summit、EC首脳会議)とも言う。	1974年設置。加盟国の元首・首脳と欧州委員会委員長で構成される首脳会議。各国外相と欧州委員会委員1人がその補佐にあたる。 年4回開催。 閣僚級代表で構成される共同体の最高意志決定機関。法案決定。重要事項は全会一致、それ以外は特定多数決で決定。
The Council of Ministers　閣僚理事会 　Council of the European Communities 　　　　　　　　欧州共同体理事会 　→Council of the European Union 　　　　　　　　欧州連合理事会 欧州連合理事会(閣僚理事会)と呼ぶ。	加盟国の閣僚で構成。 議題に応じて異なる閣僚が出席する。たとえば、Education Councilなど。 理事会の本部はブリュッセル。特定の会議はルクセンブルグ。各加盟国は6か月ごとに交代で理事会の議長国を務める。
The European Commission　欧州委員会 　Commission of the European Communities 　EC委員会→EU委員会	各加盟国1人ずつ任命される委員で構成。委員会の任期は5年。EUの行政執行機関。閣僚理事会で決定された事項を実施、監督する。法案提出も行う。ブリュッセルに拠点を置く。 担当分野は総局(Directorate-General: DG)に分かれる。最初20、今日39。 スタッフは、3万人。
The European Parliament　欧州議会	1979年以来、議員は直接普通選挙によって選ばれている。現在の定数は751。任期は5年。 本議会は通常月1週間、ストラスブールで。一部の会議と委員会の会議、常任委員会は、欧州委員会、理事会との連絡の便宜を図るためにブリュッセルで。事務局はルクセンブルク在。 諮問機関として出発。現在は、特定分野で理事会との共同決定権(法案決定)、EU予算の承認権、新任欧州委員の一括承認権を持つ。

320　第2部　教育効果を測る

The Council of Europe　欧州評議会	1949年5月1日創設。本部は、ストラスブール。参加国は、EUより多く、47か国(2007年)、8億人。 　原加盟国、ベルギー、デンマーク、フランス、アイルランド、イタリア、ルクセンブルク、オランダ、ノルウェー、スウェーデン、イギリス。 　その後の加盟国、ギリシャ、トルコ(1949年)、アイスランド(1950年)、ドイツ連邦共和国(1951年)、オーストリア(1956年)、キプロス(1961年)、スイス(1963年)、マルタ(1965年)、ポルトガル(1976年)、スペイン(1977年)、リヒテンシュタイン(1978年)、サンマリノ(1988年)、フィンランド(1989年)、ハンガリー(1990年)、ポーランド(1991年)、ブルガリア(1992年)、エストニア、リトアニア、スロベニア、チェコ、スロバキア、ルーマニア(1993年)、アンドラ(1994年)、ラトビア、モルドバ、アルバニア、ウクライナ、マケドニア(1995年)、ロシア、クロアチア(1996年)、ジョージア(1999年)、アルメニア、アゼルバイジャン(2001年)、ボスニア・ヘルツェゴビナ(2002年)、セルビア(2003年)、モナコ(2004年)、モンテネグロ(2007年)。
UN: United Nations　国際連合	本部New York、事務局ジュネーヴ
General Assembly　国連総会	
Economic and Social Council 　　　　　　経済・社会理事会	
UNESCO: United Nations Educational, Scientific, and Cultural Organization 　　　ユネスコ、国連教育科学文化機関	1945年設立。国際連合の伝統的組織で、教育・相互理解・文化遺産保護・芸術などを促進する。本部パリ。
ILO: International Labor Organization 　　　　　　　　　国際労働機関	本部ジュネーヴ

　めに奨学金を給付している。たとえば、1999年には学生11万人、教員1万
2000人が留学している。また、教育課程共同開発等の支援にも乗り出して
おり、3か国以上の高等教育機関による教育課程や単位の共同開発に資金援
助している。この計画には、2000年段階で、約2,700機関が参加している。
さらに、1989年からは、ソクラテス計画の一環として、教育内容の国際的
互換性確保のための動きが始まり、今日では、単位と成績評価を標準化する
「欧州大学単位制度(ECTS)」が出来上がっている。これらの教育統合の動き
は、ソビエト連邦の崩壊後、旧ソ連諸国やモンゴル共和国にも適用されるよ

うに変更が加えられ、今日、世界的に極めて大きな動きを作り出している。

(2) 市民のヨーロッパ

1975年12月に欧州理事会に提出された『欧州連合に関する報告書』、いわゆる『ティンデマンス報告』のなかに「市民のヨーロッパ」という項目が設定され、国境を超えて市民の権利が比較・考察されることになった。1988年には、『教育におけるヨーロッパ領域決議』があり、各国は国内のカリキュラムにそれを反映させることになっている。たとえば英国では、1988年に『教育改革法』が成立し、初めて「国家カリキュラム」が制定された。国家カリキュラムでは、各教科の中にヨーロッパ領域の学習が導入され「ヨーロッパ人」の育成という項目が新たに目指されることになった。さらに「教科横断的課題」[*1]として、経済・産業的教育、健康教育、職業教育、環境教育、市民教育という5領域も設定された。

以上のような1990年代の大きな動きから、国際的・対外的な競争力の強化という経済的な理由と、東欧の吸収という政治的な理由から、「知のヨーロッパ」に向けた「アクティブなシティズンシップ」[*2]の形成が学校教育の目的として合意される。まず、被雇用者として知識・技能・資質という就職力を持った「働ける市民」像が浮上した。また、主権者の立場から、ヨーロッパという社会に「参加」し、その社会に対して「批判精神」をもって対処する「欧州市民」というおよその理解が固まっている。

第6節　米国がネオリベラル教育政策に突入

---

(1) 2000年に向けた国家目標

ジョージ・ブッシュ（George Herbert Walker Bush、親）大統領は、1989年にシャーロッツヴィル（Charlottesville）に各州知事を集め、いわゆる「教育サミット」を開催した。そこで討議された事項は、6つの教育目標としてまとめられ、

---

*1 cross-curricular issue
*2 active citizenship

各州知事はそれを了承した。「全国教育目標委員会（NEGP）」は、それを受けて、1990年に編成された。委員会は、シャーロッツヴィル会議で提起された6つの教育目標の実現に向け、1991年から1999年まで、年次報告書を始め各種報告書を次々に提出し、米国の教育政策をリードした。

『危機に立つ国家』は、授業時間の拡大など教育改革を古い方法で解決しようとしたが、この教育サミットは一連の新しい方法を提示した。ブッシュ大統領は、1990年の施政方針演説で教育改革を提起し、6つの教育目標を「国家の教育目標」と認める。

1991年になると、1月には、「教育標準・テスト全国協議会（NCEST）」が『米国教育の標準を上げる』[*1]を刊行し、国家標準（スタンダード、学習指導要領相当）と国家テスト[*2]を確立することを提案した。「教育標準・テスト全国協議会」と「全国教育目標委員会」のメンバーには重なりもあり、教育改革について同一歩調をとることになった。そして、このように国が教育の「標準」を設定してその達成度を「測定」[*3]するという手法は、米国の国策のみならず、グローバルに展開することになる。

さらに、ブッシュ大統領は、アレキサンダー（Lamar Alexander）教育長官の同席のもと、4月18日に、『2000年の米国―教育戦略』[*4]を公表する。こうして、6つの教育目標は、2000年までに達成されるべきものとして定義し直された。

6つの教育目標とは、次のようである。

①すべての子どもは、学習するレディネスを身につけて入学する[*5]。

②高校の卒業率を90％まで上げる[*6]。

③6、8、12年生の段階で、進学する前に、主要教科でコンピテンスを示す[*7]。

[*1] *Raising Standards for America Education*

[*2] assessment

[*3] assessment

[*4] *America 2000: An Educational Strategy*

[*5] every child starts school ready to learn

[*6] raise the high school graduation rate to 90 percent

[*7] each American student leaving the 4th, 8th, and 12th grades can demonstrate competence in core subjects

米国の学校は、子どもたちが精神を活発に働かすように配慮して、青
少年が責任あるシティズンシップを身につけ、学習を継続し、現代
経済において実りある雇用に十分対応できるようにする。

④米国の子どもたちを理科、数学の成績で世界一とさせる[*1]。

⑤成人は、すべて、リテラシーを持ち、世界経済において競争相手に
立ち向かい、市民としての権利と責任を行使するに必要な知識技能
を身につける[*2]。

⑥学校は、薬物と暴力の悩みから解放され、学習を奨励する規律正し
い環境となる[*3]。

こう紹介しながら、米国の学校は、4、8、12年生において、数学、科学、英語、歴史、地理の5つの主要教科[*4]で「任意参加の国家テスト」[*5]「米国学習到達テスト」[*6]を実施しようではないかと呼びかけた。[42]

『2000年の米国』は、全国教育目標委員会が提案した目標や企画をもとに作られているが、政策の中心は、「国家標準」の測定制度として「国家テスト」が登場したことである。このあたりの歴史は、**表6-5**のごとくである。

1993年からは、民主党のクリントン（William Jefferson "Bill" Clinton）政権が、教育改革を引き継いだ。全国教育目標委員会は存続し、6つの教育目標には新たに2目標が加えられ、1994年には『2000年の目標―米国教育法』として法制化された。これによって、全国教育目標委員会は公的組織となった。加えられた2目標は、⑦教員養成・研修の充実、⑧子どもの教育への親の関与の増大である。

しかし、ブッシュ（George Walker Bush、子）政権は全国教育目標委員会が作り上げてきた路線を引き継がず、大統領は2002年1月8日に落ちこぼし防止法（NCBL）にサインすると、流れはコンピテンスの育成から学業成績向上

---

*1 make our students first in the world in math and science achievements
*2 every American adult is literate and has the skills necessary to compete in a global economy and exercise the rights and responsibilities of citizenship
*3 liberate every American school from drugs and violence so that schools encourage learning
*4 core subjects
*5 voluntary national tests
*6 American Achievement Tests

324　第2部　教育効果を測る

表6-5　米国内の主要な委員会報告書・政策文書一覧

1991年1月	NCEST『米国教育の標準を上げる （Raising Standards for America Education）』
3月	NEGP『国家教育目標に向けて進歩を測定する─強力な指標と測定戦略 （Measuring Progress Toward the National Education Goals: Potential Indicators and Measurement Strategy）』
4月	教育省『2000年の米国─教育戦略 （America 2000: An Educational Strategy）』
9月	NEGP第1次年次報告書
1992年1月	NEGP『米国教育の標準を上げる （Raising Standards for American Education）』

注）NCEST: 教育標準・テスト全米協議会 NEGP: 全米教育目標委員会

へと完全に転換することになる。新しい学力が必要になっている時に、古い
テストで測ろうというわけである。言い換えると、学力の質が問題になって
いる時に、学力の量だけに注目することになったのである。したがって、教
師たちは授業時間を増やして古い教育方法を強力に推し進める道しか残らな
くなった。

(2) 米国議会技術評価局の動き

　米国でテストを義務とする州は、1980年に29であったが、1990年には
46と増大している。米国の公立学校が利用するテストは、1960年と1989
年を比較して、受験生は15％増なのにテスト費用は150％増となってい
る。米国連邦政府は、1990年あたりには年間200億ドルを初等・中等学校
の管理のためのテスト費用にあてていた。[43] また、州ごとに到達度の進展を
調査していたNAEP（全米統一学力調査）が、1991年には州比較を開始すると、
NAEPの活動費用は1989年の900万ドルから1991年には1900万ドルへと
跳ね上がる。同時に、得点の低い州は数学のカリキュラムなどを修正するよ
うに追い込まれた。このように、教育費の多くが調査費用に投入され、テス
ト漬けの米国の状況は社会的批判を受けるまでになっていた。[44]

　米国議会「技術評価局」は、このような状況に批判的だったようで、ヨー
ロッパ諸国の試験制度に関する情報を集め始めた。1991年3月28〜29日

には、ニューヨークにおいて、「諸外国の意見制度と米国への教訓に関する会議」[*1]が開催された。参加者には、ロンドン大学経済・政治学部[*2]のデスモンド・ナットール (Desmond Nuttall)、ハーバード大学から日本通のウィリアム・カミングス (William Cummins)、World Bankからロシア通のスティーヴ・ハイネマン (Steve Heyneman)、米国教育省国立教育統計センター出身のゲイリー・フィリップス (Gary Phillips)、ETSのアルバート・ビートン (Albert Beaton)、カーネギー教育促進財団[*3]のジェーン・メロー (Gene Maeroff) などが参加し、アイルランドのダブリン (Dublin) にあるセント・パトリック・カレッジ (St. Patrick's College) の「教育研究センター主任」トーマス・キャラハン (Thomas Kellaghan) とボストンカレッジ (Boston College) の「テスト・評価・公共政策センター公共政策主任」[*4]ジョージ・マダウス (George Madaus) がいた。後者の二人は、「技術評価局」の調査「米国の学校におけるテスト―正しい問いかけをすること」[*5]に向けた報告書を、1991年の4月に提出し、次のような主張をした。**45**

　第一に、米国は「統一国家試験」[*6]がない、世界の産業国ではまれな国の一つである。第二に、統一国家試験の欠如が「米国が学習到達度の国際比較[*7]で落ちこぼれる一番の理由」である。第三に、統一国家試験は「統一国家コア・カリキュラム」を創出し、それを強制する助けとなる。第四に、統一国家試験は、教師が努力するはっきりした意味のある「標準」を与え、「生徒が成功の報酬を受けとるか失敗というリアルな結果になるかをめぐって一生懸命に励む動機づけになる」だろう。第五に、統一国家試験は、「本物の」調査技術を具体化し、「事実の記憶のようなものではなく」[*8]「高度な思考技能」[*9]を測定すべきである。第六に、統一国家試験制度化は、米国が学習到達度に

---

*1 Workshop on Examination Systems in Other Countries and Lessons for the United States
*2 London School of Economics and Political Science
*3 Carnegie Foundation for Advancement of Teaching
*4 Public Policy Director, Center for the Study of Testing, Evaluation, and Public Policy
*5 Testing in American Schools: Asking the Right Questions
*6 common national examinations
*7 international comparisons of achievement
*8 not just the recall of facts
*9 higher-order thinking skills

326 第2部 教育効果を測る

おいて他国を圧倒し、教育において世界のリーダーとなることを助けるだろう。

このように「事実の記憶のようなものではなく」などと述べて、試験内容は単なる知識の記憶を再現するようなテストであってはならないと、キャラハンとマダウスは、当時実施されていた米国国内のテストを批判していた。

キャラハンとマダウスが、統一国家試験のモデルとして考えたのは、英国の「後期中等教育修了資格試験 (GCE)」や「中等教育修了資格試験 (GCSE)」、フランスのバカロレア (Baccalauréat)、ドイツのアビトゥーア (Abitur) である。特に注目する点は、受験問題の多様性である。英国では試験実施主体がGCEでは8、GCSEでは5つあり、しかも受験生が設問を選択して答えられること、ドイツでは試験科目の組み合わせが州によって違っていたり、選択で科目の重みづけを変えることができること、フランスではかなりの選択幅があることだ。[46]

1991年9月には、スタンフォード大学のラリー・キューバン (Larry Cuban) による衝撃的な報告書『教育へのテスト誤用』[*]が「技術評価局」に提出されたという。

「テストについてもっとも悪名高い非難は、『大学進学適性試験 (SAT)』の結果に関するものだ。『ETS (教育テストサービス)』は、テストは大学 (college) における生徒の学業成績を予測するものだと利用者、メディア、政策立案者にずっと警告してきた。……SATは、学校が生徒の教育をうまくやっているかどうか、あるいは学業成績で学校に順序を付けるようなことに使うものではないと、ETSははっきりと述べている。にもかかわらず、何百という教育委員会や学校管理部、記録局、連邦政府役人が1点上昇したと公的に宣言したり、テレビや親は3点下がったととがめ立てをしている。」[47]

「この10年間で、テスト非難には少なくとも二つの成果が明確になった。一つは、政策立案者が教育方法を変えるリモコン装置としてテストを使っ

---

[*] *The Misuse of Tests in Education*

ている[*1]ことである。もう一つは、テスト得点公害[*2]が広がったことである。」[48]

「連邦、州、地区の多くの政策立案者は、あるカリキュラムを導入したり、教師の教育方法を変更する場合に特別なテストを用いる。テストの中にある設問項目[*3]が入れられると、またそのテストが資金配分[*4]、高成績の確証[*5]、低成績の教職員を解雇する[*6]などと世間の注目を集めるならば、教師はテストで高得点をとるために教える内容や教える方法を変更するだろう[*7]。そうなると、テストに出る知識内容や技能に教師は集中する[*8]ことでエビデンスが積み上がる[*9]ことになる。美術、科学など、テストされない知識内容は無視される。」[49]

「無意味なテストの得点を上げることを指して、研究者たちは『テスト得点公害』という用語を作り出したが、これがもう一つのテストに対する批判である。たとえば、テストに出そうな類似問題を生徒に練習させれば[*10]、あるいは、行政官や教師が的外れの答えを解答用紙から消し[*11]、鉛筆で解答をちょっと書き込んだり[*12]、あるいはまた、教師が生徒に設問項目を漏らしたりすれば[*13]、標準テストの得点は上がるのである。」

「得点を上げる努力がなされれば、得点は高くなるということだけなのだ。得点を上げることを目標にすれば、生徒はそれ以上学ばなくなる[*14]。」[50]
このような分析から、ラリー・キューバンは、次のような提案をする。[51]

[*1] use tests as remote control devices to alter instruction
[*2] test-score pollution
[*3] certain items
[*4] allocation of funds
[*5] recognition of high performance
[*6] removal of staff for low performance
[*7] teachers will alter what they teach and how they teach in order to get high scores on the tests
[*8] teachers concentrate on what content and skills will be on the tests
[*9] evidence piles up
[*10] teachers have students practice with questions similar to ones that will be on the test
[*11] administrators and teachers clean up answer sheets by erasing stray marks
[*12] darkening lightly penciled-in answers
[*13] teachers actually give students the items that will be on the test
[*14] Raising the score is the goal, not students learning more

328　第2部　教育効果を測る

表6-6　米国議会技術評価局の動き

1991年6月	SCANS『どんな活動が学校に必要か―2000年の米国に向けたSCANS報告 (What Work Required of Schools: A SCANS Report for America 2000)』
7月	SCANS『生きることを学ぶ―高成績に向けた青写真 (Learning a Living: A Blueprint for High Performance)』
1993年	SCANS『SCANSコンピテスを教える (Teaching SCANS Competencies)』
1994年	SCANS『SCANSコンピテンスをカリキュラムで教える (Teaching SCANS Competencies across the Curriculum)』

注) SCANS: 必須スキル達成長官設置委員会

　第一に、「連邦や州の政策立案者は、生徒個人が習得した知識内容や技能を測定する[*1]、学校や地区の成績をモニターする[*2]、地区の成績に責任をもてるようにできる正しいテストを探す[*3]という単純な考えを捨てる[*4]ように働きかけることがまず始めだ。そんな迅速で安価な技術的解決など、この宇宙のどこにも存在しない。そんなテストでは、学校が抱える諸問題の解決はできない。」

　第二に、特定の義務的テストを課す政策を廃止すること。

　第三に、「最近、ブッシュ大統領が2000年の米国のなかで提案した、選択肢問題を生徒に課して個人、学校、地区の学業成績の向上と連邦予算の配分を決めるという『米国学習到達度テスト』なる国家テストを拒否すること。」

　第四に、「生徒が実際の行為によって理解したことを証明するように企画された手作りのテストを発展させ導く[*5]ように資金を提供すること。」

　表6-6のような米国議会技術評価局の動きは、1990年あたりの米国では、標準テストと呼ばれる教科の断片的な知識・技能を問うテストが否定され、現実の具体的な活動能力を評価するような新たなテストが望まれていたことを示している。

---

*1 measuring individual student's grasp of content and skills

*2 monitoring school and district performance

*3 finding just the right test holding districts accountable for how they perform

*4 move away from the simplistic notion

*5 develop and pilot unorthodox tests designed to help students demonstrate understanding through actual performance

第6章　広域テストから国際調査へ　329

(3) 労働長官設置委員会SCANS

ブッシュ（George Herbert Walker Bush、親）は1989年に大統領に就任しているが、1991年4月には「世界レベルの教育水準の達成を目ざす」という新教育戦略「2000年の米国」を打ち出し、にわかに教育界は活気づくことになる。

不思議なことだが、1990年に米国教育省は400万ドルをソビエト連邦の「総合技術教育」を対象とした研究費として拠出している。これと連動した動きを見せたのは、米国労働省である。米国の連邦政府は省や大臣の名称は使用していないが、この労働省のドール（Elizabeth Dole）長官が1989年11月に

> 「簡単に言えば、米国の労働力が準備できていない。……新しい職、新しい現実、1990年代の新たな課題に準備できていないのだ。」[*1] 52

という問題意識から、「必須スキル達成長官設置委員会（SCANS）」を立ち上げた。この委員会は、ソビエトの「総合技術教育」が「学術教育と職業教育の両方を結合する」[*2] ものとして意味があると見なした。

まず、委員会は、1991年6月に報告書『学校で必要な活動とは―2000年の米国に向けて』[*3] を提出する。ここで言う「2000年の米国」とは大統領の方針に呼応したものである。

この報告書において委員会は、「コンテクスト」の中で行われる学習がもっとも有効なものであり、「学習対象を現実の環境の中に置く方が、将来適用が予想される抽象的な場面でまず学ばせるよりもすぐれている」と結論づけている。

> 「『知る』ことを目的にした学習と『なす』ことを目的にした学習とは分けてはいけないものである。」[*4] 53

> 「基礎技能や思考技能の不足は、コンピテンスの成績に表れる。」54

1992年4月に、SCANSは報告書『生きることを学ぶ―高成績への青写真

---

*1 Simply put, America's workforce is in a state of unreadiness... unready for the new jobs, unready for the new realities, unready for the new challenges of the '90s

*2 blending academic and vocational education together

*3 *What Work Requires of School: A SCANS Report for America*

*4 learning in order "to know" must never be separated from learning in order "to do"

330 第2部　教育効果を測る

—2000年の米国に向けて』*1を労働長官に提出する。

　ここでは、「SCANS現場コンピテンス」*2こそが、雇用主にとっても仕事に必要なものとして認識されるべきであり、NAEP（全米統一学力調査）のなかにも取り入れられるべきであり、「最も重要なことは、産業が、コンピテンスが活用され賞賛されるような高成績の労働現場*3を構築しなければならない」「SCANS現場コンピテンスと基礎スキル*4の教授は、少なくとも中学校までは学術カリキュラムと統合されること」と結論づけている。[55]

　委員会は、最終的に1993年の報告書『SCANSコンピテンスを教える』*5をまとめている。ここでは、**表6-7**のような5領域のコンピテンスと、3領域の基礎を定義している。

　1993年に報告書が手渡されたのは、民主党のクリントン政権期（1993～2001年）となっていて、時の労働長官はロバート・ライシュであった。彼は、グローバル経済の中では「国民の基本的資産*6とは市民の技能と内省力*7だ」[56]としていた。「国家の競争力」の強化とは、一般に誤解されているように、自国企業を優先して保護したり助成したり支援することではなく、米国の本当の経済的課題は、他の諸国と同じで、「国民が技能と能力*8を高めたり、その技能と能力を世界市場と結びつける方法を改善して」[57]、グローバル経済に付加することのできる潜在的な価値を増大させることである。さらにまた彼は、グローバリズムが人間関係をずたずたにし、格差を拡大させ、やる気を失わせると分析して、これに対抗して「積極的経済ナショナリズム」*9を提唱し、「どの国の国民も、十分で生産的な生活*10を送るために自国民

---

*1 *Learning a Living: A Blueprint for High Performance: A SCANS Report for America 2000*
*2 SCANS workplace competencies
*3 high-performance workplace
*4 foundation skills
*5 *Teaching the SCANS Competencies*
*6 nation's primary assets
*7 citizens' skills and insights
*8 skills and capacities
*9 positive economic nationalism
*10 full and productive lives

第6章　広域テストから国際調査へ　331

表6-7　労働現場のノウ・ハウ (Workplace Know-How)

	領　　域	具体的内容
コンピテンス 　有効な労働者が生産的に活用するもの	資源 (Resources)	時間、お金、資材、空間、人員を配分する力
	人間関係 (Interpersonal Skills)	チームで作業する、他人に教える、客にサービスする、リードする、交渉する、異なる文化的背景を持つ人々とともにうまく働く力
	情報 (Information)	データを取得し評価する、ファイルを作成し維持する、解釈しコミュニケーションする、情報処理でコンピュータを使う力
	システム (System)	社会システム・組織的システム・テクノロジーシステムを理解し、行動をモニターし修正し、システムを企画し改善する力
	テクノロジー (Technology)	備品や道具を選び、テクノロジーを特定の作業に適用し、テクノロジーを維持し苦情処理する力
基礎 　コンピテンスに必要なもの	基本スキル (Basic Skills)	読み、書き、計算し、話し、聞く力
	思考スキル (Thinking Skills)	創造的に考え、決定を下し、問題を解決し、物事を見通し (seeing things in the mind's eye)、学び方を知り (knowing how to learn)、論理立てる力
	個人の資質 (Personal Qualities)	個人が責任感 (responsibility)、自尊心 (self-esteem)、社会性 (sociability)、自己管理力 (self-management)、統合力 (integrity) を持つこと

The Secretary's Commission on Achieving Necessary Skills. *Teaching the SCANS Competencies.* U.S.Department of Labor, 1993, 6.

の能力[*]を向上させることに主たる責任を負う」こと、「国内における新しい学習を奨励し、古い産業からの労働力の移行を円滑に行い、国内労働者を教育・訓練し、社会資本を整備し、そしてそれらすべてを達成するために国際的な公平な競争のルールを設ける」[58]ことを目ざすべきだと考えた。

　ライシュの考えは、工業先進国の国民は産業構造の変化に応じた新しい能力を身につけるべきだという点で、OECDやEUの教育・経済政策と一致していた。

---

[*] capacities

332　第2部　教育効果を測る

(4) 2000年の米国

　1994年3月には、クリントン政権は、前政権の教育計画を修正して、『2000年の目標—米国教育法』を法制度化し、連邦教育省の「教育研究改善局」[*1]を改組し、教育省と労働省の協力関係を打ち立て、1994年5月に連邦法『労働機会への学校法 (STOWA)』が制定される。この法律に基づいて、労働省と教育省の共同プログラム「学校から労働へのプログラム」[*2]が実施されることになった。学校における教科の教育と職場における職業経験を結合し、労働現場で役立つ実業的教育を行うことを目ざしたのである。そこで、クリントン政権は、労働現場の技能[*3]と、国際的教育基準[*4]に注目することになった。1994年あたりには、米国教育省は、一方でTIMSS型のカリキュラム基盤の生徒の成績測定を採用しながら、労働現場への準備を測定するOECDの開発する新調査を支援することにした。ここに、米政権の同意を得ることでコンピテンス・ベースの国際生徒調査PISAが誕生する大きな可能性が切り開かれることになった。

---

*1 Office of Educational Research and Improvement
*2 School to Work Program
*3 workplace skills
*4 international educational benchmarks

第7章　データ戦略の確立

　国ごとに発展した学校教育制度のうち中等教育の拡大と成人の再教育、ま
たクームズがこじ開けた発展途上国のノンフォーマルな教育、これらを取り
込んで国際的な学校制度の再編が起きる。やがてそれは、生涯学習制度へと
整理され、グローバルな教育を支えるISCED（国際教育標準分類）の確立へと
動いていった。

　しかし、これによって起きてきた義務教育という理念の消滅は、人類にとっ
て進歩を表しているのだろうか。ネオリベラリズムによって、権利としての
教育は、商品としての教育へと再解釈された。義務、無償、世俗（中立）とい
う三大原則で成立していた公教育は、解体され、民営化の道を歩んでいる。

第1節　OECDが学歴を測る、まず教育制度の国際統一

---

(1) ISCED（国際標準教育分類）

　教育制度の共通化、事業カテゴリーの特定の第一段階は、学歴を測るこ
と、つまり国際標準教育分類の構築だった。最初の試みは、1963年3月11
～16日にハンブルクのUNESCO研究所で専門家会議が開かれたことにあ
る。[1]

　教育研究者は、**表7-1**のようなものを作成していたようだ。しかし、それ
が広く合意されていたわけではなく、留学などは個々の教育機関の判断に
頼っていた。

　OECDが教育制度指標をはじめ、福祉関連の指標開発に乗り出すのは、
政治・経済活動においてモラル、倫理、政策立案に根拠を提供するためであっ

334 第2部 教育効果を測る

表7-1 初期の学校段階表

レベル Level	年　齢 AgeRange	段階 Stage	例 Examples
4	22-25	6	大学院 (Postgraduate study)
3	21-22	5	専門学校 (Professional schools) 後期大学教育 (Higher stage of university study) 教師養成 (Teacher education)
	18-19	4	上級技術学校 (Advanced technical schools) 前期大学教育 (Lower stage of university study) 教師養成 (Teacher education)
2	14-15	3	全日制・定時制職業学校 (Full- and part-time vocational schools) 後期中等学校 (Upper section of high schools) グラマースクール (Grammer schools) ギムナジウム (Gymnasiums) 教師養成 (Teacher education)
	10-11	2	基礎学校高等部 (Upper section of elementary schools) 前期中等学校 (Lower section of high schools) グラマースクール (Grammer schools) ギムナジウム (Gymnasiums)
1	5-7	1	6年制初等学校
		0	保育園と幼稚園

Karen Mundy et al (eds) *Comparative and International Education: Issues for Teachers,* CSPI and Teachers College Columbia University, 2008, 192.

た。教育制度指標は、何よりもまず教育制度の運用を測定し、モニターする必要性があったからである。

OECDは、すでに1970年代に指標開発を手がけていた。[2]

教育制度の比較を可能にするISCED（国際標準教育分類）は、国際的に教育活動を展開するために、UNESCOがまず開発した。国際的な教育活動が可能になるのは、教育制度に対する共通の評価が必要になったからである。

ISCEDは、1975年にジュネーヴで開催された第35回「国際教育会議」で採択されたが、これを受けてUNESCOは1978年の第20回総会において「教育統計の国際的標準化に関する改正勧告」として修正した。7つの教育分類[*]

---

[*] categories of education

第7章　データ戦略の確立　335

表7-2　ISCED-1976による学校段階表

level	教育分類（categories of education）	
9	Education not definable by level	レベル不明
7	Education at the third level, second stage, of the type that leads to a postgraduate university degree or equivalent.	
6	Education at the third level, firtst stage, of the type that leads to a first university degree or equivalent.	
5	Education at the third level, firtst stage, of the type that leads to an award not equivalent to a first university degree.	
3	Education at the second level, second stage	
2	Education at the second level, firts stage	
1	Education at the first level	
0	Education preceiding the first level	

Division of Statistics on Education, Office of Statistics. *International Standard Classification of Education (ISCED)*. Paris: UNESCO, March 1976, 5.

が設定されたが、**表7-2**のように「レベル不明」[*]という欠番も設けられていた。

　この国際標準教育分類が最初に使用されたのは、1983年のことであるという。[3]つまり、教育は内政として扱われ、国際交流はそれほど問題にならなかったということである。

　国際標準教育分類がひときわ大きく使用されるのは、1995年1月1日に発足するWTO（世界貿易機関）の教育分類である。留学が日常化していた時点では、経済界にしてはむしろ遅い対応であったかもしれない。

　「WTO事務局のサービス分類の詳細（MTN. GNS/W/120）」によると、あらゆる教育行為がすべてサービス業として位置づけてある。12に大分類されるサービス貿易のうち、第5項目が教育となっていて、中分類ないし小分類は**表7-3**のようになっていた。WTO側は「基礎教育」さえ「潜在的教育市場から除外されるとは考えられない」と判断している。[4]義務教育という用語

---

[*] not definable by level

336　第2部　教育効果を測る

表7-3　WTO 5. Educational Servicesによる学校段階表

	Business Services	Corresponding CPC	
E	other education services		その他の教育サービス (929)
D	adult education		成人教育サービス (924)
C	higher education services	923	高等教育サービス (923)
B	secondary education services	922	中等教育サービス (922)
A	primary education services	921	初等教育サービス (分類番号921)

WTO. Services Sectoral Classification List. MTN.GNS/W/120, 10 July 1991. 分類番号は、暫定中央生産分類 (Provisional Central Product Classification: CPC) という国際連合国際経済社会局統計部作成の統計文書M第 77号 (1991年) による。

が避けられ、基礎教育と呼ばれるようになったのも、教育のサービス化の流 れに一致する。教育組合の国際組織であるEIは、せめて義務教育だけでも WTOから除外すべきであると主張している。これが現在の国際社会だ。

　さて、PISAの分析手法は、このようなUNESCOの歴史的な土台があっ たがゆえに、国際的な合意形成が容易になったと推測できる。『図表でみる 教育』の調査開始時点では、教育制度指標事業は、**表7-4**のように教育段階 を定義した。

　1995年6月、フィンランドのラハティ (Lahti) にて、教育制度指標事業の 第3回総会が開催された。そこで、UNESCOが作成していたISCED (国際 標準教育分類) をより厳密な形に改定することがOECDの教育制度指標事業 に求められた。

　国際的な教育統計を比較可能なものとするために、**表7-5**のような ISCED-1997が1997年11月のUNESCOの第29回総会で採択された。こ れは、7つの段階 (レベル)、25の教育分野[*]で構成されていた。また、誤記 訂正をした2刷りは、2006年に刊行されている。[5]

　OECDは、ISCED-1997を**表7-6**のように現状に合わせて修正して使用 することにした。PISA2000以降の『図表でみる教育』には、この用語が使用 されている。学校教育の制度やカリキュラムのあり方も国際的に誘導されて

---

[*] fields of education

第7章　データ戦略の確立　337

表7-4　初版『図表でみる教育』（1992年）で使用された学校段階表

ISCED9	Education not definable by level	その他
ISCED7	Education at the third level, second, of the type that leads to a postgraduate university degree or equivalent	上級研究学位プログラム
ISCED6	Education at the third level, first stage, of the type that leads to first university degree or equivalent	大学型高等教育
ISCED5	Education at the third level, first stage, of the type that leads to an award not equivalent to a first university degree	非大学型高等教育
ISCED3	Education at the secondary level, second stage (upper secondary)	後期中等教育
ISCED2	Education at the first level, second stage (lower secondary)	前期中等教育
ISCED1	Education at the first level (primary)	初等教育
ISCED0	Education preceding the first level (pre-primary)	就学前教育

OECD/CERI. *Education at a Glance: The OECD Indicators.* Paris: OECD, 1992, 140.

表7-5　ISCED-1997と学校制度

level 6	second stage of tertiary education	後期第三段階教育
level 5	first stage of tertiary education	前期第三段階教育
level 4	post-secondary non-tertiary education	各種専門教育
level 3	(upper) secondary education	後期中等教育
level 2	lower secondary or second stage of basic education	前期中等教育
level 1	primary education or first stage of basic education	初等教育
level 0	pre-primary education	就学前教育

UNESCO. *International Standard Classification of Education: ISCED 1997.*

いるわけである。

　また、OECDは、教育統計の分類と実施をUNESCOから引き継ぎ、1999年はISCEDの解釈マニュアルを作成している。[6]

　政策形成に対するISCEDの威力は大きい。たとえば、日本においても、「ISCED-97」[7]に基づいて「特殊教育」という用語は、「特別なニーズの教育」

338　第2部　教育効果を測る

表7-6　国際調査で普及した学校段階表

ISCED6	advanced research qualifications	上級研究学位プログラム
ISCED5-6	tertiary education	高等教育
ISCED5A	tertiary-type A education	大学型高等教育
ISCED5B	tertiary-type B education	非大学型高等教育
ISCED4	post-secondary non-tertiary level of education	高等教育以外の中等後教育
ISCED3	upper secondary education	後期中等教育
ISCED2-3	secondary education	中等教育
ISCED2	lower secondary education	前期中等教育
ISCED1	primary education	初等教育
ISCED0	pre-primary education	就学前教育

OECD, *Classifying Educational Programmes: Manual for ISCED-97 Implementation in OECD Countries*, OECD, 1999, p.14.

と変えられることになり、概念そのものもより広く、学習困難や不利な立場の子どもたちを含むものに変更され、そのために今日では新たな特別支援教育が必要となってきているからである。学校教育の制度やカリキュラムのあり方も国際的に誘導されているわけである。

(2) ふたたびUNESCOに

UNESCO統計研究所は、ISCED第3版を作成し、2011年11月に開催されたUNESCO第36回総会で採択された。同時に、その後の国際統計のデータ収集をISCED-2011に置き換えることを決めたので、UNESCO加盟国は、この分類にしたがって国内の教育統計をとることになった。[8]

ISCED-2011では**表7-7**のように教育段階が7つから9つへと変更された。また、最下位レベルは2つに分けられて、3歳児以下を想定して、「早期教育発達計画」*が設けられた。ISCED-1997では、高等教育は上位研究学位プログラムに直接進学できない「高等教育の第一段階」および上位研究学位

---

* early childhood educational development programmes

第7章 データ戦略の確立　339

表7-7　ISCED 2011による学校段階表

Level			ISCED 1997
8	Doctoral or equivalent	博士課程またはそれと同等のもの	6
7	Master or equivalent	修士課程またはそれと同等のもの	5 A
6	Bachelor or equivalent	学士課程またはそれと同等のもの	5 A
5	Short-cycle tertiary education	短期高等教育	5 B
4	Post-secondary non-tertiary education	中等後・非高等教育	4
3	Upper secondary education	後期中等教育	3
2	Lower secondary education	前期中等教育	2
1	Primary education	初等教育	1
02	Early childhood Education; Pre-primary education	幼児教育（就学前教育）	0
01	Early childhood Education; Early childhood educational development	幼児教育（早期教育的発達）	なし

UNESCO Institute for Statistics. *International Standard Classification of Education, ISCED 2011.* Montreal, Canada: UNESCO Institute for Statistics, 2011, 63.

プログラムに直接進学できる「高等教育の第二段階」と定義された。この分け方は職業系の大学とアカデミックな大学とを分けることを意味した。これを、統合して進行順に「短期高等教育」「学士課程または同等の学位プログラム」「修士課程または同等の学位プログラム」「博士課程または同等の学位プログラム」と段階を区切り直したものがISCED-2011である。

　職業教育の分類に関連して、「欧州統計局（Eurostat）」「職業訓練発展ヨーロッパセンター（CEDEFOP）」「スウェーデン統計局（SCB）」が協力して、1999年に学問・研究分野の分類マニュアルが作成されていた。[9]

　ボローニャ宣言に続くリスボン戦略では、「欧州高等教育圏（EHEA）」を建設し、教育段階の統一から取得単位の共通化に乗り出した。この必要性から、ISCED-2011に基づき、「ISCED2013教育・訓練分野」*が作成された。[10] と

---

* ISCED Fields of Education and Training 2013: ISCED-F 2013

340　第2部　教育効果を測る

りわけ、学問・研究分野に番号が割り振られた一覧表は、「ISCED f コード」[*1]
と呼ばれている。大学の授業もまた、このコード番号によって分類されてい
く時代が到来している。

第2節　OECDが教育成果測定に乗り出す

(1) 教育制度指標事業の開始

　複雑な国際関係の結果、OECDはネオリベラリズムに基づく教育統治に
踏み出した。

　1987年11月のこと、米国教育省はワシントンにおいて「教育制度指標に
関する国際会議」を開催した。OECDの事務局員と27加盟国の代表、それ
に米国とOECD加盟国から研究者が招待された。米国は、教育の質を評価
するのに、国際的な情報と基準を集め、教育が上手く機能していることを示
す「有効な指標」[*2]を求めていた。こうして、ワシントン会議は、「比較可能
な教育制度指標のセット」[*3]に関する開発作業を遂行するようにOECDを巻
き込むことになった。

　1988年3月にはフランス教育省の資金でポアティエ (Poitiers) にて会合を
持ち、OECDのCERIにおいて「新しい実験的プロジェクト」を開始するこ
とに合意した。OECDの教育制度指標開発への着手は、こうして、米仏の
思惑で、確定することになった。教育制度指標事業を開始するという点では
米仏の政策担当者の意見が一致したわけである。関係者の表現では、二つの
会議は、「教育成果に関するよりすぐれた、より多くの複合的な情報に対す
る緊急の必要性」[11]を確認したことになるという。

　フランス政府と米国政府との違いが指摘されることもある。一方は「フラ
ンス共和制の理念」[*4]で動き、他方は「新公共管理理論」「ネオリベラリズム

---

*1 ISCED-F 2013 codes
*2 valid indicators
*3 comparative set of education indicators
*4 French republican ideal

経済理論」に基づいていた。そして、後者の場合、「グローバルな市場においては個人、システム、国家の成績を管理、測定、比較することが、新しい形態の教育行政では中心要素となっている」[12]。

当時、CERIで活動していたシェル・エイデの回想では、

「長い間、CERIも教育委員会も、教育における『質』という、時の流行スローガンには一定の距離をとっていた。メンバーの多くは、『質』は客観的な測定ができず、質の概念は教育政策の目的との関係でとらえられるべきだと考えていた。」

ところが、1980年代半ばには、「質」の問題をOECDの主要課題にするように米国政府が圧力をかけてきた。質の概念をめぐって有意義な理論的討議が行われたが、それは米国の唱える「政治的スローガンである『質』を知的に否定するものだった」という。だが、質の問題は、教師の質や教師養成の質にまで拡大され、追及が始まった。

「米国代表は、教育部門における評価と指標に関する自分たちの理念を売り込むことにより成功した」。とりわけフランス、オーストリア、スイスが、米国に同調したのである。[14]米国の提案には、フランス政府が思わぬ援軍となった。[15]時のフランスの教育相は社会主義者シュベーヌマンで、中等教育改革に乗り出していたが、比較教育研究者のヴァイラー (Hans N. Weiler) は、「国際競争、現代テクノロジーの習得、フランスの『人的資源』への関心がシュベーヌマンの政治行動計画を大きくおおっていた」[16]と分析している。しかし、ポワティエ会議では、教育制度指標に注意を向けることによって、教育システムの中で起きている不均衡、たとえば高い達成度を示す学校と低い達成度を示す学校との格差の程度を調べることができ、「すべての者に平等な機会を提供する」[17]という教育の目的に貢献することになるという点に会議の注意が向いたという。まさに、ビネー以来のフランスの社会主義的な価値観を彷彿とさせるエピソードである。それとともに、スイスの立ち位置がまた注目されるところである。

このようないきさつの結果、CERIは、1988年5月、「教育制度指標事業 (INES Project)」を開始することになる。教育政策委員長で、教育・雇用・労

342　第2部　教育効果を測る

働・社会問題委員長のロン・ガスは、スイス出身の教育研究者でフライブル
グ大学にて学んだノベルト・ボタニ (Norberto Bottani) にこの事業の主任を要
請した。[18]

　教育制度指標事業は、主として参加国供出の資金で運営される「分権プロ
グラム」として開始された。「分権プログラム」の方式は、「『米国教育省国立
教育統計センター (NCES)』所属の米国人職員がこの事業の行方に関する影
響を保持することを可能にした」と研究者から指摘されている。[19]

　教育制度指標事業の目的は、政策立案者、消費者、私企業などが利用で
きる「教育における国際比較指標制度」を確立することであった。すなわち、
第一に、「国際比較のため、一連の重要な指標[*1]を開発し、収集し、分析し、
予備的解釈を提供する[*2]こと」である。第二に、「各国の政策立案や教育行
政管理のために、教育制度指標を開発し活用する方法と実践に関して国際協
力会議を開催し、情報交換を行えるようにすること」である。第三に「評価
方法研究、ならびに、より有効で、信頼が置ける、総合的な指標を開発し、
教育政策にこの指標を活用するよりすぐれた解釈を獲得するという実践に貢
献すること」である。[20]

　教育制度指標事業のなかでネットワークを組んで展開された「データ・コ
レクション」活動は、米国の財政的、人的支援を得て、米国の主導で、日本
やドイツなど他の諸国が不本意ながら参加した、UNESCOに替わる教育
統計構築の試みである。これによって、教育統計が「動乱と、根本的構造改
革」[21]の中に放り込まれた。そして、『図表でみる教育』(1992年) 発行以来、
OECDの教育制度指標事業への各国の支持は高まり、教育統計活動への各
国の関わりは急速に拡大していく。

　米国国立科学アカデミー研究協議会の報告書でも明示されているように、
教育制度指標事業が行った「データ・コレクション」活動は、以下に見るよう
に、第1期 (1988～1989)、第2期 (1990～1991)、第3期 (1992～1996) と
いう3期に分けられている。

---

*1 a set of key indicators
*2 developing, collecting, analyzing, and offering a preliminary interpretation

(2) ネットワーク活動と教育制度指標事業の開始

OECDは1970年代初期のうちから指標開発を行ってきたが、これに伴う調査研究によると、「指標の潜在的な可能性に惹きつけられてはいるものの、政策立案者たちは指標に関してはいかに慎重であるか」[22]がわかったという。つまり、政策立案者たちも、政策評価には踏み込めないでいたのである。

教育制度指標事業開発の第1期と呼ばれる始まりは、1988年6月から1989年12月までの時期を指す。この時期の活動は、教育制度指標を開発する可能性をチェックし、教育システムに関して比較可能な指標を構築することであった。比較可能とは、すでに国内の教育統計はそれぞれの国で少しは整理されていたが、それを使って複数の国の教育システムの質を比較することは不可能に近かった。第一に、教育制度が異なり、比較すべき対象を絞ることさえ困難な状態であった。第二に、教育の質を分析できる指標を有効なものとしてどの分野からいくつ集めるか、つまり統計をとるべき項目とその定義が問題となった。とりわけ、米国が要請してきた内容は、教育の成果という繊細で微妙な問題であった。

教育制度指標開発に向けた米国研究者側とOECD事務局側の共通認識は、一応出来上がった。OECD事務総長によってオーソライズされた出版物において、CERI事務局のノベルト・ボタニと、米国イリノイ大学教授ハーバート・ウォルバーグ (Herbert J. Walberg) は、「国際指標は何のためか」を説明し、次のように述べて教育行政だけでなく、教育産業への投資という観点を明言している。

「指標システムは、それ自身のために構築されるべきものではない。教育産業[*1]は、有効性と生産性[*2]を求めてますます圧力を受けているが、直接に測定できないままになっている教育のコストや目標[*3]もまた重要である。教育のうちアクセスしやすい側面[*4]でさえ現状では測定されて

---

*1 educational enterprise
*2 effectiveness and productivity
*3 educational costs and goals that remain beyond immediate measurement
*4 more accessible dimensions of education

344　第2部　教育効果を測る

いないという事実は、教育への投資[*1]をより深く理解するために必要なことを立証する。」[23]

すでに1987年1月には、ネットワークは活動を開始していたという指摘もある。[24]一般には、1988年に、教育制度指標に関する実験作業として5つのネットワークが設けられたとされる。「生徒の動き」[*2]（ネットワーク1）についてはオーストラリア、「生徒の学習到達度」[*3]（ネットワーク2）は米国、「学校活動」[*4]（ネットワーク3）はフランス、「コストとリソース」[*5]（ネットワーク4）はオーストリア、「教育制度に関する態度や評価」[*6]（ネットワーク5）はオランダが担当することになった。[25]ネットワークという分野に分かれて、教育制度指標を測定するために必要な概念と方法論を構築することになったのである。

第1期の活動目的は、

「参加国が提供を得て、キーとなる一連の指標[*7]に関する予備調査を開発すること。指標開発と、教育政策ならびに教育行政におけるその活用に関して交流するフォーラムを提供すること。方法論の評価、指標開発、活用に関する理解、教育制度指標の諸関連と制約について貢献すること。」[26]

とされた。教育制度指標事業は、あくまでも教育政策、教育行政のための活動であった。

翌1989年9月に、ボタニは、オーストリアにて、「教育制度指標事業」総会を開催し、作業の進捗状況を議論した。1989年12月には、実験作業は終了する。その直前に、ネットワーク2がネットワークAとネットワークBとに二分された。ネットワークAは、米国が議長となり、「生徒の学習成果」[*8]に関する指標開発を課題とする。ネットワークBは、スウェーデンが議長と

---

*1 investments in education
*2 student flows
*3 student achievements
*4 school processes
*5 costs and resources
*6 attitudes and expectations towards educational systems
*7 a set of key indicators
*8 student achievement outcomes

なり、「教育と労働市場の行方」[*1]に関する指標開発を扱うことになった。[27]

　1992年に入ると、ネットワーク3とネットワーク5が統合され、主導権がフランスからオランダに代わる。

　こうして、最終的に、4つのネットワークに整理された。すなわち、米国が担当する「生徒の学習成果指標」[*2]開発を課題とするネットワークA、スウェーデンが主として支援する「教育と労働市場の行方の測定」[*3]開発を扱うネットワークB、オランダが主導する「学校と学校活動の指標」[*4]を作業課題とするネットワークC、それに英国が支援する「OECD内の多様な利害団体が持つ教育への期待と態度を把握する」[*5]ネットワークDとなった。[28]

　ネットワークは、独特の活動スタイルと実施体制を持っていた。任意の参加国がコンソーシアムを形成し、1つの「テクニカル・グループ」と4つのネットワークを運営するという方式をとった。

　ネットワークへの参加国は、表の通りである。ネットワークの推移をながめると、米国が一貫して「学習成果指標」という教育制度指標根幹部分を握っていることが分かる。ネットワークAの議長は、米国教育省国立教育統計センターのゲイリー・フィリップスであった。

　第1期(1988〜1989)には、ネットワークAは、教育成果を人的資源、人口・経済・社会面の環境、構造的な変化という視点からとらえる概念枠を開発していた。とりわけ、中等教育の完成、認知的学習到達度、中等教育後の学習活動の三点で議論が交わされた。

　第2期(1990〜1991)では、ネットワークAは、教育的到達度の指標を作成し評価するための基準および標準の開発をしていた。さらに、開発された、様式、基準、標準を既存の国際調査にあてはめてみて、データが取り出せるかどうかテストしていた。実際には、IEAの第2回国際数学調査とETSの「第

---

*1 education and labour market destinations
*2 indicators of student learning outcomes
*3 measures of education and labour market destinations
*4 indicators of schools and school processes
*5 chart the expectations and attitudes to education of the various stakeholder groups in OECD society

346 第2部 教育効果を測る

2回教育進歩国際調査」[*1]の数学部分のデータを借用することになった。

第3期(1992〜1996)になると、ネットワークAとテクニカル・グループは、財政データを集めて比較可能な教育制度指標に整えた。テクニカル・グループは、新指標で新規に財政データを収集することを提案し、この方法はOECD/UNESCO/EUROSTAT三者共同事業に採用され、改良されて米国教育省国立教育統計センターの実施する「消費比較調査」にも採用されることになった。

この時期に、ネットワークAは、指標を組織する枠組みを確定し、一連の教育制度指標を作成し、計算結果を『図表でみる教育』として刊行する力をもった。『図表でみる教育』は、1992、1993、1995年と刊行された。米国教育省国立教育統計センターからOECD教育制度指標事業に派遣されているメンバーは、各ネットワークとテクニカル・グループにおいて積極的にデータを提供し、指標開発とデータ収集に貢献して、『図表でみる教育』の指標の充実に、ある意味では誘導に努めた。1993年版になると、「教育進歩国際調査」[*2]の科学部分のデータ、IEAの「読解力調査」[3]から読解力のデータを追加して、13/14歳の生徒の読解力、数学、科学[*4]の指標がそろえられた。しかし、開発した指標と、既存の調査で用いられた調査内容とはズレがあった。これが、将来の新テスト構想を生むことになるのだが、3リテラシーの構成は1993年時点で決まったとみることもできる。

『図表でみる教育』の完全改訂版が1994年に刊行される予定であったが、第3版の出版は1995年にずれ込んだ。

今日でも誤解されているのだが、教育制度指標事業は、生徒個人の学習指針よりも、教育政策に対してデータを提供することが目的である。集団の教育の質に関して統計的な傾向を把握することが目的で、個人の能力を確定することが目的ではない。因果関係を探すという意味では、定量分析ではなく、

---

*1 Second International Assessment of Educational Progress
*2 International Assessment of Educational Progress
*3 Reading Literacy Study
*4 reading literacy, mathematics, and science

教育改革の質を探るための定性分析である。

教育制度指標事業では、世論調査の手法を用いて態度調査を計画していた。義務教育の終了段階では、学校は生徒たちに対して人生目標を育成するという重要な教育目的がある。学校が人格発達や社会性の発達に責任をもつ一方で、中等教育への社会的関心を高め、ふさわしい給料を確保する必要もある。

資格付与あるいは入学選抜のための伝統的な試験制度の各国で調査し、国別の調査システムを調整して、統一的なモニター、評価、説明責任の遂行を企画する調査事業を担当したのは、ネットワークAのうち、アイルランドのトーマス・キャラハンをリーダーとするグループであった。

また、国別の教育目標、文章化されたカリキュラム、実践されているカリキュラムなどを集めて研究するグループは、教育制度指標事業ネットワークAのうちゴールズ[*1]と呼ばれ、ノルウェーのマリット・グランハイム（Marit Granheim）とスウェーデンのステン・ペタースン（Sten Petterson）がリーダーとなった。

ネットワークAでは、学校によって生徒の学習にどのような「付加価値」が付けられるのかも測定しようと試みた。とりわけネットワークAには、社会・文化的な知識と技能を測定しようという意気込みがあった。すなわち、政治・社会・経済世界に向けて必要な基礎知識[*2]、日常的あるいは危機的状況において問題を解決する能力[*3]、社会的コンテクストにおける自己認知[*4]、重要な人間的価値の認知[*5]に関して教育制度指標開発の努力が割かれた。[29]

(3) OECD教育局の発展

OECDにおいて教育関係の最初の事務局スタッフである「科学問題局」長は、英国人ロン・ガスであった。教育次長は、キプロス人で英国で学んだジョージ・パパドプロスである。1991年に、「科学問題局」は「教育・雇用・

---

*1 GOALS subgroup
*2 basic knowledge required for orientation in the political, social and economic world
*3 problem solving capacity in everyday and critical situation
*4 self perception in the social context
*5 perception of critical human values

348 第2部 教育効果を測る

表7-8 2010年頃のOECDの組織

閣僚理事会 理事会 オブザーバー	経済産業諮問委員会 (BIAC) 労働組合諮問委員会 (TUAC)
事務総局 (General Secretariat)	事務総長 (Secretary-General) 事務次長 (Deputy Secretaries-General) 4人 　事務総長官房 (Office of the Secretary-General) 　多面的問題諮問ユニット (Advisory Unit on Multidisciplinary Issues) 　非加盟国センター (Centre for Co-Operation with Non-Members) 　理事会担当課 (Council and Executive Committee Secretariat) 　法務部 (directorate for Legal Affairs) 　内部監査・財務統制室 (Office of the Auditor-General) 　事業予算計画課 (Plogramme and Budget Planing)
部局 (Department)	開発協力局 (Development Co-operation Dierectorate) 経済総局 (Economics Department) 教育局 (Directorate for Education) 雇用・労働・社会問題局 (Directorate for Employment, Labor, and Social Affairs) 企業・中小企業・地域開発センター (Centre for Entrepreneurship, SMEs, and Local Development) 環境局 (Eviornment Directorate) 運営局 (Executive Directorate) 金融・企業局 (Directorate for Financial and Enterprise Affairs) 広報局 (Public Affairs and Communications Directorate) 行政管理・地域開発局 (Public Governance and Territorial Development Directorate) 科学・技術・産業局 (Directorate for Science, Technology, and Industry) 統計局 (Statistics Directorate) 租税政策・行政センター (Centre for Tax Policy and Administration) 貿易・農業局 (Directorate for Trade and Agriculture)
委員会 (committees) 約30	執行委員会 執行委員会特別会合 (ECSS) 予算委員会 対外関係委員会 　開発援助委員会 　経済政策委員会 　競争委員会 　統計委員会 　雇用・労働・社会問題委員会 　教育政策委員会 　科学技術政策委員会 　情報通信技術 (ICT) 政策委員会 など

専門団体 (Special Bodies) 半自律	アフリカパートナーシップ支援ユニット (Africa Partnership Forum) 開発センター (Development Centre) 財政行動作業チーム (Financial Action Task Force) 国際エネルギー機関 (International Energy Agency) 原子力機関 (Nuclear Energy Agency) サヘル・西アフリカクラブ (Sahel and West Africa Club) 欧州運輸大臣会議 (European Conference of Ministers of Transport) 教育革新センター (CERI) など

Kerstin Martens and Anja P. Jakobi（eds）*Mechanisms of OECD Governance: International Incentives for National Policy-Making?* Oxford: Oxford University Press, 2010, 4. およびOECD、外務省のホームページより作成。

（事務局）

1960 — 1961	1961 — 1975	1975 — 1991	1991 — 2002	2002 —
科学技術部（Office of Science and Technical Personnel/OEEC）	科学問題局（Directorate for Scientific Affairs）	社会問題・人的能力・教育局（Directorate for Social Affairs, Manpower and Education）	教育・雇用・労働・社会問題局（Directorate for Education, Employment, Labour and Social Affairs: DEELSA）	教育局（Directorate for Education）DEELSA は、DELSA に縮小

（委員会）

1960 — 1970	1970 — 2006	2007 —
科学技術政策委員会（Committee for Science and Technological Policy: CSTP）	教育委員会（Education Committee）	教育政策委員会（Education Policy Committee）

（分権委員会）

1968 — 1970	1971 —	1972 —	1997 —
暫定教育研究革新センター（CERI）	教育研究革新センター運営理事会（CERI Governing Board）教育施設事業（PEB）	高等教育機関管理運営プログラム（IMHE）	生徒の学習到達度調査事業（PISA）

（事務局）	（委員会）
教育・雇用・労働・社会問題局（Directorate for Education, Employment, Labour and Social Affairs: DEELSA）	教育委員会（Education Committee） 雇用・労働・社会問題委員会（Committee for Employment, Labour and Social Affairs）

図7-1　OECDにおける主要な教育関連活動と事務局・委員会の移行図

350　第2部　教育効果を測る

労働・社会問題局（DEELSA）」に再編され、局長は英国人トーマス・アレキサンダー（Thomas Alexander、以下通称のトム・アレキサンダー）、次長マルコム・スキルベク（Malcolm Skillbeck）はオーストラリア人で英国で学んだ。局長は、2000年にジョン・マーチン（John Martin）に交代する。彼はアイルランド人で、英国で学んでいる。次長は、1998年にオーストラリア人で米国で学んだメルボルン大学教授バリー・マクゴー（Barry McGaw）に代わり、彼は、2002年にDEELSAから分離独立して新設された教育局長に就任している。マクゴーの引退で、2006年には「教育局」長がバーバーラ・イッシンガー（Barbara Ischinger）に交代した。ここで初めて女性が登場する。彼女はドイツ人だが、米国で研究した経歴もある。

　この頃のOECDの陣容は、**表7-8**のごとくである。また、教育関連の機関の歴史的変遷は、**図7-1**のようである。

第3節　OECDが学校教育を測定する

(1) OECD教育制度指標事業第1期 (1988〜1989) の活動

　1988年から1989年にかけてのOECD教育制度指標事業は、これまで考案されてきた教育制度指標と実施されてきた教育測定などを集めて、有効な点と限界とをチェックした。1989年9月には、OECD教育制度指標事業の第1回総会が開催される。この場で報告され、討議を経てまとめられた「分析枠」が『OECD国際教育指標』[*]というタイトルで出版されている。1988年6月から1989年12月までが、教育政策指標事業の第1期であった。[30]

　発足当時は、OECD側も米国の研究者も、きわめて慎重であった。

　　「本質的には、指標がもたらす情報は教育政策や改善努力を知らせることはできる。しかし、指標は、過去の出来事に関する正確な解釈を提供したり、現在の状態に関する明確な判断を提示したり、あるいは特定の問題に対する特別な改善政策を指摘したりすることはできない。それで

---

[*] *The OECD International Education Indicators: A Framework for Analysis*

も、指標は、教育政策がどのように機能しているかということについて重要な新しい解釈を生み出す[*1]ことはできる。この解釈は、政策立案者、教育者、および世論[*2]が学校教育についてどのように考えるかに影響を与え、教育改善の方向を展望する有用なきっかけを提供することができる。指標は、国民が自分たちの教育制度に望むものは何か、どのようにしたら目標をもっともうまく遂げられるかということに関して話し合いを前進させるのを助ける道具として役立つことができる。このようにして、教育政策と教育計画に対して指標の貢献は、重大なものとなるだろう。」[31]

CERIにおいて教育統計・指標班を任されたノベルト・ボタニと、米国イリノイ大学教授ハーバート・ウォルバーグがこのように述べている。また、二人は、「指標の誤用を予防し、指標開発の首尾一貫したアプローチを保証する強力な概念枠もまた必要である」[32]と述べていることから、教育制度指標の誤用や悪用を危惧していたことがうかがえる。

報告書がOECD事務総長によってオーソライズされ正式の出版物となっていることからしても、教育制度指標事業に関して慎重な姿勢がOECDを貫いていたことが想像できる。

さて、先行するワシントンとポワティエの二度の会議では、50項目以上の「可能な国内指標」[*3]について検討されたという。また、それらは、「インプット指標、アウトプット指標、過程指標、財政・リソース指標」[*4][33]の4つのクラスター（集合体）にまとめられた。

調査項目は、教育の分野（field）ごとに複数の指標を採用することにした。教育制度指標の原案は、英国の教育心理学者デスモンド・ナットールが描いたようである。[34]教育統計・指標班主任ノベルト・ボタニは教育指標原案作成者としてデスモンド・ナットールを高く評価している。[35]

OECDの教育制度指標事業の枠組み設定時点では、教育制度指標は**図7−**

[*1] generate important new understandings

[*2] policy-makers, educators, and the public

[*3] possible national indicators

[*4] input indicators; output indicators; process indicators; fiscal and human resource indicators

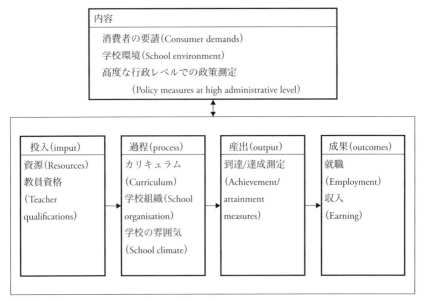

図7-2 学校教育の内容・投入・過程・産出モデル (context-input-process-output model of schooling)
Jaap Scheerens. Process Indicators of School Functioning. In OECD/CERI. *The OECD International Education Indicators: A Framework for Analysis*. Paris: OECD, 1992, 54.

2のような「内容・投入・過程・産出モデル」[*]に沿って配置されることになった。構造的に整理したのは、オランダのトウェンテ(Twente)大学のヤプ・シェレン(Jaap Scheerens)教授であるが、「指標システムに関する思考を関連付けるもっとも分析的な図」だと評価されている。[36]

この配置の特徴は、学校教育の直接的成果として「産出(アウトプット)」、社会の影響を大きく受ける「成果(アウトカム)」とが分けてあることだろう。また、教員の資格は学校よりは行政の問題として「投入(インプット)」分野に配置してあるのも特徴である。教員の資格は教育の質の問題として、たとえば授業の内容やその進め方などの問題としては考えられていない。ヤプ・シェレンは、指標の選抜には過去の研究を参考にした。彼は、その主だった特徴を**表7-9**のようにまとめている。

---

[*] context-input-process-output model

第7章　データ戦略の確立　353

表7-9　過程指標群の比較 (comparison of sets of process indicators)

研究名	指　標　例
UNESCO (1976)	資源配分 (Allocation of resources) 維持率・発展率 (Retention and progression rates) 年間あたり教師が一人の生徒にかける時間 (Teacher hours per pupil per year) コストと管理 (Cost and management)
Oaks (1987)	授業時間など、知識へのアクセス (Access to knowledge, e.g. instruction time) 卒業要件など、達成圧力 (Press for achievement, e.g. graduation requirements) 協同計画に費やす時間など、教育への専門職条件 (Professional conditions for teaching, e.g. time spent on collaborative planning)
Teauber (1987)	教えるリーダーシップ (Instruction leadership) カリキュラム (Curriculum) クラス一斉か小グループかなど、授業の型 (Type of instruction: whole class, small group, etc) 仕事時間 (Time on task) 学校の雰囲気 (School climate) 友人の影響 (Influence of peer group)
Venbeniste (1987)	授業時間と非授業時間という教師の拘束時間(Teacher time: teaching/non-teaching) 生徒の学習時間 (Student learning time:) 　授業時間 (course enrollment) 　離職率 (turnover rates) 　生徒対教師比 (pupil/teacher ratios) 　校内諸活動 (school day activity) 　授業期間 (length of school) 　校外学習時間 (out-of-school learning time) 秩序と全体調和 (Order and consistency) 　いじめ、さぼり、暴力、破壊 (truancy, absentism, vandalism, disruptions) 　退学率 (student turnover) 　生徒の協同活動 (student co-operative behaviour)
Windham (1988)	教育組織 (Instructional organisation) 新しいテクノロジー (Alternative technologies) 教師と生徒の活動別時間 (Use of teacher and student time)
Acheerens (1989)	達成刺激 (Achievement stimulants) 達成志向政策 (Achievement-oriented policy) 教育のリーダーシップ (Educational leadership) 教師の協同計画 (Teacher's co-operative planning) カリキュラムの質 (Quality of curriculum) 評価可能な潜在力 (Evaluative potential) 秩序の雰囲気 (Orderly climate) 活動時間 (Time on task) 構造化された授業 (Structured teaching) 学習機会 (Opportunity to learn) 高い期待 (High expectations) 進捗状況のモニター (Monitoring progress) 補充 (Reinforcement)

Jaap Scheerens. Process Indicators of School Functioning. In OECD/CERI. *The OECD International Education Indicators: A Framework for Analysis*. Paris: OECD, 1992, 73.

354 第2部 教育効果を測る

(2)OECD教育制度指標事業第2期 (1990 ～ 1991) から第3期 (1992 ～ 1996) へ

1991年9月16 ～ 18日、スイス政府が主催して、ルガノ (Lugano) にて、OECD教育制度指標事業の第2回総会が開催される。ここにおいて、実験作業の成果が発表される。会議の報告は、『教育を計測する』[*1] [37] として出版されている。

教育制度指標の開発に基づくデータ収集と教育調査の結果が、教育産業に利用されたり、教育投資の判断材料に使われることを前提にしながらも、開発当事者たちは教育制度指標の問題点と限界もまた意識していたようである。

CERIの「予想に反して」[*2]、「諸指標は立派な政治的反響[*3]を呼んだ」[38] という。そこで、教育制度指標事業は第二段階に入っていく。これが決定的な段階だった。

会議の流れは、「一連のOECD教育指標」[*4]を出版することを決定するところまで行き着いた。

ルガノ会議では、もう一つの重要な決定がなされた。教育指標の概念問題に関して「教育を計測する」作業が開始されることになったのである。

1992年初頭、CERI運営理事会とOECD教育委員会の決定によって、教育制度指標開発は継続されることになった。

(3)CERIの対応と『図表でみる教育』の刊行

調査結果は、1991年7月24日、パリで発表された。[39] ほぼ1か月後のルガノ会議にて、参加諸国の代表が出版を承認した。そして、1年かけて、再編集、点検、コメントの記述、図表の作成を行った。これが1992年9月2日に『図表でみる教育』として刊行されることになる。

1991年9月から、OECDのCERIが担当する教育制度指標事業は、第二段階に入っていく。ルガノ (Lugano) で開催された会議で、30項目に関して『図

---

*1 *Making Education Count*
*2 against CERI's expectations
*3 splendid political reception
*4 a set of OECD education indicators

表でみる教育』の試行編集版を1年以内に出版することが決定された。「米国教育省国立教育統計センター (NCES)」が財政的支援を行うことになった。[39]教育制度指標事業主任ボタニは、出版管理主任にアルベルト・ツイジンマンを採用することにした。彼は、OECDにおいて成人教育から生涯学習への道筋を付けた人物で、その時、国際成人識字調査の実施を手がけていた。さらに、精力的にIEAの研究成果を整理していた。

　調査を担当したのは、教育制度指標事業主任ノベルト・ボタニ、同事務局員カトリーヌ・ドゥシェーヌ (Catherine Duchêne)、アルベルト・ツイジンマンであった。「教育成果」を扱うネットワークA、「生徒の進路」[*1]を扱うネットワークB、「学校機能・活動」[*2]を扱うネットワークC、「態度と期待」[*3]を扱うネットワークDに分かれ、「参加と生徒の動き」[*4]を扱う技術グループ1、「コストとリソース」[*5]を扱う技術グループ2が協力した。これら諸組織の活動は、ネットワークを担当するフランス、オランダ、スウェーデン、米国の4か国政府の支援と、「米国教育省国立教育統計センター (NCES)」と米国教育省から資金を得た。[40]

　採用された教育制度指標は、「人口・経済・社会背景」[*6]が5項目、「コスト・リソース・学校活動」[*7]21項目、「教育成果」[*8]10項目であった。これらの指標は、広範な読者、とりわけ政策の策定と評価に有益な情報となるとしている。だが、このうちの12項目は、この調査のために集められたものではなく、既存のデータを比較可能な形に標準化した暫定値[*9](表7-10中で(e)と印された項目)であった。[41]とくに、数学の成績平均値、数学の学校間格

---

*1 student destinations
*2 school features
*3 attitudes and expectations
*4 participation and student flow
*5 costs and resources
*6 demographic, economic and social context
*7 costs, resources and school process
*8 outcomes of education
*9 considered experimental

356　第2部　教育効果を測る

表7-10　『図表でみる教育』に採用された教育制度指標の推移

1992年	1993年
コスト・財源・学校活動 Costs, resources and school process	コスト・財源・学校活動 Costs, resources and school process
教育支出 Expenditure on education	教育支出 Expenditure on education
P1: Expenditure on education as a percentage of GDP P2: Expenditure on education as a percentage of total public expenditure P3: Shares of educational expenditure P4 (e): Sources of public expenditure on education P5: Current and capital expenditure P6: Expenditure per student P7: National effort in education P8: Relative expenditure per student	P1: Educational expenditure relative to GDP P2: Share of education in public spending P3: Allocation of funds by level of education P4: Sources of funds for education　P5: Current and capital expenditure P6: Expenditure per student and by level P7: Expenditure per student relative to GDP P8: Index of expenditure per student and by level
人的資源 (Human resources)	人的資源 (Human resources)
P9 (e): Staff employed in education P16: Pupil/Teacher ratio	P9: Staff employed in education P10: Ratio of students to teaching staff
参加と生徒の動態 (Participation and students flows)	生徒の教育参加 (Participation in education)
P10: Participation in formal education P11: Pre-compulsory effort P12: Upper secondary education P13: Entry ratio to tertiary education P14: Non-university tertiary education P15: Higher education (university)	P11: Participation in formal education P12: Early childhood education P13: All secondary education P14: Transition characteristics P15: Entry ratio to tertiary education P16: Non-university tertiary education P17: University education
意志決定の性格 (Decision-making characteristics)	意志決定の性格 (Decision-making characteristics)
P17 (e): Locus of decision-making P18 (e): Decision-making by school P19 (e): Domains of decision-making P20 (e): Modes of decision-making P21 (e): School autonomy in decision-making	P18: Locus of decision-making P19: Decision-making by school P20: Domains of decision-making P21: Modes of decision-making
人口・経済・社会背景 (Demographic, economic and social context)	教育のコンテクスト (Contexts of education)
人口動態要因 (Demographic factors)	人口動態コンテクスト (Demographic context)

C1: General educational attainment C2: Gender differences in education C3: Labour force participation and unemployment C4: Youth and population	C1: Educational attainment of the population C2: Gender differences in education C3: Youth and population
経済要因 (Economic factors)	**学校と経済的コンテクスト** (Social and economic context)
C5: GDP per capita	C4: Home and school language C5: Labour force participation and education C6: Unemployment among youth and adults C7: National income per capita
教育成果 (Outcomes of education)	**教育結果** (Results of education)
教育達成度 (Educational attainment)	**生徒の成果** (Student outcomes)
R1: Upper secondary completion R2: Higher education graduation R3 (e): Higher education survival R4: Science and engineering degrees R5 (e): Science and engineering effort	R1: Performance in reading R2 (p): Performance in mathematics R3 (p):Performance in science R4: Gender differences in reading achievement
学習成果 (Learning outcomes)	**制度の成果** (System outcomes)
R8 (e): Mathematics achievement R9 (e): School differences in achievement R10 (e): Student differences in achievement	R5: Upper secondary graduation R6: University graduation R7: Science and engineering degrees R8: Science and engineering personnel
卒業後の地位 (Status after schooling)	**労働市場の成果** (Labour market outcomes)
R6: Unemployment and education R7: Earnings and education	R9: Unemployment and education R10: Education and earning
P21+C5+R10=36 indicators	P21+C7+R10=38 indicators

OECD/CERI. *Education at a Glance: OECD Indicators*. Paris: OECD, 1992, 13-14.
OECD/CERI. *Education at a Glance: OECD Indicators*. Paris: OECD, 1993, 12-13.

差、数学の個人間格差という学校の成果の測定値は「国際教育到達度評価学会（IEA）」が実施した第1回と第2回の国際教育調査の結果を借用したものであった。

　この部分は、ネットワークＡが、実際には、IEAの第2回国際数学調査とETSの「第2回教育進歩国際調査[*]」の数学部分のデータを借用することになった。[42]それらのデータを使って、平均得点の国際比較、国際的な得点分布比較、

---

[*] Second International Assessment of Educational Progress

358　第2部　教育効果を測る

生徒数対教師数の比率、学校間・クラス間の得点分布などを描いた。

　調査結果は、『図表でみる教育―OECD指標』[*1]として完成し、1992年9月24日に刊行された。[42]初版は8000部、二刷りが6000部の出版となった。[43]その後、同じ名称で、1993年10月、1995年4月、1996年12月と続いており、教育制度指標事業はOECDの重要な活動になってきている。

　1992年のOECD閣僚会議では、失業問題が大きく取り上げられ、OECDの事務総長は、失業対策になる何らかの指標、雇用を促進し失業を減少させる何らかの教育戦略を提示することを迫られていた。教育の質に関して、学術的学習と職業的学習の統合[*2]、学校と企業との適切な連携・協力[*3]、大学教育の労働力適正[*4]、成人訓練システム[*5]などという指標が必要になってきた。教育、訓練、雇用、労働生産性成長を扱う、社会、経済、文化の広領域をカバーする指標の開発が必要になった。

　OECD書記局は、教育制度指標の適切性を検討するために、次のような各国の報告書を分析したようである。フランス教育文化省『学校王国―教育制度30指標』、同『学校地理学』、デンマーク教育研究省『デンマークの事実・図表・教育指標』、米国の全国教育目標委員会『国家教育目標報告1992年版』[*6]、同『学習者としての国民形成』[*7]、オランダの国際教育達成評価学会(IEA)『教育計画への予想結果』[*8]、同『世界読解力教育』[*9]である。[44]

　1993年1月のこと、『図表でみる教育』初版の反応を検討するために、政策研究者とアドバイザーグループが、米国のエリック・ハヌシェク(Erik Hanushek)、英国のクラウス・モザー(Claus Moser)、フランスのフランソワ・オリヴェ(Froncois Orivel)という3人の専門家を招いて討議に入った。確認

---

*1 *Education at a Glance: OECD Indicators*
*2 integration between academic and vocational studies
*3 appropriate linkages and partnerships between schools and employers
*4 workforce relevance of tertiary education
*5 adult training system
*6 *National Education Goals Report 1992*
*7 *Building a Nation of Learners*
*8 *Implications for Educational Planning*
*9 *Teaching Reading Around the World*

されたことは、『図表でみる教育』初版は、広域的な教育制度指標・統計を発展させている、国別データを入手することは重要である、産業・企業・一般大衆に十分力説することが必要であるということ、さらに教育成果に関する指標の開発をすること、人口動態・文化・自然環境など教育システムが稼働するコンテクストに関する情報をさらに収集すべきである、という評価を得た。[45]

これを受けて、DEELSA (教育・雇用・労働・社会問題局) 局長トム・アレキサンダーは、CERI 運営理事会に書簡を出して、CERI 教育制度指標事業として教育統計を収集し、分析し、その結果を出版する点でさらなる改善を求めた。つまり、『図表でみる教育』充実路線が決められたのである。

OECD、UNESCO、EUROSTAT の三者は、すでに ISCED 分類システムを採用することを決めていたが、現状に合わせてデータを改善し、オンラインで各国際機関に配布することにした。

1993年版になると、ネットワークAは、米国国立教育統計センターと米国国立科学財団が管理する「教育進歩国際調査 (IAEP)」の科学のデータ、IEAの「読解力調査」[*1] から読解力のデータを追加して、13/14歳の生徒の読解力、数学、科学[*2] の指標がそろえられた。

教育制度指標の項目を1992年と1993年で比べると、**表7-10**のようになる。このようないきさつで、指標項目数は、1992年に36、1993年に38、1995年にと確実に増えている。

ネットワークAは、

> 「OECD 教育制度指標事業 (INES Project) は、これまで数学、科学、読解力[*3] の産出指標[*4] を開発するために国際教育到達度評価学会 (IEA) と国際教育進歩国際調査 (IAEP) によって収集されたデータを使用してきた」[46]

として、その一例に『図表でみる教育1995年版』を挙げている。

---

*1 Reading Literacy Study
*2 reading literacy, mathematics, and science
*3 mathematics, science and reading literacy
*4 output indicator

360　第2部　教育効果を測る

(4)『図表でみる教育』の拡充

　1996年版は、『図表でみる教育─OECD指標』に加えて、『図表でみる教育─分析』[*1] との2冊になっている。この時期が、教育制度指標事業の第3期と呼ばれ、OECDの教育活動が大きく再編成されている。CERIの「学術諮問委員会」は、CERI運営理事会理事長を議長として「政策研究諮問委員会（PRAG）」となった。ねらいは、教育政策により大きな影響を及ぼすこと、「教育関係者に指標文化を広めるよう貢献する」ことであった。[47]

　『図表でみる教育』は、1997年11月刊行の版より、指標と分析が再統合されて、今日の形態をとるようになった。1999年版のみCDファイルとして刊行されたが、その後印刷に戻され、今日に至っている。しかも最近ではpdf版が無料で公開されているので、世界中で誰でも容易に利用できるという圧倒的な優位性を保っている。

　OECDは出版物によってその影響力を決定づけたが、なかでも『図表でみる教育』は、「旗艦出版物」[*2][48] とOECD自らが自負するように、もっともポピュラーな刊行物となった。

　そして、この教育制度指標報告書は、データを簡易に一瞥できるので、あきらかに各国の教育政策立案者に大きな影響を及ぼした。そのため、OECDは、**表7-11**に見るように、1990年代からの20年間、教育制度指標開発の牽引者であった。だが、同時に、

　　　「OECDの教育政策の主要目標は、グローバルな市場に向けた人的資本の生産なのである。OECDは、国際教育理念と教育の統治という流れが湧き出す中心的水源であり『グローバル化の事業体』と見なせる」[49]
という教育研究者の批判的分析がある。それはまた、

　　　「1990年代を通じて、OECDの中に、商業や経済の問題は、文化的多様性という問題、および個人次元のグローバル関係という問題と一致させられなければならないと認識があって、カリキュラムの国際化という複合的理念を定義しようという試みが存在したのである」[50]

---

*1 *Education at a Glance: Analysis*
*2 flagship publication

第7章　データ戦略の確立　361

表7-11　OECDの教育統計・教育制度指標 (INES) 開発の歴史概観

年	活　動　お　よ　び　成　果
1967年	教育統計ハンドブック『教育計画のための方法と統計的要請 (Methods and Statistical Needs for Educational Planning)』
1987年11月	教育制度指標に関する第1回国際会議がワシントンで開催
1988年3月	教育制度指標に関する第2回国際会議がフランスのポワチエ (Poitiers) で開催
	ネットワークが編成される。ネットワーク2への参加国から報告書が米国に送付される。学術顧問グループが会合。指標の予備的草稿案が作成される
1989年	ネットワーク・セミナーが開催され、活動計画が発行。学術顧問グループ会議で、活動計画を検討。ネットワークの分析草案が完成。5ネットワーク連合セミナーがオーストラリアで開催。ネットワークの分析案がCERIに送付
9月	オーストリアにて、第1回INES事業総会
11月	CERI運営理事会確認の第2期活動計画が承認される
1990年3月	ネットワークA企画会議がワシントンで開催
5月	顧問グループ (Consultative Group) 会議がワシントンで開催
6月	ネットワークA会議がワシントンで開催
7月	ネットワークA改訂予備調査が参加メンバーに送付される
8月	予備調査がメンバーのコメント付きで回収される。調査が締め切られ分類される
9月	顧問グループと各ネットワーク主任の会議がパリで開催
10月	本調査が実施される。最終基準 (finalized criteria) が参加メンバーに送付
11月	顧問グループ会議がオーストラリアで開催。指標リストが提案され、参加メンバーに送付
1991年1月	ネットワークA会議がワシントンで開催
2月	各ネットワーク主任会議がパリで開催
3月	顧問グループ会議がワシントンで開催
6月	顧問グループ会議がパリで開催。ネットワークA会議がコロラド州ブレッキンリッジ (Breckinridge) で開催
8月	教育制度指標の開発に関するネットワークA最終報告書が完成
9月	第2回INES事業総会がスイスのルガノ (Lugano) で開催。教育制度指標事業に関してネットワークA最終報告書が検討される。
1992年3月	ネットワークA D合同会議がパリで開催
6月	技術グループ会議がパリで開催。ネットワークA会議がオスロで開催

9月	『図表でみる教育』初版刊行。政策研究者と顧問グループ (Policy Review and Advisory Group) が会議。ネットワークD会議がエジンバラで開催
11月	ネットワークC会議がハーグで開催
1993年2月	ネットワークA会議がポルトガルのビラモウラ (Vilamoura) で開催
2～3月	教育制度指標 (INES) 事業スタッフがEUROSTAT職員と会合
3月	技術グループ内「教育制度指標」グループ会議が開催。ネットワークA「ゴールズ (GOALS)」グループ会議がオスロで開催。ネットワークA「教科横断的コンピテンス」グループ会議がスイスのジュネーブで開催。ネットワークB会議がパリで開催。各国責任者 (National Co-ordinators) 会議がパリで開催。
3～4月	ネットワークD会議がパリで開催
6月	技術グループとネットワークAC合同会議がパリで開催
7月	政策研究者と顧問グループ会議が開催
10月	『図表でみる教育』2版刊行。技術グループ会議が開催
1994年2月	『教育を計測する』刊行
	第1回成人リテラシー調査 (First International Adult Literacy Survey) 実施。「教育・雇用・労働・社会問題局 (DEELSA)」内に設置された「指標統計課 (Statistics and Indicators Division)」の常勤スタッフにアンドレア・シュライヒャー (Andreas Schleichier) が採用される。
1995年6月	第3回INES事業総会 (ラハティ) にて、さらに作業する主要5指標をしぼり、特別作業チームを編成。
2000年9月	第4回INES事業総会 (東京) にて、平等と公正など、主要指標の取り扱いについて報告。

Clara Morgan. *The OECD Programme for International Student Assessment: Unraveling a Knowledge Network.* Saarbrücken: VDM Verlag Dr. Müller, 2009, 115-116.

Board on International Comparative Studies in Education Commission on Behavioral and Social Sciences and Education. *International Comparative Studies in Education: Descriptions of Selected Large-Scale Assessments and Case Studies.* Washington D.C.: National Research Council. 1995, 37 ～ 38.

　とも表現されているように、市場価値を優先的に追求するだけのものでもなかった。つまり、学業成績を様々な要因とリンクさせて分析することで、授業時間数だけでなく、教師の教え方、親の育て方、人々の教育観、地域の教育支援などの意義を浮かび上がらせようとした。

　ここで問題になってきたことは、既存のデータを流用していたことである。そのために、独自の国際生徒調査PISAが構想されることになる。いや、むしろ、独自データの収集に乗り出したことこそが、政府機関を動かして統計指標を世界標準化し、大学など既存の研究組織では追随できない巨大なデー

タベースを作成し、その解釈を独占することによって、行政組織を稼働させて世界制覇を決定付けるものとなった。

第4節　OECDが学力を測定する

(1) 知識経済論とOECDデータ戦略

それでも、1992年あたりのOECDは、まだ古い図式で教育と職業の関係を捉えていた。CERIは、『学校とビジネス―新しいパートナー・シップ』と題する報告書では、教育における重要な変化として「雇用者が現在必要とする適応力と思考力のある労働者に生徒たちを育てる、一般教育における新しい学習スタイルを発展させる」「労働現場により適応するように、また職業教育と一般教育とのバランスを考え直して、職業教育を改善する」といったことを課題として取り上げている程度だ。[51] それは、1980年代に、失業の原因として教育不足[*1]が雇用者側から提起されていたように、かなり多くの生徒が職に就かない状態で学校を卒業していたからである。[52] 結局は、「教育と労働との間に直接の結びつきを増やすよりも、一般教育への新しいアプローチを通して、『生成的な』[*2]スキルの方がより効果的かもしれない」[53] と指摘されている。

比較教育の研究者たちによると、1980年代と1990年代初期には、「社会的正義 (social justice)」を求める活動方針が教育界に認められていた。[54] その当時、OECDの「教育・雇用・労働・社会問題局 (DEELSA)」もまた市場経済に対抗して福祉政策をとっていた。だが、1990年代後半に「知識経済論」が興隆してくると、教育は経済とより強く結びつき、効率が求められ、高等教育は予想外のスピードで変化することになる。

教育制度史の研究者マイケル・ピーターズによると、「知識経済論」と「知識資本主義」は同義語であり、OECDとWorld Bankには1990年代の後半に採用されたという。[55]

---

*1 education's shortcoming
*2 generic

364 第2部 教育効果を測る

(2) OECD の職業研究

1992年5月にOECD閣僚理事会から事務局に対して失業対策として雇用問題を検討するように要請があった。その報告書が、1994年6月の『OECD雇用研究―調査結果と解説』[56]である。同時に、政策提言として『OECD雇用研究―実態・分析・戦略』が刊行されている。そこでは、「新たな製品やサービスの創造が需要を拡大する」こと、したがって「高生産性、高賃金の雇用の拡大の基盤となる新たな科学技術を社会と経済が創造し、効果的に利用する能力を高める政策を実施する」こと、「新たな知識を創造する基礎科学研究に投資し、企業が科学的・技術的知識にアクセスしやすいようにする」こと、「新たな科学技術の普及と効果的利用のために、市場主導による制度の安定した法的枠組みを確立する」ことなどが提起されていた。[57]

1994年3月、OECDは生産性、職業創出、テクノロジーに関して、「G7デトロイト職業会議」[*1]を開催した。G7とは、米国、カナダ、日本、英国、ドイツ、フランス、イタリアである。当時、OECD会議に提出された1993年のデータでは、北米(米国、カナダ)の失業率は7.2%、日本は2.5%、EC諸国は10.6%となっている。

会議後、構造改革、マクロ経済政策と経済のパフォーマンス、起業家精神と職業創出に関して大がかりな研究が行われることになった。OECD内でこの研究を担ったのは、産業委員会、科学技術委員会、情報・コンピュータ・コミュニケーション政策委員会であった。また、OECD機構の中では「職業戦略」[*2]としてとらえられ、関連する事務局は、科学・技術・産業局、経済部、教育・雇用・労働・社会問題局(DEELSA)などであった。

研究の方向付けは、1994年11月にコペンハーゲンで開催されたOECDの「知識基盤経済における雇用と成長」会議である。またこの会議は、デンマーク商業・産業省とOECD科学・技術・産業局が共催した。学会と行政官を主体に社会の各層から250人が参加し、「知識基盤経済」という概念の共通理解を進めることになった。

---

*1 G-7 Detroit Jobs Conference
*2 Job Strategy

第7章　データ戦略の確立　365

表7-12　若者の失業対策から若者の能力調査へと向かうOECDの会議テーマ一覧

開催日	会議のテーマ	開催地
1994年 6月 10月	OECD Jobs Study 刊行 *The OECD Jobs Study: Facts, Analysis, Strategies.* *The OECD Jobs Study: Evidence and Explanations.*	
11月7-8日	知識基盤経済における雇用と成長	コペンハーゲン
1995年 5月1-2日	企業の実力とイノベーションに関する先進テクノロジーの効果	ワシントンDC
5月3-5日	サービス部門におけるテクノロジー、経済成長、雇用	ワシントンDC
6月16-17日	中小企業—雇用、イノベーション、成長	ワシントンDC
6月19-20日	テクノロジー、生産性、雇用—マクロと部門別根拠	ワシントンDC
1996年 1月11-12日	クリエイティビティ、イノベーション、職業創出	オスロ
2月12-13日	技術的・組織的変化と労働が要請する柔軟な企業—人材の影響	マドリッド
3月6-7日	マルチメディア	東京
4月	*Employment and Growth in the Knowledge-Based Economy .*	

表7-12のような会議を経て、1996年4月1-2日に「G7リール雇用会議」[1]が開催され、この活動は終了した。言ってみれば、その後20年のヨーロッパの経済、社会、教育の路線は、この時期に確定されたと見なすことが出来る。このプロセスには、デンマークの知識人が大きく関わっていることも見逃せない。

1996年に『人の知を計る』[2]という象徴的なタイトルが付けられた報告書がOECDから出版されている。これは、ちょうど、OECDが再教育路線から生涯学習路線へと転換する年である。また、国際生徒調査PISAが形になり始める時期に当たる。

---

[1] G-7 Lille Employment Conference
[2] *Measuring What People Know: Human Capital Accounting for the Knowledge Economy*

366　第2部　教育効果を測る

(3) 教科横断的コンピテンスとネットワークA

　OECDのもう一つの教育制度国際指標事業の展開は、国際生徒調査である。

　1989年末、「ネットワーク2」は、米国教育省国立教育統計センターが担当するネットワークA「生徒の成果到達度」[*1]と、スウェーデン教育省が担当するネットワークB「教育・労働市場の行方」[*2]に二分された。

　1991年からは、CERIは「教育システムを比較するには、いかなる成果が最も適切か」という、教育成果の概念をめぐる議論に的を絞っていた。その中心メンバーは、ネットワークAであった。

　1980年代には、労働者の実務的技能[*3]を測定する研究が進んでいた。若者の失業問題に苦しんでいた米国教育省と米国労働省は、1990年あたりに、生徒が労働の世界に必要な技能を習得して卒業しているだろうかと疑問を持ち、そのことを測定することに極めて強い関心を持っていた。それは、実力ある、つまり世界で競争力ある労働者の育成という意味でもあった。

　同様の関心から、ネットワークAの多くのメンバーもスタートしていた。しかし、ヨーロッパの研究者は、競争力ある労働能力という点よりも、社会的人間関係の維持をより重視する傾向にあった。

　「ネットワークA」の発足当初の主任は、ゲイリー・フィリップスで、IEAの国際生徒調査計画と関係があった。だが、ネットワークAは、IEAがカリキュラム基盤の学習到達度を測ってきたことに対して、別の道を歩もうとした。

　活動のたたき台となる初期の概念は、スイス人研究者ウリ・ピーター・トリアー(Uri Peter Trier)が提起した。彼は、「カリキュラムに拘束されない事項」という用語で、個々の教科カリキュラムには限定されない能力の測定を提案した。[58]つまり、個々のカリキュラムに限定された成果以上のものを測定することを目ざしてネットワークAの活動がスタートしたのである。OECD教育調査の根本原理は、カリキュラムに拘束されないという一点に明確化された。

---

*1 Education and Labour Market Destination
*2 Student Achievement Outcomes
*3 functional skills

議論の過程で、二つの異なる開発路線が設定される。一つは、OECD加盟国の教育システムにおける「教育目標」を調査し全体像をつかむことで、これは「学習システム目的志向・到達度プロジェクト（GOALS Project）」に結実し、「ゴールズ・プロジェクト」とも呼ばれた。もう一つは、「読解、数学、科学に関する現行の指標を拡大する」[*1]ことを目ざして「教科横断的コンピテンス指標の可能性」[*2]を研究するということであった。ネットワークAは、この二つの作業を教育制度指標開発の基本的な課題と見なした。[59]

（4）人生への備え

別の表現をすると、その後に、ネットワークAの活動報告書において執行部は、「学業成績や到達度」といった「既存の教育指標」[*3]に加えて、「より広い指標」[*4]の必要性が示されてきた、つまり、

> 「若い男女が学校を終える時点で、社会に対し市民として建設的な役割を果たす[*5]のを可能にする技能に必要なもの」[60]

が問題となったが、生徒たちが答えをもたらすプロセスに関する情報は常に欠落していたと要約している。

より広い指標については、提案者のトリアーによって、繰り返し表現されている。

> 「課せられた標準（スタンダード）を背景に、学校改革がふさわしいかという問いは、教育指標が依って立つべきより大きな問いの一つである。第一に、子ども期や青年期に学ばれることすべてが学校で学ばれるわけではない。第二に、学校で教えられたことすべてが後の人生で必要なわけではない。第三に、社会生活で必要なことすべてが学校で教えられているわけではない。重要な側面が見失われている。決定的に重要な問いとは、若い男女が学校を終える時点で、社会に参加することを可能にす

---

*1 extend existing indicators on reading, mathematics and science
*2 potential of CCC indicators
*3 existing educational indicator
*4 broader indicators
*5 play a constructive role as citizens in society

368 第2部 教育効果を測る

るために要請されるものは何か。個人的に意味がありかつ社会的に価値
のある人生をおくるために本質的な、われわれが『生き抜く力』と呼ぶ基
本的な知識や技能は、学校教育にて提供されているのだろうか。教科横
断的コンピテンス・プロジェクトは、この広漠とした領域に関する複合的
指標を開発することを目的としている。」[61]

あるいは、こうも言っている。

　「教育の社会的機能は優先権を得つつあり、また学校は生徒に、明日の
市民となる準備をするように求められつつある。しかしながら、学校が
他の多くの領域で活動し、政策レベルではこうした活動にますます優先
権が与えられている時には、数学、科学と読解の到達度といった指標[*1]
はもはや適切でない。」[62]

　「伝統的教科に高い標準[*2]を設定してすぐれた成績を収めている教育
システムは、生徒たちの創造性、批判的思考、自信[*3]といった他の重要
な側面を犠牲にして[*4]成し遂げられているのではないかという論が近年
の関心事となっている。もし学校教育の評価[*5]が、あまりに長きにわ
たって測定されてきたもの、つまり比較的安易に測定できるものにのみ
焦点を置くのではないとするならば、新しい付加的指標[*6]が必要とされ
る。」[63]

　この記述の持つ意味は深刻である。調査報告書のタイトルが『人生への準
備は万全？』[*7]と名付けられているように、OECDは人生に通用する能力と
して教科の知識や技能、いわゆる「学力」ではなくコンピテンスを学校教育
で育成すべき能力の測定指標にしたということなのである。

　すぐれた成績とは、この当時で言えば、唯一の国際生徒調査TIMSSにお
ける高得点ということであった。そのような国は、日本、韓国、香港などで、

---

*1 indicators of mathematics, science and reading attainment
*2 high standards
*3 creativity, critical thinking and self-confidence
*4 at the expense
*5 evaluation of schooling
*6 new additional indicators
*7 *Prepared for Life? How to Measure Cross-Curricular Competencies.*

理数系の教科の学習内容を欧米に比べて対象学年を前倒しして教えていた。このような東アジアの国は、「生徒たちの創造性、批判的思考、自信」の発達をないがしろにして、無視しながら、テストの得点の犠牲になって学校教育が行われている。そのようなことでよいのか、それは本来の教育なのかという批判的な問題意識から出発している。決して経済価値が優先されたわけではない。『人生の準備は万全？』では、次のようにはっきりと述べられている。

　「人生への道のりで、子どもたちは社会化され、社会の未解決の問題[*1]へと導かれる。これらの未解決の問題のいくつかは、学校の諸活動や授業の中で準備されるが、その多くは非制度的な実践や過程[*2]の中で、この新しい世代に引き継がれていく。すべてが計画されているわけではなく、その多くが学習過程の意図されない結果として生じているものである。学校がそうした過程への環境を提供していることもあるが、その多くは、重要な他者が大切な役割を果たしているのである。

　ここで述べている重要な点は、教科横断的コンピテンスとして記述されている態度や技能[*3]が、教育の重要な要素であり、多くの場合、個人の生涯にとって決定的な要素であるということである。」[64]

　「労働市場と所得に関する教育の影響力についての議論は、通常、教科に拘束されたものの測定のみが利用されてきたという事実にいつも制限されている。このことが、政治家と経済学者を教科拘束指標に注目させることになった。だが、適切な教科横断的コンピテンス指標が利用されるならば、変化をもたらすであろう。」[65]

　伝統的な教科試験では、教育の重要な側面が無視されてしまう。政治家や経済学者によってますますゆがめられる傾向にある。このような問題意識を持って、ネットワークAの内部では、1993年にははっきりと、非カリキュラム基盤の能力のうち「教科横断的コンピテンス（CCC）」を教育成果指標として採用することが合意されていた。そのコンピテンスとは、最初は、①社

---

*1 secrets of society
*2 informal practices and processes
*3 attitudes and skills

370 第2部 教育効果を測る

会・政治世界の知識[*1]、②問題解決[*2]、③コミュニケーション[*3]、④自己認識[*4]、⑤民主主義の知識[*5]という5領域で考えられた。

　これらが、統合されて、①政治、経済、市民科[*6]、②問題解決[*7]、③自己認識と自己意識[*8]、④コミュニケーション[*9]という4分野で企画されることになった。[66]この点で、ネットワークAのメンバーには、北米の研究者とヨーロッパの研究者、英語圏の研究者と非英語圏の研究者ともに意見の対立はなかったようだ。

　1994年には、統計の処理能力を持った社会学者で、かつては「NAEP（全米統一学力調査）」で活躍したユージン・オウエン（Eugene H. Owen）がネットワークAの主任に着任した。副主任として調査の技術面を支えたのは、ジェイ・モスコヴィッツ（Jay Moskowitz）であった。カナダ人ダグラス・ホッジキンソン（Douglas Hodgkinson）と米国人ユージン・オウエンが、問題解決とコミュニケーションの領域に関するアドバイザーとして活動した。

　ネットワークAのメンバーは、IEAと密接な関係を保ちながら、「教科横断的コンピテンス」の測定手順を作成していった。

(5) 米国とヨーロッパをつなぐ－認知成果のモニターとその限界

　1994年の時点で、米国のETS（教育テストサービス）の研究員イナ・ムリス（Ina V.S. Mullis）と米国教育省国立教育統計センター研究員で、OECDの教育制度指標事業で活動していたユージン・オウエンは、当時の教育成果測定研究が置かれた状況を率直に語り、測定手段そのものを変更しなければならないという結論を導き、しかも注目すべき結論に達している。

---

*1 knowledge of the social and political world
*2 problem-solving
*3 communication
*4 self-perception
*5 knowledge of democracy
*6 Politics, Economics and Civics
*7 Problem-Solving
*8 Self-Perception/Self-Concept
*9 Communication

二人は自由記述式設問をきわめて重視しており、これが後の国際生徒調査PISAの特徴となって生きてくることになる。このいきさつを、二人は、「選択肢か構成的反応か」[*1]と問題設定している。

米国では機械で採点するために、設問はたいてい4か5の選択肢の形式になる。「子どもには自分自身の解答を生み出すよりも選択する反応が与えられているので、この書式設定は現実世界の多くの作業を真に反映していない[*2]。」これに比べて、「自由記述式設問[*3]は、設問文の中にある情報や考えを公式化したり実際の作業を遂行する[*4]ために適用する生徒の能力[*5]を測定するように企画できる」というのである。[67]

二人は、選択肢問題では現代の複雑な社会問題や労働現場の問題を解決する力を測定できないので、測定方法を変えなくてはならないと主張する。

教育「標準の内容が表れてくる社会のニーズに合わせて改変されることは避けられないだろう」。ここに、「認知手段」は時代遅れとなり、「高い有効性と信頼性を維持する」[*6]ように改変される必要が出てくる。「数学においても科学においても」新しい発見が毎日のように引き起こされている。そのような発見で、「これまでの思考が無効になり、誤りにもなる」ことも起きうることであり、「測定手段」が持つ不正確さは削減され、正しい情報に置き換えられる必要が出てくる。

同様に、子どもがいかに学ぶかを研究しようとすると、測定手順には重要な変化が引き起こされる」ことになる。たとえば、「効果的な作文力」の研究からわかることには、「計画し、素案を作り、修正し、編集する」といった一連の繰り返しのプロセスの結果として「重要な技能」が形成されるのであって、「文法、単語の選択、句読点の付け方といったバラバラな観点を測定するような選択肢問題に答える能力」とはほとんど共通点はなく、むしろ「生

---

*1 Multiple-Choice vs Constructed Response
*2 such formats do not authentically reflect many real-world tasks
*3 open-ended questions
*4 formulate ideas and perform practical tasks
*5 ability to apply
*6 maintain high degrees of validity and reliability

徒の作文力を測定するとは、生徒に実際の課題を与え、現実の作文活動に生徒を引き込むように求め、生徒の最も優れた能力が発揮されるようなプロセスに参加する時間を与えて、書かせることかもしれない」。ところが、「読解力調査」[*1]では、複雑さを避けた単文形式が使用され、正しい解釈が求められるという具合だ。「より容易な選択肢問題はたった一つの正解[*2]で構成されており、設問は社会で起きてくることとほとんど関係がない」ので、「より有効な読解調査」[*3]では、「学校内外の生徒の日常生活でごく普通に見られる本物のテクスト[*4]」を組み込まなくてはならない。[68]

　このように、イナ・ムリスとユージン・オウエンは、現実の問題解決に近い設問を含めて自由記述式解答によって知識を適用する能力を測定することを提案する。選択肢問題を避けて記述式問題に切り替える決断の背景には、知識の構成主義という思想があると推測される。

　二人は、さらにまた、「二重調査システム」[*5]を提唱する。すなわち、過去の調査から引き出される手段や方法は、過去とのリンクを打ち立てることに使われるには必要かもしれないが、「新しく発達させられた調査では、未来により適合するようなカリキュラム目標[*6]に焦点をあてた、未来への新しいトレンド傾向[*7]を建設し始めることも可能だ」と提案を行い、しかも、「新しいトレンド傾向が姿を現し始めると、過去に直接的にリンクする調査は存続できないだろう」[*8][69]と大胆な予測を指摘する。

　未来の力を測ることができれば、過去の力、たとえば学校で教えられ覚えたような知識の量を測るような指標は不要になるということだ。

　アンドレアス・シュライヒャーは、PISAは今まで何を学んだかではなくこれから何ができるかを測ろうとしたと言っていた。イナ・ムリスとユージ

---

*1 reading comprehension assessments
*2 single right answers
*3 reading assessments
*4 authentic texts commonly found
*5 dual assessment systems
*6 curricular goals more suitable for the future
*7 new trend lines into the future
*8 the assessment linked directly to the past can be discontinued

第7章　データ戦略の確立　373

ン・オウエンは伝統的な学力指標をよりはっきりと拒否していたことになる。「今まで何を学んだか」だけでは「これから何ができるか」は予測できないと言ったからである。

(6) OECD学力測定に乗り出す

1993年には、ネットワークA内に「教科横断的コンピテンス・プロジェクト」なるサブグループが組織され、少数の国において予備調査を計画し、とりわけ市民コンピテンス[*]のテスト問題と質問紙を確定することになった。グループのリーダーは、スイスのウリ・ピーター・トリアーであった。

IEAのTIMSSがカリキュラム基盤の知識・技能の習得を測定しようとしていたように、国によって異なるカリキュラムを基盤とする調査には限界があった。OECDは、既存の調査を越える積極的なデータを求めていた。ネットワークAもまた、「カリキュラムに拘束されない成果」に関する教育指標の開発に乗り出していた。スイスのトリアーは、この分野の専門家であった。

ちなみに、ネットワークへの参加国は、**表7-13**のようにばらつきがある。

OECD文書で、コンピテンスが使用されるのは、1993年に発足する「教科横断的コンピテンス」プロジェクトに始まる。このプロジェクトの活動は、**表7-14**のようにまとめられる。また、それへの参加国とその代表は**表7-15**のごとくである。

『図表でみる教育』編集活動は、OECDの教育部の恒常的な業務として引き継がれることになった。また、教育統計と教育制度指標を改善しながら、国際的なデータベースを構築することがOECDならびに加盟国に引き継がれ、コンピュータを使用してオンライン・ネットワークとして公開されることに決まった。

2年の準備期間を経て、1993年には「教科横断的コンピテンス・プロジェクト（CCC）」が発足し、活動を開始する。表をたどっていくと、どのような国がこれに深く関わったかが分かる。しかも、人間模様を見ていくと、米国

---

[*] civic competencies

表7-13　ネットワークへの参加国一覧 (表中の○印)

	第1期 (1988-89) ネットワークA	第2期 (1990-91) ネットワークA	第3期 (1992-96) ネットワークA	ネットワークB	ネットワークC	ネットワークD	テクニカルG
オーストラリア	○		?	?	?	?	?
オーストリア			○	○	○		○
ベルギー	○	○	○	○	○	○	○
カナダ	○	○	○	○		○	
デンマーク	○	○	○	○	○	○	○
フィンランド		○	○	○	○	○	○
フランス	○	○	○	○	○		○
ドイツ	○	○	○	○			○
ギリシャ							
アイスランド							
アイルランド			○	○	○		○
イタリア	○	○	○	○	○	○	
日　本	○	○					○
ルクセンブルク	○	○	?	?	?	?	?
オランダ	○	○	○	○	○	○	○
ニュージーランド	○	○	○	○			○
ノルウェー	○	○	○		○		○
ポルトガル	○		○	○	○	○	
スペイン	○	○	○	○	○	○	
スウェーデン	○	○	○	○	○	○	
スイス	○	○	○				
トルコ			○	○	○		
英　国	○		○	○	○	○	○
米　国	○	○	○	○	○	○	○
合計	18	17	19	18	16	13	19

Board on International Comparative Studies in Education Commission on Behavioral and Social Sciences and Education. *International Comparative Studies in Education: Descriptions of Selected Large-Scale Assessments and Case Studies.* Washington D.C.: National Research Council. 1995, 31.

第7章　データ戦略の確立　375

表7-14　教科横断的コンピテンス（CCC）に関するグループ会議の概要

年月	場所	参加者	決定事項
1991年6月	パリ（フランス）	ネットワークA	カリキュラムに拘束されない事項（Non-Curriculum Bound Objectives）に関する指標の可能性を追究するというトリアー（Trier）の考えを採用。運営委員会（Steering Group）を設立。
9月	ルガノ（スイス）	第2回INES事業総会	報告書『教育を計測する』（1994）
1992年6月	オスロ（ノルウェー）	ネットワークA	運営委員としてグリセイ（Grisay, ベルギー）、ホッヂキンソン（Hodgkinson, カナダ）、トリアー（スイス）、ペシャー（Peschar, オランダ）、ボタニ（Botani, OECD）を選出。
9月	チューリヒ（スイス）	運営委員会	研究とプロジェクト提案の専門家の選出。指標開発5分野（area）が選択。
1993年2月	ビラモウラ（ポルトガル）	ネットワークA	5領域（domain）で先導的研究（pilot study）の最初の指標（starting indicator）の可能性に関して専門家の研究を審議。ペシャーの提案を採用。
6月	パリ（フランス）	ネットワークA	実施計画（strategy）全般を審議。
9月	ストックホルム（スウェーデン）	CCCグループ	スケジュール、現地調査、出題問題（instruments）を詳細に討議し、プロジェクト代表者を任命。
〃	ベルリン（ドイツ）	ネットワークA	ネットワークの進捗情報、参加呼びかけ。
1994年1月	ベルン（スイス）	ボタニ、トライアー、ペシャー	INES事務局（secretariat）とプロジェクト代表者との活動調整。
3月	ビクトリア（カナダ）	CCCグループ	使用する出題問題、手続き、スケジュール、見地調査に関する第1回討議。
6月	ワシントン（米国）	ネットワークA	出題問題と手続きに関する第2回討議。
10月	アムステルダム（オランダ）	CCCグループ	出題問題の最終組み合わせを選択、現地調査と日時について決定。1995年1〜4月に現地調査を計画。
1995年3月	ボルテッラ（イタリア）	ネットワークA	現地調査の状況報告、データ分析、報告書草案。
6月	ラハティ（フィンランド）	第3回INES事業総会	報告書『生徒の学習を測定する』（1995）
11月	ダブリン（アイルランド）	ネットワークA	報告書草案と今後の活動意義について討議。
1997年3月		CERI/INES事業	CCCグループ実地調査報告書『人生への準備は万全？』を刊行。

OECD/CERI, Indicators of Education Systems. *Prepared for Life? How to Measure Cross-Curricular Competencies.* Paris: OECD, 1997, 88. OECD新国際教育指標開発著、中嶋博、澤野由紀子訳『人生への準備は万全？』学文社、1998年、135ページ。

376 第2部 教育効果を測る

表7-15 教科横断的コンピテンス・プロジェクトへの参加国と代表者

国と機関	代表者
開発事業	
オーストリア	
学校開発センター (Centre for School Development)	エーリッヒ・スベチュニク (Erich Svecnik)
連邦教育文化問題省 (Federal Ministry for Education and Culture)	フリードリッヒ・プランク (Fredrich Plank)
ベルギー (フラマン語圏)	ルク・ファン・デ・ポール (Luc van de Poele)
ケント大学 (University of Chent)	リーヴ・オステルリンク (Lieve Oosterlinck)
ベルギー (フランス語圏)	
リェージェ大学 (University of Liége)	アレッタ・クリセイ (Aletta Crisay)
スイス	ヘルムート・フェンド (Helmut Fend)
チューリッヒ大学 (University of Zurich)	ウル・グロー (Urs Grob)
	ヴァシリス・カシス (Wassilis Kassis)
米国	ジェイ・モスコヴィッツ (Jay Moskowitz)
ペラヴィン研究所 (Pelavin Reserach Institute)	リチャード・フェルプス (Richard Phelps)
国立教育センター (National Centre for Education)	ユージン・オウエン (Eugene H. Owen)
付加的現地調査	
ハンガリー ブタペスト大学 (Budapest University/Tarki)	ヘディ・レーマン (Hedy Lehmann)
ノルウェー 教育研究・境界問題省 (Ministry of Education Research and Church Affairs)	マリット・グランハイム (Marit Granheim)
	リル・プレム (Lill Pleym)
オランダ 教育・文化・科学省 (Ministry of Education, Culture and Science)	ユリー・ペシャー (Jules Peschar)
	シェッケ・ワスランダー (Sietske Waslander)
国際調査官	
オランダ グロニンゲン大学社会学部 (Department of Sociology, University of Groningen)	シェッケ・ワスランダー (Sietske Waslander)
プロジェクト代表者	
オランダ グロニンゲン大学社会学部 (Department of Sociology, University of Groningen)	ユリー・ペシャー (Jules Peschar)

OECD/CERI, Indicators of Education Systems. *Prepared for Life? How to Measure Cross-Curricular Competencies.* Paris: OECD, 1997, 87. OECD新国際教育指標開発著、中嶋博、澤野由紀子訳『人生への準備は万全？』学文社、1998年、134ページ。

の教育測定の研究者が一貫して関与しており、彼らの教育理論が各国の教育政策に反映していき、現実の世界を支配していくことになっている。教育政策のリアリティが実に少数者の合意で作り上げられていく点に驚かざるをえない。

1995年には9の国と地域(オーストリア、フランス、フラマン語圏ベルギー、ハンガリー、イタリア、オランダ、ノルウェー、スイス、米国)にて予備調査が行われた。

(7) 1994/95年予備調査の成果

　ネットワークAの内部に編成された教科横断的コンピテンス研究グループが実施した予備調査の報告書が、『人生への準備は万全？』(1997年)である。調査報告書の作成は、オランダのグローニンゲン大学に在籍するユリー・ペシャー(Jules L. Peschar)とシェッケ・ワスランダー(Sietske Waslander)が担当した。

　この時の教育制度指標事業事務局には、ノベルト・ボタニ、アルベルト・ツイジンマン、アンドレア・シュライヒャーがいて、報告書を作成するにあたり同事務局員の助力を得たと紹介されている。

　確かに、ネットワークAは、妥当性ある教育制度指標を抽出する作業において、ユニークな結論に達していた。

　最終的にトリアーの提案は、まとめ役のペシャーとの協同作業として、1995年のラハティの教育制度指標事業総会においてより明確に定義されて、[70]この新しく定義された成績指標が各国に広がっていくことになる。

　トリアーの提案に基づいて、ラハティ会議が合意した論理は、次のようである。

　個人にとって妥当することは、中等教育期間を通じてコンピテンスが形成され、学校から労働への移行期にそれが活用されることである。急速なテクノロジーの変化とポスト工業経済は被雇用者に絶えず新しい技能の獲得を要求しており、「問題解決技能とコミュニケーション技能」が特に重要となる。子どもたちは、人生の中で、「未解決の問題」[*]に遭遇するはずで、学校の活動や授業の中でそれに対する準備がされるものの、むしろインフォーマルな実践や過程によって乗り切っていくものである。つまり、教科横断的コンピ

---

[*] secret

テンス (CCC) と呼ばれる知識、態度、技能[*1]が、教育の重要な要素であり、個人の生涯で決定的な要素となる。高度な学習社会では、「社会的コンピテンス」は、学校で学ぶ「フォーマルなコンピテンス」とともに「生き抜く力」[*2]となる。

　このように、学校と職場ないし社会との接続がはっきりと意識化されていたことは注目されるだろう。

　社会にとって妥当することは、複雑となった社会問題、多様化・多民族化とともに個人主義の進行があり、これに対処するためには、「創造性と自信」[*3]「異なった文化を理解すること」[*4]「柔軟性、自信、労働観」[*5]といったものが重要になり、こうしたコンピテンスは、「教科に関連した技術的・道具的資質」[*6]よりは「社会的・規範的資質」[*7]であるとラハティの会議ではまとめられている。

(8) 教科を越えるもの

　OECD加盟国の教育目標を調べてみると、確かに教科の枠には収まらない教育目標がどの国でも規定してある。

　この点については、ユリー・ペシャーが、オーストラリア、ベルギー、カナダのブリティッシュ・コロンビア州、デンマーク、フィンランド、フランス、ドイツ、アイルランド、イタリア、オランダ、ニュージーランド、ノルウェー、スペイン、スウェーデン、スイス、米国の16か国を調査している。しかし、この教育目標はカリキュラムに包摂されているわけではなく、「現在のところ、こうした教育目標は、潜在的カリキュラムあるいは教科横断的コンピテンスとして[*8]教育を通して達成されるものかどうかほとんど知ら

---

*1 knowledge, attitudes and skills
*2 survival skills
*3 creativity and self-confidence
*4 understanding different cultures
*5 flexibility, self-confidence and attitude towards work
*6 subject-related technical-instrumental qualifications
*7 social-normative qualifications
*8 as hidden curricula or as CCCs

れていない」[71]と関係者は率直に判断していた。

　教育政策にとって妥当することは、教科横断的コンピテンスの領域で教育制度指標が開発されれば、未だに政策に取り込まれていない教育目標が浮かび上がり、教育の質に関する議論が進展することだろう。社会生活に対する教育の妥当性については、カナダや米国で盛んに議論されており、米国の国家的教育目標では「ある特定の教科だけに関連するのではないコンピテンス」が強調されている。さらに、教科横断的コンピテンスが教育制度指標として確立されれば、「バランスのとれたコンピテンスの『集合体』」[*1]が評価されることになるだろう。これらは「教科の到達度」[*2]と「教科横断的コンピテンス」とを「ある種の二律背反」[*3]としてとらえてはいないだろうか。政治家や経済学者は、「教科拘束測定」だけしかこれまで利用できなかったが、適切な教科横断的コンピテンスの指標が作成されれば事情は変わるだろう。

　以上のような論理をネットワークAは展開していた。言い換えれば、OECDが新しいテストを開発することは、政治家や経済学者の狭い学力観を打破して若者の能力を解放することが目的となっていたということである。

(9) カリキュラムに拘束されない能力への着目

　つまり、教科に限定する学校教育は、個人や社会に最も必要な資質を育てていない、悪くすれば破壊しているのではないか、という強烈な問題意識のもとに、ネットワークAは教科横断的コンピテンスの教育制度指標を開発しようとしてきたということだ。

　この問題設定要件は2つある。一つは、社会に出る時点の若者、あるいは義務教育を終える時点の若者という、測定年齢を規定することである。もう一つは、社会を構成する市民としてふさわしい技能を規定することである。この課題を、調査報告書は、次のように率直に語っている。

　　　「個人的にも価値があり、社会的にも価値がある生活を維持していくの

---

*1 balanced "package" of competencies
*2 subject matter achievement
*3 certain trade-off

380 第2部 教育効果を測る

に本質的に必要とされる基本的な知識と技能は、教育を通して果たして提供できるものであろうか。」[72]

　ここではっきりするのだが、問題の所在は「教育の成果」を測定することではなく、教育を受けた後の生活に必要と思われる知識や技能を特定することにこそ課題があるということだ。

　報告書によると、「教科横断的コンピテンス・プロジェクト」は、次の4つの特定領域で教育制度指標を開発したが、これは、「生き抜く力」と呼べるものであると評価している。「生き抜く力」はトリアーが提唱した用語である。

　4つの特定領域とは、①問題解決と批判的思考[*1]、②コミュニケーションスキル[*2]、③政治的・民主的・経済的・社会的な価値[*3]、④自己認識と自己信頼[*4]に関する教育制度指標である。

　この指標をもとに、調査指標が編成され、若者の「『実生活』の状況[*5]にある課題を反映した設問『冊子』[*6]が作成されることになった。[73]各国の教育目標で規定されている、いわゆる「カリキュラムに拘束されない成果」を対象にして、この4領域について予備調査が行われたわけである。

　調査の結果、4つの特定領域のうち2つの領域は「科学的な標準に適合できるように開発可能である」[74]ことがわかったという。

　4つのうちの2つはどれか。この解釈をめぐって、その後の大きな道が分かれることになる。ネットワークAは、「すなわち政治、経済と公民、および自己認識・自己意識」[75]と述べて、今後の開発領域は後者の二つであると判断していた。だが、その後、PISAに引き継がれた調査領域を見ると事態は逆の方向に進んだと言える。それはなぜだったのか、判然としない。

---

*1 problem-solving and critical thinking
*2 communication skills
*3 political, democratic, economic and social values
*4 self-perception and self-confidence
*5 "real-life" situations
*6 "basket" of instruments

(10) 全米国立科学アカデミー研究協議会の動向

その当時、米国側も教育測定の国際動向に敏感になっていたようである。由緒ある国立科学アカデミーが研究協議会を構成しているが、この協議会は、1995年時点で、次のような報告書を刊行している。『告別―教育テストの60年を振り返る』[*1]『予期される2000年目標―標準、調査、公共政策―会議要旨』[*2]『国際的教育統計―UNESCOの役割強化』[*3]『国際教育比較研究―大規模調査の選択と事例研究の概観』[*4]などである。

米国の研究者グループによれば、教育制度指標事業の目的と運営は次のように記述されている。

> 「教育情報への高まる要請が、教育制度の重要な側面[*5]を表す一連の教育制度指標比較[*6]を創造しようということになり、いくつかのOECD加盟国を教育制度指標事業に駆り立てることになった。事業は二つの会議を経て発足した。一つは、1987年に米国政府が主催した。もう一つは、1988年にフランス政府が主催した。事業は、計画段階から、1991年にスイス政府が主催する会議で実行段階に入った。」[76]

スイス政府への言及部分は、ここで特に注目すべき記述であろう。スイスの貢献は、このように米国が言及した10年後、OECDの教育制度指標事業に深く関わったネットワークAのメンバーの一人、オーストリア連邦教育省の元職員フリードリッヒ・プランク（Friedrich Plank）によっても指摘されている。

彼の指摘によると、「スイス県教育長会議」[*7]の政策が、1990年代半ばに「きわめて慎重で保守的な立場」[*8]から「より合理的な立場」[*9]にはっきりと転換

---

*1 *A Valedictory: Reflections on 60 Years in Educational Testing*

*2 *Anticipating Goals 2000: Standards, Assessment, and Public Policy: Summary of a Workshop*

*3 *Worldwide Education Statistics: Enhancing UNESCO's Role*

*4 *International Comparative Studies in Education: Descriptions of Selected Large-Scale Assessments and Case Studies*

*5 key features

*6 a set of comparative international education indicators

*7 Swiss Conference of Cantonal Directors of Education

*8 very reserved, conservative

*9 more rational one

382　第2部　教育効果を測る

し、全県から独自に財政援助を受け、「行政管理と革新的で探究志向の展望とを結びつける」[*1]というユニークなものになった。これが、OECDの教育制度指標事業でスイスがイニシアチブを発揮することにつながったという。

　　　「スイスのイニシアチブは、教育制度指標枠組みに欠如しているものを体系的に探し出すことであった。ギャップを埋める具体的活動の提案は、好意的に受け止められた。スイスにリードされ、あるいは積極的に支援された重要な諸活動は、カリキュラムに拘束されない技能・知識[*2]に関する初期の活動や、とりわけ、いわゆる自己意識や自己有用性[*3]といった教科横断的コンピテンス[*4]に関する後期の活動、それに公正に関する暫定グループ、最後には、コンピテンスの定義・選択計画[*5]において、コンピテンスを測る試験[*6]に関する研究とその論理的土台の精密化[*7]を支援することになった。スイスからこのような貢献がなければ、PISAはこれほどまでにヨーロッパや世界から支持されなかったであろう。」[77]

　それに比べると、オーストリアでは、2004年時点でもなお、「伝統的な教科拘束調査」[*8]がはびこっていると、プランクは嘆いている。

(11) 学力測定に向けて

　事務局と諮問委員会との距離が縮まると、よりいっそうOECD側の論理が通りやすくなった。さらに、OECD事務局側は、教育委員会とCERIの持つ資源を統合する目的で、「教育・雇用・労働・社会問題局（DEELSA）」内に「指標統計課」[*9]を設置した。その後の活動の歴史は、**表7-16**のようになっている。

---

*1 the link that could be established between administrative management and innovative and research-oriented perspectives
*2 non-curriculum-bounded skills and knowledge
*3 self-concept and self-efficacy
*4 cross-curricular competences
*5 DeSeCo project
*6 examination of competencies
*7 elaboration of theoretical foundations
*8 conventional subject-bound assessment
*9 Statistics and Indicators Division

第7章　データ戦略の確立　383

表7-16　1990年代後半における国際指標事業の主要な活動と産物

年月	事　　項
1995年3月	イタリアのボルテッラ (Volterra) 会議の後、OECDとネットワークAは「OECD主導の生徒の学習到達度調査 (OECD based study of student achievement)」の創設に向けて模索開始。
6月	フィンランドのラハティ (Lahti) における教育制度指標事業第3回総会にて、ネットワークAが「生徒到達度作成恒常戦略 (A Strategy for Producing Student Achievement on a Regular Basis)」を提起。
11月	教育制度指標事業技術グループ (INES Technical Group) は、教育への参加・進歩・達成 (completion)、教育財政、教育職員 (personnel) に関するアクセスをカバーする、UNESCO/OECD/EUROSTAT (UOE) 教育統計データ収集を確立。1996年からは、3機関が独自に管理してきた紙ベースのデータ収集方式を変更し、合同機関が電子データで毎年管理。
12月	『リテラシー・経済・社会—第1回国際成人リテラシー調査結果 (Literacy, Economy and Society: Results of the First International Adult Literacy Survey)』を刊行。
1996年10月	OECD教育委員会とCERI運営理事会 (CERI Governing Board) は、教育および関連分野におけるOECDの統計活動に対して広域な政策方針を提供するINES運営委員会 (INES Steering Group) を創設。
11月	新テーマ枠に基づく『図表でみる教育 (Education at a Glance)』第4版、および『教育政策分析 (Educational Policy Analysis)』初版を刊行。教育目的に関する「教育制度指標事業ネットワークA (INES Network A)」の研究を完了。
1996	第2回成人リテラシー調査 (Second International Adult Literacy Survey)
1997年4月	OECD教育委員会ならびにCERI運営理事会は、生徒到達度に関する情報を恒常的に開発する (development of information on student achievement on a regular basis) ネットワークAのデータ戦略 (Network A data strategy) を採用。
5月	改訂版ISCEDの基礎を提供していたINES技術グループは、教育事業の研究分類 (taxonomy survey of educational programmes) を完了。「データ戦略 (Data Strategy)」の管理責任を、実施状況の全体把握をする常設委員会なる「参加国委員会 (Board of Participating Countries: BPC)」に移管するネットワークA「移行会議 (transition meeting)」開催。
6月	INES運営委員会は、ラハティで開催された第3回総会で確定された優先領域 (domains) における開発作業に向けた活動計画を策定。これに関連して、三つの暫定的作業グループ (ad-hoc working group) が創設された。一つは生涯学習 (lifelong learning)、第二は技能の定義・選択 (DeSeCo)、第三は不平等と公正 (disparities and equity) に関するものである。 　学校から職場への接合に関するネットワークBの先導的研究 (pilot survey) が発足。 　INES運営委員会は、態度と期待に関するネットワークDを一時中止。
9月	OECD/UNESCOの「世界教育制度指標事業 (World Education Indicators programme)」が、アルゼンチン、ブラジル、チリ、中国、インド、インドネシア、ヨルダン、マレーシア、パキスタン、フィリピン、ロシア連邦の11か国で発足。

384　第2部　教育効果を測る

10月	第1回「参加国委員会(BPC)」が開催され、事業実施に向けた「入札手続き(Tendering Process)」を始め、「OECD生徒到達度指標作成恒常事業(OECD Programme for Producing Student Achievement Indicator on a Regular Basis)」を開始。
11月	教育の財政的・私的見返り(fiscal and private return)に関するネットワークBのデータ収集が発足。 「知識社会のリテラシー技能─国際成人リテラシー調査の追加結果(Literacy Skills for the Knowledge Society: Further Results from the International Adult Literacy Survey)」が刊行。 『図表でみる教育』第5版と『教育政策分析』第2版が刊行。
12月	「参加国委員会(BPC)」に向けて技術研究 「技術研究班(Technical Review Panel)」が最終報告書を第2回「参加国委員会(BPC)」に提出。BPCは、「PISA主要契約者(Prime Contractor for the PISA)」に「オーストラリア教育研究所(ACER)」と契約することを決定。
1998年4月	『教育政策分析』第3版が刊行。 労働市場成果と教育・訓練への回収に関するネットワークB指標を扱った、『人的資本投資─国際比較(Human Capital Investment: An International Comparison)』が刊行。 サンフランシスコにて、第3回「参加国委員会(BPC)」開催。
7月	第4回「参加国委員会(BPC)」会議開催。準備段階では旧名だったが、この会議においてはじめて公的に「OECD Programme for International Student Assessment (PISA)」の名称が使用されている。
11月	『図表でみる教育』第6版が刊行。
11月〜 1999年7月	INES教科横断的コンピテンス研究グループが現地調査(field trials)の事前調査(pre-pilots)を実施。
1998	第3回成人リテラシー調査(Third International Adult Literacy Survey)
1998年12月	INES生涯学習研究グループが報告書を提出。
1999年1月	労働市場成果に関するネットワークBの中核データをOECD教育データベースに統合。ネットワークB調査でISCED-97を適用。
1〜9月	「技術・科目問題専門家委員会(Technical and Subject Matter Expert Group)」メンバーが選出される。領域枠(domain framework)開発。設問(item)開発。テスト問題が国別センター(national centres)から提出される。
5月	『OECD加盟国におけるISCED-97の適用マニュアル(Manual for th Implementation of ISCED-97 in OECD Member countries)』の刊行。このマニュアルは、OECD教育制度指標の比較可能性(comparability)を大改造する道を付けた。教育制度の類似点と差異をより良く理解でき、国内諸プログラムをISCED-97に沿って改善しより比較可能な配置に向けた、技術グループを通した諸国間の事後交渉。 『図表でみる教育』2000年版が、初めてISCED-97に沿って出版。 PISAの諸計測器(PISA instruments)に関する概念枠(conceptual framework)を提示する『生徒の知識・技能を測る─新しい調査枠(Measuring Student Knowledge and Skills: A New Framework for Assessment)』刊行。

第7章　データ戦略の確立　385

7月	成人の教育・訓練に関する比較可能な測定を開発する専門家会議 (meeting of experts)。
1999年7～11月	PISA2000への設問選択。設問が文化バイアスの観点で研究される。
8月	OECD教育データベースCD-ROM版刊行。
9月	技能の定義・選択に関するDeSeCoシンポジウム。
10月	『教育政策分析』第4版が刊行。
11月	第2期比較調査発足。
2000年2月	OECD/UNESCO世界教育制度指標事業の結果に関する最初の出版『教育投資―世界教育制度指標分析 (Investing in Education: Analysis of the World Education Indicators)』刊行。
2～10月	第1回PISA調査サイクルによるデータ収集開始、参加国における調査とデータ管理。
3月	コペンハーゲンにて、教育制度指標に関する教育大臣情報交換会議 (information meeting of Education Ministers) 開催。
4月	第1回PISA調査サイクルの調査計器 (assessment instruments) を説明する『生徒の知識・技能を測定する―PISA2000調査 (Measuring Student Knowledge and Skills: The PISA 2000 Assessment)』刊行。
5月	改訂版ISCEDに沿った『図表でみる教育』第7版が刊行。国別報道機関向け要旨説明を含む新戦略による普及。
6月	『情報化時代のリテラシー―国際成人リテラシー調査最終報告 (Literacy in the Information Age: Final Report of the International Adult Literacy Survey)』刊行。教育に関する比較データを変換する国際研修会 (workshop)。
7月	後期中等教育に関するネットワークC調査発足。
8月	第2回PISA調査サイクル発足。
9月	OECDオンライン普及システムを使って、OECD教育データベースCD-ROM第2版刊行。東京にて教育制度指標事業第4回総会が開催。PISAの意義に関して教育改革論を展開。
2001年12月	第1回PISAの結果公表。「国別・国際報告」が公開される。

OECD/INES. *Fourth General Assembly of the OECD Education Indicators Programme: The INES Compendium: Contributions from the INES Networks and Working Groups*. Tokyo: OECD and Monbusho, 2000, iii ～ v. および Clara Morgan. *The OECD Programme for International Student Assessment: Unraveling a Knowledge Network*. Saarbrücken: VDM Verlag Dr. Müller, 2009, 115-116, 133. をもとに作成。

386 第2部 教育効果を測る

　この組織は、諸統計の「新しい見張り役」[*1]となり、OECDの教育制度指標事業をOECD諸事業の「主流」[*2]に、「開発段階からOECDの中核的活動へ」と押し上げることになった。この組織は、「少なくとも3、4人の常勤スタッフ」で構成されることになり、[78]そこに1994年のこと、IEAでプロジェクトマネジャーの経験を持つアンドレアス・シュライヒャーが採用されることになる。

　1995年3月に、教育制度指標事業のネットワークAの会議が、イタリアのボルテッラにおいて開催された。ここでは、生徒の学習成果を測る指標を恒常的に蓄積するために、新しいデータ開発が必要になっていることが確認されることになる。つまり、既存のテストではだめだということになったのである。

　なぜならば、既存の国際生徒調査は

　　　「高額すぎ、報告が遅く、領域を十分カバーせず、OECD加盟国も十分カバーしておらず、しかもOECDがテストのスケジュールに影響を及ぼしたり管理したりほとんどできない」[79]

　からである。

　引き続いて、1995年6月、フィンランドの国際都市ラハティにて、教育制度指標事業の第3回総会が開催されたが、ここには23のOECD加盟国と10の非加盟国からの代表、200人以上が参加した。この数が、1992年以来の教育制度指標事業の広がりと未来の可能性を示していた。この会議では、OECDの教育制度指標開発の「革新、成功、失敗」が率直に議論された。その報告書が『生徒が学ぶことを測定する』[*3][80]として刊行されている。

　総会では、二つの重要な決定がなされた。ネットワークAが構想したデータ収集活動は、「生徒到達度作成恒常戦略」[*4]と命名され、これがラハティ会議で提起された。ラハティ会議で決まったもう一つの重要事項は、UNESCOが作成していた「ISCED（国際標準教育分類）」をより厳密な形に改

---

*1 new guard
*2 mainstreaming
*3 *Measuring What Students Learn*
*4 A Strategy for Producing Student Achievement on a Regular Basis

定することであった。

ラハティ会議の後、ネットワークAの提起した戦略は、OECDの「データ戦略実施計画」[*1]あるいは「データ戦略」としてOECD事務局側とネットワークAによってその実施が検討されることになる。

そのデータ戦略の一環として、「15歳の生徒に」対する「教科横断的コンピテンスと結びつけて、読解、数学、科学に関するカリキュラム基盤のテスト」[*2]が具体的に構想され、その実施がこの会議にて採択された。これが、OECDの国際生徒調査への実質的なスタートとなった。

また、この国際生徒調査の管理体制として、分権化された管理団体[*3]を置くか、OECD事務局が実施と意見調整に責任を持つ共同委員会を設置するかのどちらかとされた。具体的な実施については、入札方式で[*4]、評価活動を事業体、あるいはコンソーシアム（共同事業体）に委託することになった。[81]

データ戦略全体の方向を決める力は、この時点ではまだ、「教育制度指標事業ネットワークA」[*5]の内部にあった。[82]結局、新しい国際生徒調査の実施案は、1997年4月にOECD教育委員会ならびにCERI運営理事会で承認されることになり、同年10月には「OECD生徒の学習到達度調査プログラム」[*6]という名称が確定した。ここに国際生徒調査PISAがスタートすることになる。

だが、OECD独自の国際生徒調査の実施にあたって入札方式をとったことは、決定的な変化をもたらした。OECD内部の政治的力関係から新テストの運営を切り離したからである。これによって、ネットワークAが開拓したものを利用しながら、別の道を歩むことも可能になった。

---

*1 Data Strategy's Implementation Plan

*2 combined curriculum based tests in reading, mathematics and science with cross-curricular competencies

*3 decentralized governing body

*4 through a tendering process

*5 INES Project Network A

*6 OECD Programme for International Student Assessment: PISA

388　第2部　教育効果を測る

(12) 教育制度指標事業から国際生徒調査へ、PISA実施機構創設

国際標準教育分類が改定される1997年のこと、教育制度指標事業への「政策研究諮問委員会(PRAG)」は「運営委員会」へと改組され教育・雇用・労働・社会問題局長トム・アレキサンダーがその委員長を兼ねた。

生徒の学力調査は、教育制度指標事業の延長に、OECDの「データ戦略」の一環として構想された。

1997年3月には、データ戦略の実施形態としてネットワークAは設問領域[*1]を「読解、数学、科学における生徒の知識・技能・コンピテンス」に関する教育制度指標を収集するという提案をした。この提案は、CERI運営委員会とOECD教育委員会に、それぞれ別々に承認され、ネットワークAに実施委任が決まった。ここに、PISAが形を表すことになる。この時点ではまだ、「データ戦略」とか「生徒の到達度成果戦略」[*2]と呼ばれていたようである。[83]

1997年5月、「データ戦略」の最終体制をOECD教育委員会とCERI運営理事会は、管理責任を、実施状況の全体把握をする常設委員会である「参加国委員会(BPC)」に移管することに決めた。トム・アレキサンダーがネットワークA「移行会議」を招集した。この「参加国委員会(BPC)」の活動の歴史は、**表7-17**のようになっている。

1997年9月26日、OECD理事会は、事務総長の提案に基づいて、分権プログラムとして「生徒到達度指標作成恒常事業」の実施を承認し、必要な予算措置をとることにした。[84]

1997年10月6、7日、パリにて第1回参加国委員会(BPC)会議が開催された。参加国は、オーストラリア、オーストリア、ベルギー、チェコ、デンマーク、フィンランド、フランス、ドイツ、ギリシャ、ハンガリー、アイスランド、アイルランド、イタリア、日本、韓国、ルクセンブルグ、メキシコ、オランダ、ノルウェー、スペイン、スウェーデン、スイス、英国、米国の24か国である。カナダは、オブザーバーとして参加した。会議の議長は、米国代表で、ネットワークAの主任でもあるユージン・オウエンである。

---

*1 problem domain
*2 Strategy for Student Achievement Outcomes

第7章　データ戦略の確立　389

表7-17　PISA参加国会議の推移

	開　催　日	開　催　場　所	特　徴
1	1997年10月6〜7日	パリ	参 加 国 会 議 (Board of Participating Countries)、「OECD生徒達成度指標作 成 事 業 (Programme for Producing Student Achievement Indicators)」の 名称、会議の議長は米国代表のユージン・オウエン (Owen)。3年任期で参加国会議委員長にオウエン、副委員長にスイス、ノルウェー、日本の代表を選出した。副委員長は毎年一人ずつ入れ替える。
2	1997年12月15〜16日	パリ	「OECD生 徒 到 達 指 標 作 成 恒 常 事業 (OECD Programme for Producing Student Achievement Indicator on a Regular Basis)」の名称。
3	1998年4月1日	サンフランシスコ	PISAの名称が多用される。
4	1998年7月6〜7日	パリ	PISAのフルネームが会議の名称として使用される。調査枠組みが集中審議される
5	1998年10月29〜30日	パリ	PISAの国別実施体制がチェックされる
6	1999年3月1〜3日	東京	
7	1999年10月4〜5日	パリ	
8	2000年3月13〜15日	メルボルン	
9	2000年10月26〜27日	ブレーメン	
10	2001年4月18〜20日	パリ	
11	2001年7月16〜18日	オタワ	
12	2001年10月29〜31日	ブタペスト	
13	2002年4月24〜26日	ヘルシンキ	会議の議長は、副議長のシュヴァイツアー、クロス、渡辺の3名
14	2002年10月7〜8日	プラハ	
15	2003年3月24〜26日	メキシコ・シティー	
16	2003年10月20〜22日	リスボン	
17	2004年3月15〜17日	ルツェルン	

390 第2部 教育効果を測る

ユージン・オウエンは、会議にて、参加国委員会(BPC)委員長に選出された。3年任期の副委員長は、毎年一人ずつ入れ替えることになり、まずスイス、日本、ノルウェーの代表が就任した。この順で3、2、1年が発足時の任期となった。「執行部」[*1]が、委員長ユージン・オウエンと3人の副委員長、DEELSA代表の計5人で構成されることになった。ラハティ会議で提起された生徒調査事業実施に向けた「入札手続き」[*2]が開始された。この入札は、2000、2003、2006年という第一巡調査に関してであり、当時はとりあえずここまで計画され、それ以降の実施は未定とされた。

まず、リテラシーの枠組みに関して討議された。「教科横断的コンピテンス」に関しては、継続的な開発作業をネットワークAが優先して行うことが会議に告げられた。「教科横断的コンピテンス調査手段の開発」[*3]に関しては、「『自己認識』の分野」[*4]と同様に、短期的、中期的、長期的などの調査項目として扱うかどうかさらにはっきりさせなくてはならないという結論に達した。[85] また、対象年齢は15歳とし、13歳もオプションに加えるという案は第一調査サイクル[*5]には採用しないことにした。

はっきりしたことは、OECDの調査のうち学力の部分はIEAが開発したリテラシーを測定することとして、ネットワークAが開発した教科横断的コンピテンスそのものの測定は先送りすることになったことである。その後の推移を見れば、教科横断的コンピテンスとして問題解決力の調査がPISA2003に短期的に導入されているだけで、3リテラシー構造は今も揺らいでいない。こうして、ネットワークAの活動は、不十分な形で転換せざるを得なくなった。だが、少なくとも、参加国委員会(BPC)会議の議長は、ネットワークAの主任でもあったユージン・オウエンが第12回会議(2001年10月)まで一貫して担っており、「教科横断的コンピテンス」を追求する象徴的人物は残留したのである。IEAの開発したリテラシーに依拠して新しいテス

---

*1 Executive Group
*2 Tendering Process
*3 development of instruments for the assessment of cross-curriculum competencies
*4 "self-perception" component
*5 in the first survey cycle

ト体制を作り上げたことは、見切り発車に他ならない。それ故に、おそらく、OECD側の理論づけの作業として「コンピテンス定義・選択（DeSeCo）」が必要になったということだ。

（13）PISAは入札で決まった

OECDのDEELSA（教育・雇用・労働・社会問題局）は、入札手続きに向けた「データ戦略用語参照」を作成していた。これとは別に「ネットワークAデータ戦略」の「用語参照」を参加国委員会（BPC）が再検討した。これによって、調査内容領域、調査手順、調査対象、調査集団抽出、質問内容など、技術的な問題が定義された。[86]

IEAは実行組織を分割し、コンソーシアム（共同事業体）を構成し、OECDの入札に応募することになった。その当時、IEAもまた複数の研究所のコンソーシアムとなっていた。IEAコンソーシアムのセンターならびにTIMSSのセンターは、米国内のボストンカレッジ（Boston College）にあった。

IEAコンソーシアムメンバーの内、ACER（オーストラリア教育研究所）が、OECDのDEELSA（教育・雇用・労働・社会問題局）ならびに「教育委員会」に対し、個別に接触をしてきた。OECDは、IEAコンソーシアムには米国の影響力が強すぎると考え、ACERに対して、「ヨーロッパの影響力をもっと強めた異なる研究組織を望んでいる」と伝えたようである。ACERはIEAコンソーシアムにこのことを伝え、ACER主導コンソーシアム[*1]を編成するのが得策であると訴えた。[87]

ACERは、新コンソーシアムを、CITO（オランダ教育測定国立研究所、シト）、米国を活動基盤とする社会科学調査会社Westat（ウェスタット）、リェージェ大学の専門家2人でまず編成した。後に、日本の国立教育政策研究所（NIER）と、米国のETS（教育テストサービス）が加わることになる。

対抗するIEA・Boston College主導コンソーシアム[*2]には、イングランド・ウェールズ国立教育研究財団（NFER）とカナダ統計局が加わった。

---

*1 ACER-led consortium
*2 IEA-Boston College-led consortium

392　第2部　教育効果を測る

OECDの入札には、ブルゴーニュ大学、ACER主導コンソーシアム、IEA・Boston College（ボストンカレッジ）主導コンソーシアムの3者が応募した。

参加国委員会（BPC）は、「技術研究班」[*1]を編成して、応募3者から選定することになり、1997年11月20〜22日にかけて、パリにおいて技術研究班の会議がもたれ、応募者を評価することになった。この結果は、同年12月15、16日にパリで開催された第2回参加国委員会（BPC）会議に報告されることになった。

(14) 第2回参加国委員会 (BPC) 会議

第2回参加国委員会（BPC）会議は、1997年12月15〜16日にパリで開催された。議長は、米国のユージン・オウエンである。事務局側からの発言として、教育・雇用・労働・社会問題局長トム・アレキサンダーが、OECD教育委員会、CERI運営理事会、教育制度指標（INES）事業運営委員会ならびに各国は「OECD生徒達成度指標作成恒常事業」に対して強い関心を持っていると強調した。続いて、彼は、「専門班」[*2]の3人、ネヴィル・ポッスルウェイト、ビンクリイ（Marilyn Binkley）、リーフ（J. P. Reeff）を呼び寄せた。3人は、3者から応募があったことを報告し、11月に開催された技術研究の評価について説明した。

続いて、入札発令者である3人の意見が陳述された。メルボルン大学教授でOECD教育局長のバリー・マクゴーとACER（オーストラリア教育研究所）のレイモンド・アダムズ（Raymond Adams）は「オーストラリア教育研究所（ACER）」案を推薦し、米国の労働経済学者マーティン・カーノイ（Martin Carnoy）はBoston College案を推薦した。これに関して、質疑がかわされた。

IEA・Boston College主導コンソーシアムからは、Boston Collegeと「イングランド・ウェールズ国立教育研究財団（NFER）」が調査の枠組みと手法[*3]を提案した。それは、TIMSSならびにその他のIEA調査で用いてきた方法で、

---

*1 Technical Review Panel
*2 expert panel
*3 framework and instruments

中央集権的な管理体制になっていた。調査の枠組みは、読解、科学、数学という3領域で構成されており、この点はACER主導コンソーシアム案と類似していた。

結局、参加国会議（BPC）は、「様々な国と様々な言語で発展させられている点を考慮して」また「『ヨーロッパのコンソーシアム』を含んでいて、国際的に有効な最良の理念と専門性を望める」という理由で、ACER（オーストラリア教育研究所）を契約相手とすることを決定した。[88]会議の席で、コストを10%削減することが要請された。1998年の予算は、トム・アレキサンダーの提案で、教育制度指標（INES）事業ネットワークAが使用していた金額を当てること、また総額はそれ以上になるだろうと見通しを述べた。契約交渉は1月の2週目とし、1998年1月末までには成立させたいと説明された。

ACER主導コンソーシアムの最大の強みは、メンバーがヨーロッパ、環太平洋、北米出身で構成されており、国際色豊かであることだ。これならば、国際的にも影響力を持ちやすいとOECD側が判断することは、当然の成り行きであった。事実、OECDの主要人物にインタビューした比較教育研究者のクララ・モルガンは、Boston College案には「非英語圏メンバー」[*1]がいないことが欠点だと思われたという発言を引き出している。[89]

技術研究班も、ACER提案の方が国際的な評価を得ると判断していた。[90]

技術研究班の評価ならびに参加国委員会（BPC）の判断は、TIMSS型のテストでは、出題がカリキュラム内容に拘束され[*2]すぎて、異なる枠組みで独自の設問項目[*3]を作るべきこと、TIMSSで測定していない年齢を対象とすることが決め手になった。

こうして、コンピテンスを一部取り込んだ新型のテストの実行形態が決まった。

---

*1 non-Anglophone partner

*2 contend-focused

*3 test items

394　第2部　教育効果を測る

(15)PISAの実施要項決定に向けて

ACERは、TIMSSとは異なる学習到達度調査を考えていた。生活の技能とリテラシーにより関連を持った新しい知識を生み出そうとしたのである。この路線は、ネットワークAが追究しようとした方向でもあった。

ACERは、「実務専門家委員会」を編成しようとしたが、ACER職員からではなく、参加国の共通理解を図りながら、調査リテラシーの各領域ごとに参加国から募ることにして、OECD主導の調査[*1]であるように配慮した。今日では、コンソーシアムのこの専門組織を「領域別国際専門委員会」と呼んでいる。また、テスト問題の作成も参加国から募ることとした。

1998年1月27〜29日に開催された参加国委員会(BPC)執行委員会[*2]は、「実務専門家委員会」とACER(オーストラリア教育研究所)の指名を検討した。この時の主要課題は、出題文が参加国の文化とカリキュラムに対応した広域的なものになっているかどうか、読解力グループの中の言語グループが翻訳をうまくこなしているかどうかであった。1月31日には、参加国委員会(BPC)は、「実務専門家委員会」の構成を検討し、事務局はACERと議長と連絡をとりながら各国の「実務専門家委員会」の状況を点検した。

1998年4月20、21日にサンフランシスコで開催された第3回参加国委員会(BPC)会議では、非加盟国からブラジル、マレーシア、ロシア連邦の参加が確認された。

この会議では、「調査枠組み」という調査の内容と方法に関するきわめて重要な事項が審議されている。読解、科学、数学のそれぞれの「実務専門家委員会」からアドバイスを受けて、ACER(オーストラリア教育研究所)は、「国別カリキュラムの最小共通分母」[*3]に着目するのではなく、「領域のカリキュラム的および教科横断的な側面」[*4]を考慮するような、「広い定義の領域」[*5]を採用するように提案した。そして、このそれぞれのテスト領域の名称を、「バ

---

*1 OECD-based study
*2 Executive Group
*3 minimum common denominator of national curricula
*4 curricular and crosscurricular aspects of the domains
*5 broad definition of the domains

ラバラな知識、技能、理解などではなく」[1]「意味のあるコンテクストにおいてそれらを活用する能力」[2]を測る意図を込めて、「リテラシーという用語」[3]をあてるようにACERは提案した。リテラシーの名称を使用するかどうかは、7月の参加国委員会 (BPC) で決めることになった。

この時点で、ACERが勧告したリテラシーの定義は次のようである。

「読解に関しては、『読解力とは、社会に参加し、自己の目標を達成し、自己の知識と潜在的可能性を発達させるために、書かれたテクストあるいは電子テクストを理解し、活用し、省察するために必要な知識と技能のことである』」[4]

「科学に関しては、『科学的リテラシーとは、自然界および人間の活動でそこに作り出された変化に関し、理解し、決定することを助けるために、関連付けられた科学的知識と証拠に基づいて結論に到達する能力のことである』」[5]

「数学に関しては、『数学的リテラシーとは、個人の現在および未来の私的生活、同僚や関係者たちとの社会的生活、建設的で思慮深く省察的な市民としての生活に必要なことをとりわけ考慮して、(自然、社会、文化といった) 世界を扱う際に数学が果たす役割を知り、理解し、十分根拠ある判断を下して適切に行為する個人の能力である』」[6] 391

次に、参加国委員会 (BPC) は、「学校制度が累積した分野を測る」[7]こと

---

[1] not just knowledge, skill and understanding in isolation

[2] ability to use these in meaningful contexts

[3] term literacy

[4] For reading: 'Reading literacy is the knowledge and skills needed to understand, use and reflect on written and electronic texts, in order to participate in society, to achieve one's goals and to develop one's knowledge and potential'

[5] For science: 'Scientific literacy entails combining scientific knowledge and the ability to come to evidence-based conclusions in order to understand and help make decisions about the natural world and the changes made to it through human activity'

[6] For mathematics: 'Mathematical literacy is an individual's ability to identify, to understand, to exert well-founded judgement about and act appropriately towards the roles that mathematics plays in dealing with the world (*i.e.* nature, society and culture), with particular regard to that needed for the individual's current and future private life, occupational life, social life with peers and relatives, and life as a constructive, concerned and reflective citizen'

[7] assess the cumulative yield of school systems

が「この戦略の主要な対象」[*1]であるから、「国別のカリキュラムが調査素材の選択にとって唯一の源泉ではなく、重要な源泉にとどめるべきだ」[*2]ということをはっきりさせたという。個々の教科の得点を合計するというような発想を否定しようとしたことは注目に値する。

そこで、参加国委員会 (BPC) は、ACERとその実務専門家委員会に対して、「調査素材の選択には教科横断的で非教科の側面が適切で重要であると決められるような基準」[*3]についてより特徴を出すように要請した。

さらに、参加国委員会 (BPC) は、「枠組みについては、メタ認知の側面を考慮する必要がある」[*4]と表明し、PISAの評価枠と「国際成人識字調査 (IALS)」と TIMSSの枠組みとの関係をはっきりさせるようにACERとその実務専門家委員会に要請した。できることなら「PISAの読解力テストと国際成人識字調査の方法とをリンクさせる可能性」[*5]が望ましいとしてきたが、これに制限されるものではないと表明している。枠組みについては、1998年の7月に予定されている参加国委員会 (BPC) にて十分審議することにした。

具体的な方法については、「実務専門家委員会は、選択肢問題を制限して、現実のコンテクストに対応した課題を積極的に使用するよう推奨している」[*1]と、ACERは参加国委員会 (BPC) に報告した。読解の調査時間の35〜45％、数学と科学の調査時間の25〜35％を「自由記述式タイプ」[*7]に当てたいとACERは説明したが、実務専門家委員会は読解のすべて、数学と科学は少なくとも50％を「自由記述式設問項目」[*8]とすべきだと主張していた。[92]

---

*1 primary objective of the strategy
*2 national curricula should not be the sole source for the selection of assessment materials but they should remain an important one
*3 what criteria would be used to determine the relevance and importance of cross-curricular and non-curricular aspects in the selection of assessment materials
*4 need to consider metacognitive aspects in the development of the frameworks
*5 possibility to link the PISA reading tests to the IALS instruments
*6 the functional expert groups had recommended an extensive use of authentic and contextualised tasks with a limited use of multiple choice questions
*7 open-ended response types
*8 open-ended items

ここで明らかになったように、PISAでは、TIMSSのように個々の教科で教えられた知識や技能の定着を個別に測定するのではなく、学校が全体として培ってきた能力を測定する目的で、教科の枠を越えて働く能力を測定しようとし、これをリテラシーと呼ぼうとしていたこと、知識の記憶や技能の単純な訓練に陥らないように自由記述式の設問を重視していたことが特徴である。

(16) 調査枠の決定

1998年7月6、7日に、パリにおいて第4回参加国委員会 (BPC) 会議が開催された。この時には公的に、新たなデータ戦略の名称が「OECD生徒の学習到達度調査計画 (PISA)」と呼ばれるようになったが、まだ旧名称も公式文書には残っていた。

参加国は、オーストラリア、オーストリア、ベルギー、ブラジル (オブザーバー)、カナダ (オブザーバー)、デンマーク、フィンランド、フランス、ドイツ、ギリシャ、ハンガリー、アイスランド、イタリア、日本、韓国、ルクセンブルグ、メキシコ、オランダ、ノルウェー、スペイン、スウェーデン、スイス、英国、米国の24か国である。会議の議長には、ユージン・オウエンが選出された。

この会議の主要目的は、枠組み全体を確定することであった。実施者側であるACERの説明のほとんどは、レイモンド・アダムズが行った。会議では、調査の第一調査サイクル[*1]の目標は、「読解、数学、科学の尺度」を開発することであり、「3領域に存在するより生成的コンピテンスを調査する」[*2]ことを課題として追求することではないと決定された。[93]そこで、懸案の自由記述式設問の割合については、制限を設けるべきではないと決定され、読解の解答時間の45%、数学と科学の解答時間の35%を当てることが勧告された。

枠組みについては、まだ不明確な部分があり、決定は10月に予定されている次回の参加国委員会 (BPC) に持ち越されることになった。

---

*1 first PISA survey cycle
*2 assess more generic competencies underlying all three domains

398　第2部　教育効果を測る

　読解テストの枠組みは、「読解実務専門家委員会」委員長で米国のETS（教育テストサービス）のアーウィン・キルシュ（Irwin Kirsch）が提案した。[94]

　会議では、枠組みの定義に関する用語は読解実務専門家委員会にて再検討し、他の言語にも翻訳するように要請された。リテラシーの用語は、次回の参加国委員会（BPC）で再検討することになった。

　会議では、読解の枠組み[*1]については、「情報の引き出し、幅広い理解、発展と解釈、省察と反応、批判的姿勢」[*2]という5分野[*3]を認めたとしても、「コンテクスト、様式やテクストの形式、質問、方向性」[*4]によって様々な枠組みが出てくるのではないかという懸念も示された。また、実際の設問項目に落とす段階で困難がつきまとうこと、すべての分野をカバーする出題が作成できるのかなど、不安も示された。ACER側は、第一調査サイクルではそのようなリスクはないと判断していると発言した。会議では、枠組みとテスト素材についてさらなる開発努力が要請された。

　企画した側の抱くPISAの理念と実施する各国代表の理解との間にまだ相当の距離があったようで、この会議では、コンピテンスもリテラシーも用語として定着していなかったようである。しかし、レイモンド・アダムズの発言からは、教科の枠が残されたテストであることはうかがえる。

　1998年10月29、30日に、パリにおいて第5回参加国委員会（BPC）会議が開催された。この会議で、「生徒の到達度指標を作成するプログラム」を「国際生徒調査計画」いわゆるPISAと正式に呼ぶことになった。ユージン・オウエンの開会のことばに次いで状況報告をしたのはアンドレアス・シュライヒャーであった。参加国委員会の発言を見ると、シュライヒャーはこの会議で初めて目立った存在になっている。また、前回のようにACERが直接登場するのではなく、実施母体はコンソーシアムと呼ばれており、ここ半年の「国内調査責任者」と「実務専門家委員会」の活動が紹介され、カナダが正

---

*1 Reading Framework
*2 retrieving information, broad understanding, developing and interpretation, reflection and response, critical stance
*3 aspects
*4 context, format and text type, questions and directives

式に参加することと、トルコが年内にも参加を決めることが告げられた。着々
と、実施体制が整ってきたことをうかがわせる会議であった。

　ユージン・オウエンは、当時の主要課題が「文化的適切性」[*1]と「設問の言
語と心理測定の等価性」[*2]であることを指摘し、フランス教育省のジェラル
ド・ボネ(Gérard Bonnet)、スイス連邦統計局(SFSO)のハインツ・ジロメン
(Heinz Gilomen)、それにオウエンとシュライヒャーの4人が参加国委員会の
小委員会を構成してPISAの実施手続きの支援をしたと発言した。

　アーウィン・キルシュが現場で使用される読解調査の備品を紹介し、会議
は読解の枠組みがPISA読解テストの発展にとってすぐれた概念的、方法的
な基礎になると判断した。オランダのユトレヒト大学のヤン・ド・ランゲ(Jan
de Lange)が改訂された数学の枠組みを、またACER(オーストラリア教育研究所)
のヤン・ロカン(Jan Lokan)が改定された科学の枠組みを説明した。

　枠組みについて取り立てて批判は出なかったようである。リテラシーにつ
いても審議された様子はない。したがって、既定路線はほぼ承認されたよう
である。

　ただし、「読解テストの統合部分」[*3]としての「メタ認知コンピテンス」[*4]
の調査は、調査の第一巡目に可能となるかどうか判断できないが、「この問
題を適切に対応するには長期的な開発活動が望まれる」[*5]と会議では考えら
れた。[95]参加国委員会(BPC)会議は、まだ、メタ認知の能力まで明確には踏
み込めなかったのである。PISAは1回の調査の準備、実施、分析、評価に5
年をかける。主要領域は、読解力、数学的リテラシー、科学的リテラシーと
いう3つがあって、調査第一巡目とは、**図7-3**のように2009年までという
ことになる。

---

*1 cultural appropriateness
*2 linguistic and psychometric equivalence of the instruments
*3 integral part of the Reading tests
*4 metacognitive competencies
*5 longer-term developmental work was required to address this issue appropriately

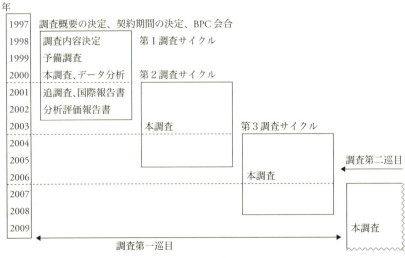

図7-3　PISAの5年サイクル

(17) PISAの実施体制

最終的に教育制度指標 (INES) 事業に残された活動チームは、3つのネットワーク、すなわち米国教育省が担当する「学習成果指標」[*1]を扱うネットワークA、スウェーデン教育・研究・文科省が担当する「教育の社会・経済的成果指標」[*2]を扱うネットワークB、オランダ教育・文化・科学省が担当する「学校構造・活動指標」[*3]を扱うネットワークC、それに「技術諮問委員会」[*4]となった。[96]

教育制度指標事業は、分権プログラムとして、OECD事務局の方針に従属せず、一定の距離をとりながら独立する活動として残された。これは、「米国、英国、カナダの教育政策担当者」の望みだったのだと研究者は指摘している。だが、さらに追い打ちをかけるように、教育制度指標事業は、CERIのみならずOECD教育委員会の管理下に組み込む目的で「教育委員会

---

*1 indicators on learning outcomes
*2 indicators of the social and economic outcomes of education
*3 indicators on structures and processes of schools
*4 Technical Group

・CERI合同運営管理部」が設けられた。[97]

　国際生徒調査PISAは、参加国の代表者から編成される「PISA運営理事会
(PGB)」が実施に関する事柄全般を決定する。しかし、方針の立案から諸決
定実現の遂行は、OECD教育・雇用・労働・社会問題局指標統計課(2002
年より教育局指標分析課)が行っており、アンドレアス・シュライヒャー課長
がPISAの統括責任者である。2004年3月までは、同理事会は、「参加国委
員会(BPC)」と呼ばれていたが、OECD内の他の委員会との名称と整合させ
るために運営理事会と変更された。

　運営理事会には、同議長、副議長、OECD代表から編成される「執行部」
があり、理事会に替わって必要事項を検討する。

　「国際調査コンソーシアム」[*]は、国際的な調整・実施機関となっている。
OECDとの契約に基づきACER（オーストラリア教育研究所)」が「国際事業セ
ンター(IPC)」として機能している。参加国は、それぞれの準備・実施段階で、
この「国際事業センター」、すなわちACERの承認を得る必要がある。

　「技術諮問委員会」は、調査実施における技術的な助言・指導を行う。

　「領域別国際専門委員会」は、調査内容について指導・助言する組織だが、
3つのリテラシー各分野と生徒・学校質問紙に関する委員会が編成される。

　「国内調査責任者(NPM)」は、参加国が調査を実施する場合の国の責任者
である。

　「国内委員会」として、日本の場合には、OECDとの調整は文部科学省
が、国内調査の実施は省内の国立教育政策研究所が、実施のモニタリング
は東京工業大学教育工学開発センターが担当している。また、文科省には、
OECD-PISA協力者会議、OECD-PISA調査委員会、OECD-PISA調査プロ
ジェクトチームが置かれている。調査の実施には、高校を認可または設置す
る教育委員会が協力することになる。

　当時のPISA実施体制を図示すれば、OECDの教育関連組織は**図7-4**のよ
うに、教育制度指標事業やネットワークＡとの関係は**図7-5**、第一巡目の
PISA実施体制は**図7-6**のようにまとめられる。

---

* International Consortium

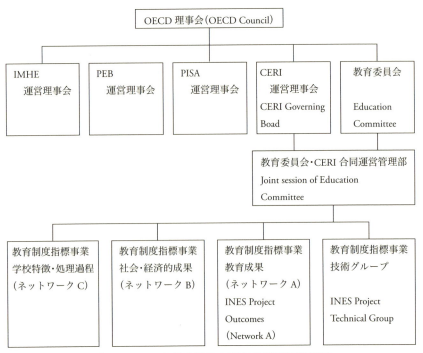

図7-4 1990年代中期のOECD教育関連組織図
Clara Morgan. *The OECD Programme for International Student Assessment: Unraveling a Knowledge Network.* Saarbrücken: VDM Verlag Dr. Müller, 2009, 160.

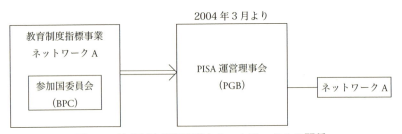

図7-5 教育制度指標事業とネットワークAの関係
Clara Morgan. *The OECD Programme for International Student Assessment: Unraveling a Knowledge Network.* Saarbrücken: VDM Verlag Dr. Müller, 2009, 162-163.

(18) 実施前夜

このような体制で、1999年には、今から比べれば誠にささやかな『評価の枠組み』が出版されることになり、第一巡目の調査が開始されることになっ

第7章　データ戦略の確立　403

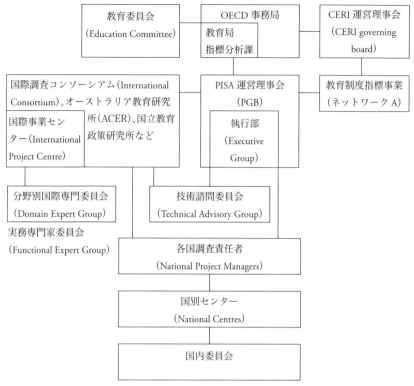

図7-6　PISA 2000, 2003, 2006の実施体制

Clara Morgan. *The OECD Programme for International Student Assessment: Unraveling a Knowledge Network.* Saarbrücken: VDM Verlag Dr. Müller, 2009, 164. および国立教育政策研究所編『生きるための知識と技能②』ぎょうせい、2004年、7ページを参考にした。

た。この『評価の枠組み』には「新しい調査の枠組み」[*]という副題が付いていて、これまでのテストとは違うことが意識されていた。[98]

　第1巡とされるPISA2000、2003、2006では、国際調査コンソーシアムは、ACER（オーストラリア教育研究所）、Cito（オランダ教育測定研究所）、ETS（教育テストサービス）、米国調査会社Westat、国立教育政策研究所（NIER、日本）であった。

　第6回参加国運営会議は、1999年3月1〜3日に、東京で開催された。

---

[*] A New Framework for Assessment

教育・雇用・労働・社会問題局のトム・アレキサンダーが、PISAの結果は、国際的な比較がなされるが、それと平行して各国の分析と解釈をして欲しい旨を発言した。[99]

　今から考えれば、各国に自国の学びの特徴を分析する力があれば、世界ランキング、いわゆるリーグ・テーブルに惑わされずに済んだであろう。逆に、OECD側に、相当の専門家を配置して各国の学びの長所と短所をきちんと分析して各国の行政関係者と意見調整をしていれば、結果ははるかに教育的に使用されたはずだ。教育的な対応ができるまで、発表を遅らすこともできたはずだ。それは、その時点では予測ができなかったことかもしれないが、責任を負うべき者は予測すべきであったと思われる。

　第7回参加国運営委員会は、1999年10月4〜5日に、パリで開催された。統括責任者のアンドレア・シュライヒャーが、2000年2月には問題冊子が使用できるようになると告げた。[100]

　さて、この時点では、PISAはOECD教育・雇用・労働・社会問題局との関係を保っており、OECDには学力問題が社会問題としてはっきりととらえられていた。

(19) その後の展開

　PISA2009からの第二巡目は、新しい入札となり、国際調査コンソーシアムは、二つのグループに分裂し、コアAはACER（オーストラリア教育研究所）、リエージュ大学研究所（aSPe、ベルギー）、ドイツ国際教育研究所（DIPF）、Westat（米国調査会社）、国立教育政策研究所（NIER）で、コアBはCito（オランダ教育測定研究所）、トゥエンテ大学（オランダ）、ユヴァスキュラ大学（フィンランド）、フランス国民教育省学力評価局（DEPP）である。

　2000年に誕生する米国のブッシュ政権は、教育制度指標をより内政問題として解釈するようになるので、米国の直接的な影響力は弱まった。結果的に、PISAをはじめとする教育制度指標事業はOECD事務局の影響力が強くなり、DEELSA「指標統計課」という部署が浮上して管理を強めることになる。

　2000年より、教育制度指標（INES）事業ネットワークは合同事業のうち教

育制度指標「戦略管理グループ」によって運営されることになった。この「戦略管理グループ」は、CERI運営理事会から4名、OECD教育委員会から4名、雇用・労働・社会問題委員会から2名の代表から編成されることになった。[101]

　PISA誕生までのこのようなOECD主導の関連組織編成のいきさつを、教育制度指標事業主任のボタニは、下からの諮問プロセスが崩壊し、「トップダウンの権威的な」手法に置き換わったと回想している。OECDの教育調査は、より技術的で、データを読み取るものになってきており、これが従来の教育目的論争に取って代わりつつあると教育政策の研究者たちは警戒している。[102]

　教育の国際的展開を研究しているエディンバラ大学のボブ・リンガードは、2000年の時点で次のような見解を述べている。

　OECDの経済局は、世界経済におけるネオリベラリズムの見解の強力な擁護者だった。教育部門では、OECDの諸プログラム、とりわけ教育制度指標開発という事業は、国民教育制度を広く普及するという名の下に、新公共管理（NPM）政策と、国の競争力向上のために多技能労働力を育成することを強調するという国際的教育合意を仕向ける、実行性ある促進者としての役割を演じてきたのだ、と。[103]

第8章　データ戦略の展開

(1) PISAの功績は何か

　PISA2000の結果は、伝統的な教育を抜けきれない日本人にはとても新鮮に聞こえた。PISA統括責任者のアンドレアス・シュライヒャー指標分析課長 (2003年当時、現教育・スキル局長) によれば、

>　「この読解力とは、単なる読み書きではありません。社会的な道具を使って、社会とつながりをもつ能力を指します。」[1]

ということばになる。漢字の読み書き、書き順などを一生懸命習ってきたわれわれには、自己表現やコミュニケーションの力こそ重要なのだという学力観を突きつけられ、ある種のカルチャーショックを味わったものだ。

　テストの結果についても、順位よりは、その分布に目を向けることをPISAチームは促した。PISAの定義では、レベル1未満は「最も基本的な知識・技能を身につけていない」、レベル1は「最小限に複雑な課題をこなすことができる」とされていて、レベル2になって「基本的な課題をこなすことができる」と説明されている。シュライヒャー指標分析課長のことばでは、次のような表現になる。

>　「レベル1は、リテラシーについてかなり心配しなくてはならない生徒たちで、知識社会に十分に対応できないと考えられます。さらに、レベル1未満となると、読みはある程度できるけれども、文章を読んで学んだり、自分の視野を広げたりする能力に欠けているわけです。」[2]

つまり、レベル1以下が3割もいれば、それは個人の能力問題というよりも民主的社会を維持するための政治問題になってくるわけである。このような評価の観点は、日本ではまったく無視された。せっかくの調査の意図は理解されず、もったいないことである。

PISAの最大の功績は、平等と高学力とは矛盾しないと指摘したことである。PISA2000の成果を考慮しながら、それぞれの国の教育制度を比較したOECDは、次のような結論を下している。

　　「フィンランドと韓国にみるように、学校教育で極めて優秀な成果が実現可能であること、それもほどよいコストでできること。カナダ、フィンランド、日本、韓国、スウェーデンの結果は、高い成績水準と学習成果の公正な分布が結びつく可能性があること。フィンランドとスウェーデンにみるように、OECD平均の10％以内という学校間格差の小さい学校で、高い成績水準が達成できること。」[3]

　同様のことを、アンドレアス・シュライヒャーOECD教育局指標分析課長は、来日して教員に向かって次のように指摘した。

　「分化された教育制度で対応したほとんどの国は、PISAの成績は平均より下に位置しています。」このような結果に対しては、「PISAにかかわった300人の研究者」は「驚きませんでした」が、「われわれ以外の多くの人を驚かせました」[4]。

　つまり、学校を学力で分化させるよりは、学内に多様な学力がありながら学校間格差を小さくした方が効果が上がるとデータで示したのである。彼は、こうも言っている。

　　「ドイツや米国は国としての平均的な成績はあまり高くなく、同時に優秀な生徒と成績の悪い生徒との間の格差も非常に大きいということが分かりました。……フィンランド、スウェーデンをみてみると学校間の成績の格差が小さく、両国のPISA2000年調査における優れた成績はこのように教育システムがしっかりしているからであろうという推測が成り立ちます。このような国では、どの学校に子どもを入れても同じように高い質の教育が受けられるということが保証されているということが言えるかと思います。」[5]

　この立場は、学校間格差を付けて競争させることで高学力が維持されると考えてきた多くの人々には、予想外の結果だったとシュライヒャーは述べている。今から振り返ると、驚くべきことだが、2000年の時点では、スウェー

デンにはまだ福祉政策の残滓があった。その後、民営化と合理化の嵐が吹き荒れたスウェーデンは、PISAの成績では全分野で没落の一途をたどることになる。これもまた、OECDが明らかにした偉大な成果である。

では、学力差のある子どもたちにどのように授業したらよいのか。2003年時点のシュライヒャーは、日本人の聴衆を前に次のように発言している。

「教師は全ての問題を解決し、進路やコースに振り分けることなく、それぞれの生徒のために適切な学習環境をつくることとなります。……異なる背景、異なる能力をもち、異なる進路をめざす生徒たちに、極めて個別化した学びの機会を与えることです。」[6]

「フィンランドでは、高度に個人別指導を取り入れた学習環境を生み出すことで対応しました。……同国の教育制度は非常に大まかな目標、目的があるだけで、それを実施する方法を決めるのは各学校、各教師なのです。」[7]

別の場所では、彼は次のように説明している。

「フィンランドをみてみると、権限と責任はすべて学校に与えられていて、学校がありとあらゆることを決めることができるようになっています。それによって、成績レベルを全体的に底上げすることができていると考えられます。……トップダウン方式ではなくて、学校にやる気をおこさせることによって、成績を上げられるようにする環境にあるということです。PISA調査の結果から、学校が自分の判断でアイディアを考え出し、それを試してみることによって良い成果を得られることが可能となることが分かりましたが、その好例がフィンランドでした。学校にやる気をおこさせる環境を作ること、これが重要だったのです。」[8]

いってみれば、専門性を発揮できる教師がいて、少人数の生徒を相手に、個々の生徒の理解度をテストなどしないでも日常的に把握でき、子どもたちに学びを促すこと。子どもたちは、自ら学ぶように自立していくこと。そうすれば、クラス全体の学力も上がるということになるのだ、と。テストと質問紙調査とをリンクすることによって、このように分析できるというのである。コンピデンス・ベースの教育が数値管理を拒否したとも考えられる。

(2) OECD は社会的・経済的背景、教育行政、学力の関係に注目

2003 年時点で、シュライヒャー指標分析課長は、さらにこうも言っている。

> 『生徒はそれぞれ異なって生まれてくる。何人かは賢く生まれ、それ以外は生まれながらに頭が悪いのだ。生徒がどう生まれてきたかは大きく異なり、その問題と取り組むのはわれわれの責任ではない。生まれつきの問題なのだ』と考える人がいます。しかし、われわれの調査結果は、それが事実でないことをはっきりと示しています。」[9]

高い学力は、生まれながらではなく、教育環境を整えることで保障されるというのである。また、家庭の経済的・社会的な格差が子どもに反映してもいけない。シュライヒャー指標分析課長は、

> 「教育の質が悪く、どういった家庭的な背景・出身かということが大きな影響を及ぼしているということでは困る」[10]

とも言っている。つまり、学校や経済的背景を平等にすれば、国民の平均学力は高まるということを事実に基づくデータで証明したのである。これは、先進国の政治家や教育行政担当者たちの常識を覆すことになったというのだ。社会的な低学力問題は、教育や経済の問題ではなく、まさに政治の問題なのだということが判明した。

では、学校間格差のない状態で、次に何が重要な条件になるのか。シュライヒャーは、二つのポイントを指摘する。まず、教師が子どもに合わせて本領を発揮できるように、学校や授業の運営を教師たちに任せることだという。

> 「教育制度がうまく機能することを期待するのであれば、各学校に自分たちの学習環境を管理するよう適度な自由を与えることです。比較した中で最もよい成績を収めている学校には、基準を設定することをはじめ、自らの学習環境を管理するためのより大きな裁量があるという傾向がわかります。PISA において良い成績を収めた多くの国々は、実際、……個々の学校に、より大きな自治権を与えています。」[11]

同様のことを、フィンランドの大不況の中で、1994 年から教育改革を指揮した当時の教育大臣、オッリペッカ・ヘイノネン (Olli-Pekka Heinonen) も、NHK のインタビューに次のように答えている。

「教育はとても繊細で複雑なことなのです。私たちは、子どもたちにそうした本来の教育を受けさせるために、多くの権限を現場に委ねました。子どもたち、教員、校長に現場を任せたのです。国が決して阻害してはならないのです。」[12]

各学校にこのような自由度があるために、フィンランドの学校は「生徒のニーズに個別に対応する」ことができるのだという指摘になるだろう。要するに、調査データは読み取る側の能力によって毒にも薬にもなるということらしい。このヘイノネンが保守主義者でネオリベラリストであるというのだから、驚きである。

もう一つのポイントは、子どもたち、生徒が自ら学ぶという意欲である。これは、OECDが非認知的側面を重視しようとした基本姿勢にも一致する。

「PISAの重要な成果の一つは、生徒個人の成功にとって自らのやる気と動機が極めて重要であるということです。」[13]

とシュライヒャー指標分析課長は言う。

「生徒の成績が向上することに対する期待感があり、努力するための準備ができていて、学習の喜びに満ちていて、教師と生徒間の関係が良好で、教師のモラール(志気、熱意)が高いといった特徴を持つ学校では、生徒の成績が良いということがわかりました。」[14]

PISA調査が解明したもう一つの大きな功績は、中央集権的な管理制度ではなく、各学校と各教師に権限を渡すことが複雑で困難な教育への動機付けになったことをデータで示したことである。しかも、テスト競争なしで教師だけでなく、生徒の動機形成も何とかやっている。そして、習熟度別編成を止めて統合教育にしたフィンランドこそ、「極めて個別化した学び」を作り出しているという、全く逆説的とも思える現象をPISAは発見したのである。

では、世界の学校教育は、このPISAが測定したエビデンスが示した通りに改革されたのだろうか。OECDの開拓した教育指標は、教育制度の改革に使われたのだろうか。フィンランドは、今もなお、子どもたち全員に新しい方法で新しい学力を身に付けさせようと努力している。テストの得点というド素人でもわかる低レベルの疑似(擬餌?)エビデンスを必死に避けている。

第8章　データ戦略の展開　411

第1節　コンピテンスが学力の中心概念に採用される

ネオリベラルの視点から、教育の価値が問い直されている時期に、コンピテンスが注目されたのはなぜだったのだろうか。

　「コンピテンシー・ベース運動の主要な焦点は、一般にスキルあるいはコンピテンス[*1]と呼ばれる『成果』の確認と測定[*2]である。」

　「コンピテンシー・ベース運動が他の教育開発と区別される点は、雇用に対しより特殊に妥当する成果を強調していること[*3]である。この文脈で、知識をいかに実践的状況で適用するか、いかに職場の役割で機能させるかを犠牲にしながら理論的知識を強調する学校教育や大学教育[*4]を批判することが流行っていた。」[15] (メロー他『リテラシーとコンピテンシー』)

(1) オーストラリアが提起した新しい学力概念―コンピテンシー

オーストラリアでは、企業側代表、州政府、連邦政府によって、「オーストラリア訓練枠組みの質 (AQTF)」が定められていた。国家規模では、英国にならって、「オーストラリア職業教育・訓練 (VET) 制度」であり、学校のカリキュラムは「訓練登録組織 (RTOs)」によってコントロールされている。

　オーストラリアにおいても、1980年代後半から、教育の成果と経済発展とを密接に結びつける教育改革が進行していた。オーストラリアでは歴史的に州の権限が強く、学校教育は州の管轄と考えられていた。

　オーストラリアでは、1980年代から1990年代初めにかけて、「コンピテンシー・ベースの教育・訓練 (CBET)」に向けた発展があった。

　1989年4月には、「連邦雇用・教育訓練大臣」のホン・ジョン・ドーキンス (Hon John Dawkins) は、職業訓練への国家投資の増額、訓練計画の質、柔軟性、

---

*1 skills or competencies
*2 specification and assessment
*3 emphasis on outcomes more specifically relevant to employment
*4 school-, college- or university-based education

412　第2部　教育効果を測る

一貫性、共同性[*1]を改革することを提案した。同年、特別州を含む州の教育大臣は、会議をもち、「コンピテンシー・ベースの訓練システム[*2]を導入すること」「国家訓練委員会（NTB）を設立すること」「移住者のスキルを認定する新方法を実施すること」という点で合意した。ドーキンスの提案と大臣会議の決定を合わせて「訓練改革行動計画（TRA）」と呼ばれることになる。[16]この時点で、職業教育はコンピテンシー・ベースとすることが国家規模で確認されていることは注目に値する。

　1989年のこと、オーストラリア各州の教育大臣が、タスマニアのホバートにて会議を開催し、オーストラリアの歴史では初めてとなる教育国家指針『ホバート宣言』に合意した。これには「オーストラリアにおける学校教育国家目標」[*3]が含まれていて、学校教育に関する国家目標が、共通の枠組みとして連邦政府、州、学校に課せられたのである。[17]

　職業教育から改革を始める場合、英国の動向がひとつのモデルになった。[18]ただし、米英のとった道とは逆である。オーストラリアの教育関係者が考えたことは、「幅広いコンテクスト」[*4]で使用できるように、「狭すぎる訓練に対する保護手段」[*5]として「コンピテンシーという単位」[*6]を設定しようとすることだったからである。[19]

　これに対して、当時のサッチャー首相は、普通教育におけるコンピテンス・ベースの教育をむしろ否定し、教科による厳密な知識を習得させる教育を徹底しようとしていた。ただし、国家目標という学校教育改革目標を明示する手法は、米国で親子のブッシュ大統領がとった手法と同じである。

　組織された国家訓練改革行動計画実施委員会は、1990年以降、以下のような方針を実施する。とりわけ、企業側を学校教育に関与させる点で注目される。

---

*1 quality, flexibility, consistency and coordination of national training arrangements
*2 competency-based training system
*3 National Goals for Schooling
*4 broad range of contexts
*5 insurance against overly narrow training
*6 units of competency

第8章　データ戦略の展開　413

表8-1　オーストラリア職業教育・訓練モデルの特徴の要約

1	コンピテンス・ベースで成果志向 (competence-based and oriented toward outcomes) である。
2	学校の活動 (work of schools) だけでなく、労働者の生涯学習 (lifelong learning in the workforce) に向けたオリエンテーションの普及とともに、生涯にわたる職業教育・訓練という見地に立っている。
3	質、基準およびアクセスの確保が中心的な関心事であるので、この職業教育・訓練モデルは質と機会を結びつけている。
4	焦点は、施設や供給者 (institution and provider) ではなく、学習者と学習 (learner and learning) に合わせられている。
5	このシステムは、成功と失敗の二分法以上の達成に基づくもので、達成度の文化を育成している (foster a culture of achievement)。
6	システムは、幅広い技能と、幅広いコンピテンス概念を設定しているので、労働生活全体を通してそれを基礎に個人は依拠することができる。
7	職場を含めて職業教育・訓練の提供形態の範囲が広がりつつある。これがアクセス機会を増やし、さまざまなニーズに対応できるようにしている。
8	評価の職場モデル (workplace models of assessment) など、新しい評価方法が発展させられている。
9	獲得されたコンピテンスの認定と証明 (recognition and certification) が、中心的な目標である。
10	学習の前進と継続を提供するために、他の教育部門との連携と達成度の評価とが強まっている。
11	システムは、新しい役割と関係、および協力の協同モード (co-operative modes of partnership) を必要とする。

VEETAC. National Framework for the Recognition of Training. 1991. 表は、『知を計る―知識経済のための人的資本会計』、1999年、122ページ。

「企業によるコンピテンシー標準[*1]の開発と、コンピテンシー成果を考察する[*2]合同カリキュラム開発」

「オーストラリア職業教育・訓練成績証明全国標準枠組みの開発」

「国家訓練委員会 (NTB) の設立」

「訓練認定国家枠組み (NFROT) に基づく認証」

「産業関連の変化による訓練の影響、義務後の教育と訓練への青年の参加、カリキュラムに多数の一般的コンピテンシーあるいはコア・コンピテ

---

*1 competency standards
*2 reflect the competency outcomes

414　第2部　教育効果を測る

ンシーを考慮する必要性[*1]に関連した問題に関する多数のレポート」

　「学校から職場に移動する場合に多数の通路を提供するようなオースト
ラリア職業訓練資格証明制度（AVCTS）」

　「公費支出による技術教育・継続教育（TAFE）部門への国家リソースの
配分を概観するオーストラリア国立訓練所の設立」[20]

と、このような特徴が指摘できる。

　1990年の11月における教育閣僚会議では、コンピテンシーを認可する国
家的な対応をとることに決めた。それが実現するのは、1992年3月のことで、
「訓練認可国家枠組み（NFROT）」が確定し、同年7月には「訓練認可国家枠組
みのための合意」に連邦政府と州政府が署名した。この途中、1991年11月
に「訓練認可に関する職業教育雇用・訓練アドバイザリー委員会（VEETAC）」
作業チームが作成した報告書はOECDの注目するところとなり、「コンピテ
ンス標準[*2]は、産業界、労働界、教育界および政府が共同で決めたもので、オー
ストラリアの能力評価基準になっている」[21]として表8-1のように整理して
紹介されている。

(2) コンピテンシー形成に関する調査報告

　オーストラリアでコンピテンシーに真っ先に注目した教育分野は、言語教
育であった。教育実践はさまざまな分野で行われ、1992年から1993年に
かけて「オーストラリア言語・リテラシー政策（ALLP）」の下で「子どもリテラ
シー国家プロジェクト」とその研究の一環として、コンピテンシーとリテラ
シーに関する教育現場の調査が行われた。この財源は、「連邦雇用・教育・訓
練・青年問題省（DEET）」がまかなった。この調査の当初のタイトルは、「義
務教育後の学校教育への雇用関連に対するコンピテンシー・ベースのアプ
ローチ[*3]が学校リテラシーと調査活動に一般的に及ぼす可能性のある影響」
となっていた。雇用対策こそが、学力（学校リテラシー）と学校教育の評価に

---

*1 need for curricula to take into account a number of general or core competencies
*2 competence standards
*3 employment-related competency-based approaches

第8章　データ戦略の展開　415

表8-2　オーストラリアの教育政策文献一覧

1987	J. Lo Bianco. National Policy on Languages. Canberra: Australian Government Publishing Service, 1990.
1990	Department of Employment, Education and Training. *The Language of Australia: Discussion Paper on an Australian Literacy and Language Policy for the 1990s.* Government Publishing Service, 1990.
1991	B. Finn. *Young People's Participation in Post-compulsory education and Training.* Canberra: Australian Government Publishing Service, 1991. Department of Employment, Education and Training. *Australia's Language: The Australian Language and Literacy Policy.* Canberra: Australian Government Publishing Service, 1991. Department of Employment, Education and Training. *Australia's Language: The Australian Language and Literacy Policy;* Companion Volume. Canberra: Australian Government Publishing Service, 1991.
1992	E. Mayer. *Putting General Education to Work: The Key Competencies Report.* Melbourne: Australian Vocational Education, Employment and Training. 1992. J. Cumming (ed). *Assessing and Reporting Student Competencies for Education, Training and Word: Directions for the 90s.* Belconnen, ACT: Australian Curriculum Studies Association. 1992. National Board of Employment, Education and Training. *Skills Sought by Employers of Graduates. Commissioned Report No.20.* Canberra: Australian Government Publishing Service, 1992. D. Anderson (ed). *Higher Education and the Competency Movement.* Canberra: Centre for Continuing Education, Australian National University, 1992. Australia. Economic Planning Advisory Council (EPAC). *Education in the 1990s: Competencies, Credentialism, Competitiveness?: Papers Presented at an Office of EPAC Seminar Held in Canberra on 7 July 1992.* Canberra: Australian Government Publishing Service, 1992.
1993	J. A. Bowden and G. N. Masters. Implication for Higher Education of a Competency-based Approach to Education and Training. Canberra: Australian Government Publishing Service, 1993.
1995	J. Lokan, G. Withers, S. Mellor, M. Batten, J. McQueen and I. Carthy. *Literacy and the Competencies: Potential Impact of Competency-based Approaches on Literacy Curricula and Assessment in Schools.* Melbourne: Australian Council for Educational Research. 1995.

コンピテンシーを持ち込もうとしている原因であることがよく分かる。

　調査の報告書は、『リテラシーとコンピテンシー—教師の展望』[*] (1995年)
である。報告書が前提にした当時の委員会報告書と研究文献は表のようで

---

[*] *Literacy and the Competencies: Teachers' Perspectives*

あり、大学教育の改革まで含めたオーストラリアの教育改革は、その後の
OECDの教育政策に重要な示唆を与えたことになり、ひいては今日の日本
の教育改革への方向付けともなっていると言えるだろう。

　調査報告が最も強く依拠したのは、1991年7月の『フィン報告』と1992
年9月の『メイヤー報告』であり、この二つは、「雇用に関連するより一般的
な『コンピテンシー』」[*1] 22 に焦点を当てていると調査報告書は指摘してい
る。さらに、もう一つ依拠したのは、「オーストラリア言語・リテラシー政
策 (ALLP)」である。

　これは、ヨーロッパのいくつかの国、とりわけ当時のドイツ共和国の職業
教育から影響を受けた。オーストラリア産業関係大臣は、「3部ミッション」[*2]
を組織し、1987年にはその担当者をヨーロッパの職業教育の視察に派遣し
た。従来の徒弟教育は、「コンピテンシー・レベル」[*3] を測る方法が開発され
ていたのではないかと考えられたからである。

　当時の主だった改革文書は、**表8-2**のようにまとめられる。

(3) キー・コンピテンシーに向けて

　1993年末のことであるが、オーストラリア連邦学校・職業教育・訓練大臣
ロス・フリー (Ross Free) は、「訓練改革行動計画 (TRA)」が危機に陥っている
と発言した。公費支出のTAFE部門と私立の訓練施設との間でトラブルが起
きていたようである。結局、1994年に教育大臣会議は、「オーストラリア資
格枠組み」[*4] を作成し、学校、職業訓練施設 (VOTEC)、大学の3部門を統一
することにした。統一資格は、「博士、修士、卒業ディプロマ、卒業資格、学士、
ディプロマ、準ディプロマ、高度資格、標準資格」[*5] 23 と段階づけられている。

　1998年4月23日、教育・雇用・訓練・青年問題大臣会議 (MCEETYA) は、「学

---

*1 employment-related more general 'competencies'
*2 Tripartite Mission
*3 levels of competency
*4 Ausralian Qualifications Framework
*5 doctoral degree, master's degree, graduate diploma, graduate certificate, bachelor degree, diploma, associate diploma, advanced certificate, and certificate

校教育国家目標改訂版」[*1]草案に賛成した。9人の大臣たちは、『ホバート宣言』に沿って21世紀への教育改革の方向を描いていると考えたのである。

1999年には、連邦・各州教育大臣の合意の下で、『アデレード宣言―21世紀における学校教育に関する国家目標』が採択され、8つの「主要学習領域（KLA）」が確定された。すなわち、英語、数学、芸術、保健・体育、英語以外の言語、社会・環境学習、テクノロジー、科学である。伝統的教科ととらえる領域もあれば、歴史、地理、消費者教育、法教育、環境教育、宗教教育の合科的なものとしてとらえる領域もあった。[24]

オーストラリアのニュー・サウス・ウェールズ州訓練・教育コーディネート局に勤務しているポール・ブロック（Paul Brock）は、オーストラリアの読解力調査の歴史を分析しながら、キー・コンピテンスについて次のように述べている。

> 「主要学習領域のすべてを横断して[*2]、すべての生徒が職場に立つ前に明示すべきことが期待される、学校は教科に特殊化されない[*3]生成的キー・コンピテンス[*4]、すなわち、考えや情報をコミュニケーションすること、情報を集め・分析し・編集すること、計画し組織すること、他人とチームを組んで働くこと、テクノロジーを活用することを、学校は具体化しなくてはならない。」

> 「オーストラリアの国家カリキュラムの経験は英国で起きたものとはずいぶん異なってきている」[25]

「研究が示す読解力と読解力調査」[*5]と「世論」として信じられているものとの間、政治家が主張することと官僚制度で提供されるものとの間にはいつもギャップがあるとポール・ブロックは指摘する。[26]それでもなお、コンピテンス・モデルが学校教育全般に対処できる根本原理として採用されていったのである。

[*1] revised National Goals for Schooling
[*2] interpenetraining all of these Key Learning Areas
[*3] non-subject-specific
[*4] generic Key Competencies
[*5] reading competence and assessment

418　第2部　教育効果を測る

(4) コンピテンスへの投資

1991年に、OECDの雇用戦略は、『テクノロジー、生産性、雇用創出』[*1]という報告書を出版し、その中で、「いわゆる生産性パラドックス」[*2]つまり、

> 「技術変動がここ10年くらいで加速したという認識と、生産性の向上が第二次世界大戦後の水準に戻っていないという観察結果との間に見られる不一致」[27]

について言及している。生産過程が高度になり、労働者はより技術の必要な立場になったにもかかわらず、それに見合った能力が発揮されていないということを意味する。これは、労働組合やILO、OECDの注目してきたことであり、リカレント教育が必要な理由と解釈されてきた。労働生産性が在学期間、いわゆる学歴で決まるのではないとなると、ミクロな視点、個人が身につけ学校が育成する能力の質について、いわゆる成績について、しかも言語や民族文化を越えて測定し、評価しなくてはならなくなる。時代はそこまで進んできてしまった。

さらに、1990年代には、景気後退と失業率の増加がはっきりとし、OECDは「人的資本に対する投資」をより確実にする具体的な政策を模索した。「知を計測し」、それを知的財産として人的資本を企業会計に組み込み、企業がイノベーションを興しやすくすること、またそのような企業に対する投資が確実な利益を生むことを証明しようとしたのである。

OECDの教育委員会と雇用・労働・社会問題委員会の協同研究として行われた社会人向けの「継続教育・訓練への投資の本質」に関する研究報告書が、『人の知を計る』というタイトルで1996年に刊行されている。その第1章の書き出しは、次のようである。

> 「市場は、知識の生産、普及および消費[*3]を決定する人的資本に関する情報および意志決定システムの再考を強く迫っている。新技術の開発や

---

*1 Techology, Productivity and Job Creation
*2 so-called productivity paradox
*3 production, diffusion and consumption of knowledge

競争が激しくなるに伴い、人間のコンピテンスへの投資[*1]が、企業が競争に勝ち残るためのますます重要な要因になりつつある。」[28]

　OECD内で、コンピテンスが揺るぎない形で意識されるのは、2001年のことである。この年、OECD『教育政策分析2001年』[*2]では、第4章を「知識経済に向けたコンピテンス」[*3]と名付け、コンピテンス育成を目標として教育政策を進めることを提案している。[29] また、2001年4月に実施されたOECD教育閣僚会議では、「万人のためのコンピテンス投資」[*4]なるコミュニケが発表されている。[30]

　さらに、第2回DeSeCo（コンピテンスの定義・選択）国際会議資料（2002）には、前年の教育閣僚会議のタイトル通りに「万人のためのコンピテンス投資」[31]という一節が設けられている。

　ヨーロッパは2000年以降、このようにはっきりとコンピテンスの育成を教育目標に定めている。もともとコンピテンシーは、1990年代に言語教育ないし職業教育分野で開拓された教育方法として使用されていた概念であった。それを教育一般に拡大したのはOECDである。また、テストとして普及したのはACER（オーストラリア教育研究所）である。このACERを中心としたコンソーシアムに日本の国立教育政策研究所（NIER）が参加して、1997年末にPISA事業を落札する。したがって、PISAの出題は、オーストラリア型コンピテンシー論が基本になったということである。

第2節　OECDとDeSeCoのキー・コンピテンス論

(1) 知識を使う力
　欧州評議会においても、すでに1997年2月から、「民主的シティズンシッ

---

*1 investment in human competences
*2 Education Policy Analysis 2001
*3 competencies for the knowledge economy
*4 Investing in Competencies for All

プのための教育（EDC）」計画が発足しており、「参加する市民」[*1]となれるような価値と技能を身につけさせる教育が目指されている。「民主的シティズンシップのための教育（EDC）」が想定する知識、技能、態度、価値は、「コア・コンピテンス」[*2]と表現されている。さらにこの年、1997年10月のEUヨーロッパ・サミット（欧州理事会）において「市民の権利と責任に基づいた民主的シティズンシップのための教育を発展させること、ならびに市民社会における若者の参加を発展させること」が指摘され、「民主的シティズンシップのための教育」に取り組むことが行動計画に取り入れられた。

OECDは、カリキュラムの内容と構造を、「最新の知識の供給」ないしは「高い教科の達成度」[*3]を保障するものとだけ、つまり「人のよさよりも頭のよさ[*4]のためにあると」考えてはならないとした。いわば、人の良さも頭の良さも追求しなくてはならないとしたのである。デューイだけでなく、ポスト・モダニストたちも、その立場であると紹介する。「熟達した受験生や高得点者、あるいは従順な従業員をつくり出す」ためではなく、「若者が自分自身や仲間が民主主義社会の一員となれるように、知的に、感受性豊かに、勇気を持って考え、行動することを援助するためにカリキュラムは存在するのだ」という説を紹介する。[32]

双方が重要だと見なされる国では、「知識の獲得」のみではなく、「知識の構造を整理し、分析し、さらに批判する」[*5]ことを生徒に奨励し、「その知識の使い方」[*6]を強調することとなった。アンドレアス・シュライヒャーが、「これまで何を学んだかではなくこれから何ができるか」を測ろうとしたと言ったのは、このようなことを指していると思われる。つまり、OECDの提唱する知識基盤経済論とは知識や技能をたくさん身につけそれを指示されたとおりに使えればよいというのではなく、その場その場のコンテクストに応じ

---

*1 participating citizens
*2 core competencies
*3 high achievement in academic dissiplines
*4 becoming smart rather than becoming good
*5 organise, analyse, and indeed criticise, its structure
*6 the way it is used

て学んだ知識や技能を創造的に使うことができるという労働を前提にしているということだ。

(2) DeSeCoの発足

DeSeCo（コンピテンスの定義・選択）の発案は、OECDのCERIにおける教育制度指標（INES）開発のなかでその関係者たちの間から出てきた。

重要な個別の指標について、暫定的な特別作業グループを編成して検討しようという試みが、1995年6月のラハティにおける教育制度指標事業第2回総会において認められ、「教育における平等」[33]など5つの主要テーマで作業グループが活動を開始している。

DeSeCoという用語が使用されるのは、その2年後である。当初は、コンピテンス分析プロジェクトと呼ばれたようだ。

1997年「教育制度指標（INES）事業」運営委員会は、1995年6月にラハティで開催された第3回総会で確定された優先領域における開発作業に向けた活動計画を政策化した。その場で「生涯学習」、「スキルの定義・選択」[*1]、「不均衡と公正」[*2]に関する三つの暫定作業グループ[*3]が創設された。[34]

当時は、skills and competenciesというように、スキルとコンピテンスは同列に使用されることがよくあったが、DeSeCoという定義・選択グループにおいてはskillsではなくコンピテンスの定義・選択に内容が絞られていった。その結果、「『コンピテンスの定義・選択―理論的・概念的基礎』計画」[*4][35]という名称で事業が始まったのは、1997年12月のことである。

このような1997年12月のこと、コンピテンスの中身について、各国および各界の合意を得るために、OECDが後援し、管理運営はスイス連邦統計局（SFSO）が担当し、米国教育省国立教育統計センターが協賛して一つの計画（プログラム）が立ち上がった。PISAとリンクして「コンピテンスの定義・選択（DeSeCo）計画」が開始されたのである。

---

*1 definition and selection of skills（DeSeCo）
*2 disparities and equity
*3 ad-hoc working group
*4 Program "Definition and Selection of Competencies: Theoretical and Conceptual Foundations"

422 第2部 教育効果を測る

OECDの教育制度指標事業に対するスイスの貢献は、初期には「カリキュラムに拘束されないのスキルや知識」*1に関する活動、その後「教科横断的コンピテンス」に関する活動、公正さに関する暫定委員会の活動、最後にDeSeCoプロジェクトで活動を主導したり支援したりしたことが研究者には高く評価されている。[36]

当初は、3年間のプログラムとされたが、[37]1年後には4年間と訂正されている。[38]実際の活動は1998年から2002年の暮れまで5年間かかり、報告書が出版されるのはさらに翌2003年のこととなった。

DeSeCo計画の出発点は、旧来の学力観では重要な資質を見落としてしまうということにある。これに対して、カリキュラム基盤コンピテンスや教科関連コンピテンスは、人間の発達や社会の発展、あるいは政治的な統治や経済的な統治にとって重要な教育成果を全部カバーするものではなく、むしろ、実践的思考の領域の方が現代の経済や社会において「うまくいく」*2のに決定的に重要だと考えたのである。読・書・算でないとすると、ではどのようなコンピテンスが、個人が「うまくいき責任有る生活」*3にたどり着く、あるいは社会が現在と未来の諸課題に直面するために実際に重要なのだろうか。そこで、DeSeCo計画は「うまくいく生活*4とよく機能する社会*5に貢献するコンピテンス」に焦点を当てたのだ、と説明している。あるいは、

> 「伝統的な指導要領を通して明確に伝えられるような、認知技能や知識は、教育の重要な成果であるが、コンピテンスに対する影響*6はそのような要素には限定されえない。労働市場での行動、および知能と学習に関する最近の研究のどちらも、制度的な教育の領域では必ずしもあるいはそこだけで獲得され、発達させられるわけではないような、態度、動機、価値といった非認知的要素の重要性を指摘している」[39]

---

*1 non-curriculum-bounded skills and knowledge
*2 success
*3 successful and responsible life
*4 successful life
*5 well-functioning society
*6 reflection

とも説明されている。そのように、DeSeCo計画は学習の認知的要因の外に踏み込んだわけである。

DeSeCo計画が確認しようとしたのは、人間が望ましい社会生活を送るのに必要な能力である。このような実践的能力は、企業内教育、職業教育、あるいは成人教育の領域で問われてきた概念であり、かつては「コンピテンス」という用語で表現されていた。教育の最終目標を考えて、この用語が学校教育の成果を評価するのに最もふさわしいと判断されたのである。そこで、今まで言われてきた個別的で多様なコンピテンスを、より汎用的なコンピテンスに整理し、さらにその核心となるキー・コンピテンスを確定する作業に入ったわけである。つまり、1997年時点でOECDは、社会的な展望をもって、これまでの伝統的な「学力」観をはっきりと否定したのである。そして、ここにPISAが発足する。なお、OECDは、ある時点からこの生成的キー・コンピテンスをキー・コンピテンシーと呼び分けることになる。

(3) コンピテンスの定義をめぐって

「諮問委員会」は、1998年11月16、17日に、スイスのヌーシャテル (Neuchâtel) にて会議を開催した。ここでは、コンピテンスに関わる広い範囲の活動に対して提案が作成された。

発足当初、公的に認められたDeSeCo計画の目的は、次の4点である。

　　「国際的コンテクストにおける学際的な学術アプローチを通して、個人が全体でうまくいき責任ある生活を導く、また社会が現在および未来の課題に直面する場合に活力となる一連のもっとも妥当なコンピテンスを明確にし定義すること」[*]

　　「妥当な指標によって将来の測定が精緻で確固たる理論的基礎の上に構築されるように、構築技能とコンピテンスの測定に対する理論的支柱を

---

[*] To identify and define, through an interdisciplinary scientific approach in an international context, a set of the most relevant competencies that are vital for individuals to lead overall successful and responsible lives and for society to face the challenges of the present and the future

424　第2部　教育効果を測る

　　発展させること」[*1]

　　「測定指標の科学的有効性と、実証された成果のより正確かつ適切な解釈に向けて、典拠を提供すること」[*2]

　　「教育政策を注視する評価情報を提供すること」[*3 40]

　DeSeCoが1999年12月1日に用意した課題提起冊子は、OECDの「国際成人識字調査（IALS）」「教科横断的コンピテンス・プロジェクト」「人的資本指標プロジェクト」の三者の研究に基づくものだとしている。[41]さらに付随して、現存するCERIの4つのネットワークを紹介している。

　その後、DeSeCo目的が組み替えられて、次のように表現されている。すなわち、DeSeCoの目的とは、「キー・コンピテンスの理論的支柱を発展させること」[*4]「指標開発および実証結果を解釈するための典拠を提供すること」[*5]「概念活動と実証活動との間の相互過程を奨励すること」[*6]の3点とされ、詳しくは次のようにそれぞれ説明されている。

　　「本プロジェクトは、妥当なコンピテンスを明確にするための共通枠組みを開発し、理論枠組みをカバーするように活動する。本計画は、国際的なコンテクストで、個人が全体でうまくいき責任ある生活を導く、また社会が現在および未来の課題に直面する場合に活力となるのに必要なコンピテンスを明確にすることである。」[*7]

　　「本計画の活動は、技能とコンピテンスの適切な指標を作成する目的で

---

*1 To advance the theoretical underpinnings of the measurement of skills and competencies, so that future construction of measures in the form of relevant indicators will be based on a refined and solid theoretical foundation

*2 To provide reference points for the scientific validation of assessment indicators and for more accurate and appropriate interpretation of empirical results

*3 To provide feedback regarding education policy

*4 advance the theoretical underpinnings of key competencies

*5 provide a reference point for indicator development and for interpretation of empirical results

*6 encourage an iterative process between conceptual and empirical work

*7 The project will work towards developing a common, overarching theoretical framework for the identification of relevant competencies. The program aims at identifying, in an international context, those competencies needed for individuals to lead an overall successful and responsible life and for society to face the challenges of the present and the future. To accomplish this, an interdisciplinary scientific approach has been chosen.

行われる諸測定を開発し解釈するのと同様に、キー・コンピテンスを定義し選択する過程にリソースを提供することである。」[*1]

「本計画の最終目標は、概念活動と実証活動との間の相互過程を奨励することにある。この目標のために、コンピテンスの領域で教育制度指標（INES）活動と緊密な連携が打ち立てられ維持されるだろう。」[*2] [42]

一読してわかるように、10年ほどの歴史があるOECDのデータ戦略ないし教育制度指標事業とDeSeCo計画の活動が一体化されるべきであることがにわかに重要な課題になってきた。

DeSeCo計画には、コンピテンスの分野で国際的な専門家からなる「諮問委員会」が組織された。すなわち、この委員会が、DeSeCoに関する「認識共同体」と呼べる、認識を共にする一部の国際的な専門家集団の実体に他ならない。委員会は、年2回開催された。結局は、この委員会が日常的な活動を行いながら、国際会議や各国調査などで利害関係者の幅広い意見を集約していったことになる。

DeSeCoプロジェクトの最初の作業は、「教育成果指標を決定し開発するというOECDの流れにおける先行活動を分析すること」であった。その先行活動とは、①「教科横断的コンピテンス・プロジェクト」、②「国際成人識字調査（IALS）」、③「人的資本指標プロジェクト」を主にして、それに加えて、現行の④「国際人生スキル調査（ILSS）」、⑤「OECD生徒の学習到達度調査（PISA）」、⑥「教科横断的コンピテンス問題解決力」[*3]、⑦「国際教育到達度評価学会シティズンシップ教育研究」[*4]、⑧「国際教育到達度評価学会国際数学・理科教育動向調査（TIMSS）」[*5]を簡単に加えて分析し、それらの資料と

---

*1 The work of the program will provide a resource for the process of defining and selecting key competencies, as well as for the development and understanding of measures aimed at producing relevant indicators of skills and competencies.

*2 A final goal of the program is encouraging an iterative process between conceptual and empirical work. To this end, close linkages to INES activities in the domain of competence will be established and maintained.

*3 IEA Civic Education Study

*4 CCC Problem Solving

*5 TIMSS/TIMSS-R

426　第2部　教育効果を測る

中心人物からのインタビューを報告書にまとめることとされた。[43]

(4) コンピテンスの用語をめぐって

DeSeCoでは、ドミニク・シモーヌ・ライチェン（Dominique Simone Rychen）が、用語の整理を次のように行った。

> 「フランス語のcompétence、ドイツ語のKompetenzは、英語ではcompetenceとcompetencyの二語に翻訳される。文献でcompetenceとcompetencyの使用状況を調べても、確固としたあるいは固定したルールはない。また、英語の辞書では、この二つの用語を区別するはっきりした説明はない。しかし、それぞれの用語には、ある話題を論議する場合に有益なニュアンスや含蓄があると本書の編集者は考える。それゆえ、①コンピテンス・パフォーマンス・モデル[*1]のような定まった概念やその理論化、②読解や数学に関する個人のコンピテンス[*2]というように、特定の技能やコンピテンシーの特定水準の能力[*3]では、competenceを使用する。competencyは、集団に参加し役目を果たすコンピテンシー[*4]というように、個人が対応できるあるいは対応できないかがはっきりする特定の要求に関して使用する。複数形は、本書では、competenciesのみを使用する。」[44]

本書では、出典に合わせて訳し分けることとするが、フランス語とドイツ語の文献からはコンピテンスと英訳されているので、コンピテンスを優先して訳すことにする。すなわち、competence、competencesとcompetenciesはコンピテンスと、前後関係から特定できる場合のcompetenciesおよびcompetencyのみコンピテンシーと表記するが、必要な場合には原語を付記することにする。日本ではキー・コンピテンシーの訳が定着していることと、OECDが構成主義的な学習観の一表現と試みる積極的な意義を評価して提起したキー・コンピテンシーのみをコンピテンシーと訳すこととする。

---

*1 competence-performance model
*2 person's competence in reading or mathematics
*3 a level ability of a specific skills or competency
*4 competency to join and function in groups

後の最終報告書では、ドミニク・ライチェンとローラ・サルガニク（Laura Hersh Salganik）は、「『コンピテンス』と『スキル』は同義ではないが、『スキル』という用語はコンピテンスとまったく同義か、同一のものとして用いられることもある」と解説している。[45]

ライチェンが、政治学修士の学位を取得した4年後、1997年にDeSeCoが発足する。時に、彼女は36歳であった。その彼女は、発足当初から「OECDプログラムDeSeCoプログラム主任」を務めた。そして、2003年の最終報告書を編集・執筆したばかりではなく、2005年の有名な『エグゼクティブ・サマリー（執行部要約）』を書いたのも彼女だと考えられる。

(5) 第1回国際会議の準備

DeSeCo計画の作業は、第一に、1990年代にOECD諸国で実施された教育成果指標に関する様々な研究を批判的に分析することからはじまった。第1回国際シンポジウムは、1999年10月13〜15日に行われることになった。第二に、これらの先行研究から、共通理解となる用語の整理をして、コンピテンスの予備的概念を作成した。第三に、人類学、経済学、哲学、心理学、社会学といった様々な学問分野の学者たちを中心に、理論領域の検討を行うことにした。第四に、キー・コンピテンスに関する具体的な経験と展望を見るために、OECD内で国内診断調査[*1]が組織されることになった。[46]

コンピテンス概念の整理を担当したのは、ミュンヘンにあるマックス・プランク心理学研究所のフランツ・ワイネルト（Franz E. Weinert）である。1998年前半には『コンピテンスの概念』[*2]と名付けられた彼の第一草稿が心理学的アプローチから作成された。これに対して、DeSeCo側はミシガン大学のデイビッド・フェザーマン（David L. Featherman）教授とジョン・カーソン（John Carson）教授から社会学的アプローチのコメントを求めた。ワイネルトが加筆修正した第二草稿を、1998年11月のDeSeCo諮問委員会の会議で意見を求め、さらに修正して第三草稿を1999年春のDeSeCo諮問委員会にて本人

---

*1 country consultation process: CCP
*2 *Concepts on Competence*

428　第2部　教育効果を測る

が報告しそれを審議することにした。[47]

　先行研究と現状をもとにコンピテンス概念を整理するために、「コンピテンス概念」[*1] に関する第一回国際会議を 1999 年秋に開催することとし、そこでは次の4点について5人の専門家から報告を受け、広い範囲からコメントを求めることにした。その4点とは、

　　　「個人レベルおよび社会レベルで妥当なコンピテンスとは何か」[*2]
　　　「うまくいく生活に必要なキー・コンピテンスとは何か」[*3]
　　　「うまくいく生活をどう定義するか」[*4]
　　　「政策立案者にとって妥当する見解はどれか」[*5] [48]

ということであった。

　同時にまた DeSeCo 側は、5分野の専門家から、ふさわしい一連のコンピテンス[*6] を提案してもらうことにした。1998 年の段階で考えられたその専門家とは、以下のようである。ベルリンのマックス・プランク人間形成[*7]研究所のユルゲン・バウメルト (Jürgen Baumert) には心理学の立場から、パリの CREA ポリテクニクのジャンピエール・デュピュイ (Jean-Pierre Dupuy) には哲学の立場から、英国ケンブリッジのセント・ジョン・カレッジのジャック・グッディ教授には文化人類学の立場から、米国ケンブリッジのハーバード教育大学院のリチャード・マーネン (Richard J. Murnane) 教授とマサチューセッツ工科大学のフランク・レビイ (Frank Levy) 教授には経済学の立場から、ジュネーブ大学心理学部のフィリペ・ペレノー (Philippe Perrenoud) 教授には社会学の立場から、それぞれ第一草稿を 1999 年の年明けに作成してもらうことにした。DeSeCo 諮問委員会がこれにコメントを寄せ、修正した第二草稿が間に合えば、1999 年春の DeSeCo 諮問委員会の会議にて、他の分野の専門家と行政分野の実務家から意見を求めることにした。

---

*1 Concepts of Competence
*2 What do we mean by competence and competencies relevant on the individual and societal level?
*3 What are the key competencies needed for a successful life?
*4 How is a successful life defined?
*5 What is the relevance of these notions to policymakers?
*6 a set of competencies
*7 Bildungsforschung

1999年の段階で研究者から一連のコンピテンスを提案したのは、哲学の立場からフランスのルシェルシュ（Recherche）科学国立センターのモーニク・カントスペルベル（Monique Canto-Spermber）とエコール・ポリテクニーク応用認識研究所のジャンピエール・デュピュイ、文化人類学の立場からジャック・グッディ、心理学の立場から英国バース大学のヘレン・ヘイスト（Helen Haste）、経済学の立場からフランク・レビイとハーバード大学のリチャード・マーネン、社会学の立場からフィリペ・ペレノーであった。依頼をした時点とは若干異なるが、研究者の専門分野は変わらない。この研究者の提案は、『コンピテンスの定義と選択―キー・コンピテンシー』[49]（2001年）に収録されている。

また、各界で活躍する実務家から専門家としてコメントを提起したのは、インドネシア教育文化省のブディオノ（M. Boediono）、イタリア産業総連盟（Confindustria）のカルロ・カリエリ（Carlo Callieri）、UNESCO21世紀教育作業チームのジャック・ドロールとアレキサンドラ・ドラクスラー（Alexandra Draxler）、フランス起業家運動（MEDEF）のジャンパトリック・ファールージア（Jean-Patric Farrugia）、教育インターナショナル（EI）のボブ・ハリス（Bob Harris）、米国ハーバード大学のロバート・キーガン（Robert Kegan）、元World Bank職員で現在はアテネ大学のジョージ・プサチャロポウロス（George Psacharopoulos）、米国スタンフォード大学のセシリア・リッジウェイ（Cecilia Ridgeway）、カナダ自動車労連のローレル・リッチー（Laurell Richie）、アルゼンチンの未成年監獄研究所のレオナルド・ヴァネラ（Leonardo Vanella）であった。これらの実務家のコメントは、ブディオノ、ジョージ・プサチャロポロス、レオナルド・ヴァネラの3人を除いて『コンピテンスの定義と選択―キー・コンピテンシー』（2001年）に収録されている。

実務家からといいながら、米国からは研究者2名が加わっており、合意形成に向けた米国の力関係をうかがわせる。

(6) 1999年、見切り発車してしまったPISA

1990年代前半に起きてきた教育の成果を測定しようとする教育制度指標

430　第2部　教育効果を測る

事業は、教育の多様な価値を認め、とりわけ学習する主体の意志・意欲をきわめて重視する教育観にたどりついていた。そのため、伝統的な教科の知識や技能を問うテストをなんとかして乗り越え、現実の複雑な社会に対応できる教育成果の測定システムを大規模に開発しようとしていた。しかし、そのシステムは意図したとおりに動いているのか。

　PISAの前身となる「1994-95年国際予備調査」のまとめに携わったオランダの教育管理研究者シェッケ・ワスランダーがPISA開始の直前、1999年の時点で、こう問いかけている。今もってなおこの問いの意味することは重い。

　　　「『指標』なるもの[*1]が流行しているが、問題がないわけではない。たとえば、成果指標は、通常、言語と数学の到達度だけに焦点をあてる[*2]。これは、教育目標をカバーするにはあまりに限界がある[*3]。国際予備調査では、日常生活で必要なコンピテンスを測定しようとして焦点を広げる努力をした[*4]。この調査は、はたして目的を達成しただろうか[*5]。」[50]

　IEAが実施してきた旧来のテスト教科枠をPISAが踏襲することへの彼女からの批判であった。

(7) 第1回国際会議のまとめ

　1999年10月に、スイスのヌーシャテルでDeSeCo計画第一回国際会議が開催された。その内容は、第一にコンピテンスの領域からこれまでの指標開発事業に関して1998年に行われた分析の報告、第二に1998年に行われたワイネルトのコンピテンス概念分析の報告があった。第三は、これが第一回国際会議のメインとなるのだが、それらの報告に対する各界のコメントがあった。

　ライチェンは、討議を受けてキー・コンピテンスの内容は「自律的かつ省

---

*1 so-called 'indicators'
*2 output indicators usually focus only student achievement in language and mathematics
*3 too limited to cover educational goals
*4 An international feasibility study attempts to broaden the focus, aiming to measure competencies one needs in everyday life
*5 Can this study achieve its aims?

察的に活動する」[*1]「相互交流的に道具を使用する」[*2]「社会的に異質な集団に参加し役目を果たす」[*3]3つのカテゴリーに整理できると考えた。これこそ、DeSeCoの討議で何度も出てきた「生成的キー・コンピテンス」[*4]なのだと、ライチェンは考えた。[51]コンピテンスは同列の機能分類ではなく相互に関連づける能力のはずだから、問題はそれをどう関連づけて表現するかである。

　ワイネルトは、キー・コンピテンスとして整理するにもそもそもコンピテンスの見解さえまちまちで、

　　　　「最近数年間で、職業教育の分野でドイツ語文献には650以上もの異なるキー・コンピテンスが提示されている」[52]

と課題の困難さを訴えた。ワイネルトは、知識に対するメタ知識のような関係、「この知識は明示的でないが、暗黙知のように有効で、間接的にのみ測定できる[*5]」ようなものとしてメタコンピテンスという概念を提起した。[53]

　さらに、ワイネルトは、チョムスキーの「言語学的コンピテンス・モデル」に対しては、デル・ハイムズ（Dell Hathaway Hymes）からの批判があると指摘している。すなわち、デル・ハイムズは、コンピテンスとは言語学だけでなく心理学、社会学、民族学などを統合したもので、社会的に発揮されるものであるという指摘をしたのである、と。[54]

　ワイネルトの見解は、コンピテンスは社会的な様々な場面におけるたくさんの行為から推測する他はなく、時間と場所が限られたテストではまず測定できないだろうということであろう。

　「ヴィゴツキーの立場からすると……」、とバース大学のヘレン・ヘイスト（Helen Haste）は発言した。「文化や言語の『道具』、それにこの道具によって環境と交流した経験がコンピテンスが発達するメカニズムである。さらに、あるコンピテンスは概念化され、価値付けられる[*6]が、他のものはそうな

---

*1 to act autonomously and reflectively
*2 to use tools interactively
*3 to join and function in socially heterogeneous group
*4 generic key competencies
*5 is not explicit, but available as tacit knowledge and can be measured only indirectly
*6 certain competencies are conceptualized and valorized

らないという枠組みを提供する」というのである。[55]

　コンピテンスはその場で作り上げられ発揮されるものであって、発揮されるような教育的環境を社会の中に作り出していくことこそが教師や親をはじめ教育関係者の課題になっているのだろう。

　ジュネーブ大学のフィリペ・ペレノー（Philippe Perrenoud）は、たくさんの能力を身につけることと、コンピテンスを育成することは別物だと指摘した。

　　　「しかし、コンピテンスを構成するにはそのようなリソースは十分でない。コンピテンスは、そのようなリソースを適切に稼働させそれらをつないで協奏させる能力を通して形成される[*1]」[56]

ものであり、誰にとってもコンピテンスがないわけではなく、いつでもコンピテンスは発揮されているのだと指摘する。課題はコンピテンスの有無ではなく、適切にうまく発揮する質あるいはレベルの問題だということになるのだろう。

　教師側代表として、国際的な教員団体のセンターに当たる教育インターナショナル（EI）から、ボブ・ハリスがコメントを寄せている。彼は、能力測定をしようとするOECDの「教育制度指標（INES）事業」に触れ、カリキュラム・ベースのコンピテンスに教育制度指標を限定すると教育に期待されている成果のすべてをとらえられないと述べた。そんなところに目を向けるのではなく、「雇用者は、生産労働に関わるコンピテンスをリテラシーや計算力以上のものと考えていて、他者とともに働く能力、問題を解決する能力、コミュニケーションする能力もまた含めているのだ」と控えめな表現でOECDの路線に支持を表明した。[57] 要するに、教科の能力以外のものをなんとか測れないかという期待である。

　これまで、スイス国内およびOECDのコンピテンス測定を引っ張ってきたヌーシャテル大学のウリ・トリアーは、「伝統的な履歴書は多様な職歴と多様なコンピテンスという個人のプロフィールに置き換わるだろう」[*2]と、

[*1] ability to mobilize such resources properly and to orchestrate them
[*2] the traditional curriculum vitae will be replaced by a personal profile of multiple professions and competencies

第8章　データ戦略の展開　433

DeSeCo計画の課題を率直に語った。[58]つまり、社会は学歴ではなくコンピテンスこそを評価すべきであるということだ。

　近代化の初期には、学校は3Rs（スリーアールズ、読書算という基礎的な学力）を学力と見なしていた。それが次第に、教科の知識と技能に発展していった。しかし、「ポスト産業社会」「情報化社会」「学習社会」「知識社会」と呼ばれる現代では、教科の知識や技能を越えるものこそを学校教育の成果にすべきではないかということになってきた。

(8) 教育制度指標事業第4回会議 (2000年東京)

　2000年の9月11～13日、東京に於いてOECDの教育制度指標事業ネットワークおよびそのワーキング・グループが一堂に会する会議がもたれた。

　5つのうち第一セッションは「ネットワークAとDeSeCoからの提案」となっていた。以下、「ネットワークBからの提案」「ネットワークCからの提案」「テクニカルグループからの提案」「公正さに関する暫定グループからの提案」となっている。OECD内のDeSeCoの位置は、ネットワークAの作業の拡大と見られていたということになる。

　第一セッションの最初の発言は、米国国立教育統計センターのユージン・オウエン、米国の米国調査研究所 (American Institutes for Research) のマリア・スチーブン (Maria Stephens) とジャイ・モスコーヴィッツ (Jay Moskowitz)、それにスペイン調査・評価国立研究所 (National Institute for Assessment and Evaluation) のギレルモ・ジル (Guillermo Gil) のグループだった。彼らからは、新テストに対する強い意志とともに強い危惧が表明された。

　　　「1992年から2000年まで、OECDは国際教育到達度評価学会 (IEA) ならびにETS (教育テストサービス) が行う教育進歩国際調査 (IAEP) の研究に依拠してきた。だが、何年もにわたって、それらには国別学業成績の平均[*1]、いわば『競馬』[*2]が含まれている」[59]

と会議の席で明言したのだ。1992年からとは、『図表でみる教育』初版の

---

*1 mean performance of countries
*2 horse race

データで、2000年までとしたのは、PISA2000のデータが公開される2001年からは今までのテストとは異なる公開の仕方をしなければならないという意味である。

　　「たとえば毎年、『図表にみる教育』の最新版は、世界中の大手の新聞にトップニュースとして扱われている。メディアは、隔年の結果の新しい側面に焦点を当てることで、物語の鮮度を保つものだ。まず最初は、国別ランキングだけを報道する。再び、『競馬』となる。その後で、特別な話題をより深く掘り下げることになる。」[60]

実際には、この危惧の通りになるのだが、ユージン・オウエンたちは国別ランキングを作成しないように教育制度指標事業ネットワーク内で努力していたようである。筆者の経験では、2010年あたりのOECD/TUACの会議でも国別ランキング表の作成中止を求める発言があり、アンドレアス・シュライヒャーはこれに同意しながらも「こちらが止めても新聞社が独自に集計して発表するだろう」と発言した。

2000年の東京会議においては、フィンランドでは国際調査の影響はカリキュラムの発展に役立ってきたこと、オランダでは特定の分野にしぼった研究センターの設立が見られるので、PISAの影響はカリキュラム改革に役立つという見解が述べられている。[61]この時点では、およそドイツで起きるピザ・ショックは予想されていなかった。

さらにはっきりしたことは、教育制度指標事業ネットワーク内では、IEAが実施してきた国際数学・理科教育動向調査 (TIMSS) に対する並々ならぬ対抗意識が表明されていることである。

ドミニク・ライチェンとローラ・サルガニクは、DeSeCoの進行状況を報告した。DeSeCoの仕事は、研究界と行政の政策決定およびその実施とをつなぐこと、また住民のコンピテンスを測定する指標としてキー・コンピテンスを考えているのだと発言した。[62]

2人の報告の中では、「5人の専門家の報告の中で示されているたくさんのキー・コンピテンスを方向付ける[*1]3つの生成的キー・コンピテンス[*2]をわ

---

*1 encompass many of the key competencies
*2 three generic key competencies

れわれは特定できる[*1]」として、以下のようにキー・コンピテンスの構成要素が初めて明示された。[63]

「・自律的かつ省察的に活動すること[*2]
・道具を相互交流的に使用すること[*3]
・社会的に異質な集団に参加し役目を果たす[*4]」

結局は、2人によってまとめられた3要素がキー・コンピテンシーの枠組みとなった。さらに、それぞれ次のように説明がなされている。

自律は、「現代性[*5]、民主性、個人主義の中心的特色」である。とりわけ西欧社会では、個人的アイデンティティを熱望しその基礎となるとして自律は奨励されている。自律の省察的訓練には、自己の環境を意識し、理解することが必要である。規律や関係を詳しく検討し省察することは、個人の成長の一部となり、アイデンティティの成熟となる。

ここで言う道具とは、ことばの最も広い意味で使っている。例えば、情報テクノロジーに伴うコンピテンスは、コンピュータによって可能になる新しい交流の形である。

集団への参加は、理論的活動と実証的活動の両者が必要になる[*6]。

またドミニク・ライチェンとローラ・サルガニクは、「キー・コンピテンスとは、人生へのアクティブで省察的なアプローチを含む精神的な自律[*7]なのだと考えられる」[64]とも述べている。

同じように、2003年11月25日のシュライヒャー指標分析課長は、「現在われわれは、3つのコンピテンス（competencies）について比較することを検討しています」と言いながら、その中身を次のように説明している。

「若い人たちがことばやシンボル、文章（テクスト）を使って情報を駆使し、テクノロジーを活用し、相互に働きかける能力」

---

*1 we have identified
*2 acting autonomously and reflectively
*3 using tools interactively
*4 joining and functioning in socially heterogeneous groupes
*5 a feature of modernity
*6 calls for both theoretical and empirical work
*7 a mental autonomy, which involves an active and reflective approach to life

436 第2部 教育効果を測る

　　「他の人とうまく折り合うということであり、協力し合い、チームで作
　業したり、対立を解決したりする能力」
　　「物事を全体で捉えて活動すること、責任をとること、自分および自分
　以外の人の権利や限界を知るという能力」
　そして、このような能力を比較することは難しいことで、段階的にしか達
成できないが、そのコンピテンスを測定可能な形に置き直したものが「リテ
ラシー」なのだという論をアンドレアス・シュライヒャーが展開している。[65]
シュライヒャーは、3つに分類されたキー・コンピテンシーをどのように関
連づけて描くかという問題意識に移っていた。

(9) 『教育政策2001年』教育閣僚会議におけるコンピテンスの提案

　DeSeCoと各国の関係は、2000年12月に各国招待、2001年1月25日
に参加する関心表明、2000年1月から2001年3月まで国別提案の実施、
2001年6月29日に国別提案の締め切り、2001年12月中旬に参加国に配布
する総括報告、2002年2月中旬にDeSeCo国際シンポジウム、2002年4月
17日にOECD教育委員会とCERI理事会との合同会議において次のステッ
プの提案を考察、とすることになっていた。

　2001年4月3～4日、OECD教育閣僚会議がパリで開催された。[66]全体テー
マは、「知識社会と生涯学習」で、第1テーマは「万人のための生涯学習から
恩恵を確保する」[*1]、第2テーマは「知識社会に向けたコンピテンスを育成す
る」[*2]、第3テーマは「学校において革新的な教育・訓練を発展させる」[*3]となっ
ていた。

　第二テーマに関しては、知識経済は「スキルとコンピテンス」に対する要
請を急速に変化させていること、そのために「コミュニケーション、問題解決、
チームワーク、意思決定[*4]のような新しい教科横断的スキル[*5]」が必要になっ

---

*1 Securing the Benefits from Lifelong Learning for All
*2 Fostering Competencies for the Knowledge Society
*3 Developing Innovative Teaching and Learning in Schools
*4 communication, problem-solving, teamwork and decision-making
*5 new cross-curricular skills

ていること、ところが多くの国で20％以上の若者が「労働市場で評価される
スキルや資格」[*1]を持たないで社会に出てきており「実践的で職場と関連し
た学習と理論的教授の結合」[*2]が模索されていることが指摘され、かつ、現
在は「教科横断的スキルのような新しいコンピテンス」[*3]が十分に測定され
ていないことが報告された。[67]

　会議当日には、背景説明のために用意された『教育政策2001年』[68]が配
布された。これは、最初のPISAの結果発表に備えた政策文書としても意識
された。OECD事務局長のジョンストン（D. J. Johnston）は、今年は15歳生
徒調査の「画期的な年」になるだろうと前書きで述べている。[68] 実際に、12
月にはドイツにピザ・ショックが走ることになる。

　『教育政策の2001年』第3章『格差を埋める―教育と訓練から万人のため
の恩恵を確保する』[*4]では、本文の最初で、「知識基盤社会の出現への対抗措
置」[*5]として、「社会結束を構築し維持すること」であると明言している。と
ころが、OECD加盟21か国の半数以上の国で、1980年代半ばから1990年
代半ばにかけて「富裕層」も「貧困層」も両方ともが拡大したと指摘している。
つまり、収入格差が大きく広がったということである。そのために、教育は「社
会的分裂を維持し強化することができる」[*6]ことも認識しながら、「教育的公
正さを促進し」[*7]、生涯学習を推進し、「情報機器格差」を回避しながら不利
な立場の人々に学習へのアクセスをより広げる努力が必要だと呼びかけてい
る。[69]

　貧困の問題をしっかり認識した上で、OECDは『教育政策2001年』第4章
『万人のためのコンピテンスに投資する』[*8]を提示している。この章の問題意
識は、第4章の要約部分で次のように語られている。「知識労働者のなかに

---

*1 skills and qualifications that are valued on the labour market
*2 combine practical and work-related learning with theoretical instruction
*3 new competencies, such as cross-curricular skills
*4 Closing the Gap: Securing the Benefits for All from Education and Training
*5 a critical challenge for emerging knowledge-based societies
*6 can sustain and accentuate social division
*7 fostering educational equity
*8 Investing in Competencies

は高度なリテラシーレベル[*1]はあるが比較的低い教育レベル[*2]しか受けていない労働者も存在する」、それはなぜか。それは、「教育を越えて獲得された基礎的スキル」[*3]が知識経済のなかでは認知されているということである。それは、知識経済では、「付加的『職場コンピテンス』」[*4]が必要になるからではないか。言い換えれば、他者との間で使用される「コミュニケーションスキル、問題解決スキル、チームで活動する能力、ICTスキル」[*5]という職場コンピテンスではないだろうか。このように、OECDから問題提起がなされる。[70]

OECDの分析では、知識経済の出現は「高度なレベルのコンピテンス」[*6]への需要を引き起こし、経済成長の「キー・エンジン」[*7]として「スキルそのもの」[*8]を重視する一方で、「コンピテンスとスキルとが相違をきたしている」[*9]という「希少な共通意見(far less agreement)」があるという。OECDはこの希少な共通意見に目を向ける。それらは、「ICTを使用し、問題解決し、チームで活動し、監督し指導し、継続学習に着手する能力」[*10]など、「通常の学校教育と高等教育の学習プログラムでは教えられ学ばれたものとは区別される」[*11]いわゆる「職場コンピテンス(workplace competencies)」として論じられているとOECDは指摘する。[71]

職場調査によれば、ICTを導入した新しい職場では、「『職場コンピテンス』と『人間間スキル』のセットへの新しい独特な要請」[*12]と常に結びついてい

---

*1 high levels of literacy
*2 lower levels of education
*3 basic skills obtained beyond education
*4 additional "workplace competencies"
*5 communication skills, problem-solving skills, the ability to work in teams and ICT skills
*6 higher levels of competencies
*7 a key engine
*8 skills per se
*9 competencies and skills make the difference
*10 ability to use information and communication technologies (ICT), to solve problems, to work in teams, to supervise and lead and to undertake continuous learning
*11 distinguished from what is taught and learned in the course of regular schooling and tertiary education study programmes
*12 a new and distinct demand for a set of "workplace competencies" and "interpersonal skills"

るという。他の調査では、「これらのコンピテンスとスキル」[*1]は、「チーム
で活動すること、問題解決すること、コミュニケーション、特殊なコンピュー
タスキル」[*2]と同一であった。[72]

　現在進行している知識経済は、「より高度でいっそう多様なスキル」[*3]を要
求している。では、それらをどのように教育し訓練したらよいのだろうか。
OECD/CERIの関心はここに絞られる。しかも、この問いが「難解な問いか
け」[*4]である事を承知の上で、「この問題の解決に近づく一つの方法」[*5]が「一
般コンピテンシー傾向ならびにこれらが知識経済と結びつくことのできる関
連」[*6]に有効かつ多様な証拠を検証することであるとOECDは課題提起をす
る。[73]

　このように、OECD/CERIは、知識経済に必要な特別な能力を定義し測
定しようと提案する。だがしかし、それはきわめて困難であることを2001
年時点で認識していた。もちろんキー・コンピテンシーという名称はまだな
く、当時のOECDでは「職場コンピテンス」と言い表されていた。米国、カ
ナダ、オーストラリア、英国の調査結果では、「職場コンピテンス」が「コア
・スキルないし基礎スキル」[*7]とは区別して取り出されているという。『教育
政策2001』では、**表8-3**のように構成要素を説明している。

　OECDは、この「職場コンピテンス」を、「アカデミックスキルないしより
技術的なスキルを補完する一連のスキル」[*8]と定義している。[74]

　『教育政策2001』第4章の結論部分では、章の要約部分と同様の記述が見
られる。繰り返しになるが確認しておこう。「基礎的な一般教育」[*9]は「コア
となるアカデミックで認知的なコンピテンス」[*10]ないし「キーとなる主要な

---

*1 these competencies and skills
*2 team-working, problem-solving and communication, together with specific computing skills
*3 higher and more diversified skills
*4 a difficult question to answer
*5 one way to approach this issue
*6 on general competency trends and on how these can be related to the knowledge economy
*7 core or foundation skills
*8 a set of skills that are complementary to academic or more technical skills
*9 basic general education
*10 core academic and cognitive competencies

440　第2部　教育効果を測る

表8-3　職場コンピテンス（workplace competencies）

個人間スキル（Inter-personal skills）
　・チームワークおよび共通目的を遂行するために協働する能力（Team work and the ability to collaborate in pursuit of a common objective）
　・指導力（Leadership capabilities）
個人内スキル（Intra-personal skills）
　・動機と態度（Motivation and attitude）
　・学習能力（The ability to learn）
　・問題解決スキル（Problem-solving skills）
　・同僚や依頼人との効果的なコミュニケーション（Effective communication with colleagues and clients）
　・分析スキル（Analytical skills）
テクノロジースキルあるいはICTスキル（Technological or ICT skills）

OECD/CERI. *Education Policy Analysis 2001: Education and Skills.* Paris: OECD, 106. OECD著、御園生純、稲川秀嗣監訳『世界の教育改革―OECD教育政策分析』明石書店、2002年、127ページ。

コンピテンス」[1]を与えている。これは、知識経済に効果的に参加するために必要なものであり、これが基礎となって知識労働者に必要な「いっそうの訓練や専門技術スキルのさらなる向上」[2]が容易となる。これに対して、「知識労働者」は「高度なコンピテンスとスキル」[3]を必要とする。知識労働者のおよそ5分の1は「上級のフォーマルな資格がない」[4]にもかかわらず、「高度なリテラシー・スキル」[5]を示している。これは「職場コンピテンス」と呼ばれることもあるが、「チーム・ワーク、コミュニケーション・スキル、問題解決スキル」[6]のようなものである。これは、「フォーマルな教育を通じては発達させられないもの」[7]で、「女性よりは男性により多く当てはまっているように思われるもの」[8]になっていて、「独自に発達しているもの」[9]で、「現職訓練や離職訓練という教育の突出した成果」[10]であるが、「明確にはなっ

---

[1] key principal competence
[2] further training and further upgrading of those specific technical skills
[3] high levels of competencies and skills
[4] lack advanced formal qualification
[5] high literacy skills
[6] team-work, communication skills and problem-solving skills
[7] not developed through formal education
[8] a finding which seems to apply more to men than to women
[9] developed independently
[10] convex to educational attainment, on-the-job training and/or off-the-job training

第8章　データ戦略の展開　441

ていない」ものであると説明されている。[75]

　OECDは、このように、知識経済に対応できるように学び続けるための基礎的なコンピテンスと、職場でリテラシー・スキルを補完する職場コンピテンスとを分けて議論しようとした。

　さて、教育閣僚会議の第2テーマ「知識社会に向けたコンピテンスを育成する」へは、オーストリア、日本、韓国、英国、米国など30か国の代表が参加し、会議声明『万人のためのコンピテンスに投資する』[*1]がまとめられた。声明は、その最初で、「持続可能な発展と社会結束」は、「住民全員のコンピテンスに決定的に依存する」[*2]という見解を述べている。そして、このコンピテンスとは、「知識、スキル、態度と価値」[*3]をカバーするものと解釈できると説明している。さらに、1996年のOECD教育閣僚会議で『万人のための生涯学習』[*4]という「共通目標」を定めてこの方、「知識基盤社会」への転換は万人に対してより高度なコンピテンスの要請を加速させてきており、自己学習を管理する人々の動機とコンピテンスを発達させる必要が出てくると指摘している。そのためには、各国がICT（情報通信技術）を効率的、効果的に使用できるように投資し、学習が依存する「基礎コンピテンス」と、知識社会に完全に参加する「高度な知的で社会的なコンピテンス」[*5]を養わなければならないと指摘している。[76]

　この当時、OECD教育閣僚会議に参加した代表の間では、スキルとコンピテンスは知識や技能の応用力・活用力という意味で同列に扱われていた。スキルは教育や訓練で教えられるもの、身につくものである。だが、スキルによって定義される学業成績が同じでも、あるいは学歴が同じでも社会や職場で発揮される実践力、いわゆるコンピテンスは異なる。このコンピテンスを測定し、各国教育行政関係者に共通理解を提供することが2001年時点のOECD/CERIの課題になっていたということである。

---

*1 Investing in Competencies
*2 depend critically on the competencies of all of our population
*3 knowledge, skills, attitudes and values
*4 lifelong learning for all
*5 high-level intellectual and social competencies

442　第2部　教育効果を測る

(10) DeSeCo国別提案から

　第一回国際会議で概念をおよそ固めたあとで、各国に調査報告を求める段階[*1]に入り、個々の国でコンピテンス概念を点検することにした。

　DeSeCoは、「国別提案（CCP）」を依頼することにした。質問事項は、「どれがキー・コンピテンスか」[*2]「調査、指標、尺度」[*3]「公的討議、交渉と合法化」[*4]「キー・コンピテンスと教育」[*5]「DeSeCoを査定し発展させること」[*6]の5点であった。

　質問事項の中には、教育制度指標事業第4回会議（2000年東京）で提起した「DeSeCoの3つの生成的キー・コンピテンス」への提案を求めていた。[77]

　2000年12月に、スイス連邦統計局（SFSO）とOECD/DEELSA（教育・雇用・労働・社会問題局）がDeSeCoの「国内診断調査（CCP）」に参加を表明している国のメンバーを招いた。その場で、各国がキー・コンピテンスまたはコア・コンピテンスをどのように定義しているのか、コア・コンピテンスを国内であるいは国際的に測定することについてどのように考えるかを調査したいという要請がなされた。2001年5〜9月にかけて、18か国中12か国が、キー・コンピテンスと教育制度指標に関する項目について国別提案書を提出した。[78]日本や韓国はこれには参加せず、報告書も提出していない。DeSeCo計画は、この報告を受けて、2002年2月11〜13日に第2回国際シンポジウムを開催し、提出された報告書を分析し、討論した。

　会議の基本資料はドミニク・ライチェン、ローラ・サルガニク、メアリー・マクローリンが準備した。会議では、DeSeCoの最終出版物は2003年に出版される『うまくいく人生とよく機能する社会のためのキー・コンピテンス』[*7][79]とされた。

　最初に提案を寄せたのは、2001年7月のオーストリアであった。

---

*1 country reporting process
*2 Which Key Competencies?
*3 Assessment, Indicators and Benchmarking
*4 Public Debate: Negotiating and Legitimating
*5 Key Competencies and Education
*6 Assessing and Developing DeSeCo
*7 Key Competencies for a Successful Life and a Well-Functioning Society

ノルウェーは、2001年8月に提案しているが、コンピテンスとコンピテンシーとが混乱して使われていると率直に伝えてきた。

3つの生成的キー・コンピテンスについて、ノルウェーのA省は、「自律的かつ省察的に活動すること」は、DeSeCo以上に重視している。「道具を相互交流的に使用すること」は、コミュニケーションとの違いが明確でない。また、「社会的に異質な集団に参加し役目を果たす」ことは重視されるとしても、複雑な集団内で(責任も持たされないで)役目を果たす能力[*1]とは異なると回答している。ノルウェー内の回答をまとめると、**表8-4**のようになるとDeSeCoに報告された。[80]

国別提案では、次のようなことが分かってきた。ウリ・トリアーの総括レポートによると、[81]カリキュラムの中で言及されている内容から判断すると、**表8-5**のようにコンピテンスが分かれていた。国別提案書全体の中で使われていることばの頻度を見ると、**表8-6**のようになっていた。[82]教育部門と経済部門では、**表8-7**のように意見が分かれていた。[83]

ストックホルム大学のアルベルト・ツイジンマンは、「コンピテンスを考えることは、教育部門やカリキュラム拘束知識に限定すべきではない」と発言した。[84]

テネシー大学リテラシー研究センター[*2]が「EFF(将来に備えた)」プロジェクトを開始した。運営組織は、1994年に「国立リテラシー研究所」[*3]の事業となった。テネシー州ノックスビルに「リテラシー・教育・雇用センター」[*4]と呼ばれる事務所が置かれている。

この米国国立リテラシー研究所のサンドラ・スタイン(Sondra Stein)は、EFFの実践をDeSeCoの枠に当てはめて整理した。[85]それが、**表8-8**である。ヨーロッパで強調されている異質集団は、多様な集団に置き換わっている。また、家庭教育との関連づけも米国の特色であろう。

---

*1 ability to function (without obligation) in complex groups
*2 Center for Literacy Studies
*3 National Institute for Literacy
*4 Center for Literacy, Education & Employment

444　第2部　教育効果を測る

表8-4　ノルウェーで見られるコンピテンス

関係的、社会的コンピテンス (Relational, social competence)
・社会関係を発展させる能力 (The ability to develop social relationships)
・異なる背景を有する他者と自己とを統合する能力 (The ability to integrate with other people from different background)
・相互交流－コミュニケーションおよび協同 (Interaction; communication and cooperation)
・責任を担い、他者と関係を持つ能力 (The ability to take responsibility and be involved in other people)
・他者の能力発達 (The development of others)
・変化する要因と取り組むための適応能力 (The ability to adapt in order to tackle changing operating parameters)
・他者への共感、尊重 (Empathy, respect for others)
・異文化対応能力－言語、知識および価値 (その集団および地域に依存する) (Inter-cultural competence; languages, knowledge and values (depending on the group and the area))
・自他の見解の相違を埋める能力－立場を明確にし自分の見解を相手に知らせる能力 (The ability to bridge the gap between your own and other people's views; take a stand and make your own views known)
・長期的な経済的準備を整えて自分の生活状況を確保する能力 (The ability to undertake long-term financial arrangements to secure your life situation)

個人的コンピテンス (Individual competence)
・自己営業を経営する知識 (Knowledge of how to run your own business)
・自分の健康管理能力 (The ability to look after your own health)
・自分の権利と他者の権利についての知識 (Knowledge of your own rights and the rights of others)
・柔軟性とクリエイティブな思考力 (Flexibility and creative thinking)
・全体的で学術的理解力 (Holistic, inter-disciplinary understanding)
・分析的思考力 (Analytical thinking)
・感情を整理する能力 (The ability to sort impression)
・自分にとってよいことをする能力 (The ability to do what is good for oneself)
・批判的省察を発展させ、適用する能力 (The ability to develop and apply critical reflection)
・美的判断、価値に基づく選択 (Aesthetic judgement, choice on the basis of values)
・効率と可能性を高めるために役立つ道具を入手する能力 (Gain access to tools that may help you become more efficient and capable)
・新たな環境にもスキルを転用する能力 (Transfer skills from one context to another)
・統合力 (Integrity)
・人を元気づける指導力 (Inspiring leadership)
・結果志向 (Result-orientation)
・好奇心 (Curiosity)

DeSeCo Country Contribution Process (CCCP): Background Note. [CCCP Bac1.doc]. BFS-OFS-UST/OECD, 2000, 21.

第8章　データ戦略の展開　445

表8-5　カリキュラム文献に表れたコンピテンス領域の頻度と重視度に関する参加国内の評価

すべての報告で言及	すべての報告に言及されているが異なる重視度である	いくつかの報告にのみ言及
学習/生涯学習（Learning/Lifelong learning）母語リテラシー（Mother tongue literacy）社会的コンピテンス/協同/チームワーク（Social competencies/Cooperation/Teamwork）情報/問題解決/ITメディア・コンピテンス（Information/Problem solving/IT-media competencies）計算力/数学リテラシー（Numeracy/Mathematical literacy）	自律/自己管理/実行志向/決断（Autonomy/Self-management/Action orientation/Taking decisions）価値の教育/倫理（Value education/Ethics）	クリエイティビティ/表現/美的コンピテンス（Creativity/Expression/Aesthetic competencies）外国語/国際化（Foreign language/Internationalization）宗教（Religion）政治的コンピテンス/民主主義（Political competencies/Democracy）環境意識/自然を評価（Ecological awareness/Valuing nature）身体能力/健康（Physical ability/Health）

Contributions to the Second DeSeCo Symposium. Neuchâtel: Swiss Federal Statistical Office, 2003,

表8-6　国別提案書全体の中で使われていることばの頻度

多　い	中　間	少ない
社会的コンピテンス/協同（Social competencies/Cooperation）リテラシー/知的知識と応用知識（Literacies/Intelligent and applicable knowledge）学習コンピテンス/生涯学習（Learning competencies/Lifelong learning）コミュニケーション・コンピテンス（Communication competencies）	価値志向（Value orientation）自己コンピテンス/自己管理（Self-competence/Self-management）政治的コンピテンス/民主主義（Political competence/Democracy）環境コンピテンス/自然との関係（Ecological competence/Relation to nature）	文化的コンピテンス（美的、クリエイティブな、国際的、メディア）（Cultural competencies (aesthetic, creative, intercultural, media)）健康/スポーツ/身体コンピテンス（Health/Sports/Physical competence）

Contributions to the Second DeSeCo Symposium. Neuchâtel: Swiss Federal Statistical Office, 2003, 45.

446　第2部　教育効果を測る

表8-7　教育部門と経済部門が強調するコンピテンス領域

コンピテンス領域	教育部門の強調点	経済部門の強調点
自己管理 (Self-management)	自律学習、メタ認知コンピテンス（Autonomous learning, meta-cognitive comptencies）	実行志向、責任、決断しリスクを引き受ける、資源管理、計画作成、職場づくり、時間管理、行為の影響と効果を測る、柔軟性（Action orientation, responsibility, taking decisions and risks, resource management of time, assessing the impact and effectiveness of action, flexibility）
コミュニケーション・コンピテンス (Communication competencies)	言語学的コンピテンス、外国語、文化的アイデンティティ、文化間コンピテンス、メディア・コンピテンス（Linguistic competenies, foreign languages, cultural identity, intercultural competencies, media competence）	ITコンピテンス、提案力、国際化（IT competencies, presentation capabilities, internationalization）
学習コンピテンス (Learning competencies)	特別な状況における学習、学習方略の習得、メタ学習と省察、評価スキル（Learning in domain-specific settings, mastering of learning strategies, metalearning and reflection, evaluative skills）	生涯学習、学習への動機、メタ論理思考、知識の応用、学習を職場のコンテクストにのせる（Lifelong learning, motivation to learn, methodological skills, applying knowledge, putting learning into context in the workplace）
社会的コンピテンス/協同/チームワーク (Social competencies/ Cooperation/ Teamwork)	社会的配慮、前向きな社会的態度（Social comprehension, positive social attitude）	個人間コンピテンス、チームで仕事すること、協同することと交渉すること、対立を解決すること（Interpersonal competencies, working in teams, cooperating and negotiating, resolving coflicts）
価値志向 (Value orientation)	倫理、社会的で民主的な価値、寛容、人権意識（Ethics, social and democratic values, tolerance, awareness of human rights）	個人の徳、すなわち誠実、信頼性、忠誠心、正直（Persomal virtues: integrity, reliability, loyalty, honesty）
クリエイティビティ（重視） (Creativity (medium weighting))	美育、表現（重視）（Aethetic education, expression (medium weighting)）	イノベーションと変化、起業家精神（Innovation and change, entrepreneurship）
健康、身体スキル、身体への態度（重視） (Health, physical skills, attitude to body (medium weighting))	体育（Physical education）	冒険行動、回復力（Risk behavior, resilience）
環境志向 (Ecological orientation)	自然環境への態度（Attitude to natural environment）	職場における環境責任（Ecological responsibility at the work place）

Contributions to the Second DeSeCo Symposium. Neuchâtel: Swiss Federal Statistical Office, 2003, 38.

第8章　データ戦略の展開　447

表8-8　DeSeCoのカテゴリーと米国EFFのリテラシーとの対応表

DeSeCoカテゴリー（DeSeCo categories）	EFF家族の役割見取り図（EFF family role map）	EFF共通活動（EFF common activities）	EFF標準（EFF standards）
自律的に活動する（Acting autonomously）	家族の未来を描きその実現に向けて活動する（Create a vision of the family and work to achieve it）家族内の価値、倫理、文化遺産を促進する（Promote values, ethics and cultural heritage within the family）家族メンバーの一人ひとりが成功を経験するように機会を与える（Provide opportunities for each family member to experience success）	自己意識を発達させ表現する（Develop and express a sense of self）リーダーシップを発揮する（Provide leadership）権利と責任を練習する（Exercise rights and responsibilities）大きな展望の中で活動する（Work within the big picture）未来像と目標を作り追求する（Create and pursue a vision and goals）	責任をとる（Take responsibility）研究を通して学ぶ（Learn through research）問題を解決し決定する（Solve problems and make decisions）計画を立てる（Plan）省察し評価する（Reflect and evaluate）
道具を相互交流的に使用する（Using tools interactively）	安全と身体的ニーズを提供する（Provide for safety and physical needs）家族の資源を管理する（Manage family resources）インフォーマルな教育を行う（Foster informal education）子どものフォーマルな教育を支援する（Support children's formal education）	情報を集め、分析し、使用する（Gather, analyze, and use information）資源を管理する（Manage resources）目標を達成するためにテクノロジーとその他の道具を使用する（Use technology and other tools to accomplish goals）	理解しながら読む（Read with understanding）考えを記述に移す（Convey ideas in writing）問題を解決しコミュニケーションするために数学を使用する（Use math to solve problems and communicate）問題を解決し決定する（Solve problems and make decisions）計画を立てる（Plan）情報通信技術を使用する（Use information and communications technology）

448　第2部　教育効果を測る

社会的に多様な集団に参加し役目を果たす (Joining and functioning in socially diverse groups)	オープンなコミュニケーションを奨励する (Encourage open communication) 案内し助言する (Guide and mentor) 指図ししつける (Direct and discipline) 支援を与えたり受け取る (Give and receive support)	ともに働く (Work together) 他者を案内し支援する (Guide and support others) 他者に案内や支援を求める (Seek guidance and support from others) 他者および価値の多様性を尊重する (Respect others and value diversity)	他人が理解できるように話す (Speak so others can understand) 積極的に聴く (Listen actively) クリティカルに観察する (Observe critically) 他者と協同する (Cooperate with others) 主張し動かす (Advocate and influence) 対立を解決し根回しする (Resolve conflict and negotiate) 他者を案内する (Guide others)
世界の感覚を持つ (Making sense of the world)		大きな展望の中で活動する (Work within the big pictrue) 変化させながら進行を保つ (Keep pace with change)	省察し評価する (Reflect and evaluate) 学習に対する責任をとる (Take responsiblility for learning)

Contributions to the Second DeSeCo Symposium. Neuchâtel: Swiss Federal Statistical Office, 2003, 104

（11）第2回DeSeCo国際会議

　各国調査が終了した時点で第二回国際会議を開催し、DeSeCoプログラムの最終報告書を作成して活動を終了することが1999年1月の段階で決定した。

　第2回国際会議に向けて、ドミニク・ライチェンは、「キー・コンピテンスを組織し見取り図を描くための概念ツール」[*1] として、「キー・コンピテンスの3つのカテゴリー」[*2]、すなわち「自律的に活動すること」[*3]「道具を相互交流的に使用すること」[*4]「社会的に異質な集団に参加し役目を果たす」[*5] を提

*1 a conceptual tool for organizing and mapping Key Competencies
*2 three categories of key competencies
*3 acting autonomously
*4 Using tools interactively
*5 joining and functioning in socially heterogeneous groups

示した。[86]

第2回国際会議は、2002年2月にジュネーヴで開催された。

(12) DeSeCo 最終報告書

2002年10月には、OECDに対して「DeSeCo戦略報告書」が提出された。この報告書がさらに手直しされて、2003年にはDeSeCo最終報告書として出版されることになった。

最終報告書において、ローラ・サルガニクとマリア・スチーブンは、つぎのように国別提案をまとめた。

コミュニケーションやシティズンシップのように、共通の価値ないし共通のコンピテンスが定義できるものもあった。「良き市民」という価値は認めるにしても、そこに要請されるコンピテンスは国々で異なっていた。

教育界では、キー・コンピテンスは、普通教育と職業教育の意義を広げ、教育制度改革を展望するものとして理解されていた。経済界では、キー・コンピテンスは、新しい職業分野の可能性やビジネス・チャンスとして理解される傾向にあった。市民団体は、社会的バランスを達成することとアクティブな民主的参加[*1]を育成することを、特に強調した。

学校教育の目標としては、まず、中等教育修了資格として議論されている。

たとえば、ドイツの中等教育修了資格試験アビトゥーア (Abitur) では、知識の構造を理解する、自己の学習を方向付ける、自己の学習を「省察する」、思考する、判断する、行動するというような12の「架橋コンピテンス」を獲得することが目指されている。また、スイスの中等教育修了資格試験マチュリテ (Maturität) では、「教科間目標」として、生涯学習能力、自律的判断能力、知的開放性など、12のコンピテンスを確定している。

学校教育における教科の組み方にしても、オーストリアでは、キー・スキルということばを用いて、知識偏重[*2]を避けようとしている。1999年に、10-14歳の学校カリキュラムを、「『個性駆動』コンピテンス」[*3]をより多く含

---

*1 active democratic participation
*2 overemphasis on knowledge
*3 "personality-driven" competencies

450　第2部　教育効果を測る

表8-9　国別レポートにおけるキー・コンピテンス領域の言及頻度

高　い	中　間	低　い
社会的コンピテンス/協同 　Social competencies/ cooperation リテラシー/知的で応用的な 知識 　Literacies/ intelligent and applicable knowledge 学習力/生涯学習 　Learning competencies/ lifelong learning コミュニケーション・コンピ テンシー Communication competencies	自己コンピテンス/自己管理 　Self-competence/self- management 政治的コンピテンス/民主主 義 　Political competence/ democracy 環境コンピテンス/自然との 関係 　Ecological competence/ relation to nature 価値方向付け 　Value orientation	健康/スポーツ/肉体的コン ピテンシー 　Health/ sports/ physical competence 文化的コンピテンス（美的、 創造的、異文化相互的、メ ディアのコンピテンシー） 　Cultural competencies (aethetic, creative, intercultural, media)

Key Competencies for a Successful Life and a Well-Functioning Society. Göttingen: Hegrefe & Huber, 2003, 37. 『キー・コンピテンシー―国際標準の学力をめざして』明石書店、2006年、58ページ。

み、「現実生活指向」[*1]を強化するように「教科型知識」を拡大した。教科は5つの教育領域に統合され、言語とコミュニケーション、人類と社会、自然とテクノロジー、クリエイティビティとデザイン、それに健康と運動[*2]という新コンピテンスで表現されている。

　ドイツでは、キー・スキルが、コミュニケーション、数の適用、情報テクノロジー、ともに働く、自己の学習と成績の改善、問題解決[*3]という6つの広領域にグループ化され、それぞれが5つの実行レベル[*4]に詳しく分類された。

　このように、「とりわけ北欧諸国、ドイツ、ニュージーランドでは、コンピテンスが教育目標全体に関わっていた[*5]」[87]ことがわかった。

　ウリ・トリアーがまとめたコンピテンスの強調度（**表8-6**）は、DeSeCo最終報告書には、ほぼ同じ内容で採用された（**表8-9**）。

　図8-1のように、要請に対応して目標を成し遂げるには、「動機、情動、

*1 real-life orientation
*2 language and communicatio; mankind and society; nature and technology; creativity and design; health and exercise
*3 communications; application of number; information technology; working with others; improving one's own learning and performance; problem-solving
*4 levels of performance
*5 have earned a place in the overall educational goals

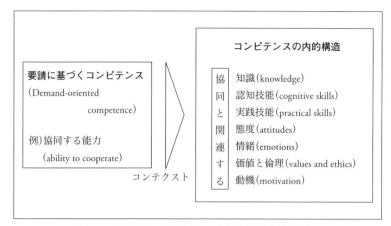

図8-1 要請がコンピテンスの内的構造を定義する
(The demand defines the internal structure of a competence)

Key Competencies for a Successful Life and a Well-Functioning Society. Göttingen: Hegrefe & Huber, 2003, 44.『キー・コンピテンシー──国際標準の学力をめざして』明石書店、2006年、67ページ。

表8-10 OECDの社会的関心リスト (The OECD list of social concerns)

健康　（Health）
教育と学習　（Education and learning）
雇用と労働生活の質　（Employment and quality of working life）
時間とレジャー　（Time and leisure）
商品とサービスへのアクセス　（Access to goods and services）
自然環境　（Physical environment）
社会環境　（Social environment）
個人の安全　（Personal safety）

Key Competencies for a Successful Life and a Well-Functioning Society. Göttingen: Hegrefe & Huber, 2003, 119.『キー・コンピテンシー──国際標準の学力をめざして』明石書店、2006年、137ページ。

価値」[*]、社会的に行動的な要素を稼働させることもまた必要だということには、幅広い同意が得られている。

1982年にOECDが発表した社会的利害のリストは、**表8-10**のようになっている。この社会的利害は、文化を越えて同じであると説明できるという。

DeSeCo計画が確認した「コンピテンス」は、幅の広い総合的な精神的能力である。それは、**表8-11**のように、社会的に生きる人間という立場から必要とされるものである。

---

[*] motivation, emotions, and value

452　第2部　教育効果を測る

表8-11　うまくいく生活の基本領域（Principal dimensions of a successful life）

> 経済的地位と資源（Economic positions and resouces）
> 　・就職（gainful employment）
> 　・収入と富（income and wealth）
> 政治的権利と政治力（Political rights and power）
> 　・制度的教育への参加（participation in formal education）
> 　・学習土台の利用可能性（availability of learning foundation）
> 住宅とインフラ（Housing and infrastructure）
> 　・住宅の質（quality of housing）
> 　・周囲の環境のインフラ（infrastructure of surrounding envioronment）
> 個人の健康と安全（Personal health and security）
> 　・精神的健康と身体的健康（subjective and objective health）
> 　・個人の安全（personal security）
> 社会的ネットワーク（社会資本）（Social networks（social capital））
> 　・家族と友人（family and friends）
> 　・親戚と知人（relatives and acquaintances）
> レジャーと文化活動（Leisure and cultural activities）
> 　・レジャー活動への参加（participation in leisure activities）
> 　・文化活動への参加（participation in cultural activities）
> 個人の満足と価値付け（Personal satisfaction and value orientation）
> 　・個人の満足（personal satisfaction）
> 　・価値付けの自律（autonomy in value orientation）

Key Competencies for a Successful Life and a Well-Functioning Society. Göttingen: Hegrefe & Huber, 2003, 121.『キー・コンピテンシー――国際標準の学力をめざして』明石書店、2006年、138ページ。

　これらの国別提案は、スイスの教育研究者ウリ・ピーター・トリアーが要約し、DeSeCoの会議に報告された。さらに、この報告が最終報告書にも収録されている。

　ドミニク・ライチェンは、3つのカテゴリー構造にキー・コンピテンスを位置づけようとした。これは、「DeSeCoが提供する概念的基礎と一致するキー・コンピテンスの特定する一つの簡単なスケッチである」[*1]と、ライチェンは述べている。その根拠は、第1回DeSeCo国際会議の報告書に紹介されているような概念と理論モデルで、これが「三重のカテゴリーに行き着き、実証している」[*2]のだと説明している。[88]ライチェンの表現では、次のようになる。一つ目は、「社会的に異質な集団内で交流すること」[*3]というカテゴリー

---

*1 a brief sketch of the identified key competencies congruent with the conceptual basis provided by DeSeCo
*2 led to and underpin the three-fold categorization
*3 interacting in socially heterogeneous groups

で、それは「他者とうまく関わること」[*1]「協同すること」[*2]「対立に対処し解決すること」[*3]が「他者と省察的かつ責任ある交流をするために適切だ」[*4]と説明されている。[89]

二つ目は、「自律的に活動すること」[*5]というカテゴリーで、「『大きな展望』の中やより大きなコンテクストの中で活動すること」[*6]「人生設計と個人的なプロジェクトを作成し実行すること」[*7]「自らの権利、利益、限度、ニーズを守り、主張すること」[*8]が「責任と思慮深さを持って自律的に活動すること」[*9]には適切であるとライチェンは説明している。[90]

三つ目は、「道具を相互交流的に使用すること」[*10]なのだが、「技術的スキル」[*11]を習得するだけでなく、「新しい形態の相互交流」[*12]を知り、日常生活の中で自分の行動を適合させていく能力が必要となる。この道具の使用とは、「言語、シンボル、テクストを相互交流的に使用すること」[*13]「知識や情報を相互交流的に使用すること」[*14]「テクノロジーを相互交流的に使用すること」[*15]のことだとライチェンは説明している。[91]

また、ライチェンは、異なるコンテクストでは、この3つのカテゴリーのバランスもまた異なることを図8-2のように3次元グラフ化した。[92]

第2回国際会議の議論を総合して、図8-3が作成された。OECDは、最終的な目標を、現代的に「うまくいく生活」(「成就した人生」とも訳せる)とまとめなおした。個人の立場からすると、これは文字通り「うまくいく生活」

[*1] relating well to others
[*2] cooperating
[*3] managing and resolving conflict
[*4] relevant for interacting reflectively and responsibly with other people
[*5] Acting autonomously
[*6] acting within the "big picture"or the larger context
[*7] forming and conducting life plans and personal projects
[*8] defending and asserting one's rights, interests, limits, and needs
[*9] acting autonomously in a responsible and reflective manner
[*10] using tools interactively
[*11] technical skills
[*12] new forms of interaction
[*13] using language, symbols, and text interactively
[*14] using knowledge and information interactively
[*15] using technology interactively

454　第2部　教育効果を測る

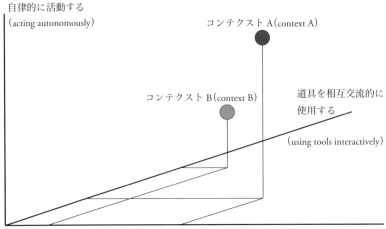

図8-2　状況により異なる組み合わせで編成されるキー・コンピテンシー

Key Competencies for a Successful and a Well-Functioning Society. Göttingen: Hegrefe & Huber, 2003, 105.『キー・コンピテンシー——国際標準の学力をめざして』明石書店、2006年、123ページと209ページ。

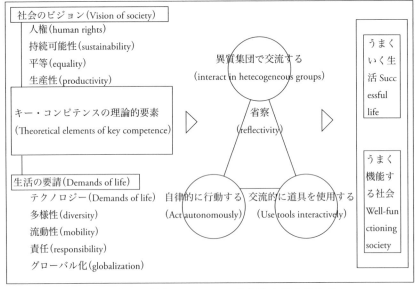

図8-3　典拠に関するDeSeCoの包括的な概念的枠組み
(DeSeCo's overarching conceptual frame of reference)

D.S.Rychen and L.H.Salganik (eds.) *Key Competencies for a Successful Life and a Well-Functioning Society.* Göttingen: Hogrefe & Huber, Germany, 2003, 184.

となる。社会の立場からすると、「よく機能する社会」と言い直される。また、ここでは、キー・コンピテンスと明記されている。[93] この図は、会議当日に配布された準備資料には収録されていないので、一種の第2回国際会議を総括した図であるとも言えるだろう。

　最後に、OECDの求めに応じて2002年前半に、プロジェクトの結論と勧告を含むDeSeCo計画報告書の作成に入った。ここでは、様々な分野の研究者、教育関係者、通商、労働、保健などの分野の専門家、それにOECD加盟国代表、UNESCO、World Bank、ILO、国連開発計画（UNDP）の代表といった人々が取りまとめに加わった。[94]

　DeSeCo計画は2002年末に作業を終え、最終報告書は翌2003年に刊行されている。[95]

　最終報告書で、PISAを強く意識して発言しているのは、カナダ連邦統計局のスコット・マレー（T. Scott Murray）とPISA統括責任者のアンドレア・シュライヒャーである。

　スコット・マレーは、「DeSeCoにおいて認定されたキー・コンピテンシーを支える理論は、さらに、成人の評価の必然性、すなわち多くのコンピテンシーは成年期にのみ発達することを説明している」[96] と述べ、今後に調査を継続することの意義を訴えている。また、調査の課題は、「コンピテンシーの経済的効果」[*1]「コンピテンスを測定する主要な目標[*2]は、労働市場における労働者の生産性[*3]にそれがどのように影響を及ぼすかをよりよく理解すること」[97] にあるのだと、率直に述べている。

　多くのコンピテンシーが成年期にのみ発達するとは言い過ぎだと思われるが、オーストラリアの職業教育研究者のゴンチ（Andrew Gonczi）が言うように、「状況活動理論」[98] に基づいて、学校が人生の模擬体験を提供し、生徒たちが「活動的で自律的な学習」[*4] を行えば知識は創造され、教科の教育と統合されてキー・コンピテンシーも明確になるのだとドミニク・ライチェンとローラ

---

*1 economic returns of competencies
*2 primary objective of assessing competence
*3 productivity of workers in labor markets
*4 active independent learning

456　第2部　教育効果を測る

・サルガニクはまとめている。[99]

　つまり、PISAはリテラシーを測定しながら、それと重ねるようにしてコンピテンスないしキー・コンピテンシーを測っているのだということが説明されているわけである。

　アンドレアス・シュライヒャーは、今まで多くの国際調査は、DeSeCoが定義する「道具の利用に関するカテゴリーに分類されるコンピテンシー」の測定に重点を置いてきたと説明する。[100]すなわち、後にライチェンが命名するCompetency 1-A（本書470ページ、表8-17）のことである。

　PISAは、この領域の知識やスキルを調査しながら、それらを、主体的参加や動機付け、学習戦略、自己組織的学習、メタ認知などという諸要因の分析と関連づけることによって、「DeSeCoが言う自律的に活動するカテゴリー」[*1]の調査にも取り組み始めている、とアンドレアス・シュライヒャーは解説する。これは、後にライチェンが命名するCompetency Category 3（表8-17）のことである。

　さらにシュライヒャーは、「人々は、社会的に異質なグループにおいて自律的に活動し相互交流する潜在的可能性[*2]を持っているだろうか」と問いかけて、調査時点の測定が将来の可能性を予測させるという調査の意義を語っている。[101]

　このような状況を、「現在の評価手段では、コンピテンスのうち多くの重要な側面がいまだに十分にカバーされていない」とシュライヒャーは率直に弱点を認めている。だからこそ、「今後の調査の視点を漸次拡大することが依然として重要である」と調査の今後を語る。[102]

　当時の対立点については、「コンピュータを用いた調査」[*3]は、「評価課題の範囲を拡大し、動的なコミュニケーションによる評価環境を確立する可能性を持っている」ので、「新しいタイプのコンピテンスを開拓し、調査の信頼性を改善することができる」とまで述べている。[103]

---

*1 DeSeCo category of acting autonomously
*2 the capacity
*3 computer-delivered assessment

「結論として、比較調査は、個人、組織、国家の中でコンピテンスの
　　分布状況についての知識ベースを改善する有益な道具を提供してくれる。
　　コンピテンスの活用や調査結果の解釈における主な問題は、しかしなが
　　らさまざまな調査のデザインの中で作られた仮説や推定が十分に可視化
　　されていないままだ[*1]という点である。」[104]

と、こう述べたシュライヒャーは走り始めてしまったPISAを実施するの
が精一杯の教育関係者たち、国別ランキングだけに焦点を当ててしまう行政
関係者たちとの計り知れない距離を感じていたものと推測される。このとき、
シュライヒャーは、

　　「しかしながら、国際調査の関心は、個人のコンピテンスの測定[*2]から、
　　教育や学習の改善に貢献し、個人的、経済的、社会的な福利に対する教
　　育の投資効果を強化する[*3]教育的、社会的、経済的な要因へと徐々にシ
　　フトしてきている」[105]

と付け加えることを忘れなかった。つまり、子どもたちを叱咤激励すると
いうテストの得点競争ではなく、よき教育を実現するために必要なもっとも
良い社会的条件を探り出してそれを実現することこそが国際調査の目的なの
だと主張したのである。

(13) ヨーロッパ各国のコンピテンス観

　2002年の3月に、「欧州教育情報ネットワーク・ヨーロッパ・ユニット
(Eurydice European Unit)」は、「欧州委員会教育・文化総局」の協力を得て「普
通義務教育における教育目標としてのコンピテンス」に関するレポートを
EU各加盟国ユニットに求めた。

　これに対して、当時のEU加盟国15か国すべてから、数にして18の国と
地域からレポートが提出された。[106]

　レポートを総合すれば、各国はEUの拡大に際して、人口増加、移住の開始、

---

*1 have often not been sufficient transparent
*2 measuring the competencies of individuals
*3 enhance returns on investment in education

458 第2部 教育効果を測る

複雑な資格の増加、高い失業率、社会的差別の危険などをにらんで、この解決策として新たな帰属意識の形成を教育目標にしようとしているものとうかがえる。提出されたレポートは、2002年10月にまとめられ、2003年2月には、これらのレポートを総合し、評価して、「欧州委員会教育・文化総局」名で『キー・コンピテンス』[*1]という報告書が刊行されている。[107]

この報告書には、ヨーロッパ市民を次のように描く。

　　「ヨーロッパ諸国は、出現しつつある『知識駆動社会』において積極的な役割を果たすような市民を育成するため、知識、技能、コンピテンス、能力、態度を確立することにますます関心を寄せている。」[108]

報告書は、「知識基盤経済」とか「知識基盤社会」が1990年代にEU諸国の合意になってきたことを説明して、さらにここでは「知識からコンピテンスへ」[*2]という転換が起きるのだと指摘する。教育論に関しても、きわめて明確に、「学校教育の最終目的は、学校の外に出てから効果的に役目を果たす[*3]ように学習者が準備することである」と述べている。[109]

また、教育学理論についても、20世紀前半では行動主義が優勢であったが、1960年代以降は、認知主義ないしは構成主義のアプローチに転換していると判断し、構成主義に基づく学校の教育活動は社会構成主義となっていくのだと説明している。

　　「伝達のための教育は、教師中心から学習者中心の教育方法へと転換されることが要請されている。教師は、もはや記憶するための知識を提供する者ではなく、生徒がコンピテンスを構築するプロセスを支援する[*4]者に変わる。蓄積された知識や経験を基盤にして、教師は教科の特別な知識を教えるけれども、同時にまた、クリエイティブでクリティカルに思考する技能や学習する能力[*5]を、学級における諸活動[*6]に生徒を加

---

*1 *Key Competencies*

*2 from knowledge to competence

*3 effective functioning in out-of-school settings

*4 support

*5 ability to learn

*6 classroom work

わらせることによって育成していくのである。コンピテンスの獲得とは、それが学習者の一部になりきることを必要とする。教師の役割は、生徒が自分で能力を発揮し[*1]なくてはならないような新しい状況に対して、知識や技能を適用しようと努力している生徒を案内しながら学習を支援する[*2]ことである。」[110]

　ここでは、きわめて重要なことが指摘されている。教師は単なる知識の伝達者ではなくて、総合的な能力を育てる支援者になること、また本物の学力（コンピテンス）は学習者の中にしっかりと根付くべきだということなどである。

　デンマークのように、経済界、政界など、コンピテンスを確定するために総合的に取り組んだ国もある。デンマークでは、知識社会に向けたコンピテンスの達成をチェックする目的で、デンマーク経済会議、53の会議参加企業、その他の公的部門と研究機関の関連施設が、「国家コンピテンス明細（アカウント）」という、教育省、雇用省、科学・技術・革新省、経済・商務省を含む省庁間プロジェクトを設立した。この「国家コンピテンス明細アカウント」は、127の指標について、デンマークと他のOECD6か国とを比較し、3つのコア・バリューと10のキー・コンピテンスを確定していると報告した。さらに、**表8-12**のように教科構造を明らかにした。[111]

　また、フィンランドでは、**表8-13**のように、2001年決定1435号で基礎教育の国家的課題を「人間性と社会性の成長」「知識と技能の必要性」「教育の平等と生涯学習の必要性」という3分野21項目に制定し、2002年8月1日より施行している。[112]評価については、フィンランドでは、生徒の自己評価スキルを高めて、テストによる評価を避けようとしている。[113]

　スコットランドは、1970年代末からコア・スキルということばで、義務教育修了時点における能力像を議論してきたという。キー・コンピテンスを説明した1995年4月にはそれが明確化され、2001年8月に公表され、2001年から2002年にかけて実施しているもの[114]がDeSeCoが言うキー・コ

---

*1 competent individuals
*2 facilitate

460　第2部　教育効果を測る

表8-12　デンマークの例

義務教育修了までに獲得されるキー・コンピテンスの選択
国家コンピテンス明細は、OECDのDeSeCoレポートに基づいて、以下のようにキー・コンピテンスを特定する。 ・社会的コンピテンス（social competence） ・リテラシー・コンピテンス（literacy competence） ・学習コンピテンス（learning competence） ・コミュニケーション・コンピテンス（communicative competence） ・自己管理コンピテンス（self-management competence） ・民主的コンピテンス（democratic competence） ・環境的コンピテンス（ecological competence） ・文化的コンピテンス（cultural competence） ・健康・スポーツ・身体コンピテンス（health, sports and physical competence） ・創造・革新コンピテンス（creative and innovative competence）
必修教科とキー・コンピテンスの発達に対するその貢献
デンマーク語、数学、宗教、体育・スポーツは、普通学校（folkeskole）における9年間の就学期間を通して必修である。英語、歴史、音楽、科学、芸術、社会科、地理と生物、物理と化学、裁縫（needlework）、木工・金工、家庭科（home economics）は、義務教育期間内の1年ないしそれ以上の必修である。さらに、普通学校における授業には、以下の必修課題が含まれる。すなわち、交通安全（traffic safety）、健康（health）、それに性教育と家族（sex educaiton and the family）、進路指導（educational, vocational and labour market guidance）である。

Directorate-General for Education and Culture of European Commission. *Key Competencies.* Brussels: Eurydice European Unit, 2002, 64.

ンピテンスに相当するとして**表8-14**のように回答してきた。

　EUは、2002年の6月に、欧州理事会において『ヨーロッパにおける教育と訓練のシステムの対象に関する継続プロセスの詳細な作業計画』[115]を策定した。これは、リスボン戦略に沿って、教育と訓練の単一的複合戦略を立てようとするものであった。

　この2002年に、欧州理事会と欧州委員会は、「リスボン戦略」のうち教育と訓練の分野で達成すべき目標をさらに具体化し、**表8-15**のように13の重点目標を定めた『ヨーロッパにおける教育と訓練のシステムの対象に関する継続プロセスの詳細な作業計画』を策定する。[116]しかも、これには、目標達成を測定する指標が設けられていた。こうして、EU加盟国には、共通の教育目標が初めて設定されることになる。

　この『作業計画』は、「リスボン戦略」を、「冒険的だが現実的な追求」であり、「教育と訓練の単一的複合戦略」であると呼ぶ。

第8章　データ戦略の展開　461

表8-13　フィンランドの例

1.人間性と社会性の成長
・健康な自己信頼を持ったバランスある人間となること (becoming a balanced person with a healthy self-esteem)
・生命、自然および人権への尊敬 (respect for life, nature and human rights)
・学習、および自己の仕事と他者の仕事を評価すること (valuing the learning and one's work and that of others)
・身体的、精神的および社会的な健康と充実との育成 (fostering physical, mental and social health and well-being)
・礼儀正しさ (good manners)
・協同への責任と能力 (responsibility and capability to co-operation)
・民族、文化およびグループへの寛容と信頼 (tolerance and trust in peoples, cultures and groups)
・社会への積極的参加 (active membership of society)
・民主的で平等な社会で活動する能力 (capability to act in a democratic and equal society)
・持続可能な発展の促進 (promoting sustainable development)
2.知識とスキルの必要性 (Necessary knowledge and skills)
・人間の感情とそのニーズ、宗教と人生観、歴史、文化、文学、自然と健康、経済とテクノロジーに関する知識 (awareness of human feelings and needs, religions and views of life, history, culture, literature, nature and health, economy and technology)
・実践的なスキルとクリエイティビティ、および体育のスキル (practical skills and creativity and skills in physical exercise)
・思考とコミュニケーションの技能 (母語、第二公用語、その他の言語) の発達 (development of skills in thinking and communication (mother tongue, second official language, other languages))
・数学的な思考とその応用 (mastery of information and communication technologies)
・情報コミュニケーションテクノロジーの習得 (mastery of information and communication technologies)
・母語以外で授業を受ける場合には、母語とその文化に関する特別な知識と技能 (when teaching in another language than mother tongue the special knowledge and skills related to that language and culture)
3.教育の平等と生涯学習を促進すること (Promoting educational equality and lifelong learning)
・個人としてならびにグループのメンバーとして成長し学習する (growing and learning as an individual and member of a group)
・情報に関する独立した批判的な探求、および協同するための多様な能力 (independent, critical pursuit of information and versatile capability to co-operate)
・将来の学習と生涯学習に向けた準備と希望 (readiness and desire for further studies and lifelong learning)
・肯定的な自己イメージ (positive self-image)
・取得した知識と技能を分析し使用する能力 (ability to analyse and utilise adapted knowledge and skills)

Directorate-General for Education and Culture of European Commission. *Key Competencies.* Brussels: Eurydice European Unit, 2002, 136-137.

462　第2部　教育効果を測る

表8-14　スコットランド教育システムにおけるコア・スキルとその構成要素

コア・スキル	構成要素	参　考
コミュニケーション	口頭コミュニケーション (Oral Communication) 文字コミュニケーション (Written Communication)	効果的に読み・書き・話す領域。(耳の不自由な人に語りかけることも含む) (Covers reading, writing and speaking effectively. (Also includes singing for the deaf.))
計算力 (Numeracy)	図示情報を使用する (Using Graphical Information) 数値を使用する (Using Number)	正確に計算し、表、グラフ、推移グラフ、図を効果的に使用する領域。(Covers calculating accurately and using tables, graphs, diagrams and maps effectively.)
IT	情報テクノロジーを使用する (Using Information Technology)	ITシステムを操作し、応用ソフトを使用する領域。(Covers operating IT systems and using software applications)
問題解決	クリティカル・シンキング (Critical Thinking) 計画作成と組織化 (Planning and Organising) 検証し評価する (Reviewing and Evaluating)	問題を分析し、問題解決を計画し、問題解決のために活動を組織し、実行し、評価する領域。(Covers analysing problems, planning solutions to the problems , and organising, completing and evaluating activities to solve problems.)
ともに働く (Working with Others)	ともに働く (Working with Others)	他者とともに効果的に働くために対人スキルと自律スキルを使用する領域。(Covers using interpersonal and self organisation skills to work effectively with other people.)

Directorate-General for Education and Culture of European Commission. *Key Competencies.* Brussels: Eurydice European Unit, 2002, 165.

　第一戦略は、さらに、「教師と指導員の養成の改善」、「知識社会に向けて技能を発達させること」、「誰にも情報コミュニケーションテクノロジーへのアクセスを確実にすること」、「科学とテクノロジーに関する再学習を拡大すること」、「諸資源の最高の利用を作り出すこと」という5重点項目に分かれている。新しい能力育成には新しい教育を、新しい教育には新しい教育方法をという改革の流れがここに見て取れるであろう。

　この作業計画は、2003年に、「教育と訓練2010」と名付けられるようになる。[117]

第8章　データ戦略の展開　463

表8-15　教育と訓練の複合戦略

戦略1　EUにおける教育と訓練のシステムの質と効果を改善する
　1.1 教師と指導員の養成の改善
　1.2 知識社会 (knowledge society) に向けて技能を発達させること
　1.3 誰もにICTへのアクセスを確実にすること (ensuring)
　1.4 科学とテクノロジーに関する再学習を拡大すること
　1.5 諸資源の最高の利用を作り出すこと
戦略2　教育と訓練のシステムへすべての者がアクセスする施設をつくる
　2.1 学習環境を開くこと
　2.2 学習をもっと魅力的にすること
　2.3 積極的なシティズンシップ、平等な機会および社会的な調和を支援すること
戦略3　教育と訓練のシステムをより広い世界に開く
　3.1 労働生活や研究と社会とを大規模にリンクさせること
　3.2 企業の精神を発達させること
　3.3 外国語学習を改善すること
　3.4 流動と交換を増大させること
　3.5 ヨーロッパ協同を強調すること

Directorate-General for Education and Culture. *Key Competencies*. Brussels: Eurydice, 2002, 28.

(14) 2003年、OECD (INES, PISAチーム) による概念明確化

PISAは、子どもたちを「人生への学習者」[*1]と定義する。[118]子どもたちは学習の主体者であり、学習は「積極的な過程」[*2]となり、自己調整的学習となる。それを、個人の能力で表せば、「自律的に行動する能力」[*3]というキー・コンピテンスに一致する。学習者としての生徒をテストで測定するには、**表8-16**のような諸側面が測定の観点となる。

とりわけ、「メタ認知」と言う、認知プロセスを実現しコントロールする力を重視している点には注目される。受け身で覚えるのではなく、自ら学んで知識や技能を獲得するという姿勢が貫かれている。

さらにテストとして具体的な設問とする段階では、設問項目は次のような5つの側面で設計された。[119]一般に、①開放構成的設問項目[*4]では、生徒は、長い応答をする。幅広い範囲の多様で個性的な応答および異なる観点が許される。この課題は、たいてい、生徒に設問文にある情報や考えを自分の経験

*1 learners for life
*2 proactive process
*3 ability to act autonomously
*4 ① open-constructed response items,　② closed-constructed response items,　③ short response items, ④complex multiple-choice items, ⑤multiple-choice items

464　第2部　教育効果を測る

表8-16　PISAにおける測定の観点

カテゴリーの特徴と原理説明	結果判定に使われる尺度構築に用いられる生徒の特徴	生徒に求められる表現例
A.生徒の戦略（student strategies） 　学習戦略(learning strategies)は、生徒が自分の目標(goals)を達成するために選択した計画である。この能力が、自己の学習を調整できる(can regulate)コンピテンシーのある学習者(competent learners)を区別する。 　情報処理技能を必要とする認知(cognitive)戦略は、情報伝達の能力などとともに、暗記と整理(memorisation and elaboration)を含む。 　メタ認知戦略は、学習の意識的調整を意味し、コントロール(control)戦略の概念とも要約できる。	1.暗記戦略を使用する。記憶に貯蔵された知識をほとんどあるいは何の処理もしないで逐語表現することなど。	「勉強する(study)時には、できるだけ記憶する」
	2.新しい素材を以前の学習と関連付ける整理戦略を使用する。異なる脈絡で学ばれた知識がどのようにして新しい素材と関係付けられるかを調べることで、生徒は、単純な暗記以上のより大きな理解を獲得する。	「勉強する時には、自分が学んでいることに物事がどう適合するかを考える」
	3.自己の学習目標が達成されるのを確実にするコントロール戦略を使用する。自分の学んだことをチェックし、さらに学ぶべきことをやり遂げ、学習者が目前の課題に適用することを可能にすることなど。この戦略が、PISAが測定する学習へのアプローチの中心部分である。	「勉強するときには、学んだことを覚えているかチェックしようとする」
B.行動意欲選択と意志力（motivational preference and volition） 　行動意欲(motivation)は、学習の背景となる動因と見なし得る。それは、よい成績への外的な報酬、たとえば賞とか将来性から生じた動因(motives)ではなく、教科への関心というような内的な一般的動因でもない。行動意欲とは、学習時に見られ、ねばりとがんばり(effort and persistence)に導く、意志力なのである	4.道具的(instrumental)行動意欲を持つ。すなわち、生徒は、よい職業展望というような外的報酬によって学習に励みが出ること。長期的な研究によると、行動意欲は、学習選択にも成績にも影響を及ぼしている。	「就職するために勉強する」
	5.読書への興味(interest in reading)を示す。(6を参照)	「読書する時には、まるごと受けとめようとすることもある」
	6.数学への興味を示す。　教科への関心は、学習状況に入る集中度と持続性、および理解の戦略と深さの選択に影響を及ぼすよう、比較的安定した方向づけをする。生徒が興味を示す学歴(degree)は、学校制度の重要な長所でもあり短所でもある。	「数学をするのは面白いから、投げない」

第8章　データ戦略の展開　465

	7. ねばりとがんばりを示す。これは、意志力、つまり学習過程の前と最中に直接示される、学習しようとする意志(will to learn)を必要とする。	「勉強の時は、最善の努力をする」
C. 自己信頼 (self-related beliefs) 　学習者は、自己のコンピテンシー(competence)と学習態度(learning characteristics)に関する見解を形成する。これらの見解は、学習者が目標を設定する方法、学習者が使用する戦略、および学習者の到達度にかなりの影響を与えてきた。信念を定義する二つの方法は、自分が困難な課題でも扱うことができると生徒が考えること、すなわち自己有効性(self-efficacy)と、自己の能力を信ずること、すなわち自己概念(self-concept)である。PISAは、この両者に配慮している。どちらの場合でも、自己への信頼は、行動意欲にとっても、生徒が学習課題に挑戦する方法にとっても重要である。	8. 自己有効性とは、状況を有効に学習し、困難を克服するという自分の能力への信頼である。このことは、挑戦している課題を扱い、それらと格闘するねばりとがんばりをつくり出そうとする生徒の意志に影響を及ぼす。	「提示された資料の中でもっとも難しいことを自分は理解できると確信している」
	9. 読解における自己概念とは、自己の言語コンピテンスへの信頼である。(11を参照)	「英語のクラスで物事を速く学んでいる」
	10. 数学的自己概念とは、自己の数学的コンピテンスへの信頼である。(11を参照)	「いつも数学がよくできる」
	11. 学究的自己概念とは、教科全体に関連した自己のコンピテンスへの信頼である。 　自己の能力への信頼は、うまくいく学習にとって、同時にまた、うまくいかない生徒にとって特に重要となっている自己の権利として目標を保持することと充実と人格発達へ影響を及ぼすことにとっても密接な関連がある。　生徒が個々の教科に能力があると見なすことは重要である。というのは、かなりの場合、(PISAが確認した)研究によれば、言語能力があると信ずる生徒は、成績が示す相関ほどには数学的能力を信じようとしないからである。教科全体の学究的信用は、個々の教科への信用の単純な総和ではなく、社会環境を含んだたくさんの要因に影響される。	「ほとんどの教科で物事を速く学んでいる」

| D. 学習状況と選択 (learning situations - preference)　　すぐれた学習者は、一人でもまたグループの中でも学べることが必要だ。生涯学習でも、当然のことだ。PISAはこれら二つの学習状況に対する生徒の成績を検討した。どちらのタイプの学習がすぐれているとも言えないし、成績の点から排除し合うものでもないので、生徒が将来の労働生活において協同プロジェクトを行うということについて調べる何らかの示唆を与える情報となる。 | 12. 協同的学習 (co-operative learning) を優先させている。 | 「他の生徒と一緒に活動するときには、最高のものを学んでいる」 |
| | 13. 競争的学習 (competitive learning) を優先させている。 | 「他人よりもよくなろうとすることは、活動をもっとよくすることだ」 |

PISA. *Learners for Life: Student Approachs to Learning. Results from PISA 2000*, OECD, 2003, pp.13-14.
訳注)「学究的 (academic)」とは、教科に関することを意味する。

や意見と関連付けるように求められる。生徒が選んだ立場を評価するのではなく、その立場を根拠付けたり説明したりするために課題文から読み取ったものを使う能力に注目して評価してもよい。②閉鎖構成的設問項目は、正解が制限された範囲内で、自己の反応を構成する課題。多くの場合、正否に分けて採点できるというものである。③即答設問項目とは、閉鎖構成的課題のうち、可能な解答の範囲は広いが、簡単な解答でよいもので、正否を問うても部分点でもよいとされる。④複合選択肢設問項目とは、一連の選択肢があって○を付けたり、簡単なことば(たとえば、はい、いいえ)で答える課題であり、全問正解のみ評価するか部分点をつけてもよいとされる。⑤選択肢設問項目とは、4、5個の選択肢から一つの正解に○を付けるもので、正否で評価されるというものである。

　いずれにしても、日本で伝統的な○×式や穴埋め問題、米国で一般的な選択肢問題とは違って、より採点の困難な設問へとOECDは踏み出したということである。それは、従来のテストが測るデータはあまりに狭く、教育学的な調査にはならないという判断からである。OECDは、テストを変えることで、知識を伝達する授業から「考える」授業、生徒同士が交流しながら主体的に学習する授業へと教育の質、教師の役割を変えようとした。たとえ

(c)（新しい）テクノロジーを相互交流的に使用する能力[*1]。それを新しく使用する可能性を見抜く能力を含んで」

となっている。

異質な集団内で相互交流する[*2]とは、

「(a) 他者とうまく関わる能力[*3]。家族メンバー、友人、隣人、上司、同僚などとの関係を創設して維持することを含む。

(b) 協同する能力[*4]。つまり、共通目標に向かってともに働く能力。

(c) 対立を管理し解決する能力[*5]。建設的な態度で」[121]

と明記されていた。この時点では、ライチェンは、「キー・コンピテンス」と呼んでいた。

(2) 突然2005年5月27日に

DeSeCoの作業は、1999年から2002年末で終了し、2003年に報告書『キー・コンピテンシー』が刊行され、そこでは「3つの幅広いコンピテンス・カテゴリー」が概念枠として示されていた。

話はここで終わったと思っていたところ、突然に、『エグゼクティブ・サマリー（執行部要約）』[*6]が作成されたようである。実物は、2005年5月25日付でネットにアップされた。ちなみに、ドイツ語版は7月20日、フランス語版は8月26日の日付が付けられている。

筆者がドミニク・ライチェンであることは、ネットにアップされている彼女自身の「履歴書」[*7]からも確認できる。

『執行部要約』では、**表8-17**のようにCompetency 1-Aとか、this key competencyとわざわざコンピテンシーと言い換えられた。そのために、日

---

*1 the ability to use（new）technology interactively
*2 interacting in socially heterogeneous groups
*3 the ability to relate well to others
*4 the ability to cooperate
*5 the ability to manage and resolve conflict
*6 Executive Summary
*7 Curriculum Vitae － Dominique Simone Rychen

470 第2部 教育効果を測る

表8-17 キー・コンピテンシーの分類

Competency Category 1 　道具を相互交流的に使用すること（Using Tools Interactively）	
Competency 1-A	言語、シンボル、テクストを相互交流的に使用する能力 （The ability to use language, symbols and text interactively）
Competency 1-B	知識と情報を相互交流的に使用する能力 （The ability to use knowledge and information interactively）
Competency 1-C	テクノロジーを相互交流的に使用する能力 （The ability to use technology interactively）
Competency Category 2 　異質集団で相互交流すること（Interacting in Heterogeneous Groups）	
Competency 2-A	他人とよい関係を持つ能力 （The ability to relate well to others）
Competency 2-B	チームで協同し仕事する能力 （The ability to co-operate, work in team）
Competency 2-C	対立を管理し解決する能力 （The ability to manage and resolve conflicts）
Competency Category 3 　自律的に行動すること（Acting Autonomously）	
Competency 3-A	大きな展望の中で活動する能力 （The ability to act within the big picture）
Competency 3-B	人生設計と個人プロジェクトを作り実行する能力 （The ability to form and conduct life plans and personal projects）
Competency 3-C	権利、利害、限度、ニーズを守り、主張する能力 （The ability to defend and assert rights, interests, limits and needs）

PISA/OECD. *The Definition and Selection of Key Competencies: Executive Summary.* 2005, 12-15.

本ではキー・コンピテンシーとともに、コンピテンスではなくコンピテンシーという呼び名もまた定着することになった。しかし、ライチェンは、コンピテンシーをOECDが定義するキー・コンピテンシーのみに使用し、その他にはコンピテンスを使用して区別している。他に、形容詞として使う場合にはコンピテンシー（competency）ともしている。DeSeCo開始時点で定義されたように「個人が対応できるあるいは対応できないかがはっきりする特定の要求に関して使用する」ケースであると考えたのかもしれない。いずれにしても、かつての「3つの生成的キー・コンピテンス」はキー・コンピテンシーと呼び変えられることになったのである。

　この執行部要約の冒頭でライチェンが興味深いことを書いている。

第8章　データ戦略の展開　471

　一つは、PISAは、「生徒のカリキュラムのコンピテンスや教科横断的なコンピテンスの調査[*1]」に限定されず、「自分自身の学習動機、自己信用、学習戦略[*2]」もまた調査項目としているので、新しいコンピテンシー領域（new competency domains）の調査は「生涯学習」に通じるものだという。

　また、PISA調査は「生徒の知識とスキルを比較する」[*3]ことから出発したが、この調査から「人生における成功はいっそう広い範囲のコンピテンスに左右されること」[*4]が分かってきた。この『執行部要約』にまとめられているDeSeCoプロジェクトでは、「新しいコンピテンシー領域」[*5]と書かれていて、「人生における成功」こそがキー・コンピテンシーの着地点であった。[122]

　OECDの関心は、コンピテンスのうち個人の教養というよりは、「人生における成功」つまり職場や家庭、社会で発揮され、評価される能力に絞ってキー・コンピテンシーとしているということだ。

　ライチェンは、DeSeCoプロジェクトはあらゆるコンピテンスに共通する「キー・コンピテンシーの概念枠組み」[*6]を定め、「諸コンピテンスを3つの広域カテゴリーに分類している」[*7] [123]のだと説明している。

　たくさんのコンピテンスは3つのキー・コンピテンシーに分類できるということよりも、コンテクストに応じてたくさんのコンピテンスに解きほぐされかつ絡め合わせられながら発揮されるものだということになる。教育者は、それを見抜いて、上手に支援する能力が求められるということにもなる。

　さらに、この3つのキー・コンピテンシーは独立したものではなく、**図8-4**のように重なり合っている。ということは、3つのキー・コンピテンシーが同時に発揮されるということになる。

　ライチェンは、17ページのパンフレットの中で11回にわたってPISAと

---

*1 assessing students' curricular competencies
*2 their own motivation to learn, beliefs about themselves and learning strategies
*3 comparing students' knowledge and skills
*4 students' success in life depends on a much wider range of competencies
*5 new competency domains
*6 conceptual framework for key competencies
*7 classifies such competencies in three broad categories

472　第2部　教育効果を測る

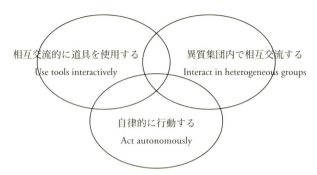

図8-4　キー・コンピテンシーの関係図

PISA/OECD. *The Definition and Selection of Key Competencies: Executive Summary*. 2005, 5.『キー・コンピテンシー——国際標準の学力をめざして』明石書店、2006年、202ページ。

いう単語を使用し、うち2回はPISA2006としている。この文書が2005年5月に突然ネットで公開されたのは、2003年時点でアンドレアス・シュライヒャーが「しばしば不透明なままにされている」と危機感を持ち、PISA2006に向けて各国のPISA関係者に対してより明確に理念と概念を普及する必要があったからだと推測される。

(3) ヨーロッパにおける生涯学習のキー・コンピテンス

　ヨーロッパにおける生涯学習のキー・コンピテンスについて、その原型は、生涯学習のキー・コンピテンスに関するワーキンググループBがダブリンにて会合を持ち、2004年11月に報告書を作成したことにある。この報告書では、教育の課題が「基礎的スキルからコンピテンスへの転換」だと明示されている。[124]

　2005年11月10日には、欧州委員会が欧州議会と「生涯学習に向けたキー・コンピテンスに関する協議会」に対応して5項目の勧告を採択した。この協議会は、31か国の代表とその他の関係者が集まり、「キー・コンピテンス枠組み」[*1]を作成したと伝えられる。キー・コンピテンス[*2]とは、

---

*1 Key Competences Framework
*2 key competences

①母語のコミュニケーション[*1]

②外国語のコミュニケーション[*2]

③数学、科学、テクノロジーのコンピテンス[*3]

④デジタル技能のコンピテンス[*4]

⑤学び方を学ぶこと[*5]

⑥人間関係・異文化交流・社会的コンピテンス[*6]

⑦起業家精神[*7]

⑧文化表現[*8]

と定義されている。[125]

さらに、この5項目目が「教師のコンピテンスに関する作業とのリンク」と説明されていて、以下のように書かれている。

「枠組みにあるコンピテンスの多く（社会的コンピテンス、人間関係コンピテンス、市民的コンピテンス、起業家精神、学習することを学ぶ、文化的表現）は、伝統的な方法では教えられない[*9]ので、学習の組織に関する新しいアプローチを必要とする[*10]。教師は、他の教師とともに、また地方自治体とともに活動し[*11]、さらに異質集団を扱うこと[*12]が求められている。明らかに、教師にもまた、これらの新しい課題に対応するために新しいコンピテンス[*13]と継続的な学びが必要となる。欧州委員会は、教師養成に関する勧告を提案できるように、加盟国とこの問題について作業を進めている。」

[*1] communication in the mother tongue
[*2] communication in foreign languages
[*3] competences in maths, science and technology
[*4] digital competence
[*5] learning to learn
[*6] interpersonal, intercultural and social competences, and civic competence
[*7] entrepreneurship
[*8] cultural expression
[*9] cannot be taught in 'traditional' ways
[*10] require new approaches in organising learning
[*11] work together with each other, with the local community
[*12] deal with heterogeneous groups
[*13] new competences

ヨーロッパでは、教師の専門性として伝統的な教育では対応できない教職専門性という新しいコンピテンスがはっきりと明示されて、次代の教師に要請されていることは、注目すべきだろう。

(4) イノベーションとクリエイティビティ

2006年12月、欧州議会と欧州連合理事会は『生涯学習に向けたキー・コンピテンス』[*1]と題する勧告を発している。

会議途中に欧州委員会総長の会議まとめが発表され、国際会議場となったフィンランドの政府関係者との非公式会談の中で、

> 「イノベーションはグローバル化への課題と機会に効果的に対応する
> ヨーロッパの能力に決定的なものである。ヨーロッパには知識がイノベー
> ティブな製品とサービスに転換されるようなイノベーションが起きやす
> い環境を創出するための戦略的アプローチが必要である」[126]

ということが確認されたという。この会議場は、PISAを着想したフィンランドの国際都市ラハティであった。

総長まとめから「イノベーションはグローバル化への課題と機会に効果的に対応するヨーロッパの能力に決定的なものである」とのくだりが正式な勧告文書に取り入れられ、テクノロジーのイノベーションのために理系の教育を基礎教育段階（義務教育相当）で重視することなどが勧告の中で提案されている。とりわけ、次の8キー・コンピテンス[*2]を基礎的な知識、スキル、態度[*3]として設定し、これを「欧州参照枠」とすることを提案している。

欧州版の8キー・コンピテンスは、以下に見るように、前年より詳しく説明されている。

①母語。これは概念、思想、感情、事実、意見を話しことばと書きことばの両方で表明し解釈する能力[*4]であり、適切かつクリエイティブな方法で社会的かつ文化的なコンテクストの全分野において言語

---

*1 key competences for lifelong learning
*2 eight key competences
*3 essential knowledge, skills and attitudes
*4 ability

的に交流する[*1]能力である。

②外国語コミュニケーション。これは、母語でコミュニケーションする主要なスキルの次元に加えられるもので、調停や異文化理解[*2]を含む。熟練レベルは、聞く、話す、読む、書くのうちのいくつかの要素と能力[*3]に依拠する。

③数学的コンピテンス、科学とテクノロジー分野の基礎コンピテンス。数学的コンピテンスは、日常の状況にある諸問題[*4]を、プロセス、活動、知識に依拠することを強調して解決するために数学的思考を発達させ適用する[*5]能力である。科学とテクノロジー分野の基礎コンピテンスは、自然界を説明する知識や方法論を理解し、利用し、適用することである。人間の活動が引き起こす変化への理解と、市民として各個人が引き受けるべき責任を理解することも含む。

④デジタル・コンピテンス。これは、情報化社会技術(IST)と情報通信技術(ICT)の基礎的スキルのことで、それを自信を持ってかつ批判的に使用する[*6]こと。

⑤学び方を学ぶ[*7]。これは、学習に関連することで、個人的にまたグループで、自己の必要性と、方法や機会の理解に基づいて[*8]自分自身の学び[*9]を追求し組織する能力である。

⑥社会的・市民的コンピテンス。社会的コンピテンスは、個人内、個人間、文化間に働くコンピテンス[*10]のことで、効果的で建設的に社会生活や労働生活へ参加する[*11]ように個人を準備するあらゆる形態の行動

---

*1 interact
*2 mediation and intercultural understanding
*3 capacity
*4 problems in everyday situation
*5 develop and apply mathematical thinking
*6 confident and critical use
*7 learning to learn
*8 in accordance with one's own needs, and awareness of methods and opportunities
*9 one's own learning
*10 personal, interpersonal and intercultural competence
*11 participate in an effective and constructive way in social and working life

である。個人と社会の福利[*1]と関連している。個人的な操作が不可欠となる異なる環境で行動する規則と慣習[*2]を理解することである。市民的コンピテンスは、とりわけ（民主主義、正義、平等、シティズンシップ、市民権[*3]といった）社会的および政治的な概念と構造[*4]に関する知識は、積極的で民主的な参加ができるように個人を準備する。

⑦イニシアチブと起業家のセンス[*5]。それは、考えを実行に移す能力[*6]のことである。目標を達成するために計画しプロジェクトを運営する能力[*7]とともに、クリエイティビティ、イノベーション、危険覚悟[*8]を含む。個人が自己の作業のコンテクストを知る[*9]ことであり、そうすれば生じてくる機会をつかむ[*10]ことができる。社会活動や営利活動[*11]を打ち立て、貢献するために必要なより特別なスキルと知識[*12]を獲得する基礎となる。これは、倫理的な価値を知ること[*13]を含み、よきガバナンスを促進する[*14]。

⑧文化の自覚と表現[*15]。それは、（音楽、行動芸術、文学、ビジュアル・アート[*16]といった）メディアを通じて[*17]考え、経験、感動[*18]をクリエイティブに表現する重要性を認識すること[*19]を含む。

---

*1 personal and social well-being
*2 codes of conduct and customs in the different environments in which individuals operate is essential
*3 democracy, justice, equality, citizenship and civil rights
*4 social and political concepts and structures
*5 sense of initiative and entrepreneurship
*6 ability to turn ideas into action
*7 ability to plan and manage projects in order to achieve objectives
*8 risk-taking
*9 aware of the context of his/her work
*10 seize opportunities that arise
*11 social or commercial activity
*12 more specific skills and knowledge
*13 awareness of ethical values
*14 promote good governance
*15 cultural awareness and expression
*16 music, performing arts, literature and the visual arts
*17 in a range of media)
*18 ideas; experiences; emotions
*19 appreciation of the importance of the creative expression

第8章　データ戦略の展開　477

表8-18　代表的な政策のコンピテンス比較一覧表

オーストラリア『メイヤー報告』(1992)	欧州委員会と欧州議会「キー・コンピテンス枠」(2005)	欧州議会と欧州連合理事会「生涯学習に向けたキー・コンピテンス枠」(2006)
①情報の収集・分析・編成 ②理念と情報をコミュニケーションする ③活動を計画し組織する ④他者とともにあるいはチームで仕事する ⑤数学的理念とテクニックを使う ⑥問題を解決する ⑦テクノロジーを使う ⑧文化的理解	①母語でコミュニケーションする ②外国語でコミュニケーションする ③数学、科学、テクノロジーのコンピテンス ④デジタル技能のコンピテンス ⑤学び方を学ぶ ⑥人間関係・異文化交流・社会的コンピテンス ⑦起業家精神 ⑧文化的表現	①母語 ②外国語コミュニケーション ③数学的コンピテンス、科学とテクノロジー分野の基礎コンピテンス ④デジタル・コンピテンス ⑤学び方を学ぶ ⑥社会的・市民的コンピテンス ⑦イニシアチブと起業家のセンス ⑧文化の自覚と表現

　さらに、「これらのキー・コンピテンスは、すべて独立したもので、個々のケースでクリティカル・シンキング、クリエイティビティ、イニシアチブ(率先的活動)、問題解決、危険考察[*1]、決断[*2]、感情の建設的管理[*3]が強調される」と説明されている。[127]

　同勧告は、個人、社会、経済にとってクリエイティビティとイノベーションが重要であることを喚起する目的で2009年を「欧州イノベーション・クリエイティビティ年」に定めた。

　ここで、主だった政策のコンピテンス観を比較すれば、**表8-18**のようになる。

(5) PISA一巡終了時点のアンドレアス・シュライヒャー

　2007年の時点でシュライヒャーは、PISAが測定したコンピテンシーは15歳の生徒の基本的な学校知識と見なしてよいかと自問している。それによると、

---

*1 risk assessment
*2 decision taking
*3 constructive management of feelings

478　第2部　教育効果を測る

　　　　「PISAは、情報にアクセスし、それを取り扱い、統合し、評価する[*1]、
　　　また想像的に思考する[*2]、さらに仮説を立て、発見する[*3]、および自分
　　　の思想や理念を効果的にコミュニケーションする[*4]という若者の能力[*5]
　　　として定義される、リテラシー・スキル[*6]に関してまず3つの調査に集中
　　　した。」[128]

とPISAの現状を確認する。

　シュライヒャーは、PISAが測定しているのは、リテラシー・スキルだと言っ
ている。また、「若者を成功させるコンピテンシーの全部を把握しているわ
けではない」[*7]と念を押した。さらに、

　　　　「PISAが測定していないもののリストは、特定されれば増えていくに
　　　違いない。しかし、PISAが測った読解、数学、科学のコンピテンシー[*8]
　　　が無いなら、PISAが測っていないその他の領域のコンピテンシー
　　　(competency)が全部[*9]あるということにはならない。」[129]

と述べて、まずPISAが測定している3つのリテラシーという領域[*10]をそ
れぞれコンピテンシーと呼び直している。そして、現在は不十分であっても、
PISAはますます充実させることができると揺るがない立場を表明している。
　同時にシュライヒャーは、次のようにコンピテンスを使っている。

　　　　「PISAは、知識と技能、モチベーション、態度、情動、その他の社会的
　　　で行動的な諸要因[*11]を含む社会心理リソースを活性化すること[*12]を通

---

*1 to access, manage, integrate and evaluate information
*2 to think imaginatively
*3 to hypothesise and discover
*4 to communicate their thought and ideas effectively
*5 capacity of young adults
*6 literacy skills
*7 cannot capture the entirety of competencies that will make young people successful
*8 reading, mathematics and science competencies
*9 all those other dimensions competency
*10 dimension
*11 knowledge and skills, motivation, attitudes, emotions, and other social and behavioural components
*12 mobilisation of psychosocial resources

第8章　データ戦略の展開　479

じて様々なコンテクストにおいて複合した要請にうまく合わせる能力[*1]
としてコンピテンス (competence) を定義している[*2]。」[130]

　したがって、アンドレアス・シュライヒャーの理解では、コンピテンス
は知識や技能を様々なコンテクストに対応して使用する能力である。コン
ピテンシーは、OECDが定義し測定可能な領域として特定したコンピテン
スのことで、リテラシーやスキル (技能) に近いものとして解釈されている。
DeSeCoの議論の時点では、PISAが測定しているものは、キー・コンピテン
スのうち言語、数学、科学という「道具を相互交流的に使用する」能力でそ
れらを読解リテラシー、数学的リテラシー、科学的リテラシーと呼んでいた。
だが、2007年の時点では、リテラシーやスキルに近いがそれらを越えた能力、
何らかの「生成的コンピテンス」を測ることが出来ていると考えて、それを
読解コンピテンシー、数学的コンピテンシー、科学的コンピテンシーと呼ぼ
うと判断したものとみることが出来る。

第4節　2010年のOECD

(1) PISA は有効か

　2010年11月のこと、アンドレア・シュライヒャーがOECD/TUAC会議
で以下のような報告をした。柱グラフに図示されたパワーポイント画面で説
明されると、筆者には迫力があった記憶がある。

　PISAの成績 (15歳) でレベル1または1未満だった者が19歳になった時に
中等後教育に進学する者の割合と比べて、レベル2だった者は2倍、レベル
3だった者は4倍、レベル4だった者は6倍 (カナダの論文では8倍)、レベル5
だった者は16倍いる。PISAの成績 (15歳) でレベル1または1未満だった者
が21歳になった時に中等後教育 (大学・実業大学) に進学する者の割合と比べ
て、レベル2だった者は4倍、レベル3だった者は6倍、レベル4だった者
は10倍、レベル5だった者は19倍いる。[131]

---

*1 ability to successfully meet complex demands in varied contexts
*2 PISA defines competence

480 第2部 教育効果を測る

それに比べて、15歳の時学校の成績でレベル1または1未満だった者が21歳になった時中等後教育に進学する者の割合と比べると、レベル2だった者は1.5倍、レベル3だった者は2倍、レベル4だった者は3倍、レベル5だった者は5倍となっている。[132]

以上より、PISAの方が教師が付けた学校の成績よりも将来を予測する確度が高い。[133]

このOECD/TUAC会議では、コンピテンスの方が意味が広く人生を言い当てていて、スキルは教育目標としては好ましくないという発言が支配した。当時のOECD内の発言を見てみると、

「コンピテンスは、知識や技能(スキル)以上のものである」(ライチェン、サルガニク)

「欧州委員会の欧州職業訓練発展センター(CEDEFOP)語彙集では、スキルは『作業を遂行し問題を解決する能力』と定義し、コンピテンスは教育、仕事、個人的発達あるいは職業的発達というコンテクストに学習成果を十分に適用する能力と定義している。コンピテンスは、理論、概念、暗黙知のような認知的要因にとどまらず、テクノロジースキルなどの機能的側面や社会的スキルあるいは組織スキルなどの対人態度、それに倫理的価値を含んでいる。」

「コンピテンスは、それゆえ、態度や知識と同様に、スキルが実際に意味するよりもより広い概念であり、21世紀コンピテンスこそこの研究の基本的な課題である。」[134]

「明瞭でうまく定義された調査政策は、教師が効果的に教え生徒が発達させるために、重要な、場合によっては根本的な条件である。言い換えれば、……厳格な調査政策によって保障されなければ、そのようなスキルを教えることは教師にも生徒にも優先的に扱われないという危険性がある。……シスコ、インテル、マイクロソフトの21世紀スキルの調査・教育に関する21世紀スキル・プロジェクトのようなものの率先的活動(イニシアチブ)の成果が、一部で有効かもしれない。」[135]

「この分野は将来研究する有望な分野として挑戦すべきであるが、21世

紀スキル論争におけるICT（情報通信技術）の補助的な役割と区別する必要がある。……21世紀スキル・プロジェクトのような先進的活動は部分的には歓迎できるが、われわれの知識との間にある重大なギャップを埋めることが期待される。」[136]

とあって、OECDはコンピテンスに強くこだわっていたと考えられる。

(2) PISA2009の結果公表をめぐって

PISA2009の結果は上海、韓国、シンガポール、香港などアジア諸国が上位を独占し、その他からはかろうじてフィンランドが入っただけだった。アジア諸国が、旧テストばかりか、10年かけて新テストにも対応できるように慣れてきたというだけの、実にむなしいというか、浅ましい結果である。日本では、白紙答案対策がすぐに開始された。教育とはそんなことだったのか。

テストを単に調査ととらえて人間づくりを進める国と、テストに準備することこそが勉強だととらえる国の違いが結果にも出てきたということだろう。今後、OECDがどのようにテストを続けていくかは、難しいことになった。

PISA2009のあたりでは、米国では州に義務づけられたNEAPテストで十分であると見なし、PISAを敬遠する声が起きていた。2010年12月に行われたPISA2009の結果公表では、グリヤ事務総長は日本ではなく、米国に行って報告を行い、テレビ番組にまで出ている。米国の方も、2011年の3月16、17日と米国においてUS/OECD/EIサミットを開催すると仕掛けてきた。PISA2009の上位25か国が招待されるというのだが、招待とは名ばかりで、米国標準（アメリカンスタンダード）とOECD/PISAとの攻防は激しい。TUACとEIは、これはとても大事な会議だと注意を促したものだ。

OECDが用意した米国のカントリー・レポートは膨大なものであった。また、そのタイトルも刺激的で『*Strong Performers And Successful Reformers In Education: Lessons From Pisa For The United States*』（日本語訳は『PISAから見る、できる国・頑張る国—トップを目指す教育』）となっていた。米国に対するOECDの並々ならぬ意気込みが感じられる。

米国の意図は、テスト市場に米国のコンピュータ産業が入りこんで、世界

482　第2部　教育効果を測る

中で統一テスト競争を展開し、米国のソフト一色で学力の世界を塗り替えようとしているということは容易に読み取れた。この勢力が、デジタル教科書を作ろうという勢力、コンピュータの教員研修を提供するインテルやマイクロソフトなどとが利益でつながっていると思われる。21世紀スキルとは、インテル、マイクロソフト、シスコという情報産業が立役者となっているからだ。

(3) PISA2006-2009、キルギスの夢と挫折

　OECDは、2000年から「生徒の学習到達度調査（PISA）」を実施して、世界の教育政策に大きな影響力を及ぼす最大の国際的活動主体となった。中央アジア諸国で、現在、この学力調査に参加しているのはカザフだけである。

　ソ連崩壊後に米国化された中央アジアのキルギス（現地読みはクルグズ）共和国は、高額の参加料に工面をつけやっとの思いで参加した。しかし、PISA2006とPISA2009において全テスト領域で最下位だった。同じPISAに参加した東アジアの国々とは、あまりに得点と順位の格差が大きい。OECDは、キルギス共和国の教育調査を実施し、PISAからの教訓として報告書『国別教育政策研究―キルギス共和国2010年』を作成する。

　報告書では、キルギス側が事前に問題集で試験対策をしていることが非難され、コンピテンス・ベースの学習をしていない点に問題があると分析され、暗記型の教育を止めて知識を現実の生活のコンテクストに適用する力を養うように勧告された。

　キルギスにおける経済主導の改革派も、「クリーン」で公平な新しい評価方式を採れば、学校は「コンピテンシー」という活用能力を育成し、学力が向上し、社会が豊かになるという図式を描いていた。少なくとも、OECDは、キルギスの教育政策が教育原理という根源で変化していないことを指摘している。だから、OECDは次のような口調で、社会主義の遺物であるドリル学習が新しい学びを阻害していると指摘している。だが、問題はそこだけにあるのではないだろう。

　「教育の視点から見てさらに深刻なことは、答えのわかっている問題に関

第8章　データ戦略の展開　483

表8-19　住居別にみた言語使用状況（％と住居別・使用言語別の学力（PISA2006科学）

	都市	町	村	科学の得点
家庭でロシア語、学校でロシア語	39%	13	3	424
家庭でキルギス語、学校でロシア語	23	17	2	361
家庭でウズベク語、学校でウズベク語	10	11	9	307
家庭でキルギス語、学校でキルギス語	24	49	82	304
その他	4	10	4	
科学の得点	393	331	301	322

OECD, *Reviews of National Policies for Education: Kyrgyz Republic 2010: Lessons from PISA.* OECD, 2010, 183-184より作成した。

する丸暗記的な『ドリル』は、教育と学習を強く束縛している。何か月も前に、時には何年も前に、試験問題を予め出版するという行為は、すぐに廃止されるべきである。そうすれば、教師や学習者が、答えのわかっている、暗記中心の狭い範囲の問題に関する、際限ない解答『蓄積』の繰り返しではなく、国家教育標準や教科カリキュラムが要請するものに集中することが可能となる。疑いもなく、このような動きは議論の余地はあるが、『教育発展計画2011-2020（案）』にて教育科学省が支持する『コンピテンス基盤』学習という点で重要である。」[137]

　それは真の原因なのか。予想問題を解いて練習しておけばPISAの得点が上がることは、今日では何ら秘密ではない。東アジアの高得点の国々との違いは別の所にあるだろう。

　OECDの調査分析によると、学力状況は、**表8-19**のようになり、ロシア語ないしソ連邦の文化遺産が大きいことがわかる。

　ソ連時代の国家主義的な社会主義教育を個人の公平な能力競争に転換する教育改革のはずだったが、その実体は、個人の能力が都市と農村の、またそれぞれの家庭の経済格差と子どもが使用する言語に大きく依存するようになってきているということがわかる。

　しかし、キルギス共和国はPISA2012をキャンセルした。荒れ地で羊を飼っているような農村で学校教育を現実の生活に合わせるのなら、PISAのテス

484　第2部　教育効果を測る

トは幻想でしかない。このことは、OECDが分析間違いを起こしてはいないかと問い直すこともできる。キルギスと東アジア諸国とは同じようなテスト対策をした。それでも東アジアの国々が高得点を得てキルギスが最下位だったのは、テスト対策をしようとした姿勢の問題ではなく、テスト対策を徹底できた社会の豊かさの違いにすぎない。OECDの手法は貧困国には通用しないということだ。

(4) PISA2009、上海それは政治的な思惑

　中国がPISAに参加するのは、2009年のことである。この時、12の地域でテストが実施されたが、公表されたのは上海だけであった。しかも、上海はすべての領域でダントツの世界トップという成績であった。われわれが見せられたのは、**表8-23**だけだった。

　ところが、PISA2009は実際に上海以外の地域でも実施されていた。このことは、OECDが発行するPISA2009関連の詳細な報告書にも掲載されていない。記載されているのは、中国と名のつく地域として、上海、マカオ、香港、台湾だけである。これを一つの中国と言っているのである。

　中国国内の様子を調査したモナシュ大学助教フィリップ・ウィン・クン・チャン (Philip Wing Keung Chan) とモナシュ大学教授テリー・セドン (Terri Seddon) によれば、[138]上海だけは特別扱いされ、上海PISA研究センターが設置され、上海教育研究所がテストを管理した。テストは、152校、5115人の生徒を対象に実施された。他の地域は、中国教育省の国立教育試験機構が管理した。対象地域は8省（南海省、河北省、湖北省、江蘇省、吉林省、四川省、雲南省、浙江省）と、寧夏回族自治区、北京市房山区、天津市の3地域とされた。これらの地域には、少なくとも2万校、650万人の生徒が含まれるという。そこから613校、1万9256人の生徒がテスト対象となった。この事実を、チャンが地元紙をもとに丹念に調べたのだという。

　中国国内だけの順位表、**表8-20**と**表8-21**を見て分かるように、学力格差は明らかに中国の国内問題を意味している。テストの結果は、生活条件、中でも教育条件の差が反映していると見るべきだろう。そうなると、中国国内

第8章　データ戦略の展開　485

表8-20　PISA2009の順位表（中国内地域のみ）

順位	地　域	読　解	数　学	科　学	総合得点
1	上海	556	600	575	1731
2	浙江省	525	598	567	1690
3	地域D	522	585	558	1665
4	地域B	509	564	531	1604
5	地域A	498	568	535	1601
6	地域F	481	549	523	1553
7	地域K	497	536	503	1536
8	地域C	483	533	512	1528
9	地域J	469	519	500	1488
10	地域H	450	520	497	1467
11	地域I	435	482	468	1385
12	地域G	407	453	437	1297
	中国の平均	486	542	517	1545
	OECDの平均	493	496	501	1490

World Yearbook of Education 2014, Routledge, 2014, 209.

　の生活条件や教育条件の差を比べることによって、あるいはまた上海と各国との国際的な生活条件と教育条件の格差の原因を探ることによって、よりはっきりと教育政策の問題点が指摘できるはずだ。だが、OECDはその道を歩まなかった。

　12地域を調査したのなら、世界に公表すべきは中国平均を含む順位表（表8-22）であるはずだ。ところが、配布されたのは上海のみを含む順位表（表8-23）であった。ここには、明らかに作為がある。

　上海は2000万人の人口があるので、ヨーロッパの小国のデータと同列に扱うことができるというのがOECDの立場であろう。だが、中国の都市部の学校には、農村出身である出稼ぎ労働者の子どもたちは入学できない。これが現在の中国政府がとっている戸籍制度である。データに表れたのは、上海に在住する都市戸籍、つまり裕福な子どもたちを調査したデータである。

486　第2部　教育効果を測る

表8-21　PISA2009の順位表（中国内地域を含む）

順位	読解力	数学リテラシー	科学リテラシー
1	556 上海	600 上海	575 上海
2	539 韓国	598 浙江省	567 浙江省
3	536 フィンランド	585 中国・地域D	558 中国・地域D
4	533 香港	568 中国・地域A	554 フィンランド
5	526 シンガポール	564 中国・地域B	549 香港
6	525 浙江省	562 シンガポール	542 シンガポール
7	524 カナダ	555 香港	539 日本
8	522 中国・地域D	549 中国・地域F	538 韓国
9	521 ニュージーランド	546 韓国	535 中国・地域A
10	520 日本	543 台湾	532 ニュージーランド
11	515 オーストラリア	543 中国・地域C	531 中国・地域B
12	509 中国・地域B	541 フィンランド	529 カナダ
13	508 オランダ	536 リヒテンシュタイン	528 エストニア
14	506 ベルギー	536 中国・地域K	527 オーストラリア
15	503 ノルウェー	534 スイス	523 中国・地域F

World Yearbook of Education 2014, Routledge, 2014, 210.

　他の地域も豊かになり、学校教育制度が整備され、子どもたちが安心して学べるならば、上海と同様の調査結果が出たであろう。したがって、調査を通じて中国国内の教育改革に資するという立場はありえたはずだ。ところが、国内問題として処理されるべきはずのデータはエキサイティングな「エビデンス」となって、とりわけ米国に対して突きつけられた。OECDがNEAP（全米統一学力調査）独占体制を崩そうとしたとも考えるのは穿ち過ぎだろうか。

　米国教育史研究者ダイアン・ラビッチは、PISA2009の結果に際して次のようなことを言っている。

　　「第一には、上海とフィンランドの二つのトップは、どちらも強力な公立学校制度を持っていることである。どちらも、学校を規制緩和したり、民間組織に権限を委譲したりしていない。両者はそれぞれ違った方法ではあるが、規制緩和や民営化ではなく、公的部門を強化することによっ

第8章 データ戦略の展開　487

表8-22　PISA2009の順位表（中国平均を含む）

順位	読解力	数学リテラシー	科学リテラシー
1	539 韓国	562 シンガポール	554 フィンランド
2	536 フィンランド	555 香港	549 香港
3	533 香港	546 韓国	542 シンガポール
4	526 シンガポール	543 台湾	539 日本
5	524 カナダ	542 中国	538 韓国
6	521 ニュージーランド	541 フィンランド	532 ニュージーランド
7	520 日本	536 リヒテンシュタイン	529 カナダ
8	515 オーストラリア	534 スイス	528 エストニア
9	508 オランダ	529 日本	527 オーストラリア
10	506 ベルギー	527 カナダ	522 オランダ
--	－－	－－	－－
14	500 ポーランド	515 ベルギー	517 中国
	500 アイスランド	－－	517 スイス
--	－－	－－	－－
28	486 中国	490 ハンガリー	496 アイスランド
	486 イタリア	－－	－－

World Yearbook of Education 2014, Routledge, 2014, 211.

表8-23　PISA2009の順位表（上海を含む）

順位	読解力	数学リテラシー	科学リテラシー
1	556 上海	600 上海	575 上海
2	539 韓国	562 シンガポール	554 フィンランド
3	536 フィンランド	555 香港	549 香港
4	533 香港	546 韓国	542 シンガポール
5	526 シンガポール	543 台湾	539 日本
6	524 カナダ	541 フィンランド	538 韓国
7	521 ニュージーランド	536 リヒテンシュタイン	532 ニュージーランド
8	520 日本	534 スイス	529 カナダ
9	515 オーストラリア	529 日本	528 エストニア
10	508 オランダ	527 カナダ	527 オーストラリア

World Yearbook of Education 2014, Routledge, 2014, 211.

488　第2部　教育効果を測る

て好成績をあげてきた。」

「米国の国際学力テストの結果に関するもう一つの顕著な側面は、異常
で恥ずべき子どもの貧困率である。……PISAに参加した多くの国と都市は、
子どもの貧困率がわが国よりもはるかに低い。」[139]

それでもOECDの調査に意味があるとすれば、貧困故の教育条件不足を
しっかりとエビデンスでもって分析することであろう。

(5) 2013年11月8日のOECD/TUAC会議

ヨーロッパの国々では、PISAの結果が出ても練習問題を解いてスキルの
向上を教育目的にするというような現象は東アジア諸国ほど起きてはいない。
むしろ、国内で3分の1ほどの若者の学力がきわめて低いとなると、民主社
会が維持できるかという根本的な問題を考えている。このような反応は、よ
くすると手厚い教育に向かうが、悪くすると移民排斥につながる。

筆者は、2007年11月、2010年11月、2013年11月末と、PISA結果報
告直前の対策会議としてパリのOECD本部で開催されるOECDとTUAC
との合同会議に参加した。ちょうど2013年は、第1回「OECD国際成人力
調査(PIAAC)」の報告直後だったこともあり、活発な討議がなされた。成人
調査では、平均点では日本が1位であったが、得点分布ではフィンランド
がもっとも高学力を示していた。さて、この調査は、もともと「Programme
for the International Assessment of Adult Competencies」と呼ばれ、コンピテン
スを測定する予定であった。ところが、報告書は『*The Survey Adult Skills*』(日
本語版は『成人スキルの国際比較』)となっていた。

PISA2012の結果をどのように解釈するかという2013年11月8日の
OECD/TUAC合同会議は、国際成人力調査の分析を報告された後には、会
場は批判の渦に巻き込まれた。各国の教育研究者から「コンピテンスを測る
と言いながらなぜスキルを測ったのか」と厳しく問い詰める発言が続いたの
である。OECD側のシュライヒャー教育次長は、OECDはコンピテンスを
測りたいのだけれど「各国政府が実施する国内テストはコンピテンスではな
くスキルにあるからだ」と言い訳した。

第 8 章　データ戦略の展開　489

　それでは、「集計された PISA2012 の結果も結局はテスト準備をした国が高得点なのだろう」と非難が始まった。シュライヒャー教育次長は、3 年前の同一会議までは、「日頃の教育の成果がテストに出るわけで、人生に向けて優れた教育をすればよいのだ」と答えていた。ところがこの日は、「テストのために準備するのも学習の一つだ」と居直りに近い発言に終わったのである。しかも、「そろそろ時間なので」と議論途中で退席しようとしたので、「逃げるのか」とヤジが飛ぶはめとなった。

　PISA が想定するのはヨーロッパ仕様の国際標準学力である。かといってヨーロッパ諸国が PISA で高得点というわけではない。そうなると、一般の国民は学力向上に向いて動き始める。英国やフランス、ロシアのように街の本屋には瞬く間にテスト対策の練習問題集が溢れるようになった。OECD の本当の目的は、コンピテンスと言いながら、ヨーロッパの学校教育を学力スキル競争へと再編成することにあったのかも知れない。

(6) CBT-IRT テストへ

　PISA2015 は、全分野でコンピュータ調査に変わった。いわゆる紙テスト (PBT) からコンピュータ・テスト (CBT) に移行したのである。

　これまでのテストは同一課題を解いて、解答の得点で受験生を「順序づける」方式であった。とりわけ日本では、同一時刻に受験生全員が同じ問題を解くことでテスト結果の客観性が保たれる、つまり公平なテストだと未だに考えられている。

　ところが、コンピュータで出題し解答すれば、課題文の管理と配布、解答の即時回収、大量の問題の一斉処理と秘密保持が容易になる。また、動画や音声、図表などさまざまなデータをテスト中に使用でき、出題内容の幅が広がる。そのために、測定できる能力が広がるという利点がある。

　回答がワープロ入力になれば、AI（人工知能、Artifical Intelligence）に採点できる部分が拡大し、文章題を遠距離の採点者が異なる時刻に採点することも可能になる。

　項目反応理論（IRT）に基づいて統計処理されるテストは、評価段階別に異

490　第2部　教育効果を測る

表8-24　問題解決能力に関するPISA設問と習熟度レベル (levels of proficiency)

習熟度レベル 得点、正解率	各レベルにいる生徒の特徴の一例	出題の難易度
レベル6以上 (683点～、 2.5%)	多様な問題状況の文脈において、思考の中で完全で理路整然としたメンタルモデルを展開し、複雑な問題を効果的に解決することができる。複雑で柔軟性のある、複数の手順をもつ計画を作成し (can create complex, flexible, multi-step plans)、その計画の実行に際し継続して観察し、結論に到達することができる。	(701点) 　おそうじロボット 　問3 (完全正答)
レベル5 (618点～ 11.4%)	複雑な問題状況を体系的に探究し、関連する情報がどのように組み立てられているかを理解することができる。予期せぬ困難 (unexpected difficulties) を発見した場合、速やかに計画を変更するか、元に戻ることができる。	(672点) 　エアコン 　問2 (完全正答) (638点)　切符 　問2 (完全正答)
レベル4 (553点～ 31.0%)	やや複雑な問題状況を集中的に探究することができる。問題解決に必要な、状況の構成要素間の関係を理解する。観察結果によって、計画を修正し、あるいは再び目標を定め直すことが常にできる。	(592点)　エアコン 　問2 (部分正答) (579点)　切符 問3 (559点) 　おそうじロボット 問2
レベル3 (488点～ 56.6%)	いくつかの異なる形式で提示される情報を処理することができる。問題状況を探究し、構成要素の単純な関係を推論することができる。前もって計画することや進展を観察することの必要性を理解し、必要があれば異なる方法を試してみることができる。	(523点)　エアコン 　問1 (完全正答) (492点)　エアコン 　問1 (部分正答) (490点) 　おそうじロボット 問1
レベル2 (423点～ 78.6%)	なじみのない問題状況を探究し、その一部を理解することができる。下位目標に達するための、一度に一つの手順を計画・実行し、解決へと至る過程をある程度は観察することができる。	(453点) 　切符 問2 (部分正答) (446点) 　道路地図 問2
レベル1 (358点～ 91.8%)	限られた方法で問題状況を探究することができるが、それは以前に極めて似た状況を観察している場合である。前もって計画を立てたり、下位目標を設定することができない傾向がある。	(414点) 　おそうじロボット 　問3 (部分正答) (408点) 　道路地図 問3
レベル1未満 (～357点 100%)		(340点) 　道路地図 問1

得点は、その得点の設問が解ける確率が0.62として設定してある。
OECD/PISA. *PISA2012 Results: Creative Problem Solving: Students' Skills in Tackling Real-Life Problems (Volume V)*. Paris: OECD, 2014, 57. 国立教育政策研究所編著『OECD生徒の学習到達度調査 (PISA) 2012年問題解決能力調査－国際結果の概要－』2014年4月、14ページ。

なる課題を与えその課題がクリアできれば評価される「能力の段階が特定される」という原理に基づく。この原理で受験したテストからコンピテンスを抜き出すことをOECDは考えているようだ。

IRTの利点は、受験生個人のレベルに合わせた「適応型テスト」を開発すれば、同一時間内に個々の受験生の能力に合わせて異なる難易度の出題を提供することができるわけである。また、IRTテストは、評価段階を特定するテストなので、異なるテスト問題でも比較可能となり、同一時刻に実施するという制限がなくなる。つまり、年に複数回実施したり、同一人物が時間をおいて複数回受験できるわけである。そうなると、継続的・経年的な学力評価が可能になる。PISA2012では、試験的にコンピュータテストが開始されたが、この問題解決力の例題[140]をもとに、OECD/PISAがIRTの表示を試みたのが表8-24である。例題は、「おそうじロボット」「エアコン」「切符」「道路地図」であり、この設問ごとに測定されていると見なされるコンピテンスが生徒の特徴として描かれている。[141]いわば、それぞれのレベルのコンピテンスに対応して、特定の設問への正解が項目反応理論でいう「項目（item）」として設定されているということである。

コンピュータ調査と項目反応理論を組み合わせたものが、CBT-IRTテストである。[142]今後、この方向に向かっていくことは間違いない。PISA2015はCBTに転換された。日本では、高大接続システム会議が2015年から2016年にかけて集中審議し、センター入試を新試験に転換しようとしたがこの試みは失敗した。

(7) OECD Education 2030 Framework、コンピテンス測定かリテラシーとスキルの測定か

2016年のこと、PISA2018のガイドブックとして『OECD2030年教育枠組み（*OECD Education 2030 Framework*）』が公表された。これは、DeSeCoが開始したコンピテンスの定義づけの作業を引き継ぎ、2005年に公表された「キー・コンピテンシー」の再定義を試みるEducation 2030プロジェクトの成果である。

492　第2部　教育効果を測る

表8-25　2030年教育概念枠組み (Education 2030 Conceptual Framework)

知識 (Knowledge)	科目の知識 (Disciplinary knowledge) 科目間の知識 (Interdisciplinary knowledge) 実践的知識 (Practical knowledge)	コンピテンス (Competencies)	実行 (Action)
スキル (Skills)	認知スキルとメタ認知スキル 　(Cognitive and meta-cognitive skills) 社会的スキルと情緒的スキル 　(Social and emotional skills) 身体的スキルと実践的スキル 　(Physical and practical skills)		
態度・価値 (Attitude & Values)			

OECD. *OECD Education 2030 Framework.* Paris: OECD, 2016, 2.

　この『OECD2030年教育枠組み』では、「グローバル・コンピテンス」と呼び変えられているが、コンピテンスは知識、スキル、態度・価値を統合して行為を生み出す力だと定義されている。

　OECDが世界に向けて教育目標としてコンピテンスを提起したことは、伝統的な「知識」詰め込み教育を否定することを意味した。しかしながら、プロジェクトの中では、英国の教育研究者マイケル・ヤングが指摘するように、「家庭や地域社会などの実生活では学ぶことができない『専門的で汎用性のある知識』を教えるのが学校教育の役割である」という立場はなかなか崩れない。表8-25に見るように、「科目の知識」が筆頭にしっかりと書き込まれている。これは、英国が進める「知識重視への回帰」などの国際情勢を考慮し、「こうした背景も踏まえて」導かれた結果だと言われる。[143]

　ちなみに、英国の『国家カリキュラム枠組み』(2011年)では、「国家カリキュラムは、厳格で高度な標準[*1]が具体化され、学校で教えられることに首尾一貫性を作り出すべきである」と説明されていて、学校教育への画一的な管理姿勢が示されている。[144]この『国家カリキュラム枠組み』では、「フィンランド、シンガポール、香港、ニュージーランドといった国際的好成績グループは、知識の原則[*2]、教育と学習が教育目的と戦略的な実行を支えていると

---

*1 rigour and high standards

*2 principles of knowledge

第8章　データ戦略の展開　493

表8-26　学び方に関する指標の4か国比較

	日　本	韓　国	台　湾	シンガポール
探究に対する科学的アプローチへの価値付け	-0.06	0.02	0.31	0.22
科学の楽しさ	-0.33	-0.14	-0.06	0.59
広汎な科学的トピックへの興味・関心	-0.11	-0.07	-0.01	0.28
理科学習者としての自己効力感	-0.46	-0.02	0.19	0.11
科学に関連する活動	-0.57	-0.28	0.20	0.20
理科の授業の雰囲気	0.83	0.63	0.18	0.20
理科の授業における教師の支援	-0.14	-0.09	0.06	0.31
理科の授業の構造化に関する生徒の認識	-0.21	-0.59	0.17	0.27
理科教師からのフィードバック	-0.36	-0.37	0.24	0.31
探究を基にした理科の授業に関する生徒の認識	-0.64	-0.61	-0.45	0.01
30歳の時に科学関連の職業に就いていることを期待している生徒の割合（%）	18.0	19.3	20.9	28.0
PISA2015調査における科学的リテラシーの平均点得点（順位）	538 (2)	516 (11)	532 (4)	556 (1)

OECD/PISA. *PISA 2015 Results: Excellence and Equity in Education. Volume I.* Paris: OECD, 2016, 111-141. OECD/PISA. *PISA 2015 Results: Excellence and Equity in Education. Volume II.* Paris: OECD, 2016, 47-103. 国立教育政策研究所編『生きるための知識と技能―OECD生徒の学習到達度調査（PISA）2015年調査国際結果報告書』明石書店、2016年、128～162ページ。

いうことをはっきりさせている」とも述べられていて、知識重視の教育を主張している。[145]

(8) PISA二巡目終了時のOECD

　だが、OECDは、依然としてコンピテンスにこだわっているとも言える。国際生徒調査PISA2015の得点では、OECD非加盟国・地域も含めてシンガポールが読解力、数学的リテラシー、科学的リテラシーともに1位であった。とりわけ科学的リテラシーに必要なコンピテンシーは、「現象を科学的に説明する」コンピテンシー[*1]、「科学的探究を評価して計画する」コンピテンシー[*2]、「データと証拠を科学的に解釈する」コンピテンシー[*3]だと説明されている。[146]こ

*1 the competency "explain phenomena scientifically"
*2 the competency "evaluate and design scientic enquiry"
*3 the competency "interpret and evidence scientifically"

のようにリテラシーの中身がコンピテンシーで書き表わされている。

学び方については、**表8-26**のように、科学の学び方で日本の生徒は、総じて、探究はあまりせず、科学の楽しさもなく、興味関心もあまりなく、自分から活動もしない。授業中の雰囲気はよいが、教師の支援は少なく、よく分かっているわけでもなく、授業の後にしっかり考え直して成果を自分のものとするプロセスもそれほどない。将来の自分の職業と結びつけて学んでいるわけでもない。しかし、成績はよい。シンガポールは成績もよく、しかも、学び方もOECDには理想的である。こんなことが国際調査で分かっている。

第5節　データ戦略の落とし穴

数字に直せば比べられるはずだ。これが落とし穴だ。

日本語を使用する力、いわゆる国語の学力は、多数の漢字の読み書きとその意味理解が日本における教育や学習の前提となっている。しかし、この言語習得に要する教育と学習は、比べる必要がない領域として国際的な評価からは無視される。同様に、母語で授業を受けられない、あるいは母語で国際テストを受けられないマイノリティの教育や学習も数値の裏に隠れてしまう教育と学習の成果なのだ。確かにあるのに、経済学者も統計専門家もそれを見ようとしない。

文化の違いで、数値化の尺度が異なることもある。日本人生徒は、教科の学力に自信はあるかと問われれば、他人に対する自慢を避けて少なめに申告する。逆に、自己アピールして少しでもよく認めてもらおうとする文化もあるようだ。

PISAに関する極めて苦い日本の経験を一つ紹介しよう。

事の発端は、2003年度の「OECD生徒の学習到達度調査（PISA）」で生じた。生徒の質問票の中に、問27（日本語版は問24）「私の学校について（My school is a place where）」として次の3項目を含む6項目があった。[147]

a）I feel like an outsider (or left out of things).

d）I feel awkward and out of place.

f) I feel lonely.

調査にあたって、次のような日本語に翻訳された。[148]

（1）学校ではよそ者だ（またはのけ者にされている）と感じている。

（4）学校は気おくれがして居心地が悪い

（6）学校はいつも退屈だ

　調査で生徒は、それぞれ「とてもそうだと感じている」「そうだと感じている」「そうは感じていない」「全然そうは感じていない」の4段階で答えることになっている。

　この結果は、**表8-27**のようになっていた。このデータは、OECDのホームページ「Database - PISA 2003」（http://www.oecd.org/pisa/pisaproducts/database-pisa2003.htm）から「Student Compendium」を選択して確認できる。つまり、世界中どこから、誰でも利用できるデータである。

　OECDは、この問27の結果をとりたてて問題にはしなかった。ところが、UNICEFがこのビッグ・データを利用して、テーマ別に子どもの現状を調査し、報告書を作成し始めた。問題は、その第7集『豊かな国における子どもの福利(well-being)』のなかの「子どもの疎外感」という項目で起きた。well being(ウェル・ビーイング)は、健康で安全なこと、心と体が健康であることを指し、自己実現が達成されていて本人が満足心を感じている状態を指す。

　UNICEF調査報告書の中では、次のように解説されている。

表8-27　UNICEF『子どもの福利調査』（2007年）における「疎外感」に関する項目

質問（問27）	日本の調査結果データ				日本の結果	OECD全体
	とてもそうだと感じている	そうだと感じている	そうは感じていない	全然そうは感じていない	「とても」「そうだ」の合計	「とても」「そうだ」の合計
a) 学校ではよそ者だ、またはのけ者にされていると感じている	1.15%	4.75	49.71	43.84	5.90	7.17
d) 学校は気おくれして居心地が悪い	3.92	13.85	58.32	22.81	17.97	10.61
f) 学校ではいつも孤独だ	9.85	19.66	50.81	19.14	29.51	10.87

Database - PISA 2003: Student Compendium. Q27.

496 第2部 教育効果を測る

「疎外感 (Out of place)

　図6.3bは、主観的福祉の心理学的及び社会的側面を探求する試みである。例えば、居心地の悪さ、孤独感、『よそ者のような感じ』などで、これらは社会的排除の認識であり、子どもたちの生活の質に重大な影響を及ぼす可能性がある。このグラフは、自分自身の状態について3つの説明に賛成か反対かを尋ねた結果を集約している。

　□学校ではよそ者だ、またはのけ者にされていると感じている[*1]
　□学校は気おくれがして居心地が悪い[*2]
　□学校ではいつも孤独だ[*3]

　全体として、大半の国において顕著な一貫性が見られ、また子どもたちの間に高い生活満足度があることが分かる。ほとんどの国では、上記の説明に賛成する子どもの割合は、最も低い国で5%、多くても10%である。比較的高い割合の子どもが『居心地が悪く、疎外感を感じる』という説明に同意したが、この場合でも、『はい』と答える子どもの割合は、24のOECD加盟国中わずか8か国で10%を超えたに過ぎない。

　個別に見ると、最も目を引くのは日本の結果である。この国では30%の子どもが『孤独を感じる』という説明に同意している。これはそれに次ぐ国のほぼ3倍である。質問を別の言語と文化に翻訳することの困難を表しているのか、あるいはさらに調査の必要がある何らかの課題示しているのか、それともその両方を意味するのか。」[149]

さらに、国立教育政策研究所は、「データ元と背景情報」という解説を加え、

　「図6.3bは、OECD PISA調査2003を元にしている。この調査のデータは、2005年8月にhttp://pisaweb.acer.edu.au/oecd_2003/oecd_pisa_data.htmlから取得した。そのため英国の調査結果は慎重に扱う必要がある。米国はこの質問の回答データを提供していない。」[150]

と付け加えているが、アンケート用紙の日本語訳には言及されていない。

---

*1 I feel like an outsider or left out of things
*2 I feel awkward and out of place
*3 I feel lonely

英国では、読解力の問題冊子配布ミスがあり、PISA2003読解力の採点はされなかった。

ユニセフ自身も、「質問を別の言語と文化に翻訳することの困難さ」が原因ではないかと感じているようだ。ただ、もう一つの質問「学校は気おくれがして居心地が悪い」は、それほど外れた訳ではなく、強いニュアンスで訳せば「居場所がない」ということになる。d) の値も高いことから、f) の値はそれほど実態から離れていないかもしれないとユニセフはためらいながら報告書を作成したようである。しかし、1位の国と2位の国のデータが3倍も離れているというのは、異常な状態であり、日本のデータをそれほど「実態から離れていない」と判断してよいという結論にはならない。

案の定、UNICEF関連の国際会議では問題になった。「一体、日本の子どもたちはどうなっているんだ」「日本の学校は異常だ」というように。同席した日本人研究者は、誤訳が原因であることを説明しなかったようである。日本国内の研究者あるいは教育関連の学会で、誤訳の「事実」を共有する機会もとりたてて設けられなかった。

日本の教育研究者たちの中には、データに基づくこの「事実」を、日本の学校が子どもたちに過大な学力競争圧力をかけているので、子どもたちの精神的な発達が極度に歪められていると解釈し、著書や論文で日本の教育行政の非難を展開する者も現れた。

第6節　CEFRというコンピテンス標準

---

(1) 欧州評議会によるCEFRの開発

OECDが行き詰まっているうちに、コンピテンスの育成を学校教育の目的にし、教師の専門性と見なす路線を一貫して崩していないのは、「欧州評議会」である。

OECDが知識基盤経済を掲げて能力論を転換する1996年にすでに、欧州評議会はコンピテンシー概念の整理に着手していた。1996年3月27～30

498　第2部　教育効果を測る

日に、スイスのベルン (Berne) において文化協力審議会 (CDCC) の「ヨーロッパのための中等教育」部が「ヨーロッパのためのキー・コンピテンシー (Key competencies for Europe)」なるシンポジウムを開催している。ジュネーブ大学教授で社会学者のワロ・ハトマッシャー (Walo Hutmacher) が基調報告をしている。そこにおいて彼は、「コンピテンシーという用語 (term competency) は、今日では、教育について語られるものどれにも広く使われている」「コンピテンシーの概念 (notion of competency) は、近年広がってきている」[151] と述べ、終点はないけれど概念の明確化を試みなければならないと問題を提起した。また、彼は社会学者のブルデュー (Pierre Bourdieu) が提唱した概念を使いながら、コンピテンシー全体のセットがハビトゥス (habitus) であると説明し、コンピテンシーは行為の観察、すなわちパフォーマンスから推測する他はないと述べた。[152] さらに、諸コンピテンシーの獲得は、「なすことで学ぶ」という方法で行われると指摘した。この会議の報告者や参加者で見る限り、OECD との接点はない。

　欧州評議会の言語政策は、シティズンシップの教育とも関連し、人格形成全体を視野に入れている。

　欧州評議会は、難民や移住労働者への対策をとってきた長い歴史がある。20年以上にわたる研究・検証を経て、2001年に『CEFR (外国語の学習、教授、評価のためのヨーロッパ共通参照枠、セファール)』を公表した。これは、社会や職場から能力を規定する最も進んだ実例となった。現在は、学校や大学の授業、留学条件の評価などもこの参照枠に沿って行われるようになっている。

　欧州評議会は、人権と法の支配を基本に、民主主義の発展と文化的協力を目的に1949年5月のロンドン条約に基づき設立された。本部は、フランスのストラスブールに置かれている。創立国はフランス、デンマーク、ベルギー、アイルランド、ルクセンブルク、イタリア、オランダ、スウェーデン、ノルウェー、英国となっていて、独仏中心のEUとは異なる歴史を持つ。その後、トルコ、ウクライナ、ロシアなど47か国が加盟し、その人口は8億人に上る。なお、カナダ、日本、メキシコ、米国、バチカンはオブザーバ国となっている。

　ボーデン (John Bowden) とマートン (Ference Marton) は、コンピテンスのと

第8章　データ戦略の展開　499

表8-28　コンピテンスのレベル区分

レベル	特徴
1.行動主義的 （behaviourist）	現場における基礎的パフォーマンス（basic performance in the workplace）
2.加算的 (additive)	パフォーマンス＋知識（パフォーマンス評価と切り離された知識評価を通常伴う。加算的で、統合的アプローチはない）（performance plus knowledge (usually with knowledge assessment undertaken separately form performance assessment, an additive not an integrated approach)）
3.統合的 (integrate)	パフォーマンスと知識の統合（performance and knowledge integrated）
4.全面的 (holistic)	全体的なコンピテンス（holistic competence） 　専門職の役割（professional role）、その役割を遂行する能力（capacity to undertake）、専門性と専門的なパフォーマンスをかみ合わせる知識 基 盤（the knowledge base with which that professional identity and performance are intermeshed）が個人の内で統合されている（three-way integration among the person's way of seeing）。 　この成果の評価は単純でなく（assessment of such an outcome is not simple）、直接評価することは困難である（it is difficult to assess it directory）。

John Bowden and Ference Marton. *The University of Learning: Beyond Quality and Competence.* Routledge, 1998, 106.

らえ方ないしコンピテンスへの関与の仕方を、**表8-28**のようにレベルに分けている。

　この段階区分について言葉を補って解釈すれば、次のようになる。行動主義者は、コンピテンスをパフォーマンスと同等のものと解釈して、ときには集団的ドリルを使いながら、訓練的に繰り返しながら覚え込ませようとする。

　構成主義的アプローチが入ってくると、知識は自分の意思と関わって学習されるものであり、知識を探究し構成するプロセスが学習と見なされ、パフォーマンスと知識が統合される段階になる。PISAに当てはめて解釈してみれば、開発の過程では「全面的」なレベルを目ざしていたが、いざ測定する段階では「統合的」なレベルに退却して、リテラシーとかスキルを測定することになったと解釈できる。ところが、多くの国の教育行政は、教育の目標としてコンピテンスを追求するという意識はそれほどなく、表出型能力の育成という目標としてとらえ直され、学校改革は「加算的」なレベルに落ち着いた。あるいは、実際に日本の学校現場で起きてきたことは、作文力、表

500　第2部　教育効果を測る

現力の育成という、知識とは切り離した形となって、「行動主義的」レベル
で教育が実施されているものもある。

　言語関連の能力に限られたことではあるが、**表8-28**の段階で言えば、
CEFRでは「全面的」なレベルが追求されているのである。

(2) ヨーロッパにおける言語教育

　社会学、日本学などの専門家で、言語政策の研究者フローリアン・クルマ
ス (Florian Coulmas) は、ヨーロッパの言語教育が外国語を重視したのは、一
つには「EC市民」の言語スキルの改善と、もう一つには、移民労働者の特別
な言語要求[*1]への対処にあったと指摘している。[153]

　EU成立の直前、1984年にECの閣僚会議と教育大臣会議は、

　　　「『外国語の知識がヨーロッパ構築の中心要因である』[*2]と確認し、閣僚
　　　会議と教育大臣会議は、義務教育を修了する前に、最大限の生徒が母語
　　　に加えて二つの言語[*3]の実践的知識を獲得できるあらゆる適切な手段を
　　　促進すること、すなわち、『職業訓練、高等教育、成人教育[*4]において外
　　　国語知識のレベル維持を可能にするような[*5]』あらゆる手段を促進するこ
　　　とにも合意した。」[154]

と述べている。

　1995年のEUの白書『教育と学習』は、1996年が「欧州生涯学習年」とさ
れ、「ヨーロッパ3言語の熟達を発達させる」[*6]ことが5つの重点目的の一つ
となったと告げている。[155]

---

*1 special language needs of migrant labour
*2 knowledge of foreign languages is a key element
*3 two languages in addition to their mother tongue
*4 vocational training; higher education; adult education
*5 likely to permit the maintenance of levels of knowledge of foreign languages
*6 develop proficiency in three European languages

(3) CEFRの歴史

最初の試みは、1975年の「言語熟達の『スレショールド』レベル[*1]」の作成である。作成者は、ユトレヒト大学応用言語学研究所長のファンエーク (J. A. van Ek) である。

欧州評議会内の文化協力審議会 (CDCC) が、ヨーロッパにおける成人の言語[*2]に対する単元・単位制度[*3]の開発を目的に専門家グループを集めた。担当したのは、「校外教育・文化発達委員会」と「教育工学運営委員会」である。座長は、ケンブリッジ大学言語学科長のトリム (J. L. Trim) があたった。この結果が、『スレショールド』である。アレキサンダーによって言語学的な側面が付録として収録されている。

この研究者グループの活動目標は、すでにある程度の言語を使用している成人の学習者が、「すでに知っていることに基づいて」[*4]「直面しなければならない学習課題を明確化する」[*5 156]ことにあった。

『スレショールド』レベルとは、語学の入門編ではなく、すでに社会生活している人々を対象に考察されており、後にこのレベルは中級学習者レベルとして扱われるようになった。文法と語彙といういわゆる言語学的スキルの形成ではなく、実行力（パフォーマンス）に学習目標が向けられていた。また、能力の記述も、「一般的な社会的コミュニケーション能力」[*6 157]と表現されている。

1978年には、英語の単行本[158]がロンドンで出版されている。さらに、1980年にもなると、アレキサンダーによって言語学的な側面が付録として加筆されて再版された。これらは、欧州評議会の作業部会の設置に向けて用意されたものである。1980年版の序文には、文化的な内容が不足しているとの批判があったことが紹介されているが、同時に、『スレショールド』の

[*1] "threshold" level of language proficiency
[*2] adult language learning
[*3] unit/credit system
[*4] on the basis of what the learner already knows
[*5] identify the set of learning tasks he has to face
[*6] general social communicative ability

502 第2部 教育効果を測る

表8-29 共通参照レベルの全体尺度

熟達した使用者 Proficient User	C2	聞いたり、読んだりしたほぼすべてのものを容易に (with ease virtually) 理解することができる (Can understand)。一貫した表現で (in a coherent presentation) 根拠や論点を再構成しながら、話しことばや書きことばの様々な (different) ところ (sources) から情報をまとめることができる (Can summarise)。非常に複雑な状況でも (even in more complex situations) 意味の細かいニュアンスを区別しながら (differentiating finer shades meaning)、自然に (spontaneously) 流暢かつ正確に (very fluently and precisely) 自己を表現できる (Can express him/herself)。
	C1	幅広い分野から要求されたかなり長いテクスト (a wide range of demanding, longer texts) を理解でき (Can understand)、暗示された意味を把握できる (recognise)。言葉を探しているというはっきりした印象を与えずに (without much obvious searching for expressions)、流暢かつ自然に (fluently and spontaneously) 自己を表現できる (Can express him/herself)。社会的、学問的、職業上の目的に応じた柔軟かつ効果的な言葉遣いができる (Can use language flexibly and effectively)。構成パターン、その接続、一貫させる工夫をコントロールして使用していることが分かる形で (showing controlled use of organisational patterns, connectors and cohesive device)、複雑な話題について明確で、しっかりとした構成の、詳細なテクスト (clear, well-structured, detailed text) を作ることができる (Can produce)。
独立した使用者 Independent User	B2	自分の専門分野の技術的な議論も含めて、抽象的話題や具体的話題の複雑なテクストの主要な内容 (main idea) を理解できる (Can understand)。お互いに緊張しないで、母語話者と通常の交流 (regular interaction) ができるくらいに一定程度の流暢さで自然な交流ができる (Can interact with a degree of fluency and spontaneity)。広範囲の話題について、明確で詳細なテクストを作ることができ (Can produce)、様々な選択肢について長所や短所を示しながら時の話題について (on a topical issue) 自己の視点を説明できる (explain)。
	B1	仕事、学校、娯楽などで普段出会うような身近な話題について、明確で標準的な話し方であれば (clear standard input) 主要点を理解できる (Can understand)。その言語 (language) が話されている地域を旅行しているときに起こりそうな、たいていの事態に対処することができる (Can deal with)。身近な、あるいは個人的に関心のある話題について単純に結合されたテクストを作ることができる (Can produce simple connected text)。経験、出来事、夢、希望、野心を表現し (Can describe)、意見や計画について理由や説明を短く付けることができる (briefly give)。
基礎的な使用者 Basic User	A2	ごく基本的な個人的情報や家族情報、買い物、近所、仕事など、直接関係のある領域に関するよく使われる文や表現が理解できる。簡単で日常的な範囲なら、身近で日常の事柄についての情報交換に応ずることができる。自分の背景や身の回りの状況や、直接的な必要性のある領域の事柄を簡単な言葉で説明できる。
	A1	具体的な欲求を満足させるための、よく使われる日常表現と基本的言い回しを理解し、用いることができる。自分や他人を紹介することができ、どこに住んでいるか、誰と知り合いか、持ち物などの個人的情報について、質問したり答えたりできる。相手がゆっくり、はっきりと話し、助けてくれるなら、簡単なやりとりをすることができる。

Council for Cultural Co-operation, Education Committee, Modern Language Division, Strasbourg. *Common European Framework of Reference for Languages: Learning, Teaching, Assessment*. Cambridge University Press, 2001, 24. 文化協力審議会著、吉島茂、大橋里枝編・訳『外国語の学習、教授、評価のためのヨーロッパ共通参照枠』朝日出版、2004年、24ページ。

第8章　データ戦略の展開　503

表8-30　CEFRの能力構造

コンピテンスの種類	要　素	
一般的コンピテンス (general competence)	知識 (knowledge)	叙述的知識 (declarative knowledge)。個々人の体験に基づく知識 (from experience)（経験知 empirical knowledge)、フォーマルな学習によって得られた知識 (from learning)（学問知 academic knowledge)、
	スキル (skills) と ノウ・ハウ (know-how)	
	生活コンピテンス (existential competence)	自己イメージ、他人に対する見方 (view)、社会的交流時における他人への前向きな気持ち (willingness) といった、個人の性格 (individual characteristics) や人格的特質・態度 (personality traits and attitudes which concern, for example)
	学習能力 (ability to learn)	生活コンピテンス、叙述的知識、スキルを動員する力 (mobility) で、様々なコンピテンスを引き出す (draw) もの。例えば、話し合いの中心になったり、他人から助け船を出してもらう生活コンピテンスや、知識の背景に関する文化への意識を含む叙述的知識や、インターネットを使って情報を得るスキルなど。
コミュニケーション言語コンピテンス (communicative language competence)	言語学的コンピテンス (linguistic competences) ＝従来の語学力	語彙、音韻、統語論 (lexical, phonological, syntactical knowledg)、およびシステムとしての言語の他の側面に関する知識とスキル。それへの組織とアクセス (organisation and accessibility) は人によっても、また個人の内でも異なる。
	社会言語学的コンピテンス (sociolinguistic competences)	社会習慣への感覚 (sensitivity to social convention) があるかないかで異なる。
	言語運用コンピテンス (pragmatic competences)	テクストのタイプや形式の特定、皮肉やパロディなど言語学的なリソースの機能的な使用 (functional use)。

Council for Cultural Co-operation, Education Committee, Modern Language Division, Strasbourg. *Common European Framework of Reference for Languages: Learning, Teaching, Assessment.* Cambridge University Press, 2001, 11-14. 文化協力審議会著、吉島茂、大橋里枝編・訳『外国語の学習、教授、評価のためのヨーロッパ共通参照枠』朝日出版、2004年、11 ～ 14ページ。

504　第2部　教育効果を測る

出現が「言語教育を文法構造学習中心の不毛なものから、人々の自由な往来や考え方の交換に不可欠な媒体に変える」[159]ことになったと評価されている。

(4) CEFRのレベル

　評価内容は、共通参照レベルの「全体尺度」[*1]として、**表8-29**のように表現されている。また、**表8-30**のようにコンピテンスと知識やスキル、さらに能力との関係が構造づけられている。一見して、コンピテンス・ベースの教育になっていることが分かる。これがさらに、分野によってさらに具体化されるという仕組みである。

(5) 複言語コンピテンス

　欧州評議会は、社会が複数の言語を認める多言語主義と、個人が複数の言語を使用できる力を持つ複言語主義とを使い分けている。個人が複数の言語を習得する場合、ほとんどが「母語＋英語」となるので、複言語主義は現実的には「母語＋英語＋1（プラスワン）」となる。そこで、英語教育をどのように意義づけ、望ましい形で実現していくかが最大の課題となる。

　　「複言語で複文化のコンピテンス[*2]は、コミュニケーションのために複数の言語を用いて文化間交流[*3]する能力のことで、一人ひとりが社会的活動主体[*4]として、すべてが同じようにとは言わないまでも、複数の言語と、複数の文化での経験に[*5]熟達していることをいう。」[160]

　　「このコンピテンスはそれぞれ独立したコンピテンスの併存状態[*6]として考えられてはおらず、複雑だけれども独特なコンピテンス[*7]と見られている。」[161]

---

*1 global scale
*2 plurilingual and pluricultural competence
*3 intercultural interaction
*4 social agent
*5 in several languages and experience of several cultures
*6 juxtaposition of distinct competences
*7 a single competence: compétence unique, même si elle est complex

第 8 章　データ戦略の展開　505

　「このコンピテンス[*1]は、話者の言語レパートリーの中に具体化する。言語教育の目標[*2]はこのコンピテンスを発達させること[*3]である。ここから、コンピテンスとしての複言語主義[*4]という表現が出てくる。」

　「言語学的寛容性の基礎[*5]、すなわち、話者が自らの複言語主義を意識すること[*6]は、自分自身あるいは他者が使用する多様性がそれぞれ同等の価値を持つことへの同意に結びついていくという教育的価値である。しかし、この意識は自動的な感性ではないので[*7]、学校によって支えられ、構造化されなくてはならない[*8]。ここから、価値としての複言語主義という表現が出てくる。」[162]

　ここで説明されている原理は、生活の中で学び、発展させ、学校がこのコンビテンスの発達を支え、コンピテンスを構造化するということだ。知識や能力を学校の教科に閉じ込めようという発想はない。

　CEFRは、査定（調査、Assessment）と評価（Evaluation）とを分けて考えている。

　CEFRの特徴は、学習者の評価、いわゆる自己評価の尺度と、教師の評価の尺度、出題者の評価尺度とが分けて書かれていることである。これは、テスト対策に陥らないで、学習者本人がコンピテンスの育成を目ざすための工夫とうけとることができる。

　「20世紀の後半にはスキルのトレーニングが行われていたが、他者や自分たち自身の価値やクリティカルな理解[*9]に関心を持ったり、個人としてまた集団としてどのように交流するのか[*10]に関心を持つことを避けてはならないはずだ[*11]。外国語教師はみなこのような問題に対しては準備

---

*1 this ability: cette compétence
*2 the goal of teaching
*3 develop this competence
*4 plurilingualism as a competence: le plurilinguisme comme valeur
*5 basis of linguistic tolerance
*6 awareness of their plurilingualism
*7 since it is no sense automatic
*8 should be assisted and structured by school
*9 values and critical understanding
*10 how we interact together as individuals and groups
*11 should not shun concern with

不足である。」[163]

　ヨーロッパが8キー・コンピテンスを指定した時、CEFRの蓄積が母語と外国語との両者の学びに適用されることを期待していたことは間違いないだろう。

　コンピテンス・ベースの教育は、学校・大学・職場を一貫する能力を育成するために、ここ30年の間に欧米の政財界から提起されたものであった。それは、教科の知識を伝達するという伝統的なコンテンツ・ベースの教育に比べれば、人間をトータルにとらえようとする点で、また学習を個々人の現実の人生につなげ、個々人の自己実現を支援する教育へと公教育を転換するように促している。論理必然的に、個々人が同一のペースで同一内容を習得するような国民形成という学修(study)は否定されることになる。このことは、国益の追求という国家障壁を乗り越えようとするグローバリズムと利害が一致する。また、画一的な詰め込み教育から諸個人の能力を解放しようとする点で、さらにまた多様な能力を個々人が意欲的に追求するという点で生涯学習とも教育の論理が一致する。

　つまり、ネオリベラリズム、コンピテンス、生涯学習は、奇妙な形できわめて強力に関連しているのである。これが、現代の発言力ある中間層、すなわち新中産階級、ニュー・リッチと自負する人たちの世界観を形成している。だが、このつながりは、社会に貧困や格差があれば、上手く機能しない。機能しないどころか、公共社会には破滅的に作用する。多様性は、競争原理の中に放り込まれると、強者の論理に一元化されてしまうであろう。

　翻って日本の教育学や教育法の論理を見てみれば、未だに近代国家建設期そのままの教育理論から抜け出せないでいる。伝統的なコンテンツ・ベースの教育は、競争という点ではネオリベラリズムと重なるからである。

　ネオリベラリズムは、教育学の世界では、二面獣なのである。

終　章　見えなかったものは見えたか

「すごく単純なことなんだ。それは、心でしかものはよく見えないってことだよ。いちばんたいせつなものは、目に見えないんだ[*1]」(サン＝テグジュペリ『星の王子さま』)

「目に見える世〈さぐ〉と見えない世〈なゆぐ〉が、たがいに支えあいながら、生きいきと世界を形づくっている。ヤクーの宇宙観にである。[2]」(上橋菜穂子『精霊の守り人』)

　アニメ『精霊の守り人』では、星読み博士のシュガが、「何と言うことか、私には今まで半分の世界しか見えてなかったのか」と落胆する場面がある。

　明晰な言葉に直せば、言葉によってコミュニケーションがすべて成り立ち、物事が理解でき、正確さが確保されるのだろうか。PISA型読解力は、相手の言葉を根拠にしてそれに対する自分の考えをはっきり表現し、コミュニケーションのプロセスを通じて合意事項を確認し、今後解決すべき問題を特定する言語能力である。「論理国語」では自分の考えを論理的に形成して表現する能力を、「国語表現」では自分の思いや考えをまとめ、他者に伝える能力を育成しようという教科論は2016 (平成29) 年にまとまったものだが、そのちょうど10年前の2006年1月に文部科学省はPISA型読解力を日本の学校教育に導入することを表明している。この結果、文学教材が減少する傾向にある。だが、論理的で明晰な言語とは、信頼のおけるものなのか。

　『星の王子さま』で、ふうがわりな男の子が「お願いだから、ぼくに羊を一匹描いてくれない……」と王子さまに懇願する。王子さまは、仕方なく羊の

---

* Le plus important est invisible

絵を描く。ところが、どう描いても、「ちがう、ちがうよ！……」「だめだよ！……」「ねえ……。これって、羊じゃなくって……」「これは年寄りすぎるよ。……」ということになって、とうとう王子はやけくそになり、「ほら、箱だ。君がほしい羊は、このなかにはいってるんだ」と言い放つ。すると、何と、男の子は「こういうのがほしかったんだよ！ねえ、この羊、草をたくさん食べるかな」といったのである。[3]結局二人が羊という言葉で一致していたのは、形に表すと箱だった。意味のうえでは箱以上の相互理解があるのだけれど、形にするとこの程度のことだったということだ。

　子どもが理解したかどうか。あれこれテストを作って測るよりも、専門性を持った教師がその場で判断する方がずっとよい。教師のことばは、テストの点数よりずっとよく信頼できる評価ではないか。誰にでも分かるテストの得点などは、王子が描いたただの箱くらいの価値しかないのかも知れない。「ほら、キミは出来るよ。よくやった」と今こそ教師が自信を持って言うべきではないのか。

　本書の締めくくりとして、では日本では何をすればよいのかを考えてみることにする。一つ目は、西欧近代に登場した科学的知性の限界を認め、評価する側の能力にかかわらず素人でもわかるというような「評価の可視化」を中止することである。人間評価の基準は曖昧で大雑把なものとし深みと味のあるものにすべきである。人間評価には、評価する側の教養と能力が大きく関わってくることを認め、判断とその説明は専門家である現場の教師に任せるべきである。現場にいない教育行政関係者や保護者の介入は極力避ける事と、ましてや教育の素人である国会議員が政争の具にすることがないように慎むべき事である。一言で言えば、テストのための学校教育を即刻中止するということである。テストの得点は結果であって、学習の目的ではない。テストの得点は、次の学習に向けた改善点を示す始まりであって、学習の成果でも終わりでもない。生徒がその後の学習に生かしていければよい。

　第二に、評価の観点は多様化すべきであり、教科の得点とか総合点という考えを止め、何ができるかをできるだけ具体的に示して個人の進学や就職、入学や採用の判断材料とすることである。数値にした途端に、意味の世界は

この世から遠くに雲散霧消してしまう。残された数字は、努力した子どもや教師の血と涙と汗の結晶としてではなく、赤の他人に全く違った意味で読み取られてしまう。まるでハッキングに遭ったみたいに。まるで、マネーロンダリングにかけられたように。

　第三に、現在の評価システムではおろそかになっている個人の人間らしさ、個人や社会の総合的な知性、学習できる社会のあり方などの議論を活発にすることであろう。なぜおろそかになっているのか。それは経済的価値がないからである。

　マイケル・ムーア監督は、映画『アメリカの世界侵略』の中で次のようなシーンを描いている。フィンランドの先生が「テストで点を取る訓練は教育ではない」と言う。マイケル・ムーアは、「落第の仕方は教えてる」「不合格校は認可スクールになって、誰かが大もうけする」と米国の教育制度を説明する。まさにこれこそがネオリベラル伝統派の教育の神髄なのだ。これに対し、フィンランドの先生が、「でも学校って、幸せになる方法を見つける場所じゃない？」と疑問を提示する。これこそがネオリベラル改革派が譲らない教育的価値だ。ところが、マイケル・ムーアは、米国の学校では、「授業の３分の１はテスト対策に費やされているらしく、試験科目でない音楽や美術の授業は削減……」と説明していると、フィンランドの先生が、「美術が？」とことばをはさみ、「多くの学校でね」「試験科目でない公民も授業から外されている」「詩の授業も」と答える。高校の校長Ｐ.マジャサアリは「信じられない」と反応し、フィンランド教育大臣Ｋ.キウルは「外された？なぜ？」と疑問を呈する。マイケル・ムーアは畳みかけるように「無駄だから」「大人になったとき、詩は役に立たない」「詩で就職は出来ない」と説得するが、キウル教育大臣はことばを失っていた。

　経済的価値を突き詰めていけば、失敗や悩みが不経済というだけでなく、人間そのものが無価値という結論しか出てきそうもない。これは、人間の死活をかけた問題なのだ。

　これらのことを、以下に考えてみることにする。

第1節　声なき声を聴くことが教師の専門性

(1) ポラニーの冒険

マイケル・ポラニーは、ユダヤ系ハンガリー人として1891年にブダペストに生まれる。1933年にはナチスのユダヤ人公職追放令が出され、ポラニーは英国に亡命して、マンチェスター大学の物理・化学教授となる。そして、1935年にモスクワを訪れ、共産党 (ボリシェビキ) きっての教養人ニコライ・ブハーリン (Николай Иванович Бухарин) と運命的な会談をする。

ポラニーと出会ったブハーリンは、共産党政治局内で反スターリン派を形成し、機関紙「プラウダ」編集長、コミンテルン議長を歴任した実力者であった。一度は失脚したが、1935年当時には、スターリン支持を表明して政界に復帰していた。その後、1937年に共産党を除名され、1938年には銃殺されている。ソビエト末期の1988年に、党籍と名誉回復が行われた。まさに、激動の人生を生きてきた人物だ。

ポラニーは、その時、憧れの革命の地で憧れの人物ブハーリンから意外なことばを聞く。ポラニーが「純粋科学」[*1] について尋ねると、ブハーリンは、社会主義の下では「自己目的化された科学」[*2] というような考えは消滅するだろうと言ったというのだ。ポラニーは、科学とはこの世の真理を追求し、社会主義の下ではこの科学の論理が純粋に保証されるだろうと期待して尋ねたに違いない。科学こそが真理を探究し、正しさを自己証明できるのだという答えを期待していたに違いない。しかし、ブハーリンは、「自立的な科学的至高の存在自体を認めない」[*3 4] と言い切った、とポラニーは回顧するのである。

ポラニーはここで悩むことになる。科学が依って立つ「批判的明晰性」[*4] は、実は科学それ自体が存在する余地さえも残していないのではないか。そうな

[*1] pure science
[*2] science pursued for its own sake
[*3] denial of the very existence of independent scientific thought
[*4] critical lucidity

終　章　見えなかったものは見えたか　511

ると近代人は「苦悩に満ちた自己欺瞞」[*1]に陥っていることになる。つまり、われわれ人間は、真理とか正義とか言うものの、日常的には、思考の根拠を科学ではない形で折り合いをつけているだけではないのか、と。

　そこで、ポラニーは、「われわれはことばにできるより多くのことを知ることができる」[*2 5]「人はことばにできるより多くのことを知ることができる」[*3 6]といった、「人間知識に関する新しい考え方」[*4 7]にたどり着いた。ポラニーは科学哲学を問い直し、1948年には社会学部教授に就任する。

　ポラニーの到達した新しい哲学論理は、人間の思考は明晰な言語によって遂行され表現されるという西洋の学問の根拠、ないし基本理解を否定するものであった。

　ポラニーの悩みを教育に当てはめてみると、教師の仕事は正解を教えるのか、それとも共に探究していくのか。そもそもエビデンスなるものが真実を言い当てているのか。対話法という教育の原則こそ、もっとも専門的な職業能力ではないか。こんな素朴な疑問を誰もが頭に浮かべることだろう。

(2) 暗黙認知の成立

　ものを知る (knowing、認知) という行為は、人間の主体的な活動である。ポラニーによると、人間は、まず「発見されるべき何かが存在するという信念」[*5 8]に基づいて、あるものに注意を向ける。

　たとえば、19世紀末のドイツには、ディルタイ (Wilhelm Christian Ludwig Dilthey) やリップス (Theodor Lipps) という思想家がいて、活動の追体験、芸術作品の中への参入、創作者の精神への内在という表現をしていた。暗黙認知は「内在化」によってのみ可能であると考えていたようだとポラニーは指摘する。また、道徳教育は、「内化」と呼べるもので、自己と教育とを同一化することであり、「実践に適用するときに、道徳的な暗黙知は近位項とし

---

*1 tormented self-doubt
*2 we can know more than we can tell
*3 one can know more than one can tell
*4 novel idea of human knowledge
*5 conviction that there is something there to be discovered

ての機能を果たす」*1 ことになるとポラニーは判断する。9 すなわち、内化は内に取り込むことであるが、内在化は実感・実践・存在を共有することで相手の内に入り込むことだと考えてよいだろう。

すなわち、「内在化」もしくは「感情移入」*2 10 こそが、認識の方法となる。このような認識論は、「知覚は投射を含まない」*3 11 という近代の哲学とは異なるとポラニー自身は指摘している。

このように、ポラニーの指摘していることは、内在化という精神の作用によって、知識の内化が果たされるという論理をとっている。

「ある事物に暗黙認知の近位項という役割を与えるということは、われわれはそれを自らの身体に取り込む、あるいは自らの身体を延長して包み込んでしまい、われわれはその中に内在することになる」*4 12 と言うこともできると、ポラニーは表現している。

こうした認知は、「注意を向けておらず、したがって特定することもかなわない個々の諸要素」*5 を内化することにもなる。この「特定不能の個々の諸要素」*6 から成る知識から発して、外部の新たな「包括的全体」*7 に注意が移動されると、内部の個々の諸要素は「定かならぬやり方で関係づけられる」*8 と、ポラニーは仮説を提示する。13

すなわち、ポラニーによると、最初に注意を向けていた個人の内部の諸要素ないし断片知識が、外部の何かのモデルと関連づけられ、それらに包括的な認知が作り出され、その個人は知識を獲得することになるというのだ。

言い直せば、視点を移して同じ意味構造を他の事象に発見すると、普通の人間は「分かったぞ」「これが真実だ」と錯覚してしまうということのようで

---

*1 making term function as the proximal term of a tacit moral knowledge, as applied in practice
*2 empathy
*3 perception does not involve projection
*4 we make a thing function as the proximal term of tacit knowing, we incorporate it in our body － or extend our body to include it － so that we come to dwell in it
*5 particulars to which we are not attending and which, therefore, we may not be able to specify
*6 unspecifiable particulars
*7 comprehensive entity
*8 connecting them in a way we cannot define

終 章 見えなかったものは見えたか 513

ある。

そうなると、諸要素の関連づけの論理がはっきりしない、いわゆる「暗黙認知という行為」が成立することになる。しかし、これは、主体がどこにどんな注意を向けるかによって形成されることになる。つまり、人間の認知・認識は、必ずしも明晰なる言語で論理的に形成されるわけではないということだ。しかも、真実をありのままに受け取るということでもない。

(3) 暗黙認知の論理

ポラニーの説に沿って、もう少し詳しく、暗黙知の成立するメカニズムを考察してみよう。

ゲシュタルト心理学では、ある対象の外形を認識する場合に、感知している個々の特徴を「それらの特徴が何とは特定できないままに統合している[*1]」のだと見なす。これと同じ論理で、「知識は暗黙のうちに獲得される」[*2] [14]のであると、ポラニーは推測する。確実な根拠と合理性、精密な論理という近代の哲学とは異なることを、個々人は日常的に行っているのではないかと考えて。

さらに、ポラニーは、「暗黙認知という行為」を、「あるものから別のものに注意を向ける」[*3] [15]ことで、あるいは、「暗黙認知という行為で近位項となっているものを遠位項の様相の中に認めること、つまり、もう一つの項に注意を向けているという自分から発して、その遠位項の様相の中に遠位項たるものを認めるのだ」[*4] [16]と説明する。

こうして、「暗黙認知のもとで二つの対象項の間に意味ある関係が確立する」[*5]ので、「二つの対象項が結合して包括的一致が理解されると見なしてよ

---

*1 without being able to identify these particulars
*2 knowledge is tacitly acquired
*3 attend from something for attending to something else
*4 we are aware of the proximal term of an act of tacit knowing in the appearance of its distal term; we are aware of that *from* which we are attending *to* another thing, in the *appearance* of that thing
*5 tacit knowing establishes a meaningful relation between two terms

い」[*1][17]と、ポラニーは判断する。

近位項から遠位項に注意を移動させることで、「注意を向けている一貫した統一体へと諸要素の統合を成し遂げる」[*2][18]というわけである。

ポラニーは、暗黙認知とは内在化であると言い換えたわけだが、ポラニーの論理をさらに言い直せば、主体である個人が自分の中に何かを感じ、自分の注意をその何かから外の何か別物に移動させ、その外の事物の中に期待した何かを見つけると、それと同じ諸要素の構造が自分の中にも自覚され、外部にある統一体がまるごと認知され、包括的一致が自己の内にも確認され暗黙認知が成立することになる。

したがって、そうであるならば、ポラニーの言うように、

「あけすけな明瞭性は、複雑な事物の認識を台無しにするに違いない[*3]。包括的統一体の個々の諸要素を事細かに吟味すれば、その諸要素の意味は無視され、統一体としての概念は破壊されてしまう[*4]。」[19]

ということになる。

また、数学の理論も同じことで、「それを適用する実践によってのみ学習される」[*5]のであって、「その真の知識は、それを使用するわれわれの能力の内に在る」[*6]ということになる。[20]これは「為すことで学ぶ」と言い換えられる見解だ。

この説を教育に当てはめてみると、現代の教育学が行っている明示的な知識の詰め込みや丸暗記は、考え悩んでいる子どもの立場からすると、事物の統一的な認知を破壊してしまうことになるのではないかとポラニーが問いかけているということになる。

---

*1 we may identify it with the *understanding* of the comprehensive entity which these two terms jointly constitute

*2 achieving an integration of particulars to a coherent entity

*3 an unbridled lucidity can destroy our understanding of complex matters

*4 Scrutinize closely the particulars of a comprehensive entity and their meaning is effaced, our conception of the entity is destroyed

*5 can be learned only by practicing its application

*6 its true knowledge lies in our ability to use it

終　章　見えなかったものは見えたか　515

(4) 暗黙知の形成

統一的な認知の破壊を食い止めるには、どうすればよいのか。

そのためには、「個々の要素をもう一度内化し直す」[*1][21]ことで、「意味を修復し」[*2]「諸要素を再統合」[*3]しなくてはならないと、ポラニーは指摘する。このことは、「各要素間の関係を明示的に述べる」[*4][22]ことで、破壊的分析が包括的存在に与えるダメージは緩和されるだろうが、「明示的統合が暗黙的統合に取って代わることはできない」[*5][23]とポラニーは断言する。

要するに、ポラニーは、われわれ個人の内部で行われる「諸要素の暗黙的再統合」[*6][24]こそが、認知にとって重要な役割を果たしているというのだ。

いずれにしても、「私的なものを完全に排除した客観的な認識を得る」[*7]「属人的な知的要素をすべて排除する」[*8]という近代科学の手法では、「一時的で不完全な」[*9]認識を得ているに過ぎず、すべての「知識の破壊」に至らしめることになるだろう。つまり、すべての知識を個人から離れて「フォーマルにする」ことはできないのだと、ポラニーは説明する。[25]

はっきりしたことばに表現される記述では、物事は統一的に把握しきれないということ。また、人間は、個人が注意を向けることにより外の事物を学習しながら、内部に包括的な知識を構成していくということ。これが、ポラニーが指摘した重要な認識の側面である。

ポラニーの考察を受けると、客観的な認識そのものが不十分であるということであり、客観的知識は価値中立で真理であり学校教育で全国一律に教えることができるという考え方、および学校は正しい知識を教え生徒はそれを学び覚えればよいという制度は大いに疑わしいものとなる。

---

*1 interiorizing the particulars once more
*2 recover their meaning
*3 reintegration of particulars
*4 explicitly stating the relation between its particulars
*5 an explicit integration cannot replace its tacit counterpart
*6 tacit reintegration particulars
*7 establish a strictly detached, objective knowledge
*8 eliminating all personal elements of knowledge
*9 temporary imperfection

(5) 知の理論

国際バカロレア教育には、「知の理論（TOK）」というユニークな仕掛けがある。しかも生徒全員に必修である。これは、知のあり方を問う授業なのである。

日本の伝統的な教育学では、この世には客観的で価値中立な知識があり、一斉に教科書で教えることができるということが前提になっている。「正しい知識」を教えるところが学校である、というのだ。テスト慣れした子どもたちは、知識の適否を「当たり」「外れ」で表現するくらいで、知のあり方を問うことは、日本人は苦手なようである。「答えを教える教育」「正解を覚える学習」を極力避ける仕掛けがTOKであると解釈できるだろう。日本人にとって、この課題は大きい。

自然科学の知識は、真偽で評価される。観察する者の判断ではなく、自然の法則でそうなるのである。しかし、観察する者が記述しないとこの法則は表現されない。

どのような条件でどうなるのかを正確に把握する努力が必要である。正確さを追求すると数量で測定されるのが一般となり、この測定技術の進歩によっては真偽がひっくり返ることがある。謙虚に法則を理解し、法則が実現する環境を整える技術を会得し、複数の法則に基づき複数の条件で起きてくる結果を予測することなどが自然科学の学びになる。

問題はここである。日本では、自然科学の知識は間違いのないものだから覚えればよいと考えられがちである。だが、これは間違っている。知識や法則は誰かが記述したものに過ぎず、まだ記述仕切れてないものが膨大にあるということである。だから、自然科学は「探究」することで成り立っている。

2017年7月1日に東京で開催された第19回OECD/Japanセミナーは、理科を主要領域としたPISA2015の結果分析をテーマとしていたが、その中でこんなやりとりがあった。シンガポール国立教育研究所長ウン・セン・タン教授は、次のように述べた。「シンガポール教育省は『考える学校、学習する国民』*をヴィジョンに掲げている。2011年から教育課題はカリキュラム

---

* thinking Schools, Learning Nation: TSLN

内容から授業のプロセスとそれを可能とする実施環境へと移ってきている。つまり、質の高い教師たちがカリキュラムを探究型の授業へと応用することができるようにし、さらに企業や地域の協力を得て実現している。理科の授業は概念理解[*1]を重視し、生徒自らが理解したことを生徒同士の対話や発表で可視化しており、こうしたプロセスにおいて生徒は理科学習における自己効力感[*2]を高めている」、と。これに対し鈴木寛文部科学大臣補佐官は、「シンガポールではなぜそんなことが出来るのか」「日本ではどうしても教育の効率を考えて探究型の授業を避けてしまうのだが」と質問した。ウン・セン・タン所長は、「シンガポールでは『より少なく教え、より多く学ぶ』[*3]という教育政策をとっている」と答えた。何のことはない、日本流に言えば学習内容の精選と、問題解決学習、総合学習ということだ。

　社会科学の知識は、善悪ないし妥当性で評価される約束事（ルール）がある。必ずしも正しいわけではない。まとまった数の人々に共通に理解され、実行されるという文化の中でこの知識は成立する。社会が異なれば、善悪も異なるというのが常だ。社会的なルールの実態を知り、よりよいルールを生み出し、それを体系化することが社会科学の学びになる。

　社会科学は、学問ではあるが「科学」、いわゆる自然科学ではない。ポラニーが愕然としたように、学問自体に真理は内蔵されていない。したがって、基本原理はまったくの仮説から導き出されており、それを信じる者と信じない者とが同一の事象に対して正反対の行動を起こすこともあり得る。たとえば、度重なる原子力発電所の事故について原発廃止、現状維持、原発増強という異なる判断が生まれてくる。民族の平等という原理は、アメリカ・ファーストと叫ぶ大統領とその支持者たちによって見事に否定されてしまう。地球温暖化を人類の重大事だと認識しようとせず、その原因が空中の二酸化炭素濃度の増加にあるという説を否定するトランプ米大統領はパリ国際協定から離脱すると宣言した。政治学、法学、経済学などは、暗黙知の世界で合意が成

[*1] conceptual understanding
[*2] Science Learning Self-efficiency: SLSE
[*3] Teach Less, Learn More: TLLM

立してしまうと、その妥当性を否定することはきわめて難しい。自然科学の場合は実験など科学的な手続きで否定することができるが、社会科学の場合はこれに相当する手続きはなく、悪法もまた法なりとして人工のルールに縛られる。正確な知識を基にしたコミュニケーションで解決できる代物ではない。このようなわけで、政治学、法学、経済学など社会科学の世界は、何を持って人間が学習したと見なすべきなのかを決めることは実に困難なことだ。

第19回OECD/Japanセミナーでは、PISAは人間の能力をうまく測れているのか、エビデンスになるのかという鈴木寛の質問に対して、OECD教育・スキル局長のアンドレアス・シュライヒャーは、「それは難しい、うまくいっているわけではない」と率直に答えた。「もっとよい方法を現場で教師たちが作り出していく他ない」と。シュライヒャーは、常日頃から、「テストは現実のある瞬間のある一面を描くスナップ写真のようなものだ、嘘ではないがすべてではない」とくり返し発言してきた。社会科学の知識についてその妥当性は、子どもたちが生きるその社会で作られていくものであり、教師も親もその責任の一端を担っている。教師や親は社会に在り方について子どもたちとともに学習することが望まれるとともに、子どもたち自らの探究的な学びが必要になることは疑いない。

人文（科）学は、好き・嫌い、美醜など多様な価値で評価される。この基準は個人によって異なる上に、複数の尺度が併存する。どのような価値を見いだすか、どの価値を重視するかによって総合評価は異なる。また、同じ個人でも時と場所によって評価は異なり、人生経験や成長段階でも変わる。たくさんの教養を積むことが、人文（科）学の学びになる。子どもが自ら教養を積めるように、それをサポートするように教育関係者は心がけなければならない。いわば、社会そのものが人々の学習を促し、それを支えるものであるべきだということになる。図書館の充実、社会教育を支えるスタッフの増加、学びに誘うゲームの開発などという諸条件も必要になっているのだろう。

すると正解は、どこにあるのか、誰が決めるのか。ポラニーがブハーリンに会って信念が瓦解したように、学問それ自体に真理が内在しているのは自然科学くらいしかない。その自然科学さえ、人間が知ろうとしない限り、そ

終　章　見えなかったものは見えたか　519

して根拠を把握できるだけの技術を人間が持たない限り、見えてこないものだ。それ以外の学問分野は、見える人にしか見えない、しかも人によって違って見える、そしてやはり見えない人には見えない。正解と見なせる知識を教科に配分して覚えようという教育がいかに乱暴なものであるのか、行政官、親も含めて日本の教育関係者はしっかりと考える必要がある。それは、日本の存続をかけた難問なのである。

(6) 教師の専門性

　泣きじゃくる赤子をことばでしかっても何も通用しない。中には、赤子以上の大声で怒鳴り散らす親もいる。赤子は泣くしか出来ないので、つまりことばで説明できないので不快感を泣いて表しているわけである。だったら、あやして、赤子の興味を別物に向けることが先ず常套手段だろう。抱き上げたり、体をさすったり、べろべろバーをしたり、何か不思議なものを見上げて指さしたり、……とまあこんなことをして赤子の心の中に入っていかなくてはならない。

　教師の役目とは、子ども・生徒の心の声を聞き、子ども・生徒の心と直接対話しながら彼を社会に誘うことである。教師は、子ども・生徒の学びの場でともに探究しながら実践を共有する。ポラニーの言う暗黙知が内言のまま、教師の専門性によって子どもの理解の様子がようやく明かされ、子どもの心への働きかけが始まる。これは、外言を文字通り覚えるというプロセスとは異なる。教科横断的コンピテンスは、おそらくこの世界に見えてくる。子どもたちが体験した不思議な行為を読み解いて、意義づけ、それを整理させることが大人、とりわけ教師の務めであろう。

　日本の教育を変えるには、まず大人が、教育とは人を育てることだという根本に戻ることである。

　知識を伝達するだけでは教育は成立しない。学習者の内面には暗黙知の世界が広がっており、合理的に説明しただけでは暗黙知は否定できない。学習者が自分で考え、クリティカル・シンキングをし、暗黙知の世界を再解釈し、整理し、体系化するというプロセスを教師が保証すること。学習者が賢く育っ

て、自分と社会と子どもたちの未来のためによくよく考え、賢い選択をする他ないのである。

第2節　教師に教育学（ペダゴジー）を持たせる

　教育は、近代国家においては国家主権に属するもの、国際関係では内政として取り扱われ、他国の干渉すべからざるものであった。しかし、ネオリベラリズムの立場では、グローバルな経済活動が優先されるので、教育の国家規制は貿易障壁と見なされて、否定すべきものと考えられるようになる。教育は、国民形成ではなく個々人の能力開発が目的となり、国家の管理権限は保護者、学校理事会、地方自治体、場合によっては生徒などに分権化される。

　だが、ここに問題が生じる。グローバリズムは、一方では成果・評価の通用性（可視化、数値化）[*1]と世界標準[*2]を求め、他方では教育内容・方法の地域性を許可することになるからだ。この二つに分裂する力学にどう折り合いを付けるのか、そこには地域に生きる人々の文化、教養、生きる姿勢（人生観、価値観）が反映してくることになり、決して解決法は一つではない。

(1) どの教育制度指標を取り出し、教育のどこを評価するか

　教育制度指標の開発は、米国の国内政策として共和党政権において開拓された。国内の教育政策のために、国際的な研究成果も集められた。米国では、新公共政策（NPM）と呼ばれる政治手法が採用され、達成対象[*3]、成績改善[*4]、国民に対して責任をとる返済システム[*5]、成果の測定[*6]という「教育責任に関する米国モデル」[*7]が実施されることになった。「統計の専門家」は、「中立かつ客観的なデータ」[*8]と呼ばれるものを「政策立案者に提供する」という

[*1] transparency
[*2] global standard
[*3] achieving objectives
[*4] improving performance
[*5] rendering systems accountable to the public
[*6] measuring outcomes
[*7] American model of educational accountability
[*8] neutral and objective data

終　章　見えなかったものは見えたか　521

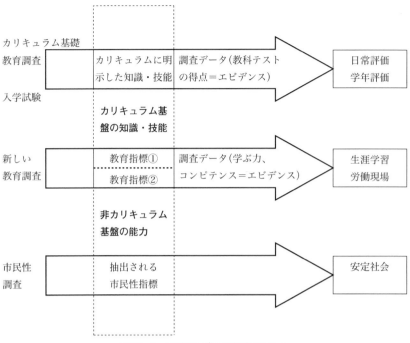

図終-1　教育のどこを評価するか

仕組みを担うことになった。[26]

　米国は、1990年代初頭においては、圧倒的な研究成果を蓄積していた。これに匹敵できる勢力は、世界になかったと言えるだろう。そして、クリントン政権という、ブッシュ親子の共和党政権に挟まれた比較的安定した時期に、時の国際政治の力関係でOECDが教育の国際活動主体にのし上がることになる。

　学習成果は、生徒と成人を対象とした国際テストで測定される結果であるという「米国モデル」は、共和党政権が提起した理念であるが、これは「国際的に採用される」ことになった。また、問題化した教育に対処する「米国モデル」は、OECDという国際機関によって、教育制度指標事業として国際的に制度化されることになった。[27]

　まず、**図終-1**のように、どの価値を優先させるかという問題が生じる。

日本では1999年に「ゆとり」教育批判が起きる直前までは、「知育偏重」「偏差値人間」「夜間の塾通い」などと知識や技能の詰め込み教育は批判されていた。

ただし、経済学は商品となる数値化される価値にのみ注目し、投資家は収益率の高い価値にのみ注目する。教育学は、金に換算できないものも含めて、人間的なすべての価値を尊いものとして分け隔てなく評価しようとする。評価尺度を進路に合わせて多様化すること、これがまず日本の教育にとって必要なことだろう。

日本人は、同一時刻に同一課題に挑戦することで競争の公平性が保たれ、その結果1点でも1秒でもこの違いは正しい結果であると考えられている。これはもう神話にとりつかれているというような状況だ。

コンピテンス・ベースの教育では、CEFRのようにレベルで能力の質が定義され、異なる課題に挑戦していても意味がある。同一時刻に一斉に行動しなくても公平性は保たれ、たとえ同一時刻であっても、自分のレベルにあった課題に、つまり挑戦する課題が異なっていても公平性は保たれると考えられている。すでにOECDはCBT-IRT方式のテストに向かっているのだが、日本の高大接続システム改革会議の議論は入り口まで押し戻されてしまった。

同じ時間に同じことを教えること、同じ時間に同じテストを解くこと、これこそが平等であり公平なのだ……というような考えを変えることが先ず必要だ。

(2) 学力測定の問題点—多様な能力を一度に測定できない

しかも、決定的に重要なことは、標準とか成績という擬似的な教育・学習目標を教育政策が設定して教育に利用しようとすることは、教育の質をまったく変質させてしまうことに教育測定の専門家さえ危惧を抱いていたことである。

> 「目標や標準は、生徒や教師の達成動機を強化すると思われるインセンティヴを発展させると信じられているがゆえに、設定されている。しかし、そのように稼動するには、実在する確実な意味を持っていなくてはなら

ない。もし、標準がとても高く設定されると、そこに到達できない生徒が出てくるだろう。逆に、低すぎる設定では、インセンティブの改善とか動機の強化は望ましい効果を生まないということになろう。もし標準が高いレベルに設定されると、弱い生徒はもっと時間をかけたり、特別な支援が必要になるだろう。そうなると、また特に、一般に賞罰が標準と比べて定められるものだから、学業成績の測定やモニターが必要になってくるだろう。」[28]

　図終-2と図終-3をしばし眺めていただきたい。テストは能力の一部を測っているに過ぎない。このことは、親も教師も教育行政に携わる者も知っている。しかし、この一部が進路を決めるとなると、そこにだけ目が向くことになる。いわゆるハイ・ステイクスのテストになるのである。こうして、本当に必要な教育とは何かというところに目が向かなくなる。このことも、親や教師や教育行政に携わる者も知っている。受験勉強はするのだけれど、日本の英語教育は役立たないと多くの日本人は考えている。これを改革をしようとするか、いや教科の成績こそが重要だと正当化するか。

　同時にまた、たとえ一部の能力であったとしても、テストは能力を測れるのかという疑問がすぐに生じてくる。経済学は、測れるものだけを測ればよいとする。商行為は、これで成り立つ。しかし、教育の行為は、これよりもはるかに多くの人間的な価値を育もうとする。そのなかには測定や評価がしにくいものもある。しにくいどころか、評価が多様で比べようもないものもたくさんある。人によって必要な価値は異なり、同じ人間でも年齢によって、発達段階によって必要な価値は異なり、一律に教育できるものではない。また、一律に教育したとても、人によって成果は同じではない。

　親は自分の子どもに今必要なこと、教師は目の前の子ども・生徒に今必要なことをきちんと見極める力が必要だ。この判断を他人任せにし、親や教師が受け身になってしまうと、子ども・生徒に難儀が降りかかることになる。

　格差是正とか補習というのは、評価尺度の正当性を疑うことなくこれを前提として議論が成り立っている。伝統的な尺度は、定められた教科の知識を記憶し、定められた条件で運用する能力を測定しようというものである。現

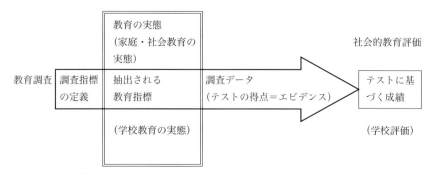

図終-2 評価はある時刻の現実の一部を取り出すだけである
(テストに基づく成績が個人の評価や社会的な学校評価となってしまう)

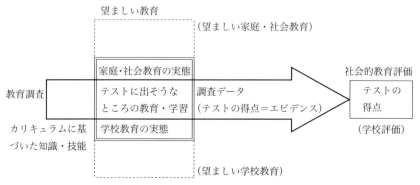

図終-3 テスト競争ではテストに出るところにしか目が行かなくなり教育が縮む

在は、このような尺度が妥当かどうか大いに疑われているのである。評価尺度を多様化して、一人ひとりの良さを認めたり、個性を伸ばしたり、変革を引き起こす企画力やリーダーシップを評価したりするのもまた改革の道であろう。

(3) テスト対策は教育ではない―評価に関わる問題設定

英国の心理学研究者キャロライン・ギップス（Caroline V. Gipps）は、1970年あたりから、多様な評価方法が登場し、評価のパラダイムが変わったと、1994年の時点で指摘している。

終　章　見えなかったものは見えたか　525

　評価の目的は、「教育や学習を支援し*1、生徒、教師、学校に関する情報を提供し*2、選抜や資格の装置*3として、ならびに学校の説明責任手続き*4として作用し、カリキュラムや教育を駆動する*5」29というものになっている。目的に合わせて、様々な評価方法が開発されている。当然に、「学校を支援する評価」*6と「モニターや説明責任のための評価」*7 30とは異なる。こうギップスは指摘しながら、「教育や学習によい影響を及ぼす」*8評価計画を提起するのなら、「どのような学習を達成したいとわれわれは望んでいるのか」*9という次の課題が必然的に持ち上がってくると説明する。31

　これに対するギップスの解答は次のように明確である。

　　　「もし私たちが、知識の応用、探求、分析、論理付け、解釈*10などを含む高次の技能*11を、エリートだけでなく、すべての生徒*12に育成しようというのなら、それを反映する評価システム*13をわれわれは必要とする。」32

　つまり、高次の技能、高次の能力を測ることができる測定方法こそが次の課題となると明言したわけである。ところが、その課題をおろそかにして、低次の能力しか測れないテストを援用して学力問題を論じていないか、とギップスは疑問を投げかけるわけである。

　「学習と測定との関係を関連付けようとする失敗」は、「教育政策文書*14

---

*1 support teaching and learning
*2 provide information about pupils, teachers and schools
*3 selection and certificating device
*4 accountability procedure
*5 drive curriculum and teaching
*6 assessment to support learning
*7 assessment for monitoring or accountability
*8 positive impact on teaching and learning
*9 what kind of learning do we wish to achieve?
*10 application of knowledge, investigation, analyzing, reasoning and interpretation
*11 higher order skills
*12 for all our pupils, not just the élite
*13 assessment system to reflect that
*14 policy documents

表終-1　テスト準備教育のレベル

1	特にしない。(学習指導要領の)目標に向けた一般的指導であって、標準テストで測られる目標に合わせて決めたものではない。
2	テストの受け方を指導する。よく寝ておくとか、「全力を尽くせ」などの忠告や激励。ストレス予防。テストを上手くやりとげ、自分自身によい感情(満足感)をもてるように、生徒の自身や自己有用感を高める。テストを前にして無力感を感じたり、テストが引き起こしがちな無能感に対して生徒を守る。
3	テスト業者の開発した目標に向けて指導する(テストの受け方を含んでも、含まなくてもよい)。テスト範囲の内容で指導する。
4	標準テストで測られる目標に特に合わせた指導をする。
5	標準テストで測られる目標に忠実に合わせ、テスト形式で練習させる。
6	模擬問題や予想問題など類似する市販テストを使って練習させる。
7	(この中から出すぞと言って)あらかじめ同じテスト問題で練習させておく。
8	教員がテスト時間を変えたり、同じテスト問題で予め練習してあるいはテストの最中にヒントを与えたり、正解を与えたり、解答用紙の解答や点数を書き直す。

Caroline V. Gipps. *Beyond Testing: Towards a Theory of Educational Assessment.* Falmer Press, 1994, 152-153. キャロライン・V・ギップス著、鈴木秀幸訳『新しい評価を求めて―テスト教育の終焉』論創社、2001年、210-212ページ。

で望ましいと記述される質の高い学習[*1]と、測定手続きの寄せ集め[*2]で測られた結果らしきもの[*3]としての質の低い学習[*4]のとのミスマッチに」起因するものであるとギップスは考える。[33]

　社会の注目する(ハイ・ステイクス、high stakes、主要な評価となる、一か八かという意味もある)テストは、教員に大きな影響を及ぼし、「すぐれた指導」と世間で言われる「テスト準備教育」を行わせることになるが、教育機関は次第に「不正行為というテスト準備」へと移行していく。社会から見ればこれは「不可解な移行」であるが、教員の視点から見ればこれは自然な成り行きであると、ロンドン大学のキャロライン・ギップス教授が論じている。彼女が紹介する複数の研究者の指摘についてことばを補って総合すると、次のような**表終-1**ができあがる。

　表終-1におけるレベル8は、不正行為である。ところが、キャロライン・

---

*1 high quality learning
*2 associated assessment procedures
*3 seems likely to result
*4 poor quality learning

ギップスは、レベル6とレベル7は不倫（倫理的によくない）、つまり教員として行うべきことではないと言いきって、レベル3からレベル5のどこかに線を引くべきだと主張している。

　フィンランドでは、16歳まで他人と比べる競争的テストはない。全国学力テストも、5％程度の抽出方式で、結果は内部改革の問題として扱われ、公表されない。筆者が、「全国学力テストをしないのか」と聞いたところ、教育労組の国際部担当であったマリヤッタ・メルト氏は、「全国学力テストはしない。テストをすると、学校の中にビジネスが入り込んでくる。テスト会社は教材を売り込んでくる。学校は、テストの点を上げるためにそれを買い込んで生徒にやらせることになる。そうなると、教育が教育でなくなる」と答えた。フィンランドの教育指導者たちはキャロライン・ギップスの指摘する不正や不倫を避けるための、教育者としての一線をしっかり持っているということである。マイケル・ムーアが映画『アメリカの世界侵略』で描いたことは、フィンランド社会はこの本物の教育観を持っているということであったと思われ、これこそを「戦利品」として米国社会に持ち込まなければならないという話の筋であった。

（4）ILOのテスト批判

　ILOが教育政策の方針を転換するきっかけは、ユーリア・エンゲストローム（Yrjö Engeström）の教育方法を導入するいきさつに説明されている。ILOは、発展途上国に新しい知識と技能を移転する目的で研修を行ってきたが、「フィンランド国際開発局（FINNIDA）」が提供する「アフリカ安全衛生プロジェクト」を実施するにあたり、ユーリア・エンゲストロームにこの研修プロジェクトの改善について協力を申し出た。実施された研修プロジェクトは成功裏に終わるが、そこではこれまでのものとは異なる、新しい学習理論が使われていた。ILOは、この理論を普及するためにエンゲストロームの著作を発行することにした。これが、『変革を生む研修のデザイン』[34]である。

　その『変革を生む研修のデザイン』の端書きには、ILO主任技術顧問のアンテロ・ヴァハパッシ（Antero Vähäpassi）が、成人教育は改革の課題に直面し

ていること、それは「人生を生きるための学習」*1と言いながら、これは「学校の学習」*2においては空虚なフレーズになっている。というのも、そこでは学習が主にテストを目的としている*3からである」と学校教育の現状に批判の目を向けていた。

(5) 統制の文化から信頼の文化へ

米国の教育政策の研究者ダニエル・アラヤ(Daniel Araya)は、モレル(Nathalie Morel)たちが抽出した特徴を**表終-2**のようにまとめた。

フィンランドの教師出身で、World Bankで活躍する研究員のパシ・サールベリ(Pasi Sahlberg)は、**表終-3**のように国際的なネオリベラリズムの動きとフィンランドの教育行政を対比している。**表終-2**中の「ネオリベラルパラダイム(Neoliberal Paradigm)」はサールベリの言う「グローバル教育改革運動(GERM)」に、「社会投資パラダイム」*4は「フィンランド・モデル」に相当するだろう。

パシ・サールベリは、「1980年以降、教育の質の改善、とりわけ生徒の到達度を上げるために、少なくとも5つのグローバルに共通した特徴を持った教育政策と改革原理が採用されてきた」と指摘する。したがって彼はそれを「グローバル教育改革運動(GERM)」と名付けたのだという。パシ・サールベリの指摘では、フィンランド・モデルとは対局のグローバルな教育改革運動が世界の教育界で起きているという。[35]OECDが持ち上げたのはフィンランド・モデルであったはずだったのに、なぜこうなってしまうのか。アンドレアス・シュライヒャーのいらだちと失望が推測される。

翻ってフィンランドをみれば、ここに至るまでのフィンランドの歴史は、**表終-4**のように整理されているが、現在は巨大企業ノキアが倒産するという苦しい経済状態にある。それでもなお、教育を商品化せず、2016年度からは探究型の教育を実践する新しい国家カリキュラムを始めた。「学力世界

---

*1 Learning for Life
*2 school learning
*3 aimed mainly at tests
*4 Social Investment Paradigm

終　章　見えなかったものは見えたか　529

表終-2　政治経済学モデル

	ケインズ派パラダイム	社会投資パラダイム	ネオリベラルパラダイム
失業の原因	需要不足	不十分なスキル 　科学・技術・工学・数学の教育と訓練 　生涯学習	労働供給の抑制 　労働市場を厳正化 　高い労働コスト 　労働を忌避させる社会的特典 (benefits)
社会政治と経済	社会政策の積極的な経済的役割 　社会保障は需要を押し上げ、成長を刺激する	社会政策の積極的な経済的役割 　社会政策は成長の前提条件 　投資は知識経済を準備する人的資本開発と労働市場の流動化を支援する	社会政策の否定的な経済的役割 　福祉国家は低経済成長とインフレの原因
中心原理	社会的平等 万民 (すべての男性) 者に職を	社会的インクルージョン 　知識労働者 　能力付与 (capacitation)	個人責任 どの職でも (any job) 活性化
国家	大きな福祉国家 中央経済計画	福祉国家の強化 長期計画の社会政策	細身の国家 (lean state) 規制緩和 福祉国家の解体
中心的手段	経済的要請を支援する政策 社会保障	人的資本への投資 労働市場を支援する社会サービスと社会政策	供給を支援する政策 労働市場の規制緩和 社会サービスの民営化

Daniel Araya. *Rethinking US Education Policy: Paradigms of the Knowledge Economy.* New York: Palgrave Macmillan, 2015, 146.

一」の評判が落ちるのではないですかという巷の質問に答えて、フィンランド大使館は、「そうかもしれませんが、それがどうしたというのでしょう」と言い切っている。さらに、「PISAランキングの意義は取るに足りません。PISAは血圧測定のようなもので、時々自分たちの方向性を確かめるうえではよいですが、それが永遠の課題ではないのです」というパシ・サールベリの言葉を引用している。[36]

　評価の基準を「把握できる明晰な知識だけ」から、多様なものへと広げ、人間を豊かにとらえ説明できること。プロセスを写真や動画、レポートなど、複数の手段で説明できること。そのような選択肢があってこそ、教師は専門

表終-3　パシ・サールベリの指摘する教育政策対照表

グローバル教育改革運動 (GERM)	フィンランドモデル
学校間競争 　基本仮定は、競争は、質、生産性、サービス効率を最終的には強化する市場メカニズムとしてはたらくということである。公立学校が、チャータースクール、フリースクール、独立学校、私立学校と競争関係になれば、最終的には教育 (teaching) と学習 (learning) を改善するだろう。	**学校間の協働 (collaboration)** 　基本仮定は、人々の教育は協働過程であり、学校間の協同 (cooperation)、ネットワーク、理念の共有は、最終的には教育の質を上げるだろう。学校が協働すると、学校は互いを助け、また教師を助けて、教室の中に協同の文化を創造する。
標準化された学習 　すべての学校、教師、生徒が成果の質と公正 (equity) を改善するために、明確で高く、中央で規定された成績目標 (performance targets) を設定している。これが、一貫性や、測定とデータの共通基準に応える外部で設計されたカリキュラムを通して、標準化された教育に導く。	**学習の個別化** 　学校別 (school-based) カリキュラム計画のために、明確かつ柔軟な国家枠 (framework) を設定している。万人に個別化された学習機会を創造する最善の方法を見つけるために、国家目標に対して学校別、個人別の解決を奨励している。特別な教育ニーズのあるものに対しては、個人個人別学習計画を使用している。
リテラシーと数的基礎力への焦点 　読み・書き・計算という基礎知識・技能と自然科学は、教育改革の基礎目標である。この教科の授業時間は、普通、美術や音楽といった他教科を犠牲にして増加される。	**子どもまるごとに焦点** 　教育と学習は、個人の人格、道徳的正確、クリエイティビティ、知識、倫理、技能などの成長の全側面に平等の価値を認めながら、深く広い学習に焦点を当てる。
テスト基盤の説明責任 　学校の成績、および生徒の達成度 (achievement) を上げることは、学校と教師に対し奨励、査察、場合によっては報酬というプロセスに強く結びつく。教師の給与と学校の財源は、生徒のテストの得点で決まる。制裁には、しばしば雇用打ち切りや学校閉鎖が含まれる。調査による生徒の評価とデータは、政策決定に使われる。	**信頼基盤の責任感 (trust-based responsibility)** 　生徒にとって最もよいことを判断する教師の専門性と校長の専門性 (teacher and principal professionalism) に価値を置く教育システムの中で、責任感と信頼の文化を徐々に構築している。学校、ならびに失敗や放置の危機にある生徒に対するリソースと支援を目標化している。抽出式生徒調査とテーマ別研究は、政策決定の情報に使われる。
学校選択 　基本的前提は、家庭のニーズによりよく奉仕する学校間の健全な競争を奨励しながら、親に子どもの教育を選択する自由を与えるということである。理想的には、子どもの教育に当てられる公的財源を、公立、私立を含め親が学校選択に使えるようにすべきである。	**成果の公正** 　基本的前提は、学校における教育的成功を求めて、すべての子どもが平等に尊重されることである。学校の学習は、子どもの家庭的背景やそれに関連する要因に強く影響を受けるので、成果の公正は、子どもたちの本当のニーズに応じて学校は財源を充てられることを求める。学校選択は、成果の不公正を増大させる差別へと、しばしば陥りがちである。

Pasi Sahlberg. Finnish Lessons: What Can the World Learn from Educational Change in Finland? 2nd edition. New York: Teachers College, Columbia University. 2015, 149.

終　章　見えなかったものは見えたか　531

表終-4　1970年以降のフィンランドにおける公共政策の相互依存拡大

	1970年代 制度形成期	1980年代 再調整期	1990年代 着想とイノベーション期	2000年代 更新期
戦略	福祉国家の礎石が据えられ、国家主導の社会資本が強化された。	福祉国家が完成。経済調整、情報技術、インフラ、公共行政の再編成。	公共部門が自由化。イノベーション主導市場を通した輸出と、ネットワーク社会を通した理念普及との多様化。	経済の良好な部分を強化し、財政状況に一致する社会政策(いっそうの民営化)を更新。
経済政策	輸出に依存し、国家が統制する小規模で、開放的な経済。主として物的資本に投資。	急速な公的部門の成長。工業生産は金属と木材部門に集中。	公的部門の成長が止まり、衰退する。私的なサービス部門が成長を始め、ICT産業が出現。研究・開発部門への投資が増加。銀行部門の再編。	サービスへの焦点化が増加。中央行政が役割を失い、公共部門の生産性が強調される。
雇用政策	積極的雇用政策と失業手当制度の確立。労働市場に向け直接の訓練を強化。	失業手当の再編。新雇用政策の一環として早期退職制度を利用。	不況により雇用手当を削減。雇用を促進する新しい労働市場手当。雇用政策制度を再編。	高齢化が雇用不安。失業には権利と義務を重視。部門横断的アプローチが強調。
社会政策	成人向け新しい危機管理システム。失業、ワークライフバランス、継続教育へのアクセス、住宅建設。	学生福祉サービスと医療保障システム。学生にローンと社会手当制度。失業法令の再編。	大恐慌の社会的影響、とりわけ負債や長期失業の鎮静化。失業者への再訓練と継続教育。	移民法の改訂。さらなる多様化に向けて社会制度を調整。
教育改革の原則	万人が優れた小学校と中等学校に公正で平等なアクセスを強調。教育の公的供給を確保。	すべての生徒がアクセスできるように後期中等教育を再編。後期中等教育を地方自治体に移管。	学校別カリキュラム、効率よく組織されたイノベーション、ネットワーク化された学校、アイディアと変化を共有する自治体などを通した、教師と学校の強化。	教育法令の再編、政策評価の強化、学校と教育部門の生産性への国家統制をしっかりつなぐ。学校規模の拡大。

Pasi Sahlberg. *Finnish Lessons: What Can the World Learn from Educational Change in Finland?* 2nd edition. New York: Teachers College, Columbia University. 2015, 158.

職なのである。

パシ・サールベリの姪ヴェーラ (Veera) が教員採用試験に落ちたそうだ。彼が姪に一番厳しい質問は何だったと尋ねると、「弁護士や医者にもなれるのになぜ教師になりたいのか」だったと答えたのだという。その後彼女から手紙が来て、

　　　「人々が自分の強みや才能を発見するようにお手伝いできたらというのが第一の内的動機です。ですが、人々の弱さや不完全さにも気づいてしまうことになります。私は、この国のために、子どもたちの生活の中に変化を創り出したいから[*1]、教師になりたいのです。私が子どもたちと共になって働くことは、心優しくあり、共になって働く人々と人と人の関係を作り上げながら[*2]、いつも愛とケアの精神に基づいています。これが、私の人生に満足感を与えてくれると考え得る唯一の道です。」

と書いてあった。決して「安定した職業だから」というような答ではない。パシ・サールベリが言うには、「もしフィンランドの教育制度が他の多くの国のようにグローバル教育改革運動 (GERM) に感染してしまうなら、ヴェーラやその同僚たちは教師の道を選ばなかっただろう」[37]と感想を述べている。人と人の関係を作りながら、日々子どもたちが成長していくことを見守る、教師の役目はこれでよいではないかということらしい。

第3節　平凡を育てる教育の確保

教育とは、もともと、人間を育てる営みであった。人間の能力は多様であり、人間が自立して生きていけるように、多様な能力をつなげて一人の人格、アイデンティティ、一人前の人間を育てることが教育であった。

最近まで、教育は地域や文化に根ざすものと考えられていた。近代には新たに整備された学校教育制度は地域から子どもたちを切り離し、国民国家へとつなぎ直した。グローバリズムはこれを国家を脱し、国家を越えるもの、

---

*1 because I want to make a difference in children's lives and for this country
*2 creating personal relations with those with whom I work

終　章　見えなかったものは見えたか　533

すなわちタフな個人、言い直せば経済活動が行える職業人へと教育目標をつなぎ直した。管理を脱して、一人ひとりの人間の育成に戻ったのだからよいではないかと判断することも出来る。ある意味では、国家にもぎ取られた子どもたちを市民社会に取り返したのである。これこそがネオリベラリズムの本性である。だが、故サッチャー首相のように「社会などというものはない」と言い切ってよいのであろうか。

　学校は、生活から、とりわけ労働から相対的に独立した環境の下で、集中して能力発達を遂げさせる施設である。近代の国民国家は、国民を形成するために学校教育制度を成立させ、莫大な公費を投入した。教育が一人ひとりに行き渡るためには、国民教育制度が育生した国民意識と、公費で運営される学校制度があって初めて可能なことであった。国民は、学校教育において能力を身につけることによって、職業選択の自由が可能となった。このメリットを認めるとして、普通の社会人として生きていく力を誰がどこで育てるのか。国民国家の場合には、「国民形成」という形で政府の力が働いていた。

　もともと、生涯学習は人間としての全体性（トータリティ）を取り戻そうとする動きであった。1965年、UNESCO第3回成人教育推進国際諮問委員会において、成人教育課長ポール・ラングランが、「永続教育」を提唱した時、生涯教育は、成人した労働者が職場以外の場所で、職業以外の能力を発達させて人間として総合的に能力の確保するために構想されていた。一人ひとりの人間が社会のコントロールにも参加し、教養を身につけて自己の人生を楽しむといったことが先進国の大方の合意になっていた。

　1970年には、OECDがリカレント教育の考えを公式に採用する。そのモデルは、ドイツ語圏諸国の「成人学校」、北欧諸国の「フォルケ・ホイ・スコーレ」、その他、ユーゴスラビアにおける任意の学習サークルであった。フォルケ・ホイ・スコーレは、農民の自立のためにデンマークで設立され、教師の構内で生活する学びの共同体を目ざした。成績も付かなければ単位も出ない、まさに学びたい者だけが学ぶ学校である。

　リカレント教育とは、成人労働者が、労使協調のうえで在職しながら労働生産性を上げる仕組みである。これは、スウェーデンの社会民主主義から生

まれてきた。この場合、転職は想定されておらず、一生一職業が前提になってリカレント教育の論理が組み立てられている。

教育制度の改革はUNESCOの課題ともなり、1970年には国際教育年が設定され、1971年には教育制度の抜本的な改革を行う目的で教育開発国際委員会を発足させている。エドガー・フォールがこの委員長となり、1972年には報告書『生きるための学習』(『未来の学習』)が刊行された。このタイトルは、新しい時代に生きる人間の育成という意味が込められている。この報告書が「学習社会」という概念を用いたので、従来の「生涯教育」は「生涯学習」へと、より学習主体を強調し教育から学びへと概念転換を起こす契機となった。UNESCOは、『生きるための学習』(『未来の学習』)で伝統的な教育を維持する国民形成および階級的な学校教育制度からの脱却をはかろうとしたのである。

フィリップ・クームズは、1970年代初頭に、新たな投資先としてノンフォーマルな教育を発見し、フォーマルな教育、ノンフォーマルな教育、インフォーマルな教育をつないだ「生涯教育システム」という概念枠組みを提起した。なぜなら、資本主義諸国、東西冷戦のいわゆる西側諸国で起きている「教育の危機」を解決するには、階級に分岐した閉塞的な学校教育制度を大衆化する必要があったからである。西側諸国で採用可能な概念装置が出来たおかげで、初めて、生涯教育は国策として推進されることになったのである。

エットーレ・ジェルピが成人教育課長を引き継いだのは、1974年のことである。ジェルピは、学習社会を構想し、「教育を受ける者は、また同時に教育者でもある」として学習者が主体となって学び続ける自己志向学習を主張し、従来の伝統的な学校中心、教師中心の知識伝達型学校教育を否定した。

ところが、皮肉にも、社会教育はノンフォーマルな分野と捉えられて行政がこの教育を提供するようになると、またもや「教育を受ける者」と「教育者」が分離することになってしまった。

ジェルピは、学校教育が生み出す能力格差を成人教育で回復しようと考え、能力発達を押し止められた者こそ生涯学習が必要であり、とりわけ自己の労働を管理する能力を発達させるべきだと考えた。なぜなら、進学組と就職組

を分け、普通科教育と職業教育に分ける複線型の学校制度では、労働者には職場全体の労働を管理するような能力が身についていないからだとジェルピは考えたからである。ユーゴスラビアやアルジェリアの「自主管理労組」の経験をもとに、自主管理へと準備するためには「職業・技術能力と管理能力を獲得すること」が必要だと考えたのである。ところが行政に管理される「生涯教育」にそれが可能だろうか。エットーレ・ジェルピは、生涯教育の狭間で苦悩することになる。

　20年の時が流れ、国民教育を「生涯学習」という名の生涯教育に取り替えてしまう動きは、グローバリズムとともに訪れた。1995年のWTOとGATSに表現されているように、教育を権利ではなくサービスと捉えてこれを商品化し、公教育制度を解体して学校を民営化して営利行為を行う販売施設と見なして、世界標準に規格化され品質保証された販売網を世界展開しようとするネオリベラリズムである。教育界の基本概念は金融界の用語に置き換えられた。これを「ネオリベラル伝統派モデル」と呼ぼう。これは、米英の政財界がとった道である。

　ヨーロッパ諸国は別の道を探そうとした。なぜなら、高度化した高等教育を一国では支えられなくなったからである。それとともに、EUの建設には、異なる教育制度の国々をとりあえず統合する生涯学習制度が切り札となった。これこそが教育問題を国境を越えて解決する万能の制度と見なせたからである。つまり、生涯学習の歴史上の再提起はEU統一とともに起きてきた。そこで、まさに1996年に、EUは「欧州生涯学習年」を設定し、OECDは知識基盤経済を掲げてリカレント教育から生涯学習へと政策を転換した。これを「ネオリベラルBモデル」と呼ぼう。教育界の基本概念は民族の歴史文化を越えて民主化へと再解釈・再構成されることになった。これが、独仏中心の政財界が採った道である。この理論的枠組みを北欧モデルが支えたとみることが出来る。

　経済組織が乗り出してきたために、ネオリベラル教育自体が経済的利益が優先することとなることは避けられない。しかも、資本主義社会は職業選択の自由を人類にもたらしたが、ネオリベラリズムは、転職さもなくば失業と

いう時代を招き入れた。そのため、ネオリベラル改革派モデルは職業主義が色濃くなった。たとえば、味も素っ気もないPISA型読解力がそのよい例だ。「学問とは、ただむずかしき字を知り、解し難き古文を読み、和歌を楽しみ、詩を作るなど、世上に実のなき文学を言うにあらず」と説く『学問のすすめ』[38]もある。職業主義が新たな教育尺度となるが、これが「世界標準」という罠であり、かつ改革派の限界でもある。

　職業主義は、ノートン・グラブとマーヴィン・ラザーソンが「労働者たちは、生涯学習に取り組まなければならない」[39]と表現するように、企業の経済競争に一体化した生涯学習へと人々を追い込んでいくことになる。だからこそ、職業主義を包み込む形で人間のトータリティ、いわゆる人間らしさを保証していく必要性が今まで以上に求められる。

　別の言い方をしよう。社会的格差を是正するための学校教育の意義とか、社会人として必要な知識や能力、いわば柳田国男が若者エリートを前に強調した「平凡」を意図的に育て、また意図的に学ぶ行為がおろそかになってしまうことになる。

　この「平凡」なる諸能力は、地域の伝統的な人間関係や文化に根付いていた。フォーマルな学校教育は、子どもたちの成育を地域の伝統的な人間関係や文化から切り離し、国家規模の新たな文化へと繋ぎ直す仕組みだった。近代国家が求めたのは、国民としての規律と、能力の上では「非凡」だった。それでもなお、学校では「ヒドゥン・カリキュラム」と呼ばれる「隠れたカリキュラム」が作動して、地域の伝統的な人間関係や文化、ある意味では階級文化が少なからず維持されてきた。グローバリズムの今日、この「隠れたカリキュラム」が維持されるのかどうか、まったくの未知数である。

　今後の日本の教育を展望すれば、国家利害を優先する伝統的な国民教育へ戻ることはできない。近隣アジア諸国との政治対立を抱える日本は、なおさらグローバリズムに踏み込まざるを得ないだろう。個人主義の歴史が浅い日本は、欧米とは異なるチームワークを作り出せる可能性は大きい。

　ネオリベラリズムは、バーンステインの言う二面獣である。**図終-4**を使って説明すれば、米英ではネオリベラル伝統派モデルが強く出ており、欧州で

終　章　見えなかったものは見えたか　537

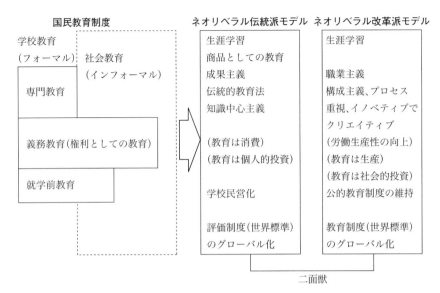

図終-4　ネオリベラリズム二面獣図

はネオリベラル改革派モデルがより強く出てくる。学力の世界標準をめぐって大きな衝突が起きているが、OECDのPISAやIB（国際バカロレア）カリキュラムはヨーロッパ仕様であり、ネオリベラル改革派モデルに属すると見なせる。ただし、コンピテンス・ベースは「大陸ヨーロッパ種と言うよりも英国・オーストラリア種」[*40]なのだと指摘する研究者もいる。

　ネオリベラル伝統派モデルは教育を商品とするために教育成果をより正確に記述し、そのランク付け、つまり尺度化を試み、これを新しい教育学、教師の新しい職能だと定義するだろう。ちょうど食堂が料理を提供するように、たくさんの素材とたくさんの調理法があるが、そのうち限られた組み合わせに標準化し、メニューとして抜粋し、商品とする。教育の素材はファミリーレストランのようにパックされて学校に届くようになり、教師はそれをマニュアル通りに解凍し消費者に運べばよい。教師は、相手が誰であろうと教育の効能が書いてある仕様書通りに授業を作ることになる。意欲ややる気

---

* Anglo-Australian rather than the continental European variety

を高める「アクティブ・ラーニング」という食事マナーも仕様書には書き込まれる。消費者が予想さえしなかった驚くべき味がするような商品は、一般的には好まれない。クレームがつけば、早めにリコールをかけないと、全品がクーリングオフされかねない。だからこそ、それと同様に、「感動する授業」そのものが商品化され、学び方までアクティブ・ラーニングでコントロールされているのが現状である。

　大学教育が商品とされているだけではない。個々の授業そのものが単体の商品とさえ考えられている。単位計算の上から、授業名称が同じならば、同じ内容にしなければならない。授業名称が異なれば、異なる内容としなければならない。同じ授業を二度、三度と受けると理解もまた深くなっていくというような解釈は商品管理、つまり教育行政のルールにはない。同じ授業を二度、三度と受けてはいけないのだ。同一名称の授業をする場合、先生と生徒が変わっても同一内容でなければならない。これが商品というものだ。だから、ネオリベラル伝統派モデルは「教師のいない教育学」でありかつ「子どものいない教育学」なのだ。日本中同じような教科書を使い、同じような授業を相手かまわず北海道から沖縄まで同じように繰り返す日本の教師は、世界中から驚嘆のまなざしで見られている。もちろん、それが可能なのは先生たちの涙ぐましい努力と、日本の教育が持つ「ヒドゥン・カリキュラム（見えないカリキュラム）」のおかげであって、とても欧米人にはまねができない代物だが。

　いずれにしても、社会に出る前に一定の人格を形成しておこうとするフロント・エンド型の教育は消滅することになる。学習内容（コンテンツ）を曖昧にしたコンピテンスという能力感は、「落ちこぼれ」「落ちこぼし」の概念を論理必然的に消滅させていく。と同時に、人々は一生涯にわたる能力競争に追い立てられることになる。これが、生涯学習あるいは学習社会の代償である。

　前近代の社会には、いろいろな形で「入社式（イニシエーション）」と呼ぶ人生の通過儀礼があった。これには、社会で生きるためにはぜひこうあってほしいという大人社会からの期待があったからである。ヨーロッパが欧州統一のプロセスの中で生涯学習という教育制度だけでなく、職業主義を越えて

終　章　見えなかったものは見えたか　539

キー・コンピテンスという実行能力を議論したことは貴重なことである。日本にはこのようなプロセス無しにテスト制度のみが導入されてしまった。それゆえに、学力論議は、子どもたちの学び方や家庭・社会のあり方を問題にするところまでには広がっていない。ヨーロッパが、時間をかけて伝統的な教科の知識・技能の伝達・習得から教科横断的な汎用能力に目を向けたこと、認知的能力の形成とともに非認知的能力の育成を社会課題として取り上げようとしたこと、しかも職業主義に陥らない仕掛けの創造にどれだけ腐心したのかということ、それは日本人にはほとんど知られていない。日本と日本人は、欧州のこのプロセスから学び、近隣のアジア諸国とともに、国境を越えていく、自立的な個人でありながら民主的な社会人の形成へと教育を転換していくべきだろう。

おわりに

　「ゆとり」教育批判など学力論争は、学力をめぐる階級闘争であった。ネオリベラリズムの時代に、新中産階級が高収入の高度な専門家として生き残ろうとして学校教育をそれに適応させようとした闘争である。この新中産階級は同一労働同一賃金、労働時間に基づく賃金支払いなどの労働管理を拒否し、成果主義を主張している。しかし、欧米の先進諸国は能力の世界標準を新パラダイムへと着々と書き換えているのに、日本においては古い学力標準に基づき古い方法で競争だけが激化させられている。日本は出遅れ、平等の概念を構成の概念に取り替えて生涯学習全体で結果の平等を追求するという仕組みが整えられていないので新パラダイムに対応できないからだ。この結果、日本の国際競争力は失われ、経済立て直しも政府の不可能と誰もが判断する借金返済の見通しはない。にもかかわらず、国民は「経済を何とかして欲しい」と他人事のように思って、新しい労働形態に見合う能力追求をしようとはしない。私は、教科に基づく古い学力競争は、1960年代の高度経済成長期で、つまり明治百年で終わったと思っている。

　本書第1部は、都留文科大学紀要に掲載した「大学法人化はどこまで来たか」(2013年)という小論を大幅に補充拡大したものである。都留文科大学の学長になる直前、どのようにして大学を経営していくかに悩みながら、世界の動きを読み取り、いわゆるグローバリズムからどれだけの距離をとることができるのかを探ったものである。この小論に目を止めてくださった東信堂の下田勝司社長が出版を勧めてくださり、この書になった。

　さらに第2部、ヨーロッパのコンピテンスをめぐる動きは、『競争やめたら学力世界一』『競争しても学力行き止まり』(ともに朝日出版)の関連ページが下敷きになっている。

筆者は、この10年余り、フィンランドの教育を日本に紹介してきた。国際生徒調査PISAで日本の順位が上がり、フィンランドの順位が下がると、日本人は見向きもしなくなった。筆者は拙著に『競争しなくても世界一』とか『競争やめたら学力世界一』というタイトルを付けたのだが、それはフィンランドでは16歳まで他人と比べる競争的テストもないのに子どもたちがほどほど熱心に勉強しているのはなぜかという教育学の根源的な疑問から発していた。世界の教育潮流は詰め込み主義からの脱却であるとアンドレアス・シュライヒャーもそう思っていた。そのことは2003年頃の彼の発言からはっきりと読み取れる（本書406～410ページ）。さらに、マイケル・ムーアは、2016年封切りの映画『アメリカの世界侵略』にて、フィンランドの教育を宿題がなく、学校間格差がなく、競争原理が排除されていることに焦点を当てていた。

　フィンランドの子どもたちは、勉強するのは学校の授業のみ。授業が終わったら帰って行ってしまうが、学習塾はない。土日はたっぷり休むが、冬休みに加えてスキー休み（2月の極寒期）まである。夏休みは、10週間。もちろん先生は研修で学校に来ることがあってもそのうちの3日だ。学校と名のつくところは、6歳の準備級から大学院まで授業料はタダである。義務教育期には、学用品も教材もタダ。未成年には、給食費もタダ。クラスは20人ほどの少人数学級で、小学校には複式学級が多い。先生は自分で授業づくりができるほどの能力があり、かつ準備に充てる時間もたっぷりある。そうすれば、子どもたちの学力の平均は、世界一とは言わないまでもかなり高くなるというのだ。

　何より魅力的なことは、子どもたちが自信を失っておらず、「今はできないが、やる気もないが、そのうちできる」とたいていの子は思っている。というのも、フィンランドでは、算数とか理科という教科の成績という概念はなく、総合点という発想もない。だから、自分は算数・数学が苦手だという考えはまず起きてこない。小数点が分からないとか、電流が分からないとか、個々の分野の理解や知識がまず問題になる。補習はたっぷりしてもらえるが、特別な先生、いわば補習のプロが加配される。教師は、普通のことを普通

にしていればよく、競争する必要もない。OECDは、このフィンランドの教育を、対GDP比というコストパフォーマンスで高く評価しただけでない、コンピテンスを育てるという未来の教育という面からも注目した。逆にフィンランドは、コンピテンスと生涯学習というネオリベラリズム、さらに社会福祉に守られてテスト競争を回避している。

　本書は、ネオリベラルと呼ばれる経済的価値を最優先する勢力が、世界の中を動き回り、人類が営々と培ってきた公的な財産を民営化の名でいかに破壊していったかについて述べようとしたものである。しかし、ヨーロッパ諸国、とりわけ北欧の福祉国家のように、ネオリベラリズムを認めつつ、民主主義とバランスをとろうと腐心した努力にも焦点を当てようとした。OECDが世界最強の教育アクター（活動主体）にのし上がり、PISAや国際バカロレア、CEFRなど、学力の世界標準をヨーロッパが着々と作り上げてきた歴史を見ると、大勢の見識ある人々の努力が縁の下に隠れているものだと思う。

　伝統的な知識伝達型の学校教育を、学習者が一生涯学び続ける営みへと変えようとしたUNESCO、EU、OECDなど国際機関の活動方針は、不十分ではあるけれども、確かなものだと筆者は考えている。OECDの国際生徒調査PISAは、考える力が大切だという雰囲気を日本の学校や家庭の中に持ち込んだのは確かだ。さらに、OECDは、教育の成果と教育の諸条件とを出来るだけ詳しく調査し、それらを関連づけて子ども、親、教師、行政に対して改革の視点を指摘し続けていることも確かである。これに対して、日本の教育学および教育学研究はあまりにリアリティがなくて、時空を超えた理想論の域を出られないでいる。

　実は、第三部を構想していたのだが、今回は諦めることにした。もう待てないと迫ってくださった下田勝司社長には、感謝する他はない。私事だが、55歳を過ぎてから研究が楽しくなった。私財をなげうってというくらいに研究書を買い漁った。また、インターネットの普及で図書館を回らなくても、世界中から資料を集められる時代になったことも幸いした。年齢に比例して職務は忙しくなるばかりだったが、このような形で出版できたのは夢のよう

である。不十分はお許しいただく他はなく、後輩たちがこれを乗り越えていっ
てくれるものと信じている。

初出一覧

福田誠治著「大学法人化はどこまで来たか」『都留文科大学研究紀要』第78集、2013年、1-28ページ。

福田誠治著『競争やめたら学力世界一——フィンランド教育の成功』朝日新聞出版、2006年、191〜228ページ。

福田誠治著『競争しても学力行き止まり』朝日新聞出版、2007年、170〜196ページ。

福田誠治著「教育戦略のグローバリズム」嶺井明子、川野辺敏編著『中央アジアの教育とグローバリズム』東信堂、2012年、214〜223ページ。

表終-5　初出文献と本書との図表の対応表

初出の図表	本書の図表
『競争やめたら学力世界一』 表5-1「本文でふれられているヨーロッパの政治機構」(195ページ) 表5-2「学力に取り組むOECD」(196ページ)	表6-4「教育関連の主な国際機関一覧」(319〜320ページ) 表4-3「OECDの教育関連機関語表」(197ページ)
表5-3「OECD国別レポートにおけるキー・コンピテンシー領域の言及頻度」(207ページ) 図5-1「要請がコンピテンシーの中身を決定する」(209ページ) 図5-2「DeSeCoのとらえたキー・コンピテンシーの枠組み」(209ページ)	表8-9「国別レポートにおけるキー・コンピテンス領域の言及頻度」(450ページ) 図8-1「要請がコンピテンスの内的構造を定義する」(451ページ) 図8-3「典拠に関するDeSeCoの包括的な概念的枠組み」(454ページ)
『競争しても学力行き止まり』 表4-1「デンマークのキー・コンピテンシー」(171ページ) 表4-2「フィンランドにおける基礎教育の国家的課題」(172ページ) 表4-4「スコットランドのコア・スキル」(173ページ) 表4-8「PISAにおける測定の観点」(185-186ページ)	表8-12「デンマークの例」(460ページ) 表8-13「フィンランドの例」(461ページ) 表8-14「スコットランド教育システムにおけるコア・スキルとその構成要素」(462ページ) 表8-16「PISAにおける測定の観点」(464〜466ページ)
『中央アジアの教育とグローバリズム』 表3-2-1「社会主義後教育改革パッケージの特徴」(220-221ページ) 表3-2-2「世界銀行とアジア開発銀行からカフカス諸国・中央アジア諸国教育部門への貸出ローン」(221-222ページ) 表3-2-3「中・東欧および独立国家共同体における調査・試験制度改革の現状」(222ページ) 表3-2-4「住居別に見た言語使用状況(%)と学力(PISA2006科学)」(223ページ)	表3-7「社会主義後教育改革パッケージの特徴」(169ページ) 表3-8「世界銀行とアジア開発銀行の教育部門からカフカス諸国と中央アジア諸国への貸出ローン」(171ページ) 表3-9「中・東欧および独立国家共同体諸国における調査・試験制度改革の現状(2009年)」(172ページ) 表8-19「住居別にみた言語使用状況(%)と住居別・使用言語別の学力(PISA2006科学)」(483ページ)

注

　日本語翻訳書も掲載してあるが、訳語は本書全体で統一を図ったので、訳文の責任は福田にある。

序章

1 James Paul Gee. *Situated Language and Learning: A Critique of Traditional Schooling.* New York: Routledge, 2004, 109-110.

2 Carl Beriter. *Education and Mind in the Knowledge Age.* Mahwah, New Jersey, Lawrence Erlbaum Associates, 2002, xii.

3 *Ibid,* 3-25.

4 H. Putnam. How Old is the Mind? In R. M. Caplan (ed). *Exploring the Concept of Mind.* Iowa City: University of Iowa Press, 1986, 34.

5 Alan Burton-Jones. *Knowledge Capitalism: Business, Work, and Learning in the New Economy.* Oxford University Press, 1999, vi. アラン・バートン゠ジョーンズ著、野中郁次郎、有賀裕子訳『知識資本主義―ビジネス、就労、学習の意味が根本から変わる』日本経済新聞社、2001年、5ページ。

6 *Ibid,* 7. 同、22ページ。

7 *Ibid,* 199. 同、307ページ。

8 Clara Morgan. *The OECD Programme for International Student Assessment: Unraveling a Knowledge Network.* Saarbrücken: VDM Verlag Dr. Müller, 2009, 5.

9 Phillip W. Jones. *Education Poverty and the World Bank.* Rotterdam: Sense Publishers, 2006, 43.

10 Michael W. Apple. *Official Knowledge: Democratic Education in a Conservative Age.* Routledge, 1993.

11 P.M.Haas. Epistemic Communities and International Policy Coordination, *International Organization,* vol.46, no.1, winter 1992, 1-35.

12 Martin Lawn, Risto Rinne and Sotiria Grek. Changing Spatial and Social Relations in Education in Europe. In Jenny Ozga, Peter Dahler-Larsen, Christina Segerholm and Hannu Simola (eds). *Fabricating Quality in Education: Data and Governance in Europe.* London: Routledge, 2011, 15.

13 Basil Bernstein. *Pedagogy, Symbolic Control and Identity: Theory, Research, Critique.* Revised ed., Boston: Lanham, 2000. バジル・バーンステイン著、久冨善之他訳『＜

教育 > の社会学理論―象徴統制、< 教育 > の言説、アイデンティティ』法政大学
出版会、2000年。

14 R. D. Putnum. Diplomacy and Domestic Politics: The Logic of Two-Level Games, *International Organization,* vol.42, no.3, summer 1998, 427-460.

15 Armin von Bogdandy and Matthias Goldman. The Exercise of International Public Authority through National Policy Assessment: The OECD's PISA Policy as a Paradigm for a New International Standard Instrument. *International Organization Law Review,* 5 2008, 1-58.

16 Fazal Rizvi. Rethinking Educational Aims in Era of Globalization. In Peter D. Hershock, Mark Mason, John N. Hawkins (eds). *Changing Education: Leadership, Innovation and Development in a Globalizing Asia Pacific.* Hong Kong University Press, 2007, 71. フェイザル・リズヴィ「グローバル化時代における教育目的の見直し」ピーター・D・ハーショック、マーク・メイソン、ジョン・N・ホーキンス編著、島川聖一郎、高橋貞雄、小原一仁訳『転換期の教育改革―グローバル時代のリーダーシップ』玉川大学出版部、2011年、84ページ。

17 Kerstin Martens, Alessandra Rusconi and Kathrin Leuze (eds). *New Arenas of Education Governance: The Impact of International Organizations and Markets on Education Policy Making.* New York: Palgrave Macmillan, 2007, 6.

18 Miriam Henry, Bob Lingard, Fazal Rizvi and Sandra Taylor. *The OECD, Globalisation and Education Policy.* Oxford: Elsevier Science, 2001, 4.

19 Fazal Rizvi. Rethinking Educational Aims in Era of Globalization. *Op. cit.,* 72. フェイザル・リズヴィ「グローバル化時代における教育目的の見直し」前掲、84-85ページ。

20 Alan Burton-Jones. *Knowledge Capitalism. Op. cit.,* 199.『知識資本主義』前掲、306ページ。

21 *Ibid*, 204. 同、313ページ。

22 *Ibid*, 207. 同、319ページ。

23 Fazal Rizvi. *Rethinking Educational Aims in Era of Globalization. Op. cit.,* 71-73. フェイザル・リズヴィ「グローバル化時代における教育目的の見直し」前掲、84-86ページ。

24 OECD/CERI. *Improving Health and Social Cohesion through Education.* Paris: OECD, 2010, 11.

25 Stephen Dinham. The Worst of Both Worlds: How U. S. and U. K. Models are Influencing Australian Education. *epaa_aape*, April 27, 2015, Arizona State University, 3.

第1部序

1 Michael A. Peters. *Neoliberalism and After?: Education, Social Policy, and the Crisis of Western Capitalism.* New York: Peter Lang, 2011, 60.

2 Fazal Rizvi and Bob Lingard. Globalization and the Changing Nature of the OECD's Educational Work. In Hugh Lauder, Phillip Brown, Jo-Anne Dillabough and A. H. Halsey (eds). *Education, Globalization and Social Change.* Oxford: Oxford University Press, 259.

第1部第1章

1 内田樹『下流志向』講談社、2007年、148〜149ページ。

2 Gøsta Esping-Andersen, *The Three Worlds of Welfare Capitalism,* Blackwell, 1990, 35. 日本語訳は、エスピン−アンデルセン著、岡沢憲芙、宮本太郎訳『福祉資本主義の三つの世界—比較福祉国家の理論と動態』ミネルヴァ書房、2001年、39ページ。

3 Samuel Bowles and Herbert Gintis. *Schooling in Capitalist America: Educational Reform and the Contradictions of Economic Life.* New York: Basic Books, 1976, 44. S.ボウルズ、H.ギンタス著、宇沢弘文訳『アメリカ資本主義と学校教育・Ⅰ』岩波書店、1986年、78ページ。

4 判決文の四−2「憲法と子どもに対する教育権能」。判決文は、最高裁大法廷判決 昭和43年(あ)1614号 旭川永山中学学テ反対闘争事件(建造物侵入、暴力行為等処罰に関する法律違反被告事件)。インターネットで閲覧できる。

5 「訳者解説」マルカム・ノールズ著、堀薫夫、三輪健二訳『成人教育の現代的実践』鳳書房、2002年、566ページ。

6 Anna Herbert. *The Pedagogy of Creativity.* Routledge, 2010, 6-7. この逸話は、Christian Stadil and Lene Tanggaard. *In the Shower with Picasso: Sparking Your Creativity and Imagination.* Lid Publishing, 2014, 187-189. クリスチャン・ステーディル、リーネ・タンゴー著、関根光宏、山田美明翻訳『世界で最もクリエイティブな国デンマークに学ぶ 発想力の鍛え方』クロスメディア・パブリッシング(インプレス)、2014年、213〜216ページより重引した。

7 Albert Einstein. On Education (1936). In *Out of My Later Years.* Revised ed., Secaucus, New Jersey: Citadel Press, 1979, 36. 日本語訳は、アインシュタイン著、中村誠太郎、南部陽一郎、市井三郎訳『晩年に想う』講談社、1971年、56〜57ページ。

8 OECD. *Science Growth and Society: Brooks Report.* Paris: OECD, 1971. および、*The Rothschild Report: The Organization and Management of Government Research and Development.* London: HMSO, 1971. また、RANNには多数の報告書がある。

9 Michael Gibbons, Camille Limoges, Helga Nowotny, Simon Schwartzman, Peter Scott and Martin Trow. *The New Product of Knowledge: The Dynamics of Science and Research in Contemporary Societies.* London: SAGE, 1994, 158. マイケル・ギボンズ編著、小林信一監訳『現代社会と知の創造—モード論とは何か』丸善、1997年、266ページ。

10 Peter Burk. *A Social History of Knowledge from Gutenberg to Diderot.* Polity, 2000,

152.　ピーター・バーク著、井山弘幸、城戸淳訳『知識の社会史』新曜社、2004年、228ページ。

11 Ian F. McNeely with Lisa Wolverton. *Reinventing Knowledge: From Alexandria to the Internet.* New York: W.W.Norton & Company, 2008, 245. イアン・F・マクニーリー、ライザ・ウルヴァートン著、冨永星訳『知はいかにして「再発見」されたか』日経BP、2010年、275ページ.

12 Peter F. Drucker. *Post-Capitalism Society.* Oxford: Butterworth Heinemann, 1993, 6.　ドラッカー著、上田淳生、佐々木実智男訳『ポスト資本主義社会』ダイヤモンド社、1993年、29ページ。

13 Peter F. Drucker. *The Age of Discontinuity: Guidelines to Our Changing Society.* New York: Harper & Row, 1968, 284-285. P.F.ドラッカー著、林雄二郎訳『断絶の時代—来たるべき知識社会の構想』ダイヤモンド社、1969年、378-379ページ。

14 *Ibid*, 285. 同、379ページ。

15 *Ibid*, 301. 同、400ページ。

16 *Ibid*, 286. 同、379ページ。

17 *Ibid*, 265. 同、352ページ。

18 *Ibid*, 268. 同、356ページ。

19 *Ibid*, 269. 同、357ページ。

20 *Ibid*, 39-40. 同、52ページ。

21 *Ibid*, 40. 同、53ページ。

22 *Ibid*, 41. 同、53ページ。

23 *Ibid*, 284. 同、377ページ。

24 *Ibid*, 271. 同、359ページ。

25 *Ibid*, 271. 同、360ページ。

26 *Ibid*, 301. 同、399ページ。

27 *Ibid*, 305. 同、406ページ。

28 Fritz Machlup. *Education and Economic Growth.* New York University Press, 1975, 57. F.マハループ著、嘉治元郎訳『教育の経済学』春秋社、1976年、72-73ページ。

29 Fritz Machlup. *The Production and Distribution of Knowledge in the United State.* Princeton : Princeton University Press, 1962, 29-30.　フリッツ・マッハルプ著、高橋達男、木田宏訳『知識産業』産業能率短期大学出版部、1969年、37ページ。

30 *Ibid*, 39. 同、48ページ。

31 *Ibid*, 28. 同、36ページ。

32 *Ibid*, 32-33. 同、40〜41ページ。

33 *Ibid*, 51. 同、66ページ。

34 *Ibid*, 123. 同、151〜152ページ。

35 *Ibid*, 125. 同、154ページ。

36 *Ibid*, 127. 同、156ページ。

37 *Ibid*, 136. 同、168ページ。

38 *Ibid*, 33. 同、42ページ。

39 *Ibid*, 107-108. 同、133 〜 134ページ。

40 *Ibid*, 108-109. 同、134 〜 135ページ。

41 *Ibid*, 111-112. 同、138ページ。

42 Fritz Machlup. *Education and Economic Growth. Op. cit.,* 22. マハループ著『教育の経済学』前掲、29ページ。

43 *Ibid*, 33-34. 同、43 〜 44ページ。

44 *Ibid*, 34-35. 同、45ページ。

45 *Ibid*, 60. 同、78ページ。

46 Fritz Machlup. T*he Production and Distribution of Knowledge in the United State. Op. cit.,* 205.『知識産業』前掲、251-252 ページ。

47 Jean-François Lyotard. Trans. by Geoff Bennington, Brian Massumi. *The Postmodern Condition: A Report on Knowledge.* University of Minnesota, 1984, 51. ジャン＝フランソワ・リオタール著、小林康雄訳『ポスト・モダンの条件―知・社会・言語ゲーム』風の薔薇社、1986年、128ページ。フランス語版は、1979年。

48 *Ibid*, 54. 同、134ページ。

49 *Ibid*, 45. 同、115ページ。

50 *Ibid*, 46. 同、116 〜 117ページ。

51 Stephen J. Ball. Performativities and Fabrications in the Education Economy: Towards the Performative Society. In Hugh Lauder, Phillip Brown, Jo-Anne Dillabough and A. H. Halsey (eds). *Education, Globalization & Social Change.* Oxford University Press, 2006, 692. スティーブン・ボール「教育の経済における成果主義と偽装―成果主義社会に向けて」、ヒュー・ローダー、フィリップ・ブラウン、ジョアンヌ・ディラボー、A. H. ハルゼー編、広田照幸、吉田文、本田由紀編訳『グローバル化・社会変動と教育２―市場と労働の教育社会学』東京大学出版会、2012年、219ページ。

52 Jean-François Lyotard. *The Postmodern Condition. Op. cit.,* xxiii-xxiv.『ポスト・モダンの条件』前掲、8ページ。

53 Henry Giroux. Crossing the Boundaries of Educational Discourse: Modernism, Postmodernism, and Feminism. In A. H. Halsey, Hugh Lauder, Phillip Brown and Amy Stuart Wells (eds). *Education: Culture, Economy, and Society.* Oxford: Oxford University Press, 1997, 118. ヘンリー・ジルー「越境する教育言説―モダニズム・ポストモダニズム・フェミニズム」A. H. ハルゼー、H. ローダー、P. ブラウン、A. S. ウェルズ編、住田正樹、秋水雄一、吉本圭一編訳『教育社会学―第三のソリューション』九州大学出版会、2005年、172ページ。

54 Nancy Fraser and Linda Nicholson. Social Criticism Without Philosophy: An Encounter Between Feminism and Postmodernism. In A. Ross (ed). *Universal Abandon? The Politics of Postmodernism.* Minneapolis: University of Minnesota Press, 1988, 87.

注　551

55 Stephen J. Ball. Performativities and Fabrications in the Education Economy: *Op. cit.,* 692-693. スティーブン・ボール「教育の経済における成果主義と偽装」前掲、220ページ。

56 *Ibid*, 693. 同、220ページ。

57 *Ibid*, 694. 同、222ページ。文中の引用は、C. Offe. *Contradictions of the Welfare State.* London: Hutchinson, 1984, 125.

58 *Ibid*, 696. 同、228ページ。

59 *Ibid*, 697. 同、229ページ。

60 P. du Gay. *Consumption and Identity at Work.* London: Sage, 1996, 190.

61 Stephen J. Ball. *Performativities and Fabrications in the Education Economy. Op. cit.,* 700. スティーブン・ボール「教育の経済における成果主義と偽装」前掲、236ページ。文中の引用は、法哲学研究者ニコラス・ローズのもの。N. Rose. Governing the Soul: The Shaping of the Private Self. London: Routledge, 1989.

62 David Riesman. *On Higher Education: The Academic Enterprise in an Era of Rising Student Consumerism.* San Francisco: Jossey-Bass, 1980, xiv. 日本語訳は、D・リースマン著、喜多村和之、江原武一、福島咲江、塩崎千枝子、玉岡嘉津雄訳『高等教育論―学生消費者主義時代の大学』玉川大学出版部、1986年、22 ～ 23ページ。

63 Ian F. McNeely with Lisa Wolverton. Reinventing Knowledge: From Alexandria to the Internet. New York: W.W.Norton & Company, 2008, 261. 日本語訳は、イアン・F・マクニーリー、ライザ・ウルヴァートン著、冨永星訳『知はいかにして「再発見」されたか』日経ＢＰ、2010年、278 ～ 279ページ.

64 Peter F. Drucker. *Post-Capitalism Society.* New York: Harper Business, 1993, 8.　ドラッカー著、上田淳生、佐々木実智男訳『ポスト資本主義社会』ダイヤモンド社、1993年、32ページ。

65 *Ibid*, 42. 同、87ページ。

66 *Ibid*, 46. 同、94ページ。

67 Alfred W.Crossy. *The Measure of Reality: Quantification and Western Society, 1250-1600.* Cambridge University Press, 1997, p.14.　日本語訳は、アルフレッド・クロスビー『数量化革命―ヨーロッパ覇権をもたらした世界観の誕生』紀伊國屋書店、2003年、29ページ。

68 *Ibid*, 7. 同、20ページ。

69 *Ibid*, 200. 同、254ページ。

70 角山栄『時計の社会史』中公新書、1984年、169ページ。

71 久米邦武編『米欧回覧実記』(2)、岩波書店、1978年、54 ～ 55ページ。

72 橋本毅彦他編『遅刻の誕生』三元社、2001年。

73 角山栄『時計の社会史』中公新書、1984年、172ページ。

74 Michel Foucault, *Discipline & Punish: The Birth of the Prison*, Vintage, 1995. 原文は、*Surveiller et Punir: Naissance de la prison,* Gallimard, 1975. 日本語訳は『監獄の誕

生一刑罰と処罰』新潮社、1977年。

75 Keith Hoskin. Foucault under Examination: The Crypto-educationalist Unmasked. In Stephen J. Ball (ed.) *Foucault and Education: Disciplines and Knowledge.* London: Routledge, 1990, 30. キース・ホスキン「フーコーを『試験』する―教育の歴史科という隠れた素顔」J. S. ボール著、稲垣恭子、喜名信之、山本雄二訳『フーコーと教育』勁草書房、1999年、40ページ。

76 Michel Foucault, *Discipline & Punish: The Birth of the Prison. Op. cit.,* 184-194.

77 Peter Burke, *A Social History of Knowledge*, Polity Press, 2000, 90-91. ピーター・バーク著、井山弘幸、城戸淳訳『知識の社会史―知と情報はいかにして商品化したか』新曜社、2004年、138ページ

78 Ellen Condliffe Lagemann. *The Politics of Knowledge: The Carnegie Corporation, Philanthropy, and Public Policy.* Middletown, Connecticut: Wesleyan University Press, 1989, 205.

79 Ian F. McNeely with Lisa Wolverton. *Reinventing Knowledge: From Alexandria to the Internet.* New York: W.W.Norton & Company, 2008, 245. イアン・F・マクニーリー、ライザ・ウルヴァートン著、冨永星訳『知はいかにして「再発見」されたか』日経BP、2010年、260ページ.

80 Raymond E. Callahan. *Education and the Cult of Efficiency: A Study of the Social Forces that Have Shaped the Administration of the Public Schools.* University of Chicago Press, 1962, 15-16.

81 Leonard Ayres. *Laggards in Our School.* New York, 1909, 3.

82 *Ibid*, 176-177.

83 Frederic Winslow Taylor. *The Principles of Scientific Management.* New York: Cosimo, 2010, 75. 日本語訳は、フレデリックW.テイラー著、有賀裕子訳『科学的管理法―マネジメントの原点』ダイヤモンド社、2009年、165ページ。

84 F.E.Spaulding. The Application of the Principles of Scientific Management. *NEA Journal of Proceedings and Addresses.* 1913, 259-279.

85 中谷彪「アメリカ教育行政学研究序説（第Ⅳ報）」『大阪教育大学紀要・第Ⅳ部門』第29巻、第2−3号、88ページ。

86 Ellwood P. Cubberley. *Public School Administration.* Houghton Mifflin Company, 1916, 325.

87 *Ibid*, 337-338.

88 *Ibid*, 338.

89 Paul Davis Chapman. *Schools as Sorters: Lewis M. Terman, Applied Psychology, and the Intelligence Testing Movement, 1890-1930.* New York University Press, 1988, 34. ポール・デイビス・チャップマン著、菅田洋一郎、玉村公二彦監訳『知能検査の開発と選別システムの功罪―応用心理学と学校教育』晃洋書房、1995年、41ページ。

90 Samuel Bowles and Herbert Gintis. *Schooling in Capitalist America. Op., cit.,* 195.

S.ボウルズ、H.ギンタス著、宇沢弘文訳『アメリカ資本主義と学校教育・II』岩波書店、1987年、84ページ。

91 Raymond E. Callahan. *Education and the Cult of Efficiency, Op., cit.,* 244.

92 *Ibid*, preface.

93 Michael F. D. Young. *The Curriculum of the Future: From the 'new sociology of education' to a critical theory of learning.* Falmer Press, 1998, 17. M. F. D. ヤング著、大田直子訳『過去のカリキュラム・未来のカリキュラム―学習の批判理論に向けて』東京都立大学出版会、2002年。

94 M.Gibbons, C.Limoges, H.Nowotny, S.Schawartzman, P.Scott and M.Trow, *The New Production of Knowledge,* Sage, 1994.

95 David Harvey. *Spaced of Neoliberalization: Towards a Theory of Uneven Geographical Development.* Franz Steiner Verlag, 2005, 12-13. デヴィッド・ハーヴェイ著、本橋哲也訳『ネオリベラリズムとは何か』青土社、2007年、17-18ページ。

　　サッチャーのいった実際のことばは、「『私はホームレスだ。政府は私に住宅を提供しなくてはならない』と言って彼らは自分の問題を社会に投げてしまう。だが、社会とは何者か。そんなものはない。あるのは個人的な男と女それに家庭だ。民衆の手によらなければ政府は何も出来ないのだ。だから、民衆は自分のことをまっ先に見つめなくてはならない。("I am homeless, the Government must house me!" and so they are casting their problems on society and who is society? There is no such thing! There are individual men and women and there are families and no government can do anything except through people and people look to themselves first.)」Margaret Thatcher. Interview for Woman's Own ("no such thing as society"). Woman's Own, Sep 23, 1987.

　サッチャー発言の真意は、「民衆が期待する社会保障というようなものは社会あってこそ可能なことであるが、そのような社会は架空のものであるから、民衆は期待するな」ということである。社会はないといっているわけではないが、相互扶助をする社会を作れるという展望もなく、作ろうという思想もないことは明らかだが。

96 Margaret Thatcher. *The Downing Street Years.* New York: HarperCollins, 1993, 591. マーガレット・サッチャー著、石塚雅彦訳『サッチャー回顧録―ダウニング街の日々(下)』日経、1993年、175ページ。

第1部第2章

1 Malcolm S. Knowles. *Informal Adult Education: a guide for administrators, leaders, and teachers.* New York: Association Press, 1959.

2 UNESCO, *50 Years for Education,* UNESCO, 1997, p.64.

3 Wolfgang Saxon, Philip H.Coombs, 90, U.S. Diplomat With a Novel Agenda, Is Dead, *The New York Times,* March 7, 2006.

4 P. H. Coombs, *The World Educational Crisis; a Systems Analysis.* Oxford University

Press, 1968, 180.

5 Philip H. Coombs with Manzoor Ahmed. *Attacking Rural Poverty: How Nonformal Education Can Help*. Baltimore: Johns Hopkins University Press, 1974, 8. 原文は、次の通り。We also began with the conviction (later underscored by Unesco's International Commission for the Development of Education) that education can no longer be viewed as a time-bound, place-bound process confined to schools and measured by years of exposure.

6 Philip H. Coombs with Roy C. and Manzoor Ahmed. *New Paths to Learning: For Rural Children and Youth*. New York: International Council for Education Development, 1973, 2.

7 *Ibid*, 10.

8 *Ibid*, 8.

9 Philip H. Coombs with Roy C. and Manzoor Ahmed. *New Paths to Learning: For Rural Children and Youth*. New York: International Council for Education Development, 1973, 10-11.

10 *Ibid*, 12.

11 *Ibid*, 13-15.

12 Philip H. Coombs with Manzoor Ahmed. *Attacking Rural Poverty: How Nonformal Education Can Help*. Baltimore: Johns Hopkins University Press, 1974, 9.

13 海老原治善「生涯教育の新しい波」、エットーレ・ジェルピ著、前平泰志訳『生涯教育―抑圧と解放の弁証法』東京創元社、1983年、272ページ。

14 ポール・ラングラン『生涯教育について』。波多野完治訳は、ユネスコ国内委員会『社会教育の新しい動向』として1967年に出版された。持田栄一他編『生涯教育事典、資料・文献篇』ぎょうせい、1979年、に収録されている。

15 エットーレ・ジェルピ著、前平泰志訳『生涯教育―抑圧と解放の弁証法』前掲、1983年、7ページ。

16 同、146ページ。

17 同、22ページ。

18 Torsten Husén, The Swedish School Reforms: Trends and Issues. In Arild Tjeldvoll (ed.) *Education and the Scandinavian Welfare State in the Year 2000: Equality, Policy, and Reform,* Garland Pub., 1998, pp.99-111.

19 *Item 21.3 of the Provisional Agenda: International Education Year.* 15C/53, 12 September 1968, 3.

20 Paul Lengrand. *An Introduction to Lifelong Education.* UNESCO, 1970. ポール・ラングラン『生涯教育入門』波多野完治訳、全日本社会教育連合会、1971年。

21 Edgar Faure et al. *Learning to be: The world of education today and tomorrow.* UNESCO & George G.Harrap, 1972. 教育開発国際委員会編、国立教育研究所内フォール報告書検討委員会訳『未来の学習』第一法規、1975年。

22 *Adult Education in the Context of Lifelong Education, UNESCO basic working paper,*

注 555

Paris, 28th April, 1972, presented to the Tokyo Conference on Adult Education. [Unesco/Confedad/5]

23 IBE. *Educational Documentation and Information*, No.185, Paris: UNESCO, 1972, 18.

24 Council of Europe. *Permanent Education: Fundamentals for an Integrated Educational Policy.* Studies on Permanente Education. no.21/1971, Strasbourg: Council of Europe, 36.

25 Ivan Illich, *Deschooling Society*, New York: Harper & Row, 1972, 7. イヴァン・イリッチ著、東洋、小沢周三訳『脱学校の社会』東京創元社、1977年、24ページ。

26 Paulo Freire. *Pedagogy of the Oppressed.* New York: Pelican, 1972. パウロ・フレイレ著、小沢有作訳『被抑圧者の教育学』亜紀書房、1979年。

27 エットーレ・ジェルピ『生涯教育―抑圧と解放の弁証法』前掲、22ページ。

28 Karen Mundy. Educational Multilateralism in a Changing World Order: Unesco and the Limits of the Possible. *International Journal of Educational Development,* 19, 1999, 37.

29 岡沢憲夫、奥島孝康編『スウェーデンの社会』早稲田大学出版部、1994年、108ページ。

30 George Papadopoulos, *Education 1960-1990.* OECD, 1994, 112-113.

31 O. A. Palme. Model of Recurrent Education. *Council of Europe, Information Bulletin 3*, 1969.

32 Albert Tuijnman. Emerging Systems of Recurrent Education. *Prospects*, Vol.XXI, No.1, 1991, 17.

33 OECD/CERI. *Recurrent Education, Policy and Development in OECD Countries.* Paris: OECD, 1972. 中でも注目されるのは、Peter F. Regan, Norman Solkoff, Walter Stafford, *Rucurrent Education in the State of New York.* H. Rudolf, et al, Recurrent Education in the Federal Rupublic of Germany. Å. Dalin, *Recurrent Education in Norway. Jarl Bengtsson, The Swedish View of Recurrent Education. Recurrent Education in Yugoslavia.*

34 OECD. *Equal Educational Opportunity.* Paris: OECD, 1971. OECD編、森隆夫訳『生涯教育政策―リカレント教育・代償教育政策』ぎょうせい、1974年、第一部。

35 OECD, *Recurrent Education: A Strategy for Lifelong Learning*, OECD, 1973. OECD/CERI『リカレント教育―生涯学習のための戦略』文部省大臣官房、1974年。

36 *Ibid*, 8-10.

37 *Ibid*, 39.

38 *Ibid*, 17.

39 OECDの文献には次のようなものがある。*OECD at Work for Science and Education*, 1972. *Recurrent Education: Trends and Issues*, 1973. *Education in Modern Society*, 1985. *Recurrent Education Revisited*, 1986. *Education and the Economy in a Changing Society*, 1989.

40 経済審議会人的開発研究委員会教育・文化専門委員会、経済企画庁総合計画局編『情報化社会における生涯教育―経済審議会教育・文化専門委員会報告』経済企画協会、1972年。および、通商産業省産業政策局企業行動課編『知識集約化時代の人間能力開発』通商産業調査会、1973年。

41 佐藤守「生涯教育と発達過程」日本教育社会学会編『教育社会学研究　第35集』東洋館出版社、1980年、15ページ。

42 新堀道也「生涯教育理念の教育社会学的考察」日本教育社会学会編『教育社会学研究　第35集』東洋館出版社、1980年、7ページ。

43 市川昭午「生涯教育と教育の機会均等」日本教育社会学会編『教育社会学研究第35集』東洋館出版社、1980年、26ページ。

44 同、33〜34ページ。

45 OECD/CERI. *Recurrent Education: Trends and Issues*, Paris:OECD, 1975, 14.

46 World Bank Group(WBG)の一部で、IBRD(International Bank for Reconstruction and Development、国際復興開発銀行)と、IDA(International Development Association、国際開発協会、いわゆる「第二世界銀行」)からなる。

47 World Bank. *Higher Education: The Lessons of Experience*. 1994.

48 Task Force on Higher Education and Society. *Higher Education in Developing Countries: Peril and Promise*. World Bank, 2000.

49 World Bank. *Constructing Knowledge Societies: New Challenges for Tertiary Education*. Washington, D. C.:World Bank, 2002.

50 World Bank. *Chile - Lifelong Learning and Training*. Washington, D. C.:World Bank, 2002.

51 World Bank. *Lifelong Learning*. Washington, D. C.:World Bank, 2003.

52 Ketleen Florestal and Robb Cooper. *Decentralization of Education*. Washington, D. C.:World Bank, 1997.

53 World Bank. *Education Sector Strategy*. Washington, D. C.:World Bank, 1999.

54 World Bankには次のような文献がある。*Lifelong Learning and the Knowledge Economy. Conference: Summary of the Global Conference on Lifelong Learning*. Stuttgart, 9-10 October, 2002. *Constructing Knowledge Societies: New Challenges for Tertiary Education*. Washington, D. C.:World Bank, 2002. *Lifelong Learning in the Global Knowledge Economy. Challenges for Developing Countries*. Washington, D. C.:World Bank, 2003. *Lifelong Learning and the Knowledge Economy. Conference: Summary of the Global Conference on Lifelong Learning*. Stuttgart, 9-10 October, 2003. *Expanding Opportunities and Building Competencies for Young People: A New Agenda for Secondary Education*. Washington, D. C.:World Bank, 2005.

55 ILO. C142 *Human Resources Development Convention*. Geneva: International Labour Office, 2000. および、ILO. R150 *Human Resources Development Recomendation*. Geneva: International Labour Office, 2000.

56 UNESCO and ILO. *Technical and Vocational Education and Training for the Twenty-*

First Century. UNESCO and ILO Recommendation. Geneva: International Labour Office, 2002.

57 ILO. *Learning and Training for Work in the Knowledge Society: The Constituent' View.* Geneva: International Labour Office, 2003.

58 European Commission. *Com(93)700: Growth, Competitiveness, Employment. The Challenges and Ways Forward into the 21st Century. White Paper.* Brussel: Commission of the European Communities, 1993, 122. 出版は1994年。

59 European Commission. *Com(95): Teaching and Learning. Towards the Learning Society. White Paper on Education and Training.* Brussel: Commission of the European Communities, 1995.

60 OECD. *The Knowledge-based Economy.* Paris: OECD, 1996. さ ら に、OECD. *Employment and Growth in the Knowledge-based Economy*: OECD Documents. Paris: OECD, 1996. など。

61 Edgar Faure et al. *Learning to be: The World of Education Today and Tommorow. Report to UNESCO of the International Commission, E. Faure chair.* Paris: UNESCO & George G.Harrap, 1972. 教育開発国際委員会編、国立教育研究所内フォール報告書検討委員会翻訳『未来の学習』第一法規、1975年。

　　tobeは「存在すること」という意味であり、現在を犠牲にして未来に役立つことを学ぶのではなく、今を生きる、今という時代と社会を生きるというニュアンスが強く、自己変革や学習それ自体に意義を見いだして自ら意欲的に学ぶことを意味している。

　　シェークスピアの『ハムレット』には、To be or not to be, that is the question. という有名な台詞がある。日本では、さまざまに訳されてきた。「このままでいいのか、いけないのか、それが問題だ　どちらが立派な生き方か、気まぐれな運命が放つ矢弾にじっと耐え忍ぶのと、怒涛のように打ち寄せる苦難に刃向い、勇敢に戦って相共に果てるのと。・・」（小田島雄志訳、白水社、1983年、110ページ）」

　　learning to doとかto haveは何らかの成果が期待されるが、to beは在り方が問われているということである。どれだけ成果を出すかではなく、生き方が問われているということだ。

62 Anja P.Jakobi, *International Organizations and Lifelong Learning: From Global Agendas to Policy Diffusion.* Palgrave-Macmillan, 2009, p.12.

63 UNESCO. *Learning to be: The World of Education Today and Tomorrow. Report to UNESCO of the International Commission, E. Faure chair.* Paris: UNESCO, 1972, 75. 教育開発国際委員会編、国立教育研究所内フォール報告書検討委員会翻訳『未来の学習』第一法規、1975年、105ページ。

64 *Ibid*, 160-161. 同、191ページ。

65 *Ibid*, 163. 同、193ページ。

66 UNESCO and UNDP. *The Experimental World Literacy Programme: a Critical*

Assessment. Paris: The Unesco Press, 1976.

67 UNESCO. *Learning to be. Op. cit.,* 206-207.『未来の学習』前掲、229-230ページ。

68 UNESCO. *Learning to be. Op. cit.,* 209.『未来の学習』前掲、232ページ。

69 UNESCO. *Learning to be. Op. cit.,* 210.『未来の学習』前掲、233ページ。

70 UNESCO. *Learning to be. Op. cit.,* 110.『未来の学習』前掲、138ページ。

71 UNESCO. *Learning to be. Op. cit.,* xxi-xxvii.『未来の学習』前掲、17～22ページ。

72 UNESCO. *Learning to be. Op. cit.,* xxviii.『未来の学習』前掲、23ページ。

73 UNESCO. *Learning to be. Op. cit.,* xxx.『未来の学習』前掲、24ページ。

74 UNESCO. *Learning to be. Op. cit.,* xxxii.『未来の学習』前掲、26ページ。

75 UNESCO. *Learning to be. Op. cit.,* xxxiii.『未来の学習』前掲、27ページ。

76 John Field. *Lifelong Learning and the New Educational Order.* Stoke on Trent: Tentham Books, 2000, vii. ジョン・フィールド著、矢野裕俊、埋橋孝文、赤尾勝己、伊藤知子訳『生涯学習と新しい教育体制』学文社、2004年、10ページ。

77 *Ibid*, 30. 同、62ページ。

78 Eduard Lindeman. *The Meaning of Adult Education.* New York: New Republic, 1926, xvi. エデュアード・リンデマン著、堀薫夫訳『成人教育の意味』学文社、1996年、26ページ。

79 *Ibid*, xvii-xviii. 同、27ページ。

80 *Ibid*, xviii. 同、27ページ。

81 *Ibid*, xix. 同、27ページ。

82 *Ibid*, 6. 同、30ページ。

83 Nelson B. Henry (ed). *Individualizing Instruction: Sixty-first Yearbook, Part 1.* Chicago: The National Society for the Study of Education, 1962, 43; 270.

84 Allen M. Tough. *Learning without a Teacher: A Study of Tasks and Assistance during Adult Self-teaching Projects.* Toronto: The Ontario Institute for Studies in Education. 1967, 4-5.

85 *Ibid*, 17.

86 *Ibid*, 78.

87 Allen M. Tough. *The Adult's Learning Projects.* Toronto: The Ontario Institute for Studies in Education, 1971

88 Malcolm S. Knowles. *The Modern Practice of Adult Education: From Pedagogy to Andragogy. Revised and Updated.* Cambridge Adult Education, 1980, 19. マルカム・ノールズ著、堀薫夫、三輪健二監訳『成人教育の現代的実践—ペダゴジーからアンドラゴジーへ』鳳書房、2002年、5ページ。

89 *Ibid*, 19-20. 同、6ページ。

90 *Ibid*, 41. 同、35ページ。

91 マルカム・ノールズが参照したのは、次の文献である。Cyril O. Houle. *The Inquiring Mind.* Madison: University of Wisconsin Press, 1961. および Cyril O. Houle. *Continuing Your Education.* New York: McGraw-Hill, 1964.

注　559

92 柳田国男「平凡と非凡」『定本柳田國男集24』筑摩書房、1963年、438ページ。
93 同、439ページ。

第1部第3章

1 Gøsta Esping-Andersen. A New European Social Model for the Twenty-First Century? In Maria João rodrigues (ed). *The New Knowledge Economy in Europe: A Strategy for International Competitiveness and Social Cohesion.* Cheltenham, UK: Edward Elgar, 2002, 55.
2 国際連合総会決議271A(Ⅲ)、*Universal Declaration of Human Rights.*
3 国際連合総会決議220A (XXI) *International Covenants on Human Rights* (A/RES/21/2200)。
4 国際連合総会決議(A/RES/44/25)*Convention on the Rights of the Child* （CRC）
5 David Harvey, *Spaced of Neoliberalization: Towards a Theory of Uneven Geographical Development.* Franz Steiner Verlag, 2005, 25. デヴィッド・ハーヴェイ著、本橋哲也訳『ネオリベラリズムとは何か』青土社、2007年、39ページ。
6 John Williamson, What Washington Means by Policy Reform. In John Williamson (ed.) *Latin American Adjustment: How Much Has Happened?* Institute for International Economics, 1990.
7 David Harvey, *Spaces of Neoliberalization. Op. cit.,* 25.『ネオリベラリズムとは何か』前掲、39ページ。
8 中本悟「グローバルな貿易・投資自由化と地域統合のあいだ」紀平英作、油井大三郎編著『グローバリゼーションと帝国』ミネルヴァ書房、2006年、246ページ。
9 WTO. *Services Sectoral Classification List.* MTN.GNS/W/120, 10 July 1991. 分類番号は、暫定中央生産分類(Provisional Central Product Classification: CPC)という国際連合国際経済社会局統計部作成の統計文書M第77号(1991年)による。ただし、ISCED1997では、level 0 から level 6 までの7分類である。
10 WTO Council for Trade in Servicies. *Education Services.* S/C/W/49, 23 September 1998. 原文は、「基礎教育」さえ潜在的教育市場から除外されるとは考えられない。
11 OECD. *International Standard Classification of Education: ISCED 1997.* インターネットで提供されている。適用マニュアルは1999年に、また誤記訂正をした2刷りは、2006年に刊行されている。
12 GATS: *General Agreement on Trade in Services.* Geneva: WTO, 1994.
13 外務省「日本国の特定の約束に関わる表」(1994年4月15日)には、留保条件が列記されているが、教育サービスについては言及されていない。
14 外務省「教育サービスに関する交渉提案」2002年3月。提言において日本国政府は、「教育において政府の果たす役割が重要であることを認識し、特に、初等教育・中等教育については、多くの加盟国において国家に留保されていることを認識する」と不満を述べている。

15 総合規制改革会議『規制改革の推進に関する第2次答申』2002年12月、102ページ。

16 Bob Reinalda, Ewa Kulesza. *The Bologna Process: Harmonizing Europe's Higher Education; Including the Essential Original Texts.* 2nd revised edition. Verlag Barbara Budrich, 2006, 69-70.

17 Bob Reinalda, Ewa Kulesza. *The Bologna Process: Harmonizing Europe's Higher Education; Including the Essential Original Texts.* 2nd revised edition. Verlag Barbara Budrich, 2006, 100.

18 Jane Knight. *GATS-Higher Education Implications, Opinions and Questions: First Global Forum on International Quality Assurance, Accreditation and the Recognition of Qualifications in Higher Education: "Globalization and Higher Education"; 17-18 October 2002.* ED-2002/HED/AMQ/GF.1/05. Paris: UNESCO, 2002, 11-12.

19 Michael A. Peters. *Neoliberalism and After?: Education, Social Policy, and the Crisis of Western Capitalism.* New York: Peter Lang, 2011, 101.

20 The Treasury. *Economic Management.* Wellington: Government Printer, 1984.

21 The Treasury. *Government Management: Brief to the Incoming Government 1987, Volume II; Education Issues*, Wellington, Treasury, 1987.

22 Department of Education. *Administering for Excellence: Effective Administration in Education.* Wellington, Government Printer, 1988.

23 Department of Education. *Tomorrow's School: The Reform of Education Administration in New Zealand.* Wellington, Government Printer, 1988.

24 Department of Education. *Report of the Early Childhood Care and Education Working Group.* Wellington, Government Printer, 1988.

25 Department of Education. *Before Five: Early Childhood Care and Education in New Zealand.* Wellington, Government Printer, 1988.

26 New Zealand Vice-Chancellors' Committee. *New Zealand's Universities: Partners in National Development.* 1987.

27 Department of Education. *Report of the Working Group on Post-Compulsory Education and Training.* Wellington, Government Printer, 1988.

28 New Zealand Business Roundtable. *Reforming Tertiary Education in New Zealand.* 1988.

29 Department of Education. *Learning for Life.* Wellington, Government Printer, 1988.

30 Department of Education. *Learning for Life Two.* Wellington, Government Printer, 1989.

31 Department of Education. *Today's Schools: A Review of the Educational Implementation Process.* Wellington, Government Printer, 1990.

32 S.Sexton. *New Zealand Schools: An Evaluation of Recent Reform and Future Directions.* Wellington, New Zealand Business Roundtable, 1991.

33 The Treasury. *Bulk Funding: Wage Bargaining in the Education Sector.* Wellington,

Treasury, 1991.

34 Ministry of Education. *The National Curriculum of New Zealand*. Wellington, Government Printer, 1991.

35 Ministry of Education. *The New Zealand Curriculum Framework*. Wellington, Government Printer, 1993.

36 New Zealand Qualifications Authority. *Designing the Framework: A Discussion about Restructuring National Qualification*. Wellington, 1991.

37 New Zealand Qualifications Authority. *Learning to Learn: An Introduction to the New National Qualifications Framework*. Wellington, 1991.

38 Crocombe et al. *Upgrading New Zealand's Competitive Advantage*. 1991.

39 Ministry of Education. *Education for the 21st Century*. Wellington, Government Printer, 1994.

40 Ministry of Education. *The Report of the Ministerial Consultative Group*. Wellington, Government Printer, 1994.

41 The Treasury. *The Tertiary Review*. Wellington, Government Printer, 1994.

42 Ramesh Mishra. *Globalization and the Welfare State*. Cheltenham, Edward Elgar, 1999, 10.

43 J. Kelsey. *The New Zealand Experiment: A World Model for Structural Adjustment?* Auckland, Auckland University Press/ Bidget Williams Books, 1997.

44 Ramesh Mishra. *Globalization and the Welfare State*. Cheltenham, Edward Elgar, 1999, 3.

45 *Ibid*, 6.

46 オルセンの作成した大学内対立の対照表は、2001年に公表されている。M. Olssen. *The Neo-Liberal Appropriation of Tertiary Education Policy in New Zealand: Accountability, Research and Academic Freedom,* State of the Art Monograph, No.8, October 2001, Wellington: New Zealand Association for Research in Education, 45.

47 「訳者あとがき」D. W. ジョンソン、R. T. ジョンソン、K. A. スミス著、関田一彦監訳『参加型の大学授業―協同学習への実践ガイド』玉川大学出版部、2001年、253ページ。

48 David W. Johnson, Roger T. Johnson and Edythe Johnson Holubec. *Circle of Learning: Cooperation in the Classroom, Third Edition*, 1990, 6. D. W. ジョンソン、R. T. ジョンソン、E. J. ホルベック著、杉江修治、石田裕久、伊藤康児、伊藤篤訳『学習の輪―アメリカの協同学習入門』仁瓶社、1998年、20ページ。

49 *Ibid*, 82. 同、87ページ。

50 *Ibid*, 14. 同、29ページ。

51 *Ibid*, 12. 同、26 ～ 27ページ。

52 Michael Prince. Does Active Learning Work? A Review of the Research. *Journal Engineering Education*. Vol.93, No.3, July 2004, 223.

53 *Ibid*, 229.

54 安永悟「訳者まえがき」、エリザベス・バークレイ、パトリシア・クロス、クレア・メジャー著、安永悟監訳『協同学習の技法─大学教育の手引き』ナカニシヤ出版、2009年、ii-iii ページ。原著タイトルには「協働学習」が使用されている。
　著者たちは注意深く「協同学習」と「協働学習」を分けて議論を進め、「協働学習」を選択したと説明している。ところが、その日本語訳は、第1章「協同学習のすすめ (The Case Collaborative Learning)」「協同学習とはなにか (What Do We Mean by Collaborative Learning?)」「協同学習と協調学習の違いとはなにか (What is the Difference Between Cooperative and Collaborative Learning?)」「協同学習 (Cooperative Learning)」「協調学習 (Collaborative Learning)」「協調学習と協同学習 (Collaborative Versus Cooperative Learning)」「協同学習の教育原理とはなにか (What Is the Pedagogical Rationale for Collaborative Learning)」「協同学習が学びを促し高めるという証拠はなにか (What Is the Evidence That Collaborative Learning Promotes and Improves Learning?)」「クラスにおける協同学習の研究 (Research on Collaborative Learning in the Classroom)」「協同学習はどんな学生に向いているか (Which Students Gain the Most from Collaborative Learning?)」「協同学習によってみんなが幸せになれるか (Is Everyone Happy with Collaborative Learning?)」という具合である。(下線部は福田) Elizabeth F. Barkley, K. Patricia Cross, and Claire Howell Major. Collaborative Learning Techniques: A Handbook for College Faculty. San Francisco, CA: Jossey-Bass, 2005, 3-25.
　むしろ、著者たちは、改訂版に「この版で協働学習という用語を維持するわれわれの決定 (Our Decision to Retain the Term Collaborative Learning for This Edition)」という一節を設けており、協同学習と協働学習を分けて考えた上で「協働学習」こそを選択している。だとすると、日本語訳本は著者たちの意に反した翻訳になっていることになる。Elizabeth F. Barkley, K. Patricia Cross, and Claire Howell Major. *Collaborative Learning Techniques: A Handbook for College Faculty*. San Francisco, CA: Jossey-Bass, 2014, 12.

55 The National Commission on Excellence in Education. *A Nation at Risk: The Imperative for Educational Reform*. 1983, 5. 橋爪貞雄『危機に立つ国家─教育の優秀性に関する全米審議会報告』黎明書房、1984年、26 ～ 27 ページ。

56 *Ibid*, 7. 同、30 ～ 31 ページ。

57 *Ibid*, 8-9. 同、34 ～ 35 ページ。

58 Dana E. Wright. *Active Learning: Social Justice Education and Participatory Action Research*. New York: Routledge, 2015, 2.

59 Michael P. Ryan and Gretchen G. Martens. *Planning a College Course: A Guidebook for the Graduate Teaching Assistant*. Ann Arbor, Michigan: National Center for Research to Improve Postsecondary teaching and Learning, 1989, 29.

60 中井俊樹編著『アクティブラーニング』玉川大学出版部、2015年、v.

61 Arthur W. Chickering, Zelda F. Gamson (eds) *Applying the Seven Principles for Good*

Practice in Undergraduate Education. No.47, San Francisco: Jossey-Bass Inc., 1991, 5.

62 W. J. Bennett. *To Reclaim a Legacy: A Report on the Humanities in Higher Education.* Washington D. C.: National Endowment for the Humanities, 1984.

63 Association of American Colleges. *Integrity in the College Curriculum: A Report to the Academic Community.* Washington D. C.: Association of American Colleges, 1985.

64 F. Newman. *Higher Education and the American Resurgence.* Princeton, N. J.: Carnegie Foundation for the Advancement of Teaching, 1985.

65 E. L. Boyer. *College: The Undergraduate Experience in America.* New York: Harper & Row, 1987.

66 Charles C. Bonwell and James A. Eison (eds) *Active Learning: Creating Excitement in the Classroom.* Washington D. C.: The George Washington University, School of Education and Human Development, 1991, 2.

67 K. A. Smith. Cooperative Learning: Making "Group Work" Work. In Tracey Sutherland and Charles C. Bonwell (eds) *Using Active Learning in College Classes: A Range of Options for Faculty: New Directions for Teaching and Learning, Number 67.* Jossey-Bass, 1996, 71.

68 David W. Johnson, Roger T. Johnson and Karl A. Smith. *Active Learning: Cooperation in the College Classroom.* Edina, MN: Interaction Book Company, 1991, 2:20. D. W. ジョンソン、R. T. ジョンソン、K. A. スミス著、関田一彦監訳『参加型の大学授業―協同学習への実践ガイド』玉川大学出版部、2001年、61ページ。

69 David W. Johnson, Roger T. Johnson and Karl A. Smith. *Active Learning: Cooperation in the College Classroom.* Edina, Minnesota: Interaction Book Company, 1998, 1:10.

70 Jeffrey S. Lantis, Lynn M. Kuzma, and John Boehrer. Active Teaching and Learning at a Critical Crossroads. In Jeffrey S. Lantis, Lynn M. Kuzma and John Boehrer (eds) *The New International Studies Classroom: Active Teaching, Active Learning.* Boulder, Colorado: Lynne Rienner Publishers, 2000, 1.

71 Anne S. Goodsell, Michelle R. Maher and Vincent Tinto, with Barbara Leigh Smith and Jean MacGregor. *Collaborative Learning: A Sourcebook for Higher Education.* Pennsylvania State University, PA: NCTLA, 1992.

72 David W. Johnson (ed) *Circles of Learning: Cooperation in the Classroom.* Assn for Supervision & Curriculum, 1984. 改訂版は、David W. Johnson, Roger T. Johnson and Edythe Johnson Holubec. *Circles of Learning: Cooperation in the Classroom.* Interaction Book Co., 1991. D.W. ジョンソン著、石田裕久、梅原巳代子訳『学習の輪―学び合いの協同教育入門(改訂新版)』二瓶社、2010年。および、D. Johnson, R. Johnson, and K. Smith, "Cooperative Learning Returns to College: What Evidence is There That it Works?," Change, Vol. 30, No. 4. July/Aug., 1998, p. 26–35.

73 Michael Prince. Does Active Learning Work? A Review of the Research. *Journal*

Engineering Education. Vol.93, No.3, July 2004, 223.

74 *Ibid*, 223.

75 Elizabeth F. Barkley, K. Patricia Cross, and Claire Howell Major. *Collaborative Learning Techniques: A Handbook for College Faculty*. San Francisco, CA: Jossey-Bass, 2005, 5-6. エリザベス・バークレイ、パトリシア・クロス、クレア・メジャー著、安永悟監訳『協同学習の技法―大学教育の手引き』ナカニシヤ出版、2009年、5ページ。

76 *Ibid*, 6. 同、5ページ。

77 *Ibid*, 6. 同、5ページ。

78 *Ibid*, 7. 同、6ページ。

79 Tristian Stobie. The Curriculum Battleground. In Mary Hayden and Jeff Thompson (eds) *International Schools: Current Issues and Future Prospects*. Oxford, UK: Symposium Books, 2016, 67.

80 Pasi Sahlberg. *Finnish Lessons: What Can the World Learn from Educational Change in Finland? 2nd edition*. New York: Teachers College, Columbia University. 2015, 143.

81 Gita Steiner-Khamsi, Iveta Silova and Eric M.Johnson. Neoliberalism liberally applied: Educational Policy borrowing in Central Asia. In Jenny Ozga, Terri Seddon and Thomas S.Popkewitz (eds) *World Yearbook of Education 2006: Education research and policy; steering the knowledge-based economy*. London: Routledge, 2006, p.225.

82 Ministry of Education. *The New Zealand Curriculum Framework*. Wellington: Learning Media, 1993.

83 Alan J. DeYoung, Madeleine Reeves, and Galina K.Valyayeva. *Surviving the Transition?: Case Studies of Schools and Schooling in the Kyrgyz Republic Since Independent*. IAP-Information Age Publishing, 2006, 35

84 Alan J. DeYoung. 'On the demise of the "Action Plan" for Kyrgyz education reform: a case study', In Stephen Heyneman and Alan J. DeYoung (eds) *The Challenges of Education in Central Asia*, Greenwich, CT: Information Age Publishing, 2004, 217.

85 *Ibid*, 217-218.

86 David Held et al, *Debating Globalization,* Cambridge, UK: Polity Press, 2005, 16. デヴィット・ヘルド編『論争グローバリゼーション』岩波書店、2007年、17ページ。

87 *Ibid*, 10-11. 同、12ページ。

88 福田誠治編著『体制転換後ロシア連邦20年の教育改革の展開と課題に関する総合的研究―最終報告書(2013年)』科学研究費補助金基盤研究(A)海外学術調査(課題番号: 23252011)、2014年、105-106ページ。なお、文献では、両者とも教育機関と訳してあるが、筆者は教育施設と教育組織に訳し分けた。

89 同じ名前で、International Technology Education Association (ITEA)がスポンサーになって、テクノロジーの教師を表彰して理系能力開発を行うものがある。また、同じ名で、国や州でも国内用に独自に実施している。

注　565

90 World Bank と 呼 ば れ る の は、IBRD(International Bank for Reconstruction and Development、国際復興開発銀行) と、IDA(International Development Association、国際開発協会、いわゆる「第二世界銀行」)から編成される。World Bank Group には、さらに研究機関が三つ加わった組織がある。

91 Gita Steiner-Khamsi (ed) *The Global Politics of Educational Borrowing and Lending.* Teachers College, Columbia University, 2004, 5.

92 Thomas S.Popkewitz, Foreword. In Gita Steiner-Khamsi (ed), *The Global Politics of Educational Borrowing and Lending,* Teachers College, Columbia University, 2004, 4.

93 *Ibid*, 3-4.

94 『読売新聞』2017 年 1 月 29 日。

第 1 部第 4 章

1 ヘルシンキ会議 (Helsinki meeting) にて「最終合意」(*Final Act of the Conference on Security and Co-operation in Europe*) が作成されて成立した。1994 年 12 月に「欧州安全保障協力機構 (Organisation for Security and Co-operation in Europe; OSCE)」へと改組された

2 *Council Directive 89/48/EEC of 21 December 1988 on a general system for the recognition of higher-education diplomas awarded on completion of professional education and training of at least three years' duration*, Official Journal L 019, 24/01/1989 P.0016-0023.

3 S. Sulliban. *From War to Wealth: 50 Years of Innovation.* Paris: OECD, 1997, 58.

4 R. Rinne, J. Kallo and H. Simola. Globalisation and the Changing Nature of the OECD's Educational Work. *European Educational Research Journal* 3(2), 2004, 39.

5 OECD. Education and the Economy in the Changing Society. Paris: OECD, 1989.

6 Johanna Kallo. *OECD Education Policy: A Comparative and Historical Study Focusing on the Thematic Reviews of Tertiary Education.* Jyväskylä: Finnish Educational Research Association, 2009, 163.

7 Andreas Fejes and Katherine Nicoll (eds.) *Foucault and Lifelong Learning: Governing the subject.* Routledge, 2008, p.1.

8 Johanna Kallo. *OECD Education Policy. Op. cit.,* 163-164.

9 EU Commission. *Memorandum on Lifelong Learning.* Brussells: EU, 2002.

10 John Field. *Lifelong Learning and the New Educational Order.* Stoke on Trent: Tentham Books, 2000, 7-8. ジョン・フィールド著、矢野裕俊、埋橋孝文、赤尾勝己、伊藤知子訳『生涯学習と新しい教育体制』学文社、2004 年、28 ページ。

11 F. Risvi and B. Lingard. Globalisation and the Changing Nature of the OECD's Educational Work. In H. Lauder, P. Brown, J. Dillabough and A. Halsey (eds) *Education, Globalisation and Social Change.* Oxford: Oxford University Press, 2006, 247-248.

12 OECD. *The OECD Jobs Study: Facts, Analysis, Strategies.* Paris: OECD, 1994. 島田晴雄監訳『先進諸国の雇用・失業―OECD研究報告』日本労働研究機構、1995年。

13 OECD. *Adult Literacy and Economic Performance.* Paris: OECD, 1992. OECD/CERIの文献は、以下のようなものがある。*The OECD Jobs Study: Evidence and Explanations.* Paris: OECD, 1994. *The OECD Jobs Study: Facts, Analysis, Strategies.* Paris: OECD, 1995. *The OECD Jobs Study: Implementing the Strategy.* Paris: OECD, 1995. *The OECD Jobs Study: Taxation, Employment and Unemployment.* Paris: OECD, 1995. *The OECD Jobs Study: Implementing the Strategy.* Paris: OECD, 1995.

14 Johanna Kallo. *OECD Education Policy. Op. cit.,* 163-164.

15 European Commission, *White Paper on Growth, Competitiveness, Employment: The Challenges and the Ways Forward for the 21st Century.* COM(93) 700, Brussels, December, 1993. 刊行は以下のように1994年になっている。Commission of the European Communities. Competitiveness, Employment, Growth. Luxembourg: Office for Official Publications, 1994.

16 Christoph Scherrer. GATS-Commodifying Education via Trade Treaties. In Kerstin Martens, Alessandra Rusconi and Kathrin Leuze (eds.) *New Arenas of Education Governance: The Impact of International Organizations and Markets on Educational Policy Making.* Palgrave Macmillan, 2007, p.117.

17 Fazal Rizvi and Bob Lingard (eds.) *Globalizing Education Policy,* Routledge, 2010, p.116.

18 John Field. *Lifelong Learning and the New Educational Order. Op. cit.,* 26. ジョン・フィールド著『生涯学習と新しい教育体制』前掲、56ページ。

19 Owen Hughes. Does Governance Exist? In Stephen P. Osborne (ed) *The New Public Governance?: Emerging Perspectives on the Theory and Practice of Public Governance.* London: Routledge, Taylor & Francis, 2010, 94.

20 OECD. *Realising lifelong learning for all 1-IX.* Meeting of the Education Committee at Ministerial Level: Background Report. Paris: OECD, 1995.

21 European Commission, *White Paper on Education and Training, Teaching and Learning: Toward Learning Society.* COM (95) 590 final, 29 November 1995, Brussels. 刊行は、以下の名称でなされている。Commission of the European Communities. *Teaching and Learning, toward the learning society.* Luxembourg: Office for Official Publications, 1996.

22 Commission of the European Communities. *White Paper on Education and Training: Teaching and Learning: Towards the Learning Society.* COM(95)590 final, 29.11.1995, Brussels, 1.

23 *Ibid,* 53.

24 *Ibid,* 11.

25 *Ibid,* 1.

注　567

26　Carlo Callieri. The Knowledge Economy: A Business Perspective. In Dominique Simone Rychen and Laura Hersh Salganik (eds). *Defining and Selecting Key Competencies*. Göttingen: Hogrefe & Huber Publishers, 2001, 229.

27　Jacques Delors et al., *Learning: The Treasure Within; Report to UNESCO of the International Commission on Education for the Twenty-first Century*. UNESCO, 1996.
ユネスコ「21世紀教育国際委員会」『学習：秘められた宝』ぎょうせい、1997年。

28　Siegfried Ramler. A Path to Globalizing Minds: Implication for Educational Approaches and Practices. In Iveta Silova and Daphne P. Hobson (eds) *Globalizing Minds Rhetoric and Realities in International Schools*. Charlotte, NC: Information age Publishing Inc., 2014, 310.

29　*Ibid*, 316.

30　Jacques Delors et al., *Learning: The Treasure Within; Report to UNESCO of the International Commission on Education for the Twenty-first Century*. UNESCO, 1996, 55. ユネスコ「21世紀教育国際委員会」著、天城勲訳『学習：秘められた宝』ぎょうせい、1997年、39ページ。

31　*Ibid*, 57-58. 同、41ページ。

32　*Ibid*, 56-57. 同、40ページ。

33　*Ibid*, 136. 同、108ページ。

34　*Ibid*, 137-138. 同、108ページ。

35　*Canada Commission for UNESCO, June 1996. Melbourne Conference March-April 1998. Zhuhai (China), Nov-Dec 1998. UNESCO/Calouste Gulbenkian Foundation meeting on Learning throughout Life*, March 1999

36　Bryony Hoskins, Fernando Cartwright and Ulrich Schoof, *Making Lifelong Learning Tangible!: The ELLI Index-Europe 2010*, Bertelsmann Stiftung, 2010.

37　OECD. *Lifelong Learning for All.* Meeting of the Education Committee at Ministerial Level, 16-17 January 1996. Paris: OECD, 1996.

38　*Ibid*, 89.

39　*Ibid*, 89.

40　*Ibid*, 87.

41　*Ibid*, 100.

42　Andy Green. The many faces of lifelong learning: Recent education policy trends in Europe. *Journal of Education Policy*, 17(6), 611-626.

43　Geroge Papadopoulos. Policies for lifelong learning: an overview of international trends. In *Learning Throughout Life: Challenges for the twenty-first century*. UNESCO, 2002, 39.

44　Council of Europe and UNESCO. *Lisbon Convention: Council of Europe and UNESCO Convention on the Recognition of Qualifications concerning Higher Education in the European Region*. ETS No.165. Lisbon, 11 April, 1997.

45 Council of Europe. *Convention on the Recognition of Qualifications Concerning Higher Education in the European Region,* Lisbon, 11. IV, 1997, [European Treaty Series - No. 165], 2.

46 Council of Europe. *Convention on the Recognition of Qualifications Concerning Higher Education in the European Region,* Lisbon, 11. IV, 1997, [European Treaty Series - No. 165], 13.

47 Bob Reinalda, Ewa Kulesza. *The Bologna Process: Harmonizing Europe's Higher Education; Including the Essential Original Texts.* 2nd revised edition. Verlag Barbara Budrich, 2006, p.101.

48 *Sorbonne Declaration: Joint Declaration on Harmonisation of the Architecture of the European Higher Education System.* Paris, 25 May, 1998.

49 Hannele Salminen. Factors Behind the Finnish Higher Education Reform ―the Establishment of AMK-Institutions. In Sigvart Tøsse, Pia Falkenerone, Arja Puurula and Bosse Bergstedt (eds) *Reform and Policy: Adult Education Research in Nordic Countries.* Trondheim: Tapir Academic Press, 2000, 72.

50 Alan Wagner, Eric Esnault and Malcolm Skilbeck. *Redefining Tertiary Education.* Paris: OECD, 1998.

51 *Bologna Declaration of 19 June 1999: Joint Declaration of the European Ministers of Education.*

52 Bob Reinalda, Ewa Kulesza. *The Bologna Process: Harmonizing Europe's Higher Education; Including the Essential Original Texts.* 2nd revised edition. Verlag Barbara Budrich, 2006, p.3.

53 Stephen Ball. *Class Strategies and the Education Market: The Middle Classes and Social Advantage.* London: Routledge Falmer, 2003, 30-31.

54 Lisbon European Council. *Presidency Conclusions.* Lisbon, 23-24 March, 2000, 3. 第5項原文は、次の通り。The Union has today set itself a *new strategic goal for the next decade: to become the most competitive and dynamic knowledge-based economy in the world, capable of sustainable economic growth with more and better jobs and greater social cohesion.*

55 *Towards the European Higher Education Area: Communiqué of the meeting of European Ministers in charge of Higher Education in Prague on May 19th 2001.*

56 *Prague Declaration: Towards the European Higher Education Areas. Communiqué of the Meeting of European Ministers in Charge on Higher Education.* in Prague on May 19th 2001.

57 Barcelona European Council. *Presidency Conclusions.* 15-16 March, 2002.

58 Kerstin Martens. How to Become an Influential Actor - The 'Comparative Turn' in OECD Education Policy. In Kerstin Martens, Alessandra Rusconi and Kathrin Leuze (eds.) *New Arenas of Education Governance: The Impact of International Organizations and Markets on Educational Policy Making.* Palgrave Macmillan,

2007, p.70.

59 Hubert Ertl. European Union policies in education and training: the Lisbon agenda as a turning point? *Comparative Education,* Vol.42, No.1, February 2006, p.5.

60 CERI/OECD. *Internationalisation and Trade in Higher Education: Opportunities and challenges.* OECD, 2004, p.31. これは、K.Larsen, J.Martin and R.Morris, Trade in Educational Services: Trends and Issues. *The World Economy,* 25(6), 2002, pp.849-868. を引用。

61 CERI/OECD. *Internationalisation and Trade in Higher Education: Opportunities and challenges. Op., Cit.,* OECD, 2004, p.102.

62 コペンハーゲン宣言の参加国・地域とは、欧州29か国、行政区分にして31名の教育大臣が集合して、ヨーロッパの高等教育の調整を図っている。参加国は、オーストリア、ベルギー(オランダ語圏連合)、ベルギー(フランス語圏連合)、ブルガリア、チェコ、デンマーク、エストニア、フィンランド、フランス、ドイツ連邦教育芸術省協議会、シェレーヴェン・ホルスタイン州教育科学芸術文化省、ギリシャ、ハンガリー、アイスランド、アイルランド、イタリア、ラトビア、リトアニア、ルクセンブルグ、マルタ、オランダ、ノルウェー、ポーランド、ポルトガル、ルーマニア、スロバキア、スロベニア、スペイン、スウェーデン、スイス、英国。

63 *Copenhagen Declaration: Declaration of the European Ministers of Vocational Education and Training and the European Commission on Enhanced European Cooperation in Vocational Education and Training.* Copenhagen, 29-30 November, 2002.

64 European Commission. *Recommendation of the Council and of the European Parliament on further European Cooperation in Quality Assurance in Higher Education.* COM(2004) 642 final, 2004.

65 UNESCO. *Higher Education in a Globalized Society.* 2003.

66 UNESCO. *General Conference Thirty-second Session, Paris 2003, Item 5.17 Higher Education and Globalization: Promoting quality and access to the knowledge society as a means for sustainable development.* 32C/72, 2003.

67 UNESCO and OECD. *Guidelines for Quality Provision in Cross-border Higher Education.* ED-2005/WS/76. UNESCO, 2005. ちなみにイギリスは1997年に復帰している。

68 *Berlin Declaration: Realising the European Higher Education Area. Communiqué of the Conference of Ministers Responsible for Higher Education.* Berlin, 19 September, 2003.

69 *Maastricht Communiqué: On the Future Priorities of Enhanced European Cooperation in Vocational Education and Training (VET).* Maastricht, 14 December, 2004.

70 Poul Nyrup Rasmussen, Prime Minister of Denmark. Opening Address. In OECD. *OECD Documents: Employment and Growth in the Knowledge-based Economy.* Paris: OECD, 1996, 11-32.

71 Anja P. Jakobi. *International Organizations and Lifelong Learning: From Global Agendas to Policy Diffusion.* Palgrave Macmillan, 2009, 100.

72 CEDEFOP. *Terninology of European Education and Training Policy: A Selection of 100 Key Terms.* Luxembourg: Office for Official Publications of the European Communities, 2008. 職業能力開発総合大学校訳『欧州教育・訓練政策関連用語集』雇用能力開発機構、2011年。

73 OECD. *The Role of National Qualification System in Promoting Lifelong Learning. Report from Thematic Group 1: The Development and Use of Systems.* 2004.

74 結果は、次のように公表されている。OECD. *Literacy, Economy and Society: Results of the First International Adult Literacy Survey.* Paris: OECD, 1996. および、OECD. *Literacy Skills for the Information Age: Final Report of the International Adult Literacy Survey.* Ottawa and Paris: OECD, 2000.

75 OECD. *Measuring What Students Learn.* Paris: OECD, 1995.

76 OECD. *Measuring What People Know: Human Capital Accounting for the Knowledge Economy.* Paris: OECD, 1996. 日本語訳は、水元豊文訳『知を計る―知識経済のための人的資本会計』インフラックスコム、1999年。「知識経済に占める人的資本の明細」とも訳せる。

77 OECD. *Measuring Student Knowledge and Skills: A New Framework for Assessment.* Paris: OECD, 1999.

78 OECD. *Knowledge and Skills for LIfe: First Results from PISA 2000.* Paris: OECD, 2001.

79 OECD. *Measuring Student Knowledge and Skills: The PISA 2000 Assessment of Reading, Mathematical and Scientific Literacy.* Paris: OECD, 2000.

80 W.Norton Grubb and Marvin Lazerson. The Globalization of Rhetoric and Practice: The Education Gospel and Vocationalism. In Hugh Lauder, Phillip Brown, Jo-Anne Dillabough and A. H. Halsey (eds). *Education, Globalization & Social Change.* Oxford University Press, 2006, 300. W.ノートン・グラフ、マーヴィン・ラザーソン「レトリックと実践のグローバル化―『教育の福音』と職業主義教育」、ヒュー・ローダー、フィリップ・ブラウン、ジョアンヌ・ディラボー、A. H. ハルゼー編、広田照幸、吉田文、本田由紀編訳『グローバル化・社会変動と教育１―市場と労働の教育社会学』東京大学出版会、2012年、139ページ原著巻末の索引にはcompetency/competencies とあってcompetencyは取り上げてない。(p.1115)

81 J. Rogers Hollingsworth. *Contemporary Capitalism: The Embeddedness of Institutions.* Cambridge University Press, 1997, 147. ホリングワース「制度に埋め込まれたアメリカ資本主義」コーリン・クラウチ、ウォルフガング・ストリーク編著『現代の資本主義制度―グローバリズムと多様性』NTT出版、2001年、207ページ。

82 ロナルド・ドーア『幻滅―外国人社会学者が見た戦後日本70年』藤原書店、2014年。

83 Eric S. Einhorn and John Logue. *Modern Welfare State: Scandinavian Politics and Policy in the Global Age.* 2nd edition. Praeger, 2003, 183.

84 Michael A. Peters. *Neoliberalism and After?: Education, Social Policy, and the Crisit of Western Capitalism.* New York: Peter Lang, 2011, 176.

85 Thomas Friedman. *The World is Flat: A brief history of the globalized world in the 21st century. Updated and Expanded.* London: Allen Lane, 2006, 303. トーマス・フリードマン著、伏見威蕃訳『フラット化する世界―経済の大転換と人間の未来』（下）日本経済新聞社、2006年、45ページ。

86 Hugh Lauder, Michael Young, Harry Daniels, Maria Balarin and John Lowe (eds). *Education for the Knowledge Economy? Critical Perspetctives.* Abingdon, UK: Routledge, 2012, 3.

87 Tristan Bunnell. The International Baccalaureate in the United States: From Relative Inactivity to Imbalance. *The Education Forum*, Vol.75, 2011, 71.

88 Hugh Lauder et al. (eds). *Education for the Knowledge Economy? Op. cit.,* 5.

89 W. Norton Grubb and Marvin Lazerson. *The Education Gospel: The Economic Power of Schooling.* Harvard University Press, 2004.

90 W. Norton Grubb and Marvin Lazerson. *The Globalization of Rhetoric and Practice. Op. cit.,* 296.『グローバル化・社会変動と教育1』前掲、130ページ。

第2部序章

1 OECD/CERI. *Knowledge Management: Innovation in the Knowledge Economy: Implications for Education and Learning.* Paris: OECD, 2004, 14-15.

2 Michael A. Peters. *Neoliberalism and After?: Education, Social Policy, and the Crisit of Western Capitalism.* New York: Peter Lang, 2011, 73.

3 Anthony Barnes Atkinson. *Inequality: What Can Be Done?* Cambridge, Massachusetts: Harvard University Press, 2015, 85. アンソニー・B・アトキンソン著、山形浩生、森本正史訳『21世紀の不平等』東洋経済新報社、2015年、99〜100ページ。

4 Carl Bereiter. *Education and Mind in the Knowledge Age.* Mahwah, New Jersey: Lawrence Erlbaum Association, 2002, 254.

5 波多野誼余夫、稲垣佳世子著『知力の発達―乳幼児期から老年まで』岩波書店、1977年、ii〜iiiページ。

第2部第5章

1 European Commission. *White Paper: Teaching and Learning Toward the Learning Society.* Luxembourg: Office for Offical Publications of the European Communities, 1996, 11.

2 Ingvar Svennilson. *Policy Conference on Economic Growth and Investment in Education: Targets for Education in Europe in 1970.* Paris: OECD, 1962, 16. スベニルソン、エディング、エルヴィン著、産業計画会議訳『経済開発と教育投資―OECD10

年後の教育目標』経済往来社、1963年、14ページ。

3 *Ibid*, 25. 同、25ページ。

4 *Ibid*, 25. 同、25ページ。

5 *Ibid*, 96. 同、112ページ。

6 Theodore W. Schultz. *Economic Value of Education*. New York: Columbia Univ Press, 1963, x. シュルツ著、清水義弘訳『教育の経済的価値』日本経済新聞社、1964年、21 ～ 22ページ。

7 Louise Brightwell Miller and Besty Worthe Estes. *Journal of Experimental Psychology*, 1961, vol.61, 503.

8 Sam Glucksberg. The Influence of Strength of Drive on Functional Fixedness and Perceptual Recognition. *Journal of Experimental Psychology*, 1962, vol.63.

9 J. T. Spence. The distracting effect of material reinforcers in the discrimination learning of lower- and middle-class children. *Child Development,* 1970, vol.41.

10 K. O. McGraw. The detrimental effects of reward on performance: A literature review and a prediction model. In M. R. Lepper and D. Geene (eds) *The Hidden Costs of Reward*. N.J.: Hillsdale, 1978.

11 T. M. Amabile. *The Social Psychology of Creativity*. New York: Springer-Verlag, 1983

12 デシとライアンが依拠したのは、W. S. Glornick and R. M. Ryan. *Self-regulation and motivation in children's learning: An experimental investigation*. Unpublished manuscript, University of Rochester, 1985. となっている。それに類似する論文は、W. S. Glornick and R. M. Ryan. Autonomy in children's learning: An experimental individual difference investigation. *Journal of Peasonality and Social Psychology*, vol.38.

13 Edward L. Deci and Richard M. Ryan. *Intrinsic Motivation and Self-Determination in Human Behavior*. New York: Plenum Press, 1985, 237.

14 Alfie Kohn. *Punished by Rewards: The Trouble with Gold Stars, Incentive Plans, A's, Praise, and Other Bribes*. Boston: Houghton Mifflin, 1993, 46. アルフィ・コーン著、田中英史訳『報酬主義をこえて』法政大学出版局、2001年、69ページ。

15 *Ibid*, 47. 同、69ページ。

16 *Ibid*, 44. 同、66ページ。

17 *Ibid*, 45. 同、67 ～ 68ページ。

18 *Ibid*, 146. 同、217ページ。

19 *Ibid*, 146. 同、218ページ。

20 *Ibid*, 148-149. 同、221ページ。

21 *Ibid*, 149-150. 同、222 ～ 223ページ。

22 表中の文献は以下の通りである。

　　Deci, 1971 とは、E. L. Deci. Effects of externally mediated rewards on intrinsic motivation. *Journal of Personality and Social Psychology*, 1971, 18, 105-115. のこと。

　　Deci, 1972(a) と は、E. L. Deci. Intrinsic motivation, extrinsic reinforcement and inequity. *Journal of Personality and Social Psychology,* 1972, 22, 113-120. のこと。

Deci, 1972(b) と は、E. L. Deci. Effects of contingent and non-contingent rewards and controls on intrinsic motivation. *Organizational Behavior and Human Performance,* 1972, 8, 217-229. のこと。

Calder & Staw, 1973 とは、B. J. Calder and B. M. Staw. *The Self-perception of Intrinsic and Extrinsic Motivation.* Unpublished manuscript, 1973. のこと。

Lepper *et al.,* 1973 と は、M. R. Lepper, D. Greene and R. E. Nisbett. Undermining children's intrinsic interest with extrinsic reward on children's intrinsic motivation. *Journal of Personality and Social Psychology,* 1973, 28, 129-137. のこと。

Kruglanski *et al.,* 1971 とは、A. W. Kruglanski, I. Freedman and G. Zeevi. The effects of extrinsic incentive on some qualitative aspects of task performance. *Journal of Personality,* 1971, 39, 606-617. のこと。

Kruglanski *et al.,* 1972 と は、A. W. Kruglanski, S. Alon and T. Lewis. Retrospective misattribution and task enjoyment. *Journal of Experimental Social Psychology,* 1972, 8, 493-501. のこと。

Ross, 1975 とは、原文では in press となっているもので、M. Ross. Salience of reward and intrinsic motivation. *Journal of Personality and Social Psychology,* 1975, 32, 245-254. のこと。

Deci & Cascio, 1972 と は、E. L. Deci and W. F. Casio. *Changes in intrinsic motivation as a function of negative feedback and threats*: Paper presented at the meeting of the Eastern Psychological Association, Boston, April, 1972. のこと。

Deci, Cascio & Krusell, 1973 とは、E. L. Deci, W. F. Casio and J. Krusell. *Sex differences, positive feedback, and intrinsic motivation*: Paper presented at the meeting of the Eastern Psychological Association, Washington, D.C., May, 1973. のこと。

Deci, Cascio & Krusell, 1975 と は、E. L. Deci, W. F. Casio and J. Krusell. Cognitive evaluation theory and some comments on the Calder Staw critique. *Journal of Personality and Social Psychology,* 1975, 31, 81-85. のこと。

23 Robert W. White. Motivation reconsidered: The concept of Competence. *Psychological Review,* vol.66, no.5, 1959, 323.

24 *Ibid,* 329.

25 Edward L. Deci. *Intrinsic Motivation.* New York: Pleunm Press, 1975, v. E.L. デシ著、安藤延男・石田梅男訳『内発的動機づけ―実験社会心理学的アプローチ』誠信書房、1980年、iiiページ。

26 *Ibid,* 55. 同、61ページ。

27 *Ibid,* 57. 同、63ページ。

28 *Ibid,* 61. 同、69ページ。

29 *Ibid,* 62. 同、70ページ。

30 W.Norton Grubb and Marvin Lazerson. The Globalization of Rhetoric and Practice: The Education Gospel and Vocationalism. In Hugh Lauder, Phillip Brown, Jo-Anne Dillabough and A. H. Halsey (eds). *Education, Globalization & Social Change.* Oxford University Press, 2006, 297. W.ノートン・グラブ、マーヴィン・ラザーソン「レトリックと実践のグローバル化―『教育の福音』と職業主義教育」、ヒュー・ローダー、フィリップ・ブラウン、ジョアンヌ・ディラボー、A. H. ハルゼー編、広田照幸、吉田文、本田由紀編訳『グローバル化・社会変動と教育1―市場と労働の教育社会学』東京大学出版会、2012年、133ページ。

31 *Ibid*, 301. 同、140 〜 141ページ。

32 Jerome Bruner. *In Search of Mind: Essays in Autobiography.* New York: Harper & Row, 1983, 120. ジェローム・ブルーナー著、田中一彦訳『心を探して―ブルーナー自伝』みすず書房、1993年、196ページ。

33 Jerome Bruner. *The Process of Education.* Cambridge, Massachusetts: Harvard University Press, 1960. J. S. ブルーナー著、鈴木祥蔵、佐藤三郎訳『教育の過程』岩波書店、1963年。

34 K. J. Connolly and J. S. Bruner (eds) *The Growth of Competence.* London: Academic Press, 1973, 3. コナリー、ブルーナー編著、佐藤三郎編訳『コンピテンスの発達―知的能力の考察』誠信書房、1979年、1ページ。

35 *Ibid*, 313. 同、351ページ。

36 *Ibid*, 3-4. 同、1ページ。

37 *Ibid*, 313. 同、350ページ。

38 *Ibid*, 313. 同、351ページ。

39 *Ibid*, xii. 同、iiページ。

40 David C. McLelland. Introduction. In Lyle M. Spencer and Signe M. Spencer, *Competence at Work: Models for Superior Performance.* New York: John Wiley & Sons, 1993, 3. ライル・M・スペンサー、シグネ・M・スペンサー著、梅津祐良、成田攻、横山哲夫訳『コンピテンシー・マネジメントの展開―導入・構築・活用』生産性出版、2001年、3ページ。

41 *Ibid*, 3. 同、3ページ。

42 David C. McLelland. Testing for Competence Rather Than for "Intelligence," *American Psychologist*, January 1973, 1.

43 *Ibid*, 3.

44 *Ibid*, 13.

45 *Ibid*, 9.

46 *Ibid*, 7.

47 *Ibid*, 10.

48 *Ibid*, 13.

49 David C. McLelland. Introduction. In Lyle M. Spencer and Signe M. Spencer, *Competence at Work: Models for Superior Performance.* New York: John Wiley &

Sons, 1993, 3. ライル・M・スペンサー、シグネ・M・スペンサー著、梅津祐良、成田功、横山哲夫訳『コンピテンシー・マネジメントの展開—導入・構築・活用』生産性出版、2001年、3ページ。

50 *Ibid*, 7. 同、9ページ。

51 *Ibid*, 3-4. 同、3〜4ページ。

52 *Ibid*, 7. 同、10ページ。

53 Gerald Grant. Implications of Competence-Based Education. In Gerald Grant, Peter Elbow, Thomas Ewens, Zelda Gamson, Wendy Kohli, William Neumann, Virginia Olesen, and David Riesman. *On Competence: A Critical Analysis of Competence-Based Reforms in Higher Education.* San Francisco: Jossey-Bass, 1979, 2.

54 David Riesman. Society's Demands for Competence. In Gerald Grant, Peter Elbow, Thomas Ewens, Zelda Gamson, Wendy Kohli, William Neumann, Virginia Olesen, and David Riesman. *On Competence: A Critical Analysis of Competence-Based Reforms in Higher Education.* San Francisco: Jossey-Bass, 1979, 31.

55 Gerald Grant. Implications of Competence-Based Education. In *On Competence. Op. cit.,* 6.

56 Anthony Barnes Atkinson. *Inequality: What Can Be Done?* Cambridge, Massachusetts: Harvard University Press, 2015, 85. アンソニー・B・アトキンソン著、山形浩生、森本正史訳『21世紀の不平等』東洋経済新報社、2015年、100ページ。なお、引用されているグーグルの例は、Adam Bryant. 'In Head-Hunting, Big Data May Not Be Such a Big Deal,' interview with Laszlo Bock, New York Times, June 19, 2013.

57 W.Norton Grubb and Marvin Lazerson. The Globalization of Rhetoric and Practice: The Education Gospel and Vocationalism. In *Education, Globalization & Social Change. Op. cit.,* 300. W.ノートン・グラブ、マーヴィン・ラザーソン「レトリックと実践のグローバル化—『教育の福音』と職業主義教育」、『グローバル化・社会変動と教育1—市場と労働の教育社会学』前掲、138〜139ページ。

58 Edward T. Hall . The Silent Language. New York: Doubleday & Company, 1959, 51.エドワード・T・ホール著、國弘正雄、長井善見、斎藤美津子訳『沈黙のことば—文化・行動・思考』南雲堂、48ページ。

59 *Ibid*, 53. 同、51ページ。

60 *Ibid*, 62-63. 同、87ページ。

61 *Ibid*, 51. 同、48ページ。

62 Basil Bernstein. *Class, Codes and Control. vol.3: Toward a Theory of Educational Transmissions.* London: Routledge & Kegan Paul, 1975, 120-123. 日本語訳、バーンスティン著、萩原元昭編訳『教育伝達の社会学』明治図書、1985、130-133ページ。

63 Dept.of Education & Science. *Children and Their Primary Schools: v. 1: A Report of the Central Advisory Council for Education (England).* Stationery Office Books;

HMSO, 1967.

64 Basil Bernstein. *Pedagogy, Symbolic Control and Identity: Theory, Research, Critique.* Revised Edition. Lanham, Maryland: Rowman, 2000, 44. バジル・バーンスティン著、久冨善之、長谷川裕、山崎鎮親、小玉重夫、小澤浩明訳『「教育」の社会学理論―象徴統制、「教育（ペダゴジー）」の言説、アイデンティティ』法政大学出版局、2000年、100ページ。

65 Basil Bernstein. *Pedagogy, Symbolic Control and Identity: Theory, Research, Critique.* Revised ed., Boston: Lanham, 2000, 41. バジル・バーンスティン著、久冨善之他訳『＜教育＞の社会学理論―象徴統制、＜教育＞の言説、アイデンティティ』法政大学出版会、2000年、95ページ。

66 *Ibid*, 42. 同、96ページ。

67 Noam Chomsky. *Aspects of the Theory of Syntax.* MIT Press, 1965, v. ノーム・チョムスキー著、安井稔訳『文法理論の諸相』研究社出版、1970年、xvページ。

68 *Ibid*, 4. 同、5ページ。

69 *Ibid*, 4. 同、4ページ。

70 *Ibid*, 4. 同、4ページ。

71 *Ibid*, 10. 同、11ページ。

72 D. H. Hymes. On Communicative Competence. In Devid Crystal (general ed.) *Sociolinguistics.* Baltimore: Penguin Books, 1972, 286.

73 Basil Bernstein. *Class, Codes and Control. vol.1: Theoretical Studies towards a Sociology of Language.* London: Routledge & Kegan Paul, 1971, 173. バーンスティン著、萩原元昭編訳『言語社会化論』明治図書、1981年、210ページ。

74 Basil Bernstein. Class, Codes and Control. vol.1. *Op. cit.,* 213. バーンスティン著、萩原元昭編訳『教育伝達の社会学』明治図書、1985、102ページ。

75 Malcolm S. Knowles. *The Modern Practice of Adult Education: From Pedagogy to Andragogy.* Revised and Updated. Cambridge Adult Education; Prentice Hall Regents, 1980, 19. マルカム・ノールズ著、堀薫夫、三輪健二訳『成人教育の現代的実践』鳳書房、2002年、4～5ページ。

76 Basil Bernstein. *Pedagogy, Symbolic Control and Identity: Theory, Research, Critique.* Revised Edition. Lanham, Maryland: Rowman, 2000, 49. バジル・バーンスティン著、久冨善之、長谷川裕、山崎鎮親、小玉重夫、小澤浩明訳『「教育」の社会学理論―象徴統制、「教育（ペダゴジー）」の言説、アイデンティティ』法政大学出版局、2000年、108-109ページ。

77 *Ibid*, xvii. 同、15-16ページ。

78 Basil Bernstein. *Class, Codes and Control, vol.iv: The Structuring of Pedagogic Discourse.* London: Routledge, 1990, 87.

79 2016年にノーベル生理学・医学賞を受賞した大隅良典氏が11月3日夜の記者会見にて「"役に立つ"という言葉が、とても社会をダメにしていると思う。本当に役にたつのは、、あるいは100年後かもしれない」と述べた。

80 Basil Bernstein. *Class and Pedagogies: Visible and Invisible.* Paris: OECD/CERI, 1975. 同文は、Jerome Karabel and A. H. Halsey (eds). Power and Ideology in Education. New York: Oxford University Press, 1977. (J. カラベル、A. H. ハルゼー編、潮木守一、天野郁夫、藤田英典編訳『教育と社会変動―教育社会学のパラダイム変動 (上)』東京大学出版会、1980年) に再録されている。また、付録が加筆修正されて、Basil Bernstein. *Class, Codes and Control. vol.3: Toward a Theory of Educational Transmissions.* London: Routledge & Kegan Paul, 1975. にも採録されている。さらに、本文も加筆されて、Basil Bernstein. *Class, Codes and Control. vol.3: Toward a Theory of Educational Transmissions.* London: Routledge & Kegan Paul, 1978. (バーンスティン著、萩原元昭編訳『教育伝達の社会学』明治図書、1985年) に収録されている。

81 *Ibid*, 515. 同、236ページ。

82 *Ibid*, 513-514. 同、232 〜 234ページ。

83 *Ibid*, 515. 同、237ページ。

84 Madeleine Arnot and Diane Reay. The Framing of Performance Pedagogies: Pupil Perspectives on the Control of School Knowledge and Its Acquisition. In Hugh Lauder, Phillip Brown, Jo-Anne Dillabough and A. H. Halsey (eds). *Education, Globalization & Social Change. Op. cit.,* 768. マデリーン・アーノット、ダイアン・レイ「パフォーマンス型ペダゴジーの枠づけ―学校知識とその獲得に関する生徒の視座の分析」、ヒュー・ローダー、フィリップ・ブラウン、ジョアンヌ・ディラボー、A. H. ハルゼー編、広田照幸、吉田文、本田由紀編訳『グローバル化・社会変動と教育2―文化と不平等の教育社会学』東京大学出版会、2012年、240ページ。

85 *Ibid*, 768. 同、240ページ。

86 Basil Bernstein. *Class, Codes and Control, vol.iv: The Structuring of Pedagogic Discourse.* London: Routledge, 1990, 87.

87 Madeleine Arnot and Diane Reay. The Framing of Performance Pedagogies. *Op. cit.,* 768. 同、241-242ページ。

88 福田誠治『競争しても学力行き止まり―イギリス教育の失敗フィンランドの成功』(朝日新聞出版、2007年。

89 G. Picht, Die deutsche *Bildungskatastrophe*, Munich; DTV, 1965.

90 R. Dahrendorf, *Bildung ist Bürgerrech*, Hambrug; Rowohlt, 1965.

91 OECD, *Manpower Policies and Problems in Austria.* Paris; OECD, 1967.

92 Kirl Heinz Gruber, The Rise and Fall of Austrian Interest in English Education. In David Phillips and Kimberly Ochs (eds) *Educational Policy Borrowing: Historical Perspective*, Oxford; Symposium Books, 2004, 186.

93 B. Holmes and S. B. Robinsohn, *Relevant Data in Comparative Education,* Hamburg; UNESCO Institute for Education, 1963.

94 T. Husén and M. Kogan, *Educational Research and Policy: How Do They Relate?*

Oxford; Pergamon, 1984, 5.

95 P. F. Drucker. What we can learn from Japanese management. *Harvard Business Review: How Japan Works*, 1981, 22. P.F. ドラッカー、E.F. ボーゲル他著、『ハーバード・ビジネスの日本診断―対日戦略のシナリオ』ダイヤモンド社、1985年、59ページ。

96 Richard Tanner Pascale. Zen and the Art of Management. *Harvard Business Review: How Japan Works*, 1981, 44. P.F. ドラッカー、E.F. ボーゲル他著、『ハーバード・ビジネスの日本診断―対日戦略のシナリオ』前掲、128ページ。

97 *Ibid*, 45. 同、129ページ。

98 *Ibid*, 52. 同、148ページ。

99 Ikujiro Nonaka and Hirotaka Takeuchi. *The Knowledge-Creating Company: How Japanese Companies Create the Dynamics of Innovation*. New York: Oxford University Press, 1995, 8. 野中郁次郎、竹内弘高著、梅本勝博訳『知識創造企業』東洋経済新報社、1996年、8ページ。

100 P. F. Drucker. *Post-Capitalist Society*. Oxford: Butterworth Heinemann, 1993, 25. P.F. ドラッカー著、上田惇生、田代正美、佐々木実智男訳『ポスト資本主義社会』ダイヤモンド社、1993年、59ページ。

101 M. Polanyi. *The Tacit Dimention*. London: Routledge & Kegan Paul, 1966, 4. マイケル・ポランニー著、高橋勇夫訳『暗黙知の次元』筑摩書房、2003年、18ページ。

102 Ikujiro Nonaka and Hirotaka Takeuchi. *The Knowledge-Creating Company: How Japanese Companies Create the Dynamics of Innovation. Op. cit.*, viii. 野中郁次郎、竹内弘高著、梅本勝博訳『知識創造企業』前掲、iiiページ。

103 *Ibid*, 8. 同、8〜9ページ。

104 Ikujiro Nonaka and Hirotaka Takeuchi. *The Knowledge-Creating Company: How Japanese Companies Create the Dynamics of Innovation. Op. cit.*, 9. 『知識創造企業』前掲、10ページ。

105 *Ibid*, 11. 同、13ページ。

106 *Ibid*, viii. 同、iiページ。

107 *Ibid*, 13. 同、17ページ。

108 *Ibid*, 71. 同、106ページ。

109 *Ibid*, 63. 同、92ページ。

110 *Ibid*, 29. 同、44ページ。

111 *Ibid*, 81-82. 同、121ページ。

112 *Ibid*, 14. 同、18ページ。

113 OECD. *Knowledge-Based Economy: General Distribution*. OCDE/GD(96)102, Paris: OECD, 1996.

114 David Guil. What is Distincitve about the Knowledge Economy?: Implications for Education. In Hugh Lauder, Phillip Brown, Jo-Anne Dillabough and A. H. Halsey (eds). *Education, Globalization & Social Change. Op. cit.*, 358. デイヴィド・ガイル

「経済知識の特徴とは何か？―教育への意味」、ヒュー・ローダー、フィリップ・ブラウン、ジョアンヌ・ディラボー、A. H. ハルゼー編、広田照幸、吉田文、本田由紀編訳『グローバル化・社会変動と教育1―市場と労働の教育社会学』前掲、184ページ。

115 Michael A. Peters. Introduction: Knowledge Goods, the Primacy of Ideas and the Economics of Abundance. In Michael A. Peters, Simon Marginson, and Peter Murphy. *Creativity and the Global Knowledge Economy*. New York: Peter Lang, 2009, 1.

116 Michael A. Peters. Education, Creativity and the Economy of Passions. In Michael A. Peters, Simon Marginson, and Peter Murphy. *Creativity and the Global Knowledge Economy*. New York: Peter Lang, 2009, 128.

117 *Green Paper on Innovation.* COM (95) 688 final, 20 December 1995. [Bulletin of the European Union Supplement 5/95]. [EU Commission - COM Document]

118 Bengt-Åke Lundvall and Björn Johnson. The Learning Economy. *Journal of Industry Studies*, Vol.1, No.2, 1994, 27-28.

119 Dominique Foray and Bengt-Åke Lundvall. The Knowledge-Based Economy: From the Economics of Knowledge to the Learning Economy. In *OECD Documents: Employment and Growth in the Knowledge-based Economy.* Paris: OECD, 1996, 21.

120 Dominique Foray. General Introduction. In Dominique Foray and Christopher Freeman (eds). *Technology and the Wealth of Nations: The Dynamics of Constructed Advantage.* London: Pinter Publishers, 1993, 13.

121 OECD. The OECD Jobs Strategy: Technology, Productivity and Job Creation. Vol.2: Analytical Report. Paris: OECD, 1996, 14-15.

122 Bengt-Åke Lundvall. The Learning Economy: Some Implications for the Knowledge Base of Health and Education System. In OECD/CERI. *Knowledge Management in the Learning Society: Education and Skills.* Paris: OECD, 2000, 128. ベンクト＝オーシェ・ランドバル「学習経済―医療システムと教育システムの知識ベースのためのいくつかの示唆」OECD教育研究革新センター編著、立田慶裕監訳『知識の創造・普及・活用―学習社会のナレッジ・マネジメント』明石書店、2012年、245ページ。

123 Dominique Foray. Characterising the Knowledge Base: Availlable and Missing Indicators. In OECD/CERI. *Knowledge Management in the Learning Society: Education and Skills.* Paris: OECD, 2000, 241-242. ドミニク・フォーレイ「知識基盤を特徴付ける指標―利用可能な指標と欠落している指標」OECD教育研究革新センター編著、立田慶裕監訳『知識の創造・普及・活用―学習社会のナレッジ・マネジメント』明石書店、2012年、464-466ページ。

124 OECD/CERI. *Knowledge Management: Innovation in the Knowledge Economy: Implications for Education and Learning.* Paris: OECD, 2004, 19.

125 Jack Goody. *Domestication of the Savage Mind.* London, Cambridge University

Press, 1977, 140-144.

126 Jack Goody. *Food and Love: A Cultural History of East and West.* London: Verso, 1998, 266-267. ジャック・グッディ著、山内彰、西川隆訳『食物と愛―日常生活の文化誌』法政大学出版局、2005年、397ページ。

127 OECD. *The Implications of the Knowledge-Based Economy for Future Science and Technology Policies.* OECD/GD(95)136, 1995.

128 Bob Jessop. Cultural Political Economy of Competitiveness and its Implications for Higher Education. In Bob Jessop, Norman Fairclough and Ruth Wodak (eds). *Education and the Knowledge-Based Economy in Europe.* Rotterdam, The Netherlands: Sense Publishers, 2008, 25.

129 Michael A. Peters. Education and the Knowledge Economy. In Michael A. Peters, Simon Marginson, and Peter Murphy. *Creativity and the Global Knowledge Economy.* New York: Peter Lang, 2009, 57.

130 OECD. *Knowledge-Based Economy*, OCDE/GD(96)102. Paris: OECD, 1996, 3.

131 OECD. *Knowledge-Based Economy*, OCDE/GD(96)102. Paris: OECD, 1996, 12.

132 OECD. *Knowledge-Based Economy*, OCDE/GD(96)102. Paris: OECD, 1996, 13.

133 OECD. *Knowledge-Based Economy*, OCDE/GD(96)102. Paris: OECD, 1996, 13-14.

134 OECD. *Knowledge-Based Economy*, OCDE/GD(96)102. Paris: OECD, 1996, 7.

135 Michel A. Peters. *Neoliberalism and After?: Education, Social Policy, and Crisis of Western Capitalism.* New York: Peter Lang, 2011, 70.

136 Bengt-Åke Lundvall and Björn Johnson. The Learning Economy. *Journal of Industry Studies,* Vol.1, No.2, 1994, 33.

137 Alan Burton-Jones. *Knowledge Capitalism: Business, Work, and Learning in the New Economy.* Oxford University Press, 1999, 227. アラン・バートン=ジョーンズ著、野中郁次郎、有賀裕子訳『知識資本主義―ビジネス、就労、学習の意味が根本から変わる』日本経済新聞社、2001年、348ページ。

138 レイヨ・ミエッティネン著、森勇治訳『フィンランドの国家イノベーションシステム―技術政策から能力開発政策への転換』新評論、2010年、13ページ。原文は、Reijo Miettinen. *Finnish National Innovation System: Scientific Concept or Political Rhetoric* (Sitra). Helsinki: Edita, 2002. の修正であるようだが、Reijo Miettinen. *Innovation, Human Capabilities, and Democracy: Towards an Enabling Welfare State.* London: Oxford University Press, 2013. では、この部分は削除してある。

139 E. Aho, K. Pitkänen and P. Sahlberg. *Policy Development and Reform Principles of Basic and Secondary Education in Finland since 1968.* Washington: The World Bank, 2006, 129-130. Online.

140 レイヨ・ミエッティネン著、森勇治訳『フィンランドの国家イノベーションシステム―技術政策から能力開発政策への転換』新評論、2010年、145－ジ。

注 581

141 Charles Leadbeater. *Innovate from within: An Open Letter to the New Cabinet Secretary.* London: Demos, 2002, 24.

142 Reijo Miettinen. *Innovation, Human Capabilities, and Democracy: Towards an Enabling Welfare State.* London: Oxford University Press, 2013, 134. レイヨ・ミエッティネン著、森勇治訳『フィンランドの国家イノベーションシステム―技術政策から能力開発政策への転換』新評論、2010年、13ページ。

第2部第6章

1 B.S.P.Shen. Scientific Literacy and the Public Understanding of Science. In S.Day(ed) *Communication of Scientific Information.* Basel: Karger, 1975, 44-52.

2 Dorothy Nelkin. *Technological Decisions and Democracy: European Experiments in Public Participation.* Beverly Hills: SAGE, 1977, 34-44.

3 OECD. *The Competences Needed in Working Life.* Paris: OECD, 1982.

4 OECD. *Adult Literacy and Economic Performance.* Paris: OECD, 1992.

5 Jon D. Miller. *Public Understanding of Science and Technology in OECD countries: a Comparative Analysis* (paper presented at the Symposium on Public Understanding of Science and Technology). Paris: OECD, 1996. アメリカ教育省他著、西村和雄、戸瀬信之訳『アメリカの教育改革』京都大学学術出版会、2004年、279～323ページ。ミラーの著作目録によれば、研究の初発表は、Jon Miller with Rafael Pardo and Fujio Niwa. *Public Attitudes Toward and Understanding of Science and Technology in Canada, the European Union, Japan, and the United States: A Report to the European Union.* Madrid: BBV Foundation, 1995.

6 OECD. *Science and Technology in the Public Eye.* Paris: OECD, 1997, 9.

7 文部科学省科学技術政策研究所第2調査グループ『科学技術に関する意識調査―2001年2～3月調査』2001年12月、7ページ。

8 OECD. *Science and Technology in the Public Eye. Op. cit.,* 10.

9 Jon D. Miller. The measurement of civic scientific literacy. *Public Understanding of Science,* July 1998, Vol.7, No.3, 204.

10 Clara Morgan. *The OECD Programme for International Student Assessment: Unraveling a Knowledge Network.* Saarbrücken: VDM Verlag Dr. Müller, 2009, 113.

11 *Ibid,* 116.

12 Andrew Sum, Irwin Kirsch and Robert Taggart. *The Twin Challenges of Mediocrity and Inequality: Literacy in the U.S. from an International Perspective.* Princeton: ETS, 2002, 7.

13 OECD and Statistics Canada. *Literacy in the Information Age.* Paris: OECD, 2000, 61.

14 T. Neville Postlethwaite and K. Ross. *Effective schools in reading: Implications for educational planners: an exploratory study.* Hamburg: International Association for the Evaluation of Educational Achievement, 1992, 3.

15 Gilbert R. Austin. OECD/CERI: Fostering Cooperation in International Educational Research. *Educational Researcher* 1(11), 1992, 5.

16 Clara Morgan. *The OECD Programme for International Student Assessment. Op. cit.,* 83. ただし、フォード財団が最初に構想したのは、2年間の実験プログラムとされる。(Geroge S. Papadopoulos. Education 1960-1990: The OECD Perspective. Paris: OECD, 1994, 62.)

17 OECD. *Methods and Statistical Needs of Educational Planning.* Paris: OECD, 1967. OECD/CERI. *Educational Research Policy: Technical Report.* Paris: OECD Publishing Center, 1971. OECD. *A Framework for Educational Indicators to Guide Government Decisions.* Paris: OECD, 1973. OECD. *Indicators of Performance of Educational Systems.* Paris: OECD, 1973. OECD. *Educational Statistics Yearbook, vol.1.* Paris: OECD, 1974. 続編は、1975年、1981年の出版。

18 Fazal Rizvi and Bob Lingard, *Globalizing Education Policy,* Routledge, 2009, 128.

19 増田実「OEEC再編過程をめぐる英米関係、1959−1961年」『立命館国際研究』23−2、2010年、72。

20 Johanna Kallo. *OECD Education Policy: A Comparative and Historical Study Focusing on the Thematic Reviews of Tertiary Education.* Jyväskylä: Finnish Educational Research Association, 2009, 47.

21 Kjell Eide. *30 Years of Educational Collaboration in the OECD: A paper in the International Congress "Planning and Management of Educational Development",* Mexico, 26-30 March, 1990. UNESCO, 1990, 48.

22 Clara Morgan. *The OECD Programme for International Student Assessment. Op. cit.,* 113.

23 Scott Sullivan. *From War to Wealth: 50 Years of Innovation.* Paris: OECD, 1997, 58.

24 Kjell Eide. *30 Years of Educational Collaboration in the OECD. Op. cit.,* 48.

25 Clara Morgan. *The OECD Programme for International Student Assessment. Op. cit.,* 98.

26 Johanna Kallo. *OECD Education Policy. Op. cit.,* 165.

27 George Papadopoulos. *Education 1960-1990: The OECD Perspective.* Paris: OECD, 1994, 182.

28 *Ibid*, 182.

29 *Ibid*, 183.

30 Miriam Henry, Bob Lingard, Fazal Rizvi and Sandra Taylor. *The OECD, Globalisation and Education Policy.* Oxford: IAU, Pergamon, 2001, 72.

31 Stephen P. Heyneman. Presidential Address: Quantity, Quality, and Source. *Comparative Education Review,* Vol.37, No.4, November 1993, 375.

32 アメリカ合衆国のCERIからの撤退表明については、他に、Kerstin Martens. How to Become an Influential Actor - The 'Comparative Turn' in OECD Education Policy. In Kerstin Martens, Alessandra Rusconi and Kathrin Leuze (eds.) *New Arenas*

of Education Governance: The Impact of International Organizations and Markets on Educational Policy Making. Palgrave Macmillan, 2007, 48

33 Johanna Kallo. *OECD Education Policy Op. cit.,* 160-161.

34 Miriam Henry et al. *The OECD, Globalisation and Education Policy. Op. cit.,* 87.

35 Torsten Husén and Albert Tuijnman. Monitoring Standards in Education: Why and How it Came About. In Albert C. Tuijnman and T. Neville Postlethwaite (ed) *Monitoring The Standards of Education: Papers in Honor of John P. Keeves.* Oxford: Pergamon, 1994, 11.

36 Johanna Kallo. *OECD Education Policy Op. cit.,* 163.

37 *Ibid,* 162.

38 Kjell Eide. *30 Years of Educational Collaboration in the OECD Op. cit.,* 48.

39 *Ibid,* 49.

40 Johanna Kallo. *OECD Education Policy Op. cit.,* 137.

41 Clara Morgan. *The OECD Programme for International Student Assessment: Unraveling a Knowledge Network.* Saarbrücken: VDM Verlag Dr. Müller, 2009, 104.

42 *Address to the Nation on the National Education Strategy.* 1991-04-18. George Bush Presidential Library and Museum

43 U.S. Congress, Office of Technology Assessment. *Testing in American Schools: Asking the Right Questions.* Washington DC: US Government Printing Office, 1992, 3-4.

44 *Ibid,* 32-33.

45 George F. Madaus and Thomas Kellaghan. *Examination Systems in the European Community: Implications for a National Examination System in the United States.* April 1991, 1.

46 *Ibid,* 20.

47 Larry Cuban. *The Misuse of Tests in Education.* September 1991, 2-3.

48 *Ibid,* 8.

49 *Ibid,* 8-9.

50 *Ibid,* 9.

51 *Ibid,* 11-12.

52 Elizabeth H. Dole. 'Ready, Set, Work,' Says Labor Secretary. *Magazine article: Training & Development Journal.* 同様に、*Secretary Elizabeth Dole. State of the Workforce Address Delivered to the State Teachers and Principals of the Year. October 26, 1989.*

53 The Secretary's Commission on Achieving Necessary Skills. *What Work Requires of School: A SCANS Report for America.* U. S. Department of Labor, 1991, 16

54 *Ibid,* 17.

55 The Secretary's Commission on Achieving Necessary Skills. *Learning a Living: A Bluprint for High Performance: A SCANS Report for America 2000.* U. S. Department of Labor, 1992, 47 and 71.

584

56 Robert Bernard Reich. *The Work of Nations: Preparing Ourselves for 21st Century Capitals.* New York: Vintage Books, 1991, 3. ロバート・B・ライシュ著、中谷巌訳『ザ・ワーク・オブ・ネーションズ―21世紀資本主義のイメージ』ダイヤモンド社、1991年、3ページ。

57 *Ibid*, 8. 同、11ページ。

58 *Ibid*, 311-312. 同、425ページ。

第2部第7章

1 Brian Holmes and Saul Robinson, *Relevant Data in Comparative Education,* UNESCO Institute of Education, 1963.

2 OECD. *A Framework for Educational Indicators to Guide Government Decisions.* Paris: OECD, 1973.

3 OECD/CERI. *Education at a Glance: The OECD Indicators.* Paris: OECD, 1992, 16.

4 WTO Council for Trade in Services. *Education Services.* S/C/W/49, 23 September 1998.

5 UNESCO. *International Standard Classification of Education: ISCED 1997.* Paris: UNESCO, 1997.

6 OECD. *Classifying Educational Programmes: Manual for ISCED-97 Implementation in OECD Countries,* Paris: OECD, 1999.

7 UNESCO, *International Standard Classification of Education ISCED97. Op. cit.*

8 UNESCO Institute for Statistics. *International Standard Classification of Education, ISCED 2011.* Montreal, Canada: UNESCO Institute for Statistics, 2011.

OECD, European Union, UNESCO-UIS. *ISCED 2011 Operational Manual: Guidelines for Classifying National Education Programmes and Related Qualifications.* Paris: OECD, 2015.

9 Ronnie Andersson and Anna-Karin Olsson. *Fields of Training, Manual. Thessaloniki,* Sypros: CEDEFOP, 1999.

10 UNESCO Institute for Statistics. *ISCED Fields of Education and Training 2013 (ISCED-F 2013).* Montreal, Canada: UNESCO Institute for Statistics, 2013.

11 Norberto Bottani and Herbert J. Walberg. *What are International Indicators for? In OECD/CERI. The OECD International Education Indicators: A Framework for Analysis.* Paris: OECD, 1992, 8.

12 Miriam Henry, Bob Lingard, Fazal Rizvi and Sandra Taylor. *The OECD, Globalisation and Education Policy.* Oxford: IAU, Pergamon, 2001, 99.

13 Kjell Eide. *30 Years of Educational Collaboration in the OECD: A paper in the International Congress "Planning and Management of Educational Development",* Mexico, 26-30 March, 1990. UNESCO, 1990, 46.

14 *Ibid*, 47.

15 Krestin Martens, Carolin Balzer, Reinhold Sackmann and Ansgar Weymann.

Comparing Governance of International Organisations: The EU, the OECD and Educational Policy. TranState Working Papers, No.7. Bremen: Universität Bremen, 2004, 11.

16 Hans N. Weiler. The Politics of Reform and Nonreform in French Education. *Comparative Education Review*, Vol.32, No.3 (August 1988), 251-265.

17 Norberto Bottani and Herbert J. Walberg. *What are International Indicators for? Op. cit.,* 10.

18 CERI Governing Board, *Summary Record of the 38th Session,* held at Paris on 30-31 May 1988, CERI/CE/M(88)1, 25 October 1988, para.13.

19 Clara Morgan. *The OECD Programme for International Student Assessment: Unraveling a Knowledge Network.* Saarbrücken: VDM Verlag Dr. Müller, 2009, 105.

20 Board on International Comparative Studies in Education Commission on Behavioral and Social Sciences and Education. *International Comparative Studies in Education: Descriptions of Selected Large-Scale Assessments and Case Studies.* Washington D.C.: National Research Council. 1995, 29.

21 Johanna Kallo. *OECD Education Policy: A comparative and historical study focusing on the thematic reviews of tertiary education.* Jyväskylä: Finnish Educational Research Association, 2009, 161.

22 Norberto Bottani and Herbert J. Walberg. *What are International Indicators for? Op. cit.,* 9.

23 *Ibid*, 9.

24 Board on International Comparative Studies in Education Commission on Behavioral and Social Sciences and Education. *International Comparative Studies in Education. Op. cit.,* 30.

25 Miriam Henry et al. *The OECD, Globalisation and Education Policy. Op. cit.,* 88.

26 OECD/CERI. Foreword. In *The OECD International Education Indicators: A Framework for Analysis.* Paris: OECD, 1992, 3.

27 OECD/CERI. *Measuring What Students Learn.* Paris: OECD, 1995, 5. 全米科学アカデミー (National Academy of Science) 研究協議会 (National Research Council) の報告書では、ネットワークＤの担当は、英国といいながら実体はスコットランドだと推測されている。

28 Board on International Comparative Studies in Education Commission on Behavioral and Social Sciences and Education. *International Comparative Studies in Education: Descriptions of Selected Large-Scale Assessments and Case Studies.* Washington D.C.: National Research Council. 1995, 30.

29 Board on International Comparative Studies in Education Commission on Behavioral and Social Sciences and Education. *International Comparative Studies in Education. Op. cit.,* 33.

30 OECD/CERI. *The OECD International Education Indicators: A Framework for*

Analysis. Paris: OECD, 1992, 3.

31 Norberto Bottani and Herbert J. Walberg. *What are International Indicators for? Op. cit.,* 10.

32 *Ibid,* 11.

33 *Ibid,* 10.

34 Desmond Nuttall. The Function and Limitation of International Education. In CERI/OECD. *The OECD International Education Indicators: A Framework for Analysis.* Paris: OECD, 1992, 13-21.

35 Norberto Bottani. The OECD International Education Indicators. *Assessment Education,* vol.1, no.3, 1994, 333.

36 Jaap Scheerens. Process Indicators of School Functioning. In OECD/CERI. *The OECD International Education Indicators: A Framework for Analysis.* Paris: OECD, 1992, 55.

37 OECD/CERI. *Making Education Count: Developing and Using International Indicators.* Paris: OECD, 1994.

38 Miriam Henry, Bob Lingard, Fazal Rizvi and Sandra Taylor. *The OECD, Globalisation and Education Policy.* Oxford: IAU, Pergamon, 2001, 88.

39 Norberto Bottani. The OECD International Education Indicators. *Assessment Education,* vol.1, no.3, 1994, 349.

40 OECD/CERI. *Education at a Glance: The OECD Indicators.* Paris: OECD, 1992, 5.

41 *Ibid,* 12.

42 OECD/CERI. *Making Education Count. Op. cit.,* 3.

43 Norberto Bottani. The OECD International Education Indicators. *Assessment Education, Op. cit.,* 349.

44 Board on International Comparative Studies in Education Commission on Behavioral and Social Sciences and Education. *International Comparative Studies in Education: Descriptions of Selected Large-Scale Assessments and Case Studies.* Washington D.C.: National Research Council. 1995, 36.

45 *Ibid,* 36.

46 OECD/CERI Indicators of Education Systems. *Prepared for Life? How to Measure Cross-Curricular Competencies.* Paris: OECD, 1997, 15. OECD新国際教育指標開発著、中嶋博、澤野由紀子訳『人生への準備は万全？』学文社、1998年、20ページ。

47 OECD/CERI. *Schools under Scrutiny.* Paris: OECD, 1995, 4.

48 OECD/CERI. *Education at a Glance: The OECD Indicators.* Paris: OECD, 1996.

49 Risto Rinne, Johanna Kallo and Sanna Hokka. Too Eager to Comply? OECD Education Policies and the Finnish Response. *European Educational Research Journal,* Volume 3, Number 2, 2004, 456.

50 Fazal Rizvi and Bob Lingard. Globalization and the Changing Nature of the OECD's Educational Work. In Hugh Lauder, Phillip Brown, Jo-Anne Dillabough,

注　587

A.H.Halsey (eds.) *Education, Globalization and Social Change*. Oxford Univ. Press, 2006, p.258.

51 OECD/CERI. *School and Business: A New Partnership*. Paris: OECD, 1992, 7.

52 *Ibid*, 10-11.

53 *Ibid*, 25.

54 Fazal Rizvi and Bob Lingard. Globalization and the Changing Nature of the OECD's Educational Work. In *Education, Globalisation and Social Change. Op. cit.,* 247-248.

55 Michel A. Peters. *Neoliberalism and After?: Education, Social Policy, and Crisis of Western Capitalism*. New York: Peter Lang, 2011, 63.

56 OECD. *The OECD Jobs Study: Evidence and Explanations*. Paris: OECD, 1994.

57 OECD. *The OECD Jobs Study: Facts, Analysis, Strategies*. Paris: OECD, 1994, 54. 島田晴雄監訳『先進諸国の雇用・失業─OECD研究報告』日本労働研究機構、1994年、71～72ページ。

58 Uri Peter Trier. *Non-Curriculum Bound Outcomes: Proposal Network A Meeting of the OECD INES Project on Educational Indicators*. Paris, 1991.

59 OECD/CERI Indicators of Education Systems. *Prepared for Life? How to Measure Cross-Curricular Competencies*. Paris: OECD, 1997, 5. OECD新国際教育指標開発著、中嶋博、澤野由紀子訳『人生への準備は万全？』学文社、1998年、6ページ。

60 *Ibid*, 9. 同、11ページ。

61 Uri Peter Trier and Jules L. Peschar. Cross-Curricular Competencies: Rationale and Strategy for Developing a New Indicator. In OECD/CERI. *Measuring What Students Learn*. Paris: OECD, 1995, 97.

62 OECD/CERI Indicators of Education Systems. *Prepared for Life? Op. cit.,* 15. 『人生への準備は万全？』前掲、20ページ。

63 *Ibid*, 16. 同、22ページ。

64 *Ibid*, 18. 同、26ページ。

65 *Ibid*, 20. 同、29ページ。

66 *Ibid*, 22. 同、32ページ。

67 Ina V.S. Mullis and Eugene H. Owen. The Monitoring of Cognitive Outcomes. In Albert C. Tuijnman and T. Neville Postlethwaite (ed) *Monitoring The Standards of Education: Papers in Honor of John P. Keeves*. Oxford: Pergamon, 1994, 139.

68 *Ibid*, 147-148.

69 *Ibid*, 148.

70 Uri Peter Trier and Jules L. Peschar. Cross-Curricular Competencies: Rationale and Strategy for Developing a New Indicator. In OECD/CERI. *Measuring What Students Learn*. Paris: OECD, 1995, 96-108.

71 OECD/CERI Indicators of Education Systems. *Prepared for Life? Op. cit.,* 19. 『人生への準備は万全？』前掲、28ページ。

72 *Ibid*, 9. 同、11 ～ 12 ページ。

73 *Ibid*, 9. 同、11 ～ 12 ページ。

74 *Ibid*, 9. 同、11 ～ 12 ページ。

75 *Ibid*, 77-78. 同、120 ページ。

76 Board on International Comparative Studies in Education Commission on Behavioral and Social Sciences and Education. *International Comparative Studies in Education: Descriptions of Selected Large-Scale Assessments and Case Studies*. Washington D.C.: National Research Council. 1995, 29.

77 Friedrich Plank and Douglas Hodgkinson. Reflections on the use of indicators in policy and practice. In Jay H. Moskowitz ane Maria Stephens (ed) *Comparing Learning Outcomes: International Assessment and Education Policy*. Abingdon; UK: RoutledgeFalmer, 2004, 112-113.

78 Miriam Henry, Bob Lingard, Fazal Rizvi and Sandra Taylor. *The OECD, Globalisation and Education Policy*. Oxford: IAU, Pergamon, 2001, 89.

79 Owen, Hodgkinson, Tuijnman. *Measuring What Students Learn*. Paris: OECD, 1995, 216.

80 OECD/CERI. *Measuring What Students Learn*. Paris: OECD, 1995, 5.

81 OECD. *An Annual Report of the OECD: Report by the Secretary-General*. Paris: OECD, 1995.

82 Clara Morgan. *The OECD Programme for International Student Assessment: Unraveling a Knowledge Network*. Saarbrücken: VDM Verlag Dr. Müller, 2009, 123.

83 OECD/INES. *International Indicators of Educational Systems: Network A Strategy for Student Achievement Outcomes* [DEELSA/ED/CERI/CD(97)4]. March 1997, 12, s.16.

84 *Resolution of the Council on a Decentralised Programme for Producing Indicators on Students Achievement on a Regular Basis*: adopted by the council at its 909th Session on 26 September 1997. [C/M(97)20/PROV]

85 *First Meeting of the Board of Participating Countries*. Paris, 6-7 October 1997. [Doc. Ref.BPC(97.1).99bis], 2.

86 OECD. *Terms of Reference for the Tendering Procedure of the Data Strategy for the Development of Student Achievement Indicators on a Regular Basis*. Paris: OECD, 1997.

87 Clara Morgan. *The OECD Programme for International Student Assessment: Unraveling a Knowledge Network*. Saarbrücken: VDM Verlag Dr. Müller, 2009, 127-128.

88 *OECD Programme for Producing Student Achievement Indicators on a Regular Basis: Second Meeting of the Board of Participating Countries*. Paris, 15-16 December 1997, Doc.Ref.BPC(97.2).99, 1-3.

89 Clara Morgan. *The OECD Programme for International Student Assessment. Op. cit.*, 131.

注　589

90　OECD/DEELSA. *Meeting of the Technical Expert panel for the revaluation of proposals to the OECD call for tender BPC(97.1))7*. OECD: Paris, 1997, 15. [BPC(97.2)2]

91　*Programme for Producing Indicators on Student Achievement on a Regular Basis: Third Meeting of the Board of Participating Countries (BPC)*, 20-21 April 1998, San Francisco, United States: Summary of Main Outcomes. [DEELSA/PISA/BPC(98)8], 5.

92　*Ibid*, 6.

93　*OECD Programme for International Student Assessment (PISA): Fourth Meeting of the Board of Participating Countries (BPC)*, 6-7 July 1998, Paris: Summary of Main Outcomes. [DEELSA/PISA/BPC(98)16], 2.

94　*Ibid*, 4.

95　*OECD Prograame for International Student Assessment: Fifth meeting of the Board of Participating Countries, 29-30 October 1998, Paris: Summary of Main Outcomes.* [DEELSA/PISA/BPC(98)32], 5.

96　Clara Morgan. *The OECD Programme for International Student Assessment: Unraveling a Knowledge Network.* Saarbrücken: VDM Verlag Dr. Müller, 2009, 104.

97　*Ibid*, 112.

98　OECD Programme for International Student Assessment. *Measuring Student Knowledge and Skills: A New Framework for Assessment.* Paris: OECD, 1999.

99　OECD/DEELSA/PISA. *OECD Programme for International Student Assessment (PISA): Sixth Meeting of the Board of Participating Countries.* 1-3 March 1999, Tokyo. [DEELSA/PISA/BMC/M(99)1], 3.

100　*Ibid*, 5.

101　Amin von Bogdandy and Matthias Goldmann. The Exercise of International Public Authority through National Policy Assessment: The OECD's PISA Policy as a Paradigm for a New International Standard Instrument. *International Organizations Law Review 5,* 2008, 13.

102　Fazal Rizvi and Bob Lingard, *Globalizing Education Policy*, Routledge, 2009, 129.

103　Bob Lingard. It is and it isn't: Vernacular Globalization, Education Policy, and Restructuring. In Nicholas C. Burbules and Carlos Alberto Torres (eds) *Globalization and Education: Critical Perspective.* New York: Routledge, 2000, 98-99.

第２部第８章

1　国立教育政策研究所編『日本の教育が見える：教育インディケータ事業(INES)と生徒の学習到達度調査(PISA)2000年調査結果から掘り下げる日本の教育の現状－アンドレア・シュライヒャー OECD教育局指標分析課長講演より』2003年、10ページ。2003年11月25日 虎ノ門ホールにおける講演記録。

2　同、12ページ。

3 PISA. *What Makes School Systems Perform?: Seeing School Systems Through The Prism Of Pisa*. OECD, 3.

4 日本教職員組合編『どうなる、どうする。世界の学力、日本の学力：日教組第52次全国教研・特別分科会「学力問題」記念講演とシンポジウムより』アドバンテージサーバー、2003年、25ページ。2003年1月の講演記録。

5 国立教育政策研究所編『日本の教育が見える』前掲、13ページ。

6 日本教職員組合編『どうなる、どうする。世界の学力、日本の学力』前掲、25ページ。

7 日本教職員組合編『どうなる、どうする。世界の学力、日本の学力：日教組第52次全国教研・特別分科会「学力問題」記念講演とシンポジウムより』アドバンテージサーバー、2003年、20ページ。

8 国立教育政策研究所編『日本の教育が見える』前掲、23ページ。

9 日本教職員組合編『どうなる、どうする。世界の学力、日本の学力』前掲、16ページ。

10 国立教育政策研究所編『日本の教育が見える』前掲、14ページ。

11 日本教職員組合編『どうなる、どうする。世界の学力、日本の学力』前掲、24ページ。

12 クローズアップ現代『ヨーロッパからの"新しい風"④「教育で国の未来を切り開け」』(2008年1月31日)の発言。原語は、Today's Close Up. "Education to Build a Future" on air date : 31th of January in 2008.

13 国立教育政策研究所編『日本の教育が見える』前掲、20ページ。

14 同、17ページ。

15 Suzanne Mellor, Graeme Withers, Margaret Batten, Jan Lokan, Joy McQueen and Imelda Carthy. *Literacy & the Competencies: Teachers' Perspectives: ACER Research Monograph, No.51*. Melbourne, Australian Council for Educational Research, 1995, 7.

16 Richard Curtain. The Australian Government's Training Reform Agenda: Is it Working?, *Asia Pacific Journal of Human Resources* 32 (2), 43-56, 1994.

17 Ministerial Council on Education, Employment, Training and Youth Affairs, *The Hobart Declaration on Schooling (1989)*. Canberra: Ministerial Council on Education, Employment, Training, and Youth Affairs, 1999.

18 Taskforce on Training. *Towards a Skills Revolution: A Youth Charter*. London: CBI Task Force on Training, 1989.

19 Leesa Wheelahan. The Problem with Competency-Based Training. In Hugh Lauder, Michael Young, Yarry Daniels, Maria Balarin and John Lowe (eds). *Education for the Knowledge Economy? Critical Perspectives*. Abingdon, UK: Routledge, 2012, 158.

20 Richard Curtain. *The Australian Government's Training Reform Agenda: Is it Working? Op. cit.*

21 OECD. Measuring What People Know: Human Capital Accounting for the Knowledge Economy. Paris: OECD, 1996, 60. OECD編、水元豊文訳『知を計る―知識経済のための人的資本会計』インフラックスコム発行、シーエーピー出版販売、1999年、76ページ。

22 Suzanne Mellor et al. *Literacy & the Competencies. Op. cit.,* 1.

注 591

23 OECD. *Pathways & Participation in Vocational & Technical Education & Training.* Paris: OECD, 1998, 54.

24 *The Adelaide Declaration on National Goals for Schooling in the Twenty-First Century,* 1999.

25 Paul Brock. Australian Perspectives on the Assessment of Reading: Can a National Approach to Literacy Assessment be Daring and Progressive? In Colin Harrison and Terry Salinger (eds) *Assessing Reading 1: Theory and Practice.* London: Routledge, 1998, 66.

26 *Ibid,* 82.

27 OECD. *Technology and Productivity: The Challenges for Economic Policy, Technology/ Economy Programme.* Paris: OECD, 1991.

28 OECD. *Measuring What People Know: Human Capital Accounting for the Knowledge Economy.* Paris: OECD, 1996, 15. OECD編、水元豊文訳『知を計る―知識経済のための人的資本計』前掲、1999年、9ページ。

29 OECD. *Education Policy Analysis 2001.* Paris: OECD, 2001, 99-118.

30 OECD. Meeting of the OECD Education Ministers, Paris, 3-4 April 2001: *Investing in Competencies for All, Communiqué.* PAC/COM/NEWS(2001)32.

31 Dominique Simone Rychen, Laura Hersh Salganik and Mary Elizabeth McLaughlin (eds) *Contributions to the Second DeSeCo Symposium,* Geneva, Switzerland, 11-13 February, 2002. Neuchtel: Swiss Federal Statistical Office, 2003, 93.

32 OECD/CERI. *Making the Curriculum Work.* Paris: OECD, 1998, 34.『カリキュラム改革と教員の職能成長：教育のアカウンタビリティーのために』アドバンテージサーバー、2001年、68-69ページ。

33 Walo Hutmacher, Douglas Cochrane and Norberto Bottani (eds) *In Pursuit of Equity in Education.* Dordrecht: Kluwer Academic Publisher, 2001,1995.

34 OECD/INES. *Fourth General Assembly of the OECD Education Indicators Programme: The INES Compendium: Contributions from the INES Networks and Working Groups.* Tokyo: OECD and Monbusho, 2000, iii.

35 Govering Board of the CERI. *Definition and Selection of Competences (DESECO): Theoretical and Conceptual Foundations: Strategy Paper.* [DEELSA/ED/CERI/CD(2002)9] 6.

36 Friedrich Plank and Douglas Hodgkinson. Reflections on the Use of Indicators in Policy and Practice. In Jay H. Moskowitz and Maria Stephens (eds) *Comparing Learning Outcomes: International Assessments and Education Policy.* London, RoutledgeFalmer, 2004, 113.

37 OECD/SFSO. *DeSeCo Annual Report 1998.* January 15, 1999, 1.

38 OECD/SFSO. *DeSeCo Annual Report 1999.* May 31, 2000, 1.

39 D.S.Rychen and L.H.Salganik (eds.) *Key Competencies for a Successful Life and a Well-Functioning Society.* Hogrefe & Huber, Göttingen, Germany. 2003, 5. ライチェ

ン、サルガニク『キー・コンピテンシー─国際標準の学力をめざして』明石書店、2006年

40 OECD/SFSO. *DeSeCo Annual Report 1998*. January 15, 1999, 1.

41 Laura Hersh Salganik, Dominique Simone Rychen, Urs Moser and John W. Konstant. *Project on competencies in the OECD context: Analysis of theoretical and conceptual foundations*. Neuchâtel, Switzerland: Swiss Federal Statistical Office. 1999.

42 OECD/SFSO. *DeSeCo Annual Report 1999*. May 31, 2000, 1.

43 OECD/SFSO. *DeSeCo Annual Report 1998*. January 15, 1999, 1. この報告書は、1999年12月1日にニューシャテルで発行された小冊子 *Projects on Competencies in the OECD Context: Analysis of Theoretical and Conceptual Foundations.* のことである。

44 Dominique Simone Rychen. Introduction. In Dominique Simone Rychen and Laura Hersh Salganik (eds) *Defining and Selecting Key Competencies*. Göttingen: Hogrefe & Huber Publishers, 2001, 3.

45 Dominique Simon Rychen and Laura Hersh Salganik A Holistic Model of Competence. In Dominique Simon Rychen and Laura Hersh Salganik (eds) *Key Competencies for a Successful Life and a Well-Functioning Society*. Göttingen: Hogrefe & Huber, 2003, 51. ドミニク・S・ライチェン、ローラ・H・サルガニク「コンピテンスのホリスティックモデル」ドミニク・S・ライチェン、ローラ・H・サルガニク編著、立田慶裕監訳『キー・コンピテンシー─国際標準の学力をめざして』明石書店、2006年、73ページ。

46 D.S.Rychen and L.H.Salganik (eds.) *Key Competencies for a Successful Life and a Well-Functioning Society*. Hogrefe & Huber, Göttingen, Germany, 2003, 6-8. 同書8ページではcountry consultation process (CCP) となっているが、13ページではcountry contribution process(CCP) となっている。

47 Franz E. Weinert. *Concepts of Competence,* DeSeCo Expert Report, April 1999. Neuchâtel: Swiss Federal Statistical Office, 1999.

48 OECD/SFSO. *DeSeCo Annual Report 1998*. January 15, 1999, 3.

49 D.S.Rychen and L.H.Salganik (eds) *Defining and Selecting Key Competencies*. Göttingen: Hogrefe & Huber, 2001.

50 Sietske Waslander. *Koopmanschap en burgerschap: Marktwerking in het onderwijs*. Groningen: Rijksuniversiteit, 1999, 225.

51 Dominique Simone Rychen. Introduction. In *Defining and Selecting Key Competencies. Op. cit.,* 12.

52 Franz E. Weinert. Concept of Competence: A Conceptual Clarification. Dominique Simone Rychen. Introduction. In *Defining and Selecting Key Competencies. Op. cit.,* 52.

53 *Ibid*, 55.

54 *Ibid*, 48.

55 Helen Haste. Ambiguity, Autonomy, and Agency: Psychological Challenges to New Competenc. Dominique Simone Rychen. Introduction. In *Defining and Selecting Key Competencies. Op. cit.,* 118. この発言については、事前に報告されていた。Helen Haste. *Competencies: Psychological Realities, A Psychological Perspective,* DeSeCo Expert Report. Neuchâtel: Swiss Federal Statistical Office, 1999.

56 Philippe Perrenoud. The Key to Social Fields: Competencies of an Autonomous Actor: Or How to Avoid Being Abused, Alienated, Dominated or Exploited When One Is Neither Rich Nor Powerful. Dominique Simone Rychen. Introduction. In *Defining and Selecting Key Competencies. Op. cit.,* 132. この発言については、事前に報告されていた。Philippe Perrenoud. *The Key to Social Fields: Essay on the Competencies of an Autonomous Actor, A Sociological Perspective*, DeSeCo Expert Report. Neuchâtel: Swiss Federal Statistical Office, 1999.

57 Bob Haris. Are All Key Competencies Measurable? An Education Perspective. Dominique Simone Rychen. Introduction. In *Defining and Selecting Key Competencies. Op. cit.,* 223

58 Uri Peter Trier. Defining Educational Goals: A Window on the Future. Dominique Simone Rychen. Introduction. In Dominique Simon Rychen, Laura Hersh Salganik (eds) *Defining and Selecting Key Competencies.* Göttingen: Hogrefe & Huber, 2001, 244-245.

59 Eugene Owen, Maria Stephens, Jay Moskowitz and Guillermo Gil. From "Horse Race" to Educational Improvement: The Future of International Education Assessment. In OECD/INES. *The INES Compendium: Contributions from the INES Networks and Working Groups.* Monbusho, Japan, 2000, 9.

60 *Ibid*, 9.

61 *Ibid*, 13.

62 Dominique Simone Rychen and Laura Hersh Salganik. Definition and Selection of Key Competencies: A Contribution of the OECD Program *Definition and Selection of Competencies: Theoretical and Conceptual Foundations*. In OECD/INES. *The INES Compendium: Contributions from the INES Networks and Working Groups.* Monbusho, Japan, 2000, 63.

63 *Ibid*, 69-70.

64 *Ibid*, 71.

65 国立教育政策研究所編『日本の教育が見える』前掲、10ページ。

66 OECD. *Investing in Competencies: Meeting of OECD Education Ministers: Issues for Discussion.* No. 81261. Paris: OECD, 2001.

67 OECD. *Investing in Competencies: Meeting of OECD Education Ministers: Issues for Discussion.* No. 81261. Paris: OECD, 2001, 5-7.

68 OECD/CERI(Centre for Educational Research and Innovation). *Education Policy*

Analysis 2001: Education and Skills. Paris: OECD, 23 Mar 2001, 8. OECD著、御園生純、稲川秀嗣監訳『世界の教育改革―OECD教育政策分析』明石書店、2002年、5ページ。

69 *Ibid,* 74. 同、92ページ。

70 *Ibid,* 99. 同、119ページ。

71 *Ibid,* 100. 同、120ページ。

72 *Ibid,* 100. 同、120ページ。

73 *Ibid,* 104. 同、126ページ。

74 *Ibid,* 109. 同、131ページ。

75 *Ibid,* 112. 同、135ページ。

76 OECD. *Meeting of the OECD Education Ministers: Investing in Competencies for All: Communiqué.* Paris, 4 April 2001, PAC/COM/NEWS(2001)32, 2-3.

77 OECD/SFSO/DeSeCo. *DeSeCo Country Contribution Process (CCP): Background Note.* [CCP Bac1.doc]. BFS-OFS-UST/OECD, 2000, 7.

78 提出国は、オーストリア、ベルギー(フラマン語圏)、デンマーク、フィンランド、フランス、ドイツ、オランダ、ニュージーランド、ノルウェー、スウェーデン、スイス、アメリカ合衆国である。これらは、DeSeCoのホームページのCountry Consultation Processから閲覧できる。

79 Dominique Simon Rychen, Laura Hersh Salganik and Mary Elizabeth McLaugh. *Contributions to the Second DeSeCo Symposium.* Neuchâtel: Swiss Federal Statistical Office, 2003, 5.

80 OECD/SFSO/DeSeCo. *DeSeCo Country Contribution Process (CCP): Background Note.* [CCP Bac1.doc]. BFS-OFS-UST/OECD, 2000, 21.

81 Uri Peter Trier. *12 Countries Contributing to DeSeCo: A Summary Report.* SFSO/DeSeCo, October 2001. およびUri Peter Trier. Twelve Countries Contributiong to DeSeCo: A Summary Report. In Dominique Simon Rychen, Laura Hersh Salganik and Mary Elizabeth McLaugh. *Contributions to the Second DeSeCo Symposium.* Neuchâtel: Swiss Federal Statistical Office, 2003, 33.

82 Dominique Simon Rychen et al. *Contributions to the Second DeSeCo Symposium. Op. cit.,* 45.

83 *Ibid,* 38.

84 Albert Tuijnman. Key Competencies and their Relevance Beyond the OECD: An Overview of the Panel Discussion. In Dominique Simon Rychen, Laura Hersh Salganik and Mary Elizabeth McLaugh. *Contributions to the Second DeSeCo Symposium.* Neuchâtel: Swiss Federal Statistical Office, 2003, 68.

85 Sondra Stein. What Family Life Demands: A Purposeful View of Competent Performance. In Dominique Simon Rychen, Laura Hersh Salganik and Mary Elizabeth McLaugh. *Contributions to the Second DeSeCo Symposium.* Neuchâtel: Swiss Federal Statistical Office, 2003, 104

注 595

86 Dominique Simon Rychen. A Frame of Reference for Defining and Selecting Key Competencies in an International Context. In *Contributions to the Second DeSeCo Symposium. Op. cit.,* 112-114.

87 Laura Hersh Salganik and Mary Elizabeth McLaugh. Competence Priorities in Policy and Practice. In Dominique Simone Rychen and Laura Hersh Salganik (eds.) *Key Competencies for a Successful Life and a Well-Functioning Society. Op. cit.,* ローラ・H・サルガニク、マリア・スチーブン「政策と実践にみるコンピテンスの優先順位」『キー・コンピテンシー』明石書店、2006年、42ページ。

88 Dominique Simon Rychen. Key Competencies: Meeting Important Challenges in Life. In *Key Competencies for a Successful Life and a Well-Functioning Society. Op. cit.,* 85.『キー・コンピテンシー』前掲、125ページ。

89 *Ibid*, 87. 同、106ページ。

90 *Ibid*, 92. 同、111-112ページ。

91 *Ibid*, 98. 同、117ページ。

92 *Ibid*, 105. 同、123ページ。

93 Heinz Gilomen. Concluding Remarks. In *Key Competencies for a Successful and a Well-Functioning Society. Op. cit.,* 184. ハインツ・ジロメン「終章」『キー・コンピテンシー』同、196ページ。

94 OECD. *Definition and Selection of Competencies (DeSeCo): Theoretical Foundations: Strategy paper.* 2002. 世界銀行の立場は、*Expanding Opportunities and Building Competencies for Young People: A New Agenda for Secondary Education.* World Bank, 2005. ユネスコの立場は、D.S.Rychen, A.Tiana. *Developing Key Competencies in Education: Some Lessons from International and National Experience.* UNESCO; IBE, 2004.

95 Dominique Simon Rychen and Laura Hersh Salganik (eds) *Key Competencies for a Successful Life and a Well-Functioning Society. Op. cit.*

96 T. Scott Murray. Reflections on International Competence Assessments. In *Key Competencies for a Successful and a Well-Functioning Society. Op.cit.,* 137. T. スコット・マレー「国際コンピテンス評価を振り返って」『キー・コンピテンシー』前掲、153ページ。

97 *Ibid*, 142. 同、157ページ。

98 Jean Lave and Etienne Wenger. *Situated Learning: Legitimate Peripheral Participation.* Cambridge University Press, 1991. ジーン・レイヴ、エティエンヌ・ウェンガー著、佐伯胖訳『状況に埋め込まれた学習―正統的周辺参加』産業図書、1993年。

99 Dominique Simon Rychen and Laura Hersh Salganik. A Holistic Model of Competence. In *Key Competencies for a Successful and a Well-Functioning Society. Op. cit.,* 58. ドミニク・S・ライチェン、ローラ・H・サルガニク「コンピテンスのホリスティックモデル」『キー・コンピテンシー』前掲、79ページ。

100 Andreas Schleicher. Developing a Long-Term Strategy for International Assessment.

In *Key Competencies for a Successful and a Well-Functioning Society. Op. cit.,* 164. ア
ンドレア・シュライヒャー「国際学力評価のための長期戦略の開発」『キー・コ
ンピテンシー』明石書店、2006年、178ページ。

101 *Ibid*, 161. 同、176ページ。

102 *Ibid*, 165. 同、179ページ。

103 *Ibid*, 167. 同、181ページ。

104 *Ibid*, 178. 同、191ページ。

105 *Ibid*, 179. 同、191ページ。

106 レポート提出国は、ベルギー (フランス語圏、ドイツ語圏、フラマン語圏)、
デンマーク、ドイツ、ギリシャ、スペイン、フランス、アイスランド、イタリア、
ルクセンブルク、オランダ、オーストリア、ポルトガル、フィンランド、スウェー
デン、英国(イングランド・ウェールズ・北アイルランド、スコットランド)
である。「ヨーロッパ教育情報ネットワーク・ヨーロッパ・ユニット」は、EU
以外にも、当時の加盟国であるエストニアにレポートを求めたが、このレポー
トはインターネットで公開されただけだったので、正式な報告書とは見なされ
なかった。

107 Directorate-General for Education and Culture of European Commission. Key
Competencies. Eurydice European Unit, October 2002. である。報告書の原稿は
2002年の10月に完成しており、出版が2003年2月となっている。同時にイ
ンターネットでも公開された。また、記者会見用の報告書要約も用意された
(Eurydice. *Press release: Key competencies: A developing concept in general compulsory
education.*)。

108 *Ibid*, 11.

109 *Ibid*, 19.

110 *Ibid*, 20.

111 *Ibid*, 64.

112 *Ibid*, 136-137.

113 *Ibid*, 139.

114 Scottish Qualification Authority. *Catalogue Core Skills in National Qualification
2001/2002*, August 2001.

115 *Detailed work programme on the follow-up of the objectives of Education and training
systems in Europe.* (2002/C 142/01)

116 *Report from the Education Council to the European Council: The concrete future
objectives of educational and training systems.*

117 *"Education & Training 2010" The success of the Lisbon Strategy hinges on urgents
Reforms: Draft joint interim report on the implementation of the detailed work
programme on the follow-up of the objectives of education and training systems in
Europe.* (SEC(2003)1250) Brussels, 11.11.2003. COM(2003)685 final. お よ
び *"Education & Training 2010" The Success of the Lisbon Strategy hinges on urgent*

Reforms: Joint interim report of the Council and the Commission on the implementation of the detailed work programme on the follow-up of the objectives of education and training systems inEurope. Brussels: Council of the European Union, 3 March 2004, 6905/04, EDUC43.

118 PISA. *Learners for Life: Student Approachs to Learning. Results from PISA 2000,* OECD, 2003, pp.13-14.

119 PISA. *Learning for Tomorrow's World: First Results from PISA 2003,* OECD, 2004, 335.

120 Dominique Simone Rychen. An Overarching Frame of Reference for Key Competencies: Is the OECD Perspective Relevant for the South? *Working Group for International Co-operation in Skills Development,* 28-29 April 03, Bonn, 4.

121 Dominique Simone Rychen. An Overarching Conceptual Framework for Assessing Key Competences in an International Context: Lessons from an Interdisciplinary and Policy-Oriented Approach. In Pascaline Descy and Manfred Tessaring (eds) *The Foundations of Evaluation and Impact Research: Third Report on Vocational Training Research in Europe: Background Report.* Luxembourg: Office for Official Publications of the European Communities, 2004, 322-323.

122 PISA/OECD. *The Definition and Selection of Key Competencies: Executive Summary.* DeSeCo, 2005, 3.「コンピテンスの定義と選択[概要]」、『キー・コンピテンシー』前掲、200ページ。

123 *Ibid*, 5. 同、202ページ。

124 Working Group B. *Implementation of "Education and Training 2010" Work Programme: Key Competences: Key Competences for Lifelong Learning; A European Reference Framework*, November 2004.

125 European Commission. *Key competences for lifelong learning in Europe: Frequently asked questions.* MEMO/05/416, 10/11/2005.

126 *Presidency Conclusions: Brussels European Council 14/15 December 2006,* 16879/1/06 Rev 1, 13.

127 Recommendation of the European Parliament and of the Council of 18 December 2006 on key competences for lifelong learning. 2006/962/EC. *Official Journal of the European Union, 30.12.2006, L394/10.*

128 Andreas Schleicher. Can Competencies Assessed by PISA be Considered the Fundamental School Knowledge 15-Year-Olds Should Possess? *Journal of Educational Change,* Volume 8, Number 4, December 2007, 349.

129 Ibid, 352.

130 Ibid, 351.

131 Tamara Knighton and Patrick Bussière. *Educational outcomes at age 19 associated with reading ability at age 15.* Ottawa: Statistics Canada, 2006. および Patrick Bussière, Roland Hébert and Tamara Knighton. *Educational outcomes at age 21* *associated with reading ability at age 15.*

132 Lisa Shipley and Thomasz Gluzynski. *Life-path Outcomes at Age 25 Associated with Reading Ability at Age 15.*

133 Andreas Schleicher. International Benchmarking as a Lever for Policy Reform. In Andy Hargreaves and Michael Fullan (eds) *Change Wars.* Bloomington: Solution Tree, 2009, 113.

134 OECD, *OECD Education Working Papers No.41: 21st Century Skills and Competences for New Millenium Learners in OECD Countries*, OECD, 2009, 8.

135 *Ibid*, 14.

136 *Ibid*, 16.

137 OECD, *Reviews of National Policies for Education: Kyrgyz Republic 2010: Lessons from PISA.* OECD, 2010, 188.

138 OECD/PISA. *PISA 2009 Result: What Students Know and Can Do - Student Performance in Reading, Mathematics and Science.* Vol.1. Paris: OECD, 2010.

139 Philip Wing Keung Chan and Terri Seddon. Governing Education in China: PISA, Comparison and Educational Regions. In Tara Fenwick, Eric Mangez and Jenny Ozga (eds). *World Yearbook of Education 2014: Governing Knowledge; Comparison, Knowledge-Based Technologies and Expertise in the Regulation of Education.* Abingdom, UK: Routledge, 2014, 208-209.

140 Diane Ravitch. Another Look at PISA. *Educational Week*, January 4, 2011. 国民教育研究所『日本の教育に対するPISA型読解力の影響と今後』2011年、66ページ。

141 ホームページ「PISA: examples of computer-based items」から問題解決 (problem solving) を選択する。ページのうち、「Japan Japanese」の欄にある「CP002 Robot Cleaner」を選択する。

142 CBT-IRTについては、福田誠治著『国際バカロレアとこれからの大学入試改革』(亜紀書房、2015年) 第1章を参照のこと。

143 白井俊「OECDにおけるキー・コンピテンシーに関する議論と我が国の高等教育への示唆」『IDE現代の高等教育』2017年1月号、63ページ。

144 Department for Education. *The Framework for the National Curriculum: A Report by the Expert Panel for the National Curriculum Review.* December 2011, 6.

145 *Ibid*, 13.

146 OECD/PISA. *PISA 2015 Results: Excellence and Equity in Education. Volume I.* Paris: OECD, 2016, 52. 国立教育政策研究所編『生きるための知識と技能―OECD生徒の学習到達度調査 (PISA)2015年調査国際結果報告書』明石書店、2016年、52〜54ページ。

147 OECD/PISA. *PISA 2003 Student Questionnaire.* 2003, 16.

148 国立教育政策研究所編『生きるための知識と技能②』ぎょうせい、2004年、369ページ。

149 UNICEF Innocenti Research Centre. *Report 7: Child well-being in rich countries:*

A comprehensive assessment of the lives and well-being of children and adolescents in the economically advanced nations. Florence: UNICEF Innocenti Reserach Centre, 2007, 38-39. ユニセフ著、国立教育政策研究所・国際研究・協力部訳『先進国における子どもの幸せ―生活と福祉の総合的評価』国立教育政策研究所、2010年、68ページ。

150 ユニセフ著、国立教育政策研究所・国際研究・協力部訳『先進国における子どもの幸せ―生活と福祉の総合的評価』国立教育政策研究所、2010年、78ページ。

151 Walo Hutmacher. *General Report*: Council for Cultural Co-Operation(CDCC); Secondary Education for Europe. Symposium on "Kye Competencies in Europe", Berne, Switzerland, 27-30 March 1996, [DECS/SE/Sec(96)43], 3.

152 *Ibid*, 5.

153 Florian Coulmas. European Integration and the Idea of the National Language: Ideological Roots and Economic Consequences. In Florian Coulmas (ed) *A Language Policy for the European Community: Prospects and quandaries.* Berlin: Mouton de Gruyter, 1991, 9.

154 *Bulletin of the European Communities.* No.6, 1984. Brussels: Commission of the European Communities, Secretariat-General, 45.

155 Commission of the European Communities. *Teaching and Learning: Toward the Learning Society.* COM895)590, Brussell, 1995.

156 J. A. van Ek with L. G. Alexander. *Systems Development in Adult Language Learning: The Threshold Leve in a European unit/credit system for modern language learning by adults.* Director of Education and of Cultural and Scientific Affairs, Council of Europe: Strasbourg, 1975, i. 米山朝二、松沢伸二訳『新しい英語教育への指針―中級学習者レベル＜指導要領＞』大修館書店、1998年、viページ

157 J. A. van Ek. *Systems Development in Adult Language Learning: The Threshold Level in a European unit/credit system for modern language learning by adults.* Director of Education and of Cultural and Scientific Affairs, Council of Europe: Strasbourg, 1975, 2 ii. 米山朝二、松沢伸二訳『新しい英語教育への指針―中級学習者レベル＜指導要領＞』大修館書店、1998年、viiiページ

158 Jan Ate Van Ek. *Threshold Level for Modern Language Learning in Schools.* Longman Group United Kingdom, 1978.

159 J. A. Van Ek and L. G. Alexander. *Threshold Level English: Council of Europe Modern Languages Project.* Pergamon Press, 1980, viii.

160 Council for Cultural Co-operation, Education Committee, Modern Language Division, Strasbourg. *Common European Framework of Reference for Languages: Learning, Teaching, Assessment.* Cambridge University Press, 2001, 168. 文化協力審議会著、吉島茂、大橋里枝編・訳『外国語の学習、教授、評価のためのヨーロッパ共通参照枠』朝日出版、2004年、182ページ。

161 Jean-Claude Beacco and Michael Byram. *Guide for the Development of Language*

Education Politics in Europe: From Linguistic Diversity to Plurilingual Education. Main Version, Draft 1 (rev) Language Policy Division, Council of Europe: Strasbourg, 2003, 8. *De La Diversite Linguistique a l'Education Plurilingue: Guide Pour l'Elaboration des Politiques Linguistiques Educatives en Europe.* Versions Intétrale. Division des Politiques Linguistiques, Conseil de l'Europe: Strasbourg, 2007, 10. 欧州評議会言語政策局著、山本冴里訳『言語の多様性から複言語教育へ―ヨーロッパ言語教育政策策定ガイド』くろしお出版、2016年、3-4ページ。

162 *Ibid*, 18. 同、19ページ。

163 Michael Byram. *From Foreign Language Education to Education for Intercultural Citizenship.* Clevedon, UK: Multilingual Matters, 2008, 17. マイケル・バイラム著、細川英雄監修、山田悦子、古村由美子訳『相互文化的能力を育む教育―グローバル時代の市民性形成をめざして』大修館書店、2015年、21ページ。

終章

1 Antoine de Saint-Exupéry. *Le Petit Prince.* Stuttgart: Ernst Klett Sprachen GmbH, 2015, 73. サン＝テグジュペリ著、谷川かおる訳『星の王子さま』ポプラ社、2006年、117ページ。

2 上橋菜穂子『精霊の守り人』新潮社、1997年、220ページ。

3 Antoine de Saint-Exupéry. Le Petit Prince. Op. cit., 12-14.『星の王子さま』前掲、16～19ページ。

4 Michael Polanyi. *The Tacit Dimension.* University of Chicago Press, 1966, 3. マイケル・ポランニー著、高橋勇夫訳『暗黙知の次元』筑摩書房、2003年、17ページ。

5 *Ibid*, 4. 同、18ページ。

6 *Ibid*, 8. 同、24ページ。

7 *Ibid*, 4. 同、18ページ。

8 *Ibid*, 24. 同、51ページ。

9 *Ibid*, 17. 同、39ページ。

10 *Ibid*, 16. 同、38ページ。

11 *Ibid*, 15. 同、35ページ。

12 *Ibid*, 16. 同、38ページ。

13 *Ibid*, 24. 同、51ページ。

14 *Ibid*, 7. 同、23ページ。

15 *Ibid*, 10. 同、27ページ。

16 *Ibid*, 11. 同、30ページ。

17 *Ibid*, 13. 同、33ページ。

18 *Ibid*, 18. 同、40ページ。

19 *Ibid*, 18. 同、41ページ。

20 *Ibid*, 17. 同、39ページ。

21 *Ibid*, 18. 同、41ページ。

注　601

22 *Ibid*, 19. 同、43ページ。

23 *Ibid*, 20. 同、43ページ。

24 *Ibid*, 19. 同、43ページ。

25 *Ibid*, 20. 同、44ページ。

26 Clara Morgan. *The OECD Programme for International Student Assessment: Unraveling a Knowledge Network.* Saarbrücken: VDM Verlag Dr. Müller, 2009, 117.

27 *Ibid*, 118.

28 Torsten Husén and Albert Tuijnman. Monitoring Standards in Education: Why and How it Came About. In Albert C. Tuijnman and T. Neville Postlethwaite (ed) *Monitoring The Standards of Education: Papers in Honor of John P. Keeves.* Oxford: Pergamon, 1994, 15.

29 Caroline V. Gipps. *Beyond Testing: Toward a Theory of Educational Assessment.* London: Falmer Press, 1994, 1. キャロライン・V・ギップス著、鈴木秀幸訳『新しい評価を求めて』論創社、2001年、1ページ。

30 *Ibid*, 3. 同3ページ。

31 *Ibid*, 4. 同5ページ。

32 *Ibid*, 4. 同5～6ページ。

33 *Ibid*, 4. 同6ページ。

34 Yrjö Engeström. *Training for Change: New Approach to Instruction and Learning in Working Life.* Geneva: ILO, 1994. 松下佳代、三輪建二監訳『変革を生む研修のデザイン―仕事を教える人への活動理論』鳳書房、2010年。

35 Pasi Sahlberg. *Finnish Lessons: What Can the World Learn from Educational Change in Finland? 2nd edition.* New York: Teachers College, Columbia University. 2015, 142-144.

36 フィンランド大使館「フィンランドの学校がこう変わる！Q&A１０選」2016年8月31日。

37 Pasi Sahlberg. Manifestations of global educational reform movement. In Suvi Jokila, Johanna Kallo and Risto Rinne (eds) *Comparing Times and Spaces: Historical, Theoretical and Methodological Approaches to Comparative Education.* Finnish Institute for Educational Research, University of Jyväskylä, Finland, 2015, 88.

38 福沢諭吉『学問のすゝめ』岩波書店、1978年、12ページ。

39 W.Norton Grubb and Marvin Lazerson. The Globalization of Rhetoric and Practice: The Education Gospel and Vocationalism. In Hugh Lauder, Phillip Brown, Jo-Anne Dillabough and A. H. Halsey (eds). *Education, Globalization & Social Change.* Oxford University Press, 2006, 295. W.ノートン・グラブ、マーヴィン・ラザーソン「レトリックと実践のグローバル化―『教育の福音』と職業主義教育」、ヒュー・ローダー、フィリップ・ブラウン、ジョアンヌ・ディラボー、A. H. ハルゼー編、広田照幸、吉田文、本田由紀編訳『グローバル化・社会変動と教育１―市場と労働の教育社会学』東京大学出版会、2012年、130ページ。

40 Jim Hordern. Bernstein's Sociology of Knowledge and Education(al) Studies. In Geoff Whitty and John Furlong (eds) *Knowledge and the Study of Education: An International Exploration*. Oxford: Symposium Books, 2017, 206.

人名索引　605

283

［は］

ハイエク Friedrich August von Hayek　127,
293
ハイドン Franz Joseph Haydn　55-56
ハイネマン Steve Heyneman　314, 325
ハイムズ Dell Hathaway Hymes　251, 431
ハトマッシャー Walo Hutmacher　498
ハヌシェク Erik Hanushek　358
ハリス Bob Harris　429, 432
ハース Peter M. Haas　11
パパドプロス George Papadopoulos　195,
313, 347
パットナム Hilary Whitehall Putnam　9
パットナム Robert D. Putnam　12, 293
パルメ Olof A. Palme　95
パーキンス James A. Perkins　79
バウメルト Jürgen Baumert　428
バーク Peter Burk　34-35
バークレイ Elizabeth F. Barkley　161-162
バートンジョーンズ Alan Burton-Jones　9,
14, 287
バーンステイン Basil Bernstein　12, **248-
254**, 257-259, 261-262, 536
ヒューズ Owen Hughes　186
ピアジェ Jean Piaget　116, 233
ファルージア Jean-Patric Farrugia　429
フィリップス Gary Phillips　325, 345, 366
フィールド John Field　110, 181-182, 185-
186, 234
フェザーマン David L. Featherman　427
フォール Edgar Faure　81, 91, 102-108,
110, 190, 534
フォーレイ Dominique Foray　282-283,
287-288, 290
フセーン Torsten Husén　89-90, 94, 265,
307, 315
フリー Ross Free　416
フリードマン Milton Friedman　127

フリードマン Thomas Friedman　216
フレイレ Paulo Freire　93
フレイザー Nancy Fraser　48
フレーベル Friedrich Wilhelm August Fröbel
6
フーコー Michel Foucault　58-59
フール Cyril O. Houle　118
プサチャロポウロス George Psacharopoulos
429
プランク Friedrich Plank　376, 381-382
プラトン Plátōn　34
プリンス Michael Prince 147-148, 160-161
ブッシュ George Herbert Walker Bush 親
大統領在職期間は 1989-1992 年　301,
321-322, 328-329, 412, 520
ブッシュ George Walker Bush 子　大統領
在職期間は 2001-2008 年　263, 301,
323, 404, 412, 520
ブディオノ M. Boediono　429
ブハーリン Никопай Иванович Бухарин;
Nikolai Ivanovich Bukharin　510, 518
ブルデュー Pierre Bourdieu　498
ブルーナー Jerome Bruner　116, 233-235
ブロック Paul Brock　417
ヘアバト Anna Herbert　27-28
ヘイスト Helen Haste　429, 431
ヘイノネン Olli-Pekka Heinonen　409-410
ヘンリー Miriam Henry　13
ペシャー Jules L. Peschar　375-378
ペターソン Sten Petterson　347
ペレノー Philippe Perrenoud　428-429, 432
ベネット William J. Bennett　152
ベライター Carl Bereiter　5, 8-9, 220
ホッジキンソン Douglas Hodgkinson　370
ホーダー Bertel Geismar Haarder　314
ホリングスワース J.Rogers Hollingsworth
214
ホワイトヘッド Alfred North Whitehead
117
ポッスルウェイト Neville Postlethwaite
302, 306, 392

ポラニー Michael Polanyi 272, 282, 510-515, 517-519
ボイヤー Ernest L. Boyer 152
ボウルズ Samuel Bowles 24
ボタニ Norberto Bottani 342-344, 351, 355, 375, 377, 405
ボダンディ Armin von Bogdandy 13
ボネ Gérard Bonnet 399
ボハナン Paul Bohannan 55
ボーデン John Bowden 499

［ま］

マウー René Maheu 79
マクゴー Barry McGaw 350, 392
マクニーリー Ian F. McNeely 51-52, 63
マダウス George Madaus 325-326
マッハルプ Fritz Machlup 39-46, 293
マハティール Mahathir bin Mohamad 178
マーチン John Martin 350
マートン Ference Marton 499
マーネン Richard J. Murnane 428-429
マヨール Federico Mayor Zaragoza 189
ミシュラ Ramesh Mishra 140-141
ミラー Jon D. Miller 296, 298-299
ミラー Louise Brightwell Miller 226
ムリス Ina V.S. Mullis 370, 372
ムンディ Karen Mundy 94
メジャー Claire Howell Major 161-162
メロー Gene Maeroff 325, 411
モスコーヴィッツ Jay Moskowitz 433
モザー Claus Moser 358
モレル Nathalie Morel 528
モルガン Clara Morgan 11, 13, 393
モンテッソーリ Maria Montessori 6

［や］

ヤーキーズ Robert M. Yerkes 69

［ら］

ライシュ Robert Bernard Reich 259, 330-331
ライチェン Dominique Simone Rychen **426-427**, 430-431, 434-435, 442, 448, 452-453, 455-456, **467-471**, 480
ラザーソン Marvin Lazerson 214, 218, 232, 242, 536
ラブレー François Rabelais 54
ラングラン Paul Lengrand 87-89, 91, 533
ランゲ Jan de Lange 399
ランドヴァル Bengt-Åke Lundvall 281-283, 285, 287, 290
リオタール Jean-François Lyotard 46-50
リズヴィ Fazal Rizvi 13-14, 23
リッジウェイ Cecilia Ridgeway 429
リッチー Laurell Richie 429
リースマン David Riesman 51, 241
リップス Theodor Lipps 511
リーフ J. P. Reeff 392
リンガード Bob Lingard 13, 23, 405
リンデマン Eduard Lindeman 110-113
ルリヤ Плександр Романович Лурия; Aleksandr Romanovich Luriya 233
レヴィン Kurt Zadek Lewin 152
レビイ Frank Levy 428-429
レーン Gösta Rehn 95
ロカン Jan Lokan 399
ロンギ David Lange 135

［わ］

ワイネルト Franz E. Weinert 427, 430-431
ワスランダー Sietske Waslander 376-377, 430

国名索引（本文のみ）

［あ］

英国　18, 33, 35, 55-57, 72-73, 75, 77,
89, 111, 127, 129, 134, 136, 143, 163,
165, 197, 199, 201, 208, 242, 249,
257-258, 263-266, 279, 284, 292, 298,
301, 306, 310-311, 313-314, 316, 318,
321, 326, 345, 347, 350-351, 358, 364,
388, 397, 400, 411-412, 417, 428-429,
439, 441, 489, 492, 496-498, 510, 524,
537

オーストラリア　13, 18, 138, 165, 186,
197, 199, 303, 307, 344, 350, 361,
374, 378, 384, 388, 391-394, 397, 399,
401, 403-404, **411-417**, 419, 439, 455,
477, 486-487, 537

オーストリア　35, 39, 46, 197, 201, 209,
264-265, 293, 311, 319, 341, 344, 361,
374, 376-377, 381-382, 388, 397, 441-
442, 449

オランダ　197, 201, 298, 303-304, 311,
318-320, 344-345, 352, 355, 358, **374-
378**, 388, 391, 397, 399-400, 403-404,
430, 434, 486-487, 498

［か］

韓国　32, 132, 197, 368, 388, 397, **407**,
441-442, 481, 486-487

キルギス共和国　　　Kyrgyz, Republic
現地読みはクルグズだがロシア語表記は
Кыргызキルギス　1990-1993 年は
キルギスタン共和国　**165-168**, 170-173,
175, 482-484

［さ］

スイス　197, 201, 209, 311, 320, 341-
342, 354, 361-362, 366, 373-378, **381-
382**, 388-390, 397, 399, 421-423, 430,
432, 442, 449, 452, 486-487, 498

スウェーデン　10, 27, 38-39, 89-90, **95**,
105, 197, 201, 209, 224, 248, 264-265,
296-297, 303-304, 307, 311, 315, 320,
339, 344-345, 347, 355, 366, 374, 378,
388, 397, 400, 407-408, 498, 533

［た］

中国　132, 187, 216, 383, **484-487**

デンマーク　95, 111-112, 197, 201, 208,
210, 224, 281, 298, 311, 314, 318, 320,
358, 364-365, 374, 378, 388, 397, **459-
460**, 498, 533

ドイツ　13, **31-32**, 56, 62, 91-92, 95, 112,
166, 197, 199, 201, 264-266, 291, 298,
303-304, 307, 311, 316, 318-320, 326,
342, 350, 364, 374-375, 378, 388, 397,
404, 407, 416, 426, 431, 434, 437,
449, 450, 467, 469, 511, 533

［な］

日本　6, 10, 12, 25-27, 29-33, 38, 51, 54,
57, 67, 71-73, 87, 91-92, 96-97, 110,
119, 122-126, **128-133**, 143-145, 147-
148, 152-153, 157, 162, 165, 176, 178,
187, 197, 203, 211, 215, 262, 266-274,
276-278, 291, 298-299, 303, 308-309,
311, 315, 317, 325, 337, 342, 364,

368, 388-391, 397, 401, 403, 406-408,
　　416, 419, 426, 441-442, 466, 470, 481,
　　486-489, 491, 494-498, 500, 506
ニュージーランド　　75, 129, **133-136**,
　　138-141, 143, 163, 165, 199, 257, 301,
　　303-304, 374, 378, 450, 486-487, 493

［は］

フィンランド　　119, 181, 197, 201, 209,
　　264, **291-294**, 303, 316, 319-320, 336,
　　374, 378, 383, 386, 388, 397, 404,
　　407-410, 434, 459, 461, 474, 481,
　　486-488, 493, 509, 527-532, 542-544
フランス　　4, 25, 27, 56, 58, 60, 68, 78,
　　87, 91, 102, 105, 164, 182, 197, 199,
　　201, 217, 265, 298-299, 303, 311, 316,
　　318, 320, 326, **340-341**, 344-345, 355,
　　358, 361, 364, 374-375, 377-378, 381,
　　388, 397, 399, 404, 426, 429, 469,
　　489, 497-498
米国　　11-12, 18, 23-24, 30-39, 43, 46,

51-53, 56, 62-65, 67-72, 75, 77-81, 93,
　　96, 99, 112, 127-134, 143-153, 157,
　　159-160, 163-168, 173-179, 187, 197,
　　199, 201-204, 206-207, 210-211, 213-
　　216, 218, 220, 222-226, 228, 232-233,
　　236-237, 239-242, 244, 257, 265-266,
　　268-271, 274, 279, 298-300, 303-305,
　　307, 309-317, 321-326, 328-330, 332,
　　340-346, 350-351, 355, 358-359, 364,
　　366, 370-371, 373, 375-379, 381, 388,
　　391-392, 397-398, 400, 403-404, 407,
　　412, 421, 428-429, 433, 439, 441, 443,
　　447, 466, 481-482, 486, 488, 496, 498,
　　509, 520-521, 527-528

［や］

ユーゴスラビア Savezna Republika
Jugoslavija　1945 年からユーゴスラビア
連邦人民共和国、1963 年からユーゴス
ラビア社会主義連邦共和国、1991 年に
解体　　88, 95, 105, 533, 535

事項索引（本文のみ）概念整理にお使いください

[0]

2000 年の米国―教育戦略　America 2000: An Educational Strategy　322-323

2000 年の目標―米国教育法　Goals 2000: Educate America Act　323, 332

3 Rs　Reading, Writing, Arithmetic　読書算、スリー・アールズ、基礎的な学力　433

[A]

ability　能力　何かをなす力　29, 37, 41, 191, 231, 237, 291, 371, 395, 426, 432, 438, 440, 443-445, 451, 458, 461

ACER　Australian Council for Educational Research　オーストラリア教育研究所　307, 384, 391-399, 401, 403-404, 419

APEC　Asia-Pacific Economic Cooperation　アジア太平洋経済協力、エイペック　13, 130

assessment　調査、査定　「評価」に重点がある場合もある　11, 142, 149, 160, 169, 197, 239, 262, 322, 372, 382, 385, 390, 396, 411, 413, 417, 424, 433, 456, 477, 488, 499, 504, 525-526

[B]

Boston, College　ボストンカレッジ　325, 391-393

[C]

capability　能力　将来発揮される能力　281, 461

capacity　能力　能力可能性　37-38, 42-43, 108, 122-123, 231, 290, 347, 456, 475, 478, 499

CEFR　Common European Framework of Reference for Languages: Learning, teaching, assessment; CEFR　「外国語の学習、教授、評価のためのヨーロッパ共通参照枠」、セファール　497, 498, 500-501, 503-506, 522, 543

CERI　Centre for Educational Research and Innovation　教育研究革新センター「教育研究イノベーション・センター」とも訳す　13, 16, 95, 195, 197, 235, 257, 260, 294, **308-310**, 312, 314-315, 317, 337, 340-341, 343, 349, 351-354, 357, 359-361, 363, 366, 375-376, 382-383, 387-388, 392, 400-403, 405, 421, 424, 436, 439-441

CITO; Cito　Netherlands National Institute for Educational Measurement　オランダ教育測定国立研究所　391, 403-404

CRLA →大学読解・学習協会

CSCE　Conference on Security and Cooperation in Europe　欧州安全保障協力会議　第 1 回会議（1975）で、「ヘルシンキ宣言」。1995 年に改組されOSCE（欧州安全保障協力機構）に　179

[D]

DEELSA　Directorate for Education, Employment, Labour and Social Affairs　教育・雇用・労働・社会問題局、2002年に教育局（Directorate for Education）

と DELSA（Directorate for Employment, Labour and Social Affairs）に分離した 182-183, 204, 349-350, 359, 362-364, 382, 390-391, 404, 442

DeSeCo Definition and Selection of Competencies 「コンピテンスの定義・選択計画」を指す 188, **382-383**, 385, 391, 419, 421-428, 430-431, 433-434, 436, 442-452, 454-456, 459-460, 467, 469-471, 479, 491

DeSeCo 戦略報告書 DeSeCo's Strategy Paper 449

DeSeCo プログラム主任 Program, Director of the OECD Program DeSeCo 427

[E]

EAEC East Asia Economic Caucus 東アジア経済協議体 130

EAEG East Asia Economic Group 東アジア経済グループ 130

EC →「欧州共同体」または「欧州委員会」

ECTS European Credit Transfer System and Accumulation System 欧州大学単位制度 101, 208, 320

EC 教育計画 Community Educational Plan 318

EC 市民 EC citizens 500

EFA Education for All 万人のための教育 101

EFF Equipped for the Future 将来に備えた 443, 447

EFTA European Free Trade Association 欧州自由貿易連合 201, 311

EHE European Higher Education Area → 欧州高等教育圏

EI Education International 教育インターナショナル 教職員組合の国際組織 336, 429, 432, 481

ENQA European Association for Quality Assurance in Higher Education 欧州高等教育質保証協会、もとは「欧州品質承認ネットワーク」European Network of Quality Assurances 204, 207

EPA Economic Partnership Agreement 経済連携協定 130

equity 公正 目的や結果の不平等を避けるために教育や福祉の条件を変えること、equality「平等」と対 17, 196-197, 218, 309, 313, 383, 421, 437, 530

ERIC European Network of Information Centres 欧州情報センターネットワーク 199, 209

ERIC Education Resources Information Center 教育リソース情報センター144, 152

ETS Educational Testing Service 教育テストサービス 168, 237, 239, 299-301, 304, 312, 325-326, 346, 357, 370, 391, 398, 403, 433,

EU European Union 欧州連合 13, 15, 23, 86, 102, 133, 180, **182-184**, 188, 193, 197, 199-205, 207-209, 214-215, 222, 279, 291, 301, 307, 317, 319-320, 331, 420, 457-458, 460, 463, 498-499, 500, 535, 543

EUROSTAT; Eurostat 欧州統計局 301, 346, 359, 362, 383

EU サミット European Council meeting EU 閣僚会議 203

Eurydice 欧州教育情報ネットワーク 197, 457, 460-463

evaluation 評価 229, 368

[F]

FTA Free Trade Agreement 自由貿易協定 130, 311

FTAA Free Trade Area of the Americas 北米自由貿易地域 134

FREEDOM →ロシア・新興ユーラシア民

事項索引　611

主主義諸国の自由と開放市場　174

[G]

G8　Group of Eight　主要国首脳会議、「主要8か国首脳会議」「サミット」とも呼ぶ、先進7か国首脳会議にロシア連邦を加えたもの　180, 182

GATS　General Agreement on Trade in Services　サービス貿易に関する一般協定　129, 131-132, 134, 180, 185, 195, 198-199, 206, 209, 535

GATT　General Agreement of Tariffs and Trade　関税および貿易に関する一般協定　130-131

GCE →後期中等教育修了資格試験　326

GCSE →中等教育修了資格試験　72, 326

GDP　Gross Domestic Product　国内総生産　169, 173, 212, 309, 356-357, 543

GPA →学業成績平均点　51, 242

[H]

high stakes　ハイ・ステイクス　世間の注目を集める　239, 526

[I]

IB　International Baccalaureate　国際バカロレア　12, 537

ICED　International Council for Educational Development　国際教育発展会議　82

ICT　Information and Communication Technology　情報通信技術　7-8, 17, 34, 107, 192, 195, 197, 281-283, 286, 290-291, 348, 438, 440-441, 463, 475, 481, 531

IEA　The International Association for the Evaluation of Educational Achievement　国際教育到達度評価学会（本部オランダ）　216, 301-303, 306-307, 313, 315, 346, 355, 357-359, 366, 370, 373, 386, 390-392, 425, 430, 433-434

ILO　International Labour Organization　国際労働機関　81, 99-100, 320, 418, 455, 527

IMF　International Monetary Fund　国際通貨基金　127-128, 130, 135, 140, 202

IMHE →高等教育機関管理プログラム

INES →教育制度指標

ISCED　International Standard Classification of Education　国際標準教育分類　131, 333-340, 359, 383-386

[L]

learning by doing →なすことで学ぶ

[M]

merit　業績、能力　18, 121-122

[N]

NAEP　National Assessment of Educational Progress　全米統一学力調査　ネイプ　299, 301, 324, 330, 370

NAFTA　North American Free Trade Agreement　北米自由貿易協定　130

NARIC　National Academic Recognition Information Centres　国別学術承認情報センター　199, 209

[O]

OECD　Organisation for Economic Co-operation and Development　経済協力開発機構　5, **10-16**, 23, 32-33, 39, 91-92, 94-102, 134-135, 140, 149, 172, 179-183, 187-189, 193-198, 200, 202, 204-206, 209-210, 212-214, 216, 219-220,

222, 224-225, 235, 238, 243, 257-258, 260, 264, 266, 278-288, 290-291, 294-298, 300-301, 305-317, 331-334, 336-368, 340-343, 345-355, 357-366, 368, 370, 373, 375-376, 378-379, 381-394, 397, 400-401, 404-405, 407-410, 414, 416, 418-427, 432-434, 436-442, 444, 449, 451, 453, 455, 459-460, 463, 466, 470-472, 479-486, 488-497, 516, 518, 521-522, 528, 533, 535, 537, 543

OECD 閣僚会議　OECD Council of Ministers　358

OECD 教育委員会　OECD Education Committee　310, 354, 383, 387-388, 392, 400, 405, 436

OECD 国際成人力調査 Programme for the International Assessment of Adult Competences: PIAAC　ピアック　488

OECD 生徒の学習到達度調査→ PISA

OEEC　Organization for European Economic Cooperation　欧州経済協力機構　214, 307, 311, 349

OSCE　Organization for Security and Co-operation in Europe　欧州安全保障協力機構　前身は CSCE（欧州安全保障協力会議）で 1995 年に改組された　122

[P]

PBL　problem-based learning（問題解決学習）または project-based learning（プロジェクト学習）　147, 161

PISA　OECD Programme for International Student Assessment　OECD 生徒の学習到達度調査、ピザ　10, 13, 101, 149, 172, 196-197, 202, 212-213, 238, 257, 266, 301, 305, 309, 332, 336, 349, 362, 365, 371-372, 380, 382, **384-385**, 387-391, 394, 396-410, 419, 421, 423, 425, 429-430, 434, 437, 455-457, 463-466, 470-472, 474, 477-491, 493-497,

499, 507, 516, 518, 529, 536-537, 542-543

PISA 運営理事会　PISA Goverrning Board: PGB　401-403

[S]

SAT　Scholastic Aptitude Test（大学適性試験）としてスタート　1990 年に Scholastic Assessment Test（大学能力評価試験）　現在は略語 SAT のまま　エスエーティー、サット　51, 149, 168, 237, 326

SCANS　Secretary's Commission on Achieving Necessary Skills　必須スキル達成長官設置委員会、労働長官設置委員会　328-330

skill　スキル、技能、「知識と技能」と対になる場合は技能と訳す 14, 36, 38, 47, 84, 117, 148-149, 152, 155, 160, 191, 196, **225**, 235, 238, 242, 256, 270, 273, 280-281, 285, 299, 305, 323, 325, 327-328, 330, 332, 366, 369, 378, 380, 382, 395, 411, 421-422, 424-426, 436-441, 444, 446, 451, 453, 461-462, 471, 474, 476, 478, 492, 503, 525

student　英国では大学生、米国では中・高生も含む　日本の制度では小学生は児童、中・高生は生徒、大学生は学生と呼び分ける

[T]

TIMSS　Trends in International Mathematics and Science Study　国際数学・理科教育動向調査、ティムス　172, 298, 302, 304-306, 332, 368, 373, 391-394, 396-397, 425, 434

TUAC Trade Union Advisory Committee to the Organisation for Economic Co-operation and Development　経済協力開

事項索引　613

発機構労働組合諮問委員会　348, 434,
　　　　　　　　　479-481, 488

[U]

UNESCO　United Nations Educational,
　Scientific and Cultural Organization　ユ
　ネスコ、国際連合教育科学文化機関 13,
　76, 78-81, 85, 87-89, 91-94, 98-100,
　102, 104-105, 108, 131, 175, 180, 182,
　188-190, 192, 198-199, 206, 222, 265,
　301-302, 307, 312, 314-315, 320, 333-
　339, 342, 346, 353, 359, 381, 383,
　385-386, 429, 455, 467, 533-534, 543

UNESCO 教育研究所　UNESCO Institute
　for Education: UIE　在ハンブルク、現
　在は UNESCO 生涯学習研究所　87, 92,
　　　　　　　　　　　　265, 301

UNESCO 国際教育計画研究所
　International Institute for Educational
　Planning: IIEP　在パリ　78-79, 81, 307

UNESCO 生涯学習研究所　UNESCO
　Institute for Lifelong Learning: UIL　在ハ
　ンブルク、前身は UNESCO 教育研究所
　　　　　　　　　　　　　　　92

UNESCO 統計研究所　UNESCO Institute
　for Statistics　在モントリオール　　338

UNICEF　United Nations International
　Children's Emergency Fund　国連児童
　基金、ユニセフ、現在の正式名称は
　United Nations Children's Fund　78, 81-
　　　　　　　82, 101, 495, 497

USAID　United States Agency for
　International Development　米国国際開
　発庁　　　　　　　81, 167-168, 174

[V]

VET　→　職業教育

[W]

WBG　World Bank Group　世界銀行グ
　ループ　　　　　　　　　　　176
well being　福利、ウェル・ビーイング495
World Bank　世界銀行　13, 77-78, 81-82,
　99-100, 128, 130, 134-135, 171, 176,
　202, 222, 286-287, 294, 309, 314, 325,
　　　　　　363, 429, 455, 528
WTO　World Trade Organization 世界貿易
　機関　　129-133, 180, 184-185, 195,
　198, 200, 202, 206-207, 209, 301, 335-
　　　　　　　　　336, 535

[あ]

アクティブ・ラーニング　active learning、
　「受け身の学習」と対　10, 16, 25, 143-
　145, 147, 150-152, 155, 157, 163, 213-
　　　　　　214, 277, 287, 538
アジア開発銀行　Asian Development Bank:
　ADB　　　　　　　　　　171, 176
アデレード宣言―21 世紀における学校
　教育に関する国家目標　The Adelaide
　Declaration on National Goals for
　Schooling in the Twenty-First Century417
アドバイザー・グループ→諮問委員会
アフリカ安全衛生プロジェクト　African
　Safety and Health Project　　　　527
アフリカ・バーチャル大学　African
　Virtual University　　　　　　　100
アメリカ化　Americanization　112, 177,
　　　　　　　　　　　202, 301
アメリカ大学中央アジア校　American
　University of Central Asia　　　　167
アメリカン・ユニバーシティ・キルギス校
　American University of Kyrgyzstan　167
アリーナ　arena　競技場、格技場とも訳
　す　　　　　　　　　　185, 194
暗示知　implicit knowledge ↔（対義語で
　あることを示す）明示（explicit）知と対

9

暗示的評価　implied recognition
expressed recognition と対　　269
暗示文化　implicit culture「陰在文化」と
同じ、「明示文化」「顕在文化」とは対
245
暗黙知　tacit knowledge　暗黙知と同義 9,
16, 72, 213, 270, 272-283, 285-289,
291, 431, 480, 511, 513, 515, 517, 519
暗黙認知　tacit knowing　　　510-514

［い］

生き抜く力　survival kit　サバイバル・
キット　　　　　　368, 378, 380
生きるための学習　Learning to be:
Apprendre à être　未来の学習　91, 94,
102, 108, 534
意識　awareness　知識、理解、自覚、知
ることとも訳す　246, 445-446, 461,
475-476, 505
一括補助金　bulk funding　128-139, 141
移動性　mobility　101, 198, 200-201, 205
移転　transfer; transmission　　9, 22, 158,
263, 277, 285, 288, 527
イー・ラーニング　e-learning　　131
インクルージョン　inclusion　「包摂」「統
合」とも訳す　　196, 218, 313
イングランド・ウェールズ国立教育研究財
団　National Foundation for Educational
Research for England and Wales: NFER
307, 391-392
隠在文化　covert culture、「暗示文化」と
同じ、「顕在文化」「明示文化」とは対
245
インフォーマルな学習　informal learning
81, 85-86, 194, 246-247
インフォーマルな教育　informal education
非組織的教育　15, 76, 78, 82-85, 287,
534
インフラストラクチャー　infrastructure

インフラ、基底構造　　22, 54, 77, 194,
210, 214-215, 220, 282, 284, 288, 452,
531

［う］

ウェル・ビーイング　well being　福利 16,
495
ウクライナ標準外部テスト新規計画
Ukrainian Standardized External Testing
Initiative: USETI　　　　175
受け身の学習　passive learning　アクティ
ブ・ラーニングと対　　16, 150
ウッズホール会議　Woods Hole
Conference on science education in
September 1959　　　　233
ウルグアイ・ラウンド　Uruguay Round
130
運営委員会　Steering Group　PISA や
INES などの運営委員会　375, 383, 388,
392, 404, 421, 501
運営理事会　Governing Board　349, 354,
359-361, 383, 387-388, 392, **401-403**,
405

［え］

永続革命　révolution permanente　　87
永続教育　éducation permanente、
permanent education　87, 92, 95, 533
エグゼクティブ・サマリー　Executive
Summary　執行部向け要約、簡素な要約
427, 469
越境的高等教育品質規定ガイドライン
Guidelines for Quality Provision in Cross-
border Higher Education　　206
エビデンス　evidence　証拠　63, 72, 327,
410, 486, 488, 511, 518, 521, 524
エラスムス　European Community Action
Scheme for the Mobility of University
Students: ERASMUS　101, 198, 202,

208, 318

遠隔教育　distance education　100, 131, 204

援助者 helpers; facilitator　115-116

［お］

欧州安全保障協力会議　Conference on Security and Co-operation in Europe: CSCE、1995 年に欧州安全保障協力機構（OSCE）に改組　179

欧州委員会　European Commission: EC、在ブリュッセル、EU の立法と行政をになう　13, 86, 101, 133-134, **181-184**, 188, 193, 197-199, 204-211, 214, 223, 317-319, 457-458, 460, 472-474, 477, 480

欧州委員会教育文化総局→教育文化総局

欧州イノベーション・クリエイティビティ年　European Year of Creativity and Innovation　477

欧州教育情報ネットワーク　Eurydice 457

欧州共通参照枠　Common European Framework　→　CEFR

欧州共同体　European Community: EC European Communities　ECSC（欧州石炭鉄鋼共同体）、EEC（欧州経済共同体）、Euratom（欧州原子力共同体）3 団体の総称　180, 183, 208, 307, 318-319

欧州共同体における高等教育に関する覚書 Memorandum on Higher Education in the European Community　183, 208

欧州議会　European Parliament　在ストラスブール　188, 207, 319, 472, 474, 477

欧州経済共同体　European Economic Community: EEC　101, 208, 307

欧州研究圏　European Research Area: ERA　203, 207

欧州高等教育圏 European Higher Education Area: EHEA　201-203, 207, 339

欧州参照枠　A European Reference Framework　474

欧州司法裁判所　European Court of Justice: ECJ　正式名称は「欧州連合司法裁判所」Court of Justice of the European Union　在ルクセンブルク　101, 179

欧州市民　European citizen　183-184, 200, 205, 321, 458

欧州生涯学習指標　European Lifelong Learning Indicators: ELLI　192

欧州生涯学習年　European Year of Lifelong Learning　15, 180, 187-188, 198, 298, 500, 535

欧州職業教育単位互換制度　European Credit Transfer System for Vocational Education and Training: ECVET　207

欧州職業訓練発展センター　European Centre for the Development of Vocational Training: CEDEFOP; Cedefop　211, 467-468, 480

欧州大学協会　European University Association　134

欧州大学単位制度　European Credit Transfer System and Accumulation System: ECTS、発足当初は European Credit Transfer System　101, 320

欧州地域の高等教育資格承認協定　Convention on the Recongnition of Qualifications concerning Higher Education in the European Region　198

欧州地域の高等教育資格相互承認協定委員会　Committee of the Convention on the Recognition of Qualifications concerning Higher Education in the European Region　199

欧州統計局　Statistical Office of the European Communities: EUROSTAT; Eurostat　「欧州委員会統計局」または「欧州連合統計局」　301, 339

欧州評議会　Council of Europe、在ストラスブール、EU とは異なる 92, 122, 169, 198, 208-209, 320, 419, 497-498, 501,

504

欧州品質承認ネットワーク　European Network of Quality Assurances: ENQA　204, 207

欧州文化条約　European Cultural Convention　202

欧州理事会　European Council、EU の機関　179, 207, 319, 321, 420, 460

欧州連合条約　Treaty on European Union: TEU　「マーストリヒト条約」184, 208-209

大きな物語　grand narrative　46, 48

オーストラリア教育研究所→ ACER

オーストラリア訓練枠組みの質　Australian Quality Training Framework: AQTF　411

オーストラリア言語・リテラシー政策　Australian Language and Literacy Policy: ALLP　414, 416

オーストラリア国立訓練所　Australian National Training Authority　414

オーストラリア産業関係大臣　Minister for Industrial Relations　416

オーストラリア職業教育・訓練成績証明全国標準枠組み　Australia-wide Standards Framework for vocational education and training credentials　413

オーストラリア職業訓練資格証明制度　Australian Vocational Certificate Training System: AVCTS　414

落ちこぼし防止法　No Child Left Behind Act: NCLB　163, 239, 323

［か］

開放的協調　Open Method of Coordination: OMC　203

開発のためのグローバル・トレーニング　Global Training for Development　175

科学　science　8-9, 16, 24, 31, 33, 36, 38-39, 46-47, **53-55**, 59-60, 63-69, 80, 84, 90-91, 102-104, 108-109, 149, 180, 210, 221, 233-234, 236, 243, 249-250, 257, 271, 273, 277, 280-281, 283-285, 291, 293, 296-299, 303-305, 308, 310, 313, 320, 323, 327, 342, 346-349, 359, 364, 367-368, 371, 376, 380-381, 387-388, 391, 393-397, 399-401, 417, 424, 429, 459-460, 462-463, 473, 475, 477-479, 483, 486-487, 493-494, 507-508, 510-511, 515-518, 529-530

科学・技術・イノベーション局　Directorate for Science, Technology and Innovation: DSTI　281

科学・技術政策委員会　Committee for Science and Technological Policy: CSTP　308

科学技術革命　scientific-technological revolution　108-109

科学・技術・産業局　Directorate for Science, Technology and Industry　348, 364

科学問題局　Directorate for Scientific Affairs　313, 347, 349

科学的管理　scientific management、「科学的管理法」とも訳される　24, 38, 65-67, 277

架橋コンピテンス　overarching competencies　449

確認テスト機構　Accounting Test Administration　175

可視化　transparency　透明性、通用性、外部への情報公開を意味する　28, 63, 72, 185, 213, 276, 457, 508, 517, 520

活動主体　actor　11, 13, 61, 159, 205, 213, 301, 309, 482, 504, 521, 543

カナダ統計局　Statistics Canada　連邦政府所属機関　300, 305, 391

科目　discipline　一般に教科（subject）を構成する個々の領域、複数形 diciplines は大学における学問領域・学科・学部を

表す 29, 31, 51, 59, 61, 105, 142-143, 153, 158, 161, 293, 303-304, 326, 384, 492, 509

管理運動 management movement 65

管理科学促進協会 Society to Promote the Science of Management 65

カーネギー財団 Carnegie Corporation 62, 234, 299

外化 externalization; externalisation、内化と対 272, 275-276, 279, 289

学業成績 performance 実績 実行力 パフォーマンス 51, 120, 147, 190-191, 226-227, **240-242**, 252-253, 255-256, 315, 323, 326, 328, 362, 367, 433, 441, 523

学業成績平均点 Grade Point Average: GPA 51, 242

学修 study 6-8, 30-31, 51, 82, 102, 105, 109, 114-115, 198-199, 208, 212, 427, 506

学習 learning **4-9**, 13-17, 22, 25-28, 30-31, 38-41, 49, 52-55, 58-59, 69, 72, 74, 76-77, 81-83, 85-89, 91-110, 113-117, 120-122, 126, 138, 142-148, 150-163, 169-170, 179-184, 187-189, 192-199, 201, 203, 205, 208-213, 218, 226, 229-234, 237, 239, 244-247, 249-250, 252-253, 255-262, 279-281, 284-287, 289-290, 292-293, 296, 298, 304-305, 307, 309, 313-315, 321-323, 325, 328-329, 331, 333, 338, 344-347, 349, 353, 355, 357-358, 363, 365-369, 375, 378, 383-384, 386-387, 394, 397, 400, 407-410, 413, 417, 421-423, 425-426, 430, 433, 436-438, 440-441, 445-446, 448-452, 455-466, 471-475, 477, 480, 482-483, 489-490, 493-494, 498-506, 508-509, 514-519, 521-522, 524-530, 533-539, 541-543

学習過程 leaning process 7, 107, 113, 115, 146-147, 150, 369, 465

学修サークル study circles 105

学習システム目的志向・到達度プロジェクト Goals Orientation and Attainments in Learning Systems Project; GOALS Project 367

学習社会 learning society 88, 91, 101-104, 109, 180, 183-184, 187-188, 208, 378, 433, 534, 538

学習到達度 learning achievements 13, 69, 212, 256, 307, 309, 314-315, 325, 328, 344-345, 349, 366, 383, 387, 394, 397, 425, 482, 490, 493, 494

学習パラダイム Leaning Paradigm 授業パラダイムと対 157-158

学習率 rate of learning 226

学部 faculty 大学の教育・研究において学科より上位の単位、学部側つまり教員集団を指すこともある **61**, 63, 142, 144, 151-152, 157, 167, 224, 325, 346, 357, 359, 376, 428, 511

学科 department 大学の教育・研究において専門領域を集めた最小単位 61, 158-159, 501

学校改革委員会 Schulreformkommission 265

学校・職業教育・訓練大臣 federal Minister for Schools, Vocational Education and Training 416

学歴病 diploma disease 90

概念枠 conceptual framework 83, 345, 351, 384, 468-469, 471, 492, 534

カリキュラム curriculum 複数形は curricula、形容詞は curricular 5, 7-8, 12, 19, 36, 42, 51, **61**, 70, 72-75, 79, 117, 140, 142, 152, 158, 163, 165, 168-169, 224, 240-243, 248-249, 252, 257-258, 280-281, 292, 294-295, 301, 304-305, 314, 318, 321, 324-325, 327-328, 330, 332, 336, 338, 347, 352-353, 360, 366, 369, 372-373, 375, 378-380, 382, 387, 393-394, 396, 411, 413, 417, 420, 422,

432, 434, 443, 445, 449, 471, 483, 492-493, 517, 521, 524-525, 528, 530, 536-538

カリキュラムに拘束されない non-curriculum-bound　301, 366, 373, 375, 379-380, 382, 422

学術移動性　academic mobility　198

学術カリキュラム　academic curriculum　学問知識・科学的知識からなる教科の教育課程　330

学術諮問委員会　Scientific Advisory Group　360

学術的　academic　アカデミックな　106, 206, 236, 358, 444

［き］

キー・コンピテンシー　key-competency, -cies　120, 416, 423, 426, 429, 435-436, 439, 450-452, 454-456, 467, 469-472, 491, 498

キー・コンピテンス　key-competence, -cies; -ces　417, 419, **423-425**, 427-428, 430-431, 434-435, 442-443, 448-450, 452, 454-455, 458-460, 463, 467-470, 472, 474, 477, 479, 506, 539

キー・スキル　key skill　449-450

危機指標　indicators of the risk　149

危機に立つ国家 A Nation at Risk 143, 148-150, 163, 300, 312-313, 315, 322

企業経営　Business Management　67, 71

基準　criteria　6, 9, 30, 48, 58-59, 63, 101, 105, 129, 140-141, 158, 166, 183, 185, 194, 201-202, 206, 214, 225, 242-243, 268, 315, 332, 340, 345, 361, 396, 409, 413-414, 508, 518, 529-530

規制緩和　devolution　128, 135-137, 140, 164, 185, 486, 529

基礎教育　basic education、義務教育の言い換え　81, 123, 131, 171, 211, 313, 335-336, 459, 474

基礎コンピテンス　basic competencies　441, 475

基礎に戻れ運動 back-to-basics movement　8

技巧　crafts　273

技術教育・継続教育　Technical and Further Education: TAFE　414

技術諮問委員会　Technical Advisory Group; Technical Group　テクニカル・グループ　400-401, 403

技術・職業教育・訓練国際センター　International Centre for Technical and Vocational Education and Training　467

技術評価局　Office of Technology Assessment、米国技術評価局　324-326, 328

機能化　functioning　235

機能的非識字　functional illiteracy　149

基盤教育　fundamental education　76

教育　education

教育委員会　education committee　OECDの常設委員会　13, 310, 341, 349, 354, 382-383, 387-388, 391-392, 400-403, 405, 418, 436

教育委員会　school boads　70, 110, 135-136, 138, 141, 326

教育委員会・CERI 合同運営管理部　Joint session of Education Committee and CERI Governing Board　402

教育開発国際委員会　International Commission on the Development of Education　81, 91, 102, 534

教育開発国際協同センター　Center for International Cooperation in Education Development: CICED　171

教育学　pedagogy; pedagogie; pedagogics; pedagogica　ペダゴジー、教授学（didactics、教授法）はその一部　**10-12**, 17, 23, 26-27, 40-41, 45-46, 48, 60, 74, 93, 97, 104, 115, 126, 142, 145, 147, 166, 173, 194, 213, 216, 218, 224, 236, 244-245, 249-255, 257-263, 271,

278-279, 300, 458, 466, 506, 516, 520, 522, 537-538, 542-543

教育学的パラダイム　pedagogical paradigm　194

教育機関評価局　Education Review Office　137

教育局　Directorate for Education　OECD教育局　183, 198, 204, 308, 311, 347-350, 392, 401, 403, 407

教育行政検討作業チーム　Task Force to Review Education Administration　135

教育研究・改善局　Office of Educational Research and Improvement: OERI　米国教育省の組織　159

教育研究全国協議会　the National Society for the Study of Education　114

教育工学運営委員会　Steering Group on Educational Technology　501

教育・雇用・訓練・青年問題大臣会議　Ministerial Council on Education, Employment, Training and Youth Affairs: MCEETYA　416

教育サービスにおけるOECD・米国フォーラム　OECD/US Forum on Trade in Educational Services　134

教育サミット　Education Summit 321-322

教育者　pedagogue　8, 34, 88, 159, 228, 253, 279, 471, 527, 534

教育進歩国際調査　International Assessment of Educational Progress: IAEP　304, 346, 357, 359, 433

教育成果　educational outcomes; outcomes of education　5, **27**, 34, 41, 72, 74, 165, 185, 216, 255, 307, 340, 345, 355, 357, 359, 366, 369-370, 402, 422, 425, 427, 430, 537

教育成果指標　education outcome indicators　369, 425, 427

教育制度指標　Indicators of Education Systems: INES 197, 301, **308**, 317, 333-334, 336, 340-347, 350-351, 354-355,

358-362, 366-367, 370, 373, 377, 379-388, 392-393, 400-405, 421-422, 425, 429, 432-434, 442, 520-521

教育制度指標事業　Indicators of Education Systems Project: INES project または Indicators of Education Systems Programme　197, 301, **308-309**, 317, 336, 340-344, 346-347, 350-351, 354-355, 358-362, 366, 370, 377, 381-383, 385-388, 392-393, 400-405, 421-422, 425, 429, 432-434, 442, 521

教育制度指標事業ネットワーク　INES Project Network　347, 383, 387, 393, 404, 433-434

教育制度指標枠組み　INES framework　382

教育大臣会議　the Ministers for Education, the Meeting of OECD Education Ministers　416, 500

教育的価値　educational value　145, 505, 509

教育テストサービス　→　ETS

教育統計・指標班　Unit for Education Statistics and Indicators　351

教育投資　educational investment　15, 35, 43, 76, 84, 121, 224-225, 354

教育と訓練2010　Education and Training 2010　203, 462

教育爆発　education explosion　35

教育標準・テスト全国協議会　National Council On Education Standards and Testing: NCEST　322

教育部　Education Division of OECD　308, 373

教育文化局　Bureau of Educational and Cultural Affairs: ECA　米国総務省に所属する　175

教育文化総局　Directorate General for Education and Culture: DG EAC　欧州委員会教育文化総局　13, 207

教育目標　educational goals　7, 17, 42,

44, 194, 205, 217, 220, 243, 321-324, 347, 358, 367, 378-380, 419, 430, 450, 457-458, 460, 480, 492, 533

教育リソース情報センター　Educational Resources Information Center: ERIC 144, 152

教員・教授・学習に関する調査　Teaching and Learning International Survey: TALIS 309

教科　subject、学校で教える教育内容のうち複数の専門領域を統合したもの 3, 41, **60**, 67, 71-72, 74, 83, 102, 119-120, 149, 158, 162, 168-169, 211, 228, 240, 248-249, 252, 255-256, 259, 281, 298, 301, 313-314, 321-323, 328, 332, 366-370, 373, 375-380, 382, 384, 387, 390, 394, 396-398, 412, 417, 420, 422, 424-425, 430, 432-433, 436-437, 449-450, 455, 458-460, 464-465, 471, 483, 494, 505-508, 519, 521, 523, 530, 539, 541-542

教科横断的コンピテンス　cross-currilular competencies; compétences transdisciplinaires: CCC　cross-curricular competences の表記もある　212, 257, **366-370**, 373, 375-380, 382, 384, 387, 390, 422, 424-425, 471, 519

教科横断的コンピテンス指標　CCC indicators　367, 369

教科横断的コンピテンス・プロジェクト Cross-Curricular Competencies Project 368, 373, 376, 380, 424-425

教科横断的スキル　cross-currilular skill 436-437

教科型知識　subject-matter knowledge 450

教科拘束　subject-bound　教科で教えたことのみを対象にすること、教科に拘束されないと対　369, 379, 382

教科書　textbook　6, 9-10, **26**, 119, 126, 169, 171, 193, 244, 256, 287, 482, 516, 538

教科テスト　academic tests　149, 521

教授　instruction　教科の知識・技能を教えること　7-8, 25-26, 40, 61, 104-105, 109-110, 114, 147, 160-161, 191, 330, 437

教授　teaching　授業、教育、「学習」と対 6, 8, 74, 109, 157-158, 180, 184, 187-188, 309, 498, 502-503

教授　professor　欧米では数が少ない、日本では専任教員の半数以上と法律で規定 94, 106, 140-141, 143, 173, 224, 266, 307, 343, 350-352, 392, 427-428, 484, 498, 510-511, 516, 526

教授学　didactics, didaktik, didaktika　教科内容とその教授法に関する学問、教育学（pedagogy, pedagogics, pedagogika）とは対

教授パラダイム　Instruction Paradigm、「学習パラダイム」と対　157-158

教授法　teaching method; teaching methodology　5-6, 74, 109, 147, 160-161

共通参照レベル　Common Reference Levels　502, 504

共同　joint, combination, commune　32, 99, 134, 171, 200, 202-203, 220, 222, 274-275, 277-278, 287, 299, 309, 320, 332, 346, 387, **391**, 412, 414

協同　coopetation　17, 66, 83-84, 111, 132, **144-148**, 151-162, 170-171, 194, 205, 217, 248, 282, 291, 353, 377, 413, 418, 444-446, 448, 450-451, 453, 461, 463, 466-467, 469-470, 530

協働　colaboration 17, 145, 147-148, 151, 156, 158-162, 221, 285, 440, 530

協同学習　cooperative learning　144-148, 152-156, 159-162, 170

協働学習　collaborative learning 145, 147-148, 151, 159-162

共同事業体　consortium of agencies　コンソーシアム　387, 391

事項索引　621

共同体　community　7-8, 11-13, 22, 101, 118, 126, 152, 162, 172, 180, 183, 208, 217, 221, 307, 318-319, 425, 533
共同テストサービス　Cooperative Test Service　299
教養人　educated person　63, 116, 510
キルギス独自教育テスト機構・テスト開発新規計画　Kyrgyz Independent Educational Testing Organization and Test Development Initiative　175
勤労者大学　workers' Universities　105
疑似市場経済　quasi-market economy　141
技芸　art　60
技能　skill、スキル、「知識と技能」と対になる　5-6, 8, 17, 29, 33-34, 36-38, 52-53, **60**, 71, 74, 76, 83-84, 89, 95-96, 101, 106, 115-117, 120, 134, 145, 148, 165, 169, 180, 185, 191-192, 196, 198, 205-206, 213-214, 220-222, 225, 228, 234-235, 238, 250, 252, 254-256, 259, 275, 281, 299-300, 305, 321, 323, 325, 327-330, 332, 347, 366-369, 371, 373, 377-380, 382-385, 388, 394-395, 397, 403, 405-406, 413, 420-424, 426, 430, 433, 441, 451, 458-459, 461-464, 473, 477-480, 493, 521-522, 524-525, 527, 530, 539
行商　travelling　167
業績　merit　能力　18, 90, 153, 167, 241

［く］

国別調査　→　国内診断調査
国別提案　Country Contribution Process: CCP　DeSeCo に提出されたもの　436, 442-443, 445, 449, 452
クリエイティビティ　creativity　「想像力」「創造性」とも訳す　7-8, 27-28, 50, 213, 261, 277, 279-280, 365, 445, 450, 461, 474, 476-477, 530
クリティカル・シンキング　critical

thinking　「批判的思考」は誤解を受けやすい　22, 277, 462, 477, 519
訓練　training、教育（education）と対　17, 29, 35, 40, 53, 58-59, 61, 76, 79, 82, 86, 89, 94, 101, 104, 106-107, 121, 133, 138, 145-146, **148-149**, 154, 175, 180, 184, 187-188, 192, 196, 203-205, 209, 211, 214, 224, 228, 245, 256, 273-274, 281, 285, 308, 318, 331, 339, 358, 384-385, 397, 411-414, 416-418, 435-437, 439-441, 460, 462-463, 467-468, 480, 499-500, 509, 529, 531
訓練改革行動計画　Training Reform Agenda: TRA　412, 416
訓練認可に関する職業教育雇用・訓練アドバイザリー委員会　Vocational Education Employment and Training Advisory Committee: VEETAC　414
訓練認定国家枠組み　National Framework for the Recognition of Training: NFROT　413
訓練登録組織　Registered Training Organisations: RTOs　411
グループ学習　group learning　144, 161-162, 249
グループ・ダイナミクス　group dynamics　152
グローバル・コンピテンス　Global Competence　14, 492
グローバル教育改革運動　Global Educational Reform Movement: GERM　528, 530, 532

［け］

経済開発援助　Development Assistance Account　174
経済協力開発機構→OECD
経済支援　Economic Support Fund　174
継続教育　continuing education　76, 81, 89, 91, 175, 187, 414, 418, 531

契約主義　contractualism　135
研究協議会　Research Council　342 381
顕在文化　overt culture、「明示文化」に同じ、「陰在文化」「暗示文化」とは対 245
検討会議　follow-up　フォロー・アップ　202

[こ]

コア・カリキュラム　core curriculum　カリキュラム大綱　325
効果　effect　16, 19, 39, 42-44, 50-51, 78, 90, 163, 173, 187, 203, 219, **225**, 233, 256-257, 304, 306, 309, 365, 407, 446, 455, 457, 463, 523
効果的　effective　109, 123, 135, 141, 151, 185, 230-231, 243, 245, 247, 267, 282, 289-290, **306**, 363-364, 371, 440-441, 458, 462, 474-475, 478, 480, 490, 502
効果的学習環境センター　Centre for Effective Learning Environments: CELE　309
校外教育　out-of-school education（屋外教育 outdoor education）　105, 109, 501
校外教育・文化発達委員会　Committee for Out-of-School and Cultural Development　501
公教育　public education　18, 67, 76, 102, 126, **134**, 136, 211, 222, 257, 333, 506, 535
後期中等教育修了資格試験　General Certificate of Education: GCE　上級のGCE-Aレベル試験および準上級のGCE-ASレベル試験に分かれる。　326
公正　equity　17, 103, **119-120**, 167, 169, 173, 196-197, 218, 309, 313, 362, 382-383, 407, 421-422, 433, 437, 530
構成する　construct　16, 49, 59, 60, 153-154, 189, 271, 311, 379, 432, 466, 499
構成主義　constructivism　7-8, 114, 153,

162-163, 209, 213, 215, 222, 271, 284-285, 287, 372, 426, 458, 499
高等教育　higher education　初等教育（小学校）・中等教育（中学校、高等学校）に比べて、第三期の教育（tertiary education）とも言う　22, 24-25, 35, 46, 73, 99-101, 109, **121-126**, 128, 131, 133-134, 136, 138, 140-141, 143-144, 150-152, 157, 159, 162, 167-168, 179-180, 183, **195-203**, 205-209, 211, 218, 224-225, 263, 309, 318, 320, 336-339, 349, 363, 438, 500, 535
高等教育機関管理プログラム　Institutional Management in Higher Education: IMHE　309, 349, 402
高等教育資格　higher education qualifications　198-199
高等教育情報収集部　ERIC Clearinghouse on Higher Education　144
高等教育における学習成果の評価　Assessment of Higher Education Learning Outcomes: AHELO　309
行動主義　behaviorism　107, 227-228, 233, 458, 499-500
行動主義者　behaviorist　227, 499
高度技能移動　highly skilled migration 185
高度技能労働者　highly skilled laborers 206
広報文化交流局　U.S. Information Agency: USIA　米国総務省に所属する　175
項目反応理論　Item response theory: IRT　489, 491
効率　efficiency　4, 8, **18**, 41-42, 47-48, 54, 63-71, 75, 98, 136, 142-143, 145, 148, 155, 157-158, 169, 183, 185, 194, 197, 213, 237, 243, 266-267, 269-270, 277, 279, 285, 288, 292, 294, 309, 363, 441, 444, 517, 530-531
効率向上運動　efficiency movement　65
効率指数　index of efficiency　65
国際学習科学計画　International Learning Sciences Programme　257

事項索引　623

国際教育会議　International Conference on Education　79, 334

国際教育計画研究所　International Institute for Educational Planning: IIEP　78-79, 81, 307

国際教育制度指標事業　International Indicators of Education Systems Project

国際教育到達度評価学会→ IEA

国際教育発展会議→ ICED

国際研究者交流委員会　International Research and Exchanges Board: IREX 175

国際災害援助基金　International Disaster Assistance Account　174

国際事業センター　International Project Centre: IPC　401

国際人権規約 International Covenants on Human Rights、自由権規約と社会権規約から成る　23, 122, 125, 136

国際人生スキル調査　International Life Skills Survey: ILSS　425

国際成人識字調査　International Adult Literacy Survey: IALS 299-301, 304-305, 355, 396, 424-425

国際組織　international organization: IO　11-13, 215, 279, 336

国際復興・開発国際銀行　International Bank for Reconstruction and Development: IBRD　307

国際チューター訓練プログラム資格　International TUTOR Training Program Certificate: ITTPC　146

国際メンター訓練プログラム資格　International MENTOR Training Program Certificate: IMTPC　146

国際連合→国連

国際労働機関→ ILO

国内委員会　National Committee 401, 403

国内診断調査　country consultation process: CCP　DeSeCo が各国に送付　427, 442

国内調査責任者　National Project

Managers: NPM　398, 401

国防教育法　National Defense Education Act　224

国民教育　people's education、Éducation nationale　人民教育、庶民教育とも訳す　15, 19, 102, 126, 178-179, 186, 211, 217, 404-405, 533, 536-537

国民教育制度　national educational system　国家教育制度とも訳す　178, 186, 217, 405, 533

国民国家　nation-state　1 民族 1 言語 1 国家の主権国家を理念型とする　4, 77, 126, 177, 190, 217, 532-533

国民リテラシー官房長　National Literacy Secretariat　米国の連邦政府に所属 300

国立科学アカデミー　National Academy of Science　米国の連邦政府に所属　342, 381

国立教育研究財団　National Foundation for Educational Research: NFER　307, 391-392

国立教育研究所　National Institute of Education　米国の連邦政府に所属 143, 150

国立教育研究所　National Institute of Education　シンガポール共和国政府に所属　516

国立教育政策研究所　National Institute for Educational Research: NIER　日本の文科省に所属 391, 401, 403-404, 419, 490, 493, 496

国立教育統計センター　National Center for Education Statistics　米国の連邦政府に所属　300, 317, 325, 342, 345-346, 355, 359, 366, 370, 421, 433

国立科学財団　National Science Foundation　359

国連 United Nations: UN　国際連合　77, 91, 99, 102, 121-122, 124-125, 312, 320, 324, 455

国連開発計画　UNDP　455

国連国際教育年　International Year of
　Education　　　　　　　　　91
コース　course、一般に科目の一部　61,
　　　105, 142, 149, 158, 192, 408
個人学習　individual learning　117, 195
個人適性　individual's aptitudes　105
子育て　rearing　　　　25, 245
国家イノベーション・システム　National
　Innovation System: NIS　33, 222, 281,
　　　　　284-285, 291
国家カリキュラム　national curriculum
　ナショナル・カリキュラム　72, 74-75,
　　　140, 248, 321, 417, 492-49
国家カリキュラム枠組み　The Framework
　for the National Curriculum　492-493
国家訓練委員会　National Training Board:
　NTB　　　　　　　412-413
国家コンピテンス明細　National
　Competence Account　459-460
国家奨学金テスト　National Scholarship
　Test: NST　　　　　167-168
国家テスト　national tests　17, 74-75, 322-
　323, 328
国家ニーズへの応用研究　Research
　Applied to National Needs: RANN　33
国家標準　national standards　322-323
子ども　child, children　未成年（18歳未
　満）全体を指す　大人、成人と対
子ども生存・疾病プログラム基金　Child
　Survival and Disease Programs Fund　174
子どもリテラシー国家プロジェクト
　Children's Literacy National Projects　414
コミュニカティブ・コンピテンス
　communicative competence　コミュニ
　ケーション・コンピテンス、「会話力」
　より広い概念　　　　　251
雇用戦略　Jobs Strategy　　　418
コンピテンシー　competency　14, 18,
　117-118, 120, 232, 236, 239, 301, 391,
　411-416, 419, 423, 426, 429, 435-436,
　439, 443, 450-452, 454-456, 467, 469-

472, 477-479, 482, 491, 493-494, 497-
　　498
コンピテンシー・ベース　competency-
　based　　118, 232, 411-412, 414
コンピテンシー・ベースの教育・訓練
　competency-based education and training:
　CBET　　　　　　　411
コンピテンス　competence　6, 8, 14, 16-
　18, 29, 47, 115-116, 120, 153-154, 159,
　165, 169, 188, 190, 195-196, 212-214,
　221, 227, 229-232, 234-236, 238-244,
　249-263, 283, 285-286, 289-291, 294,
　322-323, 328-332, 362, 366-370, 373,
　375-380, 382, 384, 387-388, 390-391,
　393, 397-399, 408, 411-414, **417-446**,
　448-452, 454-460, 463, 465, 467-483,
　488-489, 491-493, 497, 499, 503-506,
　519, 521-522, 537-539, 541, 543
コンピテンスの定義・選択→ DeSeCo
コンピテンスの定義・選択計画　DeSeCo
　project　　　　　　　382
コンピテンス・ベース　competence-based
　6, 165, **241-242**, 253, 258, 294, 332,
　408, 412-413, 482, 504, 506, 522,
　537, 541
コンピテンス・ベースの教育
　competence-based education;
　competency-based education
コンピュータ・スキル　computer skills　9
コンピュータ調査　computer-based
　assessment　コンピュータを用いた調査
　　　　　　　489, 491
コンピュータ・テスト　Computer Based
　Testing: CBT　紙テストと対　　489

［さ］

再生産　reproduction　11, 93, 216, 258,
　　　262, 288-289
サイバー大学　cyber universities　131
サリー大学　University of Surrey　143

事項索引　625

参加型民主主義　participatory democracy
　　141
参加国委員会　Board of Participating
　　Countries: BPC　383-384, 388, 390-399,
　　　　401-402
産業　industry　5, 14, 17, 19, 25, 32-35,
　　37-39, 49, 55-57, 64, 66, 70-71, 77, 79,
　　90, **96-99**, 108-109, 118, 120, 127,
　　149, 182, 188, 194-195, 206, 208-
　209, 214-215, 223, 257, 259, 263, 273,
　　279-280, 283, 285, 291, 293-294, 321,
　　325, 330-331, 343, 348, 354, 359, 364,
　　　413-414, 416, 429, 433, 481-482

［し］

支援　support　5, 7, 17, 77-78, 82, 86,
　　93, 108, 116-117, 120, 134, 159, 169-
　170, 174-175, 189, 195-196, 206, 208,
　　280, 320, 330, 332, 338, 342, 345,
　　349, 355, 362, 382, 399, 422, 447-448,
　　458-459, **471**, 493-494, 506, 523, 525,
　　　　529-530
資格　qualifications; certifications　**15**, 19,
　　31-32, 72, 86-87, 100-101, 105, 110,
　　132, 140-141, 146, 167, 169, 179, 182,
　　192, 198-199, 202-204, 206-207, 209-
　　212, 214, 236, 241-243, 318, 326, 347,
　　352, 414, 416, 437, 440, 449, 458, 525
資格証明　credentials　86, 198, 203, 211,
　　　　236, 414
資質　quality　54, 253, 321, 331, 378-379,
　　　　422
市場化　marketization　13, 169, 211, 252
市場自由主義　market liberalism　309, 313
シティズンシップ　citizenship　「市民性」
　　とも訳す　180, 190, 205, 222, 321, 323,
　　　419-420, 425, 449, 463, 476, 498
執行部　Executive Group　184, 367, 390,
　　　　401, 403
シバ財団　Ciba Foundation　234

指標　indicator　4, 7, 61, 72, 101, 137,
　　142, 149, 163, 181, 185-186, 192, 197,
　　204, **285**, 301, 306, 308-309, 312, 314,
　　317, 324, 333-334, 336, 340-347, 350-
　　356, 358-362, 366-370, 372-373, 375-
　　377, 379-389, 392-393, 400-407, 409-
　　410, 421-425, 427, 429-430, 432-435,
　　　442, 459-460, 493, 520-521, 524
指標統計課　Statistics and Indicators Division
　　OECD/DEELSA に所属　362, 382, 401,
　　　　404
指標分析課　Indicators Analysis Division;
　　Indicators and Analysis Division　OECD
　　教育局（2002 年新設）に設置　401,
　　　　403, 406-407, 409-410, 435
市民科　Civics　370
市民教育計画　Civic Education Project　175
市民性教育　Civic Education　303
使命　mission　116, 158
諮問委員会　Advisory Group　87, 348,
　　360, 382, 388, 400-401, 403, **423**, 425,
　　　　427-428, 533
社会結束　social cohesion　社会的連帯　23,
　　120, 190, 194, 203, 222, 313, 437, 441
社会権規約　International Covenant on
　　Economic, Social and Cultural Rights
　　(CESCR)『経済的、社会的及び文化的
　　権利に関する国際規約』、A規約、自由
　　権規約と対　122-125
社会構成主義　social constructivism; socio-
　　constructivism　7, 162, 458
社会正義　social justice　182, 189
尺度　scale　40, 51, 54, 63-64, 72, 74,
　　198, 201, 210, 240, 285-286, 397, 442,
　　464, **494**, 502, 504-505, 518, 522-524,
　　　　536-537
社内教育　enterprise-based training　195
シャーロッツヴィル会議　Charlottesville
　　meeting　322
収益率　rate of return　43, 45, 225, 522
集合コード　collection codes　252, 255

就職力 employability 雇用される能力を保持していること 96, 200, 321

手工業者 manual workers、手職人 111

主任分析官 Principal Analyst 282

主要学習領域 Key Learning Areas: KLA 417

生涯学習 lifelong learning 7, 15-16, 39, 76-77, 85, 87, 89, 91-92, 95-97, 99, 100, 102-103, 107, 110, 116, 120-121, 147, **179-184**, 187-189, 192-199, 205, 208-213, 218, 259, 287, 298, 333, 355, 365, 383-384, 413, 421, 436-437, 441, 445-446, 449-450, 459, 461, 466, 471-472, 474, 477, 500, 506, 521, 529, 533-539, 541, 543

生涯学習システム lifelong learning system 85

生涯学習統合計画（2007-2013 年） Integrated Lifelong Learning programme (2007-2013) 199

生涯学習に向けたキー・コンピテンスに関する協議会 Council on key competences for lifelong learning 472

生涯教育 lifelong education 15, 83, 87-88, 91-92, 94, 97-99, 102-103, 109-110, 188, 211, 532-535

生涯継続教育 life-long continuing education 91

商業化 commercialization; mercantilization 商品化 46-47

商行為 business 52, 64, 70, 128, 195, 523

承認 recognition 100-101, 133, 189, **198-199**, 204, 207, 209, 318-319, 354, 361, 387-388, 399, 401

消費比較調査 Expenditure Comparability Study 346

商品 commodity 3-5, 8, 13, 16-17, 23-25, 35, 43-44, 52, 54, 60, 67, 74, 96, 107, 164, 195, 212, 280, 285, 289, 301, 318, 333, 451, 522, 528, 535, 537-538

職業感 sense of vocation 235

職業教育 vocational education and training: VET education と training は対概念 121, **125**, 140, 142, 182, 192, 199-200, 205, 207, 209, 232, 257, 278, 321, 329, 339, 363, 411-414, 416, 419, 423, 431, 449, 455, 467, 534

職業教育・訓練 vocational education and training: VET 411, 413, 416, 467

職業教育に関する欧州資格枠組み European qualification framework 207

職業訓練 vocational training、職業教育とも訳す 101, 175, 184, 205, 211, 318, 339, 411, 414, 416, 467-468, 480, 500

職業訓練発展ヨーロッパセンター European Centre for the Development of Vocational Training: CEDEFOP 339

職業主義 vocationalism 22, 180, 182, 217-218, 288, 536-537, 539

職場コンピテンス workplace competencies 438-441

所得格差 income differentials 43

庶民 people 一般市民 57, 108

私立テスト機構 Independent Testing Organization 168

新経済成長理論 new growth theory 285, 297

新公共管理 New Public Management: NPM 163-164, 185-186, 243, 340, 405

新公共管理理論 new public management theory 340

新自由主義 → ネオリベラリズム

新自由主義経済理論 neo-liberal economic theory

進捗会議 follow-up meeting フォロー・アップ 207

新保守 Neoconservatism: neo-con ネオコン 11, 301, 313-314

進歩主義教育 progressive education 70, 97

進歩主義教育協会 the Progressive Education Association 70

自覚 consciousness 78, 95, 102, 193, 245,

476-477, 514

事業体　agency　エージェンシー　「独立
　行政法人」など　　137, 164, 206-207,
　　　　　　　　　235, 360, 387, 391
自己意識　self-confidence; self-concept;
　sence of self　　370, 380, 382, 390, 447
自己管理　self-management　　4, 135, 141,
　　　　　　　　　445-446, 460
自己志向学習　self-directed learning　　88,
　　　　92, 106, 116, 161, 195, 534
自己調整的学習　self-regulated learning463
自己評価スキル　self-assessment skills　459
自己認識　self-perception　　370, 380, 390
次長　Deputy Director　　195, 281, 310,
　　　　　313, 347-348, 350, 488-489
実務専門家委員会　Functional Expert
　Group　　　　394, 396, 398, 403
実行性　performability　　　47, 405
実践的知識　practical knowledge　492, 500
自由記述式　open-ended　オープンエンド
　の　　　　　　　371-372, 396-397
自由権規約　International Covenant on
　Civil and Political Rights（ICCPR）『市
　民的及び政治的権利に関する国際規約』、
　B規約、社会権規約と対
熟達　proficiency　熟達していること 420,
　　　　　　　　　　500-502, 504
状況活動理論　situated learning theory 455
冗長性　redundancy　余分が多い状態 277
情報　information　　7, 12, **37**, 49, 53, 60,
　84, 109, 126, 133, 144, 146-148, 152,
　164, 167, 171-172, 179-181, 183, 192,
　195, 197, 199, 206, 209, 222, 249,
　265, 268, 270-271, 273-274, 276-278,
　280-282, 285-286, **288-291**, 293, 296,
　300, 305, 314, 324, 331, 340, 342,
　348, 350, 355, 359, 364, 367, 371,
　375, 381, 385, 398, 417, 419, 424,
　433, 435, 437, 441, 445, 447, 450,
　453, 457, 461-464, 466, 468, 470, 475,
　477-478, 481-482, 490, 496, 502-503,

525, 530-531

情報化社会　information society 285, 433,
　　　　　　　　　　　　　　475
情報化社会技術　information society
　technology: IST　　　　　　475
情報化時代　information age　　148, 300,
　　　　　　　　　　　　　　385
情報機器格差　digital divide　　　437
情報通信技術→ ICT
助教　monitor　　　　　145, 169, 484
助言者　mentor　　　　　　246-247
人権意識　awareness of human rights　446
人材　human resource　人的リソース　96,
　139, 175, 206, 225, 243, 248, 266,
　　　　　　　　300, 312, 365
人生への準備は万全？　*Prepared for*
　Life? How to Measure Cross-Curricular
　Competencies.　　368-369, 375-377

人的資本　human capital　　84, 181, 196,
　220, 222-223, 225, 279, 293, 360, 384,
　　　　413, **418**, 424-425, 529
人的資本指標プロジェクト　Human
　Capital Indicators Project　　424-425
人的リソース開発条約　Human Resource
　Development Convention　　　100
人的リソース開発問題研究会　The
　Conservation of Human Resources Project
　　　　　　　　　　　　　　223
人物学業証明書　credentials　　　34

［す］

スイス連邦統計局　Swiss Federal Statistical
　Office: SFSO　　　　399, 421, 442
スウェーデン統計局　Statistics Sweden:
　Central Bureau of Statistics; Statistiska
　centralbyrån: SCB　スウェーデン中央統
　計局　　　　　　　　　　　339
スキル　skill、技能、「知識と技能」と対
　になる場合は技能と訳している　9, 14,

19, 47, 121, 149, 152, 155, 158, 160, 190, 232, 238, 242-243, 260-263, 270, 273, 280-281, 285, 288-289, 328-331, 363, 380, 406, 411-412, **421-422**, 425, 427, 436-441, 444, 446, 449-450, 453, 456, 459, 461-462, 467, 471-472, 474-476, 478-482, 488-489, 491-492, 499-501, 503-505, 518, 529

スキルの発達に関する国際協同ワーキンググループ　Working Group for International Co-operation in Skills Development　467

図表でみる教育　Education at a Glance **308**, 317, 336-337, 342, 346, 354-356, 358-360, 362, 373, 383-384, 433

［せ］

成果　outcome　5, 7, 10, 18-19, 25, **27-29**, 32, 34, 41, 44, 46-48, 50, 53, 55, 58-59, 63-65, 67, 72, 74, 94-95, 106, 122, 125-126, 132, 137, 140, 142, 146-147, 152, 156-161, 163-169, 176, 185-186, 189, 201, 203, 216, 226, 229, 238, 240, 243-244, 249, 254-255, 260, 298, 307, 309-310, 313, 315, 326, 340, 343-345, 352, 354-355, 357, 359, 366, 369-370, 373, 377, 380, 384, 386, 388, 400, 402, 407-408, 410-411, 413, 422-425, 427, 429-430, 432-433, 440, 480, 489, 491, 494, 499, 508, 520-521, 523, 530, 537, 541, 543

成果主義　performativity　46-48, 50, 63, 132, 142, 163, 165-167, 169, 176, 260, 537, 541

成果主義教育　Outcome-Based Education: OBE　163, 165, 167, 176

政策研究諮問委員会　Policy Review and Advisory Group: PRAG　360, 388

政策立案者　decision-makers　14, 236, 312, 326-328, 342-343, 351, 360, 428, 520

省察　reflection　「振り返り」「リフレクション」とも訳す　6, 22, 107, 109, 189, 278, 287, 395, 398, 431, 435, 443-444, 446-449, 453-454

省察する　reflect　189, 395, 435, 449

生産性　productivity　15, 17, 35, **37-39**, 42-46, 50, 52-53, 66, 95, 158, 184, 210, 213, 222, 225, 343, 358, 364-365, 418, 454-455, 530-533, 537

成人学校　Volkshochschule　95, 533

成人教育　adult education　77, 87-89, 91-92, 94, 96-97, 99-100, **105**, 110, 112-115, 117, 131, 133, 182, 198, 209, 253, 278, 297, 336, 355, 423, 500, 527, 533-534

生成する　generate　240, 250

生成性　generativeness　発生性、新しいことを生み出す力　233-234

生成的な　generic　363

製造業　manufacturing　68, 70, 127, 266

生徒　pupils　小中学生を指す　student を参照

生徒到達度作成恒常戦略　A Strategy for Producing Student Achievement on a Regular Basis　383, 386

生徒到達度指標作成恒常事業　Programme for Producing Student Achievement Indicators on a Regular Basis　384, 388-389, 392

生徒の学習到達度国際調査プログラム → PISA

生徒の学習到達度調査→ PISA

生徒の到達度成果戦略　Strategy for Student Achievement Outcomes　388

青年リテラシー調査　Young Adult Literacy Survey: YALS　300, 312

政府間国際組織　intergovernmental organization: IGO　13

生命体　organism　有機体 232, 235, 273, 276

世界銀行→ World Bank

事項索引　629

世界標準時　Greenwich mean time: GMT
　グリニッジ標準時　　　　　　　57
説明責任　accountability　アカウンタビリ
　ティ　3, 12, 18, 30, **49**, 160, 164-165,
　167, 176, 206, 315-316, 347, 525, 530
設問　question　250, 256, 326-327, **371-
372**, 380, 384-385, 388, 393, 396-399,
　　　　　　　463, 466, 490-491
設問項目　item　250, 327, 393, 396, 398,
　　　　　　　　　　463, 466
世論調査　public opinion survey　　347
選択肢　multiple-choice　あらかじめ用意
　された解答の中から一つまたは複数選ん
　で回答する　構成主義はこれを否定する
　240, 256, 299, 328, 371-372, 396, 466,
　　　　　　　502, 528-529
選択肢テスト multiple-choice tests　択一式
　テスト　　　　　　　　240, 328
選択肢問題　multiple-choice questions 328,
　　　　　　　371-372, 396, 466
戦略管理グループ　Strategic Management
　Group　　　　　　　　　405
全英教員労組　National Union of Teachers
　: NUT　　　　　　　　　176
全国教育目標委員会　National Education
　Goals Panel: NEGP　322-323, 358
全国成人識字調査　National Adult Literacy
　Survey: NALS　　　　300, 312
全米統一学力調査→NAEP

[そ]

総会　General Conference（UNESCO）
　General Assembly（国連）　91, 102,
　121-122, 125, 189, 312, 320, 334, 336,
　338, 344, 350, 354, 361-362, 375, 377,
　　　　　　383, 385-386, 421
総合技術教育　polytechnical education;
　политехническое образование　普通教育
　と職業教育を統合したもの、総合制学校
　に向けた統一学校運動のソビエト版 329

総合制学校　comprehensive school　コン
　プリヘンシブスクール　「総合学校」と
　も訳す。職業系の教科も含めた中等教育
　を実現しようとした。英国労働党が「中
　等教育をすべての者に」というスローガ
　ンを掲げ、第二次世界大戦後の先進国の
　課題となった。　　89-90, 248-249, 257,
　　　　　　　263, 265-266, 292
総体　whole　　　　　　109, 300
双方向授業法　active learning and
　interactive teaching method　　157
測定手段　assessment instruments 370-371
測定手順　assessment procedures　370-371
ソクラテス計画　SOCRATES programme
　　　　　　198-199, 208-209, 320
ソロス財団　Soros Foundation　　176
属人的知識　personal knowledge　具体的
　な人間個人に所属し体現されている知
　識、内容が個人的でなくともよい　272,
　　　　　　　　　　274

[た]

大衆　mass　　7, 9, 22, 34, 51-52, 73, 79,
　89, 116, 142, 148-149, 159, 187, 218,
　　　　　　263-264, 266, 359, 534
態度調査　attitudes survey　　　347
貸与・借用　Borrowing and Lending　163-
　　　　　　　　　　164
択一式テスト→選択肢テスト
多言語主義　multilingualism　社会が多言
　語使用を認めること、複言語主義と対
　　　　　　　　　　504
多様性　variety; diversity　　17, 183, 191,
　196, 258, 326, 360, 454, 505-506
単位　credit　クレジット　授業科目ごと
　の学業証明。授業内容のまとまり（単位）
　はユニット（unit）と呼ぶ　　**29-32**,
　51, 58, 68, 71, 95, 101, 158, 167, 176,
　194, 201-202, 204, 206-208, 320, 339,
　　　　　　　501, 533, 538

大学適性検査、大学進学適性試験
　Scholastic Aptitude Test → SAT
大学読解・学習協会　College Reading and
　Learning Association: CRLA　　　146-147
大学読解・学習協会資格　CRLA
　Certifications　　　　　　　　　　146
大学能力評価試験　Scholastic Assessment
　Test → SAT
妥当性　relevance　　240, 244, 377, 379,
　　　　　　　　　　　　　　　517-518
段階　level　特に学校の制度的な段階、能
　力の質的な段階、年齢や歴史展開の段階
　　　　17, 29, 51, 68, 72, 74, 105, **123**,
　129, 138, 140, 163, 172, 175, 196,
　201, 216, 227, 252, 258, 267-268, 275,
　281, 287, 297, 299, 301-302, 320, 322,
　333-339, 347, 354, 381, 384, 386, 398,
　401, 416, 428-429, 436, 442, 448, 463,
　474, 489, 491, 495, 499-500, 518, 523

［ち］

地域　community　コミュニティ、地域社
　会。地理上の単位ではなく、日常生活の
　単位。　　4, 14, 34, 67, 84, 88, 98, 106,
　118, 134, 137-138, 166, 168-170, **177-
　178**, 191, 194, 248-249, 255, 260, 292-
　293, 362, 444, 492, 517, 520, 532, 536
知覚　awareness　　　　　231, 273, 512
知識　knowledge　　**5-14**, 16-17, 22-23,
　28-29, **34-42**, 44, 46-47, 49-53, 55, 58-
　62, 71-74, 76, 83-84, 88-89, 94, 96-97,
　　99, 100-103, 108-109, 115-117, 120-
　　121, 134, 137, 142, 145, 150, 153-
　154, 158-159, 161-162, 165, 169, 180,
　182, 187-192, 196, 198, 200-201, 203,
　205, 209-210, 213-214, 216-218, **220-
　223**, 225, 233-236, 244, 248-252, 254-
　256, 259, 262-263, 270-276, 278-291,
　293-295, 297-299, 303, 305, 321, 323,
　326-328, 347, 353, 363-365, 368, 370,

　372-373, 378, 380, 382, 384-385, 388,
　394-395, 397, 403, 406, 411-413, 418-
　422, 430-431, 433, 436-441, 443-446,
　449-451, 453, 455-459, 461-464, 466,
　468, 470-471, 474-482, 492-493, 497,
　499-500, 503-506, 511-519, 521-525,
　527, 529-530, 534-537, 539, 542-543
知識革命　knowledge revolution　　99
知識基盤経済　knowledge-based economy、
　OECD の用語　　　14, 16, 101, 182,
　189, 198, 203, 209-210, 213-214, 222,
　278-279, 282-284, 286-288, 291, 294-
　295, 364-365, 420, 458, 497, 535
知識基盤資本　knowledge-based capital:
　KBC　　　　　　　　　　　　281
知識基盤社会　knowledge-based society
　　　　　　　　　　　437, 441, 458
知識創造企業　knowledge-creating
　company　　　　　　　　　　270
知識駆動社会　knowledge-driven society
　　　　　　　　　　　　　　　458
知識経済 knowledge economy 9, 36, 38, 44,
　49-50, 52, 99, 121, 196, 214, 217-218,
　225, 271, 284-286, 293, 295, 363, 413,
　　419, 436, 438-441, 529
知識労働者　knowledge workers　肉体労働
　者と対　　　　35, 437, 440, 529
知的財産　intellectual property　130, 418
知能テスト　Intelligence Tests 68-69, 227,
　　　　　　　　　　　　　　　237
知のヨーロッパ　Europe of Knowledge
　　　　　　　101, 198, 200, 203, 321
知の理論　Theory of Knowledge: TOK　12,
　　　　　　　　　　　　　　　516
中産階級　middle class　73, 107, 210, 248,
　　　　　　　　　257-263, 506, 541
中等教育修了資格試験　General Certificate
　of Secondary Education: GCSE、現在は
　後期中等教育の修了資格試験　72, 326,
　　　　　　　　　　　　　　　449
中等後越境教育　cross-border post-

事項索引　631

secondary education　204

中等後教育改善基金 The Fund for the
Improvement of Postsecondary Education:
FIPSE　241

中等後教育・学習・評価国立セン
ター　National Center on Postsecondary
Teaching, Learning, and Assessment:
NCTLA　159

長官　Secretary　米国連邦政府の省庁の長
62, 322, 328-330

調査　assessment　10-11, 13, 32,
40, 62, 68, 78, 82, 91, 95, 97, 101, 106,
114, 142, 149, 156-157, 164-165, 172,
176, 180, 192, 196, 202, 207, 210-213,
230, **238-239**, 257, 265, 268, 285-286,
294, 296-306, 309-310, 312-315, 324-
325, 330, 332, 336, 338, 343-347, 349,
351, 354-355, 357-359, 361-362, 364-
368, 370-373, 375-394, 396-410, 414-
417, 424-425, 427, 430, 433-434, 437-
439, 442, 448, 455-457, 466, 471, 478,
480-486, 488-491, 493-496, 505, 521,
524, 530, 542, 543

調査枠組み　Assessment Frameworks　389,
394

沈黙のことば　Silent Language　245-246

[つ]

通用性　transparency　境界を越えて情報
が使用可能となることを意味する。透明
性、可視化とも訳す101, 179, 195, 281,
290, 520

[て]

帝国主義　imperialism　111

テイラー・システム　Taylor's system　65-
66, 68, 157

適性　aptitudes　51, 105, 107, 149, 191,
237-238, 326

手職　crafts　35-36, 53, 79-80

テスト　test, testing　3, **5**, 8, 10, 17-18,
42, 54, **67-69**, 71-72, 74-75, 90, 119,
132-133, 146-147, 149, 153, 164-165,
167-168, 172, 175-176, 185, 212, 214,
222, 227-228, 236-240, 242, 254, 256,
292, 294, 296, 299-305, 307, 312,
316-317, 322-328, 346, 369-370, 373,
379, 381, 384, 386-387, 391, 393-394,
396, 398-399, 403, 406, 408-410, 419,
430-431, 433-434, 457, 459, 463, 466,
481-482, 484-485, 488-489, 491, 494,
505, 508-509, 516, 518, 521-528, 530,
539, 542-543

テストの得点　test scores　147, 164, 214,
237, 256, 327, 369, 410, 457, 508,
524, 530

テネシー大学　University of Tennessee　443

転換点　turning point 181, 198, 201, 300,
315-316

データ　data　12, 37, 101, 147, **165**, 219,
239, 264, 271, 300, **308**, 331, 333, 338,
342, 345-346, 354-355, 357, 359, 360,
362-364, 373, 375, 383-388, 391, 397,
400, 405-407, 409-410, 425, 434, 466,
485-486, 489, 493-497, 520-521, 524,
530

データ戦略　Data Strategy 219, 308, 333,
363, 383, 387-388, 391, 397, 406, 425,
494

データ戦略用語参照 Terms of Reference for
Data Strategy　391

ディプローム、ディプロマ　diplom,
diploma　31, 198-199, 416

デンマーク商業・産業省　Danish Ministry
of Business and Industry　364

[と]

統一欧州議定書　Single European Act　179,
183

投資 investment　4, 7, 14-15, 17, 21, **35**, 39-40, 42-45, 52, 76, 78, 84, 89, 94, 99-100, 102, 121, 127-130, 141, 148, 165, 177, 188, 196-197, 211-212, 216, 220-222, 224-225, 281, 299, 343-344, 354, 364, 384-385, 411, 418-419, 437, 441, 457, 522, 528-529, 531, 534, 537

到達度 achievement　13, 18, 69, 109, 141, 149, 212, 216, 228, 238, 256, 302, 307, 309, 313-315, 324-325, 328, 344-345, 349, 355, 357, 359, **366-368**, 379, 383-384, 386-388, 392, 394, 397-398, 425, 430, 433, 465, 482, 490, 493-494, 528

到達度テスト achievement tests　アチーブメント・テスト　69, 149, 228, 328

統治 governance　ガバナンス　94, 136, 140, 167, 185-186, 211, 292, 340, 360, 422

透明性 transparency　可視化、通用性とも訳す　63, 72, 167, 194

特別支援教育 special needs education; special support education　338

独立学校 independent school　公立学校と私立学校の中間形態　138, 530

読解実務専門家委員会 Reading Functional Expert Group　398

トランスペアレンシー transparency　通用性、透明性、見える化、可視化などと訳される　72, 101, 179

ドリル学習 drill　9, 482

[な]

内化 internalization; interiorization　外化と対　55, 107, 215, 226, 233, 272, 275-276, 278, 511-512, 515

内在化 indwelling　511-512 514

なすことで学ぶ learning by doing　為すことで学ぶ　6, 9, 16, 213, 248, 286-287, 498

[に]

認識共同体 epistemic community　11-13, 425

認証 accreditation　198, 206-207, 413

認知手段 cognitive instruments　371

認知スキル cognitive skills　242, 492

認知的学習到達度 cognitive achievement　345

[ね]

ネオリベラリズム neo-liberalism　新自由主義　4, 7-8, 14, 16-17, 19, 23, 46, 48-49, 52, 63, 71, 73, 75-76, 102, 119, **127**, 129, 135, 137, 141, 143, 168, 176, 183, 192, 195, 211, 213-215, 220, 262, 279, 284, 294, 301, 309, 313-314, 333, 340, 405, 506, 520, 528, 533, 535-537, 541, 543

[の]

能力 ability　何かをなす力→ ability

能力 capability　将来発揮される能力→ capability

能力 capacity　能力可能性→ capacity

ノースウェスタン大学 Northwestern University　175

ノンフォーマルな学習 non-formal learning　86, 89, 194

ノンフォーマルな教育 non-formal education、制度的ではないがある程度組織されている教育　77, 81-85, 93-94, 102, 211, 333, 534

[は]

発達科学研究トラスト Development Science Trust　234

パロマ・カレッジ Palomar College　157

事項索引　633

［ひ］

非認知スキル　noncognitive skills　　242

必須スキル達成長官設置委員会→ SCANS

ヒドゥン・カリキュラム　hidden curriculum　「見えないカリキュラム」「隠れたカリキュラム」　　536, 538

評価　evaluation　可視化されない部分も含めた価値付け　　229, 368

評価　assessment調査　可視化された調査による査定11, 142, 149, 160, 169, 197, 239, 262, 322, 372, 382, 385, 390, 396, 411, 413, 417, 424-426, 456, 477, 499

標準 standard　　3-4, 7, 13-14, 23, 31, 54, 57, 66, 68-69, 74, 79, 129, 140, 149, 163-165, 169-170, 172, 175, 177, **185-187**, 191, 195, 200, 203, 207, 210, 213-214, 223, 228, 256, 260, 282, 288, 292, 314, 320, 322-325, 327-328, 333-336, 345, 355, 362, 367-368, 371, 380-381, 386, 388, 413-414, 416, 447, 450-452, 454, 472, 481, 483, 489, 492, 497, 502, 520, 522-523, 526, 530, 535-537, 541, 543

標準化 standardization　　66, 140, 165, 185, 188, 191, 223, 257, 282, 288, 320, 334, 355, 362, 530, 537

標準テスト　standardized tests　　69, 149, 292, 327-328, 526

品質保証　quality assurance　194, 206-207, 535

品質保証・認証事業体欧州登録　European Register for Quality Assurance and Accreditation Agencies　　207

平等　equality　「公正」と対　　4, 15, 17, 62, 78, 80, 88-90, 93-94, 96, 99, **103**, 105, 108, 119-121, 125, 136, 157, 175, 214-215, 217, 220, 241, 248, 262-264, 266, 314, 341, 362, 407, 409, 421, 454, 459, 461, 463, 476, 517, 522, 529-531, 541

［ふ］

フィンランド・モデル　The Finnish Model　　528

フィンランド国際開発局　Finnish International Development Agency: FINNIDA　　527

フォーマルな学習　formal learning　85-86, 194, 246-247, 503

フォーマルな教育　formal education　15, 77-78, 81-83, 85-86, 191, 193, 211, 286, 440, 534

フォーマルな学校教育　formal and school education　　194, 536

フォーマルにする　formalize　　515

フォード財団　Ford Foundation　　78, 82, 257, 310, 317

フォルケ・ホイ・スコーレ　folkehøgskole　95, 111, 533

付加価値　value added　　347

複言語主義　plurilingualism　個人が多言語を使用すること、多言語主義と対　504-505

福利　well being　ウェル・ビーイング 16, 24, 97, 457, 476, 495

フリーダム教育パートナー計画　FREEDOM Support Education Partnership Program; EPP　　175

フリーダム支援パートナー　FREEDOM Support Partnership　　175

フリーダム支援法　FREEDOM Support Act　　174

振り返り→省察

フロント・エンド　front end　前期終了制度　15, 113, 119, 193-194, 211, 538

フンボルト型研究大学　Humboldtian research university　　63

ブルゴーニュ大学　University of Bourgogne　　392

文化協力審議会 Council for Cultural Co-operation; Conseil de la Coopération

Culturelle: CDCC　　498, 501-503

分権化　decentralization　135-137, 166,
　　169, 185-186, 292, 387, 520

分権プログラム　decentralized programme
　　309-310, 342, 388, 400

プラウデン・レポート　Plowden Report
　　249, 265

[へ]

平和教育賞　Prize for Education for Peace
　　93

変化する社会における教育と経
　済　Education and the Economy in the
　Changing Society　181, 316

米国学習到達度テスト　American
　Achievement Tests　328

米国機械技師協会　American Society of
　Mechanical Engineers: ASME　65

米国教育協会　American Council of
　Education　299

米国教育省国立教育統計センター
　National Center for Education Statistics
　of the United States Department of
　Education: NCES　300, 317, 325, 342,
　　345-346, 355, 366, 370, 421

米国国際開発庁→ USAID

米国国際教育協議会　American Councils
　for International Education: ACTR/
　ACCELS　168, 175

米国国務省　United States Department of
　State　175

米国財務センター　National Finance
　Center　174

米国商務省　US Department of Commerce
　　134

米国大学協会　Association of American
　Colleges　152

米国通商代表部　Office of the United States
　Trade Representative: USTR　133

米国保健・教育・福祉省　Department of

Health, Education, and Welfare: HEW
　241

便益　benefits　経済学用語で都合よい価
　値を追求して利益が上がること　42-45,
　　222

ペダゴジー→教育学

[ほ]

補完性原理　principle of subsidiarity　183

北欧モデル　Nordic model　314, 535

保健・教育・福祉長官　Secretary of
　Health, Education, and Welfare　62

補習コース　remedial mathematics courses
　　149

補償　compensation　96, 98

補償教育　compensatory education　98

凡庸主義　mediocrity　148

[ま]

マーストリヒト条約　Maastricht Treaty
　欧州連合条約　101, 179-180, 183-184,
　　200, 208, 319

マギステル　magister　マギスター　31

学び方を学ぶ　learning to learn　学ぶこと
　を学ぶ　6-7, 16, 109, 213, 255, 473,
　　475, 477

マンパワー　man power　223-224

マンパワー開発と訓練に関する法律
　Manpower Development Trainig Act　224

[み]

見えない教育学　invisible competence-
　based pedagogies　255, 258-261

ミシガン大学ライブラリー University of
　Michigan Library　63

ミニマムな根本的学習ニーズ　minimum
　essential learning needs　83, 85

未来の学習→生きるための学習

東信堂

ネオリベラル期教育の思想と構造 —書き換えられた教育の原理	福田誠治	六二〇〇円
世界の外国人学校	末藤美津子編著	三八〇〇円
アメリカ 間違いがまかり通っている時代 —公立学校の企業型改革への批判と解決法 アメリカの挑戦	D・ラヴィッチ著 末藤美津子訳	三八〇〇円
教育による社会的正義の実現―（1945-1980） 20世紀アメリカ教育史	D・ラヴィッチ著 末藤美津子訳	五六〇〇円
学校改革抗争の100年― 20世紀アメリカ教育史	D・ラヴィッチ著 末藤・宮本・佐藤訳	六四〇〇円
アメリカ公立学校の社会史 —コモンスクールからNCLB法まで	W・J・リース著 小川佳万・浅沼茂監訳	四六〇〇円
アメリカ学校財政制度の公正化	竺沙知章	三四〇〇円
現代アメリカの教育アセスメント行政の展開 —マサチューセッツ州（MCASテスト）を中心に	北野秋男編	四八〇〇円
アメリカ公民教育におけるサービス・ラーニング	唐木清志	四六〇〇円
【増補版】現代アメリカにおける学力形成論の展開	石井英真	四六〇〇円
アメリカにおける学校認証評価の現代的展開	浜田博文編著	二八〇〇円
アメリカにおける多文化的歴史カリキュラム	桐谷正信	三六〇〇円
現代ドイツ政治・社会学習論 —「事実教授」の展開過程の分析	大友秀明	五二〇〇円
ハーバード・プロジェクト・ゼロの芸術認知理論とその実践 —内なる知性とクリエティビティを育むハワード・ガードナーの教育戦略	池内慈朗	六五〇〇円
スタンダードに基づくカリキュラムの設計		
現代日本の教育課題 —二一世紀の方向性を探る	山田満編著 村田翼夫 岩槻知也他編著	二八〇〇円
日本の教育をどうデザインするか	村田翼夫 上田学編著	二八〇〇円
現代教育制度改革への提言 上・下	日本教育制度学会編	各二八〇〇円
バイリンガルテキスト現代日本の教育	村田翼夫 上田学編著	三八〇〇円
人格形成概念の誕生 —近代アメリカの教育概念史	田中智志	三六〇〇円
社会性概念の構築 —アメリカ進歩主義教育の概念史	田中智志	三八〇〇円
グローバルな学びへ —協同と刷新の教育	田中智志編著	二〇〇〇円
学びを支える活動へ —存在論の深みから	田中智志編著	二〇〇〇円
社会形成力育成カリキュラムの研究	西村公孝	六五〇〇円
社会科は「不確実性」で活性化する —未来を開くコミュニケーション型授業の提案	吉永潤	二四〇〇円

〒113-0023　東京都文京区向丘1・20・6　　TEL 03・3818・5521　FAX03・3818・5514　振替 00110・6・37828
Email tk203444@fsinet.or.jp　URL:http://www.toshindo-pub.com/

※定価：表示価格（本体）＋税

著者紹介

福田誠治（ふくた　せいじ）

　1950年生まれ、都留文科大学学長兼副理事長。研究テーマは「人間形成論」、教育哲学／比較文化専攻。ソビエト教育学を一貫して研究。とりわけ、1920年代の新教育の理論をテーマとした。近年は、ソビエト・ロシアおよびヨーロッパの教育分野における民族問題、とりわけ言語権について研究してきた。2005年以降2015年まで、フィンランドの教育を集中的に研究しており、毎年2回ずつ訪れている。また、2008年よりデンマークの教育研究に広げている。この4年間は、都留文科大学学長として、日本の大学で初めてとなる学部で国際バカロレア教員資格を与え、英語で教育する国際教育学科を新設した。デンマークのすべての教員養成大学、およびスウェーデンのウプサラ大学教育学部、フィンランドのオーボアカデミー教育学部との間に交換留学を締結。教育実習を含む英語による授業を共有し、国際的に通用する教員養成に着手した。

　著書は、『競争やめたら学力世界一──フィンランド教育の成功』（朝日新聞出版、2006年）、『格差をなくせば子どもの学力は伸びる──驚きのフィンランド教育』（亜紀書房、2007年）、『競争しても学力行き止まり──イギリス教育の失敗フィンランドの成功』（朝日新聞出版、2007年）、『子どもたちに「未来の学力」を』（東海教育研究所、2008年）、『フィンランドは教師の育て方がすごい』（亜紀書房、2009年）、『こうすれば日本も学力世界一』（朝日新聞出版、2011年）、『フィンランドはもう「学力」の先を行っている──人生につながるコンピテンス・ベースの教育』（亜紀書房、2012年）、『国際バカロレアとこれからの大学入試改革──知を創造するアクティブ・ラーニング』（亜紀書房、2015年）など。

ネオリベラル期教育の思想と構造─書き換えられた教育の原理─

2017年12月25日　　　初　版第1刷発行　　　　　　　　　　　〔検印省略〕

定価はカバーに表示してあります。

著者ⓒ福田誠治／発行者　下田勝司　　　　　　　　　　印刷・製本／中央精版印刷

東京都文京区向丘 1-20-6　　郵便振替 00110-6-37828

〒 113-0023　TEL (03)3818-5521　FAX (03)3818-5514

発行所　株式会社　東信堂

Published by TOSHINDO PUBLISHING CO., LTD.
1-20-6, Mukougaoka, Bunkyo-ku, Tokyo, 113-0023, Japan
E-mail : tk203444@fsinet.or.jp　http://www.toshindo-pub.com

ISBN978-4-7989-1460-2 C3037　　ⓒ FUKUTA Seiji

491, 493-494, 499, 530
リフレクション→省察
領域　domain　調査領域　174, 187, 238, 300, 321, 330, 370, 375, 380, 383-384, 388, 391, 393-394, 397, 399, 401, 417, 421, 471, 478-479
領域別国際専門委員会　Domain Expert Group　394, 401
リンガ・フランカ　lingua franca　国際標準語、ローマから見てフランスに通用する日常語を指す　204

[れ]

レオナルド計画　LEONARDO programme　レオナルド・ダ・ヴィンチ計画　199
連邦雇用・教育・訓練・青年問題省　Commonwealth Department of Employment, Education, Training and Youth Affairs: DEET　414
連邦雇用・教育訓練大臣　Commonwealth Minister for Employment, Education and Training　411

[ろ]

ロイヤル・ダッチ / シェルグループ　Royal Dutch/Shell Group　1907 年に 2 社提携で形成され 2005 年にロイヤル・

ダッチ・シェルに統合　310
ローマ条約　Rome Treaty、本書では 1957 年の条約を指す　101, 183, 208, 318
労働機会への学校法　School to Work Oppotunities Act: STOWA　332
ロシア教育発展援助プログラム　Russia Education Aid for Development: READ　171
ロシア・新興ユーラシア民主主義諸国の自由と開放市場　Freedom for Russia and Emerging Eurasian Democracies and Open Markets: FREEDOM　174
ロックフェラー兄弟基金教育パネル　Rockefeller Brothers Fund Panel on Education　62
ロックフェラー財団　Rockefeller Foundation　62, 69, 299

[わ]

枠組み　framework　48-50, 76, 80, 83, 101, **140**, 158, 165, 181, 190, 196-198, 201, 206-207, 211, 258, 268, 287, 293, 296, 300, 346, 351, 364, 382, 389-390, 392-394, 396-399, 402-403, 411-414, 416, 424, 432, 435, 454, 468, 471-473, 491-493, 534-535
技　techné　わざ　技芸も参照のこと　53
ワシントン・コンセンサス　Washington consensus　128-129, 170, 173

事項索引 635

民営化 privatization 私営化 10, 13, 19, 71, 73, 75, **127-129**, 133, 135-136, 140, 164, 185, 211, 301, 313, 333, 408, 486, 529, 531, 535, 537, 543
民主的シティズンシップのための教育 Education for Democratic Citizenship: EDC 420
民族自決 self-determination 76, 126

[め]

明示的 explicit 暗示的と対 197, 260, 269, 278, 293, 431, 514-515
明示文化 explicit culture 「顕在文化」に同じ、「暗示文化」「明示文化」とは対 245
メタ言説 metadiscourse 48
メタ・コンピテンス meta-competence 431
メタ知識 meta-knowledge 431
メタ認知 metacognition 396, 399, 446, 456, 463-464, 492
メタ物語 metanarratives 48

[も]

目標 goal ゴール、aim は教育の「目的」をさす 7, 17, 22, 42, 44, 47, 60, 72, 85, 99, 108, 114-115, 117, 120, 134, 137, **142-143**, 148, 153, 157, 160, 163-164, 166, 169, 176, 185-186, 194, 202-205, 213, 217-218, 220, 226, 229, 238, 243, 249, 263, 268, 292-294, 321-324, 327, 332, 343, 347, 351, 358, 360, 367, 372, 378-381, 395, 397, 408, 412-413, 417, 419, 423, 425, 430, 441, 447, 449-450, 453, 455, 457-458, 460, 464-465, 469, 476, 480, 490, 492, 499, 501, 505, 522, 526, 530, 533
問題解決 problem solving 7, 16, 147, 151, **161**, 226, 228, 235, 249, **370**, 372, 377, 380, 390, 425, 436, 438-440, 445, 450, 462, 477, 490-491, 517
問題解決学習 problem-based learning: PBL 16, 147, 161, 517

[ゆ]

優秀教師表彰制度 Teachers Excellence Award (TEA) program 175
有用さ effectance 229, 231

[よ]

用語参照 Terms of Reference 391
予測指数 predictor 240
予備調査 preliminary survey; pilot study 303, 344, 361, 373, 377, 380, 400, 430
ヨーロッパ市民 → 欧州市民

[り]

利益 interests; profit 「便益」も参照のこと 32, 108, 142-143, 164, 196, 217, 224, 279, 287, 418, 453, 467, 482, 535
リスボン協定 Lisbon Convention of 1997 198-199, 202, 209
リスボン戦略 Lisbon Strategy 203, 209, 211, 339, 460
リソース resource 資源、財源、情報源、教材とも訳す 22, 37, 100, 114, 116-117, 144, 146, 152, 158, 161, 191, 223, 293, 344, 351, 355, 414, 425, 432, 478, 503, 530
離脱 withdraw 51-52, 126, 138, 167, 176, 279, 318, 517
リテラシー literacy 83, 105, 148, 164, 190, 196, 260-262, **296-301**, 305, 312, 323, 346, 362, 383-385, 390-391, 394-395, 397-399, 401, 406, 411, 414-416, 432, **436**, 438, 440-441, 443, 445-447, 450, 456, 460, 471, 478-479, 486-487,

東信堂

放送大学に学んで ―未来を拓く学びの軌跡 ……放送大学中国・四国ブロック学習センター編 二〇〇〇円

ソーシャルキャピタルと生涯学習 ……J・フィールド 矢野裕俊監訳 二五〇〇円

成人教育の社会学 ―パワー・アート・ライフコース ……高橋満編著 三二〇〇円

NPOの公共性と生涯学習のガバナンス ……高橋満 二八〇〇円

コミュニティワークの教育的実践 ……高橋満 二〇〇〇円

学級規模と指導方法の社会学 ―実態と教育効果 ……山﨑博敏 二三〇〇円

高等専修学校における適応と進路 ……伊藤秀樹 四六〇〇円

「夢追い」型進路形成の功罪 ―後期中等教育のセーフティネット ……荒川葉 二八〇〇円

進路形成に対する「在り方生き方指導」の功罪 ―高校改革の社会学 ……望月由起 三六〇〇円

教育から職業へのトランジション ―若者の就労と進路職業選択の社会学 ……山内乾史編著 二六〇〇円

教育と不平等の社会理論 ―再生産論をこえて ……小内透 三二〇〇円

マナーと作法の社会学 ……加野芳正編著 二四〇〇円

マナーと作法の人間学 ……矢野智司編著 二〇〇〇円

〈シリーズ 日本の教育を問いなおす〉

拡大する社会格差に挑む教育 ……西村和雄・大森不二雄・倉元直樹・木村拓也編 二四〇〇円

混迷する評価の時代 ―教育評価を根底から問う ……西村和雄・大森不二雄・倉元直樹・木村拓也編 二四〇〇円

教育における評価とモラル ……西村貞雄編 二四〇〇円

《大転換期と教育社会構造：地域社会変革の学習社会論的考察》

第1巻 教育社会史 ―日本とイタリアと ……小林甫 七八〇〇円

第2巻 現代的教養Ⅰ ―生活者生涯学習の地域的展開 ……小林甫 六八〇〇円

第2巻 現代的教養Ⅱ ―技術者生涯学習の生成と展望 ……小林甫 六八〇〇円

第3巻 学習力変革 ―地域自治と社会構築 ……小林甫 近刊

第4巻 社会共生力 ―東アジアと成人学習 ……小林甫 近刊

〒113-0023 東京都文京区向丘1-20-6　TEL 03-3818-5521　FAX03-3818-5514　振替 00110-6-37828
Email tk203444@fsinet.or.jp　URL:http://www.toshindo-pub.com/

※定価：表示価格（本体）＋税

東信堂

大学の自己変革とオートノミー —点検から創造へ	寺﨑昌男	二五〇〇円
大学教育の創造 —歴史・システム・カリキュラム	寺﨑昌男	二五〇〇円
大学教育の可能性 —教養教育・評価・実践	寺﨑昌男	二五〇〇円
大学は歴史の思想で変わる —FD・評価・私学	寺﨑昌男	二八〇〇円
大学改革 その先を読む	寺﨑昌男	一三〇〇円
大学自らの総合力 —理念とSD そしてFD	寺﨑昌男	二〇〇〇円
大学自らの総合力Ⅱ —大学再生への構想力	寺﨑昌男	二四〇〇円
21世紀の大学：職員の希望とリテラシー	寺﨑昌男 立教学院職員研究会 編著	二五〇〇円
ミッション・スクールと戦争 —立教学院のディレンマ	老川慶喜 前田一男 編	五八〇〇円
一貫連携英語教育をどう構築するか —「道具」としての英語観を超えて	鳥飼玖美子編著	一八〇〇円
英語の一貫教育へ向けて	立教学院英語教育研究会編	二八〇〇円
大学評価の体系化	大学基準協会編	三三〇〇円
高等教育の質とその評価 —日本と世界	山田礼子編著	二八〇〇円
アウトカムに基づく大学教育の質保証 —チューニングとアセスメントにみる世界の動向	深堀聰子	三六〇〇円
高等教育質保証の国際比較	杉本和弘編 羽田貴史編 米澤彰貴編	三六〇〇円
学士課程教育の質保証へむけて —学生調査と初年次教育からみえてきたもの	山田礼子	三二〇〇円
新自由主義大学改革 —国際機関と各国の動向	細井克彦編集代表	三八〇〇円
新興国家の世界水準大学戦略 —世界水準をめざすアジア・中南米と日本	米澤彰純監訳	四八〇〇円
東京帝国大学の真実	舘昭	四六〇〇円
原理・原則を踏まえた大学改革を —日本近代大学形成の検証と洞察	舘昭	二〇〇〇円
学生支援に求められる条件 —場当たり策からの脱却こそグローバル化の条件	大島真夫 浜島幸司 清野雄多	二八〇〇円
アカデミック・アドバイジング その専門性と実践 —日本の大学へのアメリカの示唆 学生支援GPの実践と新しい学びのかたち	清水栄子	二四〇〇円

〒113-0023 東京都文京区向丘1-20-6 TEL 03-3818-5521 FAX03-3818-5514 振替 00110-6-37828
Email tk203444@fsinet.or.jp URL:http://www.toshindo-pub.com/

※定価：表示価格（本体）＋税

東信堂

多様性と向きあうカナダの学校
　—移民社会が目指す教育　児玉奈々　二八〇〇円

カナダの女性政策と大学　犬塚典子　三九〇〇円

多様社会カナダの「国語」教育（カナダの教育3）関口典子・浪田克之介編著　三八〇〇円

21世紀にはばたくカナダの教育（カナダの教育2）小林順子他編著　二八〇〇円

ケベック州の教育（カナダの教育1）小林順子　二八〇〇円

トランスナショナル高等教育の国際比較—留学概念の転換　杉本均編著　三六〇〇円

チュートリアルの伝播と変容—イギリスからオーストラリアの大学へ　竹腰千絵　二八〇〇円

[新版]オーストラリア・ニュージーランドの教育—グローバル社会を生き抜く力の育成に向けて　青木麻衣子・佐藤博志編著　二〇〇〇円

オーストラリアの教員養成とグローバリズム—多様性と公平性の保証に向けて　本柳とみ子　三六〇〇円

オーストラリア学校経営改革の研究—自律的学校経営とアカウンタビリティ　佐藤博志　三八〇〇円

オーストラリアの言語教育政策—多文化主義における「多様性と」「統一性」の揺らぎと共存　青木麻衣子　三八〇〇円

英国の教育　日英教育学会編　三四〇〇円

イギリスの大学—対位線の転移による質的転換　秦由美子　五八〇〇円

統一ドイツ教育の多様性と質保証—日本への示唆　坂野慎二　二八〇〇円

ドイツ統一・EU統合とグローバリズム—教育の視点からみたその軌跡と課題　木戸裕　六〇〇〇円

教育における国家原理と市場原理—チリ現代教育史に関する研究　斉藤泰雄　三八〇〇円

中央アジアの教育とグローバリズム　嶺井明子・川野辺敏編著　三二〇〇円

インドの無認可学校研究—公教育を支える「影の制度」　小原優貴　三二〇〇円

タイの人権教育政策の理論と実践—人権と伝統的多様な文化との関係　馬場智子　二八〇〇円

バングラデシュ農村の初等教育制度受容　日下部達哉　三六〇〇円

マレーシア青年期女性の進路形成　鴨川明子　四七〇〇円

東アジアにおける留学生移動のパラダイム転換—大学国際化と「英語プログラム」の日韓比較　嶋内佐絵　三六〇〇円

〒113-0023　東京都文京区向丘1-20-6　TEL 03-3818-5521　FAX03-3818-5514　振替 00110-6-37828
Email tk203444@fsinet.or.jp　URL:http://www.toshindo-pub.com/

※定価：表示価格（本体）＋税

東信堂

溝上慎一監修 アクティブラーニング・シリーズ〈全7巻〉

附属新潟中式「3つの重点」を生かした確かな学びを促す授業
―教科独自の眼鏡を育むことが「主体的・対話的で深い学び」の鍵となる！
新潟大学教育学部 附属新潟中学校 編著 … 二〇〇〇円

ICEモデルで拓く主体的な学び
―成長を促すフレームワークの実践
柞磨昭孝 … 二〇〇〇円

社会に通用する持続可能なアクティブラーニング
―ICEモデルが大学と社会をつなぐ
土持ゲーリー法一 … 二〇〇〇円

ポートフォリオが日本の大学を変える
―ティーチング/ラーニング/アカデミック・ポートフォリオの活用
土持ゲーリー法一 … 二五〇〇円

ティーチング・ポートフォリオ―授業改善の秘訣
土持ゲーリー法一 … 二〇〇〇円

ラーニング・ポートフォリオ―学習改善の秘訣
土持ゲーリー法一 … 二五〇〇円

「主体的学び」につなげる評価と学習方法
―カナダで実践されるICEモデル
S・ヤング&R・ウィルソン著　土持ゲーリー法一 訳 … 一八〇〇円

主体的学び 別冊 高大接続改革
主体的学び研究所編 … 一八〇〇円

主体的学び 創刊号
主体的学び研究所編 … 一八〇〇円

主体的学び 2号
主体的学び研究所編 … 一六〇〇円

主体的学び 3号
主体的学び研究所編 … 一六〇〇円

主体的学び 4号
主体的学び研究所編 … 二〇〇〇円

主体的学び
主体的学び研究所編 … 一八〇〇円

①アクティブラーニングの技法・授業デザイン
安永　悟編 … 一六〇〇円

②アクティブラーニングとしてのPBLと探究的な学習
水野正朗・成田秀夫編 … 一八〇〇円

③アクティブラーニングの評価
松下佳代・石井英真編 … 一六〇〇円

④高等学校におけるアクティブラーニング：理論編（改訂版）
溝上慎一編 … 一六〇〇円

⑤高等学校におけるアクティブラーニング：事例編
溝上慎一編 … 二〇〇〇円

⑥アクティブラーニングをどう始めるか
成田秀夫 … 一六〇〇円

⑦失敗事例から学ぶ大学でのアクティブラーニング
亀倉正彦 … 一六〇〇円

アクティブラーニングと教授学習パラダイムの転換
溝上慎一 … 三二〇〇円

大学のアクティブラーニング
河合塾編著 … 二四〇〇円

「学び」の質を保証するアクティブラーニング
―3年間の全国大学調査から
河合塾編著 … 二〇〇〇円

「深い学び」につながるアクティブラーニング
―全国大学の学科調査報告とカリキュラム設計の課題
河合塾編著 … 二八〇〇円

アクティブラーニングでなぜ学生が成長するのか
―経済系・工学系の全国大学調査からみえてきたこと
河合塾編著 … 二八〇〇円

〒113-0023　東京都文京区向丘1-20-6
TEL 03-3818-5521　FAX03-3818-5514　振替 00110-6-37828
Email tk203444@fsinet.or.jp　URL:http://www.toshindo-pub.com/

※定価：表示価格（本体）＋税

東信堂

- **責任という原理**——科学技術文明のための倫理学の試み〔新装版〕／H・ヨナス　加藤尚武監訳／四八〇〇円
- **主観性の復権**——心身問題から『責任という原理』へ／H・ヨナス　盛永審一郎・木下喬・馬渕浩二・山本達訳／四八〇〇円
- **ハンス・ヨナス「回想記」**／H・ヨナス　宇佐美公生・滝口清栄訳／四八〇〇円
- **生命の神聖性説批判**／H・クーゼ　石川・小野谷・片桐・飯田・水野訳／四六〇〇円
- **生命科学とバイオセキュリティ**——デュアルユース・ジレンマとその対応／河原直人編著／二四〇〇円
- **医学の歴史**／今井道夫監訳／四六〇〇円
- **安楽死法：ベネルクス3国の比較と資料**／石渡隆司監修／二七〇〇円
- **死の質**——エンド・オブ・ライフケア世界ランキング／盛永審一郎監修／一二〇〇円
- **バイオエシックスの展望**／丸祐一・小野谷加奈恵・飯田亘之訳／三二〇〇円
- **生命の問い**——生命倫理学と死生学の間で／大林雅之編著／二〇〇〇円
- **生命の淵**——バイオシックスの歴史・哲学・課題／大林雅之／二〇〇〇円
- **今問い直す脳死と臓器移植【第2版】**／澤田愛子／二〇〇〇円
- **キリスト教から見た生命と死の医療倫理**／浜口吉隆／二三八一円
- **動物実験の生命倫理**——個体倫理から分子倫理へ／大上泰弘／四〇〇〇円
- **医療・看護倫理の要点**／水野俊誠／二〇〇〇円
- **テクノシステム時代の人間の責任と良心**／H・レンク　山本達・盛永審一郎訳／三五〇〇円
- **原子力と倫理**——原子力時代の自己理解／H・Th・リット　小笠原道雄編／一八〇〇円
- **科学の公的責任**——科学者と私たちに問われていること／H・Th・リット　小笠原道雄・野平慎平訳／一八〇〇円
- **歴史と責任**——科学者は歴史にどう責任をとるか／H・Th・リット　小笠原道雄・野平慎平編訳／一八〇〇円
- **（ジョルダーノ・ブルーノ著作集）より**
- **カンデライオ**／加藤守通訳／三三〇〇円
- **原因・原理・一者について**／加藤守通訳／三二〇〇円
- **傲れる野獣の追放**／加藤守通訳／四八〇〇円
- **英雄的狂気**／加藤守通訳／三六〇〇円
- **ロバのカバラ**——ジョルダーノ・ブルーノにおける文学と哲学／N・オルディネ　加藤守通監訳／三六〇〇円

〒113-0023　東京都文京区向丘 1-20-6　TEL 03-3818-5521　FAX03-3818-5514　振替 00110-6-37828
Email tk203444@fsinet.or.jp　URL:http://www.toshindo-pub.com/

※定価：表示価格（本体）＋税

東信堂

オックスフォード キリスト教美術・建築事典　P&L・マレー著　中森義宗監訳　三〇〇〇円

イタリア・ルネサンス事典　J・R・ヘイル編　中森義宗監訳　七八〇〇円

美術史の辞典　P・デューロ他　中森義宗・清水忠訳　三六〇〇円

涙と眼の文化史―中世ヨーロッパの標章と恋愛思想　徳井淑子訳　三六〇〇円

青を着る人びと　伊藤亜紀　三五〇〇円

社会表象としての服飾―近代フランスにおける異性装の研究　新實五穂　三六〇〇円

書に想い　時代を讀む　河田悌一　一八〇〇円

日本人画工　牧野義雄―平治ロンドン日記　ますこ ひろしげ　五四〇〇円

美を究め美に遊ぶ―芸術と社会のあわい　江藤光紀・田野倉佳紀編著　二八〇〇円

バロックの魅力　小穴晶子編　二六〇〇円

新版 ジャクソン・ポロック　藤枝晃雄　二六〇〇円

西洋児童美術教育の思想　要真理子監訳　前田茂監訳　三六〇〇円

ロジャー・フライの批評理論―知性と感受性の間で　要真理子　四二〇〇円

レオノール・フィニ―境界を侵犯する新しい種　尾形希和子　二八〇〇円

【世界美術双書】

バルビゾン派　井出洋一郎　二〇〇〇円

キリスト教シンボル図典　中森義宗　二三〇〇円

パルテノンとギリシア陶器　関隆志　二三〇〇円

中国の版画―唐代から清代まで　小林宏光　二三〇〇円

象徴主義―モダニズムへの警鐘　中村隆夫　二三〇〇円

中国の仏教美術―後漢代から元代まで　久野美樹　二三〇〇円

セザンヌとその時代　浅野春男　二三〇〇円

日本の南画　武田光一　二三〇〇円

画家とふるさと　小林忠　二三〇〇円

ドイツの国民記念碑―一八一三―一九一三年　大原まゆみ　二三〇〇円

日本・アジア美術探索　永井信一　二三〇〇円

インド、チョーラ朝の美術　袋井由布子　二三〇〇円

古代ギリシアのブロンズ彫刻　羽田康一　二三〇〇円

〒113-0023　東京都文京区向丘1-20-6　TEL 03-3818-5521　FAX03-3818-5514　振替 00110-6-37828
Email tk203444@fsinet.or.jp　URL:http://www.toshindo-pub.com/

※定価：表示価格（本体）＋税